William Stern

W0198016

Die Differentielle Psychologie

in ihren methodischen Grundlagen

Herausgegeben von Kurt Pawlik

Verlag Hans Huber
Bern · Göttingen · Toronto · Seattle

Verlag und Herausgeber danken der Bibliothek der Faculté de Psychologie et des Sciences de l'Education der Universität Genf für die leihweise Überlassung ihres Exemplares der 2. Auflage von William Sterns „Differentieller Psychologie": Dieses Exemplar diente uns als Reproduktionsvorlage.
Gleichzeitig danken wir den Erben von William Stern, vor allem deren Vertreter, Herrn Oberschlick (Wien), für die freundliche Genehmigung zum Nachdruck der Ausgabe von 1911.

Die Deutsche Bibliothek – CIP-Einheitsaufnahme

Stern, William:
Die differentielle Psychologie in ihren methodischen Grundlagen / William Stern. Hrsg. von Kurt Pawlik. – Nachdr. der 2. Aufl. Leipzig, Barth, 1911. – Bern ; Göttingen ; Toronto ; Seattle : Huber, 1994

ISBN 3-456-82532-3

RESPECT COPYRIGHT ENCOURAGE CREATIVITY

Nachdruck 1994 der 2. Auflage 1911
© 1994 Verlag Hans Huber, Bern
Satz und Druck: AZ Druckhaus, Kempten
Printed in Germany

Inhalt

Vorwort

Es war mir ein Anliegen seit längerem, William Sterns Hauptwerk „Die Differentielle Psychologie“ in seiner wissenschaftlich abgerundeten zweiten Auflage von 1911 neu zugänglich zu machen. Ein besonderer Anlaß bot sich nun an und machte es möglich: der 39. Kongreß der Deutschen Gesellschaft für Psychologie, den ich 1994 in Hamburg, der einstigen Wirkungsstätte Sterns, organisiere und der mit seinem Schwerpunktthema „Persönlichkeit und Verhalten“ auch unter das Gedenken an Stern und seine systematische Begründung der Differentiellen Psychologie als einer Teildisziplin der psychologischen Wissenschaft gestellt ist.

Lange, allzulange war Sterns Hauptwerk vergriffen, nurmehr vereinzelt in Bibliotheken noch zugänglich. Es ist mir besondere Freude, Worte des Dankes an alle zu richten, die den Nachdruck des Werkes aus Anlaß des Hamburger Psychologiekongresses 1994 möglich gemacht haben:

die Johanna und Fritz Buch-Gedächtnisstiftung, Hamburg;
die Hamburgische Wissenschaftliche Stiftung;
die Hansische Universitätsstiftung;
den Friedrich-Verlag, Seelze, und ganz besonders
den Verlag Hans Huber, Bern,

der sich bereit erklärt hatte, die Drucklegung zum Kongreß zu Verlagsselbstkosten zu leisten. Und ich danke Herrn Oberschlick, der dem Projekt namens der Nachkommen William Sterns bereitwillig zustimmte und es durch Zugeständnis einer nur symbolischen Tantiemenabfindung mit ermöglichte.

Zwei Jahrzehnte nach dem Erscheinen der zweiten Auflage seiner Differentiellen Psychologie war William Stern selbst Organisator eines Kongresses der Deutschen Gesellschaft für Psychologie in Hamburg gewesen: des 12. Kongresses im Jahre 1931. Als Grundlagendisziplin wie auch als Anwendungsfach stand die Persönlichkeitspsychologie damals bereits in eindrucksvoller Blüte. Es bleibt unfaßbar, daß Stern knapp eineinhalb Jahre später, im April 1933, von den Nationalsozialisten von seinem Amt als Professor an der Universität Hamburg suspendiert und im Herbst darauf entlassen wurde. 1915 an das damalige Kolonialinstitut und Allgemeine Vorlesungswesen als Nachfolger Ernst Meumanns nach Hamburg berufen, war Stern einer der Gründungsprofessoren der nach Kriegsende 1919 konstituierten Hamburgischen Universität gewesen, aus der er 1933 nun verstoßen wurde. Sein ein Jahr darauf in den Niederlanden abgeschlossenes Folgewerk „Allgemeine Psychologie auf personalistischer Grundlage“ konnte 1935 noch bei einem holländischen Verlag erscheinen. Mit dem hier vorgelegten Faksimile-Nachdruck seines Hauptwerks zur Differentiellen Psychologie soll dieses großen Wegbereiters und Forschers in unserem Fach in Ehrerbietung gedacht werden.

Möge diese Neuauflage dazu beitragen, die systematische Grundlegung der Differentiellen Psychologie durch William Stern wieder in die historische und fachliche Diskussion einzubringen, einen klassischen Text der Psychologie neu zugänglich machen und dem Werk eines großen Psychologen zur verdienten erneuten Rezeption verhelfen.

Hamburg, im Juni 1994 Kurt Pawlik

Geleitwort

Differential psychology: origin and sources

von

Anne Anastasi

Early experimental psychologists considered individual differences as a source of imprecision in the formulation of general laws of human behavior, which was their primary objective. From this attitude we have inherited the "error" terminology to designate variability. The effect is illustrated by the use of such surviving terms as "standard error" and "error variance."

Gradually it was recognized that individual differences are worthy of study in their own right. They are not "errors" that could be prevented by improved procedures. They are inalienable facts of behavior to be taken into account. Variability, both within and between individuals, was accepted as an essential feature of human behavior – and of the behavior of all living organisms. From the end of the nineteenth century well into the early decades of the twentieth century, various publications appeared under the title of "individual differences." Their content usually consisted of isolated topics, such as the extent of individual differences in particular forms of behavior; the magnitude of differences between, for example, males and females or various ethnic populations; and the relative contribution of heredity and environment to the development of the observed behavioral differences. Neither the title nor the content of the books of that era integrated the package of scattered topics into a comprehensive field of psychology, with its own characteristic theoretical and methodological approach.

In the meantime, as early as 1900, the first edition of William Stern's book suggested the possibility of an integrated field. This possibility was foreshadowed in a parenthetical addition to its title, which read: *Über Psychologie der individuellen Differenzen (Ideen zu einer „differentiellen Psychologie“).* In the second and third editions, appearing in 1911 and 1921, the field emerged fully, as clearly indicated in their titles. Both editions had the title: *Die Differentielle Psychologie in ihren methodischen Grundlagen.* In these books, the field of differential psychology was clearly defined for the first time. Its special methodology was thoroughly developed and was illustrated with what findings were then available.

It required several more decades, however, for the fundamental implications of Stern's writings to have a significant impact on contemporary publications. The latter still followed the topical approach to the treatment of individual differences. In the first edition of my own book on the subject, published in 1937, I not only used a literal translation of Stern's title, *Differential Psychology,* but I also made a consistent effort to apply his treatment of the subject as an organized field.

There is a third stage in the development of differential psychology, which was also anticipated and stimulated by Stern's books. Differential psychology is only now coming to be regarded, not merely as a separate field, but rather as a particular orientation toward general psychology, with all its specialized fields. In my own book, I undertook to summarize the essential features of this differential orientation as follows:

"The fundamental aim of diffential psychology ... is similar to that of all psychology, namely, the understanding of behavior. Differential psychology approaches this problem through a comparative analysis of behavior under varying environmental and biological conditions. By relating the observed differences in behavior to other known concomitant phenomena, it may be possible to tease out the relative contribution of different factors to behavior development" (Anastasi, 1937, p. 580).

The applications of the differential orientation are now rapidly expanding to cover more and more specialty areas in psychology, notably life-span developmental psychology and cultural psychology.

I am especially gratified to learn that the second edition of William Stern's epoch-making book on differential psychology is being reproduced and made widely available in its original form. In my own student days, this book was a prime influence in my choice of a field of specialization in psychology. Differential psychology was then a nascent field that was both anticipated and thoroughly developed in Stern's pioneering work. Its availability in world-wide libraries will certainly provide a valuable source regarding the history of psychology, a rapidly expanding area of interest. But more important, it will stimulate and inspire future students of psychology and influence their own thinking and research as it did mine.

Einleitung

von

Kurt Pawlik, Hamburg

Louis William Stern wurde am 19. April 1871 in Berlin als einziges Kind von Sigismund und Rosa Stern geboren. Nach Abschluß des Gymnasiums nahm er in Berlin das Studium der Philosophie und Psychologie (bei Hermann Ebbinghaus) auf, das er im Alter von 22 Jahren mit der Promotion (Titel der Dissertation: *„Die Analogie im volkstümlichen Denken“*: Stern, 1893) abschloß. Gerne folgte Stern seinem Lehrer Ebbinghaus an die Universität Breslau, wo er sich vier Jahre später, 1897, mit einer Arbeit zur *„Psychologie der Veränderungsauffassung“* (Stern, 1898) habilitierte. Noch immer ohne feste Anstellung, nach damaligem Usus auf „Hörergelder“ aus Lehrveranstaltungen angewiesen, legte Stern drei Jahre danach eine Monographie vor, die für die psychologische Wissenschaft wegweisend werden sollte: *„Über die Psychologie der individuellen Differenzen (Ideen zu einer differentiellen Psychologie)“* (Stern, 1900). In ihr wollte Stern erste Grundgedanken zu einer „wissenschaftlichen Beschäftigung mit den individuellen Verschiedenheiten des menschlichen Seelenlebens“, so im ersten Satz des Vorworts, entwickeln. Dabei war nicht die Beschäftigung mit individuellen Verschiedenheiten als solche neu, empirische Arbeiten dazu gab es schon in großer Zahl aus dem letzten Drittel des vergangenen Jahrhunderts (vgl. Amelang & Bartussek, 1990; Pekrun, 1994) – neu war vielmehr der Ansatz Sterns, diese Forschung in Abhebung von der vorherrschenden experimentellen Untersuchung allgemeiner, für viele, wenn nicht alle Menschen geltenden psychischen Gesetzmäßigkeiten systematisch zu entwickeln.

In den Folgejahren widmete sich Stern, zunächst weiter als Privatdozent und dann ab 1907 als außerordentlicher Professor in Breslau, einer detaillierten Ausarbeitung dieses differentiell-psychologischen Forschungsansatzes, den er in der Gegenüberstellung von „Person und Sache" zunehmend auch mit einer wissenschaftstheoretischen Polarität verknüpfte (Stern, 1906). Noch in Breslau legte Stern dann 1911 den Band *„Die Differentielle Psychologie in ihren methodischen Grundlagen"* vor, als 2. Auflage der Monographie von 1900. Allein der geänderte Titel macht schon deutlich, daß es sich dabei um erheblich mehr als eine bloße Neuauflage handelte, die nach Sterns eigenen Worten „weder wünschenswert noch möglich" gewesen wäre. Vielmehr ging es ihm darum, für die Differentielle Psychologie eine „Grundlegung als wissenschaftliche Disziplin" zu schaffen, in „Emanzipation von der Mutterwissenschaft der generellen Psychologie", so daß er sich entschloß, „anstatt der ursprünglich geplanten Neuauflage ein neues Buch zu verfassen" (alle Zitate aus Stern, 1911). Häufig und zu Recht als Generalist bezeichnet, sah Stern auch die „differentielle Psychologie" (er bevorzugte außer im Titel des Buches weiter die Kleinschreibung der 1. Auflage) als theoretische *und* angewandte Wissenschaft in einem. Wie die generelle Psychologie eine „auf Allgemeingültigkeit gehende Wissenschaft", soll es die Differentialpsychologie allerdings mit „Allgemeingültigkeiten" sehr besonderer Art zu tun haben: den „formalen Gesetzmäßigkeiten", die individuellen psychischen Unterschieden als solchen zugrunde liegen, und ihren „inhaltlichen Gesetzmäßigkeiten", denen Variationsformen individueller Unterschiede folgen und die zu ihrer Ursachenerklärung beitragen.

Es ist diese zweite Auflage von Sterns *Differentieller Psychologie*, die in diesem Band als Faksimile-Nachdruck neu aufgelegt wird. Sie stellt – auch und gerade im Rückblick aus heutiger Sicht, nach mehr als acht Jahrzehnten differentiell-psychologischer Forschung seit ihrem Erscheinen – einen echten Quellentext der Persönlichkeitspsychologie dar. Stern setzt sich darin bereits mit dem (scheinbaren) Gegensatz von nomothetischer und idiographischer Betrachtung seelischer Vorgänge auseinander – einer Frage also, die mehr als vier Jahrzehnte später (Eysenck, 1954) Gegenstand einer zugespitzten Kontroverse im Fach werden sollte. Als angewandte Wissenschaft hat die Differentialpsychologie nach Stern vornehmlich zwei Zielen zu dienen: der Menschenkenntnis oder „Psychognostik" (heute: Psychologischen Diagnostik, Psychodiagnostik) und der Menschenbehandlung oder, wie es bei Stern heißt, „Psychotechnik" (heute: Psychologischen Intervention). (Der Begriff „Psychotechnik" ist in der Folge auf allein arbeitspsychologische Fragestellungen eingeschränkt worden und heute außer Gebrauch.) Wegweisend für die spätere Entwicklung der Persönlichkeitsforschung betonte Stern bereits 1911, daß beide, Psychognostik und Psychotechnik, ohne differentiell-psychologische Fundierung weder leistbar noch vertretbar sind. Am Beispiel von Unterricht und Erziehung führt er aus, wie „Menschenbehandlung" auf fundierte Kenntnis differentiell-psychologischer Möglichkeiten und Grenzen angewiesen ist und auf fundiertes Wissen über individuelle Unterschiede in der je angemessenen „Art der Einwirkung", wenn die alte Forderung nach individualisiertem Unterricht einlösbar werden soll.

Bis heute kann Sterns Systematik der Differentiellen Psychologie in der Unterscheidung zwischen Variations- und Korrelationsforschung und zwischen merkmals- und personbezogenem Forschungsansatz (s. dazu Asendorpf, 1991; Pawlik 1994) Gültigkeit beanspruchen. Seine methodologische Unterscheidung zwischen „Individuum" und „Merkmal" sollte fundierend für die Entwicklung der Methoden der Differentialpsychologie werden, und seine Differenzierung zwischen „Phänomenen", „Akten" und „Dispositionen" nimmt Kernstücke der modernen psychologischen Handlungs- und Eigenschaftstheorie eindrucksvoll vorweg.

Besonders breiter Raum kommt in Sterns Grundlegung der Differentialpsychologie der Behandlung der Methoden der Forschungsplanung und der „Datenerhebung", wie wir heute sagen würden, zu. Der gesamte erste Hauptteil über „Feststellungsmethoden" ist ausschließlich diesen Fragen gewidmet. Noch heute, mehr als 80 Jahre danach, sind Sterns Ausführungen zur Unterscheidung zwischen Beobachtung und Beurteilung, zwischen Registrieren und Experimentieren, zur Abgrenzung „introspektiver" und „extrospektiver" Beobachtungsmethoden und seine Feststellungen zum Verhältnis von allgemeinpsychologischem Experiment und differentiell-psychologischer Aussagekraft eines Untersuchungsergebnisses grundlegend und höchst lesenswert. Seine These, daß „unter Umständen die generell-psychologische Exaktheit eines Experiments in umgekehrter Proportionalität zu seinem differentiell-psychologischen Symptomwert stehen kann", gilt (wie übrigens auch ihre Umkehrung!) bis heute ungeschmälert und hat im Kontext der Reflexion ökologischer Repräsentativität psychologischer Forschungsergebnisse (Brunswik, 1952) auch die moderne Differentialpsychologie eingehend beschäftigt. Weit seiner Zeit voraus, unterstreicht Stern die Forderung nach Methodenpluralismus in der Differentialpsychologie, die sich außer auf „Forschungs-Experimente“ und „Prüfungs-Experimente“ (oder „Tests“) auch auf „Sammelforschung“ (also auf Material- und Fallsammlungen zu Tatsachen der Differentialpsychologie) und auf historische Methoden stützen soll, insbesondere auf biographisches Material. In Weitsicht hat hier Stern wichtige Themen der heutigen Methodensystematik der Differentiellen Psychologie (Pawlik, 1992) vorweggenommen.

Im zweiten Hauptteil des Werks geht Stern auf die Forschungsmethoden der Differentialpsychologie im einzelnen ein; dabei liegt ein Schwerpunkt der Darstellung auf Verfahren der differentiell-psychologischen Datenanalyse. Ausführlich werden Methoden der Variations- und Korrelationsuntersuchung behandelt, einschließlich der statistischen Berechnungsformeln, und die verschiedenen Arten und Definitionen des differentiell-psychologischen Typusbegriffs. Die Auswertung von Häufigkeitsverteilungen in psychischen Merkmalen (einschließlich Streuungsberechnung und Normalverteilungsfunktion), die Testwertenormierung auf „aequidistante Rangplätze“ und die unterschiedlichen Methoden der Korrelationsberechnung für quantitative und qualitative psychische Merkmale mögen beispielhaft beleuchten, welchen Stellenwert Stern (im Jahre 1911!) bereits der methodisch-statistischen Fundierung differentiell-psychologischer Forschung beimaß. Seiner Zeit voraus ist auch seine Unterscheidung zwischen *intra*individuellen und *inter*individuellen Variationen in psychischen Merkmalen – eine Differenzierung, die erst Jahrzehnte danach in den fünfziger–sechziger Jahren in der Gegenüberstellung von interindividuell variierenden psychischen *Eigenschaften (Traits)* und intraindividuell variierenden *Zustandsmerkmalen (States)*, beispielsweise bei Cattell (1957), konzeptionell und als Forschungsfragestellung neu aufgegriffen wurde.

Selbst die in den späten sechziger Jahren als situationistische Position der Persönlichkeitspsychologie scheinbar „neu entdeckte“ Frage nach dem Einfluß „der äußeren Lebensbedingungen“ auf die Variation von Erlebnis- und Verhaltensmerkmalen ist bei Stern im Zusammenhang mit der „Systematisierung des natürlichen Verhaltens“ im „psychographischen Schema“ bereits ausgewiesen. Ihre Behandlung in Kapitel XXII macht ein Kernstück des dritten Hauptteils des Werks aus, der „Erforschung der Individualitäten“. Darunter verstand

Stern das einer merkmalsweisen Betrachtung interindividueller psychischer Unterschiede (scheinbar) entgegengesetzte Studium einzelner Personen, so daß nun die „Struktur eines Individuums aufgrund der vielen Merkmale ... Objekt der Untersuchung" wird. In konsequenter Umsetzung seiner Feststellung, daß nomothetische und idiographische Methoden „nicht nur vereinbar, sondern sogar innerlich zusammengehörig und notwendig aufeinander angewiesen" sind, versteht Stern auch das Studium einzelner Individuen nicht als Gegensatz zu einem Individuen vergleichenden merkmalsweisen Forschungsparadigma. Die Abhebung des personbezogenen vom üblichen merkmalsbezogenen Forschungsansatz wurde später in der faktorenanalytischen Persönlichkeitsforschung in der Unterscheidung zwischen der sog. Q- und R-Technik der Faktorenanalyse (Cattell, 1957; Pawlik, 1976) neu thematisiert – dann mit dem bestätigenden Ergebnis, daß beide Ansätze (bis auf Einzelheiten der Merkmalsskalierung) unter sonst gleichen Bedingungen zu symmetrisch übersetzbaren Ergebnissen führen *müssen*. In der Tat ergänzen sich beide wechselseitig. Im übrigen ging es Stern in der Behandlung des „Individualitätsproblems" aber noch um eine sehr viel weitergehende Fragestellung, nämlich jene nach der Ätiologie, der Herkunft, den Ursachen des individuellen „Psychogramms", der individuellen psychischen Eigenart, der individuellen Persönlichkeit. So ist es nur folgerichtig, wenn Stern zum Schluß von Kapitel XXIV, wenn auch kurz, seiner Zeit wieder weit vorausblickend auf die Bedeutung von Längsschnittuntersuchungen für die differentiell-psychologische Prozeßforschung hinweist.

Im Jahre 1915, vier Jahre nach Veröffentlichung der 2. Auflage seiner Differentialpsychologie, wurde Stern auf die 1911 eingerichtete „Professur für Philosophie, insbesondere auch für Psychologie" an das Hamburger Allgemeine Vorlesungswesen und Kolonialinstitut als Nachfolger von Ernst Meumann berufen, der nach nur vierjähriger Tätigkeit 52jährig plötzlich verstorben war. Im März 1916 nahm Stern seine Tätigkeit als Ordinarius in Hamburg auf. Seinem Wirken ist es wesentlich mitzuverdanken, daß im Jahre 1919, ein Jahr nach Ende des Ersten Weltkrieges, der Bürgerschaftsbeschluß zur Gründung einer Universität in Hamburg zustande kam (Moser, 1991; Probst, 1995). Getreu seinem Verständnis von Psychologie und von Wissenschaft war es Stern ein Anliegen, das Fach in Hamburg in voller Breite zu entwickeln, einschließlich seiner Anwendungen beispielsweise in der Pädagogischen und Forensischen Psychologie, und gleichzeitig die disziplin-übergreifende Einbindung der Psychologie zu fördern, insbesondere in ihrer Nähe zur Philosophie. So setzte er sich namhaft für die Berufung des Philosophen Ernst Cassirer nach Hamburg ein; nach Umzug in das Seminargebäude am damaligen Bornplatz (heute Allendeplatz 1) waren beider Institute auf einer Etage durch eine gemeinsame Bibliothek sogar räumlich verbunden!

In die arbeitsintensiven Hamburger Aufbaujahre Sterns fällt auch die Vorbereitung einer Neuauflage der lange vergriffen gewesenen Differentialpsychologie, die dann 1921 als „unveränderter Abdruck der Ausgabe von 1911, vermehrt um ein Nachwort 1921" und eine „bibliographische Ergänzung" erscheint, „da der Text des 1911 gedruckten Buches in diesem Neudruck nicht verändert werden konnte" (Stern, 1921, S. 505). In dem knapp siebenseitigen Nachwort betont Stern, daß in den Jahren seit Erscheinen der zweiten Auflage „in theoretischer Hinsicht … eine immer stärkere Abwendung von einer rein analysierenden und atomisierenden Behandlung des psychischen Lebens deutlich erkennbar" geworden wäre, eine Hinwendung zur „Ganzheitsbetrachtung" und zum „philosophischen Personalismus", der „alles Einzelne, was an Bewußtseinsphänomenen, psychischen Akten und Dispositionen im Individuum vorhanden ist, durch die Zweckbeziehung auf die persönliche Einheit verstehen will" (Stern, 1921, S. 505). In Weiterführung dieser verstärkt *philosophisch*-personalistischen Position sieht Stern in der „erklärenden generellen, weit unmittelbarer aber in der differentiellen Psychologie" die „wissenschaftliche Vorbereitung" dafür, individuelle Persönlichkeiten „nacherlebend verstehen zu können" (im Sinn Diltheys, 1910, Unterscheidung zwischen „erklärender" und „verstehender" Wissenschaft). Die Gestaltpsychologie könnte dabei nach Stern „eine Art Zwischenglied – und hoffentlich Verbindungsglied – zwischen der atomisierenden und der personalistischen Betrachtung" bilden (Stern, 1921, S. 506). Die Zitate verdeutlichen, daß Stern nun die Differentialpsychologie grundlagenwissenschaftlich in zunehmender Nähe zur Philosophie begriff – freilich ohne Gegensatz zu den von ihm als Empiriker unvermindert hochgehaltenen Fortschritten „in praktischer Hinsicht", etwa bei der „Feststellung der Berufsanforderung und Berufseignung", bei der Unterstützung von Berufsauslese und Berufsberatung (Stern, 1921, S. 507), der Entwicklung von

„Intelligenzprüfungen“ und der Ausarbeitung neuer Testverfahren und Beobachtungsmethoden. Neben wichtigen weiterführenden Arbeiten zur Intelligenzdiagnostik (Stern, 1928) konzentrierte sich Sterns differentialpsychologisches Interesse in den Folgejahren auf philosophische Fragen des kritischen Personalismus (Stern, 1924, 1930), mit dem sein Werk außerhalb der psychologischen Fachdisziplin eng verknüpft wird.

Obgleich am häufigsten als Begründer der Differentiellen Psychologie und der modernen Intelligenzdiagnostik (auch des nach ihm benannten Intelligenzquotienten IQ) gesehen, hinterließ William Stern ein wissenschaftliches Werk, das weit über Persönlichkeitspsychologie hinausreicht. Seine Arbeiten, zusammen mit seiner Frau Clara, zur Entwicklungs- und Jugendpsychologie, insbesondere zur Tagebuchmethodik in der Entwicklungspsychologie und zur kindlichen Sprachentwicklung, waren modellierend und wegweisend auch für dieses Gebiet der psychologischen Wissenschaft. Gleiches gilt für seine Beiträge zur Allgemeinen Psychologie, zur Pädagogischen, Arbeits- und Forensischen Psychologie, die als wenige Beispiele die enorme Spannweite seines wissenschaftlichen Ansatzes veranschaulichen mögen. Die *„Festschrift William Stern zum 60. Geburtstag“* (*Beiheft 59 zur Zeitschrift für Angewandte Psychologie*, 1931), sein *„Rechenschaftsbericht“* aus Anlaß des von ihm im selben Jahr in Hamburg organisierten 12. Kongresses der Deutschen Gesellschaft für Psychologie (Stern, 1931) und seine Autobiographie (Stern, 1927) geben davon beredtes Zeugnis. Jäh und grausam war der Einschnitt in dieses so überaus fruchtbare Wissenschaftlerleben, als Stern nach dem „Gesetz zur Wiederherstellung des Berufsbeamtentums“ im April 1933 zunächst vom Dienst suspendiert und bald darauf, zum 31. Oktober 1933, als Professor entlassen wurde (Deutsch, 1994; Moser, 1991; Probst 1995). Die tiefe Kränkung, die dies für William Stern bedeutete, spricht aus seinen überlieferten Worten empfundener Bitterkeit an Bürgermeister von Melle (Probst, 1995) – ganz zu schweigen von aller persönlichen Belastung und Bedrohung. Über die Niederlande flüchtete die Familie in die USA, wo William Stern eine Professur an der Duke University in Durham, North Carolina, angeboten erhielt. Dort verstarb Stern 1938 an einem Herzversagen.

Es hieße den Rahmen dieser Einleitung überschreiten, William Sterns wissenschaftliches Werk in seiner Gesamtheit zu würdigen. Es ist Gegenstand zahlreicher Aufarbeitungen und

Sammeldarstellungen, von denen stellvertretend neben der oben referenzierten Literatur auf die Darstellungen bei Deutsch (1991) und Michaelis-Stern (1972, 1991) verwiesen werden soll, außerdem auf die wertvolle Titelbiographie von Sterns Werk durch Reinert et al. (1980). Wie für jeden großen Wissenschaftler gilt auch für Stern, daß er durch sein eigenes Werk, sein eigenes Wort, uns sein Denken am besten vermitteln kann. Mit der Neu-Herausgabe der zweiten Auflage seiner Differentialpsychologie wird die systematische Grundlegung dieses Teilfachs der psychologischen Wissenschaft durch Stern neu zugänglich gemacht und in seiner tiefgreifenden Bedeutung für die weitere Entwicklung der Differentiellen Psychologie offengelegt, die Sterns Denken nachhaltig bestimmt und vielfach konzeptionell vorweggenommen hat.

Literatur

Amelang, M. & Bartussek, D. (1990). *Differentielle Psychologie und Persönlichkeitsforschung.* (3. Aufl.). Stuttgart: Kohlhammer.

Asendorpf, J. (1991). *Die differentielle Sichtweise in der Psychologie.* Göttingen: Hogrefe.

Brunswik, E. (1952). The conceptional framework of Psychology. *International Encyclopedia of Unified Science*, Vol. 1, Nr. 10. Chicago: University of Chicago Press.

Cattell, R. B. (1957). *Personality and motivation structure and measurement.* Yonkers-on-Hudson, New York: World Book Company.

Deutsch, W. (Hrsg.) (1991). *Über die verborgene Aktualität von William Stern.* Frankfurt am Main: Peter Lang.

Deutsch, W. (1994). Auf vier Wegen zu Stern. In: K. Pawlik (Hrsg.), *Enzyklopädie der Psychologie – Differentielle Psychologie.* Band I. Göttingen: Hogrefe (im Druck).

Dilthey, W. (1910). *Gesammelte Schriften V.* Leipzig–Berlin: Teubner.

Eysenck, H. J. (1954). The science of personality: nomothetic! *Psychological Review 61*, 339–342.

Michaelis-Stern, E. (1972). William Stern 1871–1938. The man and his achievements. Leo Baeck Institute Yearbook XVII, 143–154.

Michaelis-Stern, E. (1991). Erinnerungen an meine Eltern. In Deutsch, W. (Hrsg.): Über die verborgene Aktualität von William Stern. Frankfurt am Main: Peter Lang.

Moser, H. (1991). Zur Entwicklung der akademischen Psychologie in Hamburg bis 1945. Eine Kontrast-Skizze als Würdigung des vergessenen Erbes von William Stern. In: E. Krause, L. Huber & H. Fischer (Hrsg.). *Hochschulalltag im „Dritten Reich". Die Hamburger Universität 1933–1945.* Berlin–Hamburg: Dietrich Reimer Verlag.

Pawlik, K. (1976). *Dimensionen des Verhaltens.* (3. Aufl.). Bern: Huber.

Pawlik, K. (1992). Psychological assessment. In: M. R. Rosenzweig (ed.), *International Psychological Science*, p. 253–287. Washington, D. C.: American Psychological Association.
Pawlik, K. (1994). Differentielle Psychologie und Persönlichkeitsforschung: Grundbegriffe, Fragestellungen, Systematik. In: K. Pawlik (Hrsg.), *Enzyklopädie der Psychologie – Differentielle Psychologie.* Band I. Göttingen: Hogrefe (im Druck).
Pekrun, R. (1994). Geschichte der Differentiellen Psychologie und Persönlichkeitspsychologie. In: K. Pawlik (Hrsg.), *Enzyklopädie der Psychologie – Differentielle Psychologie.* Band I. Göttingen: Hogrcfc (im Druck).
Probst, P. (1995). Das Hamburger Psychologische Institut (1911–1994) – Vom Psychologischen Laboratorium zum Fachbereich Psychologie: Ein geschichtlicher Überblick. In: K. Pawlik (Hrsg.), *Bericht über den 39. Kongreß der Deutschen Gesellschaft für Psychologie in Hamburg 1994*, Göttingen: Hogrefe.
Reinert, G., Boné, E., Heil, F. E., Kindermann, T. & Zeimet, U. (1980). *William Stern – Eine Titelbibliographie seiner Werke.* Trierer Psychologische Berichte, Bd. 7/Heft 4. Trier: Universität Trier – Fachbereich 1, Psychologie.
Stern, L. W. (1893). *Die Analogie im volkstümlichen Denken.* Berlin: Philosophisch historischer Verlag Dr. R. Salinger.
Stern, L. W. (1898). *Psychologie der Veränderungsauffassung.* Breslau: Preuß & Jünger.
Stern, L. W. (1900). *Über die Psychologie der individuellen Differenzen (Ideen zu einer differentiellen Psychologie).* Leipzig: Barth.
Stern, W. (1906). *Person und Sache.* Band 1: *Ableitung und Grundlehre.* Leipzig: Barth.
Stern, W. (1911). *Die Differentielle Psychologie in ihren methodischen Grundlagen.* (2. Aufl.) Leipzig: Barth.
Stern, W. (1921). *Die Differentielle Psychologie in ihren methodischen Grundlagen.* (3. Aufl.) Leipzig: Barth.
Stern, W. (1924). *Person und Sache.* Band 3: *Wertphilosophie.* Leipzig: Barth.
Stern, W. (1927). Selbstdarstellung. In: R. Schmidt (Hrsg.): *Die Philosophie der Gegenwart in Selbstdarstellungen.* Leipzig: Felix Meiner.
Stern, W. (1928). *Die Intelligenz der Kinder und Jugendlichen und die Methoden ihrer Untersuchung.* (4. Aufl.) Leipzig: Barth.
Stern, W. (1930). *Studien zur Personwissenschaft, Erster Teil: Personalistische Wissenschaft.* Leipzig: Barth.
Stern, W. (1931). Das Psychologische Institut der Hamburgischen Universität in seiner gegenwärtigen Gestalt. *Zeitschrift für angewandte Psychologie, 39*, 1–52.

Die
Differentielle Psychologie
in ihren methodischen Grundlagen.

Von

William Stern.

An Stelle einer zweiten Auflage des Buches:
Über Psychologie der individuellen Differenzen
(Ideen zu einer differentiellen Psychologie).

LEIPZIG.
Verlag von Johann Ambrosius Barth.
1911.

Vorwort

Vor elf Jahren veröffentlichte ich ein Buch unter dem Titel: „Über Psychologie der individuellen Differenzen (Ideen zu einer differentiellen Psychologie)“; die Absicht der Arbeit war in folgenden Sätzen des Vorworts ausgesprochen:

> „Die wissenschaftliche Beschäftigung mit den individuellen Verschiedenheiten des menschlichen Seelenlebens ist nicht völlig neu; aber sie ist über einige zaghafte Anfänge und beiläufige Berücksichtigungen, über ein unsicheres Tappen und prinzipienloses Tasten noch nicht hinausgekommen; sie entbehrt noch jedes In-sich-gefestigt-Seins, jedes garantierten Bürgerrechtes im Reiche des Wissens. Dieser Zustand läßt sich nicht mit einem Schlage beseitigen und eine differentielle Psychologie als Wissenschaft mit festen Fundamenten und gesicherten Inhalten nicht mit einem Schlage begründen: so vermochte auch ich jetzt nicht mehr zu geben, als Ideen zu einer solchen — schon zufrieden, wenn man das lose aneinandergefügte Stückwerk und die provisorischen Erörterungen dieses Buches als Hinweis auf Erforschenswertes und als Programm künftiger Arbeit einiger Beachtung für wert hält. Denn die differentiell-psychologische Untersuchung bedarf mehr als ein anderer Zweig der Seelenkunde einer programmatischen Vorbereitung und Empfehlung, weil ihre Aufgaben zum großen Teil nur durch planmäßige Arbeitsgemeinschaft einer ganzen Reihe von Forschern zu lösen sind.“

Als nun vor einigen Jahren die Aufforderung des Verlegers an mich herantrat, eine neue Auflage des Buches in Angriff zu nehmen, erkannte ich bald, daß dies weder wünschenswert noch möglich war. Die differentiell-psychologische Arbeit hatte inzwischen solche Fortschritte gemacht und einen derartigen Umfang angenommen, daß ihr mit Ideen, Hinweisen und Programmen nicht mehr gedient sein konnte. Was sie nunmehr brauchte, war ihre Grundlegung als wissenschaftliche Disziplin. Es mußte versucht werden, in das wildwuchernde Dickicht von Gesichtspunkten und Methoden Klärung und Übersicht zu bringen, kritisch das Brauchbare vom Unbrauchbaren zu sondern, die speziellen Aufgaben und Verfahrungsweisen der jungen Wissenschaft gegen die der anderen psychologischen Gebiete abzugrenzen. In der Tat scheint die differentielle Psychologie erst dann die Aussicht zu haben, in die Phase einer ruhig fortschreitenden Entwicklung zu gelangen, wenn sie eine gewisse Emanzipation von der Mutterwissenschaft der generellen Psychologie vollzieht — etwa in ähnlicher Weise, wie es die Völkerpsychologie bereits früher getan hat.

So entschloß ich mich denn, anstatt der ursprünglich geplanten Neuauflage ein neues Buch zu verfassen, das den eben angedeuteten Zwecken dienen soll. Aus dem alten Buch ist in dieses — mit Ausnahme der Bruchstücke weniger Seiten — nichts übergegangen. Auch die Disposition ist eine ganz andere geworden. Die Methodik und die allgemeinen Problemstellungen, die früher nur in zweien der vierzehn Kapitel behandelt wurden, bilden nunmehr den eigentlichen Gegenstand des ganzen Buches überhaupt; der erste Hauptteil enthält die Methoden zur Feststellung des psychologischen Materials (Ich-, Nah- und Fern-Methoden), der zweite Hauptteil die Lehre von den psychologischen Verschiedenheiten (Variationen und Korrelationen), der dritte die Lehre von den Individualitäten (Psychographie und Komparationslehre).

Dagegen ist auf eine ausführlichere Erörterung inhaltlicher Einzelgebiete der seelischen Differenzierung, wie sie in zwölf Kapiteln des früheren Buches versucht worden war, mit Absicht verzichtet worden. Denn gerade wegen des inzwischen stattgehabten Fortschritts unserer Bemühungen sehen wir aufs deutlichste, daß wir über gesicherte Ergebnisse auf den einzelnen Gebieten nur in sehr geringem Umfange verfügen. Darum wird die differentielle Psychologie dieser Sonderfunktionen: des Gedächtnisses, der Intelligenz, der Talente, der Temperamente und Charaktere, der Aufmerksamkeits- und Anschauungstypen, ferner die Psychologie der Frau, des Künstlers, des Verbrechers usw. vorläufig noch monographischer Behandlung überlassen bleiben müssen; vielleicht daß nach einem weiteren Jahrzehnt auch die speziellen Resultate schon eine Gesamtdarstellung gestatten.

Aber wenn auch diese inhaltlichen Sondergebiete nicht als eigene Kapitel behandelt sind, so sind doch die ihnen zugehörigen Untersuchungen, soweit es irgend anging, in den Zusammenhang der Problem- und Methoden-Erörterung einbezogen worden, teils um zu zeigen, welche Spezialfragen mit Hilfe der besprochenen Verfahrungsweisen bereits behandelt worden sind, teils auch um paradigmatisch eine gedankliche Kategorie oder eine Methode zu veranschaulichen. Bei manchen gegenwärtig besonders wichtigen

Themen, z. B. den Intelligenztests, den Darstellungstypen, glaubte ich hierbei eine gewisse Ausführlichkeit nicht scheuen zu dürfen.

Um endlich allen Spezialarbeitern auf dem Gebiete der differentiellen Psychologie ihre Untersuchungen zu erleichtern, habe ich die Bibliographie (die in dem früheren Buche 190 Nummern umfaßte) nicht nur bis zur Gegenwart fortgeführt, sondern auch ganz beträchtlich erweitert, so daß sie nunmehr den achtfachen Umfang gewonnen hat und wenigstens für die Hauptgebiete der differentiellen Psychologie als annähernd vollständig gelten kann. Die im Buch selbst behandelte Literatur wird innerhalb des Textes immer nur mit der Nummer der Bibliographie (in Fettdruck) zitiert.

Daß meine Auffassung von der Struktur des menschlichen Individuums und den psychischen Differenzierungen nicht unbeeinflußt ist von meinen philosophischen Grundüberzeugungen, ist selbstverständlich. Da es sich aber in diesem Buch um die Grundlegung einer empirischen Wissenschaft handelt, habe ich die philosophischen Bezugnahmen auf ein Mindestmaß zurückgeführt; zur Rechtfertigung der oft nur angedeuteten Gedankengänge muß auf mein philosophisches Buch verwiesen werden. Die Brauchbarkeit des vorliegenden Werkes ist aber, wie ich hoffe, von der Zustimmung zu den philosophischen Voraussetzungen des Verfassers (die ja in manchen Punkten nicht unwesentlich von herrschenden Meinungen abweichen) nicht abhängig.

Breslau, den 7. März 1911.

W. Stern.

Inhaltsverzeichnis.

Einleitung.

Erster Hauptteil.

Die Feststellungsmethoden.

Zweiter Hauptteil.

Variationen und Korrelationen.

Dritter Hauptteil.

Die Erforschung der Individualitäten.

Vierter Hauptteil.

Bibliographie.

Einleitung.

Die Notwendigkeit einer wissenschaftlichen Psychologie der individuellen Differenzen ergibt sich gleichermaßen aus theoretischen Bedürfnissen, wie aus Forderungen der praktischen Kultur.

1. Differentielle Psychologie als theoretische Wissenschaft.

Fast alle Bestrebungen der wissenschaftlichen Psychologie hatten bis vor kurzem das Gemeinsame, daß sie das Problem generell faßten. Die Forschungen galten den letzten Elementen, aus denen sich alles psychische Leben aufbaut, den allgemeinen Gesetzen, nach denen sich die seelischen Vorgänge vollziehen. Man sah ab von der unendlichen Mannigfaltigkeit, in der sich seelisches Sein bei verschiedenen Persönlichkeiten, Völkern, Ständen, Geschlechtern, Typen usw. darstellt, um das Übereinstimmende herauszuarbeiten; man bezog seine Ergebnisse — bald mit Recht, bald mit Unrecht — auf das Seelenleben, nicht auf diese oder jene psychische Varietätenbildung.

Nun ist eine solche Abstraktion gerechtfertigt, solange sie aus einer Einsicht in die zeitweiligen Grenzen unseres Könnens hervorgeht; aber die Gefahr liegt nahe, daß man vergißt, eine Abstraktion vor sich zu haben und daß man glaubt, die generelle Behandlungsweise sei fähig, alle von der Psyche der Wissenschaft aufgegebenen Probleme zu lösen. Vielleicht hat die Psychologie längere Zeit in dieser Gefahr geschwebt; aber gegenwärtig darf sie als überwunden gelten. Stieß doch der Forscher allenthalben selbst gegen seinen Willen auf seelische Besonderheiten; und wenn diese zunächst für seine generalisierende Betrachtung lediglich eine Fehlerquelle waren, so ging es hier schließlich ähnlich wie in anderen Fällen der Wissenschaftsgeschichte: aus der Fehlerquelle wurde selber ein Problem. Man erkannte, daß die seelische Differenzierung das gleiche Anrecht auf psychologische Erforschung habe wie die ganz allgemeingültigen Tatsachen, und so entstanden aus der Seelenforschung selbst heraus differentiell-psychologische Fragestellungen und Ergebnisse. In den meisten Fällen handelte es sich freilich nur um Nebenprodukte eigentlich genereller Untersuchungen; die von vornherein auf das Problem der Differenzierung eingestellten Untersuchungen sind noch immer in der Minderzahl, und die bewußte Abgrenzung der differentiellen Psychologie von der generellen beginnt erst in unseren Tagen. Das vorliegende Buch ist vornehmlich in den Dienst dieser Aufgabe gestellt.

Zur Terminologie. Für den neu erstehenden Forschungszweig finden wir bereits verschiedene Namen angewandt: „Charakterologie“ (Bahnsen, Lucka u. a.), „Ethologie“ (Mill), „Individual-“ oder „individuelle“ Psychologie (Binet und Henri, Kräpelin u. A.), „spezielle Psychologie“ (Heymans).

Die beiden erstgenannten Ausdrücke sind entschieden zu eng. Charakter, Ethos bezeichnet nicht die gesamte Eigenart einer Psyche, sondern wesentlich ihre Gemüts- und Willensphäre. Die im populären Denken übliche Scheidung zwischen Charakter und Intellekt spricht dies deutlich aus; und es ist kein Grund vorhanden, eine solche Scheidung zu verwischen. Die Eigentümlichkeiten im Funktionieren des Gedächtnisses, in der Empfänglichkeit für sinnliche Eindrücke und ästhetische Gebilde, in der intellektuellen Begabung usw. als „charakterologische Merkmale“ betrachten zu wollen, geht doch nicht wohl an. Dazu kommt, daß die Charakterologie ihren Ausgangspunkt in gewissen philosophischen Theorien über das Wesen des Menschen zu nehmen pflegt, während es sich hier um die Grundlegung einer empirischen Wissenschaft handelt.

Brauchbarer wäre der Name „Individualpsychologie“, wenn dieser nicht schon anderweitig festgelegt wäre. So aber hat er bereits seinen eingebürgerten Sinn als Gegensatz zur „Völker“- und „Sozial“-Psychologie, und umfaßt dann Alles, was sich auf das Seelenleben des Individuums bezieht, also auch die generelle Psychologie des Einzelmenschen. Zudem soll das zu benennende Wissenschaftsgebiet nicht nur die Unterschiede zwischen Individuum und Individuum, sondern auch diejenigen zwischen Völkern, Ständen, Geschlechtern, Altersstufen usw. kurz alle Differenzierungsmöglichkeiten überhaupt zum Gegenstande haben.

Der Name „spezielle“ Psychologie drückt, wie mir scheint, zu sehr die alleinige Beziehung auf Detailfragen aus; die allgemeinen Probleme der psychischen Differenzierung, wie mir sie gleich andeuten werden, würden sich diesem Ausdruck nicht gut fügen.

So scheint der vor elf Jahren von mir vorgeschlagene und seitdem auch von manchen Forschern übernommene Name „differentielle Psychologie“ am besten das Programm in seinem ganzen Umfange zu bezeichnen.

Die differentielle Psychologie ist zunächst, gleich der generellen, eine auf Allgemeingültigkeiten gehende Wissenschaft, aber die Allgemeingültigkeiten, welche sie sucht, sind anderer Art. Erstens nämlich hat sie diejenigen formalen Gesetzmäßigkeiten zu erforschen, die in der allgemeinen Tatsache des seelischen Variierens selber stecken. Die Kategorie der psychischen Variabilität verlangt eine genaue Untersuchung; es sind die Begriffe der Variationsbreite, des Variabilitätsindex, der Konvariation zu entwickeln; als Arten der Variationen sind Typen und Stufen zu scheiden; das Wesen des Normalen, Über-, Unternormalen und Abnormen ist festzustellen. Ähnliche allgemeine Orientierung verlangt der Begriff der Korrelation, welcher den Zusammenhang mehrerer Variationsreihen bedeutet, endlich die Frage nach der Struktur der Individualität. Sodann erhält die Kausalfrage ihre besondere Formulierung: es muß gefragt werden, wie an dem Zustandekommen der seelischen Verschiedenheiten innere Ursachen (Vererbung, Anlage) einerseits, äußere (Umwelt, Erziehung, Beispiel usw.) andererseits beteiligt seien. Endlich führt die Untersuchung, inwiefern objektiv wahrnehmbare Tatbestände als Kennzeichen seelischer Besonderheiten zu gelten haben, zur Begründung der differentiellen Symptomatologie. All dies sind Probleme, die an rein wissenschaftlichem, zum Teil geradezu philosophischem Gehalt denen der Allgemeinpsychologie durchaus ebenbürtig sind.

Sodann aber hat die differentielle Psychologie inhaltliche Gesetzmäßigkeiten von engerem Umfange zu untersuchen, nämlich die wesentliche Beschaffenheit und reguläre Funktion bestimmter Varietäten. Hier wird sie nun in der Tat zur „speziellen“ Psychologie der Temperamente, der Charaktere, der Begabungen, oder auch eines einzelnen Temperaments, einer einzelnen Begabung; sie untersucht die Breitengliederung einer Funktion in Typen und Stufen, stellt spezielle Zusammenhänge zwischen den Variationen mehrerer Funktionen fest; sie erforscht sie seelische Differenzierung in ihrer Abhängigkeit von Ständen, Nationen, Geschlechtern, oder gibt die psychologische Darstellung eines Standes oder Volkes oder Geschlechtes. Auch hier ist die Untersuchung noch nomothetisch; aber sie nähert sich der Grenze dieser Forschungsrichtung um so mehr, je enger der Umkreis der Gruppe, je spezieller die Typik ist, deren Wesen bestimmt werden soll. Der Einschlag des Besonderen in das Allgemeine wird immer stärker, und die Grenze ist dort erreicht, wo die einzelne Individualität selber zum Problem wird.

Denn Individualität bedeutet stets Singularität. Jedes Individuum ist ein in identischer Form nirgends und niemals sonst vorhandenes Gebilde. An ihm betätigen sich wohl gewisse Gesetzmäßigkeiten, in ihm verkörpern sich wohl gewisse Typen, es ist in vielen Hinsichten mit anderen Individuen vergleichbar — aber es geht nicht restlos auf in diesen Gesetzmäßigkeiten, Typen und Gleichungen, stets bleibt ein Plus, durch welches es sich von anderen Individuen unterscheidet, die den gleichen Gesetzen und Typen unterliegen. So ist die Individualität die Asymptote der Gesetze suchenden Wissenschaft.

Wie hat sich die differentielle Psychologie zu diesem Tatbestande zu verhalten?

Wenn es in der Tat, wie es manche Wissenschaftstheoretiker wollen, alleinige Aufgabe der Wissenschaft ist, Allgemeingültiges zu finden, dann gibt es keine Psychologie der einzelnen Individualität. Nun wissen wir aber — dank der Arbeit eines WINDELBAND und RICKERT —, daß dieser Versuch, gewisse der Naturwissenschaft entlehnte Betrachtungsweisen aller Wissenschaft überhaupt als Zwangsjacke anzulegen, zurückzuweisen ist. Den nomothetischen Fragestellungen stehen die „idiographischen" gleichberechtigt gegenüber, welche nicht auf das Allgemeine, sondern gerade auf das Besondere, das Historische gehen. Diese Scheidung deckt sich nicht vollständig mit derjenigen zwischen Natur- und Geisteswissenschaften; vielmehr gibt es in jeder Wissenschaft Fragestellungen nomothetischer und idiographischer Art, nur mit Überwiegen bald der einen, bald der anderen Seite.

In der Wissenschaft vom Seelischen, die bisher viel zu einseitig nomothetisch war, ist nun die idiographische Betrachtung erst zu entwickeln; neben die eigentliche Psychologie muß die Psycho*graphie* treten: Darstellung einzelner Individualitäten nach ihrer seelischen Seite hin. Durch diesen äußersten Ausläufer der differentiellen Seelenforschung wird zugleich der langersehnte Zusammenhang mit den historischen Disziplinen herbeigeführt. Denn so oft auch betont worden ist, daß alle Geisteswissenschaften, wie es schon in ihrem Namen liege, die Psychologie als Hilfswissenschaft verwerten müßten, so war doch diese Forderung nicht ernsthaft zu verwirklichen, solange die moderne Psychologie in ihrer Betrachtungsweise und ihren Problemstellungen fast ausschließlich nach den Naturwissenschaften hin gravitierte. Nicht allgemeine Gesetze des seelischen Lebens, sondern individuelle Verhaltungsweisen, Charaktere, Persönlichkeiten, Entwicklungsgänge will der Historiker verstehen; er will wissen, wie eine bestimmte Begabung mit der Art des geistigen Arbeitens, der Lebensauffassung, dem Temperament zusammenkommen mußte, daß gerade eine so und so geartete künstlerische Individualität entstehen konnte; er untersucht, wie innere Disposition und Umweltverhältnisse sich vereinten, um die Erscheinung dieses politischen oder jenes religiösen Heros zustande zu bringen; — und zu allen diesen Fragen hatte ihm die allgemeine Psychologie so wenig zu sagen, daß er meist auf ihre Hilfe verzichtete.

Und doch ist die wissenschaftliche Seelenkunde berufen, ihm viel zu geben, indem sie ein System und eine Methodik der Psychographie schafft. Das System hat in möglichster Vollständigkeit die Gesichtspunkte zu enthalten, die für die Darstellung einer psychischen Individualität von Bedeutung sein können; die Methodik hat die eigentlich historisch-biographischen Verfahrungsweisen in die bisher noch fehlende Verknüpfung mit den differentiell-psychologischen Forschungsmethoden zu bringen.

Die Psychographie wird aber dann wieder rückwirkende Bedeutung für die anderen Probleme der differentiellen Psychologie haben; denn die Vergleichung möglichst vieler genau psychographierter Individuen liefert das beste Material für Variations-, Korrelations-, Typen- und andere Untersuchungen.

2. Differentielle Psychologie als angewandte Wissenschaft.

Seit dem Beginn der Neuzeit hat man die Gestaltung des praktischen Lebens bewußt auf die wissenschaftliche Erforschung der Dinge gegründet: „Durch Kennen zum Können" ist das Motto dieser Kultur. Aber jahrhundertelang war es nur die äußere — ökonomische, technische, industrielle, hygienische — Seite des Kulturlebens, welche durch Vermittlung der Wissenschaften umgestaltet wurde; und dementsprechend waren es die Naturwissenschaften, die als angewandte Disziplinen so mächtige Wirkungen entfalteten. Jene Seite der Kultur dagegen, welche es mit dem innerlichen Menschen zu tun hat, — und wo spielte nicht, selbst bei den scheinbar äußerlichsten Lebensbetätigungen, das Psychische mit? — mußte dieser wissenschaftlichen Begründung entbehren. Wo es galt, das seelische Verhalten von Menschen im praktischen Leben zu verstehen und zu bewerten, zu leiten und zu beeinflussen, da begnügte man sich mit einer naiven Popularpsychologie oder mit dilettantischen Systemen, die auf alle Vorzüge und Folgewirkungen wissenschaftlicher Erkenntnis verzichten mußten. Darunter leidet bis auf den heutigen Tag Erziehung und Unterricht, Berufswahl und Verkehr, Rechtspflege und Strafvollzug, Seelenhygiene und -therapie und manche anderen Gebiete der Praxis.

Man hat es oft beklagt, daß zwischen den popularpsychologischen Bestrebungen und Bedürfnissen einerseits und der Wissenschaft andererseits so gar keine Brücke geschlagen werden konnte; fast schien es, als ob die wissenschaftliche Psychologie wie auf einer Insel eingeschlossen und zur Unfruchtbarkeit in bezug auf kulturelle Aufgaben verurteilt sei. Nun ist diese Kluft natürlich zu einem Teil durch die Methode bedingt: die Wissenschaft muß kritisch, exakt, mit systematischer Induktion und logischer Durcharbeitung vorzugehen suchen; die Psychologien des gesunden Menschenverstandes aber bedienen sich der Zufallserfahrung, der unkritischen Deutung, der alogischen Intuition. Zu einem anderen Teil jedoch liegt die Fremdheit der beiden Richtungen geradezu im Objekt: denn das Interesse des Wissenschaftlers war generalisierend, das des Nichtwissenschaftlers vorwiegend individualisierend und differenzierend; das des Wissenschaftlers ging auf Analyse und Mechanisierung des Seelischen, das des Nichtwissenschaftlers auf komplexe Leistungsfähigkeiten und teleologische Zusammenhänge. Und so sprachen sie bisher zwei verschiedene Sprachen. Dort war die Rede von den allgemeinen Gesetzen der Vorstellungsbildung, der Willenshandlung der Gemütsbewegung — hier von der Eigenart der Intelligenz und der Begabung, des Temperaments und des Charakters. Dort behandelte man das Gedächtnis als die allgemeine Funktion des Reproduzierens, hier als die Eigenschaft, die mehr oder minder gut, umfassend, treu, nach verschiedenen Gebieten spezialisiert usw. sein kann.

Nun war die wissenschaftliche Psychologie durchaus im Recht, wenn sie das rohe Verfahren der Popularpsychologie verwarf, und das Gebiet, zum Teil unter Schaffung einer neuen Terminologie, ganz von vorn zu bearbeiten begann. Sie beging aber einen verhängnisvollen Fehler, indem sie damit auch die Fragestellung der Popularpsychologie übersah und die gesamten angewandten Probleme jenem so durchaus unkritischen Verfahren widerspruchslos überließ. Dieser Zurückhaltung lag eine falsche Scheu, zum Teil vielleicht auch ein falscher Stolz zugrunde. So wenig die Physik dadurch erniedrigt worden ist, daß aus ihr Mikroskop, Telephon, Röntgentherapie hervorgegangen sind, so wenig gibt die Psychologie damit den Charakter echter Wissenschaftlichkeit auf, wenn sie ihren Anteil an der Lösung praktischer Kulturaufgaben heischt und mit ihren methodischen Mitteln an deren Verarbeitung herangeht.

Die Psychologie wird übrigens zu einem Heraustreten aus dieser Zurückhaltung schon dadurch gezwungen, daß der Weg unserer modernen Kultur selbst ohne ihr Zutun die Richtung zum Psychologischen einschlägt und dadurch Gebiete „psychologisiert", welche früher nach ganz anderen Gesichtspunkten behandelt worden waren.

Drei Beispiele: a) Während die Gliederung unseres Schulwesens früher lediglich nach den sozialen Rücksichten des Standes und den objektiven Zwecken des künftigen Berufs ausgestaltet worden war, bahnt sich jetzt als neues Prinzip die Gliederung nach Begabungs-Graden und -Arten an (Klassen für Schwach-, Mäßig-, Normal- und Hervorragendbegabte, freiere Wahl der Unterrichtsgegenstände nach den Interessenrichtungen usw.). — b) Während das Strafrecht früher den objektiven Tatbestand des Verbrechens zum alleinigen Maßstab des Vorgehens machte, wird jetzt mehr und mehr die psychische Beschaffenheit des Verbrechers zum mitbestimmenden Faktor. — c) Die Frauenfrage wird, je mehr sie aus einer abstrakt doktrinären Parteiangelegenheit zu einem praktischen Kulturproblem wird, auch immer mehr ein psychologisches Problem. Sobald es sich darum handelt, ob bestimmte Berufe für die Frau geeignet sind, was für Leistungen von ihr zu erwarten sind, wie die Vorbildung beschaffen sein solle, wird das alte Dogma von der völligen Wesensgleichheit beider Geschlechter abgelöst durch die Überzeugung von der psychischen Andersartigkeit; damit aber entsteht die Notwendigkeit, Art, Grad und Grenzen dieser Differenzierung genauer kennen zu lernen, sowie festzustellen, inwieweit diese Differenz äußerlich (durch die bisherigen Umweltsverhältnisse) und innerlich (durch angeborene Geschlechtsbeschaffenheit) bedingt sei. Das sind aber Fragen der differentiellen Pyschologie.

Zuweilen wird die Befürchtung laut, daß diese beginnende Durchdringung der Kultur mit Psychologie geradezu in „Psychologismus" ausarten könne. Die Gefahr ist vorhanden, insbesondere solange eine dilettantische Psychologie unbekümmert um die Schwierigkeiten der Probleme und die Grenzen menschlicher Einsicht blind darauf los stürmt; so hat in der Tat sowohl die moderne Kriminalpsychologie wie auch die experimentelle Pädagogik solche Auswüchse hervorgebracht. Aber natürlich dürfen die Auswüchse nicht von der legitimen Arbeit abhalten — wie man ja auch den Schaden, den Kurpfuscherei anrichtet, nicht die wissenschaftliche Medizin entgelten läßt. Ja es scheint mir überhaupt gar kein sichereres Korrektiv gegen den falschen Psychologismus in Kultursachen zu geben, als die methodisch und kritisch vorgehende Psychologie.

Die differentielle Psychologie als angewandte Wissenschaft hat sich zwei Ziele zu setzen: Menschenkenntnis (Psychognostik) und Menschenbehandlung (Psychotechnik).

Psychognostik. Jeder, der praktisch mit Menschen zu tun hat, muß sie kennen, um sie richtig zu beurteilen, zu zensurieren, zu klassifizieren, zu verwenden. (Für gewisse Kulturaufgaben — nämlich die Zulassung zu vielen Berufen — ist sogar dies Kennenlernen der beim Bewerber vorhandenen Leistungsfähigkeit in das System der Prüfungen oder der Befähigungsnachweise gebracht.)

Zu dieser Menschenkenntnis gehört wiederum zweierlei: eine Übersicht über die Varietäten des vorliegenden seelischen Gebiets, damit man weiß, mit welchen Möglichkeiten für die Einordnung des Einzelnen man zu rechnen habe, und zuverlässige Prüfungsmittel, um im konkreten Fall die Zugehörigkeit zu einem bestimmten Typus oder Grade der Eigenschaft feststellen zu können. Es ist nun erschreckend zu sehen, mit wie dürftigen Mitteln man heute gewöhnlich an diese beiden Aufgaben herantritt.

Was die Varietätenbildung anlangt, so ist oft genug nicht einmal die gröbste Scheidung, die hier für jede seelische Eigenschaft besteht, die zwischen Normalität und Abnormität, genügend bekannt, so daß tausendfältig Lehrer, Richter und andere Praktiker zu falschen Beurteilungen kommen. Aber während in diesem Punkte durch den steigenden Anteil des Arztes am Schulwesen und an der Rechtspflege das Schlimmste überwunden zu sein scheint, ist der Praktiker dort ganz sich selbst überlassen, wo er innerhalb der Breite der Normalität Individualitäten zu beurteilen, d. h. in die ihm bekannten Begabungs-, Gedächtnis-, Charaktertypen einzuordnen hat. Entweder neigt er, in Unkenntnis der überhaupt vorhandenen Mannigfaltigkeit, dazu, sein eigenes Ich als Maßstab anzusehen, an dem alles andere gemessen wird, oder aber er verläßt sich auf ein beliebiges Klassifikationsprinzip, das auf irgendwelchen zufälligen Erfahrungen, oder auf irgendeiner Autorität, oder auf einer apriorischen Konstruktion beruht.

Bezüglich der Prüfungsmittel aber steht es nicht besser. Der Pädagoge verwendet zu seinen Prüfungen die Leistungen des Schülers, ohne sich aber darüber klar zu sein, welchen Anteil an der Leistung eingelerntes Wissen, allgemeine Intelligenz, Spezialbegabung, häusliche Übung haben; an eine wirkliche Feststellung der seelischen Eigenschaften kommt er also nicht heran. — Der Psychiater müht sich seit Jahrzehnten um Methoden der Intelligenzprüfung, blieb dabei aber viel zu sehr an der Prüfung niederer und elementarer Funktionen haften, die nur in einem sehr unbestimmten Zusammenhang mit der eigentlichen Intelligenz stehen. — Der Graphologe vertritt die seltsame Idee, daß von allen den unzähligen Äußerungsweisen der menschlichen Persönlichkeit eine einzige, nämlich die Schrift, allein ausreiche, um zum universellen Charakterdeutungsmittel erhoben zu werden usw.

Es bedarf keiner weiteren Ausführung, daß die eben genannten Teilaufgaben der Psychognostik: Kenntnis der Varietätenbildungen und Ausarbeitung geeigneter Prüfungsmethoden, durchaus in das Arbeitsgebiet der differentiellen Psychologie gehören.

Die Psychotechnik hat die praktische Einwirkung von Mensch auf Mensch zum Gegenstand. Sie bedarf der differentiellen Seelenwissenschaft aus zwei Gründen.

Zunächst hat sie Möglichkeit und etwaige Grenzen der Einwirkung überhaupt zu bestimmen. Erst wenn wir in die Kausalität einer bestimmten seelischen Beschaffenheit Einblick haben, können wir ermessen, inwiefern hier die von außen kommenden Einflüsse der Erziehung, der Bestrafung, der politischen Aufklärung usw. auf Resonanz stoßen werden. So hängt z. B. die kriminalistische Psychotechnik davon ab, ob man das Verbrechertum als angeborene Veranlagung oder als Umwelterzeugnis auffaßt. Die Begabungsforschung wird zeigen, welche Anlagen ein bestimmter Unterricht (z. B. in der Musik, in der Mathematik, im Zeichnen) voraussetzen muß, damit er überhaupt erfolgreich erteilt werden kann usw.

Sodann aber muß die Art der Einwirkung der Art der psychischen Differenzierung angepaßt werden. „Der Unterricht soll individualisieren!" Diese Forderung ist alt, aber noch immer unerfüllt, namentlich im Kollektivunterricht. Erst jetzt beginnen wir die hierfür maßgebenden psychologischen Gesichtspunkte einzusehen.

So kann z. B. im Massenunterricht differenzierende Psychotechnik auf drei Weisen geübt werden: 1. indem dort, wo der einzelne Schüler vorgenommen wird, sein Typus des Lernens, des Aufmerkens, des Interesses usw. berücksichtigt und bei der Bewertung der Leistungen in Betracht gezogen wird; 2. indem bei kollektiven Unterrichtsmaßnahmen nicht eine einseitige Methode angewandt wird, die einer Gruppe unter den Schülern sehr angepaßt, anderen aber sehr unnatürlich ist (z. B. nur-akustisches Darbieten von Lernstoffen); 3. indem die gröbsten Disparitäten in der psychischen Beschaffenheit der Schüler einer Klasse durch die schon oben erwähnte Klassengliederung nach Begabungs-Graden und -Arten beseitigt werden. Alle diese Maßnahmen sind aber ohne die vorausgehende oder mindestens begleitende wissenschaftliche Untersuchung der seelischen Differenzierung gar nicht denkbar.

Ebenso muß natürlich die Erziehung differenzieren: der Schüchterne verlangt eine andere Behandlung als der Verwegene; der Flüchtige andere als der Pedantische, der Sanguiniker andere als der Phlegmatiker. Zugleich aber ist hier — ebenso wie beim Unterricht — stets die Frage aufzuwerfen, ob nicht zur Ausgestaltung einer harmonischen Persönlichkeit die einseitige Veranlagung durch eine Pflege der weniger stark ausgeprägten Dispositionen ergänzt werden solle, und in welchem Maße die Übung solcher nicht-spontanen Verhaltungsweisen möglich sei.

Auch die Rechtsprechung beginnt jetzt den Menschen in

seiner Eigenart anders als früher zu berücksichtigen, Strafmaß und Strafart seiner inneren Motivationsweise, seiner Besserungsfähigkeit und seiner Erziehbarkeit anzupassen. Die Jugendlichen sollen anders behandelt werden als die Erwachsenen — man kann es kaum begreifen, daß diese größte Differenz des menschlichen Seelenlebens von dem bisherigen Schema des Strafrechts und Strafprozesses fast ganz nivelliert worden war. — Auch in der Zeugenvernehmung wird mehr und mehr die Technik des Verhörs auf die Eigenart des Zeugen, seine Suggestibilität, Erinnerungsfähigkeit, Beeinflußbarkeit usw. eingestellt — ein Erfolg, der zum großen Teil auf die Mitarbeit der wissenschaftlichen Psychologie zurückzuführen ist.

Differentielle Psychotechnik hat dann vor allem der Seelenarzt zu treiben (und jeder Arzt muß ja, selbst bei Behandlung rein körperlicher Leiden, mehr oder weniger Seelenarzt sein). Nicht Krankheiten, sondern kranke Menschen sollen geheilt werden; und wenn früher unter der Herrschaft des — leider aussterbenden — Hausarztsystems die Vertrautheit des Arztes mit der einzelnen Persönlichkeit und ihrer Sonderart eine exakte Psychologie entbehrlich machte, so gilt dies für die Zukunft nicht mehr. Da wird die psychologische Beurteilung und Behandlung des Patienten mit wissenschaftlichen, zum Teil experimentellen Hilfsmitteln arbeiten müssen; hierbei ist zu hoffen, daß die gegenwärtigen, zum Teil nicht unbedenklichen Ansätze zu solcher Psychotechnik (z. B. die FREUDsche psychoanalytische Methode) mit der Zeit von einwandfreien differentiell-psychologischen Verfahrungsweisen abgelöst werden mögen.

3. Zur Vorgeschichte der differentiellen Psychologie.

Da unser Forschungsgebiet eben erst seine Selbständigkeit zu erwerben im Begriff steht, kann man noch nicht von einer eigentlichen Geschichte sprechen. Wohl aber vermag man diejenigen Bestrebungen früherer Zeiten namhaft zu machen, welche als Vorstufen und Ansätze zur differentiellen Psychologie zu gelten haben. Wir beschränken uns hier auf einige der wichtigsten Punkte.

Die Vorgeschichte unserer Wissenschaft gliedert sich in zwei ziemlich deutlich getrennte Hauptströmungen: die charakterologische und die psychognostische.

A. Als Charakterologie bezeichnet man eine Disziplin, welche bestrebt ist, den Wesensunterschied der Menschen auf gewisse einfache Grundtypen zu bringen. Sie geht von der Überzeugung aus, daß die Individualität einen einheitlichen Quellpunkt oder doch nur ganz wenige Grundeigenschaften habe, die es begrifflich zu fassen gelte; sodann bemüht sie sich, die differentiellen Hauptformen festzustellen, in welchen diese Grundeigenschaft (oder Grundeigenschaften) auftreten können und sie womöglich in ein wohl gegliedertes System zu bringen.

Bezeichnend für den Betrieb der Charakterologie ist bis zum heutigen Tage eine eigentümliche Verquickung philosophischer Hypothesen über Wesen und Ursachen des menschlichen Naturells (Charakters, Temperaments) mit empirischen Untersuchungen, die freilich meist bei den Befunden der Alltagserfahrung oder halbdilettantischer Seelenstudien stehen bleiben[1].

Wenn auch der Name „Charakterologie" erst aus der zweiten Hälfte des 19. Jahrhunderts stammt, so ist die Sache selbst doch sehr viel älter.

Das berühmteste hierher gehörige Beispiel aus dem Altertum ist die Temperamentenlehre des GALENUS, die aus dem Vorwiegen je eines der vier konstituierenden Körpersäfte die vier Haupttypen menschlicher Eigenart ableitete. — Die zahlreichen Versuche, welche die letzten zwei Jahrhunderte bezüglich des Temperamentproblems hervorgebracht haben und die sämtlich „charakterologischer" Natur im oben definierten Sinne sind, finden in einem späteren Kapitel Behandlung.

Eine große Ausbreitung haben charakterologische Betrachtungen in der deutschen Aufklärungsphilosophie und „Erfahrungsseelenkunde" des 18. Jahrhunderts gefunden, wofür in DESSOIRS Geschichte der Psychologie manche Beispiele enthalten sind. Am bekanntesten geworden ist einer der letzten Ausläufer dieser Bestrebungen, nämlich KANTS Anthropologie (1798); ihr zweiter Teil, die „anthropologische Charakteristik", beschäftigt sich mit dem Charakter der Person, des Geschlechts, des Volks und der Gattung und enthält feinsinnige Einteilungen und Schilderungen der Temperamente und Denkungsarten, auch physiognomische und verwandte Betrachtungen.

Zu einer breit angelegten systematischen Ausbildung ist freilich die Charakterologie erst 70 Jahre später gekommen. BAHNSENS viel zu wenig bekanntes Werk, das nun auch zum ersten Male den Namen Charakterologie bringt (1867) enthält manche Schätze, die auch für unsere Zeit gehoben zu werden verdienten. Er kennt drei Hauptrichtungon der charakterologischen Differenzierung: die Temperamente (welche sich auf die rein formalen Willensverhältnisse beziehen), die Posodynik (welche das Maß der Leidensfähigkeit ausdrückt), und die Ethik (den Charakter im eigentlichen Sinne).

In neuerer Zeit hat Deutschland nur noch vereinzelte Versuche zur Charakterologie — so von STERNBERG, LUCKA, KLAGES — gezeitigt; dagegen haben sich die Franzosen mit großer Vorliebe dem Thema der Charakter- und Temperamentsgliederung und -Beschreibung zugewandt: MALAPERT, PAULHAN, FOUILLÉE, RIBÉRY u. A.

---

[1] Vgl. die Abteilungen A I, B XII, XIII der Bibliographie.

Die eigentliche differentielle Psychologie, wie wir sie hier vertreten, unterscheidet sich von der Charakterologie durch zwei Punkte. Sie nimmt ihren Ausgangspunkt nicht „von oben" (der einheitlichen Wesenheit des Individuums), sondern „von unten", indem sie von der Vielheit der im Individuum feststellbaren Phänomene ausgehend langsam und vorsichtig zur Einheit der Individualität aufzusteigen sucht; und sie begnügt sich nicht mit einem Verfahren, das eine unklare Verquickung von philosophischer Spekulation mit naiver Zufallserfahrung ist, sondern ist bestrebt, eine ihren Problemen angemessene wissenschaftliche Methodik auszubilden.

Man darf nun aber nicht erwarten, daß die differentielle Psychologie berufen sei, die Charakterologie völlig überflüssig zu machen und zu ersetzen. Vielmehr wird die mehr intuitive von oben ausgehende Betrachtungsweise des Charakterologen auch fernerhin eine wertvolle Ergänzung der mehr analysierenden Untersuchung des Psychologen bilden; und der gewiß berechtigte Wunsch, daß exakte psychologische Forschungsmethodik auf die Bearbeitung eigentlich charakterologischer Fragen übertragen werden möge, ist noch weit von Erfüllung entfernt. Von den beiden Hauptproblemen der Charakterologie ist bisher nur das eine (das der Temperamente) im Begriff, unseren exakteren Methoden zugänglich gemacht zu werden; dagegen hat man sich an das schwere und fundamentale Charakterproblem mit modernen Verfahrungsweisen noch kaum herangewagt. Daraus wird es auch erklärlich, daß in vorliegendem — wesentlich methodisch interessierten — Buche das Thema des Charakters trotz seiner Wichtigkeit nur selten gestreift werden kann.

B. Das andere große Gebiet, das als Vorstufe unserer Wissenschaft zu gelten hat, ist die als Liebhaberei betriebene und in Systeme gebrachte Psychognostik. Ihre Aufgabe ist einerseits die Feststellung der Beziehungen, die zwischen gewissen, äußerlich wahrnehmbaren Zuständen oder Bewegungen des Menschen und seiner individuellen Eigenart bestehen, andererseits die Anwendung dieses Zusammenhangs auf die Charakterdeutung bestimmter Individuen.

Nach drei Richtungen hin ist die Psychognostik zu wirklichen Systemen ausgebildet worden, als Physiognomik, Phrenologie und Graphologie; daneben laufen noch eine ganze Reihe kleinerer Versuche einher[1].

---

[1] Abteilung A III der Bibliographie.

Die Deutung aus dem Gesichtsschnitt („Physiognomik“) wurde schon im Mittelalter als eine Art okkulter Kunst betrieben, aber erst LAVATER machte sie eigentlich populär (1775); es ist bekannt, wie zeitweilig auch ein GOETHE in die Begeisterung für diese Lehre hineingezogen wurde. Freilich dauerte die Flutwelle nur kurze Zeit.

In der Tat war ja auch das Verfahren viel zu grob, die Auswahl der zur Deutung benutzten Momente (teils des Knochengerüsts des Gesichts, teils der Weichteile) viel zu willkürlich, als daß die Physiognomik sich nicht selbst schnell ad absurdum hätte führen sollen. Hatte sie sich doch die Sache so leicht gemacht, daß sie nicht einmal das wirkliche Gesicht des Prüflings zu betrachten für nötig hielt, sondern sich mit der Silhouette begnügte.

Nachhaltiger war die Wirkung des zweiten Systems, der um 1810 von GALL begründeten Phrenologie (auch Kranioskopie genannt). Sie trat auch mit einem ganz anderen wissenschaftlichen Rüstzeug auf; denn die Lehre, daß die einzelnen Seelenvermögen an verschiedenen Stellen des Gehirns lokalisiert seien, war eine zum mindesten diskutable Hypothese; und der weitere Schluß schien dann plausibel, daß die besonders starke Ausprägung einer Eigenschaft von einer besonders starken Ausbildung der betreffenden Gehirnpartie begleitet sei, und daß sich diese wieder in einer Vorwölbung oder Ausbuchtung des Schädeldaches äußern müsse. Damit erhielten Schädelbuckel, -Wülste und -Vertiefungen den Wert psychognostischer Kennzeichen für vorherrschende oder fehlende Eigenschaften. Heute wissen wir, daß die Voraussetzungen dieser Überlegung nur zum kleinsten Teile zutreffen und daß die einzelnen Deutungen in ihrer Mehrheit direkt falsch waren; aber immerhin wird verständlich, daß die Abtastung des Schädels lange Zeit als vortreffliches Charakterdeutungsmittel galt. GALL hat viele Nachfolger gehabt, von denen manche (z. B. SPURZHEIM) selbständig weiter zu arbeiten suchten; auch heute ist die Phrenologie noch nicht ganz ausgestorben, ja sie hat sogar vor kurzem in MÖBIUS wieder einen wissenschaftlichen Verfechter gefunden.

Auch das dritte psychognostische System, die Graphologie, ist eine Schöpfung des 19. Jahrhunderts. Ihr Ursprungsland ist Frankreich; hier wurde sie von ABBÉ MICHON begründet (1875), von CRÉPIEUX JAMIN in den 80er Jahren ausgebaut. Der Grundgedanke der Graphologie: daß die Bewegungen des Menschen wenigstens zum Teil als Ausdrucksformen seines Naturells gelten können, daß dies auch für die Schreibbewegungen zutreffe und daß deshalb die Erzeugnisse der Schreibbewegung, die Schriftzüge, als psychognostische Deutungsmittel verwendbar seien — ist im Prinzip berechtigt. Seine Durchführung läßt freilich noch viel zu wünschen übrig. Die Zahl der allgemein anerkannten, gesicherten Zusammenhänge zwischen Schriftzügen und Charaktereigenschaften ist noch ziemlich gering, die individuellen Deutungen der Graphologen, auch der tüchtigsten, sind daher noch immer argen Täuschungen ausgesetzt. Das Gebiet leidet darunter, daß neben ernsten Versuchen einer wissenschaftlichen Konsolidierung, wie sie von PREYER, GEORGES MEYER, BUSSE, KLAGES u. a. unternommen worden sind, unkritische Liebhaberei und gewerbsmäßige Charlatanerie ihr Unwesen treiben.

Alle betrachteten psychognostischen Systeme leiden an zwei Mängeln. Der eine betrifft nur ihre bisherige und gegenwärtige Situation, könnte aber in Zukunft vermieden werden: es ist die außerordentlich mangelhafte Methodik, welche meist den elementarsten Forderungen wissenschaftlicher Kritik Hohn spricht. Der andere Mangel aber ist prinzipieller Natur; er besteht in dem willkürlichen Herausgreifen einer einzigen Symptomgruppe als alleinigen Erkenntnismittels. Dieser Fehler macht die Ausgestaltung der genannten Liebhabereien zu wirklichen Wissenschaften unmöglich. Die differentielle Psychologie muß anstreben, zum Zweck der Erkenntnis seelischer Besonderheiten alle verfügbaren Deutungsmittel zusammenwirken zu lassen; deshalb können Schrift oder Gesichtsausdruck für sie immer nur Einzelsymptome neben vielen anderen, nicht aber Grundlagen einer isolierten Deutungstätigkeit sein. Näheres darüber bringt das Kapitel Symptomatologie.

C. Neben den beiden Hauptströmungen, die vorbereitende Bedeutung für unsere Wissenschaft hatten, gibt es noch zahlreiche Bestrebungen engeren Umfangs, die ebenfalls Beiträge zum Aufbau der differentiellen Psychologie zu liefern berufen sind.

Es seien hier nur die zahlreichen Schriften über Vererbung, über das Genie und über einzelne Genies, über Psychologie der Frau, des Verbrechers, der Rassen genannt, Untersuchungen, die abseits vom Hauptbetriebe der Psychologie entstanden sind. Sie rühren von Menschen verschiedensten Berufs her, von Ärzten und Künstlern, Laien und Dilettanten, und liefern in Methodik, Gesichtspunkten und Problemstellungen ein sehr buntscheckiges und ungeordnetes Bild. Ihre Einordnung in unser Forschungsgefüge wird von der Zukunft zu erhoffen sein.

D. Die differentielle Psychologie in dem von uns gemeinten Sinne — als eine Abzweigung der allgemeinen wissenschaftlichen Psychologie, deren Kategorien und Verfahrungsweisen übernommen, weitergebildet und den neuen Forderungen entsprechend umgestaltet wurden — hat gegen Ende des 19. Jahrhunderts ihren Anfang genommen. Schon in den 80er Jahren wurde die Lehre von den Gedächtnis- und Sprachtypen von Charcot in Frankreich und Galton in England begründet; 1890 trat in Amerika Cattell zum ersten Male mit der Methode der „mental tests" hervor. 1896 erschien als eine Art Programmschrift des neuen Gebiets Binets und Henris Aufsatz „La psychologie individuelle", gleichzeitig veröffentlichte Baerwald seine „Theorie der Begabung". 1900 versuchte ich selbst eine Zusammenfassung des damaligen

Bestandes nebst Anregungen zu künftigen Forschungen in der „Psychologie der individuellen Differenzen" zu geben.

Das erste Jahrzehnt des neuen Jahrhunderts hat nun aus diesen Anfängen eine mächtig schwellende Bewegung sich entwickeln lassen, die nicht mehr in diesen historischen Rückblick gehört, weil ihre Methoden und Ergebnisse allenthalben in dem Buche selbst ihren Platz finden werden. Nur das sei noch erwähnt, daß die Bewegung ihren internationalen Charakter beibehalten hat. Frankreich, Deutschland, Amerika, England und Holland sind es vor allem, welche die gemeinsame Pflege des aussichtsreichen Gebiets übernommen haben; aber auch Italien, Rußland, Ungarn nimmt in engerem Rahmen teil. Über diese Internationalität gibt die Bibliographie genügende Auskunft.

4. Die Disziplinen der differentiellen Psychologie.

Die Einteilung einer Wissenschaft kann entweder vorgenommen werden nach ihrem empirischen Inhalt oder nach den logisch-methodischen Gesichtspunkten ihrer Problemstellung. Da die differentielle Psychologie bisher noch ganz der Selbstbesinnung auf ihre einheitliche Systematik entbehrte, vielmehr ein ungeordnetes Gemenge von Einzeluntersuchungen war, ist es natürlich, daß rein inhaltliche Momente bei der Abgrenzung bestimmter Teile maßgebend waren. In diesem Sinne kann man als Teilgebiete bezeichnen: Die Intelligenz- und Begabungsforschung, die Charakterforschung, die Untersuchung der Temperamente, der Gedächtnistypen, der Aufmerksamkeitstypen usw., dann wieder die Psychologie des Genies, der Geschlechter, der Rassen; die Wissenschaft von den Abnormen und Unternormalen u. a. m.

Wenn man sich aber immer wieder auf diese Einteilung zurückzieht, so ist es ganz unmöglich, sich über die Zufallsproblematik und -methodik des einzelnen Gebietes zu erheben und aus dem Chaos von Sonderuntersuchungen eine Wissenschaft zu machen.

Dies aber ist gerade die Aufgabe dieses Buches, und deshalb vermeidet es mit Absicht die Gliederung seines Stoffes nach inhaltlichen Gesichtspunkten, um die formalen und allgemeinmethodischen Grundlagen in möglichster Reinheit aufzudecken. Dies tritt schon in den Einteilungsprinzipien hervor, auf Grund deren wir vier methodologisch getrennte Teildisziplinen: die Variations- und Korrelationsforschung, die Psychographie und Komparationsforschung erhalten. Je zwei von diesen gehören enger zusammen.

Die Gliederung ergibt sich auf folgende Weise.

Das Rohmaterial der differentiellen Psychologie ist zunächst dasselbe wie dasjenige, mit dem es auch die generelle Psychologie zu tun hat: menschliche Individuen, deren jedes eine große Mannigfaltigkeit physischer und psychischer Bestandteile in sich enthält. Nennen wir diese Bestandteile mit einem möglichst weiten und farblosen Namen „Merkmale“, so sind uns also I n d i v i d u e n m i t i h r e n M e r k m a l e n gegeben.

Der nächste Schritt aber führt bereits die differentielle Psychologie auf eine andere Bahn, als die generelle.

Die generelle Psychologie kann als ihr eigentliches Forschungsobjekt allein die zweite der genannten Kategorien, die Merkmale, ansehen. Denn die Individuen, wie sie in concreto existieren, sind für sie nicht vorhanden; sie ersetzt sie durch die Idee eines allgemeingültigen Individuums, dessen nähere Formulierung nun nicht mehr der empirischen Spezialwissenschaft, sondern der Philosophie obliegt.

Die differentielle Psychologie dagegen kann sich auf die eine Forschungsdimension der Merkmale nicht beschränken. Denn für sie ist das Individuum als empirische Einheit selbst Gegenstand der Untersuchung. Gewiß muß auch sie die letzte Frage nach dem Wesen der Individualität und die Ableitung ihrer einzelnen Bestimmungen aus diesem Wesen der Philosophie überlassen; dagegen darf sie der Untersuchung nicht aus dem Wege gehen, wie sich das Bild einer tatsächlich vorhandenen Individualität aus der Fülle ihrer Merkmale und wie sich die Struktur der Individualität aus den Beziehungen der Merkmale untereinander darstellen läßt.

Somit erstreckt sich die Problematik unserer Wissenschaft nach z w e i D i m e n s i o n e n, und je nachdem jede dieser Dimensionen isoliert oder mit der anderen in gewisser Verbindung auftritt, ergeben sich vier Hauptaufgaben.

Ihre Darstellung mag ein einfacher Schematismus erleichtern, indem wir die beiden Forschungsdimensionen durch ein zweidimensionales Diagramm darstellen. Die Individuen seien durch nebeneinander stehende Linien, die in jedem Individuum enthaltenen Merkmale durch eine Reihe von Punkten auf ihnen dargestellt und zwar derart, daß sich die in gleicher Höhe liegenden Punkte der verschiedenen Individuen jeweilig auf das analoge

Merkmal beziehen. Die Senkrechten, welche die Individuen repräsentieren, sollen stets durch große Buchstaben bezeichnet werden; die wagerechten Punktdistanzen, welche die Dimension der Merkmale darstellen, erhalten kleine Buchstaben.

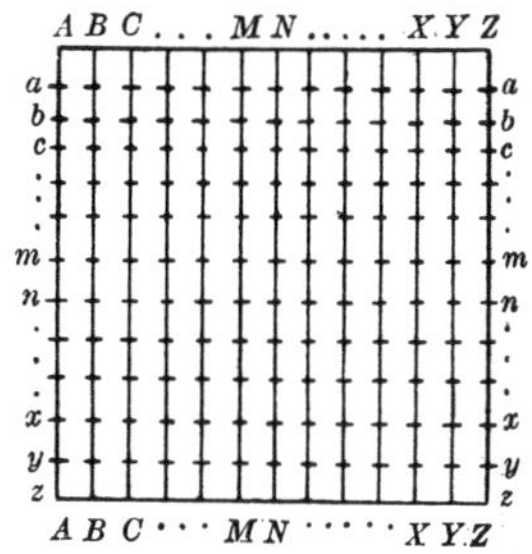

Aus diesem Schema greift nun die Forschung, je nach ihrer besonderen Aufgabe, gewisse Bestandteile heraus.

Ein horizontaler Schnitt durch das Schema bedeutet: Ein einzelnes Merkmal (m) wird durch viele Individuen (A . . . Z) hindurch geprüft und in seinen Variationen festgestellt: „Variationslehre“ — Beispiele: Untersuchung der Gedächtnistypen, der Intelligenzgrade, der Temperamente, der Normalitätsgrenze für bestimmte Leistungen nach oben und nach unten.

Ein senkrechter Schnitt bedeutet: eine Individualität (M) wird in bezug auf viele ihrer Merkmale (a . . . z) und auf den Zusammenhang ihrer Merkmale untereinander untersucht und in ihrer Besonderheit dargestellt: „Psychographie“. — Beispiele: Psychologische Analyse Goethes; Pathographie Rousseaus; Feststellung des psychischen Status eines Geisteskranken; Anlegung einer Personalliste für ein Schulkind.

Zwischen diesen beiden Extremen gibt es aber Kombinationen beider Dimensionen, bei denen freilich stets eine Dimension die führende ist.

Legt man zwei oder mehrere Horizontalschnitte, so heißt dies, daß man zwei oder mehrere Merkmale (m und n) an vielen Individuen (A . . . Z) durchprüft, um festzustellen, ob das eine Merkmal mit dem anderen gleichsinnig, entgegengesetzt oder unabhängig variiert: „Korrelationslehre“. — Beispiele: Erforschung der Zusammenhänge zwischen gewissen Begabungsformen, zwischen zwei verschiedenen Intelligenztests, zwischen Temperaments- und Willenseigenschaften.

Legt man zwei oder mehrere senkrechte Schnitte, so werden einige Individualitäten (M und N), deren jede in bezug auf viele Merkmale (a . . . z) geprüft ist, miteinander verglichen: „Komparationslehre“. — Beispiele: Familienforschung, Vergleichung von Schiller und Goethe.

Wir erhalten also folgende Übersichtstabelle über die differentielle Psychologie als empirische Wissenschaft:

	Objekt der Forschung	Schema	Disziplin
Merkmale	ein Merkmal an vielen Individuen	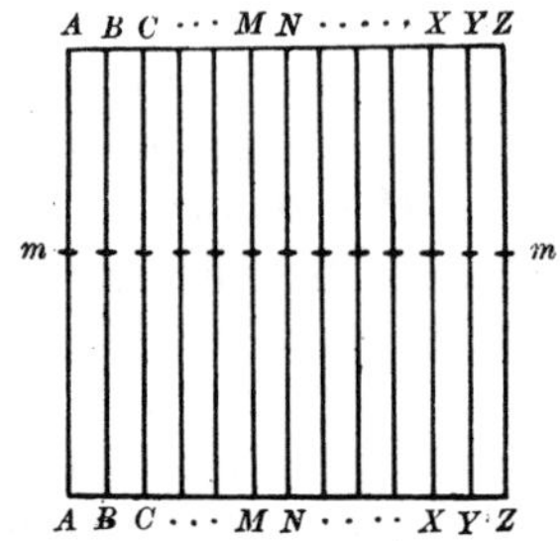	Variationsforschung
	zwei oder mehrere Merkmale an vielen Individuen	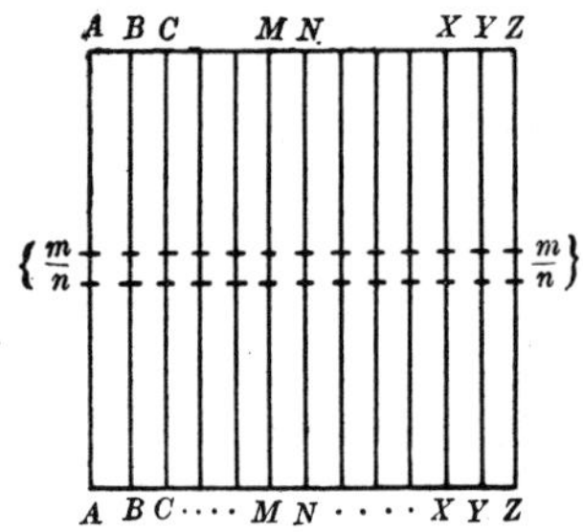	Korrelationsforschung
Individuen	eine Individualität in Bezug auf viele Merkmale	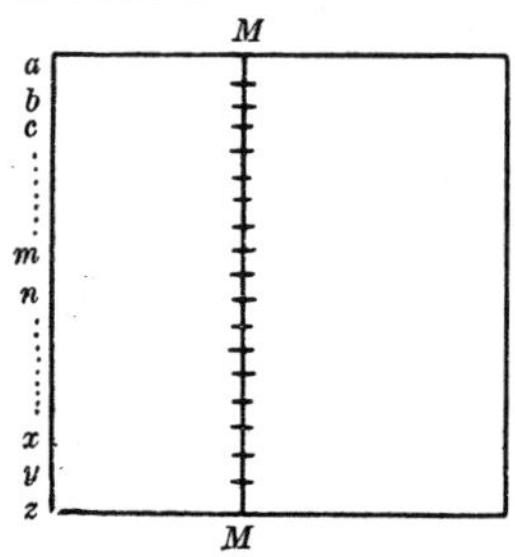	Psychographie
	zwei oder mehrere Individualitäten in Bezug auf viele Merkmale	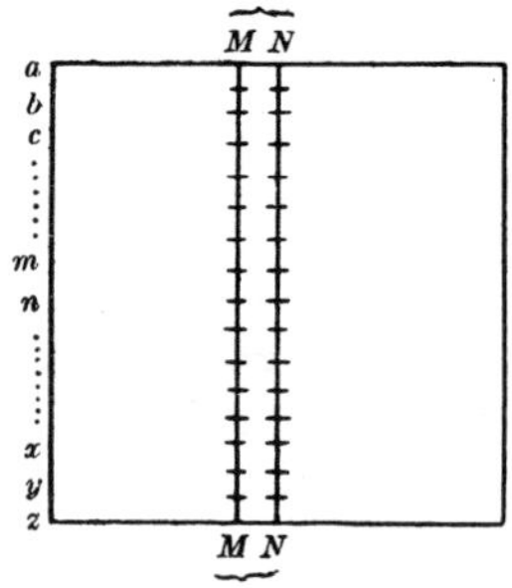	Komparationsforschung

Die beiden ersten Problemstellungen stehen den nomothetischen Wissenschaften und damit auch der generellen Psychologie näher, die beiden letzten den idiographischen Wissenschaften und damit der historischen Betrachtungsweise.

5. Die Grundbegriffe.

Die Begriffe „Individuum" und „Merkmal", aus deren Kombination sich die verschiedenen Probleme der differentiellen Psychologie ergeben haben, bedürfen nun noch einer genaueren Erörterung. Hierbei ergibt sich freilich eine Schwierigkeit; denn die Grundbegriffe, mit denen ein Psychologe operiert, hängen in ihrer Fassung und Bewertung ab von seinen allgemeinen, nicht nur psychologischen, sondern auch philosophischen Grundanschauungen und sind nur aus diesen mit ausreichender Gründlichkeit herzuleiten. Die dadurch gebotene Ausführlichkeit würde aber durchaus den Rahmen dieses Buches sprengen, welches die differentielle Psychologie als empirische Wissenschaft begründen soll. So ist eine Kürze notwendig, deren Unzulänglichkeit nicht verhehlt werden soll; aber sie mag entschuldigt sein durch den Hinweis, daß die prinzipielle Erörterung in meinem philosophischen Werk teils schon gegeben ist, teils in einem weiteren Abschnitt, als Lehre vom Individuum, in absehbarer Zeit erscheinen wird. Die folgenden Seiten mögen daher nur im Zusammenhang mit jenen ausführlicheren Darstellungen meiner psychologischen Grundanschauung beurteilt werden.

Übrigens hoffe ich, daß auch für diejenigen Psychologen, die in den Grundanschauungen von der meinigen abweichen, die späteren Kapitel als methodologische dennoch ihren Wert behalten mögen.

Die senkrechte Dimension unseres Schemas war die des Individuums (oder der Individualität).

Unter einem „Individuum" verstehen wir ein G a n z e s , das zwar eine Vielheit von Bestandteilen in sich schließt, aber dennoch nicht in diese Teile aufgelöst werden kann (also „in-divisibile" ist). Die Einheitlichkeit bekundet sich empirisch in der Geschlossenheit der Form, in der Zweckmäßigkeit des Funktionierens und in der Einheit des Selbstbewußtseins.

Unter einer „Individualität" verstehen wir ein Individuum, sofern es als Ganzes eine singuläre B e s o n d e r h e i t darstellt.

Nun werden beide Begriffe von der differentiellen Psychologie in erster Linie auf die e i n z e l n e menschliche Persönlichkeit angewandt, aber doch nicht ganz auf sie beschränkt. Denn auch eine Gemeinschaft von Menschen kann unter dem Gesichtspunkt der geschlossenen Ganzheit, also als „Kollektivindividuum" — und in ihrer Besonderheit gegenüber anderen Gemeinschaften, also als „Kollektivindividualität" aufgefaßt werden (wobei die Frage, mit welchem Recht man etwa einer Gemeinschaft realiter den Charakter einer Persönlichkeit zusprechen dürfe, getrost der Philosophie überlassen werden kann).

Es ist demnach möglich, diejenigen Problemstellungen, die wir oben aus der Dimension der Individualität ableiteten, auch auf die Kollektivindividuen anzuwenden; so kann man eine Psychographie des französischen Volkes oder „des Schauspielers" unternehmen; oder man kann eine Komparation des männlichen und des weiblichen Geschlechts, der arischen und mongolischen Rasse usw. versuchen.

Ausführlicher zu behandeln ist die horizontale Dimension, die der „Merkmale". Dieser Ausdruck war mit Absicht so farblos gewählt worden, um alles in sich zu begreifen, was im Individuum als empirisch Feststellbares vorhanden ist. Die Einteilung aber, welche die differentielle Psychologie von den Merkmalen zu machen hat, unterscheidet sich wiederum typisch von den Ordnungsgesichtspunkten der generellen Psychologie, zum mindesten der heute herrschenden.

Wir unterscheiden drei Hauptgruppen von Merkmalen: Phänomene, Akte und Dispositionen. Also nicht die alte Gegenüberstellung von Physischem und Psychischem dient als Hauptprinzip der Einteilung, sondern eine andere, die sich damit kreuzt. Der Gegensatz Psychisch-Physisch wird, wie sich gleich zeigen wird, zu einem sekundären herabgedrückt.

Die philosophische Ableitung der drei Merkmalsgruppen ist in dem philosophischen Werke nachzulesen; hier haben wir, unserer empirischen Aufgabe entsprechend, den Nachweis zu führen, daß sich jene Gliederung ergibt aus der Art, wie die Merkmale Gegenstände unserer Erfahrung sein können.

a) Phänomene. Unsere Erfahrungen sind entweder unmittelbar oder mittelbar. Unmittelbar ist das Phänomen als solches, die Vorstellung, die ich jetzt habe, der Gesichtsausdruck des anderen, den ich sehe. Das Gefühl jenes anderen, das hinter seinem Gesichtsausdruck steckt, ist zwar für mich nicht unmittelbar erfahrbar, wohl aber für jenen selbst, es gehört also prinzipiell zu dem unmittelbar Erfahrbaren.

Immerhin aber ergibt sich daraus innerhalb der phänomenalen Merkmale die Scheidung zwischen p s y c h i s c h e n und p h y - s i s c h e n P h ä n o m e n e n. Psychisch nennen wir diejenigen Phänomene, welche Gegenstände innerer (dem Erlebenden allein zugänglicher) Erfahrung sind oder sein können: Vorstellungen, Empfindungen, Gefühle, sowohl im Zustande der Bewußtheit, wie der Unbewußtheit; denn auch die unbewußte Vorstellung kann wieder bewußt und damit Gegenstand der inneren Erfahrung werden. Physisch nennen wir diejenigen Phänomene, welche Gegenstände äußerer — also mit anderen Menschen gemeinsamer — Erfahrung sind oder sein können: die Körperzustände und -Bewegungen eines Menschen usw.; auch die im lebenden Gehirn vor sich gehenden Erregungsprozesse gehören hierher, obgleich sie, nach dem Stande der bisherigen Forschung, nicht tatsächliche Erfahrungsgegenstände geworden sind.

Der Unterschied zwischen physischen und psychischen Merkmalen ist bekanntlich für die gegenwärtige generelle Psychologie der Grundunterschied überhaupt; sie kennt nur Psychisches, Physisches und deren Verbindungen. Für uns ändert sich das Bild. Die Alternative Psychisch-Physisch kann lediglich für die Phänomene als zureichend anerkannt werden; aber sie erweist sich als ungenügend für die nun zu besprechenden Gruppen von Merkmalen.

Hier handelt es sich um solche Merkmale, welche prinzipiell nicht Gegenstände unmittelbarer Erfahrung sein können, sondern aus diesen durch eine gewisse Bearbeitung hervorgehen. Daß mit der Annahme solcher nicht-phänomenalen Merkmale der Boden der Empirie verlassen würde, ist irrig; denn Empirie ist nicht die rohe unmittelbare, sondern die wissenschaftlich geordnete und verknüpfte Erfahrung. Diese aber wird erst möglich, wenn wir die chaotischen und zerstreuten, kommenden und gehenden Phänomene auf wirkende Faktoren zurückführen und in einen tragenden Zusammenhang einbetten. Jene Faktoren und dieser Zusammenhang können daher nicht selbst direkt gegeben sein; sie müssen aber so angenommen werden, daß sie geeignet sind, die unmittelbaren Tatsachen der wissenschaftlichen Forschung verständlich zu machen und neue zu suchen und zu finden. Solange die hypothetischen Momente diese Kontrolle und Eichung durch die Erfahrung zulassen, sind sie nicht nur erlaubt, sondern geradezu gefordert, damit Erkenntnis möglich sei.

In der Tat verzichtet ja auch keine wissenschaftliche Arbeit, auch die psychologische nicht, auf die Annahme solcher hypothetischen Erklärungsfaktoren und Zusammenhänge; nur darin liegt der Unterschied, welcher Art die zur Deutung verwandten Erklärungskategorien sind. Und da ist es entweder möglich, daß man diese Kategorien lediglich aus fremden Gebieten, insbesondere denen der anorganischen Naturwissenschaften nimmt; das ist der Fall, wenn man glaubt, mit Begriffen wie Energie, mechanische Naturgesetzlichkeit usw., die Phänomene am lebenden Individuum verständlich machen zu können. Oder aber man entnimmt die Kategorien den Bedürfnissen des eigenen Forschungsgebietes; und diese bestehen für uns darin, zwischen den beiden Dimensionen des einheitlichen Individuums und der vielfältigen, an ihm vorhandenen Phänomene eine Beziehung zu schaffen. Das Individuum ist mehr als ein Aggregat von physischen und psychischen Phänomenen; w a s es mehr ist, soll eben durch die anzunehmenden nicht-phänomenalen Merkmale ausgedrückt werden. So haben dann diese hypothetischen Bestandteile nicht mechanischen, sondern „personalen" Charakter: die Vielheit und Zersplitterung der im Individuum vorhandenen Phänomene findet ihre Erklärung und Zusammenfassung in Merkmalen, die vom Individuum ausgehen oder in ihm ruhen, sofern es ein G a n z e s ist.

b) A k t e. — Der erste Schritt auf diesem Wege führt von den Phänomenen zu den A k t e n. Diese haben mit den Phänomenen noch die zeitlich bestimmte Realität gemeinsam: sie sind in gewissen Augenblicken vorhanden, in anderen nicht. Aber sie sind in der Zeit ihres Daseins nicht eine beliebige Kette von Gegebenheiten, sondern ein Faktor, der diesen Gegebenheiten im Moment die Einheit der Richtung gibt, sie einem gemeinsamen Ziel unterstellt. Dieser synthetisch-teleologische Zug hebt den A k t des Denkens grundsätzlich über das bloße Kommen und Gehen von Gedankeninhalten, hebt den A k t des Verdauens über das bloße Spiel chemischer Zersetzungsphänomene hinaus.

Die differentielle Psychologie kann auf die Annahme einer individuellen Aktivität um so weniger verzichten, da in den Akten die Differenzierung zwischen Mensch und Mensch viel schärfer hervortritt als in den Phänomenen.

Bezüglich der Akte reicht nun die alte Scheidung „Psychisch-Physisch" nicht mehr aus. Da die Akte das Einheitsprinzip für eine ganze Reihe von zusammengehörigen Phänomenen sind, so ist es zwar m ö g l i c h , daß jene Phänomene inhaltlich unter sich homogen, also nur-psychisch oder nur-physisch sind: in solchen Fällen können wir dann auch die Akte in ü b e r t r a g e n e m

Sinne psychisch oder physisch nennen. Die eben erwähnten Beispiele des Denkaktes einerseits, des Verdauungsaktes andererseits gehören hierher. In anderen Fällen aber können die Phänomene, die gleichsam das Rohmaterial des Aktes ausmachen, beiden Gruppen angehören, ohne daß dadurch die Einheitlichkeit des Aktes selbst irgendwie betroffen würde; denn diese Einheitlichkeit hängt nicht von den beteiligten Phänomenen ab, sondern von der geschlossenen Einstellung auf das Ziel; und dieses Ziel bezieht sich auf das Individuum als Ganzes, auf seine Selbsterhaltung oder Entwicklung — da ist keine Scheidung zwischen einer psychischen und einer physischen Seite der Zielsetzung. Was ist eine Triebhandlung, eine Ausdrucksbewegung, eine Sportleistung? Sind es psychische Akte, physische Akte oder Doppelakte? Sie sind nichts von alledem, sondern sie sind „p e r s o n a l e" A k t e des Individuums als solchen, an welches die phänomenale Scheidung von psychisch und physisch gar nicht mehr heranreicht; sie sind „p s y c h o p h y s i s c h n e u t r a l". Zu den psychophysisch neutralen Akten müssen wir aber auch solche zählen, die zwar im Einzelfalle eine deutlich einseitige Richtung, z. B. nur auf Psychisches haben, aber in einem anderen Falle die entgegengesetzte Richtung einschlagen können, ohne sich in ihrer eigentlichen Akt-Qualität irgendwie zu verändern. Hierher gehört z. B. die große und sehr wichtige Gruppe der „Stellungnahmen", deren in sich einheitliche Bedeutung man eben deswegen bisher verkannt hat, weil man sich immer einseitig auf die nur-psychische oder nur-physische Betrachtungsweise einstellte. „Stellungnahme" ist alternatives Verhalten des Individuums zu einem Phänomen, d. h. ein Akt, welcher eine von zwei entgegengesetzten Tatmöglichkeiten verwirklicht. Eine Abwehrreaktion oder Fluchtbewegung ist daher ebenso eine negative Stellungnahme wie die Verneinung einer Frage oder die Mißbilligung einer Handlung; hier wie dort ist die Tat der Ausdruck dafür, daß das Individuum das Objekt aus seiner individuellen Zielstrebigkeit ausschließt; nur das phänomenale Material der Betätigung ist in den ersten zwei Fällen physischer, in den letzten beiden psychischer Natur.

c) D i s p o s i t i o n e n. Um noch einen Schritt weiter von der unmittelbaren Erfahrung führt uns die dritte Merkmalsgruppe ab, die der D i s p o s i t i o n e n. Die Akte hatten mit den Phänomenen noch das Gemeinsame, zeitlich abgegrenzte (also akute) Erlebnisformen zu sein. Dies gilt nicht mehr von den

Dispositionen, denn diese haben chronischen und potentiellen Charakter. Aber sie sind ebenso notwendige Resultate der wissenschaftlichen Bearbeitung der Erfahrung wie jene; denn die zeitlich getrennten Einzelakte des Individuums als letzte Kategorien anzunehmen, verbietet uns unser Kausalbedürfnis. Wo Taten auftreten, muß die zu ihnen führende Tatfähigkeit postuliert werden, Aktualität setzt Potentialität voraus.

Der Annahme solcher Fähigkeiten oder „Dispositionen" kann keine Wissenschaft ganz entraten, aber je nach ihrer Problemstellung wird sie ihnen bald einen größeren Raum gönnen, bald nur ganz geringe Berücksichtigung gewähren. So sucht die generelle Psychologie der Gegenwart Dispositionen im obigen Sinne möglichst aus ihrer Betrachtung auszuschließen. Die differentielle kann und darf es nicht.

Man vergleiche daraufhin die Terminologie beider Gebiete. Die generelle Psychologie spricht von Empfindungen, Vorstellungen und Gefühlen, von Denk-, Urteils-, Willensakten — also ganz vorwiegend von akuten seelischen Erlebensarten; die differentielle von Intelligenz, Temperament und Charakter, von Anlage und Vererbung, von Begabung und Genie, also ganz vorwiegend in dispositionellen Ausdrücken[1].

Wenn wir die Verschiedenheiten des Gedächtnisses untersuchen, so benutzen wir zwar als Material aktuelle Gedächtnisleistungen; aber diese interessieren uns nicht so sehr in ihrer aktuellen Beschaffenheit, als deshalb, weil wir glauben, in ihnen Symptome dauernder Gedächtnisfähigkeiten sehen zu dürfen. — Eine Intelligenzprüfung will nicht den Mechanismus des augenblicklichen Kombinierens, Definierens usw. analysieren, sondern die immanente Angelegtheit des Individuums zu Denkleistungen feststellen. — Die Psychographie einer hervorragenden Persönlichkeit trägt zwar systematisch zusammen, was sie an bemerkenswerten psychischen und physischen Verhaltungsweisen finden

[1] Allerdings ist auch in manchen modernen Werken der generellen Psychologie die Rede von „Dispositionen"; diese haben hier aber einen völlig anderen Sinn. Es wird darunter die Tatsache verstanden, daß irgendein dagewesener Bewußtseinsinhalt Nachwirkungen hinterläßt, infolge deren sein Wiederauftreten erleichtert wird. So wird jedem aktuellen Erlebnis eine besondere „Disposition", gleichsam als sein Nachschatten zugeordnet; das Individuum bekommt sie von außen, verhält sich aber selbst passiv dazu. Dispositionen in unserem Sinne sind dagegen innerlich angelegte Wirkungs-Fähigkeiten und -Richtungen des Individuums als Ganzen, die von außen wohl angeregt und ausgelöst, nie aber erzeugt werden.

kann, aber doch nur deswegen, weil daraus die dauernde innere Konstitution, die ihr natürliche Tendenz, sich in bestimmter Weise zu geben, zu äußern und zu entwickeln, erschlossen werden kann.

Aber ist diese Annahme von Dispositionen nicht ein Rückfall in die verrufene Vermögenstheorie? — Ja und nein.

Ja, sofern wir überzeugt sind, daß das seelische Leben des Individuums nicht aus dem bloßen Kommen, Gehen und Nachwirken der aktuellen Phänomene und den darüber waltenden mechanischen Gesetzmäßigkeiten erklärt werden kann, sondern die Annahme von Fähigkeiten fordert, die dem Individuum innewohnen.

Nein, sofern diese Fähigkeiten nicht als starre und letzte Sonderkräfte aufgefaßt werden, die wie selbständige Geister im Menschen ihr Wesen und Unwesen treiben und die Einheit des Individuums zerreißen, sondern als zusammengehörige, aufeinander bezogene und jeder Isolation widerstrebende Strukturelemente einer das Individuum als Ganzes durchwaltenden Aktivität.

Die grobe Unwissenschaftlichkeit der alten Vermögenstheorie hatte zunächst bewirkt, daß man ins entgegengesetzte Extrem verfiel. Jahrzehntelang war alles, was nach Dispositionen in obigem Sinne aussah, offiziell aus der psychologischen Wissenschaft ausgeschlossen (wobei freilich inoffiziell oft genug mit versteckt dispositionellen Begriffen und Gedankengängen operiert wurde). Demgegenüber ist es notwendig, nun einmal offen die Unentbehrlichkeit dieser Erklärungsmomente zuzugeben, sie aber zugleich zum Gegenstand gründlichster wissenschaftlicher Bearbeitung zu machen, damit sie für den Fortschritt unserer Erkenntnis brauchbar werden. Wir werden daher — teils in diesem Buch, teils in seiner philosophischen Ergänzung — ausführlich zu untersuchen haben, wie individuelle Dispositionen festzustellen und welche Leistungen ihr zuzuschreiben sind, wie sie gegeneinander abzugrenzen, einander zuzuordnen und schließlich zu einem einheitlichen Strukturbild der individuellen Entelechie zusammenzufügen sind.

Nur zur vorläufigen Orientierung seien hier die Hauptgesichtspunkte dieser Untersuchung — die zugleich die völlige Verschiedenheit der Dispositionslehre von der alten Vermögenslehre dartun — kurz angedeutet.

1. Die Feststellung von Dispositionen hat stets aus den der Erfahrung unmittelbar zugänglichen Phänomenen heraus

zu erfolgen. Und zwar sind nur diejenigen Seiten der Phänomene auf dispositionelle Faktoren im Individuum zurückzuführen, die aus den anderen Faktoren nicht erklärt werden können. Hierbei tritt vor allen der durchaus potentielle Charakter der Dispositionen hervor. Sie sind immer nur Möglichkeiten und Tendenzen, nur Teilbedingungen des wirklichen Geschehens, die einer Ergänzung durch andere Teilbedingungen bedürfen. Diese bestehen in den Einflüssen der Außenwelt. Die tatsächlichen Phänomene und Akte des Individuums sind nur durch „Konvergenz" von Dispositionen und Umweltbedingungen zu verstehen.

2. Die Abgrenzung der einzelnen Dispositionen gegeneinander hat nach folgenden Gesichtspunkten vor sich zu gehen. Eine Disposition ist der gemeinsame und ständige Erklärungsgrund für eine zusammengehörige Gruppe von Akten; das Wesen der Akte besteht aber, wie wir sahen, nicht in den Phänomenen, die dabei beteiligt sind, sondern in der immanenten Zielstrebigkeit, die dabei obwaltet. Dementsprechend dürfen auch nicht die Dispositionen abgegrenzt werden nach der Gleichartigkeit der Phänomene; das hatte die Vermögenstheorie getan, indem sie für jeden qualitativ zu isolierenden Leistungsinhalt auch ein gesondertes Vermögen annahm. Für uns bedeutet „Disposition" vielmehr die formale Fähigkeit, gewisse Teilziele der individuellen Selbsterhaltung und Entfaltung in besonderer Weise zu erreichen — wobei eine und dieselbe Disposition sich durch inhaltlich sehr verschiedene Mittel realisieren kann. Man nehme als Beispiele Dispositionen wie: Anpassungsfähigkeit, Nachahmungsfähigkeit, Übungsfähigkeit.

Diese Beispiele zeigen aber noch etwas anderes. Solange der phänomenale Inhalt für die Einteilung entscheidend war, mußten sich alle Dispositionen in psychische und physische deutlich sondern lassen. Das gilt jetzt nicht mehr. Gewiß gibt es Dispositionen, die ihre Ziele nur vermittels einer Phänomenengruppe verwirklichen können (in diesem übertragenen Sinne ist etwa die Intelligenz eine rein psychische, die Verdauungsfähigkeit eine rein physische Disposition). Aber die obengenannten Dispositionen — und mit ihnen viele andere — erlauben diese Einordnung nicht mehr. Denn sie können sich ebenso an psychischem wie an physischem Material betätigen, ohne daß dadurch irgendwie die Einheitlichkeit und Identität ihrer Zielsetzung verändert würde. So ist die Übungsfähigkeit die Disposition, durch Wiederholung von Akten ihren weiteren Vollzug immer ökonomischer und sicherer zu machen — ganz gleich, ob es sich um die psychische Einprägung von Gedankeninhalten oder um die physische Beherrschung von Bewegungen handelt. — Temperament ist die Disposition zu einem bestimmten dynamischen Ablauf des Lebens — aber welchen Lebens? Des physischen oder des psychischen? Auch hier scheitert jeder Versuch der Teilung — kurz auch bei den Dispositionen stehen hinter den nur-physischen und den nur-psychischen die psychophysisch neutralen, und gerade diese haben wir als die direktesten Ausstrahlungen der im Individuum lebenden Entelechie anzusehen.

Eine andere sehr wichtige Einteilung der Dispositionen ist die in labile und stabile. Die labilen oder „Anlagen" sind solche inneren Betätigungstendenzen, die noch nicht zu einer endgültigen und regelmäßigen Art des individuellen Funktionierens geführt haben, sondern erst eine sukzessive Klärung und Reifung durchmachen müssen, hierbei aber zugleich in weitem Umfang der Determinierung von außen zugänglich und bedürftig sind. Die stabilen Dispositionen oder „Eigenschaften" sind dagegen die relativ konstanten Verhaltungsformen, welche den dauernden Wesenskern eines Menschen ausmachen und nur noch einen engen Spielraum für eine von außen kommende Beeinflussung darbieten. — Beide Dispositionsweisen haben zugleich verschiedene teleologische Bedeutung: Die Anlagen sind die Bedingungen für die Selbstentfaltung der werdenden Persönlichkeit, die Eigenschaften dagegen die Bedingungen für die Selbsterhaltung der fertigen Persönlichkeit. Und wenn auch in concreto beide Tendenzen, die progressive und die konservative, ständig ineinander übergehen und eng miteinander verknüpft sind, so ist es doch für die theoretische Betrachtung oft genug nötig, sie auseinanderzuhalten.

3. Der Zusammenhang der Dispositionen. Die Vermögenstheorie blieb bei einer Mehrheit scharf gegeneinander abgegrenzter Dispositionen stehen, ja glaubte, deren Anzahl angeben zu können. Dies ist für uns gänzlich unmöglich. Denn die Selbständigkeit einer Disposition ist, ebenso wie die des Teilzwecks, dem sie dient, nur eine fiktive. Der empirische Weg, um über die Vereinzelung hinauszukommen, ist in den Methoden der differentiellen Psychologie selbst gegeben; denn Variations- und Korrelationsforschung, Psychographie und Komparation vereinen sich in dem Bestreben, aus dem Nebeneinander der Eigenschaften ein hierarchisches System von über- und untergeordneten, fester

und loser zusammengehörigen, umfassenderen und spezielleren, stärker und schwächer differenzierten Dispositionen zu machen, kurz ein einheitliches *Strukturbild des Individuums* und seiner dispositionellen Bestimmtheit (Entelechie) zu entwerfen.

Und so endet der von unten kommende Weg der Empirie dort, wo der von oben kommende Weg der Philosophie beginnt: bei der individuellen Einheit der menschlichen Persönlichkeit.

Wir geben zum Schluß ein Schema der Merkmalsgruppen, die wir im vorangehenden überblickten:

Die Merkmale des Individuums.

Akute Merkmale oder *Erlebensarten*					Chronische Merkmale oder *Dispositionen*		
Phänomene		Akte			*Anlagen u. Eigenschaften*		
Physische	Psychische	Neutrale	Physische	Psychische	Neutrale	Physische	Psychische
Objekte unmittelbarer Erfahrung		Objekte mittelbarer Erfahrung					

6. *Einteilung des Buches.*

Die Absicht des Buches ist eine methodologische.

Es sollen nicht bestimmte Einzelprobleme gelöst, sondern die Probleme in allgemeinster Form gestellt und die bei ihrer Bearbeitung anzuwendenden Gesichtspunkte und Methoden erörtert werden.

Aber außer den methodischen Formulierungen, die aus den Problemen hervorgehen (den „Verarbeitungsmethoden"), gibt es noch andere, die sich auf die Beschaffung des Rohmaterials beziehen (die „Feststellungsmethoden"). Mit ihnen muß die Betrachtung beginnen.

So behandelt der erste Hauptteil die *Feststellungs*-methoden, der zweite und dritte die Probleme und ihre Verarbeitung. Und zwar beschäftigt sich der zweite Hauptteil mit den Problemen, die aus der *Merkmal*s-Dimension unseres Schemas hervorgehen, also mit der Variation und Korrelation, während der dritte Hauptteil der Dimension der *Individuen*, also den Problemen der Psychographie und Komparation gewidmet ist.

Der vierte Hauptteil enthält eine *Bibliographie* über das Gesamtgebiet der differentiellen Psychologie.

Erster Hauptteil.

Die Feststellungsmethoden.

Kapitel I.

Übersicht über die Feststellungsmethoden.

1. Ichmethoden, Nahmethoden, Fernmethoden.

Feststellungen psychologischer Natur kann man entweder an sich selbst oder an anderen machen. Daraus ergibt sich zunächst die altbekannte Einteilung der Feststellungsmethoden in introspektive[1] („Ichmethoden") und extrospektive.

Die Ichmethoden müssen schon deswegen am Anfang aller psychologischen Arbeit stehen, weil nur an sich selbst der Mensch unmittelbar erfährt, was Seelisches bedeute. Die extrospektiven Verfahren reichen direkt nur an physische Merkmale des anderen heran; deren Deutung setzt psychische Eigenerfahrung, also Introspektion voraus (Kapitel II).

Andererseits kann die Introspektion des Psychologen als alleinige Methode weder zu einer generellen noch zu einer differentiellen Psychologie führen; denn da ihre Ergebnisse singulär sind, also nur einen Punkt in der unendlichen Breite möglicher individueller Daseinsformen treffen, ist es aus ihnen nicht zu ersehen, inwiefern sie mit den entsprechenden Merkmalen anderer übereinstimmen oder sich von ihnen unterscheiden; sie sind daher ebensowenig generalisierbar, wie differenzierbar.

Gegen den ersten Teil dieses Satzes ist oft gefehlt worden; denn da jeder Mensch in gewissem Grade egozentrisch ist, so neigt er dazu, seine durch Introspektion gewonnene psychologische Kenntnis voreilig zu verallgemeinern. Nur die Vergleichung mit vielen extrospektiv untersuchten anderen Individuen erlaubt

[1] Der Ausdruck „introspektiv" ist weiter als der sonst übliche Ausdruck „Selbstbeobachtung". Er schließt auch die Selbsterinnerung und Selbstbeurteilung mit ein.

eine Entscheidung über den Anteil des Generellen und Differentiellen und damit erst eine Begründung beider Zweige der Psychologie.

So sind Introspektion und Extrospektion notwendig aufeinander angewiesen. Die Wege, welche die Verbindung zwischen beiden Verfahren herstellen, sind die Einfühlung und der Analogieschluß (Kapitel III).

Die extrospektiven Verfahren gliedern sich wiederum in „Nahmethoden" und „Fernmethoden", je nachdem der zu Untersuchende dem Untersucher direkt gegenübersteht oder nicht. In der Rollenverteilung dieser Methoden unterscheidet sich nun die differentielle Psychologie deutlich von der generellen. Während nämlich die allgemeine Psychologie sich ganz überwiegend der Nahmethode — in der Form der Beobachtung und des Experimentes — bedient, muß unsere Disziplin daneben auch die Fernmethode als gleichberechtigte ausbilden. Der Grund ist der folgende:

Die generelle Psychologie darf sich bei einer bestimmten Untersuchung auf eine relativ geringe Anzahl von Individuen stützen, sofern sie glaubt, aus den hier gewonnenen Befunden das Allgemeingültige herausschälen zu können; sie hat daher die Möglichkeit, ihr Verfahren ganz überwiegend auf Intensität zuzuspitzen. Die differentielle Psychologie hat es schwerer; denn sie kann auf die notwendige Intensität nicht verzichten, muß aber vor allem für eine zureichende Extensität des Materials sorgen, um Mannigfaltigkeit, Abstufung, Häufigkeitsverteilung der seelischen Differenzierung überschauen zu können.

Die Notwendigkeit der Extensität führt zunächst zu einer Umgestaltung der Nahmethoden (Kapitel IV und V). Aber diese reicht nicht aus. Es treten oft genug Fälle ein, in denen die Schranken der räumlichen und zeitlichen Gegenwart durchbrochen und abwesende, verstorbene, historische Persönlichkeiten in die Forschung mit einbezogen werden müssen. Ermöglicht wird dies dadurch, daß die Symptome, aus denen die psychologischen Schlüsse gezogen werden, nicht notwendig untrennbar mit dem Individuum verbunden bleiben müssen, sondern — in der Form von schriftlichen Aufzeichnungen, Werken, graphischen Darstellungen usw. — eine Verselbständigung und Loslösung erfahren können. So entstehen die Fernmethoden (Kapitel VI—VIII).

Die räumliche Ferne wird durch die Methoden der Sammlung (Kap. VI) und Erhebung (Kap. VII), die zeitliche

Ferne durch die historischen Methoden (Kap. VIII) überwunden.

Eine weitere Folge der geforderten Extensität ist es, daß oft der Einzelforscher nicht allein das gestellte Problem bewältigen kann und daß daher Arbeitsgemeinschaft organisiert werden muß (Kap. VI).

2. Beobachtung und Beurteilung.

Mit der Einteilung in Ich-, Nah- und Fernmethoden kreuzt sich eine andere; sie ist abgeleitet aus den Merkmalen, welche Gegenstände der Feststellung sind. Wir hatten diese Merkmale gegliedert in akute (Phänomene und Akte) und chronische (Dispositionen).

Nun ist die Feststellungstätigkeit des Forschers selber immer akuter Natur; sie findet in einem bestimmten Augenblick statt, und ihr direkter Gegenstand kann daher auch nur ein akutes Merkmal sein. Wir nennen diese auf eine Einzeltatsache gerichtete Feststellung Beobachtung; sie ist das Verfahren, das die generelle Psychologie zur Beschaffung ihres Materials fast ausschließlich anwendet, als natürliche und als experimentelle Selbstbeobachtung und Fremdbeobachtung. Auch in der differentiellen Wissenschaft spielt die Beobachtung akuter Merkmale eine große Rolle, ist aber nicht mehr die alleinige Feststellungsmethode; ihre Aufgabe ist es, die Grundlagen für eine zweite Methode zu liefern.

Die chronischen Dispositionen sind nämlich nur vermittels einer ganz andersartigen logischen Tätigkeit, der Beurteilung, festzustellen. Eine Charaktereigenschaft, ein Talent, eine bestimmte Beschaffenheit des Temperaments — all dies kann niemals in einer Beobachtung, auch nicht in einer Summe beliebig vieler Beobachtungen gegeben sein; denn jene Eigenschaften sind ja nicht identisch mit den einzelnen Tatbeständen, die wir als Handlungen und Motive, Leistungen und Vorstellungsabläufe beobachten, sondern sie sind die hinter jenen liegende, sie tragende und verursachende, ständige und stetige Wesenheit des Individuums. Der Psychologe kann die Klugheit eines Menschen, und mag sie noch so zweifellos sein, ebensowenig durch Beobachtung fangen, wie der Physiker die Energie, und mag sie sich noch so deutlich in bestimmten physikalischen Prozessen bekunden. Da nun aber andererseits die Feststellung der dispositionellen Merkmale die Kernaufgabe der differentiellen Psychologie ist, muß sie sich entschließen, der Beobachtungsmethodik eine selbständige Beurteilungsmethodik an die Seite zu stellen.

Die hierbei zu berücksichtigenden Kautelen werden die folgenden sein:

Jede Beurteilung muß sich auf zureichende Beobachtung stützen. — Die Beobachtungen, die zur Grundlage dienen, müssen gesondert von der darauf basierten Beurteilung dargestellt werden, damit eine Nachprüfung des Rechts der Beurteilung möglich ist. — Außer den ja schon lange bekannten Fehlerquellen, welche den Beobachtungsmethoden drohen, müssen die besonderen Fehlerquellen, die der Beurteilung als solcher zukommen können, bekannt sein und berücksichtigt werden. — Das Recht, aus gegebenen Beobachtungsmaterialien ein Urteil über eine innere Disposition abzuleiten, muß begründet werden, insbesondere dadurch, daß man andere mögliche Erklärungsgründe für die beobachteten Tatsachen (Milieueinflüsse) als unzureichend nachweist. — Die erdeutete Disposition darf ihrem Umfang und ihrer Wirksamkeit nach nur so abgegrenzt werden, wie es die beobachteten Tatsachen erlauben.

Die Anwendung dieser Kautelen im Spezielleren wird uns in den nächsten Kapiteln beschäftigen.

3. Registrieren und Experimentieren.

Eine letzte Gliederung der Feststellungsmethoden ergibt sich durch die Art, wie der Forscher sich in den Besitz seines Materials setzt. Den registrierenden Verfahrungsweisen stehen hier die experimentierenden gegenüber. Jene nehmen das Material, wie es vom natürlichen Leben erzeugt wird, in der Begrenztheit der Auswahl, in der komplexen Form und mit allen anhaftenden Zufälligkeiten; die Arbeit des Forschers besteht hier lediglich in der Aufsuchung, Registrierung, Ordnung und Analyse des Materials. Diese dagegen erzeugen erst das Material, das sie brauchen, und variieren, isolieren, messen es durch Anwendung instrumenteller Hilfsmittel oder durch Veranstaltung von Umfragen.

Was zunächst das Experiment angeht, so ist bestimmt zu erwarten, daß seine umfangreiche und besonnene Anwendung für die differentielle Psychologie einen kaum geringeren Wert erlangen wird, als sie ihn für die ältere Schwesterwissenschaft gewonnen hat. Auch wird ihr diese eine Lehrmeisterin in experimentalibus sein können, freilich nur bis zu gewissen Grenzen. Eine zu sklavische Übernahme der experimentalmethodischen Gesichtspunkte von jener würde unserer Wissenschaft mehr schaden als nützen; denn die Methode muß sich überall den Fragestellungen anpassen; und diese sind in der differentiellen Psychologie andere als in der generellen.

Vor allem aber muß unsere Wissenschaft das Verhältnis der experimentellen zu den nicht-experimentellen Verfahrungsweisen nach ihren eigenen Bedürfnissen regeln.

Die generelle Psychologie nämlich hat die entschiedene Neigung das bloße Registrieren natürlicher Verhaltungsweisen gegenüber dem künstlichen Hervorrufen psychischer Phänomene und Akte sehr gering einzuschätzen. Denn nur das Experiment erlaube diejenige Vereinfachung, Abstufung und Wiederholung der zu untersuchenden Merkmale und diejenige Kontrolle der dabei beteiligten Bedingungen, die zu einer wissenschaftlichen Verwertung unbedingt erforderlich seien. Die Erscheinungen des natürlichen Lebens seien dagegen in ihrer Zusammensetzung ebenso unübersehbar wie in ihrer Bedingtheit unkontrollierbar.

Dies klingt sehr überzeugend, ist aber selbst für die generelle Psychologie nie ganz bindend gewesen. Denn sie hat sich niemals davor gescheut, auch Probleme aus jenen Gebieten zu bearbeiten, die, wie etwa das ästhetische Schaffen oder das religiöse Gefühl, sich dem Experiment jetzt oder überhaupt entziehen; und sie hat vor allem neben der experimentellen die völkerpsychologische Methode ausgebildet, die ja nur auf fertig vorliegendes, vom Forscher selbst nicht zu erzeugendes oder zu variierendes Material angewiesen ist.

Noch viel weniger hat aber jene Bewertung für die differentielle Psychologie Geltung. Auch diese müßte ja bei alleiniger Zulassung des Experiments auf ein großes Arbeitsfeld von vornherein verzichten, nämlich auf die historische Fernmethode; denn mit verstorbenen Individuen kann zwar der Spiritist, aber nicht der Psychologe experimentieren; er muß sich hier ganz auf das Registrieren beschränken. Aber weit wichtiger als dieser opportunistische ist ein prinzipieller Gesichtspunkt.

Die differentielle Psychologie geht nicht aus auf feinste Analyse psychischer Phänomene und Feststellung allgemeiner Gesetze sondern auf Charakteristik individueller Besonderheiten. Irgendein Verhalten eines X ist aber um so charakteristischer, je weniger es durch künstliche Umstände verfälscht oder verdeckt ist, je mehr es aus den natürlichen Bedingungen seines Daseins hervorquillt. Im Wesen des Experiments liegt jedoch stets die Künstlichkeit, also eine gewisse Lebensferne, und diese steigt im allgemeinen noch, je exakter (im Sinne der generellen Psychologie) das Experiment ist, d. h. je elementarer und isolierter die Phänomene, je konstanter die Bedingungen, unter denen geprüft wird.

Mit steigender Lebensferne des Experiments muß im Allgemeinen die Zuversicht abnehmen, daß sich X unter diesen, seinem gewöhnlichen Leben ganz fremdartigen Bedingungen charakteristisch benehmen werde. Und so kommen wir zu dem methodologisch wichtigen Schluß, daß unter Umständen die generell-psychologische Exaktheit eines Experimentes in umgekehrter Proportionalität zu seinem differentiellpsychologischen Symptomwert stehen kann.

Damit soll das Experiment für unsere Zwecke nicht verworfen, sondern nur in seiner Alleingültigkeit bestritten sein. Denn in der Tat sind wir neben dem Experiment notwendigst auf Materialien angewiesen, die — bei aller Komplexität und vielgestaltigen Bedingtheit — den Vorzug der Lebensechtheit haben. Es sind dies die Verhaltungsweisen des natürlichen Lebens, die wir nicht erzeugen, sondern nur, wenn sie da sind, konstatieren und registrieren können.

Daß es auch für die nur registrierenden Methoden ein Ideal der Exaktheit gibt, zeigen alle historischen Wissenschaften; man denke nur an Quellen- und Textkritik. Die Psychologie, sofern sie registrierend vorgeht, wird sich nun ebenfalls die dort erarbeiteten Gesichtspunkte zunutze zu machen haben; und so wird ihre Methodik in Zukunft nicht mehr so einseitig wie bisher nur dem naturwissenschaftlichen Ideal folgen können, sondern sich auch der geisteswissenschaftlichen Forschungsweise nähern.

Schließlich aber muß betont werden, daß sich die beiden Methoden des Registrierens und des Experimentierens nicht in starrer Trennung gegenüber stehen; vielmehr gibt es hier allerlei Übergangsformen, die an geeigneter Stelle ebenfalls ihren Wert haben können. Studiere ich etwa die Antworten, welche Kinder auf gewisse Verstandesfragen geben, so ist dies einerseits eine Beobachtung ihres natürlichen Verhaltens — denn jedes Kind muß zu solchen Fragen oftmals Stellung nehmen; andererseits provoziere ich doch dies Verhalten in diesem Augenblick zu bestimmten Zwecken und stelle insofern ein Experiment an.

Da also ein gewisser Ausgleich möglich ist, so muß in jedem Verfahren erstrebt werden, auch die Vorzüge des anderen Verfahrens mit einzubeziehen. So wird die registrierende Methode versuchen müssen, durch nachträgliche Ordnung des gefundenen Materials nach Gebieten des psychischen Verhaltens und nach mitwirkenden Bedingungen einen gewissen Ersatz für die nur dem Experiment mögliche Isolierung und ursächliche Kontrolle zu bieten; es wird umgekehrt das Experiment durch Verwendung komplexerer Untersuchungsmittel eine gewisse Lebensnähe zu schaffen suchen, als Ersatz für die Lebensechtheit die dem nur registrierten Material zukommt.

Kapitel II.

Introspektive Methoden.

Die introspektive oder Ich-Methode ist für den Psychologen die Vorbedingung alles Forschens überhaupt; denn nur sie liefert ihm sein Objekt, das Psychische, in voller Unmittelbarkeit. Zugleich bedarf er ihrer als heuristisches Prinzip, um eine Übersicht darüber zu gewinnen, welche Mannigfaltigkeit von seelischen Merkmalen bei der Prüfung anderer in Betracht kommt.

Man habe etwa vor, vergleichende Untersuchungen über das Temperament oder über die Intelligenz verschiedener Individuen zu machen; w a s aber alles zum Temperament oder zur Intelligenz gehört, in wie verschiedenen Symptomen sie sich schon an e i n e m Individuum äußert, welche verschiedenen Sonderfunktionen daran beteiligt sind, das kann jeder nur an sich selbst erfahren; und je eindringlicher diese Selbstanalyse ist, um so weniger roh und lückenhaft wird das Schema der zu prüfenden Merkmale werden.

Neben die Introspektion des Psychologen tritt nun aber neuerdings in immer steigendem Umfange auch die Introspektion des Prüflings — es sei nur an die „experimentelle Selbstbeobachtung" der Würzburger Schule, an die „Psychoanalyse" FREUD's[1], an die „vereinigte Selbstwahrnehmung" BAERWALD's[2] erinnert. Sie gewinnt gerade für die differentielle Psychologie besonderen Wert.

In zahlreichen Fällen ist diese nämlich darauf angewiesen, von einem zu prüfenden X Auskunft über sich selber zu heischen. So lange sich diese Befragung des X auf objektive Daten bezieht (z. B. auf seine Lebensweise, die Richtung der Beschäftigung, die Dauer seines täglichen Arbeitens usw.), gehört sie nicht hierher; sobald X aber über seine psychischen Phänomene und Akte (z. B. sein Traumleben, seine Ideale) oder seine psychischen Dispositionen (z. B. sein Gedächtnis, sein Temperament) Auskunft geben soll, bedarf er der Introspektion.

---

[1] 132 ff. [2] 41.

Je nach den Merkmalen, welche Gegenstände der Ich-Methode sind, gliedert sich diese in Selbstbeobachtung und Selbstbeurteilung.

1. Die Selbstbeobachtung.

Diese bisher in der Wissenschaft ganz vorwiegend geübte Art der Introspektion hat zur Aufgabe die Feststellung eines akuten Merkmals, d. h. eines bestimmten, in einem gegebenen Augenblick vorhandenen Phänomens oder Aktes in der sich beobachtenden Persönlichkeit X. Suche ich mir darüber klar zu werden, was in mir vorgeht, wenn ich ein Urteil fälle, oder wenn ich eine Vorstellung mit einer anderen assoziiere oder wenn ich ein Bild ästhetisch genieße, so bediene ich mich dieses Verfahrens.

Der Wert der Methode ist viel umstritten worden; so hat erst jüngst die in Würzburg (von Külpe, Marbe, Bühler, Messer, Ach) ausgebildete Selbstbeobachtung zu neuen Kontroversen geführt, die sich freilich auf die generell-psychologische Anwendung beziehen. Insbesondere hat hier Wundt[1] scharfe Kritik an dem Wert der Selbstbeobachtung geübt.

Wir betrachten das Für und Wider nur, sofern es für die differentielle Psychologie von Bedeutung ist.

Als erster Einwand wird gegen die Introspektion geltend gemacht, daß die zu beobachtenden Phänomene nicht ungestört ablaufen können, sondern durch die zugleich auf sie eingestellte Aufmerksamkeit gehemmt oder gewandelt werden. In der Tat ist das psychische Verhalten beim Urteilen oder beim ästhetischen Genießen in dem Moment ein sehr verändertes, da ich mich nicht mehr mit meiner ganzen Energie der genannten Tätigkeit hingebe, sondern mich teile zwischen dieser selbst und der Rechenschaftsablegung über ihre Beschaffenheit. Manche anderen Phänomene — z. B. ein Affekt oder das Wachträumen — hören sogar geradezu auf, zu existieren, wenn ich sie zu beachten und zu beobachten beginne; denn zu ihrem Wesen gehört das Fehlen einer richtunggebenden Intelligenzbetätigung, und das Beobachten ist eine solche.

Ein Ausweg aus dieser Schwierigkeit scheint in der nachträglichen Selbstbeobachtung zu liegen, welche die zu beobachtenden Phänomene nicht ergreift, während sie ablaufen, sondern unmittelbar, nachdem sie abgelaufen sind. Es handelt sich dann also um einen Erinnerungsakt, und damit sind hier alle Bedingungen in Betracht zu ziehen, die der Erinnerung

---

[1] 46.

als wissenschaftlicher Methode anhaften. Günstig für das Verfahren ist der Umstand, daß das sogenannte primäre Erinnerungsbild eine sehr große Ähnlichkeit mit dem Erlebnis hat, auf das es sich bezieht. Wenn ich beim eifrigen Arbeiten überhört habe, daß die Uhr schlägt, und mir erst nach dem Verklingen des letzten Schlages dessen bewußt werde, so bin ich jetzt in ziemlich vollkommener Weise imstande, mir den schon abgelaufenen Gehörseindruck sowohl nach Schlagzahl, wie auch nach der Qualität des Schalls innerlich nochmals vorzuführen. Ebenso lassen sich Traumbruchstücke im Momente des Erwachens oft noch recht detailliert und lebhaft erhaschen und festlegen. Hier ist wohl auch der Punkt, wo eine Ü b u n g in der Selbstbeobachtung die meisten Erfolge hat. In der Tat ist es möglich, sich in hohem Maße darauf einzustellen, über eben dagewesene psychische Prozesse oder Teilphasen von solchen sich selber Rechenschaft zu geben. Einer derartigen nachträglichen Selbstbeobachtung sind sogar im gewissen Grade Gefühls-, Affekt-, und Willenserlebnisse zugänglich.

Freilich wächst auch hier die Schwierigkeit beträchtlich, sowie der Zusammenhang zwischen Erlebnis und Erinnerung nicht mehr unmittelbar (primär) vorhanden ist, sondern erst (sekundär) wieder hergestellt werden muß. Darum sind z. B. im Moment des Erwachens fast immer nur die Schlußphasen eines Traumes einigermaßen klar. Hat man nun einen längeren psychischen Prozeß in sich ablaufen lassen (z. B. einen Denkvorgang), so ist hier die nachträgliche Selbsterinnerung schon zu einem beträchtlichen Teile Rekonstruktion und damit gefährlicher Tummelplatz unbewußter Neukonstruktionen.

Eine weitere Klippe, welche die Selbstbeobachtungsmethode zu meiden hat, ist der Glaube, daß sie Vollständigkeit erzielen könne. Sie ist nicht etwa ein einfacher Registrierapparat für das, was in dem betreffenden Moment psychisch vorhanden ist, sondern ergreift lediglich die vom hellsten Lichte des Bewußtseins getroffenen Stellen; alles andere, das minder-, halb- und nicht-Bewußte entgleitet ihr. Jene g r e i f b a r e n Elemente bilden nun jeweilig nur einen sehr kleinen Bruchteil der psychisch w i r k s a m e n Elemente und enthalten nicht einmal immer die wichtigsten unter diesen; ja es gibt Fälle, in denen sich der eigentlich e n t s c h e i d e n d e Teil des psychischen Prozesses im Unbewußten abspielen kann, und bei denen daher selbst eine eigens auf Bewußtmachung jener Elemente gerichtete Absicht gar nicht oder doch nicht direkt zum Ziele führt.

Die Theorie des Unbewußten hat uns hier nicht um ihrer selbst willen, sondern nur in ihrer Beziehung zu methodologischen Fragen zu beschäftigen. Wer die Existenz unbewußter psychischer Phänomene und Akte nicht anerkennt, der hat es natürlich methodisch leicht; denn für ihn ist der Bestand des Psychischen eben nicht größer, als der Umkreis der möglichen Selbstbeobachtung. Was er nicht in sich vorfinden kann als gesondert aufzeigbares Element, das ist eben nicht da. Aber er verzichtet damit schließlich auch auf jeden Erklärungsversuch, auf jedes wirkliche Verständnis eben so der generellen wie der differentiellen Tatbestände; er bleibt bei der Registrierung vereinzelter und chaotischer Bewußtseinsblitze stehen.

Für uns dagegen sind die Momente, die uns die Selbstbeobachtung liefert, nur Teilerscheinungen des Individuums als eines Ganzen, die deshalb vom Ganzen getragen werden und in diesem auch unterhalb der Schwelle des Bewußtseins in Zweck- und Ursach-Zusammenhängen miteinander stehen — so wie die vereinzelten Inseln, die aus dem Ozean emporragen, im Mutterboden der Erde gemeinsam verankert sind.

Für die Tatsache, daß oft gerade die wichtigsten und wirksamsten Bestandteile eines psychischen Prozesses unbewußt sind und sich daher der Selbstbeobachtung entziehen, seien einige Beispiele gegeben.

a) Die M e c h a n i s a t i o n. Psychische Phänomene und Akte, die sich oft wiederholen, laufen allmählich mit immer geringerer Bewußtseinsbeteiligung ab, bis sie ganz unbewußt geworden sind. Doch haben sie damit nicht etwa ihre Wirksamkeit verloren. Vielmehr gehören sie jetzt zu jenen selbstverständlichen Bestandteilen, die in den dauernden Lebenshintergrund des Individuums eingeschmolzen sind und von hier aus die im Vordergrund ablaufenden Phänomene aufs mächtigste beeinflussen, ohne selbst mit in den Vordergrund (des Bewußtseins) zu treten. Wenn ein hochgebildeter, kunst- und kulturgeschichtlich reich erfahrener Mann vor der Sixtinischen Madonna steht, so mag er ja viele Selbstbeobachtungen machen können; aber wie gering muß dennoch deren Ausbeute sein im Vergleich zu der Fülle aller derjenigen früheren Erlebnisse, die bei der Betrachtung tatsächlich im Unbewußten mitklingen und mitschweben und erst dem ästhetischen Akte seine besondere Nuance geben — ohne daß sie einzeln als Reproduktionen erfaßbar wären.

b) Die K o n z e p t i o n. Der schöpferische Akt des Künstlers oder Forschers reicht zwar mit seinen Vorbedingungen (den einzelnen Beobachtungen, Erlebnissen, Studien, Hypothesen) und mit seinem fertigen Endergebnis (der dichterischen, wissenschaftlichen, philosophischen Idee, der künstlerischen Intuition) ins Bewußtsein; aber das Herausbilden dieses Ergebnisses aus jenen Vorbedingungen vermag sich nur in einer Ferne vom Bewußtsein abspielen, in der es keine logischen Bedenken, keine

Kritik, kein diskursives Herumtappen gibt. Und so wird uns auch die tiefst schürfende Selbstbeobachtung eines Künstlers das letzte über die Psychologie des schöpferischen Aktes schuldig bleiben müssen.

c) Die Verdrängung. Darunter versteht man jenen eigentümlichen von FREUD erforschten Vorgang: psychische Elemente von heftigster Affektbetonung, die als solche dem Bewußtsein unerträglich sind, werden aus diesem, nicht aber aus dem Individuum selbst herausgedrängt; ja sie richten hier, eingesperrt in Regionen des Unbewußten, besonders starke, meist sehr schädliche Wirkungen an, denn die heilsame Folge des Sich-Entladens und des Abreagierens, die nur durch das Bewußtsein hierdurch möglich ist, bleibt ihnen versagt. Daher sind denn auch die verdrängten Elemente für die Selbstbeobachtung — zum mindesten für die natürliche — nicht erreichbar; sie wühlen im Menschen, aber er weiß nichts um sie.

Die nachträgliche Selbstbeobachtung oder „Selbsterinnerung" hat dann noch mit dem weiteren Umstand zu rechnen, daß sie durch das schnelle Unbewußtwerden, die Vergeßlichkeit, dezimiert wird. Viele Elemente nämlich — auch solche, die im Moment des Erlebens stark bewußt waren — sind so flüchtig, daß sie, einmal entschlüpft, verschwunden sind, als wären sie nie gewesen. Oft kommt es vor, daß man, aus einem Traum aufwachend, nur noch weiß, daß man geträumt hat, aber auf das „Wie" und „Was" sich durchaus nicht besinnen kann; Analoges gilt aber auch für viele abgelaufene Prozesse des wachen Lebens bzw. für Teile von solchen.

Aus alledem ergibt sich die wichtige Folgerung, daß die Selbstbeobachtungsmethode niemals auf Grund ihrer Ergebnisse negative Existenzialurteile fällen, d. h. das Vorhandensein bestimmter psychischer Inhalte leugnen darf, eine Regel, gegen die oft verstoßen wird.

Aber sind wenigstens ihre positiven Angaben restlos glaubhaft? Ist das, was ein X als Ergebnis seiner Selbstbeobachtung aussagt, nun wirklich in dieser Weise in ihm vorhanden?

Diese Frage gehört in das Gebiet der Psychologie der Aussage, ist aber von ihr bedauerlicherweise wenig bearbeitet worden. Man hat sich bisher meist darauf beschränkt, Grad und Bedingung der Zuverlässigkeit bei Aussagen über Objektives zu untersuchen; hier allein ist auch nur eine exakte Feststellung der Aussagetreue möglich, weil man den Inhalt der Aussage mit dem anderswoher bekannten Tatbestand, auf den sie sich bezieht, konfrontieren kann. Bei Aussagen über psychische Phänomene und Akte dagegen ist ja der Tatbestand außerhalb des Aussagenden überhaupt nicht vorhanden. Aber die bei anderen Aussagen gefundenen

Gesichtspunkte und Ergebnisse lassen sich doch mutatis mutandis auf die Aussagen über Selbstbeobachtungen übertragen.

Die erste Fälschungsquelle ist die S p r a c h e. Angenommen, daß der Inhalt der Selbstbeobachtung als solcher den vorhandenen Tatbeständen entspricht, so ist doch die Umsetzung des Beobachteten in sprachliche Formulierung ein sehr schwieriger Prozeß, bei dem Wichtiges nicht nur weggelassen, sondern auch vergröbert und verändert werden muß. Der unendlichen Mannigfaltigkeit unserer Beobachtungen kommt ja die Sprache stets nur unbeholfen nach, aber am unbeholfensten dort, wo sich die Beobachtungen nicht auf Objektives, sondern auf Psychisches beziehen. Auch ist die Terminologie bezüglich seelischer Phänomene höchst schwankend und unklar. Endlich ist die Sprache viel langsamer als der Geschwindschritt des inneren Erlebens. Will sie daher möglichst schnell das Erlebte in Worte umsetzen, so muß sie Unzähliges fortlassen; will sie aber möglichst detailliert sein, dann dauert die Formulierung des in Sekunden Erlebten ebenso viele Minuten; dies heißt aber nichts anderes, als daß sich der Aussagende zum größten Teil statt auf die Selbstbeobachtung auf die Selbsterinnerung stützen muß, die wieder sehr viel unsicherer ist als jene.

Eine zweite Fälschungsquelle ist die Tendenz der Logifikation, d. h. das Streben nach sinnvollem Z u s a m m e n h a n g. Selbstbeobachtung und Selbsterinnerung liefern unmittelbar immer nur Bruchstücke, weil die Mittelglieder unter der Schwelle des Bewußtseins oder doch der Beobachtbarkeit bleiben. Aber ein Chaos von seelischen Bruchstücken kann der Mensch weder verstehen, noch behalten, noch wiedergeben, ja er kann es überhaupt nicht ertragen; und so ergänzt er denn, ohne zu wissen und zu wollen, um einen Zusammenhang herzustellen. Zweifellos spielt diese Fehlerquelle mit bei zahllosen Traumdarstellungen. In Wirklichkeit sind Träume sehr viel fragmentarischer und wirrer, als sie dem Aussagenden erscheinen; sein scheinbares Registrieren ist in Wirklichkeit ein Konstruieren. Ähnliches gilt aber auch für die Wiedergabe psychischer Phänomenketten, die aus dem wachen Leben stammen, so z. B. wenn eine Versuchsperson sich Rechenschaft zu geben versucht, warum sie auf ein Reizwort a mit dem Assoziationswort b reagiert habe.

Die dritte — und vermutlich stärkste — Fälschungsursache bei Selbstbeobachtungen ist die S u g g e s t i o n, die als Autosuggestion und als Fremdsuggestion auftreten kann. Selbstbeobachtung ist eine Absichtstätigkeit; aber diese Absicht beschränkt sich meist nicht darauf, irgendetwas in sich zu-finden, sondern wird von ganz bestimmten Zielvorstellungen geleitet. Diese bestehen z. T. in Erwartungen, Hoffnungen, Befürchtungen des X selbst und können dann leicht autosuggestiv wirken.

Der Backfisch z. B., der seine Seelenergüsse in sein Tagebuch schreibt, möchte sich gern an großen Gefühlen berauschen und glaubt dann wirklich diese Gefühle in sich zu finden, über deren Intensität und Echtheit die stärkste Selbsttäuschung besteht. Der Hypochonder redet sich jeweilig diejenigen Beschwerden und Leiden ein, die zu einer eben durch Lektüre kennen gelernten Krankheit gehören usw.

Aber auch der Fachpsychologe ist als Selbstbeobachter gegen solche Irrungen nicht gefeit. Er muß natürlich an die Selbstbeobachtung mit bestimmten Fragestellungen herangehen; und wenn schon die Fragestellung an sich seiner Aufmerksamkeit eine gebundene Marschroute vorschreibt, so wird noch mehr die mutmaßliche Antwort auf jene Frage, die er als provisorische doch im voraus schon zur Hand hat, die Autosuggestion vervollständigen. Wenn es sich aber nun gar darum handelt, eine ausgebildete psychologische Hypothese durch Selbstbeobachtung zu „verifizieren", so kann man im voraus ziemlich sicher sein, daß es gelingt. Wer z. B. die Theorie vertritt, daß die Gefühle sich in drei verschiedene Paare gliedern, wird diese sechs Gefühlsrichtungen und keine anderen in sich vorfinden; wer dagegen nur an die Alternative Lust und Unlust glaubt, wird behaupten, daß alles Gefühlsmäßige, das er in sich beobachtet, entweder als Lust oder als Unlust erschöpfend charakterisiert werden kann.

Wenn der Psychologe sich nicht selbst beobachtet, sondern einen anderen zur Selbstbeobachtung veranlaßt, so kann eine entsprechende Suggestivwirkung durch Fremdsuggestion stattfinden. Als solche wirkt die „Aufgabe", die dem X gestellt ist, gewisse unvermeidliche Anweisungen, worauf er achten solle, die Kenntnis dessen, was der Experimentator zu finden wünscht oder erwartet, gewisse psychologische Theorien, die man ihm beigebracht hat. Wenn z. B. ein einigermaßen beeinflußbarer Mensch von einer autoritativen Persönlichkeit die Theorie vorgetragen hört, daß man in beliebigen scheinbar ganz harmlosen Vorstellungsinhalten „Deckvorstellungen" für eigentlich sexuelle Vorstellungsinhalte zu sehen habe, und wenn er nun aufgefordert wird, in seiner Selbstbeobachtung wenn möglich dieser verdrängten Sexualphänomene habhaft zu werden, so müßte es wunderlich zugehen, wenn X dieser Suggestion auf die Dauer widerstehen sollte.

Bekanntlich ist dies das Hauptverfahren der FREUDschen „Psychoanalyse“[1]. — Genauer betrachtet stehen die von den Freudianern geforderten Selbstbeobachtungen unter z w e i e n der oben geschilderten Täuschungsbedingungen. Der Psychoanalytiker ist nämlich überzeugt, daß jedes Traumfragment, jede beim freien Assoziieren auftauchende Vorstellung, jede gleichgültigste Bewegung eines Menschen bedeutungsvoll und damit deutbar sei. Sie solle in maskierter Form auf tiefe Zusammenhänge mit dem kernhaften Innenleben des Individuums hinweisen; diese sinnvollen Beziehungen gelte es aufzudecken. So ist der Psychoanalytiker von jener bedenklichen Tendenz zur L o g i f i k a t i o n beherrscht, die er nun durch S u g g e s t i o n auch dem Patienten, also dem Selbstbeobachter aufzwingt.

Die geschilderten Schwierigkeiten und Unzulänglichkeiten der Selbstbeobachtungsmethode dürfen uns nun aber nicht dazu verführen, sie ganz verwerfen zu wollen. Sie hat zweifellos einen — wenn auch begrenzten — Wert, ja erfüllt innerhalb der Gesamtheit aller Methoden gewisse Aufgaben, die kein anderes Verfahren ihr abnehmen kann. Wie schon betont, ist die nachträgliche Selbstbeobachtung von Vorgängen, die zunächst naiv erlebt worden waren und dann in primärer Erinnerung erfaßbar sind, relativ einwandfrei. Aber auch in andersartigen Fällen kann eine kritische Einsicht in die Fehlerquellen und ständige Übung, die von leichteren Aufgaben zu immer schwereren fortschreitet, schließlich zu einer methodisch hochstehenden Anwendung führen, von der wertvolle Ergebnisse zu erwarten sind.

2. Die Selbstbeurteilung.

Während die Selbstbeobachtung bestimmter Einzelphänomene ebensowohl im Dienste der generellen wie der differentiellen Psychologie stehen kann, ist die zweite introspektive Methode, die S e l b s t b e u r t e i l u n g fast ganz auf die differentielle Psychologie beschränkt, harrt hier allerdings auch erst noch ihrer weiteren Ausbildung. Es handelt sich jetzt nicht mehr um Angaben über etwas, was sich in einem gegebenen Augenblick erleben läßt, sondern um die allem Erleben zugrunde liegenden Dauerdispositionen. X soll sich also darüber Rechenschaft geben: ob er gewisse Eigenschaften habe oder nicht, bzw. in welchem Grade er sie habe, wie sie sich entwickelt haben; ob er zu einem bestimmten Typus gehöre, in welcher Weise eine Begabung, eine Eigenart des Temperaments des Charakters in ihm ausgebildet sei usw.

Welche Mittel stehen dem X zur Verfügung, damit er diese Angaben machen könne? In manchen Fällen wird er lediglich eine schon früher vollzogene Selbstbeurteilung fertig vorzulegen

[1] 132 ff.

haben; denn über gewisse gröbste Eigentümlichkeiten seines Naturells hat sich ja jeder Mensch — sei es auf Grund eigener Überlegung, sei es in Nachahmung fremder Urteile — eine Meinung gebildet. Ob man mutig oder feig, fröhlichen oder trüben Temperamentes, musikalisch oder unmusikalisch sei usw., weiß man wohl im allgemeinen. Allerdings werden derartige fertige Selbsturteile um so unzureichender sein, je geringer einerseits Intelligenz und Bildung des X ist, je spezieller andererseits die Anforderungen des Psychologen werden. Die Zahl der Fächer, mit denen die naive Selbsterkenntnis bei der Charakteristik des eigenen Ich gewöhnlich auskommt, ist ungemein dürftig und reicht nicht im entferntesten an die Mannigfaltigkeit der Gesichtspunkte heran, unter denen wir Selbstbeurteilungen von Menschen fordern müssen.

So muß denn in den weitaus meisten Fällen der zur Untersuchung stehende X Selbsturteile a d h o c bilden; und da sind nun wiederum zwei Stufen möglich. Entweder genügt das Material von Erinnerungen, die X über sein bisheriges Leben besitzt, um nun das Urteil zu fällen: er hat also nur die Konklusion aus schon vorhandenen Prämissen zu ziehen. Oder aber es fehlen auch die Vorbedingungen für das Urteil, und sie müssen ebenfalls erst ad hoc geschaffen werden. Fragen wir z. B. nach den Lerntypus, so kann der eine Prüfling, obwohl er bisher nicht darauf geachtet hatte, doch sofort sagen, ob er durch vorwiegende Einprägung des optischen Schriftbildes oder des akustischen Klangbildes zu lernen und zu behalten pflege; ein anderer kann sich dagegen in voller Unkenntnis hierüber befinden, und bedarf erst einer Probe, die er mit sich anstellt oder anstellen läßt, um sich Klarheit zu verschaffen.

Die drei Stufen der Selbstbeurteilung sind also:

1. Wiedergabe schon vorliegender Selbstbeurteilungen.

2. Selbstbeurteilung ad hoc auf Grund schon vorliegender Selbstbeobachtungen.

3. Selbstbeurteilung ad hoc auf Grund ad hoc vorzunehmender Selbstbeobachtungen.

Der zuletzt genannten Form haften alle diejenigen methodischen Merkmale an, welche der beabsichtigten Selbstbeobachtung überhaupt zukommen; denn sie beruht ganz auf ihr. Außerdem aber hat die Selbstbeurteilung ihre eigenen methodischen Eigenschaften.

Zunächst muß das Paradoxon aufgestellt werden, das dem Durchschnittsmenschen seine eigenen Eigenschaften näher stehen, und daher z. T. auch vertrauter sind, als seine akuten psychischen Erlebensweisen, obgleich doch jene nur durch Beurteilung, diese durch Beobachtung erfaßbar sind. Die Einzelphänomene und Akte interessieren ihn nicht an sich in ihrer so und so gearteten Qualität, sondern nur um dessentwillen, was sie für seine Persönlichkeit im ganzen und dauernd bedeuten. Wenn irgendein X einen Denkakt. vollzieht, so weiß er im allgemeinen nicht, welche psychischen Phänomene er erlebt und wie sie sich verknüpft und gruppiert haben; wohl aber hat er eine Meinung darüber, ob der Denkakt dumm oder klug, also Symptom einer bestimmten Intelligenz-Disposition war. Die akuten Merkmale an sich in ihrem Kommen und Gehen sind eben indifferent, die Dispositionen dagegen werden als echte Wesensbestandteile der Persönlichkeit empfunden und gewertet. — Dazu kommt, daß eine Eigenschaft oft Gelegenheit hat, sich zu äußern; und diese wiederholten Symptome zeigen, bei allen Variationen im einzelnen, doch so viel Übereinstimmendes, daß sich die Notwendigkeit, ihnen einen gemeinsamen dispositionellen Träger unterzulegen, geradezu aufdrängt. — Endlich sind die Dispositionen meist von größter praktischer Wichtigkeit; denn in ihnen prägt sich ein Dauerverhalten zur Außenwelt aus, das auf die ganze Lebensgestaltung des X von stärkstem Einfluß sein muß — man denke etwa an Eigenschaften wie Mut, Geistesgegenwart, ein bestimmtes Talent, Egoismus usw. So ist es möglich, daß unter Umständen Selbstbeurteilungen leichter zustande kommen, als Selbstbeobachtungen.

Freilich stehen dem nun wieder besondere Schwierigkeiten und Gefahren der Selbstbeurteilungsmethode gegenüber.

Meist sind es nur sehr äußerliche und grobe Übereinstimmungen der Symptome, auf welche der Durchschnittsmensch die Annahme einer „Eigenschaft" stützt. Von der in Wirklichkeit sehr hohen Kompliziertheit, die dieser Eigenschaft zukommen kann, weiß er ebensowenig, wie davon, daß sich hinter ähnlichen äußerlichen Symptomen Eigenschaften sehr verschiedener Struktur bergen können. Ihm ist „Mut" oder „Klugheit" oder „gutes Gedächtnis" ein festes und starres Merkmal, das sich durch die und die Betätigung äußerlich kund gibt. Aus diesem Grunde werden also Selbstcharakteristiken zunächst an der Oberfläche haften bleiben; der Psychologe darf sich aber hiervon nicht abschrecken lassen und sich auch nicht allzu hochmütig ablehnend dagegen verhalten. Es muß jene Oberflächenschilderung, die X von sich oder einer seiner Eigenschaften gibt, zunächst akzeptieren, um dann behutsam unter Hervorholung bereit liegender

Erinnerungen oder unter Herbeiführung ad hoc zu machender Selbstbeobachtungen eine Vertiefung und Analyse zu ermöglichen.

Bedenklicher ist eine andere Schwierigkeit. Ein sehr großer Bruchteil der bei der Selbstbeurteilung in Betracht kommenden Merkmale hat Wertbetonung; und das Hineinspielen von Wertgesichtspunkten irgendwelcher Art kann eine starke Hemmung für den Willen und die Fähigkeit zu unbefangener Selbstcharakteristik bedeuten. Bei denjenigen Eigenschaften, die zwischen einem positiven und einem negativen Wertepol schwanken (mutig-feig, aufrichtig-heuchlerisch, klug-dumm) wird meist die Neigung bestehen, sich nach der positiven Seite hin zu charakterisieren, oder mindestens die Abneigung, sich ausgesprochen negativ darzustellen; darunter muß dann notwendig die Objektivität leiden. Aber auch das Umgekehrte kommt, wenn auch seltener vor, nämlich die Tendenz, die Selbstschilderung nach den schlechten Seiten hin zu übertreiben — sei es, daß ein religiös-pietistisches Sündenbewußtsein (wie vielleicht bei Augustin) mitspielt, sei es, daß ein originalitätssüchtiger Immoralismus mit dem Besitz jener Eigenschaften sich brüstet und mit ihrer Schaustellung koquettiert (so vielleicht bei Rousseau).

Eine dritte Gruppe von möglichen Fälschungen entsteht schließlich durch eine Art von psychischer Scham: es herrscht ein heftiges Widerstreben, bestimmte dem tiefsten Wesen der eigenen Individualität zugehörige Eigenschaften vor anderen, ja auch vor sich selbst zu enthüllen. Man hat das oft durchaus berechtigte Gefühl, daß gewisse Momente, um ungebrochene Stützen des persönlichen Daseins bleiben zu können, gar nicht aus ihrer dunklen Instinktbeschaffenheit heraus ans fahle Licht des reflektierenden Bewußtseins gerissen und wie Fremdkörper objektiv betrachtet und analysiert werden dürfen. Das „Erkenne dich selbst“ hat hier seine Grenze an der noch fundamentaleren Forderung: „Bewahre dich selbst“[1].

Alle diese Störungen der unbefangenen Selbstbeurteilung können mit oder ohne Beteiligung des Willens erfolgen; aber es gilt hier, wie in ähnlichen Fällen der Aussagefälschung: die unwillkürlichen sind im Verhältnis zu den willkürlichen sehr viel stärker als man gewöhnlich annimmt, und sie sind zugleich schwerer erkennbar als jene. In der Tat wird der Psychologe bei seinen Prüflingen relativ leicht bemerken können, wann der gute Wille

---

[1] Durch Mißachtung dieser psychischen Scham hat die Freudsche psychoanalytische Methode viel gesündigt.

fehlt, aufrichtig zu sein; dagegen ist die Gefahr für ihn nicht gering, durch die starken positiven und negativen Autosuggestionen, die bei bester Gesinnung und ernstester Wahrheitsliebe leicht mit unterlaufen, und durch die unbewußten Verdrängungen der Selbstbeurteiler getäuscht zu werden.

Somit bedarf er einer Reihe von Maßregeln, um die Selbstbeurteilung trotz dieser Schwierigkeiten zu einer wissenschaftlich brauchbaren Methode zu erheben.

Zunächst muß sich der Forscher einigermaßen über die Abstufung klar sein, in welcher die verschiedenen zu prüfenden Individualitätseigenschaften von jenen Störungen der Selbstbeurteilungsfähigkeit betroffen werden. So spielen z. B. die Autosuggestionen und Selbstverkennungen bei Angaben über Gedächtniseigenschaften eine viel geringere Rolle, als bei Angaben über Charaktereigenschaften. Die psychische Scham wird verhindern, daß die Selbstanalyse jemals für die Differentialpsychologie des Sexualgebietes als allein ausreichende Methode in Betracht kommt; dagegen wird die Methode für den Typus des geistigen Arbeitens, für ästhetische Interessen und vieles andere in ziemlich weitem Umfange brauchbare Ergebnisse liefern.

Selbstverständlich ist auch die Anwendung von der Individualität der Prüflinge abhängig zu machen. Der ganz naive Mensch, der eigentlich psychologischen Interessen fremd gegenübersteht, wird von der wertenden Stellungnahme bei seinen Selbsturteilungen überhaupt nicht loskommen, während so mancher psychologisch Interessierte und Geschulte eine hohe Fähigkeit zu kühler Selbstobjektivation besitzt.

Sodann wird der Psychologe durch die Art seines Vorgehens viele Hindernisse aus dem Wege räumen können. Die Aufforderung zur Selbstbeurteilung vermag leicht bei den Prüflingen die Furcht zu erwecken, daß er sich durch Aufdeckung bestimmter Besonderheiten seiner Individualität bloßstelle. In solchen Fällen kann ihm klar gemacht werden, daß er den ganzen Vorgang unter einem falschen Sehwinkel betrachtet. Ferner muß jede gewünschte Gewähr dafür geleistet werden, daß die Selbstbeurteilung des X nicht dazu verwertet werden solle, um ihn für das Urteil der Welt in ein bestimmtes Licht zu rücken; dies geschieht am besten, indem die völlige A n o n y m i t ä t bei Aufbewahrung, Verarbeitung und Veröffentlichung des Materials zugesichert und durchgeführt wird. Hierin also unterscheidet sich wieder die Technik der differentiellen Psychologie von der bei generellen Untersuchungen üblichen, bei denen gewöhnlich die Versuchspersonen genannt werden; sie nähert sich mehr dem bei medizinischen Kasuistiken gebräuchlichen Verfahren. — In solchen Fällen, in welchen die Natur des Problems Anonymität verbietet, (z. B. bei der Psychographie einer berühmten Persönlichkeit) wird man eben auf einen Teil von Selbstbeurteilungen verzichten müssen.

Endlich sind Kontrollen nötig und zwar ebenso für die allgemeine Fähigkeit des X zur Selbstbeurteilung, wie für den spezifischen Inhalt seiner einzelnen Selbsturteile. Zur Kontrolle der Urteilsfähigkeit kann dienen: der Gesamteindruck, den der Untersucher hat, das Gutachten solcher Personen, die X genau kennen, über seine Aufrichtigkeit, Unbefangenheit, Objektivität und Selbsterkenntnis, endlich zuverlässige Tests, (— die wir aber bis jetzt noch nicht besitzen —) welche Einblicke in die Art seines Urteilens, in seine Suggestibilität, seine Erinnerungsfähigkeit erlauben. Der besondere Urteilsinhalt ist zu kontrollieren durch Vergleichung mit den Ergebnissen anderer Methoden und mit den Aussagen anderer Beurteiler über dieselbe Eigenschaft des X.

Es können dann freilich immer noch genug Selbstbeurteilungsangaben übrig bleiben, die sich der direkten Kontrolle entziehen; aber hier wird sich der Psychologe allmählich eine Übung darin erwerben, die „Plausibilität“ einer solchen Angabe auf Grund des kontrollierten Befundes einigermaßen einzuschätzen.

Nachtrag. Das obige Kapitel lag schon im Satz fertig vor, als der erste Band des neuen Werkes von G. E. Müller [458 a] erschien. Dies Buch enthält in seinem II. Abschnitt „Über die Selbstwahrnehmung usw.“ Erörterungen über die introspektive Methodik, die zum großen Teil auch für differentiell-psychologische Forschungen maßgebend sind.

Der prinzipielle Standpunkt, den M. der Introspektion gegenüber einnimmt, ist dem im ersten Abschnitt obigen Kapitels vertretenen ähnlich. Manche Momente, die von mir nur gestreift werden konnten, finden bei M. ausführliche Erörterung; auf viele wichtige Methodenfragen fällt ganz neues Licht. So sei unter anderen hingewiesen auf die Begriffe der „psychologischen Ertappungen“ und des „nachprobierenden Vorstellens“, auf die Polemiken gegen die Methode der „vermeintlichen Reminiszenzen“ und gegen die „systematische experimentelle Selbstbeobachtung“ der Würzburger Schule.

Kapitel III.

Allgemeine Bedingungen des extrospektiven Verfahrens.

Der Psychologe erhält durch reine Introspektion nur singuläres Material, nämlich seine eigenen seelischen Merkmale. Alle anderen Individuen sind ihm nur auf extrospektiven Wege gegeben. Dies gilt selbst für die früher erwähnten Fälle, daß er seine Prüflinge zur Introspektion veranlaßt; denn ihm, dem Psychologen, sind nicht diese Selbstbeobachtungen an sich, sondern nur deren sprachliche Darstellungen zugänglich, die er deuten muß wie jede andere von anderen Individuen ausgehende Äußerung.

Die Frage, inwiefern überhaupt ein objektives (auf Objekte außerhalb des Forschers gerichtetes) Verfahren in der Psychologie möglich sei, ist zwar oft erörtert worden; sie gewinnt aber für die differentielle Psychologie eine so besondere Bedeutung, daß ihre Besprechung unter zum Teil veränderten Gesichtspunkten unumgänglich ist.

Erinnern wir uns jenes Schemas der am Individuum vorhandenen Merkmale (S. 28) und fragen wir uns, wie ich diese Merkmale an einem mir gegenüberstehenden Individuum X erkennen könne.

Unmittelbar zugänglich sind mir die zu X gehörigen physischen Phänomene im weitesten Sinne: seine anatomische und physiologische Beschaffenheit ebenso wie die äußerlich hervortretenden Effekte seiner Handlungen, seine Leistungen und Werke, endlich die äußeren Umweltbedingungen, unter denen er steht.

Auch die physischen Akte und Eigenschaften des X, (d. h. diejenigen, die lediglich auf Erzeugung physischer Phänomene gerichtet sind) erlauben eine Feststellung, die zwar indirekt ist, die aber in gleicher Weise von allen extrospektiven Wissenschaften, insbesondere den Naturwissenschaften vollzogen wird, also nicht besonderes Problem der Psychologie ist. Es können auf diesem Wege sogar Eigenschaften, die für die Individualität recht wichtig sind, erschlossen werden, ohne daß die *μετάβασις εἰς ἄλλο γένος* des Psychischen nötig wäre. So ist z. B. die Eigenschaft der starken physischen Imitativität schon lediglich aus dem äußerlich sichtbaren Verhalten, das gegenüber vorgemachten Bewegungen stattfindet, ableitbar.

Freilich — sobald man sich fragt, welche Bewußtseinsphänomene bei diesen physischen Nachahmungsakten beteiligt seien, oder ob die Eigenschaft der starken Nachahmungstendenz sich nicht nur auf die Nachahmung körperlicher Bewegungen sondern auch auf die Nachahmung innerer Verhaltungsweisen erstreckt — und ebenso in tausend anderen Fällen — wird das Problem der Erkennbarkeit des Psychischen im Anderen akut.

Unsere besondere Fragestellung richtet sich also auf die Erkennbarkeit derjenigen Merkmale am anderen, die nicht rein physischer Natur sind; es sind dies die psychischen Phänomene, die rein psychischen Akte und Eigenschaften, die psychophysisch neutralen Akte und Eigenschaften. Wir wollen deren Gesamtheit im folgenden der Kürze halber als „psychische Merkmale" zusammenfassen.

Das Problem gliedert sich sofort in zwei Unterfragen:

1. Psychische Merkmale sind mir nur an mir selbst direkt gegeben: Wie komme ich da von mir aus an das Psychische des Anderen heran? Es handelt sich hier also um die interindividuelle Brücke, die den Beobachter mit dem Beobachteten verbindet: Problem der Analogie.

2. An dem Anderen sind mir nur physische Merkmale direkt gegeben: Wie komme ich von diesen aus an seine psychischen Merkmale heran? Es handelt sich hier also um die intra-individuelle Verbindung zwischen den äußerlich erkennbaren Symptomen und den ihnen zugrunde liegenden inneren Faktoren: Problem der Symptomatologie.

Beide Fragen hängen eng zusammen, sind aber durchaus nicht identisch, und ihre getrennte Behandlung scheint geeignet, in manche hier bisher vorhandenen Unklarheiten Licht zu bringen.

1. Das Analogieverfahren[1].

Bezeichnen wir die physischen und psychischen Merkmale meiner selbst durch *ph* und *ps*, die des „Anderen" durch φ und ψ, so ist mir *ps* durch Introspektion, *ph* und φ durch unmittelbare

[1] Es sei hier verwiesen auf die ausführliche Erörterung des „subjektivistischen Analogieschlusses" in meiner Dissertation: Die Analogie im volkstümlichen Denken, Berlin, 1893 S. 94—138.

Extrospektion gegeben. Mit Hilfe dieser drei Glieder kann ψ, das Seelische des Anderen, auf Grund eines Analogieverfahrens gefunden werden. Die Formel für diese Aufgabe ist

$$ph : ps = \varphi : \psi.$$

Die Analogisierung wird entweder auf alogischem oder auf logischem Wege vollzogen; dort sprechen wir von „Einfühlung", hier von „Analogieschluß".

Der Richtung nach ist das Analogieverfahren entweder „zentrifugal" (Übertragung des im Ich Erlebten auf den Anderen) oder „zentripetal" (Nachbildung des im Anderen Vermuteten im eigenen Ich).

Die Analogisierung des Anderen mit dem Ich spielt im menschlichen Leben — ganz abgesehen von der psychologischen Wissenschaft — eine ungeheure Rolle; aber sie tritt hier meist nicht in der Form eines logischen Schlusses auf, sondern als viel elementareres intuitiv-triebartiges Verhalten, für welches man den treffenden Terminus E i n f ü h l u n g geprägt hat.

Für den naiven Menschen ist nämlich die Zusammengehörigkeit der psychischen und physischen Merkmale im Individuum eine durchaus ursprüngliche und selbstverständliche Tatsache, oder noch korrekter ausgedrückt: er hat sich überhaupt noch gar nicht zu ihrer Scheidung durchgerungen und kann sich daher ein lebendiges Individuum überhaupt nicht anders denn als ungeteilte psychophysische Einheit denken. Deshalb weiß er auch gar nicht, was ihm an dem ihm gegenüberstehenden Anderen direkt gegeben ist, und was er erst hineinlegt; die innere seelische Lebendigkeit ist für ihn schon in der äußerlichen Körperlichkeit implizite enthalten.

Auf dieser intuitiven Einfühlung beruht alle Mythologie und aller Fetischismus; aber es beruht auf ihr auch alles ästhetische Genießen, das immer ein gefühlsmäßiges Hineinlegen von Psychischem in die wahrgenommene äußere Gestaltung ist, wie auch die praktische Sympathie, die uns die Freuden und Leiden des Anderen miterleben läßt. Schließlich bedient sich ihrer jene naive Differentialpsychologie, die „natürliche Menschenkenntnis", die wir bei jedem Menschen in gewissem Maße, bei manchen aber, ganz unabhängig von wissenschaftlichen Einsichten, in besonders hohem Grade ausgebildet finden.

Auch der wissenschaftliche Psychologe kann der Einfühlung als der Grundlage seines extrospektiven Verfahrens nicht entbehren; aber er darf auch nicht bei ihr stehen bleiben. Er braucht sie für die Grundvoraussetzung, daß die „Anderen“ wirkliche Persönlichkeiten, nicht nur physische Objekte sind; diese Überzeugung läßt sich rein verstandesmäßig niemals ableiten; „wenn ihr's nicht fühlt, ihr werdet's nie erjagen“. Aber auch für die spezielle Erkenntnis der Seelenfunktion des Anderen kann ihm die Einfühlung oft genug heuristisches Prinzip sein; er darf in den gefühlsmäßigen Deutungen der natürlichen Menschenkenntnis, mag er sie nun selbst üben oder von Anderen geübt finden, Wegweiser sehen, die möglicherweise auch zu wissenschaftlichen Wahrheiten führen können. In diesem Sinne gewinnen auch jene professionellen Charakterdeutungen, wie sie Graphologen und andere ausführen, zuweilen für den Psychologen einen Wert. Die — gar nicht so seltene — Tatsache, daß irgend ein Graphologe durch besonders gute Charakterschilderungen verblüfft, besagt an sich noch gar nichts für die Richtigkeit seiner Theorie (die er sich oft genug erst nachträglich zur Rechtfertigung seiner Einfühlung konstruiert hat), sondern nur für die hohe Fähigkeit zu dieser Einfühlung selbst; immerhin kann aber der Psychologe durch diese Leistung auf mögliche Zusammenhänge zwischen bestimmten Symptomen und Seeleneigenschaften hingewiesen werden, die er nun mit seinen Methoden zu studieren hat.

Die eigentlich wissenschaftliche Methode aber muß darin bestehen, die unsichere und unkritische Einfühlung durch einen triftigen und kritischen Analogieschluß zu ersetzen.

Die logische Anwendung der oben genannten Formel des Analogieverfahrens $(ph : ps = \varphi : \psi)$ beruht auf zwei Voraussetzungen.

Die erste ist die Übereinstimmung der Relationen rechts und links vom Gleichheitszeichen: es muß angenommen werden, daß bei dem Anderen die physischen Merkmale ebenso symptomatisch sind für sein Seelenleben, wie meine physischen Merkmale für mein Seelenleben. Diese Annahme darf im weiten Umfang als berechtigt gelten.

Zweitens aber müssen auch die entsprechenden Merkmale auf beiden Seiten (ph und φ unter sich, ps und ψ unter sich) vergleichbar sein. Diese Vergleichbarkeit der Merkmale bedarf näherer Betrachtung.

Der einfachste Fall der Vergleichbarkeit ist die Gleichheit, und in der Tat hat man oft den subjektivistischen Analogieschluß auf diesen Fall beschränken wollen; wenn ich an dem Anderen ein physisches Merkmal wahrnehme, das einem an mir vorhandenem gleicht, so kann ich annehmen, daß der Andere auch dasselbe dazugehörige psychische Merkmal habe wie ich.

Die generelle Psychologie ist insofern sehr gut daran, als sie sich mit dieser einfachsten Form des Analogieschlusses begnügen kann; denn sie interessiert sich ja nur für das Allgemeingültige des Seelenlebens, also für das, was X mit Y und mit Z und jeder von ihnen mit dem beobachtenden Psychologen selbst gemeinsam hat. Hier darf also der Psychologe seine eigenen subjektiven Tatbestände in den Anderen hinein projizieren — sofern es sich eben wirklich um allgemein menschliche Gesetzmäßigkeiten handelt.

Aber gerade dieses „sofern" bildet auch die Klippe. Die Neigung, sich im Anderen wiederzufinden, ist so groß, daß an oberflächliche oder partielle Gleichheiten der äußeren Merkmale viel zu weit gehende Schlüsse bezüglich der Gleichheit der psychischen Phänomene geknüpft werden. Jeder Mensch, auch der Psychologe hat nun einmal die Tendenz, sein eigenes Ich als die Normalpsyche anzusehen, deren Inhalt und Struktur in allen anderen Psychen wiederkehren müßte; und so legt man denn nicht nur die allgemeinsten formalen Prinzipien des seelischen Funktionierens von sich aus den anderen unter — und treibt so berechtigte generelle Psychologie — sondern man generalisiert auch Tatbestände des eigenen Ich, die ihm in Wirklichkeit als individuelle Besonderheiten zukommen oder nur mit einer begrenzten Gruppe anderer Menschen gemeinsam sind. So wird ein stark visuell veranlagter Mensch es leicht für selbstverständlich halten, daß sich das Gedächtnisleben bei jedem Menschen in optischen Vorstellungsbildern von hochgradiger Sinnenfälligkeit vollzieht.

Aber ist denn in solchen Fällen der Nicht-Übereinstimmung zwischen mir und den Anderen der Analogieschluß überhaupt noch vollziehbar? Von der Beantwortung dieser Frage hängt die ganze Existenz der differentiellen Psychologie ab. Kann ich — wie es manche wirklich behaupten — *per analogiam* nur mir Gleiches im Anderen erschließen, dann ist das an anderen Psychen, was anders ist als in mir, prinzipiell meinem Verständnis unzugänglich; dann gibt es wohl eine differentielle Physiologie und Anthropologie, nicht aber eine Psychologie der menschlichen Differenzierung.

Dort allerdings, wo das Anderssein ein vollständiges ist, wo jedes *tertium comparationis* fehlt, da versagt der Analogieschluß in der Tat und damit das wirkliche Verständnis. So wird der blindgeborene Psychologe sich niemals eine adäquate Vorstellung von der psychischen Beschaffenheit machen können, welche die Erlebnisse „rot“ und „grün“ und „hell“ und „dunkel“ des Sehenden besitzen; der total Amusische wird den fein differenzierten Genüssen des Musikschwärmers fremd gegenüberstehen; der nüchterne Philister hat kein „Organ“ für die Ekstase des romantischen Schwärmers.

Die naive Auffassung pendelt gewöhnlich zwischen den beiden bisher geschilderten Extremen hin und her; sie wendet den Analogieschluß entweder in der einfachsten Form der völligen Gleichsetzung an, oder sie verzichtet, wo dies nicht glückt, auf Analogisierung überhaupt. Äußerlich bekundet sich dies in der naiven Fassung des Begriffs „Eigenschaft“; Eigenschaften sind hiernach einförmige, psychische Dauermerkmale, die dem einen zukommen und dem anderen abgehen. Wer die Eigenschaft der „Klugheit“, der „Tapferkeit“, des „Musikalischseins“ hat, kann den „Dummen” den „Feigen“, den „Unmusikalischen“, der jene Eigenschaften nicht hat, nicht verstehen; dagegen fühlt er sich identisch und im vertrauten Verhältnis des Verständnisses mit jedem anderen, der ebenfalls „klug“, „tapfer“, „musikalisch“ ist.

In Wirklichkeit aber ist die Alternative falsch, als ob es zwischen mir und dem anderen entweder nur Gleichheit (und damit das Recht zum Analogieschluß) oder Disparatheit (und damit Unfähigkeit zur Analogisierung) gäbe. Gerade zwischen den beiden Grenzfällen, welche die vergröbernde Vulgärpsychologie bevorzugt, liegt das eigentliche Gebiet der differentiellen Psychologie, und hier muß sie den subjektivistischen Analogieschluß zu einer neuen Ausbildung bringen. Der naive Begriff der „Eigenschaft“ als eines festen Dinges, das jenem zukommt und diesem fehlt, muß dann allerdings aufgegeben werden; bekanntlich war es ja der Hauptfehler der alten Vermögenstheorie, differentielle Dispositionen, wie mathematische Gabe, Diebessinn usw. in solcher Weise zu verdinglichen. An ihre Stelle muß die andere Auffassung treten, daß die Unterschiede von Mensch zu Mensch Varietätenbildungen oder Spezialfälle innerhalb der allgemein menschlichen Funktionsweisen darstellen, so daß sie untereinander zwar nicht gleich, aber auch nicht disparat, sondern bei aller Verschiedenheit unter gemeinsamen Gesichtspunkten vergleichbar sind. Und wo noch Vergleichbarkeit besteht, da ist auch der Analogieschluß anwendbar.

Die Vergleichbarkeit zwischen dem Anderen und mir kann unter verschiedenen Gesichtspunkten hergestellt werden.

Am leichtesten sind rein g r a d u e l l e Abweichungen *per analogiam* zu überwinden. Finde ich bei dem Anderen Leistungen oder Verhaltungsweisen, welche sich von den meinigen nur quantitativ unterscheiden (z. B. eine größere Leichtigkeit des Lernens, einen größeren Umfang der Erinnerung, eine geringere Ablenkbarkeit der Aufmerksamkeit), so ist mir die dazu gehörige psychische Verfassung, wenn ich sie auch selber nie in dieser Intensität erlebt habe, doch relativ gut vorstellbar. Denn ich weiß von mir selbst, daß die betreffende Funktion auch bei mir zu verschiedenen Zeiten verschieden stark funktioniert, und bin fähig, die Skala von Graden, welche mir dadurch direkt zugänglich ist, nach oben oder nach unten hin durch Extrapolation gedanklich fortzusetzen.

Diese relative Leichtigkeit macht eine bekannte sozial-psychische Erscheinung erklärlich; die großen Talente werden von der Mitwelt meist viel besser verstanden und gewürdigt als die Genies; denn der Durchschnittsmensch kann die nur quantitative Distanz, die ihn vom Talent trennt, mit Hilfe des Analogieschlusses viel leichter überbrücken, als jene prinzipielle und qualitative Kluft, jenseits deren das Geniale liegt.

Innerhalb der differentiellen Psychologie entstand aus gleichem Grunde die Tendenz, alle Unterschiede zwischen Mensch und Mensch letzten Endes auf Gradunterschiede elementarer Funktionen zurückzuführen, um so ein durchgängiges, analogisches Verständnis möglich zu machen.

Dies ist freilich eine zu große Vereinfachung des Tatbestandes und eine zu große Annäherung an den Standpunkt der generellen Psychologie. Denn die Varietätenbildungen der menschlichen Psyche sind zweifellos nicht nur quantitativer, sondern auch q u a l i t a t i v e r Natur; und selbst dort, wo die Elementarfunktionen nur quantitative Verschiedenheiten zeigen, gehen diese doch innerhalb jedes Individuums Synthesen ein, deren einheitliche Gesamtwirkungen ausgesprochen qualitative Unterschiede darstellen.

Wie ist nun ein qualitatives Anderssein des Anderen dennoch dem Analogieschluß zugänglich? Dadurch, daß die Richtung des Analogieschlusses im gewissen Sinne umgekehrt wird. Der einfachere, bisher besprochene Analogieschluß war zentrifugal, indem ich das von mir aus Bekannte dem Anderen unterlegte. Jetzt muß er zentripetal gewendet werden: Zu dem bei dem Anderen auf Grund von Symptomen Vorausgesetzten soll bei mir ein Analogon gefunden oder — was noch schwerer ist — erzeugt werden.

So lange ich den Analogieschluß in der leichten zentrifugalen Form anwende, schreibe ich dem anderen zu, was mir gerade in diesem Augenblick an eigenem Erleben gegenwärtig und natürlich ist. Aber „Ich" — unter dem „Ich" ist hier immer der den Analogieschluß vollziehende Psychologe gemeint — „Ich" bin mehr als diese Summe gerade gegenwärtiger Erlebnisse und Verhaltungsweisen; „Ich" verfüge über eine latente Mannigfaltigkeit von Erlebnissen aus verschiedensten Altersstufen und Situationen, — eine Mannigfaltigkeit die von einer ganz anderen Größenordnung ist als der enge Momentaninhalt meines Bewußtseins; und wenn ich nur in diesem Schatz zu suchen verstehe, so werde ich manches finden, was mir das Verständnis des zunächst ganz fremdartigen Seelenlebens des Anderen blitzartig erleuchtet. Vielleicht habe ich in einer längst überwundenen Phase meiner Entwicklung auch einmal ähnlich gefühlt und gedacht, wie jetzt der mir gegenüberstehende X nach seinen Äußerungen zu fühlen und zu denken scheint; und indem ich die Erinnerung an jene eigenen verschwundenen Ichzustände zu beleben suche, beginne ich, jenen zu begreifen und zu würdigen. — Oder: X reagiere auf Reize bestimmter Art (z. B. musikalische) ganz anders als ich. Zunächst ist er mir dadurch völlig fremd; aber vielleicht finde ich in meiner Selbstprüfung, daß ich auf Reize anderer Art (z. B. literarische) Reaktionen zeige oder gezeigt habe, die der Reaktion des X auf Musik verwandt sind, und nun ist die Brücke geschlagen. — Oder: Wir stehen verständnislos vor einem furchtbaren Verbrechen. Aber wenn wir uns mit dem Standpunkt der selbstsicheren bürgerlichen Moral, der sich zunächst als unser Eigenerlebnis einstellt, nicht begnügen, sondern wenn wir tiefer hineintauchen in halb bewußte oder halb vergessene seelische Zustände, die wir gleichfalls einmal erlebt haben, an Versuchungen und böse Neigungen, an innere Kämpfe, denen wir fast erlagen, an Entwicklungsphasen, in denen unser seelisches Gleichgewicht bedenklich gestört war — dann schwindet der erste Eindruck der absoluten Heterogeneität zwischen jenem und mir.

In diesem Sinne hat man zuweilen gesagt, daß in jedem Menschen etwas vom Tier, vom Kinde, vom Künstler, vom Geisteskranken, vom Verbrecher, vom Romantiker usw. stecke. Und in gleicher Weise kann man sagen, daß in jedem Vertreter eines psychologischen Typus doch irgend etwas von dem entgegengesetzten oder disparaten Typus enthalten sei. So ist der Mensch ein Mikrokosmos; bei aller Besonderheit der Individualität sind doch in jedem die Angriffspunkte für Vergleichbarkeiten mit anderen und damit auch für ein gegenseitiges Verständnis gegeben, man muß sie nur zu finden wissen.

Freilich ebenso schwer wie das Auffinden der Analogien ist es, sie auf ihre richtige Grenze zu beschränken. Man darf nie vergessen, daß die qualitativen Verschiedenheiten unbeschadet der Analogiepunkte in voller Stärke bestehen bleiben. So wirkt im Anderen das als dominierende Dauereigenschaft, was bei mir nur als Episode oder gar nur als ganz gelegentliches Einzelphänomen ohne tiefere Bedeutung für die Gesamtstruktur der Individualität dagewesen war; die Erlebnisse meines Traumlebens dienen mir als Mittler zum Verständnis für das Wachleben des ideenflüchtigen Irren; die Erinnerungen an meine Kindheit sind, wenn ich sie auch noch so sehr zu beleben suche, doch nur unbestimmte Nachklänge mit all den Schwächen und Fälschungsmöglichkeiten lang zurückliegender Erinnerungen und geben daher nur ein ganz ungefähres Bild von dem, was in einem eben beobachteten Kinde vor sich geht. Immerhin — auch diese Surrogate sind noch wertvoll genug; denn sie erweitern unermeßlich die Mannigfaltigkeit der uns zugänglichen seelischen Existenzformen.

Aber noch einen letzten Schritt über diese Grenze hinaus vermag uns der zentripetale Analogieschluß zu führen; er kann uns selbst solche seelische Beschaffenheiten des Anderen verständlich machen, für welche in unserer eigenen Selbsterinnerung kein Analogon auffindbar ist. Es gibt dann nämlich immer noch die Möglichkeit, das zunächst nicht vorhandene Analogon in uns zu s c h a f f e n. Denn die mikrokosmische Natur des Menschen erschöpft sich nicht in der Fülle der faktisch vorhandenen oder vorhanden gewesenen Phänomene und Verhaltungsweisen, sondern sie erstreckt sich auch auf die M ö g l i c h k e i t anderer Erlebnisse, für welche bisher die Auslösungsbedingungen gefehlt hatten. Wenn mir von dem (mir zunächst fremden und unzugänglichen) Seelenleben eines X möglichst viele physische Begleiterscheinungen direkt gegeben sind: die Bedingungen des Milieus und des Unterrichts ebenso wie die Kenntnis seines Äußeren und die körperlichen Symptome in Sprache, Handlung, Mienenspiel usw. — und wenn ich mir diese physischen Symptome möglichst vollständig in ihrer Gesamtwirkung zu vergegenwärtigen suche, so kann dadurch in mir ein psychischer Zustand hervorgerufen werden, der mir bisher fremd war, aber nun als ein Analogon zu der psychischen Verfassung des X aufgefaßt werden kann[1].

[1] Als eine interessante Anwendung dieses zentripetalen Analogieschlusses werden wir in Kap. IX die „Resonanzmethode“ kennen lernen.

Es hat dieser Zustand eine deutliche Verwandtschaft mit der ästhetischen Einfühlung. Auch diese ist eine innere Nachahmung des im Anderen vorhandenen Psychischen, eine Nachahmung, die zugleich für das eigene Ich eine Bereicherung seines ursprünglichen Besitzstandes bedeutet; hier wie dort handelt es sich um das eigentümliche Erleben von Seelischem, welches wir doch nicht eigentlich als unser Seelisches anerkennen können, sondern das nur bei einer gewissen Einstellung vorhanden ist. Freilich sind auch die Unterschiede groß; die ästhetische Einfühlung ist ein intuitiver, durch die anschauliche Beschaffenheit des Objekts ausgelöster Prozeß, während beim differentiell-psychologischen Analogieschluß die Einstellung diskursiv aus einer möglichst vollständigen Bewältigung des vom anderen bekannt gewordenen Materials hervorgeht; das Ziel beim ästhetischen Verhalten ist die Bereicherung der eigenen, beim psychologischen die Erfassung der anderen Persönlichkeit, endlich ist die ästhetische Einfühlung völlig unbekümmert um die faktische Realität der anderen Persönlichkeit, während dem psychologischen Analogieschluß alles darauf ankommt, daß X wirklich so ist, wie man es innerlich an sich nachzuahmen sucht. Trotz dieser Abweichung in den Mitteln und Zielen ist aber doch die Verwandtschaft beider Verhaltungsweisen so groß, daß die zweite (psychologische) nie ganz der ersten (ästhetischen) entraten kann. Wir stehen hier an dem Punkt, wo die schon früher erwähnte Begründung des subjektivistischen Analogieschlusses auf die Fähigkeit zu intuitiver Einfühlung am deutlichsten in die Erscheinung tritt.

2. Symptomatologie[1].

Die zweite Voraussetzung alles extrospektiven Verfahrens in der Psychologie beruht darauf, daß wir zwischen gewissen uns direkt zugänglichen physischen Merkmalen und gewissen uns nicht direkt gegebenen psychischen Merkmalen desselben Individuums (also — nach der Formel S. 52 — zwischen φ und ψ) regelmäßige Zusammenhänge annehmen, auf Grund deren wir im einzelnen Fall das Vorhandensein bestimmter psychischer Merkmale im Anderen erschließen können.

Ein physisches Merkmal φ, das als Zeichen eines psychischen ψ gilt, nennen wir ein „Symptom".

Welche metaphysische Beschaffenheit jene Zusammenhänge haben, ob sie dualistisch oder monistisch, durch Wechselwirkung

[1] Bibliographie Abteilung A III.

oder Parallelismus zu erklären sind, ist für die empirische Aufgabe diese Buches gleichgültig[1]; wo wir uns im Folgenden der parallelistischen Ausdrucksweise bedienen werden, spielt sie doch nur die Rolle eines heuristischen und terminologischen Hilfsmittels.

Zunächst möchte es ja scheinen, als ob das Grundprinzip des Parallelismus: „Zu jedem Psychischen gehört eine physische Begleiterscheinung", den Generalschlüssel zur symptomatischen Erschließung des Anderen enthalten würde. Aber das ist ein Irrtum; wir können die Pforte nicht aufschließen, sondern nur durch einen schmalen Spalt hindurchsehen und müssen des Zufälligen froh sein, das wir erhaschen. Unbildlich ausgedrückt: Symptom werden kann nicht jedes physische Merkmal, sondern nur dasjenige, das dem Erkennen des Untersuchenden zugänglich wird. Dies aber gilt nur von jenen Merkmalen, die irgendwie äußerlich hervortreten, also zu „Äußerungen" werden: Körpermaße und Formen, Gesten, Sprache, Herzschlag, Handlungen, Werke, Reaktionsweisen usw. Ein wie geringer Bruchteil aber ist dies! Und wie indirekt sind die Beziehungen dieser Äußerungen zum Psychischen im Vergleich mit jenen innerkörperlichen Bestandteilen, die — man denke vor allem an die Gehirnprozesse — das unmittelbare Äquivalent psychischer Vorgänge bilden!

Somit sind die uns zugänglichen physischen Merkmale nicht nur (im Verhältnis zu den überhaupt vorhandenen) quantitativ sehr geringfügig, sondern auch qualitativ sehr verschieden in bezug auf ihren Symptomwert. Je indirekter der Zusammenhang zwischen φ und ψ, um so vieldeutiger und ungewisser ist er auch. Das gleiche psychische Merkmal kann auf sehr verschiedene seelische Funktionen hinweisen; dieselbe seelische Funktion kann sich auch in sehr vielen anderen physischen Merkmalen offenbaren.

Der „Symptomwert" — d. h. die Eignung eines physischen Merkmals, ein psychisches Merkmal nach außen zu bekunden — bildet also das Grundproblem einer wissenschaftlichen Symptomatologie.

Sehen wir zunächst zu, in welch verschiedenem Sinne einem φ Symptomwert zukommen könne.

Alle Merkmale, die am Individuum vorhanden sind, hatten wir eingeteilt (siehe das Schema S. 28) in akute und chronische. Die physischen Merkmale, die als Symptome dienen, sind nun dem

[1] Die Frage wird in dem philosophischen Werk ausführlich behandelt.

Forscher zunächst lediglich als akute, d. h., in einem bestimmten Augenblick gegebene zugänglich. Die symptomatische Bedeutung aber, die ihnen zugeschrieben wird, kann entweder selber eine akute oder eine chronische sein; im ersten Fall sollen sie als Zeichen dienen für eine psychische Erlebensform (Phänomen oder Akt), die in einem bestimmten Zeitpunkt vorhanden ist oder war, im zweiten Fall aber soll das Symptom hinweisen auf eine Disposition (Anlage oder Eigenschaft), die dem Individuum dauernd zukommt. Wir wollen dort von Erlebnissymptomatik, hier von Dispositionssymptomatik sprechen.

Die Erlebnissymptomatik, welche ein akutes φ einem akuten ψ zuordnet, steht methodologisch unter verhältnismäßig einfachen Bedingungen. Sie ist im wesentlichen ein Werkzeug der generellen Psychologie; denn diese benutzt sprachliche Äußerungen, motorische Reaktionen, Leistungen usw. als Symptome dafür, daß in gewissen Zeitpunkten und unter gewissen Bedingungen diese und jene Vorstellungsabläufe oder Gefühlsphänomene oder Ermüdungserscheinungen usw. eintreten. Hierbei ist es nicht notwendig, daß das akute φ sich in seiner zeitlichen Ausdehnung mit dem akuten ψ deckt; auch diejenige Symptomatik, die längst vergangene Erlebnisse in ihren noch jetzt nachwirkenden verborgenen Spuren aufzudecken strebt, gehört hierher[1].

Andere Gesichtspunkte herrschen in der differentiellen Psychologie. Wenn diese auch bei vielen Detailfragen ebenfalls nur auf Erforschung akuter seelischer Zustände und Prozesse gerichtet ist, so bleibt doch ihr Hauptproblem die chronische dispositionelle Beschaffenheit der Individuen. Hierbei ist freilich der Begriff des Chronischen noch relativ: es kann sich bald um feste, das ganze Menschenleben durchziehende Eigenschaften, bald um die dispositionelle Beschaffenheit einer bestimmten Lebensphase, z. B. der Pubertät oder der Akme, bald um die Prognose für die weitere Entwicklung einer noch nicht fertig ausgebildeten Anlage handeln.

Die Dispositionssymptomatik muß also solche Symptome fordern, die über den Augenblick ihrer Feststellung hinaus rückwärts und vorwärts eine Erweiterung erlauben, also chronischen Symptomwert haben.

Die Durchführung dieser Forderung verlangt bei verschiedenen Symptomgruppen verschiedene Maßnahmen.

---

[1] Dieses Forschungsgebiet, früher Tatbestandsdiagnostik genannt, hat LIPMANN deshalb neuerdings treffend als „Spurensymptomatologie" bezeichnet. (**151** a.)

Es gibt eine Gruppe rein zuständlicher Körpermerkmale, die so stabil sind, daß eine einmalige Untersuchung genügt, um ihre Beschaffenheit mindestens für eine Reihe von Jahren festzulegen. Hierher gehören vor allem die anthropometrischen Merkmale, wie Schädelmaße, ferner gewisse Konstanten der Physiognomie, der Haltung usw.

Da nun diese stabilen Körperzustände zum großen Teil auf angeborenen Dispositionen beruhen, ist es verständlich, daß man sie gern unmittelbar als Symptome für ebenso stabile und angeborene psychische Dispositionen gelten ließ. Aber ganz abgesehen davon, daß wir darüber wenig wissen, welche ψ-Dispositionen wir den genannten φ-Dispositionen zuzuordnen haben, ist noch ein anderer Gesichtspunkt zu beachten. Beide Merkmalsgruppen sind trotz ihrer angeborenen Grundbeschaffenheit in gewissem Sinne der individuellen Plastizität unterworfen. So sind die physiognomischen Ausdruckszustände zum Teil erstarrte Ausdrucksbewegungen: der mit schweren Schicksalsschlägen verbundene Ausdruck tiefer Trauer versteinert mit der Zeit zu gramvollen Gesichtszügen. Nun ist aber die Plastizität des Individuums nicht so gleichmäßig, daß die körperlichen Veränderungen dauernd mit den psychischen mitgehen; insbesondere haben die peripheren, den anderen Menschen sichtbaren Körpergebiete eine geringere Plastizität als die inneren Gebiete. Deshalb kann ein Gesichtszug in seinem einmal angenommenen Habitus beharren, obwohl für die innere Entwicklung des Individuums die dazu gehörige persönliche Eigenschaft bereits der Vergangenheit angehört. Der gramvolle Ausdruck eines älteren Menschen braucht nicht zu bedeuten, daß er gegenwärtig eine schwer dyskolische Persönlichkeit ist, sondern nur, daß er in den für seine Gesichtsbildung entscheidenden Jahren eine solche Epoche durchgemacht habe.

Die weitaus meisten Symptome sind aber nicht zuständlicher, sondern funktioneller Natur; sie bestehen in akuten Prozessen des Sprechens oder Schreibens, des Pulses oder der Muskelbewegungen usw. Bei ihnen gibt eine einmalige Feststellung keine Gewähr, daß wir damit das Dauerverhalten des Individuums getroffen haben; denn es ist apriori durchaus unkontrollierbar, inwieweit die Beschaffenheit dieses akuten Prozesses von akuten Bedingungen (der besonderen Anordnung des Versuchs, dem augenblicklichen Gesundheits-, Gemüts-, Aufmerksamkeitszustand des Prüflings) abhängt, und wie weit in ihm die ständige, dispositionelle Beschaffenheit zum Ausdruck kommt. Der chronische Symptomwert eines akuten Merkmals muß daher durch besondere weiter unten zu besprechende Methoden geeicht werden.

Zuvor aber haben wir noch zu fragen, von welchen Prinzipien sich die differentielle Psychologie leiten lassen muß, bei der A u s - w a h l der zu verwertenden Symptomgebiete.

E i n Prinzip gibt es, welches von der naiven und dilettantischen Seelen- und Charakterdeutung bevorzugt wird: das der Sinnenfälligkeit und bequemen Zugänglichkeit. Diejenigen physischen Merkmale, die am meisten in die Augen fielen, am leichtesten festzustellen und festzuhalten waren, wurden zu Symptomen erhoben. Am leichtesten feststellen läßt sich aber das, was am meisten an der Peripherie sitzt, und am leichtesten festhalten das, was nicht in der Form des flüchtigen Vorgangs und der Bewegung, sondern der ruhigen dauernden Zuständlichkeit vorhanden ist; und so verdanken denn diesem methodischen Bequemlichkeitsprinzip Schädelform, Gesichtsform und Schriftzüge die bekannte Vorzugsstellung in der Liebhaber-Symptomatologie.

Auch das ist charakteristisch für diese Richtung, daß sie fast immer e i n e e i n z i g e physische Merkmalsgruppe herausgreift und als ausreichend für eine vollständige psychische Charakteristik des andern betrachtet. Sie geht also von der Voraussetzung aus, als ob durchaus eindeutige, gleichsam lineare Zusammenhänge zwischen der Gesamtheit der psychischen Varianten und der Gesamtheit der Varianten dieser einen physischen Merkmalsgruppe bestehen. So wie die Punkte einer Ebene restlos auf eine andere projiciert werden können — dergestalt, daß jeder Punkt der ersten durch einen Punkt der zweiten repräsentiert ist — so soll etwa jeder Charaktereigenschaft eines Individuums eine bestimmte Eigentümlichkeit der Schriftzüge zugeordnet sein.

Aber eine solche Projektion ist bekanntlich nur möglich, wenn beide Gebilde von gleicher Dimension sind. Schon ein dreidimensionales Gebilde wird bei Projektion auf eine Fläche mit einem Teil seiner Merkmale unvertreten bleiben — und da soll die unendliche Vielfältigkeit einer geistigen Individualität sich restlos in die einförmige Fläche einer einzelnen Merkmalsgruppe — ganz gleich, ob es Schriftzüge oder Gesichtszüge oder was sonst auch immer sind — übertragen lassen!

Für die wissenschaftliche Forschung wird hier also ein ganz anderes Prinzip gelten müssen. Sie darf sich nicht durch die bequeme Zugänglichkeit eines Merkmals verlocken lassen, es zum Generalsymptom zu erheben, sondern muß gerade dann besonders auf der Hut sein; denn die Bequemlichkeit deutet auf eine sehr periphere Lage von φ, somit auf einen nur sehr mittelbaren Zusammenhang mit dem zu erschließenden ψ und auf das Mitspielen zahlreicher unkontrollierbarer Einflüsse hin. Sie wird statt dessen streben, das optimale Symptom zu benutzen, d. h. dasjenige, dessen Zusammenhang mit dem zu erschließenden ψ am eindeutigsten ist. Diese optimalen Symptome aber werden nicht für den gesamten Umkreis der psychischen Merkmale immer derselben Symptomgruppe angehören, sondern sehr verschiedenen; der Psychologe wird daher — ganz im Gegensatz zu den Amateurcharakterologen — keinen Wert auf Einheit des Symptomgebiets legen, sondern die Wahl der zu benutzenden φ-Gebiete der jeweiligen Aufgabe anpassen. Bestimmte Seiten der Individualität werden am besten durch Hervorrufung sprachlicher Äußerungen erkannt werden, zur optimalen Feststellung anderer werden Ausdrucksbewegungen zu dienen haben. Bald werden experimentelle Reaktionen, Handlungen und Leistungen, bald anatomische Struktur- und Maßverhältnisse verwertet werden müssen. Ja noch mehr: der Forscher muß sich darüber klar sein, daß schon das einzelne ψ meist nicht durch ein einzelnes φ, sondern erst durch eine Gruppe solcher, die verschiedenen Symptomgebieten angehören, festgestellt werden kann; er weiß eben, daß die Zusammenhänge zwischen psychischem Merkmal und Symptom viel zu indirekt sind, um linear sein zu können, und daß daher die fehlende Unmittelbarkeit der Beziehung durch die Konvergenz vieler Symptome nach demselben psychischen Ziel hin zu ersetzen ist. Nur so ist eine relative Eindeutigkeit des Schlusses zu erreichen.

Als Mittel, um den Symptomwert eines φ-Gebietes für ein bestimmtes ψ-Gebiet festzustellen, dienen das „ätiologische“ und das „statistische“ Verfahren.

Das erste sucht die — oft sehr lange und verwickelte — Kette, die von ψ zu dem schließlich als Symptom dienenden φ hinführt, von Glied zu Glied zu verfolgen, um die symptomatische Bedeutung des Endglieds für das Anfangsglied ursächlich zu verstehen. Beispiele:

a) Von irgendeinem graphologischen Zeichen m werde behauptet, es sei Symptom für die Charaktereigenschaft μ. Nun hat ja zunächst die betreffende Charaktereigenschaft mit dem Haken in der Schrift absolut nichts zu tun; um jene Deutung gültig zu machen, muß man daher zeigen, daß vom μ zu m ein wirklicher Weg — und sei er auch noch so weit — führt. Die Analyse zeigt nun aber sofort, daß nicht der fertige sichtbare Schriftzug, sondern nur die Bewegung, die ihn hervorgerufen hat, dem zu untersuchenden Individuum angehört; diese Bewegung aber ist den Ausdrucksbewegungen einzureihen. Somit lautet die Frage nun, ob eine bestimmte Charaktereigenschaft sich in gewissen formalen Besonderheiten der Ausdrucksbewegung bekundet und welche spezielle Gestalt diese Besonderheit bei Ausdrucksbewegungen der Hand und damit bei den Schreibbewegungen annimmt.

b) Eine Leistung bestimmter Art (z. B. das sinnvolle Ausfüllen von lückenhaften Texten) werde als Symptom für eine gewisse intellektuelle Eigenschaft (z. B. starke Kombinationsfähigkeit) angesehen. Ehe man aber diese Aufstellung auch nur als Annahme machen darf, muß man den psychologischen Mechanismus, der zu jener Leistung führt, genau analysieren; man muß darauf achten, ob nicht noch ganz andere psychische Momente (z. B. Sprachgewandtheit, großer Wortschatz, Übung in Verstandesspielen) die Leistungen mitzubestimmen geeignet sind. Erst wenn es möglich ist, den Einfluß dieser Bedingungen auszuschalten oder mit in Rechnung zu ziehen, ist der symptomatische Wert der Leistung abzuschätzen.

c) Das Hauptgebiet, das wir zu symptomatischen Zwecken für die Erkennung des Andern verwerten, wird durch s p r a c h l i c h e Äußerungen gebildet. Aber man braucht nur an bekannte Sentenzen, wie TAYLLERANDS: „Die Sprache ist dazu da, um die Gedanken zu verbergen" oder SCHILLERS „S p r i c h t die Seele, so spricht, ach, schon die S e e l e nicht mehr" zu denken, um einzusehen, welche Klippen hier der Deutung drohen. Wir haben oben bei Besprechung des introspektiven Verfahrens bereits ausgeführt, wie wenig die Sprache fähig ist, eine adäquate Wiedergabe des Selbstbeobachtungsinhalts zu liefern (s. S. 42). Das extrospektive Verfahren verwertet aber sprachliche Äußerungen nicht nur, um Selbstbeobachtungen des andern festzustellen, sondern in viel weiterem Umfang, nämlich als die Hauptreaktionsform auf Reize jeder Art: auf Fragen, Aufgaben, rein sensorielle Eindrücke, ästhetische Darbietungen usw. Und für jeden einzelnen Fall erhebt sich das symptomatologische Problem von neuem: inwieweit sind die zu untersuchenden psychischen M e r k m a l e fähig, in sprachliche Formen gegossen zu werden, was und wieviel geht bei dieser Umsetzung verloren, was wird verschoben und verzerrt? — und als notwendige Ergänzung: Inwiefern ist das zu untersuchende I n d i v i d u u m fähig, sich sprachlich auszudrücken, mit welchen Schwächen und Hemmungen, Unaufrichtigkeiten und Unrichtigkeiten muß man rechnen? Alles dies ist bestimmend für den Symptomwert der Aussagen.

Die Untersuchung des Symptomwerts eines φ durch restlose psychologische und psychophysiologische Analyse seines Zusammenhangs mit dem zu erdeutenden ψ ist zwar das Ideal der Symptomatologie; aber die Wirklichkeit bleibt meist weit von ihm entfernt, in vielen Fällen so weit, daß auf diesem Wege allein nichts erreicht werden kann. Da muß denn zur Ergänzung ein gröberes Verfahren hinzugezogen werden, das zwar unser ätiologisches Bedürfnis nicht voll befriedigt, uns doch aber über die reine Tatsächlichkeit des Symptomzusammenhangs aufzuklären vermag, das s t a t i s t i s c h e.

Wenn an einer großen Anzahl untersuchter Individuen ein bestimmtes φ gleichzeitig mit einem bestimmten ψ auftritt bzw.

fehlt, dann besteht ein Recht, jenes als Symptom für dieses anzusehen. Ist die Gemeinsamkeit des Vorhandenseins bzw. Nichtvorhandenseins beider Merkmale keine absolute, sondern nur eine überwiegende, so verliert die symptomatische Bedeutung des φ an Sicherheit; denn es ist dann in jedem neuen Einzelfall möglich, daß φ vorhanden ist ohne ψ. Der Grad der symptomatischen Sicherheit hängt ab von der Häufigkeit des gemeinsamen Auftretens und Nichtauftretens (oder auch des gemeinsamen Variierens) beider Merkmale; somit ist das Problem ein Spezialfall des in einem späteren Kapitel zu besprechenden Korrelationsproblems. Aber es sei doch schon hier betont, daß bisher die Feststellung des Symptomwerts auch da, wo man statistisch vorging, oft mit einer erstaunlichen Nichtachtung elementarster methodologischer Forderungen des Korrelationsverfahrens geübt wurde, namentlich — aber nicht ausschließlich — von den Amateurcharakterologen.

So begnügte man sich oft mit der einfachen Konstatierung des häufigen p o s i t i v e n Zusammenvorkommens beider Merkmale, um das eine von ihnen als Symptom des andern zu proklamieren. Die Fragen, ob nicht φ auch vorhanden war in Fällen, da ψ fehlte, und ψ in Fällen, da φ fehlte, und ob die Ausprägungsg r a d e beider Merkmale parallel gingen, ließ man unbeachtet. In manchen graphologischen Werken ist z. B. der Gedankengang sehr einfach dieser: die Personen A, B, C, D (von denen Proben gegeben werden) zeigen den so und so charakterisierten Schriftzug a. Diese Personen haben alle die psychische Eigenschaft α; also ist der Schriftzug a das charakterologische Zeichen für die Eigenschaft α.

Ein anderer Fehler besteht darin, daß die beiden Merkmale, deren symptomatologischen Zusammenhang man erweisen will, nicht unanbhängig voneinander gefunden werden. Wenn z. B. festgestellt werden soll, ob irgendein charakteristisches Moment der Schrift als Symptom für „Humor" zu gelten habe, so würde man korrekterweise so vorzugehen haben: Unter n Personen — n muß eine ziemlich große Zahl sein — werden diejenigen herausgesucht, welche zweifellos in hohem Grade die Eigenschaft des Humors besitzen, wobei die Schrift der Personen natürlich nicht in Betracht gezogen werden, ja eigentlich überhaupt nicht bekannt sein darf. Sodann werden aus den Schriften sämtlicher n Personen — nun natürlich wiederum, ohne daß man weiß, welche Schriften von den „humorvollen" stammen — diejenigen herausgesucht, die den kritischen Schriftzug haben; und jetzt erst wird zwischen den beiden so ausgesonderten Reihen der Humorvollen und der Besitzer des graphischen Zeichens der Grad der Korrelation berechnet. — Statt dessen verfährt man wohl so, daß man zunächst eine Reihe von Personen mit dem graphischen Zeichen heraussucht und nun zusieht, ob diesen, die man schon a priori auf Grund des angenommenen Zusammenhangs für humorverdächtig hält, nicht tatsächlich die Eigenschaft des Humors zugesprochen werden muß. Bei der Dehnbarkeit, welche dann außerdem noch die Eigenschaftsbegriffe in dieser Popularpsychologie haben, wird bei einigem guten Willen die Zuweisung in zahlreichen Fällen glücken, wo im objektiven Verfahren nie daran gedacht werden würde — und der symptomatische Wert des Zeichens ist „erwiesen“.

Mir ist ein Fall bekannt, daß SCHILLER, da er Besitzer eines graphologischen „Witz“zeichens war, auch den „witzigen“ Menschen zugerechnet wurde.

Übrigens sind diese Fehler nicht nur von den dilettierenden Charakterdeutern, sondern auch — obzwar vielleicht nicht in so grober Form — in den Anfangsstadien der wissenschaftlichen Differentialpsychologie begangen worden. So ist manchen experimentellen Tests seitens der Psychologen und manchen Intelligenzprüfungsmethoden seitens der Psychiater ein hoher Symptomwert zugeschrieben worden, ohne daß man bei dessen Eichung die erforderlichen Kautelen gewahrt hätte (Vgl. Kap. V).

Wir haben schließlich noch die Frage nach der Ähnlichkeit zwischen dem Symptom und dem zu erdeutenden Merkmal aufzuwerfen. Diese Frage klingt zunächst absurd; denn das Symptom ist etwas Physisches, das zu erdeutende Merkmal etwas Psychisches; und zwischen φ und ψ besteht nach weit verbreiteter Überzeugung völlige Disparatheit. Allein diese Auffassung ist mit der hier vertretenen Theorie der individuellen Merkmale nicht mehr vereinbar. Unser Schema (S. 28) zeigt, daß die schroffe Entgegensetzung von Physischem und Psychischem nur für die „Phänomene“ gilt, nicht aber mehr für die Akte und Dispositionen des Individuums; diese können vielmehr — je nach dem phänomenalen Material, auf das sie sich beziehen — psychisch, physisch oder psychophysisch neutral sein. Daraus ergibt sich: Innerhalb des Gebietes der phänomenalen Inhalte muß allerdings zwischen φ und ψ Disparatheit bestehen: „heterogene Symptomatik“. Im Gebiet der Akte und Dispositionen kann sich dagegen unter Umständen deren einheitlich neutrale Form nach außen und nach innen betätigen und so bewirken, daß zwischen den äußeren Symptomen und den inneren Erlebnissen formale Übereinstimmungen bestehen: „homogene Symptomatik".

Wir geben für beide Formen einige Beispiele.

Heterogene Symptomatik: Irgendein Vorstellungskomplex, den ich innerlich erlebe, hat mit den Schallschwingungen, die ich bei der sprachlichen Äußerung jener Vorstellung erzeuge, keine Spur von Ähnlichkeit; Gleiches gilt für die Beziehung zwischen irgend einer Charaktereigenschaft und einem Haken in der Schrift, oder zwischen dem Auftreten bestimmter Gefühle und gewissen Schwankungen in der Pulskurve, oder zwischen mathematischer Veranlagung und Wülsten über den Augenbrauen. Lediglich die Kontiguität, d. h. das zeitlich-örtliche Zusammentreffen der beiden Glieder, gibt uns in jedem der Fälle das Recht, das physische Glied als Symptom des psychischen zu betrachten; zu einem Gemeinsamen, das beide Glieder übergreift oder dem beide Glieder zugrunde liegen, kommen wir auf diesem Weg nie.

Ganz anders bei der homogenen Symptomatik. Wenn ich bei einem Menschen als chronisches Symptom Langsamkeit der Bewegungen, der Handlungen, der Sprache bemerke und ihm nun auf Grund dieses physischen Symptoms die Eigenschaft „Trägheit" oder „Phlegma" zuschreibe, so ist das Erschlossene nicht mehr dem wahrgenommenen physischen Symptom heterogen, sondern homogen. Dies ist freilich nur dadurch möglich, daß ich nicht primär vom Physischen auf rein psychische Inhalte schließe, sondern auf eine das Ganze der Persönlichkeit durchdringende, also neutrale Disposition, welche dann sekundär auch auf die rein psychische Seite (Langsamkeit des Vorstellungsablaufs, der inneren Willensentscheidungen usw.) ausgedehnt wird. — Oder ein anderes Beispiel: Wenn ein Mensch in seiner äußeren Betätigung stark die Tendenz zur Wiederholung der bei anderen wahrnehmbaren Bewegungen hat und ich ihn daraufhin als „imitativ" bezeichne, so ist damit wiederum ein Hinausgehen über die bloß körperliche Betätigung gegeben; es ist eine persönliche Eigenschaft gemeint, deren einheitliche Wirksamkeit dann der Voraussetzung nach auch auf die psychische Seite (Tendenz zur kritiklosen Übernahme von Vorstellungen und Stellungnahmen, starke Abhängigkeit von Vorbildern usw.) ausstrahlt.

Ob diese Übertragung berechtigt sei, ist damit noch nicht gesagt, die Berechtigung kann vielmehr nur durch die früher angegebenen Mittel zur Prüfung des Symptomwerts erwiesen werden. Ist aber der Zusammenhang sichergestellt, dann bedeutet er für die Erkennung des anderen Individuums etwas unvergleichlich Tieferes, als die heterogene Symptomatik es je leisten kann. Denn hier hört das physische Merkmal auf, ein bloß konventionelles Zeichen zu sein, welches wir uns erst in eine andere Sprache übertragen müssen; es wird zu einem Abbilde, in welchem wir eine bestimmte Seite der individuellen Eigenart des Anderen direkt schauen!

Es ist merkwürdig, daß diese Tatsache, die mir für die ganze psychologische Symptomatik von grundsätzlicher Bedeutung zu sein scheint, bisher von der philosophischen und psychologischen Theorie unbeachtet gelassen wurde. Erklärlich wird dies nur dadurch, daß man die gesamte Betrachtung des Individuums auf dem Gegensatz des Psychischen und Physischen aufbaute und daraus schloß, daß zwischen den subjektiven Bewußtseinsphänomenen dort und den körperlichen Vorgängen hier zwar ein (wie auch immer zu nennender) Zusammenhang, aber keine Spur von Ähnlichkeit bestehen könne.

Der Begriff der „homogenen Symptomatik" enthält zugleich den Schlüssel zu weiten nicht-wissenschaftlichen Gebieten der Kultur.

So will die naive Menschenkenntnis nicht in erster Linie die rein psychischen, d. h. subjektiven Bewußtseinsphänomene des anderen, sondern seine persönlichen Eigenschaften erfassen, und dies kann sie nun, wie wir sahen, wenigstens zum Teil auf dem unmittelbaren Weg der homogenen Symptomatik.

Das eigenste Gebiet dieser Methode ist aber das des ästhetischen Verhaltens. Voraussetzung alles Ästhetischen ist ja, daß im Außen ein Innen zur Darstellung komme; das ästhetische Genießen soll diesen innern Gehalt auf Grund der äußeren Gestaltung erleben, das künstlerische Schaffen soll ein Inneres in die ihm adäquate äußere Form gießen. Wie aber wäre dies alles möglich, wenn die Verknüpfung, die wir zwischen Äußerem und Innerem vollziehen, nur eine Kontiguitätsassoziation zwischen zwei gegeneinander ganz gleichgültigen Phänomengruppen wäre, deren Zusammengehörigkeit uns lediglich durch die Häufigkeit des gleichzeitigen Auftretens erkennbar wäre? Nein, ästhetisch wirksam ist eine äußere Form nur, weil sie wirkliche Verwandtschaft hat mit dem Inneren, das sie darstellen soll, weil dieses Darstellen eben nicht ein bloßes Bezeichnen, sondern ein Abbilden ist.

Jetzt versteht man auch, daß jede künstlerische Weltanschauung eine instinktive Abneigung hat gegen jene Versuche der Theorie, zwischen Psychischem und Physischem eine völlige

Disparatheit zu statuieren; ihr relatives Recht ist nun durch den Begriff der homogenen Symptomatik auch theoretisch begründet.

Der wissenschaftliche Psychologe allerdings muß sich dessen bewußt sein, daß jenes Recht nur ein relatives ist, und daß er in jedem einzelnen Falle mit den oben angegebenen Mitteln zur Prüfung des Symptomwerts zu untersuchen hat, ob das Symptom in homogenem Sinne verstanden werden darf. Denn die Vorliebe des naiven Menschenverstandes und der ästhetischen Intuition kann leicht dazu verführen, homogene Symptomatik anzunehmen, wo im besten Falle nur heterogene vorliegt.

So behaupten wohl manche Graphologen, daß ein offenes o ein Zeichen für Offenheit des Charakters ist. Ob ein solcher Zusammenhang tatsächlich bestehen mag oder nicht, jedenfalls beruht er nicht darauf, daß zwischen der physischen „Offenheit" (Nicht-Geschlossenheit) des Schriftzuges und der psychischen „Offenheit" (Freimütigkeit und Aufrichtigkeit) der Denk- und Gefühlsweise eine wirkliche Homogeneität bestände.

Kapitel IV.

Die nicht-experimentelle Beobachtung.

Wir behandeln nun die einzelnen Formen der extrospektiven Methoden und beginnen mit der nächstliegenden und kunstlosesten unter ihnen, der nicht-experimentellen Beobachtung (nebst der darauf aufgebauten Beurteilung).

Die einfache Beobachtung ist bei dem einigermaßen geübten Psychologen eine ganz von selbst ablaufende Betätigung; ihm ordnet sich eben infolge seiner Übung irgendeine Äußerung eines anderen Menschen leicht einer der vielen ihm vertrauten psychologischen Kategorien ein.

So boten mir z. B., nachdem einmal meine Aufmerksamkeit auf die Fälschungen der Aussage gerichtet war, zahlreiche Erlebnisse des Alltags fortwährend Bestätigungen und Ergänzungen der experimentellen Befunde.

Aber natürlich kann sich die differentielle Psychologie auf solche Gelegenheitsfunde nicht beschränken; sie muß die Beobachtung systematisieren. Was die Medizin schon lange hat — eine regelrechte Kasuistik gut beobachteter Fälle, deren Materialwert hinter den experimentellen Ergebnissen sicher nicht zurücksteht — muß auch unsere Wissenschaft zu erarbeiten suchen.

Die erste Voraussetzung hierzu ist die Anwendung gewisser Vorsichtsmaßregeln, so jener schon früher erwähnten, daß das wirklich Beobachtete von der etwa darauf aufgebauten Beurteilung streng geschieden wird. Es muß ferner die Registrierung möglichst bald nach stattgehabter Beobachtung und wenn irgend angängig ohne Wissen des Beobachteten vor sich gehen; es muß möglichst vollständig berichtet werden, und zwar nicht nur der unmittelbar interessierende Tatbestand selbst, sondern auch die irgendwie für seine Deutung und Bewertung wichtigen Begleitumstände physischer, psychischer, anthropologischer, kultureller Art.

Eine weitere Systematisierung liegt darin, daß die Beobachtungen unter gewisse Aufgaben gestellt werden.

Da ist zunächst die vergleichende Beobachtung, bei welcher die Aufmerksamkeit auf eine einzelne Verhaltungsweise konzentriert ist, deren Varianten nun bei verschiedenen Menschen beobachtet werden.

So kann z. B. ein Lehrer, der sich gerade mit der Typik des Gedächtnisses beschäftigt, beim Unterricht darauf achten, in welcher Weise seine verschiedenen Schüler zu lernen scheinen. — Hierher gehört es auch, wenn Materialien zur Denkpsychologie neuerdings so beschafft werden, daß der Psychologe beliebige Denkleistungen (Irrtümer, Ideensprünge, Witze, Fragen, Schlüsse usw.), die ihm bei sich und anderen begegnen, notiert und unter bestimmten Gesichtspunkten sammelt.

Eine sehr viel größere Annäherung an die Exaktheit des Experiments gewinnt die vergleichende Beobachtung dann, wenn sie mit vergleichbaren Bedingungen arbeitet. Dies kann sie in weit höherem Maße, als es zunächst scheinen möchte. Wir sind nicht immer auf jene Isolierung, Konstanz und kontrollierbare Abstufung der Bedingungen angewiesen, die das künstliche Experiment herstellt, weil auch Natur und Kultur solche Experimente ohne unser Zutun machen. Zu diesen Bedingungen gehören Gemeinsamkeit der Rasse, des Geschlechtes, des Alters, des Standes, des Milieus. Nehmen wir an, man beobachte zwei Gruppen von Menschen, bei welchen eine dieser Bedingungen hier in der Form a, dort in der Form b vorhanden ist, während sonst keine durchgehenden Differenzen bestehen — dann haben wir das Recht, psychische Besonderheiten, die den Angehörigen der ersten Gruppe gemeinsam sind, aber denen der zweiten Gruppe fehlen, auf die Bedingung a als Ursache zu beziehen.

Überhaupt werden es vornehmlich ätiologische Fragen sein, zu deren Bearbeitung diese Methode herangezogen werden muß[1]. Das theoretisch wie praktisch gleich wichtige Problem, welchen Anteil Vererbung einerseits, Umwelt andererseits an der Erzeugung psychischer Differenzen haben, verlangt geradezu danach, daß man solchen unabsichtlichen Experimenten des Lebens nachspürt und ihre Ergebnisse registriert, da sich hier absichtliche Experimente aus ethischen Gründen verbieten. Bei Tieren und Pflanzen dürfen wir wohl experimentell gewisse Befruchtungsbedingungen künstlich variieren, um festzustellen, ob die Nachkommen auf Grund dessen bestimmte Änderungen aufweisen — beim Menschen nicht. Pflanzen und Tiere dürfen wir absichtlich längere Zeit im Dunkeln oder im roten Licht oder in einer gewissen

[1] Bibliographie, Abt. A IV.

niederen Temperatur halten, um festzustellen, ob und wie dadurch ihre physische und psychische Beschaffenheit verändert wird — den Menschen nicht. Wollen wir daher solche Aufgaben überhaupt beim Menschen lösen, so bleibt gar nichts anderes übrig, als die Fälle auszubeuten, in denen spezielle Abweichungen von den normalen Bedingungen durch irgendwelche Natur- oder Kulturereignisse herbeigeführt sind. Man denke etwa an Mindersinnigkeit oder an abnorme Beschaffenheit des Aufenthaltes.

Die psychischen Abweichungen der Blinden, Tauben, Taubblinden, gegenüber vollsinnigen Menschen zeigen, welche Seiten der Individualität von den Eindrücken des Gesichtssinns, des Gehörsinns oder beider entscheidend beeinflußt werden; die Übereinstimmungen, die jene Mindersinnigen mit Vollsinnigen besitzen, gehören dagegen unwiderleglich dem allgemein Menschlichen an (so wird also auch die Abgrenzung von Differentiell- und Generell-Psychologischem durch diese Methode möglich)[1]. — Ebenso ist die besondere Artung eines KASPAR HAUSER oder von Menschen, die viele Jahre im Gefängnis waren, mit großer Wahrscheinlichkeit auf die Engigkeit und Einsamkeit des Milieus zurückzuführen.

Ein Naturexperiment stellen gleichgeschlechtliche Zwillinge dar, die zusammen aufwachsen; denn hier sind sowohl Umwelt wie Vererbungsverhältnisse von völliger Identität; die individuellen Unterschiede, die sich trotzdem bei ihnen beobachten lassen, müssen dann jenem tiefsten Kern der Individualität zugeschrieben werden, der über alle gleichmachenden Einflüsse hinaus jeden Menschen zu einem „Einzigen" stempelt[2].

Auch die Isolation einer einzelnen Bedingung, die normalerweise mit anderen ununterscheidbar verquickt ist, kommt ohne unser Zutun vor, und kann dann für vergleichende Beobachtungen ausgenützt werden. So ist bei vielen psychischen Besonderheiten (z. B. bei verbrecherischen Neigungen) die Ursprungsfrage deswegen so schwer zu beantworten, weil hier Vererbung und Umwelt gewöhnlich gleichsinnig wirken: Verbrecherkinder wachsen in verbrecherischer Umgebung auf. Methodologisch wichtig sind daher diejenigen, zwar nicht häufigen, aber doch vorkommenden Fälle, in denen solche Kinder in frühester Jugend dem Elternhaus und dem ganzen Milieu entzogen und in durchaus einwandfreie Umweltbedingungen versetzt werden. Was nunmehr an verbrecherischen Trieben dennoch hervortritt, ist mit Sicherheit der isolierten Vererbungsbedingung zuzuschreiben.

---

[1] Als Beispiel für die Anwendung der Methode diene meine Psychographie HELEN KELLERS. (**1385**.)

[2] Zur Psychologie von Zwillingen: Bibliographie Abteilung A IV 4.

In der Verwertung dieser absichtslosen Natur- und Kulturexperimente stehen wir erst in den allerersten Anfängen.

In einer anderen Richtung als die vergleichende Beobachtung bewegt sich die fortlaufende Beobachtung, die an einem einzelnen Individuum angreift und hier auf den natürlichen Ablauf einer zusammengehörigen seelischen Erscheinungsreihe gerichtet ist. So verfolgt der Psychiater die Stadien einer sich langsam entwickelnden und wieder abklingenden Psychose; der Lehrer macht Beobachtungen über die Fortschritte der Übung oder des Verständnisses eines Schülers in irgendeinem Fache usw.

Als Hauptmethode wird die fortlaufende Beobachtung angewendet werden bei allen genetischen Problemen, die ja zugleich differentielle sein können (Unterschiede in den Entwicklungsrichtungen und im Entwicklungstempo verschiedener Menschen; Darstellung der Entwicklung einer bestimmten jugendlichen Individualität). In der Tat ist sie ja auch seit Preyer überall in Kraft getreten, wo das frühkindliche Wahrnehmen und Wollen, Denken und Sprechen studiert wurde[1]. Und auch in Zukunft wird das genetische Problem ganz überwiegend der registrierenden Methode überlassen bleiben müssen. Sie kann vervollkommnet werden, indem man den Umfang der zu beobachtenden Phänomene erweitert und zugleich ihre psychologische Deutung kritischer gestaltet — hierin sind ja auch schon seit Preyer gewaltige Fortschritte gemacht worden — aber man wird sie nicht durch das Experiment ablösen können. Außer der oben erwähnten Gefahr des Experiments kommt hier nämlich noch die andere hinzu, daß es infolge seiner Künstlichkeit die Entwicklung, deren natürlichen Ablauf man studieren will, selber beeinflußt und damit das Bild verfälscht. Dies gilt namentlich von solchen Experimenten, die in häufiger Wiederholung längere Zeit angewandt werden.

Ein Beispiel: Die Entwicklung des Farbenbewußtseins im Kinde kann man nicht studieren, indem man von einem gewissen Alter an täglich Übungen im Farbenbenennen mit dem Kinde anstellt. Denn eben diese Übung verfrüht die Entwicklung beträchtlich, und das Ergebnis bezieht sich dann weniger auf die natürliche Entwicklungsfähigkeit als auf die Übungsfähigkeit des Farbensinns.

Zulässig sind also für differentielle Entwicklungsprobleme nur solche kleinen Gelegenheitsversuche, die, ohne ihrerseits die Entwicklung zu beeinflussen, von Zeit zu Zeit ihren jeweiligen Stand verraten, sogenannte „Stichprobenexperimente".

---

[1] Bibliographie Abt. C I und II.

Eine letzte Art der systematisierten Beobachtung ist die p s y c h o g r a p h i s c h e Beobachtung. Auch diese greift, wie die fortlaufende, an einem einzelnen Individuum an, verfolgt aber an diesem nicht eine bestimmte Funktion im Längsschnitt, sondern sucht einen Querschnitt durch die psychische Beschaffenheit des X zu legen. Da diese Methode im Kapitel Psychographie ausführlich behandelt wird, so ist hier ein weiteres Eingehen unnötig.

Kapitel V.

Das Forschungs-Experiment.

Als das Experiment vor etwa einem halben Jahrhundert der Psychologie nutzbar gemacht wurde, handelte es sich durchweg um Probleme der generellen Seelenkunde; und auch bis zum heutigen Tage ist das Experiment, wie es an den offiziellen Arbeitsstätten der Psychologie, den Universitätslaboratorien gepflegt wird, fast ausschließlich auf generelle Fragestellungen (allgemeine Gesetze der Sinneswahrnehmung, der Aufmerksamkeit, der Reaktion, des Gedächtnisses, des Denkens usw.) gerichtet.

Allerdings sind auch schon diese mit ganz anderen Absichten unternommene Untersuchungen für die differentielle Psychologie nicht ohne Bedeutung. Denn sobald überhaupt mehrere Personen zu gleichartigen Experimenten verwandt wurden, sahen sich die Forscher ziemlich ausnahmslos gezwungen, neben der Konstatierung des allgemeingültigen Ergebnisses, meist mit einem gewissen Bedauern, auf die großen individuellen Abweichungen zwischen den einzelnen Versuchspersonen hinzuweisen. Diese Störungen der generellen Forschungen können wir uns nun nutzbar machen; entweder direkt als differentielles Material, oder doch als Fingerzeig, auf welchen Gebieten und bei welcher Anordnung künftige Experimentaluntersuchungen von differentieller Tendenz Ergebnisse erhoffen lassen. Es wäre daher dringend zu wünschen, daß eine verständige und kritische Sichtung des schon vorhandenen generell-psychologischen Versuchmaterials in bezug auf seine etwaige differentielle Ausbeute vorgenommen würde; wir würden hierdurch mit verhältnismäßig kleiner Mühe zu lohnenden Ergebnissen und vor allem zu wichtigen Anregungen kommen. Und künftige Untersucher genereller Probleme mögen sich, soweit es irgend angeht, der geringen Arbeit unterziehen, die differentiellen Nebenergebnisse ihrer Experimente genauer in einem besonderen Paragraphen zu verzeichnen.

Allein hierbei dürfen wir nicht stehen bleiben. Jede besondere Fragestellung verlangt ihre besondere Methodik: und es war ein Fehler der psychologischen Nebenwissenschaften gewesen, daß sie geglaubt hatten, das experimentelle Methodenschema der generellen Psychologie zum starren Maßstab auch ihrer Bestrebungen zu machen. Experimentelle Pädagogik, experimentelle Ästhetik begannen erst von jenem Augenblick an festere Formen anzunehmen, da sie — unter voller Beobachtung und Nutzung der von der Mutterwissenschaft ausgehenden Lehren und Anregungen — doch eine teilweise Emanzipation von dem Schema der Arbeitstechnik vornahmen.

Entsprechend steht es mit der differentiellen Psychologie. Diese muß dem Experiment zwei sehr verschiedene Aufgaben setzen: Forschung und Prüfung; daraus ergeben sich zwei Experimentalformen, die wenigstens zum Teil deutliche Unterschiede aufweisen, zu einem anderen Teil freilich ineinander übergehen. Der erste Typ, das Forschungsexperiment, steht den Hauptformen des generellpsychologischem Experiments immerhin noch näher als der Typ des Prüfungsexperiments oder Tests, der unserer Disziplin allein eigen ist.

Da den besonderen Bedingungen der Testmethodik das nächste Kapitel gewidmet ist, so behandeln wir hier nur diejenigen Gesichtspunkte, die für das Forschungsexperiment allein oder für beide Formen gemeinsam gelten. Und zwar besprechen wir zuerst die interindividuelle Ausbreitung, sodann die intraindividuelle Gestaltung des Experiments.

1. Extensität und Exaktheit.

Das Forschungsexperiment dient vorwiegend inter-individuellen Problemen; es soll die Variationen der psychischen Merkmale, die zwischen diesen bestehenden Korrelationen, endlich ihre Abhängigkeit von Natur- und Kulturbedingungen näher bestimmen.

Wenn wir z. B. für irgendeine seelische Funktion zunächst noch nicht wissen, in welchen Gradstufen und in welchen qualitativen Typen sie auftritt, so kann eine experimentelle Untersuchung vieler Individuen darüber Aufklärung verschaffen. Auch die Frage, wie eine komplexe seelische Eigenschaft — z. B. die Intelligenz — konstituiert sei, in welch verschiedenen Weisen sich die dabei beteiligten Einzelfunktionen kombinieren können, welche Teilvariationen gemeinsam aufzutreten pflegen usw., ist nur durch eine weit angelegte Experimentalforschung zu erledigen.

Gleiches gilt für die vielen Fragen, wie verschiedene Altersstufen, oder Bildungsstufen, oder beide Geschlechter in Bezug auf gewisse Leistungen variieren.

Einige Hauptforderungen für alle psychologische Experimentierarbeit gelten natürlich auch hier. Die Versuche müssen wiederholbar sein, sie müssen bestimmte Einzelbedingungen isolieren und kontrollierbar abstufen können, sie müssen andererseits die nicht zur Untersuchung stehenden Bedingungen möglichst konstant erhalten, und soweit dies nicht durchführbar ist, durch Häufung der Versuche die von jenen ausgehenden Fälschungen zum Ausgleich bringen.

Diese Forderungen sind in der differentiellen Untersuchung deswegen schwerer durchzuführen, als in der generellen, weil jene, wie schon S. 31 erwähnt, durchaus auf eine sehr große Zahl von Versuchspersonen angewiesen ist, was diese nicht ist oder wenigstens nicht zu sein glaubt.

In der Tat hat das übliche, auf generelle Probleme gerichtete Labaratoriumsexperiment bisher fast stets mit einer überraschend kleinen Zahl von Versuchspersonen auskommen zu können geglaubt. 5—10 bilden etwa den üblichen Durchschnitt, ja eine der bedeutendsten und folgenreichsten Untersuchungen, die von Ebbinghaus über das Gedächtnis, ist an einer einzigen Person, dem Experimentator selbst, durchgeführt worden. Dazu kommt, daß die Versuchspersonen des Laboratoriums in ihrer überwältigenden Mehrheit einer engen Gruppe von Menschen, nämlich der studierenden Jugend angehören; diese karge Auslese hatte zum Teil ihren Grund in den äußeren Verhältnissen, daß den Universitätslehrern andere Menschen als Studenten für ihre Zwecke nur schwer zugänglich waren.

Zum anderen Teil aber war sie durch die Natur des Verfahrens selbst bedingt; mußte doch jede einzelne Versuchperson nach der herrschenden Methodik sehr langwierige, oft durch Wochen und Monate sich hinziehende Experimentalserien erledigen, wodurch sich eine große Häufung der Personen schon wegen der begrenzten Zeit und Kraft des Experimentators von selbst verbot. So strebte also diese Technik nach der intensiven Seite hin einem idealen Zustand entgegen; ob freilich nicht die mangelnde Extensität zum Teil jene Vorteile illusorisch machte, möge hier ununtersucht bleiben. (Jedenfalls sind wohl in der hierfür als Vorbild dienenden Naturwissenschaft die Beispiele selten, daß auf Grund so weniger untersuchter Fälle doch so generelle Schlüsse gewagt wurden, wie in der Psychologie. Denn um das Konstatieren allgemeiner Gesetzmäßigkeiten drehte sich ja die Untersuchung.)

Wie dem auch sei, die differentielle Fragestellung verlangt zweifellos als erste Vorbedingung Extensität des Materials. An 10 oder auch an 20 Personen feststellen zu wollen, wie sich die Gedächtnistypen der Häufigkeit nach verteilen oder in welch verschiedenen Formen musikalische Begabung auftreten kann u. a. m., wäre ein Widersinn. Denn erst bei einer sehr großen Anzahl von Prüflingen beginnt das Recht zu der Annahme, daß die gefundenen Differenzierungen und ihre Verteilung ein einigermaßen zutreffendes Abbild der gesamten in Betracht kommenden psychischen Varitätenbildungen liefern. Am wünschenswertesten wäre hier natürlich, daß diese Extensität ohne jede Einbuße an Intensität erreicht würde; aber das verbietet sich in den weitaus meisten Fällen von selbst. Kein Experimentator vermag Versuchsserien, deren jede viele Tage oder mehrere Wochen währt, einige hundertmal in gleicher Weise durchzuführen. Er müßte sich zum mindesten mit anderen in die Arbeit teilen, und so begegnen wir hier zum ersten Male der Forderung der Arbeitsgemeinschaft, die überhaupt in der differentiellen Psychologie eine in der generellen ganz unbekannte Rolle zu spielen hat. Diese Arbeitsgemeinschaft muß, um Kraftvergeudung zu vermeiden, eine systematische sein, d. h. es muß von vornherein der genaue Plan und die Methodik der Untersuchung vereinbart sein, in deren Ausführung sich dann die Forscher teilen. Wenn 10 Psychologen auf solche Weise nach genau vorgeschriebener und daher vergleichbarer Methodik je 20 Versuchspersonen durchprüfen, kommt ein Material zustande, das an Intensität einwandfrei und zugleich an Extensität immerhin achtunggebietend ist[1].

Da aber solche Idealfälle zu den seltenen Ausnahmen gehören werden, so muß man auf andere Auswege sinnen. Und da ergibt es sich denn glücklicherweise, daß das differentiell-psychologische Experiment im allgemeinen auch nicht eine solche Intensität der einzelnen Teiluntersuchung beansprucht wie das generell-psychologische.

Erstens nämlich hat sie es im allgemeinen mit Tatbeständen gröberer Struktur zu tun. Das bedeutet keine Minderwertigkeit, sondern liegt in der Natur ihrer Aufgabe. Schon oben (S. 34/35) wurde betont, daß das differentiell-psychologische Expe-

[1] Obige Forderung die bereits in der ersten Auflage dieses Buches ausgesprochen war, ist neuerdings in ähnlicher Formulierung auch von Heymans (**1031**, S. 35) aufgenommen worden.

riment eine viel größere „Lebensnähe" haben müsse, damit es überhaupt symptomatische Bedeutung besitze; darum kann es ihm nicht so sehr auf die feinste Isolierung der letzten und einfachsten Elemente des Seelenlebens ankommen (denn diese haben viel weniger charakteristischen Individualitätswert), als auf die komplexeren Verhaltungsweisen. Sie muß ferner solche Funktionen bevorzugen, die von Mensch zu Mensch die stärksten und deutlichsten Varietätenbildungen zeigen, das sind aber nicht die niederen Funktionen, deren kleinste quantitative Unterschiede nur mit Präzisionsapparaten meßbar sind, sondern die höheren, deren Differenzen von makroskopischer Größenordnung sind.

Selbstverständlich ist hierbei der differentielle Psychologe nicht weniger als der generelle an Exaktheit gebunden. Aber Exaktheit ist eine relative Größe; sie bedeutet das Genauigkeitsmaximum, das für die gestellte Aufgabe noch eine Bedeutung hat, nicht das absolute Genauigkeitsmaximum, das überhaupt unter Anwendung aller denkbaren Hilfsmittel auf dem betreffenden Gebiete möglich ist[1]. Das Bestreben, die absolute Präzisionsgröße zum Maßstabe des wissenschaftlichen Wertes einer Untersuchung überhaupt zu machen, kann geradezu die Forschung lahmlegen; denn eine Exaktheit, deren Folge für das gestellte Problem irrelevant ist — z. B. die Messung von 1000 stel Sekunden in Fällen, wo erst Unterschiede von ganzen Sekunden Bedeutung gewinnen — ist nichts anderes als Kraft- und Zeitvergeudung.

Welche Intensität für die einzelne experimentelle Untersuchung auf Grund des Prinzips der relativen Exaktheit erforderlich ist, muß in jedem Falle aus der Natur der Aufgabe abgeleitet werden; vor allem aber muß die Bewertung der Ergebnisse auf den angewandten Exaktheitsgrad Rücksicht nehmen. Die Versuchung ist oft nur allzugroß, auch solche Übereinstimmungen oder Verschiedenheiten der Ergebnisse als bedeutungsvoll zu betrachten, die infolge des geringeren Präzisionsmaßes noch innerhalb der wahrscheinlichen Fehlergrenze liegen[2].

---

[1] Sehr interessante Ausführungen über das Prinzip der psychologischen „Exaktheit" und seine Übertreibungen finden sich bei Baerwald: **41** S. 185 ff. — Vgl. auch Bobertag **668** S. 107.

[2] Verwahrung einlegen möchte ich nun allerdings dagegen, daß das oben entwickelte Prinzip der relativen Exaktheit zur Rechtfertigung eines beliebig unexakten und oberflächlichen Verfahrens mißbraucht werde, wie es leider bereits geschehen ist (vgl. dazu Ztschr. f. Psychol. **46** S. 71, 1907). Für jede Problemstellung gibt es nicht nur ein Exaktheitsmaximum, dessen

Noch ein anderer Grund erlaubt beim differentiell-psychologischen Experiment eine geringere Intensität der am einzelnen Individuum anzustellenden Untersuchung: diese wird nämlich methodologisch durch die Extensität über viele Individuen zum Teil geradezu kompensiert. Zum intensiv betriebenen Experiment der generellen Psychologie gehört häufige Wiederholung desselben Versuchs an derselben Person, um die variablen Fehler, die auf unkontrollierbaren Bedingungen beruhen, zu eliminieren. Je größer die Zahl der Wiederholungen, um so größer die Wahrscheinlichkeit, daß jene variablen Einflüsse ebenso oft positiv wie negativ gewirkt haben und damit im Durchschnittswert ausfallen. Ganz entsprechendes bewirkt für differentielle Probleme die extensive Wiederholung, d. h. die Ausdehnung eines und desselben — für jede einzelne Person kurzen — Experiments auf möglichst viele Personen.

Ein Beispiel. Es werde die Typenbildung in bezug auf irgendeine psychische Funktion untersucht. Prüfe ich drei Personen und finde, die eine Person reagiere im Sinne des Typus A, die zweite in dem des Typus B, die dritte in dem des Typus C, so wäre damit noch gar keine Berechtigung gegeben zu behaupten, daß nur diese drei Typen existieren und daß ihre Häufigkeit gleich groß sei. Prüfe ich 30 Personen, unter denen ich je 10 Vertreter jeder Reaktionsform finde, so gewinnt jenes Ergebnis schon eine gewisse Bedeutung, aber noch ist der Zufall der Auswahl, die Zugehörigkeit der 30 zu einer bestimmten Gesellschaftsschicht usw. ein Hindernis, jene Varietätenbildung und Häufigkeitsverteilung als eine Tatsache von allgemeiner Bedeutung hinzustellen. Ganz anders, wenn es sich um 300 oder gar 3000 Personen handelt, die womöglich verschiedenen Schichten entnommen sind. Es wird sich bei ständiger Erweiterung der Extensität bald ein Grenzwert ergeben, über den hinaus das Ergebnis keine bemerkenswerte Änderung mehr erfährt — ein Zeichen, daß eine weitere Erhöhung der Personenzahl für dieses Problem nicht vonnöten ist.

Es ist also hier auch nach Seiten der Extensität das relative Exaktheitsmaximum zu erstreben; die Zahl der Untersuchten muß groß genug sein, um zufällige Einflüsse durch gegenseitige Kompensation ausschalten zu können.

Über das M i n d e s t m a ß von Intensität, das auf jeden Einzelfall innerhalb einer solchen extensiven Serie zu verwenden ist, lassen sich kaum allgemeinere Forderungen formulieren. Gewiß ist es wünschenswert, daß dort, wo es möglich ist jedes an der Serie beteiligte Individuum mehrmals untersucht werde;

Überschreitung überflüssig, sondern auch e i n E x a k t h e i t s m i n i m u m, d e s s e n U n t e r s c h r e i t u n g u n z u l ä s s i g i s t. Es ist gerade ein Zeichen wissenschaftlich kritischen Geistes, daß man nach oben wie nach unten hin die Grenzen richtig absteckt.

aber es wäre ein ganz falscher Schematismus, wollte man etwa behaupten: Experimente, die nicht mindestens zweimal an denselben Personen vorgenommen worden sind, haben überhaupt keinen wissenschaftlichen Wert.

Man muß eben auch hier mit den realen Tatsachen rechnen. Es ist schon an und für sich nicht leicht, an Massenmaterial (Schulkinder, Patienten von Krankenhäusern, Soldaten usw.) heranzukommen; und es gelingt dies meist nur, wenn man die Störung des Betriebs und die Belästigung der einzelnen auf ein Mindestmaß beschränkt. Sollte man durch das Verlangen einer wiederholten Durchprüfung derselben Person diese Belästigung verdoppeln oder verdreifachen, so würde das einfach die Sperrung der meisten, jetzt vorhandenen Untersuchungsmöglichkeiten bedeuten. Dazu kommt, daß bei vielen Experimenten die Unwiederholbarkeit in der Natur der Sache liegt, weil nur das erste Mal die Unbefangenheit, Ungeübtheit, Selbständigkeit der Versuchspersonen gewährleistet ist, die man braucht. Insbesondere wird das, bei größeren Menschenmassen unvermeidliche, Sichunterhalten über Inhalt, Verlauf, mutmaßliche Absicht des Experiments für die Wiederholung völlig veränderte Bedingungen schaffen. Es ist daher kein Zufall, wenn zahlreiche extensive Experimente der letzten Jahrzehnte sich zum Teil mit einmaliger Untersuchung begnügten, so die von Ebbinghaus über die geistige Leistungsfähigkeit, von Kerschensteiner über die zeichnerische Begabung, von Cohn-Dieffenbacher über Begabungs-, Geschlechts- und Altersunterschiede von Schülern, — alles Untersuchungen, die unbeschadet mancher methodischer Mängel gerade in differentiellpsychologischer Hinsicht wertvolle Ergebnisse erzielt haben[1].

Rein betriebstechnisch sind die extensiven Experimente dadurch gekennzeichnet, daß sie zum großen Teil außerhalb des psychologischen Laboratoriums vorgenommen werden müssen; denn meist sind die zu prüfenden Menschengruppen nur in ihrer natürlichen Umgebung zugänglich: Schulkinder in Schulen, Soldaten in Kasernen, Patienten in Kliniken usw. Auch diese Notwendigkeit führt den Verzicht auf die absolute Ruhe und Präzision des Laboratoriumsexperiments mit sich. Nun mögen vielleicht manche Psychologen meinen, was nicht im Laboratorium gemacht werden könne, solle überhaupt unterbleiben; im Gegensatz dazu möchten wir aus obigem schließen, daß das Laboratorium

---

[1] Man vergleiche auch die Polemik von Cohn und Dieffenbacher gegen jenen falschen Exaktheitseinwand von Deuchler: **104** S. 188 Anm.

nicht die einzige Form des psychologischen Forschungsinstitutes sein kann und soll. Die Berechtigung dieses Schlusses wird an einer späteren Stelle (Kap. VII) noch stärker hervortreten.

Ihrer Durchführung nach kann man die extensiven Experimente dann noch in „Summations"- und „Massen"-Untersuchungen gliedern.

Eine größere Exaktheit bietet die Summation von lauter Einzelversuchen, bei der freilich der Extensität engere Grenzen gesetzt sind; immerhin kann auch hier unter Umständen Beträchtliches geleistet werden.

So hat Lipmann seine Experimente über Suggestivfragen an 1 500 Personen angestellt, deren jede isoliert untersucht wurde. Binet in Paris, Bobertag in Breslau, Goddard in Vineland haben Intelligenzprüfungen an hunderten von Kindern im Einzelverfahren vorgenommen usw.

Viel leichter sind große Personenzahlen natürlich mit Massenversuchen zu bewältigen, bei denen die Mitglieder einer Gruppe gleichzeitig einer experimentellen Aufgabe unterworfen werden. Freilich vergröbern sich hierbei die wahrscheinlichen Fehler beträchtlich; ein individualisierendes Verfahren wird unmöglich, und auch qualitativ verschiebt sich das Bild gegenüber dem Einzelversuch, indem an die Stelle der mündlichen Reaktion meist die graphische (Schreiben, Zeichnen) treten muß. Dennoch können auch Gruppenexperimente wertvolle Lehren geben, wenn man nur bei ihrer Deutung mit der nötigen Vorsicht verfährt.

Übrigens werden derartige Massenversuche nur selten von einem Experimentator direkt an allen Versuchspersonen angestellt, meist muß er sich für verschiedene Gruppen verschiedener Mittelspersonen bedienen; damit aber gehören diese Untersuchungen unter die Rubrik der erst später zu besprechenden „Fernmethoden".

2. Wahlverfahren und Hilfe-Störungsverfahren.

Weitere Kennzeichen des differentiellen Experiments ergeben sich dadurch, daß wir seine Anwendung an der einzelnen Versuchsperson berücksichtigen. Entscheidend ist hier der Umstand, daß die meisten Forschungen unseres Gebiets auf dispositionelle Merkmale gerichtet sind. Es müssen demnach auch die Experimente so beschaffen sein, daß aus den Ergebnissen die zugrunde liegende Disposition möglichst deutlich erschlossen werden kann. Dies ist auf zwei Wegen möglich, durch das Wahlverfahren und durch das Hilfe-Störungsverfahren.

Das „Wahlverfahren" liegt vor, wenn man dem Individuum eine Aufgabe stellt, auf welche in verschiedener Weise reagiert werden kann; man untersucht dann, welche Disposition als relativ stärkste die Reaktionsweise bestimmt. Experimente und Erhebungen dieser Art verlangen also, daß man der Spontaneität des Prüflings einen nicht geringen Spielraum läßt; denn nur durch die Auslese, die er unter den Verhaltungsmöglichkeiten trifft, bekundet sich das Vorwiegen einer inneren Dispositionsrichtung. Hiermit stoßen wir also wieder auf einen grundsätzlichen Unterschied gegenüber der Methode der generellen Psychologie. In dieser muß das Verhalten der Versuchspersonen durch die Gesamtheit aller Versuchsbedingungen möglichst eindeutig gebunden sein, in jener muß die entscheidende Stellungnahme der Versuchsperson selber überlassen bleiben. Es wird nun noch verständlicher, daß viele der Variationsforschung dienende Untersuchungen von der allgemeinen Psychologie mit scheelen Augen angesehen werden, weil sie ihr zu frei, ungebunden, willkürlich erscheinen, und daß umgekehrt die Versuche, mit den üblichen Experimentalmethoden dispositionelle Unterschiede zu erforschen, so oft versagten, weil diese Experimente zu gebunden und unfrei waren.

Spontaneität (selbständige Auslese) darf in Obigem nicht ohne weiteres identifiziert werden mit bewußter Überlegung. Gewiß gibt es auch solche Versuche, in welchen die Wahl bewußt vollzogen wird, z. B. alle Erhebungen über Interessenrichtungen und Ideale. In anderen Fällen aber kann sich dieser Ausleseprozeß ganz ohne Beteiligung der Reflexion vollziehen; der Prüfling braucht gar nicht zu wissen, daß andere Verhaltungsmöglichkeiten — und welche — vorliegen; wenn diese nur objektiv vorhanden sind, so ist der von ihm tatsächlich eingeschlagene Weg doch ein Kennzeichen für das in ihm waltende Strukturverhältnis der Dispositionen. Ja vielleicht stellen solche Fälle mit unbewußter Wahl die reineren Symptome der inneren Beschaffenheit dar, weil bei bewußter Überlegung außer den auf die Aufgabe selbst bezüglichen Dispositionen noch andere wie Eitelkeit, Furcht, Wunsch, dem Experimentator zu gefallen, mitwirken können.

Beispiele dieser zweiten Art der Wahlversuche: Lernexperimente, bei denen mehrere Lernweisen (optische, akustische, motorische) möglich sind, aber ohne daß eine bestimmte vorgeschrieben wäre; die von der Versuchsperson bevorzugte Form läßt dann auch gewisse Schlüsse auf eine Vorzugsdisposition zu. — Vorzeigen einer Karte mit Figuren, die sowohl nach Farbe, wie nach Form, wie nach Größe variiert sind. Es hängt mindestens zum Teil von dispositionellen Bedingungen ab, welches der drei Merkmale an den Figuren vorwiegend beachtet und dadurch besser behalten wird. — Darbieten eines Bildes, das man danach schriftlich oder mündlich schildern läßt, ohne nähere Anweisung über die Art der Schilderung zu geben. Hier hat die Spontaneität einen sehr weiten Spielraum, da sie sich auf Umfang und Zuverlässigkeit, auf Stimmungston, Auswahl des Inhalts und Anordnung erstrecken kann. — Tachistoskopisches Darbieten von gedruckten Wörtern bei einer Expositionskürze, die das völlige Erkennen unmöglich macht. Sollte ein solches Experiment generell-psychologischen Zwecken dienen, so müßte unbedingt die Anweisung hinzugefügt werden, daß nur diejenigen Elemente genannt werden dürfen, die deutlich und sicher erkannt worden sind. Die differentielle Methode läßt diese Anweisung mit voller Absicht fort, weil ihr alles darauf ankommt, ob der Reagent aus eigenem Antrieb so verfährt oder ob er auf Kosten der Zuverlässigkeit das ganze Wort zu deuten und zu erraten sucht.

Das Verfahren der spontanen Wahl nimmt dann noch eine andere Wendung bei jenen Versuchen, bei welchen quantitativ meßbare Leistungen gefordert werden. Die generelle Psychologie sucht hier eine Übereinstimmung der Bedingungen dadurch herbeizuführen, daß sie M a x i m a der Leistungen verlangt: möglichst schnelles Reagieren (bei Messung der Reaktionszeiten), möglichst schnelles Aussprechen des Assoziationswortes, maximale Anspannung der Aufmerksamkeit, möglichst starke Druckanwendung bei dynamometrischen Versuchen usw. Für die differentielle Psychologie sind Maxima ebenfalls nicht unwichtig, viel bedeutungsvoller aber sind für sie O p t i m a , d. h. diejenigen Leistungsgrößen, die der inneren natürlichen Disposition adäquat sind. Die Anweisung in solchen Fällen lautet also: „Verhalte dich so, wie es dir am natürlichsten und angenehmsten erscheint.“ Nicht das schnellste Schrittempo, das jemand unter dem Druck stärkster Eile überhaupt anwenden kann, sondern das natürliche Schritttempo, das er bei der zeitlich nicht bedrängten Wanderung wählt, ist charakteristisch für sein Temperament. Dieser Gesichtspunkt des quantitativen Optimums ist noch viel zu wenig in den Methodenschatz unserer Wissenschaft aufgenommen worden.

Ich selbst habe vor längerer Zeit derartige Forschungen über das natürliche „psychische Tempo“ (vor allem mit der Klopfmethode) vorgeschlagen[1]; sonst sind mir nur noch die Unter-

[1] **13** S. 115ff.

suchungen von ALECHSIEFF und BERGMANN über „natürliche Reaktionszeiten“ bekannt[1].

Das andere intra-individuelle Verfahren (das Hilfe-Störungs-Verfahren) geht vergleichend vor. Das Individuum wird einer und derselben Aufgabe unter verschiedenen, teils erschwerenden, teils erleichternden Bedingungen unterworfen; die Wirksamkeit der Bedingungen ist ein Index für die zu erforschende Disposition.

Natürlich müssen hier die einzelnen Aufgaben gebundener sein, als bei der vorher besprochenen Methode; der Prüfling soll ja gezwungen werden, bei den verschiedenen Versuchen verschiedene Funktionen ins Spiel oder außer Spiel zu setzen. Setzt das Verfahren jeweilig eine andere Funktion i n s Spiel, so ist es die „Methode der H i l f e“; die Vergleichung hat dann festzustellen, welcher Modus zur größten Leistung verhalf. Setzt das Verfahren jeweilig eine andere Funktion a u ß e r Spiel, so ist es die „Methode der S t ö r u n g“; die Vergleichung zeigt, welcher Funktionsausfall am meisten die Leistungen störte. Es muß dieselbe Funktion sein, deren Mitwirkung den größten Hilfewert und deren Unterdrückung den größten Störungswert bedeutet; sie bestimmt die vorherrschende Disposition des Individuums.

Am häufigsten ist das vergleichende Verfahren bisher bei der Untersuchung der Vorstellungstypen angewandt worden. Man ließ Lernstoffe unter verschiedenen Bedingungen einprägen, einmal rein optisch, dann wieder rein akustisch, mit Beteiligung und unter Ausschluß eigener Sprechbewegungen usw. Aus der verschiedenen Wirkung dieser Versuchsvarianten bei einem bestimmten Individuum ergab sich dann das Überwiegen oder das Zurückstehen der visuellen oder der auditiven oder der motorischen Disposition. — In ähnlicher Weise studiert man Aufmerksamkeitstypen, indem man die Aufmerksamkeit unter verschiedene Bedingungen der Ablenkung und Hinlenkung stellt und untersucht, welche Bedingungen die günstigsten Erfolge für Auffassung und Behalten haben.

Alle übrigen Bedingungen des intra-individuellen Experiments finden im nächsten Kapitel Behandlung.

---

[1] **738**; **744**.

Kapitel VI.

Das Prüfungs-Experiment.
(Der Test.)

1. Wesen und Ursprung der Testmethoden.

Für das „Prüfungsexperiment“, das der differentiellen Psychologie durchaus eigentümlich ist, gelten zum Teil andere Gesichtspunkte als für das Forschungsexperiment. Wir brauchen dafür den aus dem Englischen stammenden Ausdruck „Test“ (= Stichprobe), beschränken aber seine Anwendung auf die wirklichen Prüfungsexperimente (während er sonst auch zuweilen auf Forschungsexperimente ausgedehnt wird.)[1]

Ein Test ist demnach ein solches Experiment, das bestimmt ist, in einem gegebenen Fall die individuelle psychische Beschaffenheit einer Persönlichkeit oder eine einzelne psychische Eigenschaft von ihr festzustellen. Seine Aufgabe ist also, unmittelbar genommen, keine rein wissenschaftlich-theoretische, sondern eine diagnostische; er will nicht unbekannte Gesetze und neue Zusammenhänge erforschen, sondern die Einordnung eines Einzelfalles in einen bereits bekannten Zusammenhang vollziehen. Allerdings sind die Voraussetzungen dieser durch Tests zu vollziehenden Diagnose notwendigerweise, die daraus abzuleitenden Folgerungen möglicherweise von wissenschaftlicher Natur.

Die logischen Voraussetzungen des Tests sind nämlich: erstens, daß das Experiment wirklich ein Zeichen für die zu deutende Eigenschaft liefere, zweitens, daß es dem Prüfling in bezug auf diese Eigenschaft eine bestimmte Stelle in der Reihe möglicher Varietätenbildungen anweise.

---

[1] Eine treffliche Zusammenstellung einer großen Zahl von Testmethoden, nebst Gebrauchsanweisung und kurzer Angabe der Ergebnisse, enthält das Buch von Whipple (**81**). — Allgemeines über die Testmethode: Bibliographie Abt. A II 6 u. 7 und B VI.

Die erste Voraussetzung haben wir oben ausführlich besprochen: ein Experiment kann nur dann als „Test" gelten, wenn es trotz seines akuten Charakters chronischen Symptomwert besitzt. Nur wenn ich weiß, daß die Ergänzungsmethode mit Ausfüllung lückenhafter Texte eine eindeutige Beziehung zu der ständigen dispositionellen Beschaffenheit der „Intelligenz" hat, kann ich in einem konkreten Fall die Intelligenz eines Individuums durch die Ergänzungsmethode prüfen.

Damit aber das Individuum auf Grund der Testprüfung auch einen Index erhalten kann, als Angehöriger eines Typs oder einer Gruppe, als Nummer in einer Rangordnung, so ist die zweite Voraussetzung, daß die Typen- und Stufenbildungen, die für die betreffende Eigenschaft in der Menschheit vorkommen, im allgemeinen bereits bekannt sind.

Beide Voraussetzungen aber erfordern umfangreiche Voruntersuchungen; denn der chronische Symptomwert eines akuten Merkmals kann nur durch weit angelegte Korrelationsforschungen, und die Stufen- und Typenbildungen einer allgemeinen Eigenschaft können nur durch umfassende Variationsforschungen gefunden werden. Danach würde es als das methodologische Ideal erscheinen, wenn die differentielle Psychologie zunächst ganz auf Prüfungen mit Hilfe von Tests verzichten und sich für die nächsten Jahrzehnte auf die eben angedeuteten rein theoretischen Vorarbeiten beschränken wollte.

Indessen ist ja der wirkliche Gang einer Wissenschaft niemals allein durch das logische Ideal bestimmt. Nicht nur daß die praktischen Interessen in Pädagogik, Psychiatrie, Rechtspflege, Berufswahl usw. täglich dringender die Schaffung psychodiagnostischer Hilfsmittel fordern — auch die Forschung selber kann nicht die logisch zu scheidenden Gesichtspunkte in zeitlich getrennte Arbeitsepochen verwandeln; vielmehr findet hier ein fortwährendes gegenseitiges Sichbefruchten und Sichfördern statt. So werden bestimmte Experimente zugleich als Teile einer differentiell-psychologischen Forschung und als Mittel einer individual-psychologischen Prüfung (also als Tests) verwertet werden; und wenn auch die Leistung in der zweiten Beziehung noch als provisorisch und unsicher gelten muß, so kann doch unter Umständen die so gewonnene Charakteristik weit vollkommener sein als diejenige, die ohne Tests und nur auf Grund der natürlichen Menschenkenntnis gewonnen wird. Zugleich können die Mängel und Schwächen, die sich bei der Anwendung der Methode zu Testzwecken herausstellen, wieder die Gesichtspunkte für weitere sichernde und kontrollierende Forschungsexperimente abgeben.

Ein typisches Beispiel für eine solche Vereinigung von Forschungs- und Prüfungsexperiment bietet die Untersuchung KERSCHENSTEINERS[1] über die zeichnerische Begabung; wenn er auch in erster Linie mit seinen Experimenten anstrebte, statistische Forschungen über Verteilung, Altersfortschritt, Geschlechtsbesonderung usw. der zeichnerischen Begabung anzustellen, so wurden doch die Versuche für eine kleinere Anzahl von Kindern zu Tests, indem ihre vorher nicht bemerkte oder jedenfalls nicht gewürdigte individuelle Begabung dadurch nachgewiesen wurde.

Dies Hin und Her des Gebens und Nehmens zwischen Forschungsexperiment und Prüfungstest ist somit für den Fortschritt unserer Wissenschaft unentbehrlich; gleich unentbehrlich ist allerdings auch, daß man bei Beurteilung und Bewertung aller angewandten Tests und bei Vorschlägen neu anzuwendender Tests stets die oben erwähnten Gesichtspunkte im Auge behält.

Dies ist bisher nur zu einem kleinen Teile geschehen, wie ein kurzer historischer Überblick zeigen mag.

Als man vor nunmehr zwei Jahrzehnten mit der Ausführung von Tests insbesondere in Amerika begann[2], war man sich über das Verhältnis der Tests zu den sonstigen Formen des psychologischen Experiments durchaus nicht klar. Man stellte eine Reihe von Methoden, die für allgemein-psychologische, -physiologische und -psychophysische Zwecke im Gebrauch waren, zusammen, suchte sie auf eine möglichst einfache Form zu bringen und wandte sie dann an einem bestimmten Individuum an. Das Neue dieses Verfahrens war also zunächst nur eine Verlagerung der Ebene, in der man experimentierte: hatte man bis dahin die einzelne Versuchsperson mit e i n e r Methode in m e h r f a c h wiederholtem Verfahren untersucht, so wurde sie jetzt mit v i e l e n Methoden in e i n m a l i g e m Verfahren geprüft; an der Beschaffenheit der einzelnen Experimente selbst wurde dagegen keine prinzipielle Änderung vorgenommen.

So bezogen sich die ersten Vorschläge zu Testserien fast ausschließlich auf die damals vom psychologischen Experiment überhaupt gepflegten Gebiete der Sinneswahrnehmung, des Sinnesgedächtnisses und der motorischen Aktionen.

---

[1] **1253**.

[2] Der erste, der den Ausdruck brauchte, war wohl CATTELL: Mental tests and measurements 1890 (**83**). Ein Jahr vorher hatte C. RIEGER seinen Entwurf zu einer allgemein anwendbaren Methode der Intelligenzprüfung veröffentlicht (**658**).

CATTELL[1] z. B. will untersuchen: Dynamometrischen Druck, Maximalgeschwindigkeit einer Armbewegung, Minimaldistanz zweier unterscheidbarer Hautreize, Schmerzschwelle für Druck, Unterschiedsschwelle für Gewichte, Reaktionszeit für Farben, Halbierung einer Strecke nach dem Augenmaß, Reproduktion eines Zehnsekunden-Intervalls, Zahl der nach einmaligem Hören behaltenen Buchstaben. Bei MÜNSTERBERG[2] wird den Bestimmungen der für einfache Akte nötigen Zeit, bei JASTROW[3] dem Gedächtnis für Sinneseindrücke ein breiterer Raum gewährt.

Es ist natürlich möglich, daß eine solche Serienuntersuchung an einem Individuum Material liefert, welches für manche Zwecke vergleichender Untersuchung wertvoll werden kann; aber für den eigentlichen Zweck, ein charakteristisches Gesamtbild der geistigen Individualität abzustecken, wird verschwindend wenig erreicht. Man erfährt, wie sich die geprüfte Person in bezug auf zehn oder zwanzig Funktionen augenblicklich verhält; aber dies augenblickliche Verhalten erlaubt keinerlei Schluß auf das dauernde Verhalten der geprüften Funktionen, noch weniger gibt es Auskunft über die Eigenschaften des Prüflings auf anderen Gebieten. Und gerade die charakteristischsten Eigenschaften liegen doch von den hier geprüften peripheren Leistungen sehr weit ab. Man kann natürlich die Anzahl und Anordnung dieser peripheren Tests beliebig steigern; wie wenig damit gewonnen ist, zeigt die Untersuchung von Toulouse an Emile Zola und Poincaré[4]. Er hat eine große Arbeit daran gewendet, seine Helden einer beträchtlichen Zahl von Sinnesprüfungen und verwandten Tests zu unterwerfen; aber dem Wesenskern der beiden Individualitäten kam er damit doch nicht viel näher.

Einen merklichen Fortschritt bedeuten die von BINET und HENRI im Jahre 1896 vorgeschlagenen Testserien[5]. Hier begegnet uns zum erstenmal die Einsicht, daß die niederen und einfachen Funktionen, welche für die generelle Psychologie die wichtigsten Probleme enthalten mögen, für die Individualitätsprüfungen am unbeträchtlichsten sind; die individuellen Differenzen treten an den höheren Funktionen viel deutlicher hervor. So schlugen sie denn, unter Fortlassung des Empfindungsgebiets, folgende Serie vor:

1. Gedächtnis, 2. Natur der Vorstellungsbilder, 3. Einbildungskraft, 4. Aufmerksamkeit, 5. Auffassungsfähigkeit, 6. Suggestibilität, 7. ästhetisches Gefühl, 8. moralische Gefühle, 9. Muskelkraft und Willenskraft, 10. Geschicklichkeit und Blick.

Welche hochfliegenden Hoffnungen damals an diese Methode geknüpft wurden, zeigt die unten zitierte Stelle aus der Abhandlung

---

[1] **83.** [2] **94.** [3] **89** f. [4] **1216** u. **1295.** [5] **4.**

von Binet und Henri.[1] Eine und eine halbe Stunde sollten genügen, um ein psychisches Konterfei des Untersuchten zu geben; es schwebt hier offenbar eine Art Übertragung der Bertillonschen Polizeimethode, welche gewisse p h y s i s c h e Konstanten zur Wiedererkennung eines Individuums festlegt, auf die Psychologie vor. Betrachtet man aber die Vorschläge näher, so sieht man, wie durchaus willkürlich ebenso dic Auswahl der zu prüfenden Funktionen wie die Festsetzung der für jede Funktion anzuwendenden Methode war. Daß gerade diese Reihe von Stichproben und nicht irgendeine ganz andere vorgeschlagen wurde, hatte nicht in sachlichen Momenten, sondern in den zufälligen Interessenrichtungen der Forscher seinen Grund. Auch daß schon jetzt vor jeder Eichung der Tests das Prinzip möglichster Bequemlichkeit der Anwendung und reizvoller Abwechselung bestimmend sein sollte, war nicht unbedenklich.

Es standen also damals die Testmethoden in methodologischer Hinsicht kaum höher als heute die graphologischen Methoden.

Übrigens braucht diese Etappe in der Entwicklung der Tests hier nur des historischen Interesses halber erwähnt zu werden; denn Binet selbst hat bald erkannt, daß jene Hoffnungen weit über das Ziel hinaus schossen, daß erst in emsiger Arbeit der Symptomwert der einzelnen Tests geeicht, ihr Zusammenhang mit anderen Tests untersucht, und dann aus der unübersehbaren Fülle von Testmöglichkeiten diejenigen mit höchstem Symptomwert herausgesucht werden müßten. Es sind dies ja dieselben Gesichtspunkte, die uns auch in Zukunft zu leiten haben.

Im gleichen Jahre wie Binet und Henri (1896) trat in Deutsch-

---

[1] Dort heißt es (**4** S. 464): „Unter den verschiedenen Methoden der Individualpsychologie beansprucht die der „mental tests" besondere Aufmerksamkeit: Sie besteht darin, daß man eine gewisse Zahl von Versuchen auswählt, welche annähernde Vorstellungen über die individuellen Differenzen für verschiedene psychische Fähigkeiten verschaffen sollen. Diese Methode kann bereits in ihrem gegenwärtigen Zustande eine gewisse praktische Rolle spielen, insbesondere für den Pädagogen und den Arzt".

„An die „mental tests" sind die folgenden Anforderungen zu stellen: sie sollen so vielgestaltig wie möglich sein, um die gößte Zahl psychischer Fähigkeiten zu umfassen; sie sollen sich besonders auf die höheren Fähigkeiten beziehen; ihre Ausführung soll nicht länger als eine und eine halbe Stunde für je ein Individuum währen; sie sollen auch Abwechslung bieten, um die Versuchsperson nicht allzusehr zu ermüden und zu langweilen; sie sollen dem Milieu angepaßt sein, dem das Individuum angehört, und endlich weder komplizierte Apparate noch besondere Veranstaltungen beanspruchen."

land KRAEPELIN mit Testvorschlägen hervor[1]. Auch er unterlag noch dem irrigen Glauben, daß, mit seiner Serie von fünf über eben so viele Tage verteilten Versuchsstunden „die persönlichen Grundeigenschaften des Individuums“ festgestellt werden könnten. In Wirklichkeit prüfte er eine einzige, wenn auch nicht unwichtige Seite, nämlich die Dynamik der geistigen Leistung (Art und Umfang der Leistungsschwankungen, die durch Übung, Ermüdung, Ruhe, Erholung, Alkohol usw. hervorgebracht werden). Der tatsächliche Fortgang der Arbeiten in KRAEPELINS Schule hat indessen erwiesen, daß seine Methode zwar vielseitig zu Forschungszwecken, aber nur verschwindend selten in obigem Sinne der individuellen Charakteristik zu Testzwecken verwandt wurde; wohl ein Zeichen, daß sie das in sie gesetzte Vertrauen nicht ganz rechtfertigte.

Von den Versuchen, auf dem Testwege eine Momentphotographie der psychischen Gesamt-Individualität zu erlangen, stand man nun glücklicherweise ab und wandte sich der viel aussichtsvolleren Aufgabe zu, für bestimmte Einzelseiten der Individualität experimentelle Prüfungsmittel zu finden.

Wir betrachten hier nur einige Hauptgebiete, auf welchen die Ausbildung von Tests versucht worden ist.

2. Intelligenztests.

Die weitaus umfänglichsten Bemühungen wandten sich einem Problem zu, das sich schon durch Forderungen der praktischen Kultur besonders stark aufdrängen mußte: der Gradmessung der geistigen Leistungsfähigkeit. Da hier gegenwärtig bereits die Methodik am weitesten fortgeschritten ist, so mag dies Testgebiet als Paradigma für die anderen, kürzer zu behandelnden, dienen.

Schon die zahllosen Examina, welche das moderne Leben erzeugt hat, wollen ja eigentlich Befähigungsnachweise, d. h. experimentelle Prüfungen der geistigen Leistungsfähigkeit sein. Geistige Leistungsfähigkeit ist das Hauptproblem bei allen ärztlichen Untersuchungen, die auf intellektuelle Unternormalität oder Abnormität des Prüflings gerichtet sind. Endlich strebt der moderne Zug in der Pädagogik nach einer Psychologisierung der Schulgliederung (besonderen Unterrichtsgelegenheiten für Schwachbegabte, Hervorragendbegabte, Spezialtalente s. S. 7 u. 9), und sucht daher nach zuverlässigen Hilfsmitteln für die Zuweisung des einzelnen Schülers in die ihm gemäße Gruppe.

[1] **766**.

Was in einer Prüfung — welcher Art sie auch sei — zunächst direkt hervortritt, ist eine Leistung, nicht eine Leistungsfähigkeit im psychologischen Sinne. An dem Zustandekommen der Leistung ist alles Mögliche beteiligt: die augenblickliche Gesundheits- und Affektsverfassung des Prüflings, sein unmittelbar vor der Leistung auf das Gebiet gerichteter Fleiß, sein mechanisches Gedächtnis, seine durch bestimmte Milieubedingungen herbeigeführten Kenntnisse, endlich seine autochthone Intelligenz, also eine psychische Disposition. Die Aufgabe des eigentlichen Intelligenztests muß nun natürlich darin bestehen, daß diese letzte Bedingung in möglichster Reinheit von den übrigen isoliert und in möglichster Unmittelbarkeit zur Prüfung gebracht werde; aber wieviele Irrungen und Umwege waren nötig, ehe man sich dieser methodologischen Forderung bewußt wurde!

Am intensivsten war die Arbeit der Psychiater, und sie zeigen daher am deutlichsten diese Irrtümer, die bis zum heutigen Tage nicht ganz überwunden sind. Sie prüften Assoziation, Merkfähigkeit, mechanisches Gedächtnis und verwandte Funktionen, die — wenn überhaupt — doch nur in sehr indirektem Zusammenhang mit der Intelligenz stehen und deren Tests daher für diese nur einen geringen Symptomwert besitzen. Sie prüften positives Wissen, dessen Bereitschaft von ganz anderen Faktoren als der Intelligenz abhängen kann; (Rodenwaldt[1] hat diese Verwechslung von Kenntnisprüfung und Intelligenzprüfung aufgedeckt). Erst in jüngster Zeit bilden sie Tests aus, die — wie die Ergänzungs-, die Witz-, die Sprichwörter-, die Vergleichungs- und Unterscheidungsmethode — direktere Beziehungen zur Intelligenz zeigen, aber noch immer in der Auswahl ziemlich vom blinden Zufall bestimmt sind[2].

Auch der anderen Forderung, die wir oben an Tests stellen mußten: nämlich eine Platzanweisung zu ermöglichen,

---

[1] **645**, **646**.

[2] Vgl. Bibliographie Abt. A II 7 u. B VI 1 b, 2 b, 3 b. — Lehrreich für den gegenwärtigen Stand der Testfrage in der Psychiatrie ist die „Übersicht der psychopathologischen Untersuchungsmethoden" verschiedener Irrenkliniken und Anstalten (**112**). Sie scheint mir zu zeigen, daß das Problem der Intelligenzprüfung hier noch durchaus der Lösung harrt. Was in erster Linie auffällt, ist die noch immer vorhandene, viel zu große Abhängigkeit der Methoden von denen des generell-psychologischen und insbesondere des pyschophysischen Experiments. Man ist sich meist noch nicht dessen voll bewußt geworden, daß für Tests ganz andere methodologische Gesichtspunkte gelten.

wird von den meisten psychopathologischen Tests zu wenig entsprochen. Selbst die gröbste in Betracht kommende Feststellung: ob der Prüfling auf den Test normal oder unternormal reagiert habe, ist oft aus dem einfachen Grund unmöglich, weil man für viele Tests, die immer nur an Patienten vorgenommen wurden, die Grenze der normalen Leistungen gar nicht kennt. Man bildete sich auf Grund von Alltagserfahrungen oder vorgefaßten Meinungen einen Maßstab dessen, was man normalerweise glaubte fordern zu dürfen und bewertete hiernach das Testergebnis im einzelnen Falle.

Auch hier hat Rodenwaldt überraschende Aufklärungen verschafft, indem er für Kenntnisprüfungen das Vergleichsmaterial an normalen Menschen herbeiführte und bewies, daß durchaus normale Reaktionen oft von den Psychiatern schon als abnorm eingeschätzt worden waren.

Erst in jüngster Zeit beginnt man, diesem Mangel zu begegnen durch vergleichende Untersuchungen an Gesunden und Kranken oder durch Anwendung solcher Tests, für welche in der allgemeinen Psychologie schon normales Vergleichsmaterial vorhanden ist (Assoziations-, Ergänzungs-, Aussage-Tests, Binetsche Intelligenztests). —

Werfen wir weiter einen Blick auf die rein pädagogischen Prüfungsmittel d. h. die Examina jeder Art (Aufnahme-, Versetzungs-, Abgangsprüfungen, auch die vielerlei Staatsexamina usw. der Erwachsenen gehören hierher)[1]. Diese haben nun allerdings ein höchst ausgebildetes System der Platzzuweisung: Einreihung der Prüflinge in eine Prädikatskala oder Rangordnung — aber das Prinzip dieser Zuweisung ist ausgesprochenermaßen der komplexe Gesichtspunkt der objektiven Gesamtleistung, nicht der intellektuellen Leistungs fähigkeit als einer immanenten Eigenschaft des Individuums. Und die Beachtung, welcher dieser Teilfaktor bei den verschiedenen Arten pädagogischer Prüfung erfährt, ist sehr wechselnd und unkontrollierbar. Darum ist als Ergänzung der pädagogischen Prüfungen — und vielleicht auch als Hilfsmittel für ihre künftige Reform — die Ausbildung wirklicher psychologischer Tests nötig, sowohl solcher, die auf die Prüfung des Intelligenzgrades im allgemeinen, wie auch solcher, die auf Spezialbegabungen für bestimmte Gebiete (Zeichnen, Mathematik, Sprachen usw.) gerichtet sind. Aus den Kreisen der Pädagogen selbst sind auch bereits hier und da Bemühungen nach dieser Richtung hervorgegangen.

Überschaut man aber die Beiträge, die bisher von Psychiatern

[1] Bibliographie Abt. C IV 4.

und von Pädagogen zur Fundamentierung der Testmethode geliefert worden sind, so kommt man doch zu der Überzeugung, daß von diesen Seiten zwar gelegentliche Förderungen von hohem Wert, nicht jedoch die eigentlich systematische Begründung und Durchbildung der Methode zu erwarten ist. Denn für jene Fachkreise ist und bleibt das Testproblem nur eine Nebenfrage, der sie nie ihre volle Arbeitskraft zuwenden können; die Aufgabe verlangt aber mehr; und der Hauptanteil an ihrer Bewältigung wird daher doch wohl dem Psychologen vorbehalten sein.

In der Tat ist ja auch die eigentlich psychologische Testforschung seit den oben geschilderten, sehr unvollkommenen Anfängen beträchtlich weitergekommen; und zwar erstrecken sich die Fortschritte nach drei Richtungen: auf die Erfindung von Tests, auf die Eichung ihres Symptomwertes, auf die durch sie mögliche Platzanweisung.

Die Zahl und Mannigfaltigkeit der zum Vorschlag und teilweise auch zur Anwendung gebrachten Tests ist beinahe unübersehbar geworden. Das jüngst erschienene Handbuch von Whipple[1] verzeichnet 54 Gruppen von Tests, deren jede aber noch eine mehr oder minder große Zahl von Varianten umfaßt; auch ist diese Aufzählung noch lange nicht vollständig. Bei der Erfindung neuer Tests ist deutlich eine allmähliche Entfernung von den Prinzipien der reinen Laboratoriums-Psychologie zu erkennen. Die Gebiete der niederen Funktionen: Sinneswahrnehmungen, Reaktionszeiten, motorische Leistungen usw. sind zwar durchaus nicht vernachlässigt worden, aber das Hauptinteresse erstreckt sich doch auf die zentralen Funktionen, und die Prüfungsmittel werden mehr und mehr in eine Form gekleidet, die ihre Anwendung ohne Präzisionsapparate und ohne örtliche Bindung an das Laboratorium möglich macht.

Aber je mehr man bemerkte, daß dem Ausdenken von Tests eigentlich keine Grenze gesetzt sei, um so mehr wuchs auch das Bedürfnis nach einer strengen Auslese der brauchbarsten Tests und nach ihrer Gruppierung zu systematischen Testserien. Die Testpsychologie befindet sich gegenwärtig mitten in dieser so notwendigen eichenden und ordnenden Tätigkeit.

Alle Eichungen eines Tests verlangen, daß seine Ergebnisse mit anderweitigen an den gleichen Personen gemachten Feststellungen verglichen werden. Diese Vergleichsmomente kön-

[1] 81.

nen entweder ebenfalls Testergebnisse sein („Test-Test-Vergleichungen“), oder sie sind auf nicht-experimentellem Wege gewonnen; unter den letzteren sind vor allem die Vergleichungen mit dem Alter, mit den Schulleistungen und mit dem Geisteszustande zu nennen.

Die Test-Test-Vergleichung ist für unsere Zwecke bisher vor allem von Spearman (zum Teil in Gemeinschaft mit Krüger) vorgenommen worden[1]. Wenn sich ergibt, daß mehrere inhaltlich sehr verschiedene Tests, an den gleichen Personen geprüft, starke Korrelationen der Rangordnung zeigen, so ist zu vermuten, daß in ihnen allen eine gemeinsame formale Eigenschaft der Individuen zum Ausdruck kommt, die Spearman als „allgemeine Intelligenz“ bezeichnet. Derjenige Test aus dieser Korrelationsschar, der den höchsten Korrelationsindex besitzt, (d. h. dessen Varianten am eindeutigsten mit denen der anderen Tests gemeinsam variieren) würde dann zugleich der repräsentativste aus der Reihe sein. Auf diesem Wege glaubt Spearman mit einer verhältnismäßig kleinen Zahl von Prinzipal-Tests an die „general intelligence“ herankommen zu können[2]. Indessen sind die zugrunde liegenden Materialien noch zu dürftig, die Verrechnungsmethoden noch zu sehr umstritten, um schon ein endgültiges Urteil über diesen Weg der Testeichung zu gestatten.

Für die Vergleichung der Testergebnisse mit außertestlichen Gesichtspunkten bietet sich bei Nicht-Erwachsenen in erster Linie die Altersstufe an. Denn da durchschnittlich der höheren Altersstufe ein höherer Grad geistiger Reife entspricht, so darf ein Test, der geringe oder nur partielle Konvariabilität[3] mit dem Alter zeigt, auch nicht als geeignetes Intelligenzprüfungsmittel gelten. Der von vielen Seiten gleichmäßig gefundene Tatbestand, daß der Altersfortschritt mechanischer Gedächtnisleistungen über das 13. Jahr hinaus nur noch sehr stockend und unsicher ist, kann daher schon als genügender Grund angesehen werden, den mechanischen Gedächtnis-Tests keinen hohen Symptomwert für die Intelligenz zuzusprechen.

Bei Psychopathen (Erwachsenen und Kindern) ist es möglich, den vom Psychiater auf Grund anderweitiger Methoden bestimmten Grad der geistigen Minderwertigkeit mit dem Testergebnis zu

---

[1] **651, 640.**

[2] Bezüglich der Ausdrücke Korrelations-Schar und -Index, sowie der zu den eben genannten Methoden gehörigen Verrechnungs- und Bearbeitungsweisen muß auf spätere Kapitel verwiesen werden.

[3] Zu diesem Begriff vgl. Kap. XVII.

vergleichen. So erweist sich z. B. auch auf diesem Wege der geringe Symptomwert des mechanischen Gedächtnisses, da es durchaus nicht mit dem Grad der Imbezillität oder Debilität gemeinsam variiert.

Am vielseitigsten sind bisher die „Test-Schul-Vergleichungen" durchgearbeitet; und hier erscheint es wünschenswert, eine orientierende Übersicht über die möglichen Methoden zu geben.

Die Schüler sollen nach ihren schulischen Leistungen in ein System gebracht werden, das dann mit den Testergebnissen verglichen werden kann. Diese schulische Gliederung kann entweder als Gruppenbildung oder als Reihenbildung vor sich gehen.

Schulische Gruppenbildung. Die gröbste, für manche Probleme aber ausreichende Form ist die Gliederung nach Klassen; denn mit noch höherem Recht als bei den Altersstufen kann angenommen werden, daß im allgemeinen die Zugehörigkeit zu einer Klasse einen bestimmten Grad geistiger Reife repräsentiert. Je deutlicher daher ein Test von Klasse zu Klasse Leistungssteigerungen zeigt, um so eher ist er als Intelligenztest verwendbar.

Feinere Gruppenbildungen können dann innerhalb einer Klasse vorgenommen werden. Hier scheiden sich wieder zwei Verfahrungsweisen, je nachdem man die ganze Klasse oder nur eine Auswahl von Schülern prüft. Im ersten Falle ist das beliebteste Verfahren die Drittelung der Klasse nach der Rangordnung in ein „gutes", „mittleres" und „schlechtes" Drittel. Auf diesem Wege hat zuerst Ebbinghaus die Überlegenheit des Ergänzungstests gegenüber den Rechen- und Merkfähigkeitstests nachgewiesen; viele andere folgten ihm nach.

Ist die Problemstellung nicht für Massenversuche geeignet, und will sich der Psychologe mit einer Auswahl begnügen, so muß er die Hilfe des Lehrers in Anspruch nehmen, indem er sich von diesem einige Schüler von guter, mittlerer, schlechter Begabung nennen läßt. Der Vorteil des Verfahrens liegt darin, daß die so entstehenden Gruppen ihrem Begabungsdurchschnitt nach zweifellos deutlicher voneinander geschieden sind, als bei der Drittelung; es fehlen ja die vielen Übergangsstufen, welche so oft das Ergebnis verwischen; auch die nicht-intellektuellen Momente, welche die Schul-Rangordnung bestimmen, (Fleiß usw.) treten zurück, wenn der Lehrer ausdrücklich nach dem Begabungsgrad auszuwählen veranlaßt wird. Allerdings steht diesen Vorzügen als nicht unbedeutender Mangel die große Willkür der Auslese gegenüber. Das Auswahlverfahren — meist nur mit zwei Gruppen intelligenter und unintelligenter Schüler, selten mit Hinzuziehung einer Mittelgruppe — ist u. a. von Meumann, Winteler, Binet, Cohn und Dieffenbacher mit Erfolg angewandt worden.

Schulische Reihenbildung. Weit exaktere Feststellungen als mit Gruppenbildungen sind möglich, wenn man die Schüler einer Klasse in eine quantitativ abgestufte Reihe bringen kann, die mit der Test-Rangordnung zu vergleichen ist. Denn dann werden die Maßmethoden der

Reihenkorrelation[1] anwendbar. Auch hier liefert die Schule meist schon eine fertige Rangordnung, nämlich die der Klassenplätze, die nach dem Gesamtdurchschnitt der Zensuren bestimmt werden. Auch für einzelne Fächer läßt sich — auf Grund der Gesamtheit aller in diesen Fächern gewonnenen Prädikate — eine Rangordnung bilden. Freilich wirken bei diesen Rangplätzen wieder, wie schon oft erwähnt, nicht-intellektuelle Momente wie Fleiß, häusliche Hilfe usw. mit; will man deren Einfluß verringern, so bietet sich ein Weg, der als das exakteste Eichungsverfahren, welches zurzeit möglich ist, empfohlen werden kann: Man fordert den oder die in der Klasse unterrichtenden Lehrer auf, eine I n t e l l i g e n z - s c h ä t z u n g ihrer Schüler auf Grund des allgemeinen im Laufe der Monate erworbenen Eindrucks vorzunehmen und hierbei von den übrigen die Leistungen beeinflussenden Faktoren möglichst zu abstrahieren. Auf Grund der Schätzung ist dann eine Rangordnung herzustellen, bei der natürlich diejenigen Fälle, über deren Rangierung zueinander Zweifel bestehen, mit gleicher Rangnummer versehen werden müssen[2]. Trotz der auch dieser Methode anhaftenden Mängel ist sie doch, wie ich aus eigenen Erfahrungen weiß, sehr brauchbar[3]; sie hat auch den weiteren Vorzug, daß sie Kinder aus Schulen, in denen keine Ordnung nach Klassenplätzen mehr stattfindet, für Testzwecke verwertbar macht. Das Verfahren ist von SPEARMAN[4], von einigen amerikanischen Forschern und (in noch nicht veröffentlichten Versuchen) von einigen Breslauer Lehrern angewandt worden.

Auch die Tests selbst, die für Test-Schul-Vergleichungen gewählt wurden, zeigen eine sehr verschiedene methodische Struktur.

Sehr einfach sind die A l t e r n a t i v - T e s t s , d. h. solche, bei denen die Leistungen der Prüflinge nur die zwei Möglichkeiten des „richtig“ oder „falsch“ bzw. „beantwortet“ oder „nicht beantwortet“ aufweisen (gewöhnlich bezeichnet durch + und —). So roh diese Tests zu sein scheinen, so sind sie uns doch unentbehrlich, denn sie beziehen sich meist auf jene höheren Funktionen, die am direktesten mit der Intelligenz verknüpft sind und die eben wegen dieser komplexeren Beschaffenheit nicht eine rein quantitative Abstufung erlauben, wie: Verstehen von Witzen, Erkennen von Absurditäten, Definieren von Begriffen usw. — Ihre Eichung kann nur auf dem Wege der Häufigkeitsberechnung geschehen, indem für jede schulische Gruppenbildung oder für jede Altersstufe festgestellt wird, wieviel Prozent aller Gruppenangehörigen den Test positiv geleistet haben. Solche Berechnungen

---

[1] S. Kap. XIX u. XX.

[2] S. Kap. XVI.

[3] Es ist zugleich für jeden Lehrer eine höchst instruktive und fruchtbare Aufgabe, seine Schüler unter diesen ihm angegebenen Gesichtspunkt isoliert zu beurteilen.

[4] **651** S. 51.

hat z. B. BOBERTAG für die einzelnen Tests der BINETschen Staffelserien vorgenommen.[1]

Feinere Berechnungen erlauben wiederum die graduellen Tests, bei denen die Leistungen nach Quantität und Qualität abstufbar sind (Schnelligkeit des Arbeitens, Fehlerzahl, Anzahl der behaltenen Elemente, Grad der Suggestibilität usw.). Die Testergebnisse können — als direkte Maßzahlen oder als daraufhin gebildete Rangnummern[2] — mit einer der oben geschilderten schulischen Reihen (am besten mit der Intelligenzschätzung) in Korrelation gebracht werden. Die Höhe des Korrelations-Index ist dann ein Maß für den Symptomwert des Tests.

Über die mir bekannt gewordenen Ergebnisse der Test-Schul-Vergleichungen gibt die tabellarische Zusammenstellung des Anhangs Auskunft.

Alle bisher besprochenen Untersuchungen bezogen sich auf den Symptomwert von Einzeltests; aber es ist durchaus nicht wünschenswert, bei solchen stehen zu bleiben. Denn die zu prüfende seelische Eigenschaft — in unseren Fällen die „Intelligenz" — ist nicht ein einfaches psychologisches Element, sondern eine formale Fähigkeit, deren Wesen sich erst in einer sehr vielseitigen Betätigung erschöpft. Von vornherein erscheint es daher als ein gefährlicher Fehler, den Idealtest anzustreben. So wird etwa durch die Ergänzungsmethode, mag sie auch viele Vorzüge haben, niemals „die" Intelligenz, sondern nur eine sehr spezielle Seite der Intelligenz geprüft. Gleiches gilt von jedem anderen Test, auch von denjenigen, die bei der Eichung relativ hohe Korrelationswerte liefern. Gewiß ist es, zumal aus praktischen Gründen, sehr erstrebenswert, die Zahl der nötigen Tests möglichst herabzudrücken, aber es darf dieser ökonomische Gesichtspunkt nicht zu einer unzulässigen Vereinfachung und Vergröberung der Prüfung führen.

So ist jenes Verfahren, mit dem die Testforschung überhaupt anhob, nämlich die Aufstellung von Testserien, als das eigentliche Ziel unserer Arbeit anzustreben, — freilich in einer ganz anderen Weise, als es damals geschehen. Die zur Prüfung einer Eigenschaft bestimmte Testserie darf nur aus solchen Einzeltests bestehen, die bei der Eichung einen befriedigenden Symptomwert erwiesen haben; die Serie in ihrer Gesamtkomposition

---

[1] **668**.

[2] S. Kap. XVI.

selbst aber muß einen ebenfalls durch Eichung festzustellenden Symptomwert besitzen, der noch höher und gleichmäßiger ist als der der Komponenten.

Diese methodologische Wendung ist an dem Lebenswerk Binets zu verfolgen, — denn ein Lebenswerk darf man wohl seine unermüdliche, schon über ein und ein halbes Jahrzehnt sich hinziehende und noch immer nicht abgeschlossene Arbeit nennen; von seinen oben geschilderten ersten Serien-Vorschlägen bis zu den ausgebildeten Staffelserien der letzten Jahre führt ein kontinuierlicher und immer aufsteigender Weg. Das Ziel wurde eingeengt: nicht die Individualität überhaupt, sondern die intellektuelle Fähigkeit und zwar die jugendlicher Menschen sollte durch die Tests umschrieben werden. Sodann wurde die Vielseitigkeit der zu prüfenden Eigenschaft gewürdigt und sehr verschiedenartige Tests ausgewählt, die ihr von allen möglichen Seiten beikommen sollten. Hierbei wurde wiederum möglichste Isolierung der reinen Intelligenz angestrebt, indem Tests, dic von äußeren Faktoren, Schulkenntnissen, Milieueinflüssen stark abhängig sind, ausgeschaltet werden sollten. (Diese Absicht ist freilich noch nicht in zufriedenstellendem Maße verwirklicht.)

Um an die Intelligenz möglichst direkt heranzukommen, mußte Binet sich auf die Anwendung von Alternativtests beschränken, die, wie wir oben (S. 98) sahen, einzeln genommen nur eine sehr dürftige quantitative Verwendung gestatten. Aber hier gerade zeigte sich der Vorzug der Serienbildung. Der einzelne Alternativtest gliedert die Prüflinge nur in die beiden Gruppen der Leistungsfähigen und Nicht-Leistungsfähigen; und bei der Entscheidung, ob der Prüfling in diese oder jene Gruppe gerät, spielt der Zufall eine ganz unbestimmbare Rolle. Ganz anders, wenn eine Reihe von Alternativtests bei demselben Individuum zur Anwendung gelangt. Das Verhältnis, in dem geleistete und nicht geleistete Tests zueinander stehen, kann sehr verschiedene Abstufungen zeigen, und so ist es möglich, die Prüflinge in eine Rangordnung zu bringen. Ist schon die bloße Tatsache einer solchen Skalenbildung bei dem spröden Material der Alternativtests sehr bemerkenswert, so ist nun als ein noch größerer Erfolg Binets der anzusehen, daß es ihm gelang, die Stufenbildung seiner Testserien als eine A l t e r s s k a l a auszubilden: er konnte auf Grund unermüdlicher empirischer Erprobungen den einzelnen kindlichen Altersstufen zwischen drei und dreizehn Jahren die ihnen jeweilig angemessenen Testserien zuordnen; und so ist ein Verfahren gefunden, welches anzugeben erlaubt, ob das „Intelligenzalter“

eines Kindes mit seinem physischen Alter übereinstimmt, oder um wieviel Jahre es davon abweicht, ferner auf welchem kindlichen Geistesniveau ein erwachsener Geistesschwacher steht usw. Wenn man bedenkt, mit welcher Willkür bisher Ärzte und Pädagogen vorgingen in der Festsetzung dessen, was sie für die Normalleistung eines Kindes bestimmten Alters ansahen, so geht einem die unschätzbare Bedeutung dieses Staffelungsprinzips auf.

Und schon um des Prinzips willen verdienen die BINETschen Serien die größte Beachtung und Nacheiferung, wenn auch ihre endgültige Form zweifellos noch nicht erreicht ist. Noch leiden die Tests an einer gewissen Willkür der Auslese und einer Ungleichartigkeit des Symptomwerts; auch die Berechnungsmethode (vgl. über diese Kapitel XV) hat manches Bedenkliche. Es wird sich also nicht um einfache Übernahme, sondern um Ausbau und Umgestaltung, auch um Anpassung der Serien an die verschiedenen Bedingungen verschiedener Länder und Schulen, endlich um eine Weiterführung der Serien für höhere Altersstufen handeln.

Eine Gesamtübersicht über alle Etappen der Arbeit BINETS und seiner Mitarbeiter, die schließlich zur endgültigen Aufstellung des Staffelsystems durch BINET und SIMON im Jahre 1908 führten, gibt BOBERTAG[1]. Außerhalb Frankreichs sind die Serien bisher nachgeprüft und zum Teil kritisch bearbeitet worden; in Belgien von DECROLY und DEGAND[2], in Amerika von GODDARD[3], in Deutschland von BOBERTAG[4]. Im teilweisen Anschluß an den Letztgenannten sind in Breslau zahlreiche weitere Untersuchungen an normalen und abnormen Kindern von KRAMER, CHOTZEN und mehreren Lehrern angestellt worden, die bei Ausgabe des Buches noch nicht publiziert sind.

Speziellere Staffeltests, die für schwachsinnige Kinder bestimmt sind, hat SANTE DE SANCTIS[5] erdacht.

Nun ist aber die von BINET gewählte Form der Testserien gewiß nicht die einzige, die für Intelligenzprüfungen denkbar und wünschenswert ist. Sie kann schon deshalb nicht allen Forderungen genügen, weil sie nur sehr grobe Stufen, nämlich Jahresunterschiede des „Intelligenzalters" liefert. Bei feineren Aufgaben, die innerhalb einer Gruppe ähnlicher Individuen, z. B. den Angehörigen einer Schulklasse oder einer Altersstufe, eine vielgliederige Rangordnung verlangen, versagen sie. Wir hatten oben gesehen, daß diesen Aufgaben die graduellen Tests dienen; und es wird nun ein Zukunftsproblem der Testsforschung werden müssen, auch diese von den Mängeln, die den Einzeltests anhaften, zu befreien und in Testserien überzuführen. Hier winkt ein Erfolg,

---

1 **598.** Unsere Bibliographie enthält die einschlägigen Arbeiten BINETS, seiner Mitarbeiter und seiner Nachfolger in Abt. B VI 3.

2 **669—671.** 3 **673, 678—681.** 4 **668.** 5 **684, 685.**

der sehr interessant erscheint[1]. Für jeden einzelnen graduellen Test kann man seine Korrelation mit einer schulischen Rangordnung (Klassenplatz oder Intelligenzschätzung des Lehrers) berechnen. Sind an denselben Schülern zwei oder mehrere graduelle Tests angestellt worden, so erhalten wir mehrere Test-Schul-Korrelationen, für jeden Test eine. Vereinigen wir nun die Testsergebnisse jedes Schülers zu einem Gesamtwerte und bilden hieraus eine neue Gesamtreihe, so ist es rechnerisch möglich (vgl. hierüber Kap. XX), daß die Rangordnung der vereinigten Tests eine höhere Korrelation zur Schulrangordnung zeigt als irgendeiner der zugrunde liegenden Einzeltests zu ihr hatte. Durch geschickte Zusammenstellung solcher Einzeltests, die für sich schon hohe Korrelationswerte haben, kann man daher unter Umständen zu Testserien gelangen, die in ihrem Gesamtergebnis eine ganz außerordentlich starke Korrelation, und somit den denkbar stärksten Symptomwert für die Intelligenz besitzen.

3. Andere Tests.

Wir verweilten bei den Intelligenztests so lange, weil sie zurzeit die praktisch wichtigsten und zugleich andererseits die technisch ausgebildetsten sind. Aber bearbeitet wurde das Testproblem noch für eine ganze Reihe anderer Gebiete, wenn auch nicht immer mit großem Erfolg. Wir geben nur einige Beispiele.

Sehr beliebt sind, namentlich bei psychologisch arbeitenden Pädagogen, lange Zeit die Tests zur Bestimmung des Vorstellungstypus (visuell, auditiv, motorisch) gewesen. Aber gerade hier erwies sich die Gefahr jenes *ὕστερον πρότερον*, daß man schon Tests anwandte für psychische Funktionen, die man in ihrer Struktur noch gar nicht recht untersucht hatte. Denn die fortschreitende Forschung hat gezeigt, wie der Vorstellungstypus einer Person nicht ein einheitlicher, sondern für sprachliche und für inhaltliche Vorstellungen ganz verschieden sein könne, ja daß er oft noch innerhalb jedes der genannten Vorstellungsgebiete noch stark differenziert sei; und sie hat ferner erwiesen, wie wenig die meisten vorgeschlagenen Methoden geeignet sind, auch nur eine spezielle Seite des Vorstellungstypus testmäßig mit Bestimmtheit festzulegen. Hier ist also die wissenschaftliche Funda-

---

[1] Der folgende Gedankengang stammt aus Testuntersuchungen des Lehrers Herrn Hylla (Breslau), die zur Zeit der Ausgabe des Buches noch nicht veröffentlicht sind.

mentierung einer brauchbaren Testmethode erst von der Zukunft zu erwarten (Näheres hierüber im Kap. XIV).

Eine andere Gruppe mehrfach angewandter Tests bezieht sich auf diejenigen Funktionen, die mit der Aussagefähigkeit des Menschen in Verbindung stehen: Erinnerungstreue, Beobachtungsfähigkeit, Suggestibilität, Zeitschätzung und Verwandtes. Man hat hier bisher meist gewisse Methoden des Forschungsexperiments (insbesondere ein von mir früher verwandtes Bild) zu Testzwecken verwertet und auch manche brauchbaren Ergebnisse erzielt.

Als ein gewisser Vorzug ist hierbei der Umstand zu betrachten, daß bereits ein größeres, an Menschen verschiedener Bildung und Altersstufe gewonnenes Material vorliegt, so daß für jeden Prüfling eine Vergleichung und in gewissem Sinne auch Platzanweisung möglich ist[1]. Indessen muß auch hier der früher gewonnene Grundsatz wiederholt werden, daß die Testmethode nie ohne weiteres aus der Forschungsmethode entnommen werden darf. Es wird daher Gegenstand einer eigenen Untersuchung sein müssen, wirkliche Aussagetests auszuarbeiten. Diese müßten so beschaffen sein, daß sie außer den bisher im Vordergrund stehenden pädagogischen und psychiatrischen Zwecken auch forensische Aufgaben erfüllen könnten. Denn die psychologische Prüfung und Begutachtung wichtiger Zeugen ist nur noch eine Frage der Zeit, sie wird nicht nur von Psychologen, sondern auch von Juristen, z.B. Hans Gross[2], gefordert und sogar auch schon hier und da angewandt. Freilich, die Form der bisher vorgeschlagenen oder geübten Anwendungen ist noch durchaus

---

[1] So wurde das „Bauernstubenbild" und die dazugehörige Verhörsliste vergleichend angewandt: von mir zur Prüfung von männlichen und weiblichen Volksschulkindern verschiedenen Alters, sowie von Präparanden und Seminaristen (**575**), von Oppenheim zur Untersuchung gleichaltriger Schülerinnen der Volks- und der höheren Schule (**571**), von Rodenwaldt bei Soldaten (**572**), von Römer zur Unterscheidung verschiedener Formen der Geisteskrankheit (**573**), von Kramer und mir zur Feststellung einer übernormalen Erinnerungsfähigkeit bei einem 11 jährigen Mädchen (**919**), von Breukink zur Vergleichung gebildeter und ungebildeter Erwachsener beiderlei Geschlechts (**556**). Einige weitere Anwendungen zu psychopathologischen Zwecken nennt Ranschburg (**464**, S. 155—157). — Übrigens darf grade das Bauernstubenbild durchaus nicht als ideales Prüfungsmittel gelten. Als es 1903 in Gebrauch genommen wurde, fehlten noch die Gesichtspunkte, nach denen ein solches Bild auszuwählen ist.

[2] **561**, vgl. auch **565**.

unzureichend, sie hat alle die Mängel, die wir stets bei Testvorschlägen in den ersten Phasen der Entwicklung finden. Haben wir erst wirklich brauchbare Tests erarbeitet, dann ist es schließlich nebensächlich, wer mit ihrer Anwendung betraut wird — ein besonderer psychologischer Sachverständiger, der psychiatrische Gutachter oder der psychologisch geschulte Jurist.

Ganz neuerdings will Münsterberg noch ein anderes praktisches Kulturproblem der Testprüfung zugänglich machen, nämlich die Berufswahl[1]. Er ist im Recht, wenn er hervorhebt, daß bei der Bestimmung des Berufs eines jungen Menschen seine psychische Eignung oft über äußeren Motiven wie: Familientradition, Aussicht auf reichen Verdienst, Nimbus der Vornehmheit eines Fachs, gänzlich vernachlässigt wird. Er schlägt daher vor, daß die in Amerika bestehenden Beratungsämter für die Berufswahl (Vocation Bureaux) gewisse psychologische Tests anwenden, um festzustellen, ob ein Aspirant z. B. die Aufmerksamkeitsextensität habe, die zum Chauffeur, oder die schnelle Koordination der Bewegungen, die zum Stenographen erwünscht wäre. Mir scheint dies ein Testprogramm zu sein, von dessen praktisch brauchbarer Ausgestaltung wir zurzeit noch außerordentlich weit entfernt sind.

Als letzte Problemgruppe, die das Bedürfnis nach Tests wachgerufen hat und wiederum besondere methodologische Anforderungen stellt, sei die Prüfung von Primitiven (Menschen tiefer Kulturstufe) genannt. Daß das Verlangen besteht, auch in deren psychische Eigenart Einblick zu gewinnen, ist aus theoretischen wie praktischen Gründen (Kolonialpolitik) begreiflich; was bisher darüber vorliegt, beschränkt sich in der Hauptsache einerseits auf völkerpsychologische Analysen ihrer Erzeugnisse (Sprache, Kunst, Rechtsinstitutionen, Sitten, Mythen), andererseits auf die von Forschungsreisenden und Missionären gegebenen Berichte, die leider oft an den für uns wichtigsten Gesichtspunkten achtlos vorbeigehen, nicht selten wohl auch in der psychologischen Deutung der wahrgenommenen Symptome arg daneben greifen. Nur als ganz verschwindende Ausnahmen haben einige Forscher zu gelten (wie Mc Dougall, Krueger, Thurnwald, Hornbostel), die mit psychologischer Schulung die Aufgabe aufgenommen haben.

Die Ausarbeitung von psychologischen Tests für Forschungsreisende steht unter ganz besonders erschwerenden Bedingungen, weil der Psychologe so ziemlich von allen ihm sonst geläufigen Arbeitsfaktoren abstrahieren muß. Dem Untersucher stehen keine Laboratorien, vielleicht überhaupt keine geschlossenen

---

[1] 95.

Räumlichkeiten zur Verfügung, die Mitnahme von Präzisionsapparaten ist unmöglich — das sind einige der sachlichen Schwierigkeiten. Weit größere liegen aber in den Personen. Hier ist erstens die Erschwerung oder völlige Unterbindung des sprachlichen Verkehrs zwischer Prüfer und Prüfling in Betracht zu ziehen; selbst wenn der Reisende notdürftig die Eingeborenensprache versteht, so sind ja die meisten feineren Ausdrücke, die in Testfragen vorkommen, überhaupt nicht übersetzbar, und die Antworten sind den ärgsten Mißdeutungen ausgesetzt. Da zugleich daran gelegen sein muß, möglichst gleichartige Prüfungen bei den verschiedensten Naturvölkern zur Anwendung zu bringen, muß darauf Bedacht genommen werden, sprachlose Tests zu erdenken (Wiedererkennen gezeigter Eindrücke, Nachbildenlassen von optischen und akustischen Darbietungen, Vorzugswahl aus mehreren dargebotenen Reizen usw.). Zweitens aber stehen Primitive überhaupt der ganzen Konstellation eines psychologischen Experiments völlig verständnislos gegenüber; und man wird daher die Tests einkleiden müssen in ihnen gemäße Aktionen: Besehen von Bildern, Empfangen von Geschenken usw. — auch hier mußten seitens der Psychologen, die vor die Aufgabe der Ausarbeitung von Primitiven-Tests gestellt wurden, manche Umwege gemacht werden, ehe sie sich der neuen Aufgabe entsprechend von den herkömmlichen Laboratoriumsgesichtspunkten befreien konnten[1].

4. Leitsätze.

Ich fasse schließlich die Forderungen, die mir für die Testmethode als wissenschaftliches Verfahren maßgebend zu sein scheinen, in eine Reihe von Leitsätzen zusammen:

I. Leitsätze über das Verhältnis des Tests zu den anderen Methoden der Individualitätsprüfung.

Der Test ist nur eine, nicht die Form der psychologischen Individualitätsprüfung. Vor allem macht er die nicht-experimentelle Beobachtungsmethode nicht überflüssig; er ergänzt sie zwar, wird aber auch durch sie ergänzt, ist oft auf sie zur Sicherung und Erweiterung seiner Befunde geradezu

[1] Die Ausarbeitung und Zusammenstellung von derartigen Tests ist vom Institut für angewandte Psychologie in Angriff genommen worden. Eine erste Publikation erscheint demnächst als Beiheft **4** zur Ztsch. für angew. Psychologie.

angewiesen und muß für viele Fälle hinter ihr zurücktreten. Die reine Testprüfung ist nur als „psychographisches Minimum" zu bezeichnen; sie dient als Notbehelf, wo Zeitmangel oder andere Umstände ergänzende Methoden nicht zulassen, und sie dient als Vorarbeit, um aus einer großen Masse diejenigen Individuen herauszufinden, die dann für eine genauere psychographische Untersuchung in Betracht kommen.

II. Leitsätze über die Anforderungen, die an einen möglichst vollkommenen Test zu stellen sind[1].

1. Er soll einen möglichst hohen Symptomwert haben, d. h. ein möglichst eindeutiges Kennzeichen für die zu untersuchende psychische Beschaffenheit des Prüflings bilden.
2. Er soll einen möglichst breiten Symptomwert haben, d. h. einen recht großen Bruchteil der zu untersuchenden Eigenschaft repräsentieren, so daß, um die Eigenschaft im ganzen zu charakterisieren, eine Mindestzahl von Tests nötig ist.
3. Er soll die Einordnung des Geprüften in eine feststehende Gruppierung oder Rangordnung mit Sicherheit gestatten.
4. Er soll eine möglichst leichte Anwendbarkeit besitzen, also die zu große Belästigung der Versuchspersonen, die Benutzung empfindlicher und schwer transportabler Apparate und Ähnliches nach Kräften vermeiden.
5. Er soll eine möglichst weite Anwendbarkeit haben, d. h. an sehr vielen und sehr verschiedenartigen Personen und Personengruppen unter relativ vergleichbaren Bedingungen anstellbar sein.

---

[1] Die Forderungen sind ebensowohl auf den einzelnen Test, wie auf die Testserie anwendbar.

Kapitel VII.

Arbeitsgemeinschaft und Sammelforschung.

1. Allgemeines.

Bei allen bisher besprochenen Methoden ist die eigentliche Arbeit von dem einzelnen Forscher allein zu leisten; die Mitwirkung einer anderen Person wird nur insofern in Anspruch genommen, als sie sich zu Beobachtungszwecken dem Forscher oder Prüfer zur Verfügung zu stellen und auf gewisse Aufgaben zu reagieren hat.

Allein damit sind den Untersuchungen Grenzen gezogen, deren Enge auf die Dauer unerträglich wird. Wenn auch der isolierte Forscher mit Hilfe des extensiven Experiments (s. S. 78) gelegentlich mehrere hundert Personen untersuchen kann, so handelt es sich doch nur um Ausnahmefälle, bei denen außerdem jedes Einzel-Individuum nur sehr summarisch herangezogen werden kann. Es gibt aber zahlreiche Probleme der differentiellen Psychologie, bei denen Massenmaterial notwendig ist, ohne daß es auf obigem Wege in ausreichender Weise erzielt werden könnte, Probleme, bei denen jeder einzelne von den vielen notwendigen Prüflingen nicht nur mit wenigen Tests, sondern mit gründlichen und systematischen Aussagen usw. in Anspruch genommen werden soll; solche, die auf örtlich unerreichbare Prüflinge — z. B. auf primitive Menschen, auf Insassen bestimmter Anstalten, auf Bewohner bestimmter Landstriche — Bezug haben; endlich gibt es Fragen, die in andere Wissensgebiete so hineingreifen, daß der Psychologe sich gar nicht mehr allein kompetent fühlt, den Plan der Untersuchung auszuarbeiten und sie selbst durchzuführen.

Aus alledem ergibt sich, daß die Isolation des einzelnen Forschers in seiner Arbeitsstätte überwunden werden muß. Das Prinzip der Arbeitsteilung, das die Psychologie bisher ganz überwiegend anwandte und das auch notwendig war, um ihre Forschung zu vertiefen, droht nachgerade zu einer ihre Kräfte lähmenden Zersplitterung zu führen, wenn man sie nicht durch das Prinzip der Arbeitsgemeinschaft ergänzt. Die junge psychologische Wissenschaft hat ja mit Recht ihre Methodik der der älteren bewährten Wissenschaften nachgebildet; aber sie hat dabei bisher ihr Hauptaugenmerk auf die Nachahmung der Gesichtspunkte der Laboratoriumsarbeit gerichtet; sie hat dagegen weniger beachtet, daß Natur- wie Geisteswissenschaften außerdem, und gerade für die weitest ausschauenden Probleme, systematisch durchgebildete Arbeitsorganisationen haben — ob es sich nun um Herstellung einer Himmelskarte, die Vergleichung der europäischen Witterungsverhältnisse, die Bearbeitung der Schriften eines Leibniz, den thesaurus linguae latinae handeln mag.

Als ich im Jahre 1900[1] die Forderung der organisierten Arbeitsgemeinschaft für die wissenschaftliche Psychologie grundsätzlich formulierte, war in ihr die Methode des isolierten Laboratoriumsversuchs noch nahezu alleinherrschend; eine Ausnahme bildeten einige Enquêten, namentlich in Ländern englischer Zunge (Galton, St. Hall), die aber methodologisch zum Teil unzulänglich waren und vor allem noch ganz abseits von dem Hauptstrom psychologischer Forschung blieben, unbeachtet und einflußlos.

Seitdem hat sich die Lage doch beträchtlich geändert; Veranstaltungen, bei welchen der Psychologe sich entweder mit Fachgenossen zusammentut, oder andere Kreise für aktive Mitarbeit in verschiedenster Art in Anspruch nimmt, mehren sich von Jahr zu Jahr; sie werden auch zugleich organisatorisch immer besser durchgebildet; und jetzt sind wir schon so weit, für diese Methode auch eigene Arbeitsstätten beanspruchen zu müssen, die ihren Besonderheiten angepaßt sind. So wie vor einem Menschenalter die psychologischen Experimente, die bis dahin als Beiwerk in physikalischen und physiologischen Instituten betrieben wurden, endlich ihre eigenen Laboratorien erhalten mußten, so beginnen heute die anderen Methoden der Psychologie, die bis dahin von den Laboratorien höchstens geduldet und nie als ganz legitim betrachtet wurden, sich wiederum von diesen zu emanzipieren. Psychologisches Institut und psychologisches Laboratorium hören auf gleichbedeutend zu sein. Die Fernmethoden verlangen nicht weniger als die Experimentalmethoden feste Zentralstellen und einen ständigen Mitarbeiterstab, wenn man aus dem bisherigen Gelegenheitsbetrieb zu wissenschaftlich brauchbaren Formen ge-

---

[1] In der ersten Aufl. dieses Buches S. 32 u. auf dem Pariser Kongreß (**39**).

langen will. Das erste Unternehmen, das diesem Bedürfnisse seinen Ursprung dankt, ist das Institut für angewandte Psychologie und psychologische Sammelforschung in Berlin[1]; andere Institute deren Aufgabe wenigstens zum Teil eine psychologische ist und die sich des Hilfsmittels der Arbeitsgemeinschaft und Sammelforschung bedienen, sind das Eugenics Laboratory (von Galton gegründet, von Pearson geleitet) in London[2] und das Childrens Institute von Stanley Hall in Worcester (Mass.)[3]. Diese Institute sind entweder gar nicht oder doch nur nebenbei Laboratorien. Eine solche scharfe Scheidung ist aber nicht immer erforderlich; vielmehr wird in den psychologischen Instituten der Zukunft vermutlich das Laboratorium als eine Abteilung neben den anderen Abteilungen, welche statistische, psychographische, sammelnde, erhebende, rechnerische, Auskunfts- und Vermittlungs-Aufgaben verfolgen, seinen Platz haben. Die Beschränkung eines psychologischen Instituts auf Laboratoriumstechnik wird um so weniger gerechtfertigt sein, je weniger es sich um Fragen der reinen und generellen Psychologie handelt. Denn die angewandte Psychologie — unter deren Problemen ja die psychische Differenzierung in erster Reihe steht — kann noch weit weniger als die reine Psychologie der Fernmethoden und der organisierten Arbeitsgemeinschaft entbehren. Ich halte es daher für nicht ganz zweckmäßig, wenn man neuerdings Institute für psychologische Pädagogik nach dem Vorbild der Universitätslaboratorien eingerichtet hat; die Institute für Jugendkunde, die wir wirklich brauchen, müssen eine andere Struktur haben[4].

Wir müssen nun im einzelnen betrachten, in welcher Weise Arbeitsgemeinschaft — und in ihrem Rahmen dann auch organisierte Arbeitsteilung — für unsere Zwecke nötig ist.

Jede psychologische Untersuchung gliedert sich in drei Hauptphasen: Vorbereitung, Durchführung, Verarbeitung. Während nun beim Laboratoriumsversuch der generellen Psychologie die drei Phasen gewöhnlich in den Händen eines und desselben Untersuchers ruhen, kann es im Interesse der differentiellen Psycho-

---

[1] Vgl. die Nachrichten aus dem Institute in den verschiedenen Bänden der Zeitschr. für angew. Psychologie.

[2] **272**.

[3] Eine genaue Beschreibung der Organisation dieses eigenartigen Instituts findet sich, von Stanley Hall und seinen Mitarbeitern verfaßt, in: Pedag. Seminary **17** (2). 1910. — Vgl. auch **872**.

[4] Vor kurzem hat Aloys Fischer (**36**) ebenfalls die Idee einer neuen Form des psychologischen Instituts vertreten.

logie liegen, daß jede der Phasen von den anderen getrennt und auch von verschiedenen Bearbeitern übernommen wird, ferner daß sich innerhalb jeder Phase mehrere Personen zu gemeinsamer Arbeit zusammentun.

2. Gemeinschaftliche Vorbereitung psychologischer Untersuchungen.

Diese kann als eigene wissenschaftliche Aufgabe natürlich nur dann einen Sinn haben, wenn sie nicht lediglich zu einer einzigen aktuellen Durchführung gehört, sondern für unbestimmt viele, potentielle Durchführungen gültig sein soll, die zu verschiedenen Zeiten und an verschiedenen Orten vorgenommen werden können.

Die Psychologie hat eine solche allgemeine Vorbereitung für bestimmte sich häufig wiederholende Forschungsbedürfnisse bisher noch fast gar nicht gekannt.

Ausnahmen bilden Preyers Anleitung zur Führung von Kindertagebüchern (1893)[1], einige Untersuchungslisten zur Prüfung Geisteskranker (so von Sommer)[2] und Personalienbücher für Schüler[3]. Aber auch diese Methoden sind meist zunächst für den persönlichen Gebrauch ihrer Urheber geschaffen und erst nachträglich anderen zur Nachahmung dargeboten worden.

Hierin aber liegt ein Mangel unserer Forschungsorganisation, der sich oft recht fühlbar macht. Denn der einzelne wird nicht selten vor lockende psychologische Aufgaben gestellt, ohne daß er Muße und Möglichkeit hätte, erst die ganze Vorarbeit des Literaturstudiums und Methoden-Ersinnens zu leisten.

Beispiele: Auf einer Ausstellung oder auf einer Weltreise bietet sich Gelegenheit primitive Menschenrassen zu untersuchen. — Ein musikalisches Wunderkind oder ein Rechenkünstler kommt in eine Stadt und für einen psychologischen Interessenten wäre die Möglichkeit vorhanden, an ihm eine Untersuchung vorzunehmen. — In einer Augenklinik steht die Operation eines Blindgeborenen bevor und wertvolle Beobachtungen über die Entwicklung der optischen Raumwahrnehmung sind zu erhoffen. — Ein junges Ehepaar ist in Erwartung eines Kindes und wäre gern bereit, psychologisches Tagebuch über die Entwicklung der ersten Lebensjahre zu führen, hat auch die genügende wissenschaftliche Schulung dazu, dagegen keine Zeit, sich in die Quellen der Kindespsychologie selbständig zu vertiefen.

In allen diesen Fällen wird wegen Mangels einer Anleitung und verfügbarer Methoden entweder auf die Untersuchung verzichtet — und kostbares Material geht verloren; oder es wird nach der Eingebung des Augenblicks, nach individueller Laune und

---

[1] **899.** [2] **125, 126.** [3] Bibliographie, Abt. C IV 1.

Kenntnis verfahren — dann erhalten wir ein buntscheckiges, sehr verschiedenwertiges Material, das oft die wichtigsten Gesichtspunkte unberührt läßt, und vor allem: die Vergleichbarkeit der auf verwandte Fälle gerichteten Kasuistiken ist aufs stärkste beeinträchtigt.

Der Vorteil der Vergleichbarkeit wird sich aber auch bei anderen Gelegenheiten geltend machen. Selbst dort, wo ein Forscher sehr wohl eine eigene Methode ausarbeiten könnte, wird er vorziehen, die von anderer Seite vorgeschlagenen und vorbereiteten Untersuchungsmittel anzuwenden, wenn er die Gewähr hat, daß nach identischem Verfahren auch an vielen weiteren Stellen vorgegangen wird. So werden ihm seine eigenen Befunde verständlicher und zugleich reihen sie sich als wertvolle Bestandteile einem gleichmäßigen Massenmaterial ein.

Erst in jüngster Zeit hat das geschilderte Bedürfnis zu aussichtsvollen Einrichtungen geführt, welche die Vorbereitung psychologischer Untersuchungen als eigene Aufgabe pflegen; insbesondere sind es zwei von der deutschen Gesellschaft für experimentelle Psychologie ausgehende Unternehmungen: die „Methodensammlung" von Sommer und das Berliner Institut für angewandte Psychologie.

Die erste Veranstaltung beschränkt sich im wesentlichen darauf, vorhandene Methoden, Apparate und Versuchsanordnungen (namentlich solche experimenteller Natur) zusammenzutragen und den Interessenten zur Verfügung zu stellen.

Das Berliner Institut legt zunächst ebenfalls eine Sammlung bereits bestehender Methoden an, sofern sie der angewandten Psychologie dienen; hierbei kommen in erster Linie die Hilfsmittel der Sammelforschung: Fragebogen, Individualitätenlisten, Personalbücher usw. in Betracht, ferner auch Tests usw. Aber das Institut geht darüber hinaus, indem es die Herstellung von allgemeinen Anweisungen für ständig wiederkehrende Untersuchungszwecke als eine seiner Hauptaufgaben ansieht. Es bearbeitet solche Anleitungen für Forschungsreisende, welche primitive Völker untersuchen wollen, für Eltern, um ihnen die Gesichtspunkte zur Beobachtung der kindlichen Seelenentwicklung zu geben, schließlich für alle jene mannigfachen Bestrebungen, welche die genauere Prüfung einer einzelnen Individualität zum Gegenstande haben (Psychographie). Erst während der Arbeit wurde erkannt, welchen Umfang diese vorbereitende Tätigkeit annehmen muß, um zu brauchbaren Ergebnissen zu kommen; handelt es sich doch darum, sowohl die Fragestellungen, wie die Verfahrungsweisen genau zu präzisieren. In dem Kapitel „Psychographie" wird uns die eine dieser vorbereitenden Unternehmungen ausführlich zu beschäftigen haben.

Aber auch innerhalb der vorbereitenden Arbeit selbst ist die Organisation gemeinschaftlichen Vorgehens für uns oft notwendig aus Gründen, die für die generelle Psychologie nicht in gleicher Weise existieren.

Eine große Zahl unserer Probleme bezieht sich auf Grenzgebiete zu anderen Fächern der Theorie und der Praxis; und nicht nur die positiven Kenntnisse, sondern vor allem gewisse Gesichtspunkte der Betrachtung müssen diesen Nachbargebieten entnommen werden. Wollen wir z. B. die psychischen Geschlechtsdifferenzen von Schulkindern untersuchen und zwar nicht nur aus rein theoretischen Gründen, sondern um zugleich auf das praktische Problem der Koedukation oder auf die nötige Verschiedenheit der Lehrpläne Licht zu werfen, so brauchen wir den Pädagogen; er liefert uns gewisse Fragestellungen, der Psychologe ersinnt die Methoden, und so gehen die Anregungen hin und her, bis ein beide Teile befriedigendes Verfahren gefunden ist. — Oder es handele sich darum, Tests zur psychologischen Untersuchung von Naturvölkern auszuarbeiten: der Psychologe, der sich hierfür nicht mit dem Ethnologen oder Forschungsreisenden in Verbindung setzt, läuft Gefahr, wenig brauchbare Arbeit vom grünen Tisch zu liefern. — Ein drittes Beispiel: Es sollen Untersuchungsmethoden zur Analyse einer bestimmten künstlerischen Begabungsrichtung, etwa der musikalischen, geschaffen werden. Hierzu ist der Durchschnittspsychologe allein meist nicht geeignet — denn er ist unfähig, von selbst auf die Detailsfragen über Technik des Komponierens, des Improvisierens usw. zu kommen; aber auch der ausübende Musiker nicht — denn er ist nicht gewöhnt, seine Erlebnisse zu objektivieren, zu ordnen und in psychologisch brauchbare Termini zu fassen. Wenn also nicht gerade ein guter Zufall die Berufe des Psychologen und des Musikers in einer Person vereinigt hat, wird ein Zusammenarbeiten von Vertretern beider Fächer erforderlich sein. — In entsprechender Weise wird, je nach der Problemstellung, der Psychologe mit dem Psychiater, dem Juristen, dem Sprachwissenschaftler, dem Soziologen usw. zusammenarbeiten müssen, um die Untersuchungspläne auszuarbeiten.

Ein weiterer Grund, der eine gemeinsame Vorbereitung nötig macht, liegt in der eigentümlichen Methodenkombination innerhalb der Psychologie selbst, auf die wir angewiesen sind. Die generelle Psychologie arbeitet in jedem Einzelfalle mit einer bestimmten, eng umgrenzten Methode, die der Forscher beherrscht; die differentielle Psychologie muß dagegen zuweilen für eine einzelne Untersuchung eine ganze Methodenserie, oft von großem Umfang und großer Mannigfaltigkeit zur Verfügung haben. Dies gilt, wie wir später sehen werden, insbesondere für psychographische Aufgaben. Nun ist es unmöglich, daß der einzelne Forscher alle für ein neues Unternehmen dieser Art in Betracht kommenden Methoden selber erdenkt, ausprobt und vorbereitet; es bleibt nichts anderes übrig, als sich mit Fachgenossen in die Arbeit zu teilen. Es seien wieder einige Beispiele gebracht, die der Praxis des Instituts für angewandte Psychologie, entnommen sind.

Will man für Forschungsreisende Beobachtungsgesichtspunkte und Prüfungstests zusammenstellen, die eine Art von Querschnitt durch die Psyche des primitiven Menschen legen sollen, so ist (außer der oben erwähnten Hinzuziehung des Ethnologen) nötig, daß die einzelnen psychologischen Abteilungen der Prüfung: Raumwahrnehmung, Gehörswahrnehmung, Gedächtnis, Suggestion, Willenstätigkeit usw. von vielen Spezialisten bearbeitet werden.

Ähnlich steht es mit dem Plan, für psychiatrische Kliniken ein zu vervielfältigendes Bilderinstrumentarium herzustellen, das als Universalprüfungsmittel für die verschiedensten Funktionen der Patienten (Auffassung von Formen, Farben, Lage, Perspektive, Wiedererkennen, Verstehen von Bildern, Unterscheidungsfähigkeit, Aussage und Erinnerung, Affektreaktionen usw.) dienen kann.

3. Sammelforschung.

Die mittlere und methodisch wichtigste Phase jeder Untersuchung ist ihre eigentliche Durchführung; wird diese gemeinschaftlich vorgenommen, so kommen wir zum Begriff der Sammelforschung.

Sammeln heißt das Vereinigen von räumlich (oder zeitlich) getrennten Materialien einer bestimmten Kategorie an einem gemeinsamen Ort, so daß sie geordnet, verglichen und unterschieden werden können. Wegen der ursprünglichen Getrenntheit des Materials ist der Sammler auf die Hilfe von Mittelspersonen angewiesen, die das Material zu beschaffen und der Sammelstelle zuzuführen haben.

Der Zweck des Sammelns kann ein zwiefacher sein. Entweder geht man von einem bestimmten Einzelproblem aus, bewertet das zu sammelnde Material nur im Hinblick auf das Problem und sieht es nach dessen Lösung als erledigt an. Diese Art des Sammelns ist die „Erhebung".

Oder man schreibt dem Material in seiner Vereinigung einen Dauerwert zu, der über die Anwendbarkeit für ein bestimmtes Einzelproblem hinausgeht; es ist also nicht nur Mittel zum Zweck, sondern Selbstzweck, indem es unmittelbar bestimmte Tatbestände von psychologischem Interesse veranschaulicht. Das ist die

„Sammlung" im engeren Sinne, d. h. die Anlegung von bleibenden Kollektionen bestimmter Gattung.

Es ist merkwürdig, daß die wissenschaftliche Psychologie bisher fast ausschließlich die zuerst genannte Form der Sammelforschung gepflegt hat, dagegen zu der Anlage von ständigen Sammlungen noch kaum die ersten Anfänge zeigt. Vielleicht liegt dies daran, daß man das psychologisch Wichtige immer nur in „Bewußtseinsphänomenen" sah, die sich als solche natürlich nicht sammeln und konservieren, sondern nur aus gewissen Äußerungen erschließen lassen. Wir aber, die wir die persönlichen Eigenschaften der Individuen, Geschlechter, Altersstufen, Rassen, Typen usw. untersuchen, dürfen uns erinnern, daß diese Eigenschaften zum Teil geradezu psychophysisch neutral sind, zum anderen Teil sich wenigstens in sehr charakteristischen Kennzeichen äußerlich bekunden, so daß auch die rein materiellen Gebilde, die der Sammeltätigkeit zugänglich sind, einen starken Symptomwert besitzen können.

Auch der Einwand, daß das Sammeln nur auf die Befriedigung eines wissenschaftlich wertlosen Sportinteresses gehe, darf uns nicht irre machen. Der Mißbrauch, der mit einem Verfahren getrieben werden kann, ist kein Maßstab für seinen Wert bei richtiger Anwendung; und die großartigen Dienste, welche die Anlage systematischer Sammlungen den Naturwissenschaften (zoologische Museen, botanische Gärten usw.) ebenso wie den Geisteswissenschaften (Kunstsammlungen, Manuskriptsammlungen, ethnologische Museen usw.) geleistet haben, sollte uns zur Nachahmung anfeuern.

Was früher aus psychologischen Interessen gesammelt wurde, war freilich aus dem Rahmen eines mehr oder weniger dilettantischen Sports kaum herausgetreten, oder es stand im Dienst einer ganz speziellen Sonderbestrebung. Hierher gehören Lavaters und Goethes Sammlungen physiognomischer Silhouetten[1], Lombrosos Sammlungen von Schädeln psychisch abnormer oder verbrecherischer Menschen, die Handschriftensammlungen vieler Graphologen[2]. Daß sich aber derartige Sammlungen auf ein wissenschaftliches Niveau erheben und durch Vereinheitlichung und Ordnung nach ernstlich psychologischen Gesichtspunkten zu wertvollsten Hilfsmitteln unserer Forschung ausgestalten ließen, ist zweifellos.

---

[1] **156—160.** [2] Bibliographie Abt. A III 3.

Die differentielle Psychologie der Ausdrucks-Zustände und -Bewegungen fordert geradezu eine umfassende Sammlung von physiognomischem Material, das nun aber mit allen Hilfsmitteln moderner Technik, der Photographie und Kinematographie, beschafft werden müßte. Phonographische Sprach- und Musikaufnahmen, Handschriftensammlungen und Ähnliches müßte sich anschließen. Die Entwicklungstatsachen, Begabungsdifferenzierungen, Geschlechtsunterschiede des kindlichen Seelenlebens ließen sich in großen Kollektionen von Erzeugnissen des Kindes (freien Kinderzeichnungen, Modellarbeiten, Gedichten, Kompositionen, Aufsätzen, Handfertigkeitsprodukten) veranschaulichen; die verschiedenen Phasen und Typen der Übernormalität wären in möglichst vielseitigen Serien der Leistungen hervorragend begabter Menschen aus allen Entwicklungsstufen, namentlich aus der Kindheit zu illustrieren. Die besondere Form, welche die Raum-Vorstellung und -Darstellung bei den Blinden annimmt, käme in freien Modellierarbeiten von Blinden zum Ausdruck. Ferner sei erwähnt, daß auch aus völkerkundlichen Sammlungen vieles in die psychologischen Sammlungen übergehen könnte — nur daß hier die Gesichtspunkte der Anordnung andere sein müßten.

Überschaut man diese Möglichkeiten, so erscheint es nicht zu vermessen, wenn wir für eine künftige, nicht sehr ferne Entwicklungsstufe unserer Wissenschaft regelrechte Museen für Seelenkunde (oder für gewisse Teilgebiete: Museen für Jugendkunde, für Kriminalpsychologie) prophezeien. Vorläufig aber sollten die psychologischen und verwandten Institute in kleinerem Maßstabe die Anlage systematischer Sammlungen in die Hand nehmen. Anfänge dazu bilden die Phonogrammarchive des Stumpfschen Instituts in Berlin und der Wiener Akademie, die internationale Kinderkunstsammlung des Leipziger Seminars für Universalgeschichte von Lamprecht und die kleinere des Instituts für angewandte Psychologie in Berlin, die Sammlung von Stammbäumen und Familiengeschichten des Eugenics Laboratory in London und das soeben gegründete Pädologische Museum des ungarischen Vereins für Kinderforschung in Budapest.

Weit mehr Ausbildung erfahren hat bereits die andere Form der Sammelforschung, die Erhebung; sie ist so wichtig, daß wir uns ihre Besprechung für ein besonderes Kapitel vorbehalten müssen (s. Kap. VIII).

4. Verarbeitung des Materials.

Die dritte Phase jeder psychologischen Untersuchung ist die Verarbeitung; auch bei ihr kann wiederum die Arbeitsteilung und Arbeitsgemeinschaft eine Rolle spielen. In den meisten Fällen freilich werden ja dieselben Personen, die den Plan entworfen und durchgeführt haben, auch die Verarbeitung übernehmen; in anderen Fällen aber wird der Umfang des gewonnenen Materials oder die Mannigfaltigkeit der darin zu bearbeitenden Probleme die Zuziehung bzw. Zulassung anderer Mitarbeiter erfordern.

Dies gilt zunächst für die rein mechanischen Teile der Arbeit. Bei Massenmaterial ist unendlich viel zu registrieren, zu ordnen und vor allem zu rechnen; es wäre arge Kraftvergeudung, wollten die Veranstalter der Untersuchungen dies alles selber auf sich nehmen. Es genügt vielmehr, wenn sie sich dafür Hilfskräfte heranziehen, die sie in die Verarbeitungsmethoden einführen und ständig überwachen. In den künftigen psychologischen Instituten werden daher die statistischen Hilfsarbeiter und Sekretäre nicht minder wichtig sein, als die Laboratoriumsassistenten; und wenn ein Institut mit Finanzmitteln karg versehen ist, sollte man es sich je nach den zu bearbeitenden Aufgaben wohl überlegen, ob man den Etat statt für teure Präzisionsapparate nicht lieber für Personal anwenden mag.

Aber auch der eigentlich intellektuelle Teil der Verarbeitung wird oft abgegeben oder mit anderen geteilt werden müssen. Bei Massenuntersuchungen erstreckt sich die Arbeit nicht selten über Jahre; und da kann es leicht durch allerlei äußere Gründe kommen, daß die ursprünglichen Veranstalter für die späteren Phasen der Verarbeitung nicht mehr zur Verfügung stehen. Zuweilen können sich auch im Lauf der Arbeit neue und unerwartete Problemstellungen ergeben, die dem Untersucher nicht recht liegen; für sie müssen neue Mitarbeiter gewonnen werden. Diesen sind dann natürlich nicht nur die Materialien selbst, sondern alle Einzelheiten über die Art ihrer Gewinnung usw. zur Kenntnis zu bringen.

Noch wichtiger dagegen scheint es mir zu sein, daß man auch die potentielle Arbeitsgemeinschaft mit etwaigen künftigen Bearbeitern desselben Materials im Auge behalten soll. Denn selbst wenn eine Untersuchung im Sinne des ursprünglichen Plans ganz durchgeführt ist, wäre es falsch, sie und ihr Material für erledigt und abgetan zu halten. Schon für die Laboratoriumsarbeiten der allgemeinen Psychologie trifft dies nicht ganz zu, obwohl hier wegen der meist sehr weitgehenden Isolation und Spezialisation der Bedingungen eine anderweitige Verwendbarkeit nur in engen Grenzen möglich sein wird. Immerhin: man denke sich etwa, man hätte alle Protokolle beisammen, die ein hervorragender Psychologe im Laufe der Jahre bei den verschiedensten Experimenten an sich selbst gewonnen hat, welch merkwürdiger Beitrag zu seiner Psychographie könnte daraus entnommen werden!

Dies Prinzip von der Heteregonie der Zwecke gilt nun aber in viel höherem Maße für die komplexeren und lebensnäheren Materialien der differentiellen Psychologie, die nach den verschiedensten Seiten verwendet werden können, vielleicht im Dienst von Problemen, an die wir vorläufig noch gar nicht denken. Nimmt man hinzu, daß manche dieser Materialien, insbesondere solche psychographischer Natur oder Massenuntersuchungen, in entsprechender Weise nur sehr schwer oder vielleicht überhaupt nicht von neuem gewonnen werden können, so ergibt sich die Forderung daß wir S a m m e l a r c h i v e f ü r „e r l e d i g t e“ (a b e r n i c h t a u s g e s c h ö p f t e) M a t e r i a l i e n anlegen müssen, die jedem späteren wissenschaftlichen Bearbeiter zugänglich sind, und daß über den Inhalt dieser Sammelarchive Kataloge hergestellt werden, die darauf hinweisen, wo Materialien bestimmter Art zu finden sind[1].

Beispiele: In Paris, Brüssel, Breslau und anderwärts sind Intelligenztests nach der BINETschen Staffelmethode an vielen Hunderten von Schulkindern angestellt worden. Ihre Verwertung erfolgte bisher nach dem von B. angegebenen Prinzip der Resultanten-Berechnung. Eine durchgehende Vergleichung der einzelnen Testleistungen unter sich — z. B. der Bildbeschreibungen, oder der Reaktionen auf absurde Sätze oder der Definitionen — lag außerhalb der B.schen Methode, sie liegt aber nicht außerhalb der Interessen der differentiellen Psychologie; vielmehr würde sie, an dem schon vorliegenden Material vorgenommen, zu den wertvollsten Variations- und Korrelationsuntersuchungen die Handhabe bieten. Aber die Materialien sind leider verstreut und verstauben in den Schränken verschiedenster Institute, weil die Zentrale für solche Sammlungen wenig bekannt ist.

Ein anderes Beispiel bieten die an vielen Tausend Personen angestellten Zeichenexperimente KERSCHENSTEINERS in München; denn so wertvoll die in K.s Buch[2] niedergelegten Ergebnisse sind, sie stellen sicher nur einen kleinen Bruchteil von dem dar, was aus diesem Riesenmaterial herausgezogen werden könnte. Ein großer Teil des Materials ist jetzt von K. dem genannten Sammelarchiv überwiesen worden.

---

[1] Die Idee solcher Sammelarchive ist zuerst von JONAS COHN ausgesprochen worden. Das oben erwähnte Institut für angewandte Psychologie in Neubabelsberg-Berlin hat ein Sammelarchiv eingerichtet.

[2] 1253.

Kapitel VIII.

Die Erhebungsmethode.

Recht stiefmütterlich behandelt hat die psychologische Methodenlehre bisher das Verfahren der Erhebung (Umfrage, Enquête, Questionnaire, Questionary).

Bei der Erhebung nimmt der Psychologe andere Personen in Anspruch, die ihrerseits eine der direkteren Methoden anwenden müssen. Das Mittel der Verständigung ist gewöhnlich die Schrift (zuweilen auch eine mündliche Besprechung).

1. Übersicht über bisher angestellte psychologische Erhebungen.

Wir geben zunächst einen Überblick über die wichtigsten Versuche psychologischer Erhebungen[1], wobei wir natürlich diejenigen besonders beachten, welche differential-psychologischen Interessen dienen.

Die eigentlichen Ursprungs- und Heimatländer der psychologischen Erhebungen sind England und Amerika.

England. Als erster ist hier CH. DARWIN zu nennen; er verfaßte bereits 1867 einen Fragebogen über den Ausdruck der Gemütsbewegungen bei primitiven Völkern, der an Forschungsreisende und Missionäre versandt und von sechsunddreißig Personen beantwortet wurde[2].

In England hat die „Society for psychical Research“ ihren Hauptsitz, welche RIBOT[3] „la plus grande agence d'enquête psychologique existante“ nennt. Sie war die Veranstalterin einer

---

[1] Bibliographie Abt. A II 3. Vgl. hierzu auch den geschichtlichen Abriß der Fragebogenmethode von GAULT (**47**). — Den Anfang einer Sammlung von psychologischen Fragebogen hat das Institut für angewandte Psychologie gemacht; diese Sammlung hat mir für die folgende Übersicht manche Dienste geleistet.

[2] Der Fragebogen ist abgedruckt in **145** S. 15/16.

[3] **51**.

internationalen Enquête, die sich als eine der umfangreichsten — freilich nicht der ertragreichsten — aller bisher angewandten darstellt.

Im Jahre 1889 wurde nämlich auf dem internationalen Kongreß für Psychologie beschlossen, eine Erhebung anzustellen, welche über Existenz oder Nichtexistenz der Telepathie entscheiden sollte. Die Hauptfrage galt dem halluzinatorischen Sehen des Todes einer abwesenden Person. Im Jahre 1894 erschienen zwei Publikationen, die sich auf ein Riesenmaterial stützten (in England allein waren über 17000 Antworten verwertet worden). Der Bericht der englischen Gesellschaft[1] beantwortete auf Grund der Erhebungen die Telepathiefrage bejahend, PARISH[2] verneinend. Auch die lebhafte Debatte auf dem Münchener Kongreß führte zu keiner Einigung.

Von weit ernsterer Bedeutung für die Wissenschaft und zugleich viel wichtiger für unsere Probleme ist das Lebenswerk Sir FRANCIS GALTONS, das bereits im Jahre 1874 mit einer psychologischen Umfrage bei den Fellows der Royal Society einsetzte. 1880 folgte seine Statistik über die Vorstellungstypen[3]. — Ein Menschenalter lang hat GALTON unermüdlich an der Aufgabe gearbeitet, durch Enquêten über Vererbung und Umwelt und ihre Beziehungen zu geistigen Anlagen Einblicke in die Ätiologie der gesamten menschlichen Beschaffenheit — und damit Gesichtspunkte für eine Veredelung der menschlichen Rasse (Eugenics) — zu gewinnen. Lange Zeit einsam, hat GALTON als Greis die Genugtuung erlebt, eine Schar Schüler um sich zu sammeln; und schließlich konnte er in dem 1905 gegründeten Eugenics Laboratory in London einen dauernden Mittelpunkt für die neue Studienrichtung schaffen. Die zahlreichen — außerhalb Englands viel zu wenig bekannten — Veröffentlichungen dieses Instituts (von GALTON, PEARSON, SCHUSTER, ELDERTON, HERON u. a.) bewegen sich zum Teil im rein Somatisch-Biologischen; aber ein großer Teil gilt ausdrücklich den Einflüssen, die Vererbung und Umwelt auf die g e i s t i g e n Fähigkeiten haben. Alle diese Untersuchungen bedienen sich der Erhebung bei bestimmten Menschengruppen (Schulkindern, Krankenhausinsassen, Studierenden, Angehörigen eines gelehrten Berufs), um dann statistisch die Korrelation zwischen einem bestimmten Ursachenfaktor und der geistigen Beschaffenheit zu berechnen[4].

---

[1] Proceedings of the Society for Psychical Research Part XXVI, Vol. X 400 S.

[2] PARISH. Über Trugwahrnehmungen. Leipzig 1894.

[3] **494.**

[4] Eine übersichtliche Orientierung in deutscher Sprache geben die beiden Berichte von BETZ und Miss ELDERTON (**270**; **272**), sowie die größere

A m e r i k a. Von ganz anderen Interessen und Gesichtspunkten gehen die Enquêteuntersuchungen aus, welche, von STANLEY HALL ins Leben gerufen, die Hauptmethode des amerikanischen Child Study ausmachen. Auch sie sind in einem Institut, dem pädagogischen Seminar der Clark University, zentralisiert.

HALLS Erhebungen dienen der Aufgabe, die dem kindlichen Seelenleben immanenten Strebungen, Interessen und Verhaltungsweisen genau kennen zu lernen, um darauf eine kindgemäße und entwicklungstreue Pädagogik aufzubauen. Zu diesem Zweck werden Fragebögen (sog. „topical syllabi") ausgearbeitet, deren jeder einen zusammengehörigen Komplex natürlicher Lebensbetätigungen zum Gegenstand hat (z. B. Spiel; Lektüre; Verhalten zum Geld; zur Religion; Sammeltrieb; Neugierde; Furcht). Der Komplex wird durch die Einzelfragen möglichst vielseitig determiniert. Sodann wird der Fragebogen an eine große Anzahl von Lehrern, Eltern und sonstigen Interessenten versandt, die aufgefordert werden, entweder mittels Beobachtung der ihnen zugänglichen Kinder oder mittels Wiedererweckung ihrer eigenen Jugenderinnerungen den Bogen auszufüllen. Das so zusammenkommende Material — in einigen Fällen bis zu 15 000 Antworten — wurde dann hauptsächlich prozentual berechnet, um zu zeigen, welche Interessenrichtungen, welche Verhaltungsweisen usw. am häufigsten vorkommen und somit der Wesenheit des Kindes am meisten zu entsprechen scheinen. Neben diesen generellen Ergebnissen wurden freilich auch differentielle beachtet: Unterschiede der Geschlechter, der Altersstufen, verschiedene Typen usw.

Von dem außerordentlichen Umfang dieser Bewegung geben die Zusammenstellungen Kunde, die STANLEY HALL 1903 und TH. SMITH 1905 veröffentlichten[1]; hiernach waren in den elf Jahren von 1894 bis 1905 nicht weniger als 131 Fragebogen ausgearbeitet und versandt und 125 Abhandlungen auf Grund des Fragebogenmaterials in dem von HALL herausgegebenen Pedagogical Seminary veröffentlicht worden. Seitdem hat sich ihre Zahl noch weiter beträchtlich vermehrt.

Auch außerhalb der HALLschen Schule wird die psychologische Erhebung in Amerika gelegentlich angewandt. Es sei

---

Arbeit von BETZ: drittes Beiheft zur Ztschr. für angewandte Psychologie 1911. — Unsere Bibliographie enthält in Abt. A IV nur diejenigen Eugenics-Veröffentlichungen, die ausgesprochen differentiell-psychologischer Natur sind.

GALTON ist 1910 gestorben. Ein Gesamtverzeichnis seiner Publikationen ist in **271** enthalten.

[1] **48, 871.**

hier an die eingehende Untersuchung STARBUCKS über die religiöse Bekehrung erinnert, die ihr Material wenigstens zum Teil dem Fragebogen verdankt[1]. Noch nicht veröffentlicht sind meines Wissens die 8000 ausgefüllten Bogen, welche dic American Society for psychical research auf ihre (von HYSLOP ausgearbeitete) Okkultismusumfrage erhalten hat.

So systematische, über Jahrzehnte hin sich erstreckende Serien von Erhebungen, wie in England und Amerika sind in den anderen Kulturländern für psychologische Zwecke unbekannt; hier handelt es sich immer nur um einzelne Untersuchungen von sehr verschiedenem Umfang. Dabei ist es bemerkenswert, daß die Themata, die wir schon in England und Amerika bearbeitet fanden (psychische Erblichkeit, Interessen und Ideale der Kinder) in Frankreich, Deutschland und Holland wiederkehren; freilich tauchen auch neue Probleme auf, die der Erhebungsmethode unterworfen werden.

Frankreich (und französische Schweiz). In Frankreich ist, wie uns RIBOT berichtet[2], bereits im Jahre 1887 eine Erhebung über das Thema der Vererbung psychischer Eigenschaften versucht worden; 1500 Fragebogen mit etwa achtzig Fragen wurden versandt; aber das Ergebnis der einlaufenden Antworten war so dürftig, daß eine Verarbeitung unterblieb.

Ebenso wenig scheinen die beiden „psychologischen Fragebogen“ von HÉRICOURT[3] im Jahre 1890 und von LACASSAGNE 1892[4], ferner RIBOTS Enquête über die Verschiedenheit der allgemeinen Vorstellungen[5], endlich ein im Jahre 1894 von BINET und HENRI ausgearbeiteter Fragebogen über den Charakter der Kinder[6] zu greifbaren Resultaten geführt zu haben.

Die Ergebnisse der Enquête von Claparède über „audition colorée (1892) sind in dem Buch von Flournoy „Les phènomènes de Synopsie“ niedergelegt[7].

1894 hat RIBOT seine an 60 Personen beiderlei Geschlechts angestellte Erhebung über das Gefühlsgedächtnis verwertet[8]. — 1897 haben V. und C. HENRI die Ergebnisse ihrer Erhebungen über erste Kindheitserinnerungen veröffentlicht[9]. — 1899 hat CRÉPIEUX JAMIN seiner „graphologie en exemples“[10] einen graphologischen Fragebogen einverleibt. — 1901 unterbreiten Miss PAGET und C. AMSTRUTHER THOMPSON dem Pariser Psychologen-Kongreß einen Fragebogen über die Rolle des motorischen Elements in

---

[1] **1327** S. 23—25. [2] **51.** [3] **49.** [4] **50.** [5] **443.** [6] **859.**
[7] **1436/7.** [8] **499.** Wiederabgedr. in **500.** [9] A. ps. **3.** [10] **218.**

der Ästhetik des optischen Eindrucks[1]. — 1903 gibt DUPRAT[2] seine Studie über die Lüge heraus; diese stützt sich im wesentlichen auf die Ergebnisse einer Erhebung, welche die „société libre pour l'étude psychologique de l'enfant" über absichtliche und unabsichtliche Aussagefälschungen von Schülern angestellt hatte. — Seit 1904 sammelt ST. PAUL vermittels Fragebogens Selbstbeobachtungsdokumente über die „innere Sprache", d. h. den sprachlichen Typus der Menschen, doch sind Ergebnisse dieser Erhebung meines Wissens noch nicht veröffentlicht[3].

Das Genfer Laboratorium unter Leitung CLAPARÈDES veranstaltete 1907 eine Sammelforschung („expérience collective") über Kinderzeichnungen; die schweizerischen Lehrer erhielten genaue Anweisungen, was und wie sie die Kinder zeichnen lassen sollten. Die Ergebnisse hat IVANOFF publiziert[4].

Aus den letzten Jahren ist mir nur eine französische Erhebung bekannt, mit der nun aber wieder eine Problemgruppe ganz anderer Art, nämlich der Mechanismus des geistigen Arbeitens angeschnitten ist. Es ist die Enquête über die Arbeitsmethode der Mathematiker, von welcher im Jahre 1905 der Fragebogen[5] mit einundzwanzig psychologischen Fragen und im Jahre 1908 die Ergebnisse[6] publiziert worden sind.

In dieselbe Gruppe gehört eine italienische von der Rivista die Filosofia veranstaltete Enquête über die Methode der geistigen Arbeit, bei der Gelehrte verschiedenster Fächer um Beantwortung von sieben Hauptfragen angegangen wurden. Das Ergebnis ist mir nicht bekannt.

D e u t s c h l a n d hat sich erst relativ spät des Erhebungsverfahrens bemächtigt. FECHNERS Versuche haben nur noch historisches Interesse, indem sie zeigen, daß der Schöpfer des psychologischen Experiments sich durchaus nicht so prinzipiell wie viele seiner Nachfolger auf diese Methode beschränkte, sondern bei anderen Aufgaben auch andere Verfahrungsweisen berechtigt fand. PARISHS Untersuchungen über Trugwahrnehmungen wurden schon erwähnt (S. 119). Sonst kommen aus der Zeit vor 1900 von bedeutenderen Erhebungen nur noch diejenigen über den „Vorstellungskreis der Schulneulinge" in Betracht, welche von dem pädagogischen Verein in Berlin 1870 begonnen, dann von K. LANGE in Plauen 1879 fortgesetzt, endlich aber und vor allem seit 1880 von B. HARTMANN in Annaberg weiter- und durchgeführt wurden.[7]

---

[1] 1258. [2] Le mensonge. Paris Alcan 03. [3] Vgl. NÄCKE **484** S. 675. [4] 1251. [5] 1288. [6] 1283.

[7] Von HARTMANN stammt auch die ausführlichste Darstellung: **959**. — Ein erschöpfendes Sammelreferat über die gesamte Literatur gibt WILKER (**957**).

Die Frageliste bestand hier aus zahlreichen (meist hundert) Bezeichnungen von Vorstellungsinhalten (z. B. „schwimmende Gans", „Haselnußstrauch", „Regenbogen" usw.), deren Vorhandensein oder Nichtvorhandensein bei den neueingetretenen Schülern durch vorsichtiges Befragen festgestellt werden sollte. In Annaberg wurden 1312 Kinder auf solche Weise geprüft; doch ist die Gesamtzahl der untersuchten „Vorstellungskreise" sehr viel größer, da späterhin das Verfahren von anderen Pädagogen so von St. Hall, Rein usw. übernommen wurde.

1893 hat dann K. Schubert diese Erhebung durch eine Reihe an die Eltern zu richtender Fragen („Elternfragen") erweitert[1].

Wie spröde sich die deutsche Fachpsychologie dem Erhebungsverfahren gegenüber verhielt, beweist noch meine eigene Stellungnahme in der ersten Auflage dieses Buches, wo ich (S. 29—31), bewogen durch gewisse Mängel der amerikanischen Enquêten, die Methode möglichst ganz vermieden wissen wollte. Das letzte Jahrzehnt aber mußte eines anderen belehren. Wir haben jetzt in Deutschland Anwendungen des Erhebungsverfahrens, die an wissenschaftlichem Wert durchaus mit den Ergebnissen anderer Methoden auf eine Stufe zu stellen sind und zugleich Probleme angreifen, die mit den übrigen Methoden nicht bearbeitet werden könnten.

Die deutschen Erhebungen — wir rechnen auch die holländischen dazu — lassen sich in zwei Gruppen gliedern, die in den anderen Ländern nicht mit gleicher Deutlichkeit hervortreten, in Quantitäts- und Qualitätserhebungen.

Die Quantitätserhebungen legen den Hauptwert auf Herbeischaffung eines Massenmaterials, das zu statistischen Verrechnungen ausreicht. Es ist also dieselbe Tendenz, wie sie die Statistiken des Eugenics-Instituts und der Hallschen Schule beherrscht; zum Teil sind auch die Probleme verwandt, dagegen die Methoden meist vervollkommnet.

So ist das Problem der psychischen Erblichkeit auch hier bearbeitet worden: Heymans und Wiersma haben im Jahre 1905 durch Vermittlung der holländischen Ärzteschaft psychographisches Material über 437 Familien gesammelt; von jeder Familie sind mehrere Mitglieder — im ganzen 2415 Personen — studiert worden. Der von den Ärzten auszufüllende Fragebogen enthielt Bezeichnungen von 90 seelischen Eigenschaften, in bezug auf welche jede Person charakterisiert werden mußte[2]; hierauf wurden dann ausführliche Korrelationsberechnungen aufgebaut. — Ebenfalls

---

[1] 962; 963.

[2] Anweisungen und Fragebogen sind abgedruckt in 306, 1. Abhdg.

dem Thema der Vererbung körperlicher und geistiger Eigenschaften ist der Fragebogen (nebst Sippschaftstafel) gewidmet, den neuerdings A. Czrellitzer zur Versendung bringt[1].

Eine andere Gruppe deutscher Massenenquêten ist wiederum den Hallschen Erhebungen verwandt; sie bezieht sich auf die Interessen und Ideale der Schulkinder. Hier wurden die Lehrer als Mittelspersonen in Anspruch genommen, die in den Klassen ihre Schüler zur Abgabe bestimmter Vorzugs- (und Ablehnungs)-Urteile veranlassen mußten. Bald handelte es sich hier um eine ganze Serie von Fragen: nach dem liebsten Buch, Spiel, Fach, Gebäude, Gedicht, der liebsten Persönlichkeit der Geschichte, der Bibel usw. (Lobsien[2] 1905; 500 Kinder), bald nur um einen einzigen Gegenstand, so um die ideale Persönlichkeit (Goddard[3] 1904; 1590 Kinder). — Die umfangreichsten Erhebungen dieser Art sind die über das beliebteste und unbeliebteste Schulfach (Lobsien, Stern, Wiederkehr u. a., zusammen bisher 11 000 Kinder)[4]. Sie sind meines Wissens die einzigen Erhebungen, die an verschiedenen Stellen Deutschlands unter vergleichbaren Bedingungen wiederholt worden sind und so einen Schluß auf eine gewisse Allgemeingültigkeit der Ergebnisse gestatten. — Die Stellungnahme der Kinder zu einem aktuellen Ereignisse prüfte Maday[5] auf dem Wege der Enquête; es handelte sich um den drohenden Ausbruch eines Krieges mit Serbien, zu dem ungarische Schüler und Schülerinnen sich äußern mußten. — Aus jüngster Zeit ist dann noch die Erhebung von Boeck über das Mitleid bei Kindern hierher zu rechnen; seine 630 Fälle bilden freilich ein sehr buntscheckiges Material, da sie teils durch Jugenderinnerungen Erwachsener, teils durch direkte Befragung von Kindern zustande gekommen sind und alle Altersstufen bis zum 12. Jahre umfassen[6].

Als ein neues Gebiet wurde in Deutschland das Problem der freien kindlichen Kunstbetätigung dem quantitativen Enquêteverfahren zugänglich gemacht. Unabhängig voneinander und von ganz verschiedenen Interessen geleitet unternahmen Lamprecht und Kerschensteiner das Werk. Lamprecht beabsichtigte, an freien Kinderzeichnungen die Parallelen zwischen primitiven Kulturzuständen der Menschheit und kindlichen Entwicklungsstadien des Individuums zu untersuchen und legte daher Wert auf ein möglichst internationales Material. — Kerschensteiners

---

[1] 300; 301. [2] 729.

[3] 725. Erst 1907 veröffentlicht.

[4] Vgl. das Sammelreferat von Keller. 723.

[5] 731. [6] 860.

Absicht war rein pädagogischer Natur; er wollte die notwendige Reform des Zeichenunterrichts auf eine genaue Kenntnis der zeichnerischen Begabung, ihrer Differenzierung und Entwicklung gründen.

Lamprecht versandte 1905 eine Anweisung zum Sammeln vorhandener Zeichnungen und zur Herbeiführung von Zeichnungen über bestimmte Themata an aller Herren Länder und hatte den Erfolg, daß weit über 100 000 Zeichnungen, darunter 12 000 außereuropäische, einliefen[1].

Kerschensteiner ließ von 1900 bis 1904 an sämtlichen Münchener Volksschulen und einigen anderen Schulen die Kinder Zeichnungen anfertigen, und zwar wurden durchweg bestimmte Aufgaben zugrunde gelegt; das so gewonnene ungeheure Material (ungefähr eine halbe Million Zeichnungen) ist daher nicht so mannigfaltig, dafür aber geschlossener und vergleichbarer als das Lamprechts. Den Erhebungscharakter verleugnet auch diese Untersuchung nicht; denn nicht K. selbst, sondern die von ihm beauftragten und mit genauen Anweisungen versehenen Lehrer führten die einzelnen Versuche aus, deren Ergebnisse dann zu statistischer Verarbeitung vereinigt wurden[2].

Von ungleich geringerer Größenordnung ist die Breslauer Enquête, bei der Zeichnungen des Themas „Schlaraffenland" von 1500 Kindern erzielt wurden[3].

Ganz anderer Natur sind die qualitativen Erhebungen. Sie verzichten von vornherein auf Massenmaterial im obigen Sinne, beschränken sich vielmehr auf einen sehr engen Kreis heranzuziehender Persönlichkeiten, die zu gründlicher psychologischer Selbstbeobachtung und Selbstbeurteilung geneigt und fähig sind. Unter diesen Umständen kann der Fragebogen viel mehr in Feinheiten und Details hineinsteigen, sogar unter Umständen von den Empfängern kleinere Selbstbeobachtungsexperimente oder ausführlichere autobiographische Notizen fordern.

Schon 1904 veröffentlichte Heymans die ersten Ergebnisse einer solchen Erhebung über Dépersonnalisation und fausse reconnaissance, die an den Hörern seiner Vorlesung gewonnen waren; über eine Fortsetzung berichtete er 1908. Im ganzen waren 130 deutsche und holländische Studenten geprüft worden[4].

Verdient um Theorie und Praxis der qualitativen Enquêten hat sich fernerhin R. Baerwald gemacht, der im Auftrage und mit Unterstützung der Berliner psychologischen Gesellschaft deren zwei in die Wege leitete. Die erste bezog sich auf ein Problem des

---

[1] Der Fragebogen ist abgedruckt in 1257. Berichte über den Stand der Sammlungen und ihrer Verarbeitung enthält die Zeitschrift für angewandte Psychologie I S. 472, III S. 459.

[2] 1253. [3] 1258 a/b. [4] 1396/97.

ästhetischen Erlebens, nämlich auf die Bedingungen, unter denen das Gefühl des Komischen entsteht. Eine gewisse Theorie, die LIPPS hierüber aufgestellt hatte, sollte durch die Erhebung bestätigt oder widerlegt werden; das Ergebnis war ein differentiell-psychologisches, in dem die LIPPSsche Theorie nur für einen bestimmten Typus gilt (1907)[1]. — Die zweite besonders gründliche vorbereitete Erhebung hat unmittelbar differentielles Interesse, da sie den Typus des „motorischen Menschen" genau festzulegen bemüht ist[2] (1910). — Dieselbe Gesellschaft hat unter MOLLS Leitung 1908 eine „Okkultismusumfrage" organisiert.

Auch die 1905 begonnene, von KÜLPE angeregte Erhebung SCHLESINGERS über die Ideale gehört hierher. Sie wandte sich nicht, wie die amerikanischen „Ideal"-Forschungen, an Kinder, sondern an Erwachsene und war daher in der Lage, genaue Selbstbeobachtungen über die gegenwärtigen Ideale, Selbsterinnerungen über Jugendideale und auch sonstige phänomenologische und ätiologische Angaben zu verlangen. 32 ausgefüllte Fragebogen konnten zur Verwertung gelangen[3].

Probleme des musikalischen Genießens sucht VERNON LEE durch qualitative Erhebungen zu fördern. Sie stellte schon vor mehreren Jahren über die Gemütszustände beim Hören von Musik einen Fragebogen zusammen, auf den zwanzig Antworten eingingen. Diese Antworten enthielten bald Analysen von Stimmungen, bald Zusammenfassungen von typischen Erfahrungen, in einigen Fällen ausführliche musikalische Autobiographien und offenbarten eine weit über die Erwartung gehende Differenzierung in der musikalischen Gemütsreaktion. Eine Erweiterung und Verbesserung dieses Fragebogens hat nun VERNON LEE kürzlich in deutscher Sprache veröffentlicht[4]. — An eine ganz bestimmte, und zwar sehr kleine Gruppe innerhalb der Musikalischen wandte sich der Fragebogen OTTO ABRAHAMS über das „absolute Tonbewußtsein"[5], dessen Ergebnisse schon 1901 veröffentlicht wurden.

Beruflich abgegrenzt ist die Empfängergruppe bei dem Fragebogen von SYDNEY ALRUTZ in Upsala über „Das Seelenleben des Schauspielers", der meines Wissens bisher nur handschriftlich vorliegt[6].

Endlich sind auch die vom Institut für angewandte Psychologie ausgearbeiteten Anleitungen, soweit sie Erhebungscharakter tragen, durchaus den qualitativen Erhebungen zuzurechnen. Das psycho-

[1] Ztschr. f. Aesth. 2. [2] 509. [3] 732. [4] 1244. [5] 1237.

[6] In der Sammlung des Instituts für angewandte Psychologie.

graphische Schema, die Anleitung zur Beobachtung kleiner Kinder, die Instruktion zur Untersuchung von Naturvölkern sind nicht für massenhafte Anwendung, sondern dafür bestimmt, von einem immerhin begrenzten Kreis psychologischer geschulter Persönlichkeiten benutzt zu werden[1].

Der obige Überblick über einige Hauptmomente aus der Geschichte der psychologischen Erhebungen ist mit Absicht an denjenigen Erhebungen vorübergegangen, die erst nachträglich zu psychologischen Zwecken verwendet werden können, aber durchaus nicht für solche gedacht und unternommen worden waren. Denn psychologisch verwertbar sind ja schließlich alle Erhebungen, deren Gegenstände irgendwie mit psychischen Funktionen Zusammenhang haben. So sind kriminalstatistische Erhebungen für die Phänomenologie und Ätiologie der sittlichen und verbrecherischen Eigenschaften, Versetzungs- und Zensurenstatistiken für die Psychologie der geistigen Leistungsfähigkeit, sozialpolitische Erhebungen[2] für das Studium der sozialpsychischen Differenzierung, die Psychologie der menschlichen Arbeit usw. nutzbar zu machen. Bei dem Versuch, solche aus anderen Absichten hervorgegangenen Erhebungen zu verwerten, wird freilich der Psychologe oft mit Bedauern bemerken, daß gewisse Fragen, an deren Beantwortung ihm besonders liegt, nicht gestellt worden waren, obwohl sie ohne große Schwierigkeit in die Enquête hätten einbezogen werden können. Es hatte eben bei den Veranstaltern die psychologische Einstellung gefehlt. Und so ergibt sich hier für die Zukunft die Forderung, daß der Psychologe bei derartigen Erhebungen rechtzeitig seine besonderen Wünsche und Fragestellungen geltend machen möge, damit nachher das Material für ihn ertragreicher werde.

2. Methodik der Erhebung.

Die bisher vorliegenden Erhebungen und ihre Ergebnisse sind doch schon mannigfach genug, um ein Urteil über den methodischen Wert des Verfahrens überhaupt zu bilden und allgemeine Kautelen für seine künftige Anwendung zu empfehlen[3].

Zunächst wäre es falsch, wollte man „die Erhebung" als ein-

---

[1] Vgl. die Nachrichten aus dem Institut an verschiedenen Stellen der Ztschr. für angew. Psychologie.

[2] Vgl. 53.

[3] Allgemeine methodologische Betrachtungen über das Erhebungsverfahren finden sich besonders bei Baerwald und bei Ribot. (41; 51.)

heitliche Methode ansehen, die im ganzen zu verwerfen oder zu billigen sei. Sie ist ja immer nur die Zusammenfassung anderer direkterer Methoden, die in der verschiedenartigsten Weise angewendet werden können. Die eine Gruppe von Erhebungen verlangt von ihren Beantwortern Introspektion in beobachtender und beurteilender Form: einzelne Selbstbeobachtungen, komplizierte Reihen von solchen, Selbstbeobachtungsexperimente, Selbsterinnerungen an weit zurückliegende Erlebnisse, Urteile über eigene Eigenschaften, Interessen, Fähigkeiten. Die Gruppe der extrospektiven Erhebungen dagegen läßt die Mitarbeiter an anderen Menschen Beobachtungen anstellen oder über sie Urteile fällen, und wieder gibt es hier alle möglichen Unterformen; denn bald beziehen sich die Beobachtungen auf äußere Verhaltungsweisen, bald auf zu erdeutende seelische Phänomene; die Urteile gelten bald leicht zutage liegenden, bald sehr versteckten Eigenschaften, in einem Falle gegenwärtig vorhandenen, in einem anderen früher dagewesenen Dispositionen. Sehr oft sind extrospektive und introspektive Methoden miteinander vermischt; so gibt es Erhebungen, bei denen sich die Fragen zum Teil an die Selbstbeobachtung, zum Teil an die Beobachtung wenden; bei anderen bleibt es den Hilfspersonen überlassen, ob sie die Fragen für die eigene Person oder für andere ihnen zugängliche Personen beantworten wollen.

Demnach müssen die verschiedenen methodischen Gesichtspunkte, die wir in den vorangegangenen Kapiteln für die Ichmethoden und für die Nahmethoden feststellten, je nach der Gestaltung der einzelnen Aufgabe auch für die Enquêten herangezogen und bei der Beurteilung ihres Werts in erster Linie berücksichtigt werden.

Darüber hinaus gibt es freilich noch weitere Gesichtspunkte, die dem Erhebungsverfahren allein eigentümlich sind; sie haben alle ihren gemeinsamen Grund in der Tatsache, daß sich zwischen den Untersucher und den Untersuchten — an Stelle des unmittelbaren Kontakts — ein Vermittlungselement schiebt, welches entweder lediglich in einem Stück Papier (dem Fragebogen), oder außer diesem noch in einer besonderen Personengruppe (den Hilfsarbeitern) besteht.

Die hierin liegende Schwierigkeit ist unleugbar. Wenn wir eine psychologische Untersuchung auf das Reiz-Reaktionsschema bringen, so liegt bei der Enquête eine Kettenreaktion vor: der Reiz muß erst ein oder mehrere Medien passieren, ehe er an den zu Untersuchenden gelangt; und dessen Reaktion ist gar nicht mehr direkte Antwort auf die vom Untersucher gestellte Aufgabe, sondern auf die vorletzte Etappe der Kette.

Der einfachste Fall ist eine Kette aus drei Gliedern: Untersucher, Fragebogen, Beantworter. Der Fragebogen ist ja zwar noch das direkte Erzeugnis des Untersuchers, aber durch die Versendung entläßt er ihn aus seiner Kontrolle. Das Blatt Papier gewinnt nun gleichsam eigenes Leben; es kann Wirkungen ausüben, die nicht beabsichtigt waren. Seine Ausdrücke können mißverständlich aufgefaßt werden; und es ist niemand da, der den Irrtum richtig stellt. Der stereotype Wortlaut, aus gewissen Voraussetzungen heraus formuliert, kann gar nicht den verschiedenen psychischen Möglichkeiten, auf die er trifft, gleichmäßig angepaßt sein; und da eine Individualisierung und Adaptierung im Einzelfall, wie sie der Untersucher bei persönlicher Berührung vornimmt, unmöglich ist, so wirken die Formeln des Fragebogens leicht irreführend und suggestiv. Auch die Gesinnung und der Gesamthabitus des Prüflings — Eigenschaften, die bei direkter Untersuchung stets als wichtige Imponderabilien die Wertung des Ergebnisses bestimmen — entziehen sich hier der Kenntnis; man weiß nicht, ob im Einzelfalle die Ausfüllung ernsthaft oder spielerisch vor sich ging, ob sie von Eitelkeit diktiert oder in vollster Aufrichtigkeit vollzogen war, ob sie von einem guten oder schlechten Beobachter herrührte.

Eine Beseitigung dieser Schwierigkeiten ist niemals, wohl aber ihre Herabdrückung auf ein Mindestmaß zu erreichen, wenn man folgenden Forderungen gerecht wird: Möglichste Anpassung des Fragebogens an die zu untersuchenden Gruppen (bzw. der Gruppen an den Fragebogen) und möglichste innere Gleichartigkeit der Gruppen.

Zur Ausarbeitung eines methodisch einwandfreien Fragebogens gehört eine sehr subtile Technik, die sich erst allmählich herauszubilden beginnt. Es ist ja natürlich viel einfacher, den Fragebogen lediglich als ein Register der Probleme, deren Lösung der Psychologe sucht, aufzustellen und es dem Empfänger zu überlassen, wie er sich mit diesen Problemen abfindet. Aber nicht die Rücksicht auf den Psychologen, sondern die auf den Beantworter muß die Fassung bestimmen.

Jeder Fragebogen enthält Anweisungen und Fragen.

Ein Teil der Anweisungen ist zunächst allgemeiner Natur. Sie betreffen die äußere Technik der Ausfüllung, des Unterstreichens, des Ausstreichens, sie geben Erläuterungen der in den Fragen gebrauchten und in den Antworten zu brauchenden Terminologie; sie betonen, daß man nur solche Fragen beantworten solle, auf die man auch wirklich eine Antwort habe, verlangen, daß man Zeiten ruhiger Gemütsverfassung zum Ausfüllen verwenden und die Ausfüllung womöglich nach einer gewissen Zwischenzeit auf ihre Richtigkeit noch einmal nachprüfen solle. Hat man es mit Beantwortern von gewisser Selbständigkeit zu tun, so gebe man stets die Möglichkeit, außer den eigentlichen Antworten auf einem besonderen Blatte andere zum Thema gehörige Selbstbeobachtungen oder sonstige Bemerkungen beizubringen, die in den Fragen nicht berührt oder nicht erschöpft wurden. Diese spontanen Berichte enthalten zuweilen die wertvollsten Beiträge, namentlich bei Qualitätserhebungen.

Zweitens sind die Anweisungen spezieller Natur und sollen dann die Einstellungen schaffen, von denen aus erst die Beantwortungen möglich werden. Hier haben die technischen Feinheiten einzusetzen. Für jede einzelne Frage hängt es vom Problem selbst, wie von der Beschaffenheit des zu Untersuchenden ab, wie weit man ihn mit der eigentlichen Absicht des Untersuchers und mit den über das Problem schon bestehenden Meinungen vertraut machen muß. Sagt man zu wenig, so sind ärgste Mißverständnisse, ein blindes Raten und Tappen ins Dunkle die Folge; sagt man zuviel, so kann man die Selbständigkeit des Beantworters unliebsam einengen, ja ihm geradezu eine bestimmte Antwort in den Mund legen. Auch darauf müssen zuweilen die Anweisungen gehen, wie der Beantworter es anzustellen habe, um seine Selbstbeobachtung oder die Fremdbeobachtung oder die Beurteilung in Gang zu setzen; manche Hilfsmittel, kleine Experimente, Kunstgriffe müssen da zuweilen an die Hand gegeben werden, aber immer nur solche, deren Anwendung im Fähigkeitsbereich des Antworters liegt.

Die Fragen selbst sind nicht weniger sorgsam vorzubereiten; durch die Aussagepsychologie haben wir ja die Abhängigkeit der Antwort von der Form der Frage genauer einschätzen gelernt. Auch hier besteht die Hauptschwierigkeit darin, zwischen zu vagen und damit nichtssagenden und zu bestimmten und damit suggestiven Fragen die richtige Mitte zu finden. Am geringsten ist die Suggestion bei Bestimmungsfragen (Fragen mit Fragewort, bei welchen der Antwortende selbst die Antwortsvorstellung zu produzieren hat): Z. B. „Welches Schulfach ist das liebste?“ „Warum ist es das liebste?“ usw. — Am stärksten ist dagegen die Suggestion und am geringsten der Anreiz zu selbständiger

Stellungnahme bei Entscheidungsfragen, die schon im Wortlaut selber die Hauptvorstellung enthalten und von dem Antwortenden nur ein „Ja“ oder „Nein“ verlangen. Um hier die Suggestion etwas zu schwächen, sollte man nie nur zwischen ja und nein, sondern zwischen zwei oder mehreren positiven Möglichkeiten wählen lassen, also etwa so: „Wenn Sie das und das tun, haben Ihre psychischen Erlebnisse dann die Form a? oder die Form b? oder die Form c? oder noch eine andere Form?“

Auch der Umfang des Fragebogens will genau überlegt sein. Der Gesichtspunkt, möglichst viele und ins Einzelne gehende Fragen zu stellen, wird ja zunächst den Psychologen bestechen; denn er hat das Gefühl, daß die seltene Gelegenheit williger Beantworter auch tunlichst ausgenützt werden müsse. Aber andererseits läuft er Gefahr, Scheinergebnisse zu erlangen, wenn er die Fragen nicht siebt und ihre Zahl nicht begrenzt. Daß Fragen vermieden werden müssen, welche über den Horizont der Beantwortergruppe gehen, ist ja selbstverständlich, wenn auch durchaus nicht immer beachtet. Aber selbst Fragen, die an sich genommen für den Ausfüller beantwortbar sein mögen, sind es nicht in jedem Moment und vor allem nicht dann, wenn sie ihm in zu großer Masse und mit dem Verlangen sofortiger Beantwortung entgegentreten. Denn Selbstbeobachtung, Selbsterinnerung, Beobachtung und Beurteilung anderer sind keine leichten Aufgaben; ihre zu starke Häufung ruft Ermüdung und damit Nachlassen der Selbstkritik oder auch einen bequemen Automatismus des Antwortens hervor. Lange Fragebogen sollten daher nie ohne die Anweisung ausgegeben werden, daß man sich Zeit lasse, mehrmalige Sitzungen auf die Beantwortung verwende, die bei gewissen Fragen gefundenen Antworten nicht unbesehen auf weitere Fragen übertrage, die Ergebnisse nach einiger Zeit nachprüfe; sie werden sich daher wesentlich auf Qualitätserhebungen beschränken, bei denen man von der kleinen, aber gewählten Schar der Beantworter bereitwilliges Eingehen und Zeit- und Kraftaufwand erwarten darf.

Bei Quantitätserhebungen dagegen, ferner bei allen, welche die Beantwortung in einem bestimmten dem Beantworter selbst nicht freigestellten Zeitpunkt fordern, endlich bei Erhebungen, die sich an weniger kritische oder weniger willige Personen wenden, sei der Fragebogen kurz, knapp, einfach, aufs Wichtigste beschränkt. Dies gilt besonders von Schulkinder-Enquêten. Ein Beispiel: Verlangt man vom Kinde ein bestimmtes einzelnes Vorzugsurteil, noch dazu über einen Gegenstand, der eine große Rolle in seinem Leben spielt, wie z. B. die Fächer der Schule, so kann man im allgemeinen eine bedachte Beantwortung erwarten. Reiht man aber auf dem Fragebogen die Fragen nach dem liebsten Fach, Buch, Spiel, Helden, Gebäude, Gedicht usw. unmittelbar aneinander, die alle binnen einer Viertelstunde beantwortet werden sollen, so kommt das Kind in ein wildes Raten hinein, und an Stelle seines wirklich vorwaltenden Interessegegenstandes schreibt es die zufällig zuerst einfallende Bezeichnung nieder.

Wiederum andere methodologische Gesichtspunkte stellen sich ein, wenn sich zwischen Veranstalter und Untersuchte außer dem Fragebogen noch Mittelspersonen einschieben. Zunächst sieht dies aus wie eine Verschlechterung des Verfahrens. Denn während die direkt versandten Fragebogen wenigstens äußerlich genommen in allen Fällen gleichartige Reize darstellen, sind Hilfsarbeiter verschiedene Individualitäten, und wirken daher, selbst wenn sie sich alle genau an die identische Anweisung halten, als variable Reizkomplexe auf die Untersuchung ein. Wenn Heymans und Wiersma mehrere hundert Ärzte in Bewegung setzten, um durch sie genaue Charakteristiken von mehreren Angehörigen je einer Familie zu erhalten, so ist es undenkbar, daß diese Ärzte in bezug auf psychologische Schulung, Menschenkenntnis, Gründlichkeit usw. gleichwertig waren. Und wenn man sich bei Schulenquêten der Lehrer bedient, so ist deren Beliebtheit oder Unbeliebtheit, der Tonfall, in dem sie die Anweisung geben, das eigene Interesse, das sie an der Erhebung nehmen, die Art, wie sie auf unerwartete Zwischenfragen reagieren und vieles andere von großem Einfluß auf die Antworten der Schüler. Die Ergebnisse, die dann nachher zur Gesamtstatistik vereinigt werden, sind so unter recht verschiedenen Bedingungen zustande gekommen.

Dennoch kann man auf diese Art der Erhebung nicht verzichten. In vielen Fällen handelt es sich einfach um eine Zwangslage; der Psychologe selbst hat weder Zeit noch Gelegenheit, an die für ihn notwendigen Massen von Prüflingen heranzukommen; da muß er froh sein, wenn er Hilfskräfte findet, die durch ihren Beruf in unmittelbarem Kontakt mit dem gesuchten Menschenmaterial stehen. Und dieser unmittelbare Kontakt ist nun auch gegenüber dem herumgesandten Fragebogen ein Vorteil; denn er nimmt der Erhebung zum Teil den Charakter der Fernmethode. Der Lehrer, der die Fragen des Fragebogens seinen Schülern vorlegt, kann Tag und Stunde der Beantwortung günstig wählen, kann beurteilen, ob die Fragen verstanden werden, kann Mißverständnisse beseitigen, kann ein wenig individualisieren; und er kann nachher durch nähere Angaben über die Situation bei der Untersuchung oder über besondere, ihm bekannte Gründe für auffallende Antworten dem Bearbeiter des Materials dessen kritische Sichtung und Verwertung sehr erleichtern. Diese Vorteile wiegen die Nachteile der persönlichen Mittler mehr als auf, wenn eine unumgängliche Bedingung erfüllt wird: die Hilfspersonen müssen zugleich Vertrauenspersonen des Veranstalters sein. Er muß ihre Zuverlässigkeit und Eignung zu dem Hilfsdienste kennen und eine Kontrolle über die Art und den Grad haben, in dem seine Anweisungen ausgeführt wurden.

Diese Bedingung wurde nicht immer erfüllt; so hat man für so manche Kinderenquêten, namentlich in Amerika, wahllos alle Eltern, Lehrer, Studenten, die dazu bereit waren, als Hilfskräfte akzeptiert, um nur recht hohe Zahlen zu gewinnen. Auch die internationale Erhebung des Leipziger historischen Seminars über Kinderzeichnungen bietet nicht in dem wünschenswertem Maße die Möglichkeit, die Qualität und Leistung der Hilfspersonen zu kontrollieren.

Für die Gruppe der Hilfskräfte ebenso wie für die der Untersuchten ist schließlich eine gewisse Homogeneität zu fordern. Ein gutes Beispiel zum ersten Fall bilden die Hilfspersonen in Heymans-Wiersmas Vererbungsenquête; bei aller Verschiedenheit der Individualitäten war ihnen doch Einstellung und Habitus des ärztlichen Berufs gemeinsam, und dies darf als wichtige Vorbedingung für eine relative Gleichmäßigkeit der Gesamterhebung gelten.

Die Untersuchten müssen unter sich einigermaßen homogen sein einmal, weil die Abfassung des Fragebogens einem bestimmten Bildungsgrad und Interessenkreis angepaßt werden muß, und dann, weil ein chaotisches Menschenmaterial niemals zu Vergleichungen und Verallgemeinerungen benutzt werden kann. Auch hier hatten die amerikanischen Erhebungen noch nicht allen Forderungen genügt, indem die Prozentberechnungen oft aus einem zusammengewürfelten Material stammten, das von Kindern verschiedensten Alters, verschiedener Bildungsstufe und von Erwachsenen auf Grund ihrer Kindheitserinnerungen geliefert worden war. — Sind einmal mehrere Gruppen verschiedener Qualität in die Erhebung einbezogen worden, dann ist selbstverständlich zu fordern, daß jede Gruppe für sich der Bearbeitung und Verrechnung unterworfen werde.

Noch ein Wort über das Verhältnis der quantitativen zur qualitativen Erhebung. Baerwald und Ribot meinen, daß Häufigkeitszahlen in der Psychologie keine große Bedeutung haben, und daß speziell die aus Erhebungen gewonnenen Statistiken wegen der Unkontrollierbarkeit der Einzelaussagen wertlos seien. Beides ist doch nicht ganz richtig. Grade die differentiellen Probleme, insbesondere solche der Typen- und Korrelationsforschung, bedürfen durchaus der Häufigkeitsrechnung; und bei Wahrung der oben erörterten Vorsichtsmaßregeln kann man aus den gewonnenen Zahlen brauchbare Ergebnisse ableiten. Ein Beweis dafür liegt in der Tatsache, daß manche Erhebungen, die unter vergleichbaren Bedingungen an ganz verschiedenen Orten angestellt wurden, z. B. die Beliebtheitsstatistiken, in wichtigen Punkten Übereinstimmung in der Abfolge der Häufigkeitswerte zeigten, so daß hier bereits von einer gefundenen Regelmäßigkeit des psychischen Verhaltens gesprochen werden kann[1]. Für die meisten Erhebungen fehlt allerdings noch eine solche Kontrolle durch Wiederholung.

Andererseits verdient die Qualitätserhebung, deren Methodik Baerwald[2] in sehr lichtvoller Weise entwickelt hat, weiter ausgebaut zu werden. Hier werden ziemlich hohe Ansprüche an die psychologische Leistungsfähigkeit der Antwortenden (meist an ihre Fähigkeit der Selbstbeobachtung) gestellt; aber das heißt natürlich nicht, daß sie sich auf Fachpsychologen beschränken müßte. Im Gegenteil, diese sind wegen ihrer theoretischen Vorurteile für manche Fragen weniger geeignete Beantworter als unbefangene gebildete Laien, die eine gewisse Übung darin haben, sich über sich selbst Rechenschaft zu geben, und zugleich Vorsicht und Selbstkritik besitzen; auch gibt es ja Fragen, die nur von Angehörigen bestimmter Berufe, z. B. von Künstlern beantwortet werden können. — Auf die 50 bis bestenfalls 150 Antworten, mit denen man sich bei Qualitätserhebungen gewöhnlich begnügen muß, kann man natürlich keine bündigen statistischen Berechnungen gründen; dagegen bieten sie wertvollstes Material zur qualitativen Vergleichung individueller Tatbestände, bezüglich deren der Psychologe sonst nur auf eigene Selbstbeobachtung oder auf Zufallsbeobachtung einiger weniger anderer Menschen angewiesen war.

Zugleich sei noch auf einen Qualitätswert der Fragebogenmethode hingewiesen, der abseits von ihrer eigentlich wissenschaftlichen Aufgabe liegt. Sie ist pädagogisch fruchtbar zu machen. Für den Psychologieunterricht im Universitäts- oder Lehrerseminar kann z. B. die Ausfüllung eines Fragebogens eine vortreffliche Anleitung zur Selbstbeobach-

---

[1] Vgl. die Zusammenstellung von Lipmann, Zusatz zu **723**.

[2] **41**.

tung und ein Anschauungsmittel zur Vergegenwärtigung bestimmter seelischer Tatbestände sein. Die amerikanischen Fragebogen werden sogar, wie Miss Th. Smith berichtet, gelegentlich geradezu als Unterrichtsstoffe in den Schulen benutzt, indem die Schüler angehalten werden, auf Grund der Fragen über sich und ihr Verhalten in bestimmter Hinsicht Rechenschaft zu geben und die Ergebnisse in Aufsatzform niederzulegen. Die Lehrer geben an, daß sie aus diesen Selbstschilderungen sehr wertvolle Aufklärungen über Charakter und Wesenheit ihrer Schüler gezogen hätten.

Überblicken wir im ganzen die Vorzüge und Schwächen der Erhebungsmethode, so können wir unser Urteil mit den Worten Ribots zusammenfassen: „L'enquête ne peut devenir une méthode auxiliaire en psychologie que si on accorde à la critique, trop muette jusqu'ici, le rôle important qu'elle mérite. Il est double: critique des procédés, critique des témoignages.“

Kapitel IX.

Historische Methoden.

1. Notwendigkeit ihrer Anwendung.

Die letzte der Fernmethoden sucht nicht nur Räume, sondern auch Zeiten zu überbrücken, sie bemächtigt sich historischer Stoffe.

Die Einseitigkeit, mit der die generelle Psychologie ihre methodische Anlehnung an naturwissenschaftliche Gesichtspunkte und Verfahrungsweisen suchte, hat für die differentielle keine Geltung mehr. Schon die statistischen Sammlungsmethoden näherten sich den Verfahrungsweisen mancher Geisteswissenschaften; für die Beobachtungs- und Erhebungsmethoden mußten wir die Forderung der „Quellenkritik" aufstellen, die bereits der besonderen Technik der Geschichte angehört, und mit den nunmehr zu besprechenden biographischen Methoden begeben wir uns mitten in den vollen Strom der Historie hinein.

Manche naturwissenschaftlich gerichtete Psychologen mögen dies als eine Verirrung empfinden; wir sehen darin nicht nur eine durch die andersartigen Probleme gebotene Notwendigkeit, sondern geradezu einen Vorzug; werden doch hierdurch hoffentlich die bisher viel zu losen Beziehungen zwischen Psychologie und Geschichte befestigt und verengert. Denn wenn auf diesem Grenzgebiet die Psychologie der Geschichte Materialien und Methoden entnimmt, so wird sie ihr dafür neue Resultate und Gesichtspunkte zu geben haben.

Ein historisches Individuum ist ein solches, dessen Sein und Tun sich zu irgend welchen fest gewordenen und nun selbstständig existierenden und untersuchbaren Wirkungen kristallisiert hat; diese Kristallisationen bilden das Material des Biographen, der daraus Lebensgeschichte und kulturelle Bedeutung des Individuums rekonstruiert, sie bilden das Material des differentiellen Psychologen, sofern daraus die Elemente,

Eigenschaften und Ursachen der geistigen Persönlichkeit erdeutet werden können.

Die Gründe, aus denen der Psychologe sich nicht mit den ihm zur Verfügung stehenden lebenden Individuen begnügt, sondern auch historische einbezieht, sind verschiedener Natur.

Zunächst kann er an einem hervorragenden Manne als solchem Interesse nehmen, nur daß sich dies Interesse speziell auf die seelischen Seiten des Mannes zuspitzt oder daß er durch eine Analyse seines Seelenlebens dem Biographen vorarbeiten will; er treibt dann „Psychographie" (s. dritten Hauptteil).

Als Mittel zu anderweitigen Zwecken bietet sich die geschichtliche Persönlichkeit dadurch besonders an, daß über sie schon natürlicherweise soviel Material existiert: an historischen Dokumenten, Tagebüchern, Werken, aufbewahrtem Briefwechsel, Urteilen von Zeitgenossen und Nachlebenden über sie, Nachrichten über die von ihr ausgehenden Handlungen und Wirkungen, ausgeführten Biographien usw. Dies Material muß ja in seiner Fülle und bequemen Verfügbarkeit den Psychologen zur Verwertung locken, ja kann ihn zuweilen geradezu überwältigen — während er sich bei einem beliebigen mitlebenden Individuum erst mit Mühe durch Experiment, Beobachtung, Fragebogen usw. Material beschaffen muß, was meist ohne dessen größere oder geringere Belästigung nicht abgeht. Wegen dieser Fülle ist dann auch der Zusammenhang der einzelnen Materialbestandteile unter sich oft viel deutlicher festzustellen als beim nicht-historischen Individuum. Entwicklungsfolgen, ursächliche Beziehungen von Angeborenem und Erworbenem, Entstehungsprozesse psychischer Leistungen kann man hier im einzelnen untersuchen.

Ferner gibt es Probleme, welche sich direkt auf die zeitliche Abfolge der Generationen erstrecken, nämlich die der Vererbung und Familienforschung. Da aber immer nur wenige Generationen der unmittelbaren Beobachtung zugänglich sind, so muß eine Weiterführung ins Historische zurückgreifen.

Sodann braucht die differentielle Psychologie zu ihren Problemen eine möglichst große Mannigfaltigkeit von Individuen; und das historische Verfahren vermehrt nicht nur die Zahl der untersuchbaren Menschen, sondern erweitert auch jene Mannigfaltigkeit. Denn es zeigt uns Menschen, die unter ganz anderen Z e i t bedingungen standen, als die Menschen der Gegenwart. Und es zeigt uns Menschen, die unter anderen q u a l i t a t i v e n Bedingungen stehen als die nicht-historischen Individuen. Dieser letzte Punkt bedarf noch der Erläuterung.

Historische Individuen sind stets Ausnahme-Individuen; denn wären sie es nicht, dann hätten sie sich eben nicht aus der Fülle der anderen zu geschichtlichem Dauerleben emporgeschwungen. Deshalb finden wir Ausnahmeformen des psychischen Lebens — die ja doch ein wichtiges Gebiet der differentiellen Psychologie bilden — ganz besonders, manche sogar ausschließlich, an historischen Individuen. Suchen wir Material für die Psychologie der Genialität, des religiösen Heroentums, der übernormalen staatsmännischen-, Feldherrn-, Herrscherbegabung, dann müssen wir uns an historisches Material halten; aber auch für andere Probleme, wie das des künstlerischen Schaffens überhaupt, selbst für das der starken verbrecherischen Veranlagung wird die Geschichte oft besseren Stoff liefern, als die direkte Beobachtung Lebender.

In der Ausnahmestellung der historischen Persönlichkeiten scheint nun allerdings — worauf schon HEYMANS aufmerksam macht — eine Begrenzung des Werts dieser Methode zu liegen; sie könne, so heißt es, uns keinen Beitrag zu der seelischen Differenzierung und Verteilung innerhalb der Normalitätsgrenzen liefern. Indessen ist auch dies nur mit Einschränkung richtig. Denn das Außergewöhnliche, das dem historischen Menschen anhaftet, braucht durchaus nicht primär aus seiner übernormalen oder abnormen geistigen Beschaffenheit zu entspringen, sondern kann auf ganz anderen, zu seiner Individualität äußerlichen Gründen beruhen. „Historisch" kann ein Mensch werden durch Schicksalsfügungen, die von ihm selbst ganz unabhängig sind (CASPAR HAUSER), durch ein seltenes Leiden (LAURA BRIDGMAN), durch die zufällige Beziehung zu einer wirklich übernormalen Persönlichkeit (ECKERMANN), endlich — und vor allem — durch die Geburt. Denn die zahllosen Herrscher aus erblichen Dynastien sind doch in der überwältigenden Mehrzahl Menschen innerhalb der Normalitätsgrenzen gewesen. Somit ist die historische Methode auch für normal-psychologische Probleme verwertbar, insbesondere für die Frage, wie normales Seelenleben durch bestimmte außernormale Bedingungen beeinflußt wird. (Bei Herrscherfamilien kann die psychische Wirkung der Inzucht und der besondere seelische Effekt des Herrscherberufs studiert werden, bei CASPAR HAUSER die Wirkung absoluter Abgeschlossenheit vom menschlichen Verkehr usw.)

Als geschichtliche Individuen können natürlich nur solche Personen gelten, die wirklich gelebt haben; aber ein Wort muß noch gesagt werden über die psychologische Verwertbarkeit jener Personen, die nur in der Einbildung existieren, also über die fingierten Individuen der Dichtkunst.

Diese haben ja, ähnlich wie die wirklichen Helden der Geschichte, die verführerische Eigenschaft, allgemein vertraut und fesselnd zu sein; sie sind zugleich — wenn sie die Schöpfungen großer Dichter sind — Leben atmende Gestalten von innerster Wahrheit; so scheinen sie sich der Individualitätsforschung als Material geradezu aufzudrängen. Indessen die Wissenschaft muß sich hiergegen durchaus zurückhaltend zeigen. Poetische Wahrheit ist nicht empirische Wirklichkeit, und die differentielle Psychologie hat es nur mit den tatsächlich vorhandenen Verschiedenheiten der Individualität zu tun. GOETHES Faust, SHAKESPEARES Hamlet, CERVANTES' Don Quijote als Beweise zur Aufstellung psychologischer Typen und Varietäten benutzen, hieße gemalte Kühe melken wollen.

Der Wert dieser Genieschöpfungen, auch für unsere Wissenschaft, steht auf einem ganz anderen Blatte. Erstens sind sie wie alle Werke zu Schlüssen auf die Individualität des Dichters zu benutzen. Sodann aber haben sie einen hervorragenden Anschauungswert. Sie sind niemals Argumente dafür, daß es solche Individuen oder solche individuelle Verhaltungsweisen und Zusammenhänge gibt; aber sie können Paradigmata sein, wenn deren Existenz anderweitig gewährleistet ist. So darf man etwa die Beziehung zwischen Genie und Wahnsinn zwar nie durch den Hamlet beweisen wollen; wer aber glaubt, sie in der realen Wirklichkeit nachgewiesen zu haben, darf sie dann an Hamlet veranschaulichen[1].

Die Anwendung der Methoden ist in zwei Hauptformen möglich: man verwertet entweder die primären Quellen selbst, oder man hält sich an schon vorhandene Biographien. Leider liegt der Sachverhalt nicht so einfach, daß man eine dieser Formen als die allein zulässige ansehen könnte. Vielmehr wird sich der Untersucher von Fall zu Fall entscheiden müssen, ob er die eine oder die andere oder eine Verbindung beider benutzt. Wir können hier nur die zu berücksichtigenden Hauptgesichts-

---

[1] In dieser Weise — aber vielleicht nicht ganz unter Vermeidung des oben gerügten Fehlers — hat z. B. E. WULFFEN eine Reihe dramatischer Charaktere zur Veranschaulichung gewisser Verbrechertypen benutzt. Vgl. auch WEYGANDT 858.

punkte aufzeigen und zugleich Beispiele aus der schon stattgehabten Verwertung der historischen Methode für psychologische Zwecke heranziehen.

2. Benutzung von Biographien.

Am nächsten liegt dem Psychologen natürlich das Verfahren, welches sich auf schon vorhandene Biographien stützt, nicht nur wegen der größeren Bequemlichkeit, sondern weil er sich dem geschichtswissenschaftlichen Quellenstudium gegenüber durchaus als Laie fühlt und es daher vorzieht, das von Fachleuten bereits gesichtete und verarbeitete Material zu benutzen. Diese Beschränkung hat zweifellos ein gewisses Recht. Insbesondere dort, wo der Forscher nicht eine einzelne historische Persönlichkeit, sondern eine große Schar von solchen psychologisch untersucht, würde seine Aufgabe einfach unlösbar werden, wollte er sich jeden Einzelfall erst mit allen Hilfsmitteln geschichtswissenschaftlicher Methode aus dem Rohmaterial erarbeiten. Er darf dies um so eher unterlassen, je einfacher das an dem einzelnen Individuum Festzustellende ist. Dies gilt z. B. für viele Untersuchungen, die auf äußere Daten gehen (denn auch solche können ja zu psychologischen Zwecken verwertet werden). Will man etwa die Abhängigkeit hervorragender künstlerischer Begabung vom sozialen Milieu untersuchen, so darf man erwarten, in den Biographien großer Künstler Angaben von genügender Zuverlässigkeit über Familie, Stand des Vaters, finanzielle Verhältnisse zu finden.

Auf solche Weise hat Reibmayr[1] sein Material über Blutmischung der Talente und Genies, über das Aussterben der Genies im Mannesstamm usw. aus biographischen Notizen zusammengetragen; und Feis[2] stützt seine Studien über die Erblichkeit der musikalischen Begabung auf Auszüge aus dem Musiklexikon.

Freilich allgemein gilt der Satz selbst nicht für den Umkreis der genannten Probleme. So wird z. B. die gründlichere Untersuchung der psychischen Vererbung bei hervorragenden Persönlichkeiten mit fertigen Biographien nicht viel anfangen können. Denn da das Interesse des Historikers an den Vererbungstatsachen ein vornehmlich genealogisches ist, berücksichtigt er die männliche Vorfahrenreihe weit mehr als die weibliche, die dagegen von psychologischem Interesse aus genau die gleiche Beachtung verdient. Und so muß denn der Psychologe auf eigene Faust in Familienarchiven, Kirchenbüchern, Portraits usw. nach Anhaltspunkten forschen, die der Historiker als für ihn gleichgültig übersah.

---

[1] 334. [2] 323.

So hat SOMMER[1] seine psychologische „Familienforschung" über GOETHE und andere auf selbständige archivalische Studien gestützt; WOLTMANN[2] suchte seine Theorie von dem Zusammenhang zwischen Genialität und germanischer Rasse dadurch zu sichern, daß er für zahlreiche Genies aus romanischen Ländern ikonographische und namenkundliche Untersuchungen auf eigene Faust anstellte.

Noch viel mehr wächst das Bedürfnis, zu den Quellen hinabzusteigen, wenn die Forschung direkt auf Psychisches gerichtet ist. Zwar enthalten Lebensbeschreibungen gewöhnlich auch Darstellungen der Psyche des Helden, und gerade die moderne Biographie hat ja besondere Neigung zum Psychologisieren. Sie sucht die Dichtung mit dem Erlebnis, die Handlung mit der Motivation und dem Charakter, das fertige Mannesalter mit den seelischen Entwicklungen der Jugend in Zusammenhang zu setzen, Naturell und Begabung nach Grad und Art zu bewerten, Umgebungseinflüsse als psychische Reize aufzufassen. Hierbei darf man jedoch nicht übersehen, daß diese Seelendarstellung des Biographen u n t e r g ä n z l i c h a n d e r e n r e g u l a t i v e n G e s i c h t s p u n k t e n steht als die Seelenforschung des Psychologen, derart, daß sich eine direkte Übernahme meist von selbst verbietet[3]. Der Biograph geht von vornherein auf Synthesis, auf Herausarbeitung des Bildes einer einheitlichen Individualität, die der Leser einfühlend mit- und nacherleben soll, und im Dienst dieser Aufgabe steht auch seine Behandlung des Psychischen; der Psychologe geht aber auf Analyse aus, er will einzelne Phänomene, Eigenschaften, Kausalbeziehungen herausarbeiten. Der Biograph stellt zugleich seine Schilderung unter den Gesichtspunkt der Wertbeziehung; die Individualität des Helden interessiert nicht als irgendeine Individualität, sondern um ihrer schaffenden, fördernden, umgestaltenden, zerstörenden Wirkung auf Kulturwerte willen; damit ist ein Auswahlprinzip gegeben, das durchaus zu unseren Problemen disparat ist; zugleich ist die Gefahr vorhanden, daß der Biograph durch eigene Wertungen in seinem Urteil beeinflußt wird und so seinen Helden durch die Brille irgend einer Partei sieht. Der Biograph endlich verschmilzt in seiner Darstellung von Psychischem durchaus Tatsachen und Urteile; er bietet, wenn er einen Charakter schildert, nur das Endergebnis seiner eigenen Deutungsarbeit, ohne daß wir imstande wären zu kontrollieren, auf welche Tatbestände sich diese jedes-

---

[1] **337/8.** [2] **368/9.**

[3] Genaueres über den Unterschied zwischen Biographie und Psychographie enthält der dritte Hauptteil.

mal stützt; für psychologische Untersuchungen aber ist ja gerade die strenge Scheidung von Tatsachen und Deutungen eine Grundforderung.

Entschließt man sich trotz dieser Discrepanz zu einer Benutzung von Biographien, so sollte man sich erstens die genannten Unterschiede stets gegenwärtig halten und zweitens die Gefahr wenigstens durch besonnene Auswahl der Biographie oder durch Benutzung mehrerer voneinander unabhängiger Biographien für dieselbe Persönlichkeit verringern.

So verfuhr Heymans, der zu Korrelationszwecken mehr als hundert Personen der Geschichte (Künstler, Staatsmänner, Forscher, Verbrecher usw.) inbezug auf je 88 Eigenschaften analysierte und bei dieser Extensität der Aufgabe sich selbstverständlich nur sekundärer Quellen bedienen konnte.

Heymans äußert sich über den methodischen Wert der Biographienauszüge recht günstig; nach ihm „lehrt die Erfahrung, daß, wenn man nur gewissenhaft alles notiert, was für die Erkenntnis des Charakters wertvoll zu sein scheint, schließlich aus einer bewundernden und einer verurteilenden Biographie so ziemlich das nämliche Charakterbild herauskommt, nur daß dort die guten, hier die schlechten Züge mehr in den Vordergrund gestellt worden sind“[1].

Auch Ostwald hat seine Psychographien über große Naturwissenschaftler hauptsächlich auf fertige Biographien gestützt und hier und da den Briefwechsel mit herangezogen[2].

Innerhalb der Biographien bestehen natürlich die mannigfaltigsten Grade ihrer psychologischen Verwertbarkeit. Man ist fast zu der paradoxen Behauptung geneigt, daß eine Biographie für uns um so einwandfreier brauchbar ist, je weniger psychologisierend sie selber ist. Besser, der Forscher erhält nur objektives Rohmaterial, das er nach seinen eigenen Prinzipien deuten kann, als die fertiggestalteten eingehenden Seelenschilderungen, in denen nicht nur Tatsachen und Urteile, sondern auch — was noch schlimmer ist — die Psyche des Biographen und die des Helden untrennbar verschmolzen sind. Der künstlerische Zug, der jeder Biographie anhaftet und anhaften soll, bekundet sich naturgemäß sehr viel souveräner dort, wo der Biograph innere Zusammenhänge und Einfühlungen gibt, als dort, wo er durch den Zwang der äußeren Tatsächlichkeit gefesselt ist; je künstlerischer daher die Biographie, je hervorragender der Biograph selbst als Persönlichkeit, um so weniger erlaubt ist die unmittelbare Auswertung des Werks für unsere Zwecke. Man denke etwa an die biographischen Werke eines Herman Grimm!

---

[1] **804**, S. 315. [2] **1273**.

Etwas anders steht es mit Autobiographien, da bei diesen der Durchgang durch das Medium einer fremden Psyche fortfällt. Statt dessen muß man hier wieder mit jenen Fehlerquellen rechnen, die der Anwendung der Selbstbeobachtung und Selbsterinnerung drohen und um so mehr drohen, je weniger exakt das introspektive Verfahren angewandt wird und je weiter zurück die beschriebenen Entwicklungsphasen liegen. Zudem besteht hier nicht weniger als bei der Biographie die Tendenz zu künstlerischer Abrundung, weil der Autobiograph sein eigenes Leben möglichst als kontinuierliche, innerlich verständliche Entwicklung sehen möchte. (ROUSSEAUS Confessions, BISMARCKS Gedanken und Erinnerungen, HELEN KELLERS Geschichte meines Lebens.) Einige der bedeutendsten Autobiographien werden uns sogar ausdrücklich als Kunstwerke geboten, bei denen die Verfasser die poetische Lizenz der Ergänzung oder Umformung für sich in Anspruch nehmen (GOETHES Dichtung und Wahrheit, GOTTFRIED KELLERS Grüner Heinrich). Hier ist also in der psychologischen Verwertung die größte Vorsicht geboten, will man das einzigartige seelenkundliche Material, das in diesen Selbstschilderungen der Genies liegt, nicht durch Trugschlüsse entwerten[1].

3. Benutzung der Quellen.

Wenn der Psychologe sich nicht an dem Studium fertiger Biographien und Selbstbiographien genügen läßt, sondern selber das historische Material für seine Zwecke bearbeiten will, so gerät er aus der Scylla in die Charybdis. Denn nun droht die Gefahr des Dilettantismus.

Die korrekte Handhabung der historischen Forschungsmethoden läßt sich nicht so nebenbei erwerben. Die Beschaffung und Beurteilung des Materials, die Prinzipien der Quellenkritik, die Verwertung der Hilfsdisziplinen: Dokumentenkunde, Ikonographie usw., endlich die Zuziehung und Benutzung der schon vorhandenen Spezialliteratur — all dies will gelernt sein. Als erschwerender Umstand kommt noch hinzu, daß der Psychologe an den Stoff meist schon mit irgendeiner Theorie herangeht, die durch ihn bewiesen werden soll; damit ist aber nicht nur eine Tendenz zur Auswahl, sondern auch zu einer Vereinfachung

[1] Allgemeines zum Thema der Autobiographie bieten: das groß angelegte Geschichtswerk von MISCH (**44**), das vergleichend statistische Buch von BURR (**43**) und (für autobiographische Kindheitsdarstellungen) die Zusammenstellung von BÄUMER-DRESCHER (**875**).

gegeben, die den Tatsachen leicht Gewalt antut. Gerade der Dilettant auf einem Gebiet pflegt nur just die Betrachtungsweise zu kennen, die ihn interessiert, und die eine Methode, in die er sich hineingearbeitet hat; er sieht nicht die vielen verschränkten Zusammenhänge mit anderen Momenten und auch nicht die Möglichkeit der Anwendung anderer Methoden.

Wenn z. B. ein Psychologe die Theorie hat, daß das Genie notwendig mit einer Dosis Wahnsinn verknüpft sei, so kann er dies durch eine willkürlich isolierende Behandlung geschickt gewählter historischer Belege scheinbar „beweisen". — Auch Woltmann hat seine oben erwähnte These (daß alle Genies Germanen seien) nur durch eine Beschränkung der Methode auf Portrait- und Namenstudien (die dazu noch unkritisch betrieben wurden) durchführen können.

Sehr verschieden ist der Grad, in dem es dem psychologisch Arbeitenden gelingt, sich mit den Schwierigkeiten historischer Methodik abzufinden; es hängt dies ebenso von den Forschern, wie von den Problemen ab.

Zu den leichteren Aufgaben dieser Art gehört im allgemeinen die Verwertung introspektiver Angaben historischer Persönlichkeiten in Briefen, Tagebuchblättern usw. — Angaben, die um so eher benutzbar sind, je weniger sie in bewußt autobiographischer Aufmachung vorliegen. So verdanken wir das, was wir über die Psychologie des künstlerischen Schaffensprozesses und über die hier herrschenden individuellen Differenzen wissen, zum großen Teil solchen Äußerungen bedeutender Künstler[1]. In entsprechender Weise haben James und andere die Bekenntnisse religiöser Autoren benutzt, um die Mannigfaltigkeiten des Bekehrungs-, Sünden- und Erlösungserlebnisses zu studieren[2].

Weniger leicht ist schon die Bearbeitung der Geisteswerke historischer Persönlichkeiten unter Gesichtspunkten und zu Zwecken der Psychologie. Bei manchen Problemen freilich bleibt man noch so im speziell Psychologischen, daß eine Berührung und ein Konflikt mit historischen Methoden nur in geringem Maße möglich ist, so wenn Karl Groos und seine Schüler[3] die Werke gewisser Dichter wortstatistisch bearbeiten, um den Gebrauch der Ausdrücke für bestimmte psychische Kategorien (Farben, Töne) festzustellen. Andere Fälle liegen weniger günstig, z. B. die Versuche mancher Freudianer, dichterische Werke lediglich als Konversionen verdrängter Sexualvorstellungen abnormer Art verstehen zu wollen[4]. Wer einen solchen Versuch unternimmt,

---

[1] Bibliographie Abt. DI. [2] Abt. DV. [3] **1183, 1186—88, 1195.**
[4] z B. **1172, 1177, 1212**

der in die tiefsten Tiefen dichterischen Erlebens und Schaffens führen soll, muß natürlich ebenso mit der von Literarhistorikern erarbeiteten Mannigfaltigkeit von Erklärungsmomenten, wie mit der speziellen Lebensgeschichte seines Helden genau vertraut sein.

Damit haben wir uns schon der von Möbius eingeführten, sog. pathographischen Methode genähert; sie stellt sich die Aufgabe, die Biographien großer Männer durch systematische Berücksichtigung und möglichste Ausnutzung psychopathologischer Gesichtspunkte (der erblichen Belastung, der Körper- und Geisteskrankheiten, der Grenzzustände usw.) zu vertiefen. Da die einzelne Pathographie immer nur je eine Persönlichkeit behandelt, so wäre prinzipiell eine Bewältigung des Stoffes auch in historisch-methodologischer Beziehung wohl möglich. Aber welche Abstufungen existieren hier von den tiefgründigen Pathographien eines Möbius selbst bis zu den Gelegenheitsversuchen, unter Herausgreifen passender Einzelheiten Jesus oder C. F. Meyer oder Maupassant als einen interessanten psychiatrischen „Fall“ zu behandeln.[1]

Einen methodischen Fortschritt dürfen wir bezüglich unseres Problems durch die Einführung des Begriffs der „Psychographie“ erwarten. Denn deren Prinzipien: die Aufstellung eines umfassenden Schemas, die möglichst vollständige Ausfüllung des Schemas für die zu psychographierende Person und die strenge Sonderung der psychologischen Urteile und Deutungen von dem Material, auf das sie sich stützen — machen die dilettantische und willkürlich isolierende Verwertung einzelner historischer Hilfsmethoden fast unmöglich, sie verlangen vielmehr deren gründliche, fachmännische Benutzung.[2]

Den Einwand, daß diese Forderung ein für allemal die Kraft des Psychologen übersteige, kann ich nicht gelten lassen. Vor vierzig Jahren hat man genau ebenso die Bewältigung der experimentellen, physiologischen und physikalischen Hilfsmittel durch den Psychologen für unmöglich gehalten, und es ist schließlich doch gegangen. So wie sich die Psychophysik als ein Zwischengebiet zwischen Psychologie und exakter Naturwissenschaft ausbildete, dessen Vertreter Fachkenntnisse auf beiden Nachbargebieten haben müssen, wird sich vielleicht die Psychographie als ein entsprechendes Zwischengebiet zwischen Psychologie

[1] Allgemeines zur pathographischen Methode bei Möbius (Anhang zu **1206**) und bei Hellpach (**75**; **76**). Die vielen Versuche pathographischer Einzeldarstellungen sind in der Bibliographie Abt. DI, III, V zusammengestellt. [2] Vgl. Kap. XXI.

und historischen Wissenschaften entwickeln. Der erste Versuch, der bisher mit der Ausfüllung eines psychographischen Generalschemas gemacht worden ist, zeigt jedenfalls die Gangbarkeit des Weges; das Psychogramm E. Th. Hoffmanns von Margis[1] ist mit fachmännischer Ausschöpfung der literarhistorischen Hilfsmittel vorgenommen worden und doch seiner ganzen Struktur nach eine psychologische Arbeit.

Bei einer weiteren Entwicklung der psychographischen Methode ist ja dann auch zu hoffen, daß von der Geschichtswissenschaft her Mitarbeiter kommen werden, die sich ihrerseits die nötige psychologische Schulung erworben haben, oder daß sich Historiker und Psychologen zu gemeinsamer Arbeit verbinden.

4. Die Resonanzmethode.

Sehr merkwürdig sind einige in neuester Zeit hervorgetretene Versuche, das historische Verfahren mit dem experimentellen zu verbinden. Wir behandeln sie mit allem vorläufig noch gebotenen Vorbehalt; immerhin ist es nicht ausgeschlossen, daß sich aus diesen Anfängen eine wertvolle eigene Methode — man könnte sie Resonanzmethode nennen — entwickeln wird.

Die nicht mehr unter den Lebenden weilende historische Persönlichkeit X ist natürlich nicht selbst dem Experiment zugänglich, wohl aber sind es die Wirkungen, die sie (bzw. ihr Werk) in anderen Menschen Y, Z hervorbringt; und diese experimentellen Wirkungen können dann wiederum zur psychologischen Erforschung des X selbst benutzt werden.

Das wesentliche Hilfsmittel dieser Experimente ist die Einfühlung — und die damit verbundene motorische Einstellung — des Y bei dem Versuch, ein Werk des X in möglichst adäquater Weise zu reproduzieren. Beim Singen eines Liedes, beim Lesen eines Gedichtes, beim Abzeichnen einer Handzeichnung sind jedesmal sehr verschiedene Arten der Körperhaltung, Stimmgebung, Handführung möglich; nun wird behauptet, daß die Werke bestimmter Komponisten, Dichter, Zeichner eine andere motorische Einstellung fordern als die anderer, daß jede nicht-adäquate Einstellung vom Reproduzenten als unnatürlich empfunden wird und auch den Reproduktionserfolg schädigt, endlich, daß die Einstellung auf einen bestimmten X konstant bleibt selbst bei Werken ganz verschiedenen Charakters, die zum Experiment benutzt werden. Trifft dies alles in der Tat zu, so

[1] **1200** a.

liegt der weitere Schluß nahe, daß die motorische Einstellung des Reproduzenten als eine Resonanz zu bezeichnen sei auf die entsprechende Einstellung, die dem Produzenten eigen war, so daß uns also der motorische Typ des schon längst verstorbenen Künstlers in aller Lebendigkeit zugänglich wäre.

Zufälligerweise ist auf den drei genannten Gebieten: Musik, Dichtung, Zeichnung, das Verfahren in den letzten Jahren angewandt worden, ohne daß die einzelnen Anwender etwas voneinander oder von der oben erwähnten allgemeinen Grundlage ihres Verfahrens wußten.

Für die Malerei wies Maria Waser (Vernon Lee)[1] darauf hin, daß jeder Künstler seine „künstlerische Handschrift“, d. h., eine bestimmte Bewegungssynthese bei der Linienführung habe; wolle man ein Werk eines Künstlers X kopieren, so genüge es nicht, daß man die fertigen Formen, wie auch immer, wiedergebe, sondern man müsse sich auf die entsprechende Handbewegung (weitausladend in flachen Kreisen bei Raphael, kurz in sich geschlossen kreisend bei Michel Angelo) einstellen, um richtig reproduzieren zu können. So wird die Bewegungsweise des Kopisten zum psychographischen Index des Künstlers.

Für die Poesie hat Reinhard[2] die „Stimmqualität“ verschiedener Dichter aus der Stimmlage festgestellt, welche unbefangene Leser bei Werken des einen oder des anderen Dichters annehmen.

Am weitesten geht in der Resonanzmethode Ottmar Rutz,[3] der sie vor allem auf Musik, in zweiter Reihe aber auch auf die Dichtkunst anwendet. Beim Singen, so lehrt er, kommt es nicht nur auf die richtige Einstellung der Stimmorgane, sondern auf die des gesamten Körpers, insbesondere der Rumpfmuskulatur an. Deren verschiedene Innervation führt zu ganz verschiedenen Stimmqualitäten, die sich auf drei Haupttypen bringen lassen. Bestimmte Komponisten gehören durchaus — unabhängig von Inhalt und Stimmung des Werks — einem dieser Typen an: so Mozart und Schubert dem „dunkel-weichen“ Typ (charakterisiert durch wagerechte Vorwölbung des Unterleibes), Beethoven und Weber dem „hell-weichen“ Typ (Vorwölbung des Brustkastens, Zurückziehung des Unterleibes), Wagner dem „hell-harten“ Typ, bei welchem die Rumpfmuskeln nach abwärts geschoben und der Körper gestreckt wird. Das gleiche gelte auch für Dichter:

---

[1] **261.** [2] **265.**

[3] **266—268**; **810**; vgl. auch F. Krueger's Bericht **263**.

so soll GOETHE ein Vertreter des ersten, SCHILLER des zweiten und HEINE des dritten Typs sein.

Wenn auch bei diesen Ergebnissen der Resonanzmethode, insbesondere bei RUTZ, noch vieles als sehr fragwürdige Konstruktion erscheint, so ist darum doch das zugrunde liegende P r i n z i p nicht als wertlos hinzustellen. Künftige Untersuchungen werden, um wissenschaftlich brauchbar zu sein, Vorsichtsmaßregeln treffen müssen, die bisher nicht immer beobachtet worden sind. So ist gerade hier das unwissentliche Verfahren sehr zu empfehlen: Die Versuchsperson darf nicht wissen, welchem „Typ“ der Künstler, den sie reproduziert, der Theorie nach angehört; am besten wäre es, wenn sie nicht einmal den Namen des Künstlers kennte. Da ferner die Individualität der sich einfühlenden Persönlichkeit hierbei eine große Rolle spielt, so darf der Typ eines Künstlers nur dann als erwiesen gelten, wenn viele verschiedene Personen unabhängig voneinander auf ihn eine gleiche Einstellung gezeigt haben. Endlich ist die Behauptung, daß die Einstellung für die verschiedenartigsten Werke eines und desselben X gelte, noch sehr gründlich nachzuprüfen.

Zweiter Haupttteil.

Variationen und Korrelationen.

Kapitel X.

Die Variationen. Einleitendes.

Die allgemeinen psychischen Tatbestände, mit denen es die generelle Psychologie zu tun hat, finden ihre konkrete Verwirklichung in einer größeren oder geringeren Zahl untereinander abweichender Formen: sie zeigen also „Variation“. Jede einzelne dieser Sonderformen stellt eine „Variante“ dar.

Das psychische Variieren läßt sich nach drei einander kreuzenden Gesichtspunkten behandeln und gliedern: nach dem Bereich, nach der Dimension, nach der Art des Variierens.

1. Total- und Partial-Variation.

Objekte der differentiellen Psychologie sind, wie wir früher sahen, Individuen und Merkmale. Jedes dieser Objekte kann als Grundlage von Differenzierungen betrachtet werden.

Das Variieren eines einzelnen Merkmals heiße Partialvariation, das der Individuen als einheitlicher Ganzer Totalvariation.

Auf Totalvariationen gehen alle Versuche, die eine „Grundeigenschaft“ als Kern des menschlichen Wesens aufstellen und daher das Variieren in dieser Grundeigenschaft zugleich zu einem Variieren der Individualitäten machen. Hauptsächlich spielt ja der „Charakter“ die Rolle dieser alles durchziehenden und bestimmenden Grundeigenschaft; aber auch das Temperament wird oft als Totalvariante behandelt. Manche Bezeichnungen finden sich abwechselnd in der Total-, und in der Partialbedeutung; so wird „Normalität“, „Abnormität“, Genialität“ bald einem Individuum als Gesamtcharakteristik, bald einer einzelnen Eigenschaft an ihm z. B. seiner Phantasie, seiner Intelligenz zugesprochen.

Die Aufstellung von Totalvariationen beruht offenbar auf der philosophischen Voraussetzung, daß das Individuum eine wirkliche Persönlichkeit, d. h. Einheit und Ganzheit ist. Wer im Menschen nichts als ein Aggregat seelischer Merkmale sieht, wird sich auch auf das Aufsuchen der Spezialvarianten jedes einzelnen Merkmals beschränken müssen. — Ja noch mehr: auch dasjenige Moment, das nun zum Inhalt der umfassenden Grundeigenschaft gemacht wird, hängt von der philosophischen Fassung des Persönlichkeitsbegriffs ab; wer die Überzeugung von einem Primat der Willensseite hat, wird die Charaktervarianten, wer die Persönlichkeit intellektualistisch deutet, wird die Intelligenzvarianten für das eigentliche Unterscheidungsmerkmal zwischen Mensch und Mensch ansehen.

Diese philosophische Tendenz birgt zweifellos eine gewisse Gefahr für die differentielle Psychologie in sich; sie hat in zahlreichen Fällen zu rein apriorischen Konstruktionen geführt, denen dann die Erfahrung erst nachträglich angepaßt wurde und denen andere Denker mit gleichem Recht andere Konstruktionen gegenüberstellen konnten. Wir werden später in der Temperamentenlehre charakteristische Beispiele hierfür kennen lernen.

Ein philosophisches Dogma ist aber auch die entgegengesetzte Meinung: das seelische Individuum sei nichts als ein Aggregat psychischer Elemente, daher könne auch seine individuelle Besonderheit keine einheitliche Beschaffenheit, sondern nur eine bunte Aneinanderreihung von Partialvarianten sein. Hierbei wird nämlich übersehen, daß die Elemente im Individuum sich zu einer Gesamtstruktur fügen und daß die Totalbeschaffenheit dieser Struktur eine eigene Variante darstellen könne.

Die differentielle Psychologie wird, gerade weil sie eine empirische Wissenschaft ist, beide Betrachtungsweisen verwenden müssen und zwar beide als heuristische Prinzipien. Der Gesichtspunkt der Partialvariationen wird sie veranlassen, im analytischen Verfahren die Elementarvorgänge aufzusuchen, in denen sich das Variieren der Menschen bekundet. Auf den Gesichtspunkt der Totalvariation aber hat sie dort Bezug zu nehmen, wo die Zielstrebigkeit und die Struktur des Individuums in einheitlichen Erscheinungen zutage tritt. Hierbei wird es sich dann herausstellen, daß Total- und Spezialvarianten sich nicht als unversöhnliche Gegensätze gegenüberstehen, sondern daß eine ganze Stufenleiter von Variantenbildungen verschiedenen Bereichs existiert die von den allerspeziellsten, auf eng umgrenzte Einzelmerkmale bezüglichen durch immer umfassendere Strukturverbände hindurch schließlich bis zu den Totalvariationen hinführen. Diese Stufenleiter bildet einen Forschungsweg, welcher in beiden Richtungen begangen werden kann; die Wissenschaft hat dafür Sorge zu tragen, daß die von oben und die von unten kommenden Untersuchungen sich auch wirklich begegnen.

Die Bedeutung dieses Verhältnisses von Total- und Partialvariationen wird sich in den folgenden Kapiteln erweisen.

Innerhalb der Partialvariationen ergibt sich noch eine Gliederung daraus, ob akute oder chronische Merkmale der Gegenstand des Variierens sind.

Akute Variationen beziehen sich auf die in bestimmten Zeitpunkten vorhandenen Phänomene und Akte. Untersuche ich, in welch verschiedener Weise hundert Personen auf zugerufene Reizworte mit assoziierten Worten reagieren, so kann ich daran die Variabilität der Assoziationsphänomene feststellen. Verlange ich von zahlreichen Schülern, sie sollen das ihnen liebste Schulfach nennen, so tritt eine Mannigfaltigkeit von Werturteilen zutage, also eine Variantenreihe von Akten.

Die chronischen Varianten beziehen sich auf die verschiedene dispositionelle Beschaffenheit der Menschen. Sie sind z. B. Gegenstand der Untersuchung, wenn ich auf Grund einer Testscrie nach Binet den Intelligenzgrad von Prüflingen einschätze und in Stufen ordne.

Für die lebendige Forschungsarbeit freilich steht die Untersuchung der akuten und der chronischen Variationsformen in engster Beziehung, wie schon an früherer Stelle angedeutet wurde und an späteren Orten ausführlich dargetan werden wird. Aber gerade wegen dieser Beziehung müssen sie in der Theorie deutlich getrennt werden.

2. Inter- und Intra-Variation.

Man kann Variationsprobleme in den beiden Dimensionen des Nebeneinander und des Nacheinander untersuchen. Dort handelt es sich um die Verschiedenheiten zwischen den Individuen (interindividuelle oder kürzer Inter-Variation), hier um die Verschiedenheiten zwischen mehreren Phasen innerhalb desselben Individuums (intraindividuelle oder Intra-Variation). Wenn nun auch das Hauptobjekt der differentiellen Psychologie zweifellos die Inter-Variation ist, so darf doch nicht übersehen werden, daß auch manche Probleme der intraindividuellen Veränderung für sie bedeutendes Interesse gewinnen können.

Wird eine Vp. einer längeren Experimentaluntersuchung unter ständig wiederholten Bedingungen unterworfen, so sind die Abweichungen der einzelnen Werte von dem Durchschnittswert, also die „Intravariationen“, genau feststellbar. Mit Intravariationen haben es ferner alle Entwicklungsuntersuchungen zu tun, welche die Unterschiede zwischen den Leistungen, Interessen, Strebungen eines Individuums auf verschiedenen Altersstufen zum Gegenstand haben. Endlich gehören hierher die Forschungen über Schwankungen der geistigen Leistungsfähigkeit, über Übungs-, Ermüdungs-, Erholungs-, Alkoholwirkungen.

Die Intra-Variationen sind zu einem großen Teil den gleichen Forschungsgesichtspunkten unterzuordnen, wie die Inter-Variationen; es lassen sich an ihnen Total- und Partialvarianten, Stufen- und Typenbildungen unterscheiden, es läßt sich die Variabilität, die Konvariabilität, die Korrelation an ihnen berechnen.

Hieraus ergibt sich, daß sich manche Probleme in analoger Weise auf dem Inter- wie auf dem Intra-Weg bearbeiten lassen. Ein Beispiel: Es sei zu untersuchen, wie sich für bestimmte Leistungen die Altersstufen voneinander unterscheiden. Hier läge es am nächsten, das wirkliche Fortschreiten der Leistungen mit wachsendem Alter an identischen Individuen, also intra-individuell, zu verfolgen. Statt dessen wird aber in den meisten Fällen die Inter-Methode angewandt: Vergleichung mehrerer Individuengruppen verschiedenen Alters. Der Grund für diese Bevorzugung ist ein technischer; die Intra-Methode würde eine Ausdehnung der Untersuchung über viele Jahre erfordern, während die Inter-Methode mit simultaner Massenuntersuchung die Frage erledigen kann. Beide Wege aber sind gleich zulässig. — Ebenso kann man die Wirkung der Übung sowohl durch Vergleichung geübter und ungeübter Individuen, wie durch Verfolgung des Übungsfortschritts an demselben Individuum studieren.

Diese Analogie der Intra- und Inter-Variationen kann dann ferner geradezu als gegenseitiges Erklärungs- oder doch Veranschaulichungsmittel benutzt werden. Und zwar dient hier vornehmlich die Intra-Variation als der methodische Ausgangspunkt; hat sie doch den Vorzug, uns das kontinuierliche Übergehen der Varianten ineinander darzubieten und so auch Licht zu werfen auf die Verwandtschaft zwischen interindividuellen Varianten, die uns zunächst nur als schroff gegeneinander abgegrenzte Einzelphänomene vorliegen.

So hat Kraepelin die Schwankungen, die in der intraindividuellen Leistungsfähigkeit durch Ermüdung und Erschöpfung hervorgerufen werden, dazu verwertet, um den interindividuellen Unterschied zwischen gesunden und psychotischen Zuständen gewisser Art verständlich zu machen.

Besonders bedeutsam sind die Intra-Variationen, die der Psychologe an sich selbst beobachtet; wir haben oben (S. 57 ff.) ausführlich erörtert, wie durch sie zum Teil erst das Verständnis der an anderen Individuen vorhandenen Varianten möglich wird.

Über speziellere Beziehungen, die zwischen den Inter- und Intra-Variationen für dieselben Merkmale bestehen, sowie über die Rolle, welche die Intra-Variation zu psychographischen Zwecken spielt, wird in späteren Kapiteln gehandelt werden.

3. Qualitäts- und Quantitäts-Variationen.

Diese Scheidung — die wichtigste von allen — bedarf hier nur weniger Worte, da ihre beiden Formen in einer Reihe von eigenen Kapiteln (XII—XIV, XV—XVII) behandelt werden.

Schon die naive Laienpsychologie drückt die zwischen Menschen bestehenden Differenzen entweder qualitativ aus: jener hat eine mathematische, dieser eine sprachliche Begabung; jener ist ein Draufgänger, dieser ein Zauderer — oder quantitativ: A. ist begabter als B.; C. ist temperamentvoller als D.

Die gleiche Teilung zeigt uns die Kulturpraxis: Auf qualitativen Unterscheidungen beruhen z. B. die verschiedenen Gattungen höherer Schulen sowie die Fachbildungsanstalten, mit Gradabstufungen hat es die Rangordnung innerhalb der Klasse oder die Zuweisung der geistig Minderwertigen an besondere Hilfsschulen zu tun.

Daneben aber findet sich zuweilen die Tendenz, einen eigentlich qualitativen Unterschied in einen rein quantitativen aufzulösen: man denke nur an die immer wiederkehrenden Versuche, die Differenz zwischen männlichem und weiblichem Seelenleben auf die Gradabstufung von Höher- und Minderwertig zurückzuführen.

Die differentielle Psychologie wird ebenfals beide Arten der Gliederung anerkennen, aber jede derselben und ihr Verhältnis zueinander zu Gegenständen besonderer wissenschaftlicher Untersuchung machen müssen.

Die qualitativen Variationen finden im Begriff des „Typus“ ihre Stätte, einem Begriff, dessen logische und methodologische Formulierung zu den dringlichsten Aufgaben der Wissenschaft gehört; die quantitativen Variationen werden aus der groben Bestimmung des Mehr oder Weniger in zahlenmäßige Feststellung und statistische Verwertung übergeleitet, derart, daß man zu einem System von Graden und Rangstufen kommt.

Kapitel XI.

Normal, Übernormal, Unternormal.

Die Ausdrücke „normal“ und „abnorm“ bezeichnen die allgemeinste Variantenbildung, die es innerhalb des Psychischen gibt. Sie gehören nicht nur der Wissenschaft, sondern auch dem allgemeinen Sprachgut an und werden als bequemstes Klassifikationsmittel von jedermann benutzt. Allein es fehlt noch viel an einer begrifflichen Klärung jener Termini; insbesondere hat die Vorliebe unserer Zeit für die Beachtung des Nicht-Normalen bewirkt, daß der positive Begriff des Normalen nur ungenügend begrenzt wurde; man sah eben nicht in ihm selbst, sondern nur in den Abweichungen von ihm das Problem. Wir werden hier natürlich die Normalität und ihre Grenzen nach oben und unten nur so weit behandeln, als es für psychologische Fragen nötig ist.

1. Der Begriff des Normalen.

Eine sehr verbreitete und zweifellos bequeme Auffassung sieht im „Normalen“ einen rein quantitativ-statistischen Begriff. Die niederste Stufe dieser Auffassung identifiziert „normal“ mit „durchschnittlich“; Normalität sei diejenige Beschaffenheit, die man aus zahlreichen Fällen durch Berechnung eines Mittelwertes (des Durchschnittes, des Zentralwertes) gewinnt. Diese Formulierung ist schon deswegen ungenügend, weil der Mittelwert nur einen Punkt in der Reihe der möglichen Variationen darstellt; *Normalität ist aber kein Punkt, sondern eine Strecke* und zwar unter Umständen eine recht bedeutende Strecke; sie umfaßt eine große Mannigfaltigkeit sehr verschiedener Varianten. Die laienhafte Auffassung, als ob das Normale durch einen einzelnen Wert eindeutig fixiert werden könnte, hat schon so viel Schaden angerichtet, daß vor ihr nicht genugsam gewarnt werden kann. Mittelwerte haben, wie wir später sehen werden, für die differentielle Psychologie eine ganz bestimmte Bedeutung; aber diese liegt nicht darin, daß sie den „Normalpunkt" darstellen. Denn einen solchen gibt es für kein psychologisches Merkmal.

Ernster zu nehmen ist eine andere quantitativ-statistische Auffassung. Sie identifiziert „normal" mit „gewöhnlich", „Beschaffenheit der großen Majorität" und sucht ihre Normalitätsbestimmungen auf Häufigkeitsstatistiken zu gründen. Hierbei kann der Umstand, daß Normalität kein Punkt, sondern eine Strecke ist, berücksichtigt werden, denn man bezieht den Ausdruck auf dasjenige mittlere Variations g e b i e t , dem die weitaus meisten Menschen angehören.

Daß das normale Verhalten auch das am häufigsten vorkommende ist, trifft wohl fast ausnahmslos zu, dennoch ist die Häufigkeit als primäres Merkmal der Normalität nicht ausreichend.

Wie wenig das Zusammenfallen von größter Häufigkeit mit Normalität einer inneren Notwendigkeit entspringt, zeigt der Umstand, daß der entgegengesetzte Fall durchaus denkbar ist. Vereinzelt sind solche Fälle auch schon empirisch dagewesen, daß die weit überwiegende Majorität einer großen Menschengruppe eine Verhaltungsweise zeigte, die zweifellos abnorm war; es sei nur an Massensuggestionen wie den Kinderkreuzzug und verwandte Erscheinungen erinnert. Wenn etwa die Bewohner einer Großstadt (also eine statistisch zu bearbeitende Masse) durch eine solche geistige Masseninfektion zu den sinnwidrigsten Taten verführt werden, wird ihr Verhalten etwa in dem Augenblick „normal", in welchem die Zahl der Mitmachenden 50% aller Einwohner zu übersteigen beginnt?

Aber selbst in den Fällen ungefährer Deckung von maximaler Häufigkeit mit Normalität enthält die bloße Statistik keinerlei Kriterium dafür, wo die Grenzen der Normalität gegen das Nicht-Normale liegen. Ein solches Kriterium bestände nur dann, wenn sich die Menschen bei der Vergleichung von selbst in drei deutlich geschiedene Gruppen gliederten, deren mittlere und stärkste durch scharfe Lücken von den beiden anderen getrennt wäre. In Wirklichkeit aber bilden die Varianten fast immer eine kontinuierliche Reihe; und ob man nun die mittleren 50% oder 75% oder 90% aller Fälle als „normale" rechnen müsse, ist aus dem Gesichtspunkte der Häufigkeit allein nicht zu entnehmen.

Sodann aber sind ja quantitative Bestimmungen keineswegs überall dort anwendbar, wo wir des Begriffes der Normalität bedürfen. Mit Messung und Zählung können wir nur an gewisse Einzelmerkmale heran; andere Einzelmerkmale und vor allem die Menschen als ganze entziehen sich ihr; und dennoch sagen wir

Normalität und Nicht-Normalität nicht nur von allen Einzelmerkmalen aus, sondern sprechen sie auch, als Totalvariation, dem Individuum in seiner Einheit zu oder ab.

Wir kommen also zu dem Ergebnis, daß eine quantitativ-statistische Fassung des Normalitätsbegriffes nicht sein eigentliches Wesen trifft, so wichtig sie auch als heuristisches Hilfsmittel für die empirische Forschung sein mag.[1]

Um nun zum Kern des Normalitätsbegriffes vorzudringen, müssen wir uns daran erinnern, daß sich „normal" von Norm herleitet. Norm aber ist kein statistischer, sondern ein teleologischer Begriff. Unter einer Norm verstehen wir eine Anforderung, die zum Zwecke der Verwirklichung objektiver Werte in allgemeingiltiger Weise gestellt wird — wobei hier natürlich die „Forderung" nicht in dem engen Sinne einer im Bewußtsein vorhandenen sittlichen Aufgabe gilt, sondern viel allgemeiner als treibende Kraft einer immanenten biologischen und sozialen Zielsetzung, die ebenso gut ganz ohne bewußte Absicht wie mit dieser wirken kann. Für jeden Menschen bestehen — ganz abgesehen von seiner singulären Aufgabe als Individualität — gewisse Zielsetzungen allgemeiner Art: die eigene Selbsterhaltung und Selbstentfaltung, die Einordnung seines Daseins in die sozialen Gemeinschaften. Der Mensch, dessen geistig-körperliches Funktionieren im ganzen genommen diesen Zielsetzungen angepaßt ist, ist normal (Normalität als Totalvariation). Und sofern eine Einzelfunktion dem Spezialzweck, den sie innerhalb des Gesamtorganismus zu erfüllen hat, angepaßt ist, ist sie normal (Normalität als Partialvariation).

Diese teleologische Fassung des Begriffes erlaubt nun, seine anderen Merkmale verständlich zu machen.

Zunächst ergibt es sich ohne weiteres, daß die Normalität kein Punkt, sondern eine Strecke von beträchtlicher Breite sein muß; denn das, was allen „Normalen" gemeinsam zukommt, ist nicht mehr ein absolutes Maß der Leistung, sondern die Angepaßtheit an einen allgemeinen Zweck. Diese Angepaßtheit aber kann auf verschiedenen Wegen und mit sehr verschiedenen absoluten Leistungsgraden erreicht werden; denn bei dem Zusammenwirken der Menschen untereinander und mit der Umwelt bildet sich eine Arbeitsteilung heraus, in der irgend ein X an seiner besonderen Stelle und mit seinen besonderen Mitteln ebenso dem gemeinsamen

---

[1] Vgl. hierzu Kap. XVI, Abschn. 5.

Zwecke dienen kann, wie ein Y an anderer Stelle mit anderen Mitteln. Alle diese Verhaltungsweisen aber sind innerhalb der Breite, in denen überhaupt eine Angepaßtheit an den Zweck vorliegt, normal.

2. Unternormal und Übernormal.

Auch das Prinzip für die Abgrenzung des Nicht-Normalen vom Normalen ist jetzt gewonnen; denn alles, was einem allgemeingültigen Zweck nicht angepaßt ist, hat nun als „abnorm“ zu gelten. Die Klarheit des Prinzips wird dadurch nicht gemindert, daß die Grenzen selber nicht scharf zu ziehen sind; infolge der oben erwähnten Stetigkeit in der Abstufung der Varianten sind stets Fälle denkbar, bei denen die Angepaßtheit an die Norm eine zweifelhafte oder eine teilweise oder eine zeitweise ist. Mit Recht haben solche „Grenzzustände“ in neuerer Zeit besondere Beachtung gefunden.

Nicht-Anpassung an allgemeine Zwecke kann aber nun ein Doppeltes bedeuten. Zunächst eine Unterwertigkeit. Ist eine Leistungsform oder eine Disposition derart, daß sie jenen allgemeinen Aufgaben, für die sie bestimmt ist, nicht entsprechen kann, so ist sie „unternormal“. — Sodann aber auch eine Überwertigkeit. Ist eine Leistungsform oder Disposition derart, daß sie anderes und mehr leistet als Anpassung an allgemeine Zwecke, so ist sie „übernormal“. — Von diesen beiden Bestimmungen wird wohl die erste allseitig zugestanden werden, dagegen bedarf die zweite der näheren Erörterung.

Man könnte nämlich meinen, als ob etwas Höheres als eine möglichst vollkommene Anpassung an die allgemeinen Zwecke des Einzel- und Gemeinschaftslebens garnicht denkbar wäre; gibt es doch wissenschaftliche Theorien, die mit dem Anpassungsbegriff nicht nur alle sachliche Erklärung, sondern auch alle Wertbeurteilung menschlicher Verhaltungsweisen glauben bestreiten zu können und als den zu erstrebenden Idealzustand der Menschheit die absolute Angepaßtheit hinstellen (Spencer und andere).

Hierin liegt jedoch eine starke Vergröberung und Verödung der Wirklichkeit. So wichtig die Anpassung ist, sie allein würde niemals den Fortschritt der Menschheit begreiflich machen. Denn sie ist ein im Grunde konservatives Prinzip. Sie stellt das seelische Dasein in den Bann vorhandener Zielsetzungen und läßt Änderungen nur zu, so weit sie als veränderte Einstellungen auf veränderte Konstellationen der äußeren Umwelt erforderlich werden. Sie ist also immer und überall nur Reaktion, niemals spontan von innen quellende Eigentat. Nie schafft sie höhere Maße und neue Werte; nie kann sie der Welt neue Bedingungen auferlegen, neue Richtungen geben, die nicht schon in den äußeren Verhältnissen vorgebildet wären.[1]

Darum bedarf die Menschheit auch solcher Personen und persönlichen Eigenschaften, deren Zielsetzung nicht in der reaktiven Anpassung, sondern in der Steigerung des Vorhandenen und in der Schöpfung des Neuen besteht. Diese Menschen und Eigenschaften müssen also ebenfalls „abnorm" sein; aber sie weichen von der bestehenden Norm ab, nicht weil sie hinter ihr zurückbleiben, sondern weil sie über sie hinausgehen. In dieser teleologischen Grundtatsache liegt die eigentliche Erklärung jener Verwandtschaft zwischen Genie und Wahnsinn, zwischen Übernormalität und Degeneration usw., wie sie in neuerer Zeit so oft behandelt und nicht selten bis zur Verzerrung übertrieben worden ist.[2] Die Struktur einer übernormalen Individualität darf nicht zu fest gebunden sein durch die Fesseln der normalen Daseinsforderungen, sonst wird keine Kraft frei für das Neue, das es zu schaffen gilt; die Lockerung normaler Strukturformen aber bewirkt, daß der Übernormale — allein unter dem Gesichtspunkte der Normalitätskategorieen betrachtet — hier und da geradezu zurücksteht hinter der Leistungsfähigkeit der normalen Menschen, und daß er auf die ständigen Bedingungen des Alltagslebens, denen er trotz seiner Nicht-Angepaßtheit ausgesetzt ist, zweckwidrig reagiert. Bei der starken Korrelation der verschiedensten Merkmale innerhalb des Individuums wird es so verständlich, daß mit übernormalen Zügen auf einem Gebiete pathologische Züge auf scheinbar ganz abliegenden Gebieten gepaart vorkommen; immerhin werden doch die charakteristischsten Abnormitäten der Übernormalen in funktionellen Gleichgewichtsstörungen und Hemmungsmängeln bestehen.

Eine weitere Gruppe von hierher gehörigen Begriffen gewinnen wir durch den Umstand, daß die Angepaßtheit oder Nicht-Angepaßtheit an allgemeine Zwecke in q u a n t i t a t i v e m und in q u a l i t a t i v e m Sinne vorkommen kann. Über die so entstehenden Gradabstufungen und Typengliederungen innerhalb der Normalität handeln ausführlich die nächsten Kapitel; hier

---

[1] Näheres über die Unzulänglichkeit des Anpassungsbegriffs als eines Universalprinzips in meinem philosophischen Werk (**30**) S. 314 ff.

[2] Vgl. Bibliographie Abt. D I 2.

nur ein Wort über diese Unterscheidungen jenseits der Normalitätsgrenzen.

Im Gebiet des Unternormalen stehen uns hierfür die Ausdrücke „minderwertig" und „pathologisch" zur Verfügung.

Minderwertigkeit bedeutet eine graduelle Unternormalität der Leistungsfähigkeit. Das Wort wird für alle Leistungsgebiete, auch die rein physischen, gebraucht; besonders üblich aber ist der Ausdruck in dem uns angehenden Gebiet des Psychischen (intellektuelle, moralische Minderwertigkeit). Unter „pathologisch" (speziell „psychopathisch") versteht man dagegen eine solche Erscheinung, die auch qualitativ im ungünstigen Sinne vom Normalen abweicht. Bemerkenswert ist, daß beide Ausdrücke schon in der sprachlichen Formulierung die Beziehung auf Zweckbegriffe enthalten; dort wird die Herabsetzung des Wertes, hier der Leidenszustand, also beide Male das Dysteleologische hervorgehoben. Man ersieht auch hieraus, wie wenig es möglich ist, daß Nicht-Normale lediglich durch zweckfremde statistische Merkmale zu definieren.

Im Übernormalen tritt die nur quantitative Form auf als hervorragende „Begabung" oder „Befähigung". (Je nach dem seelischen Gebiet unterscheidet man geistige, Willens-, Gemütsbegabung; die geistige übernormale Begabung ist, wenn sie sich auf ein inhaltlich begrenztes Gebiet erstreckt, ein „Talent", wenn sie sich auf das allgemeine Verhalten zu geistigen Aufgaben überhaupt erstreckt, „Intelligenz".)

Die Über-Angepaßtheit des Talents und der Intelligenz äußert sich nicht in der Schöpfung neuer Ziele, sondern darin, daß Tempo, Umfang, Güte und Vielseitigkeit der Leistungen über das Maß dessen hinausgehen, was zur Anpassung an die allgemeinen Zwecke erforderlich ist. Die Begabung bewegt sich also gleichsam noch in derselben Dimension wie die Normalität; da sie qualitativ dieselben nahen Gegenwartsziele hat wie diese, ist sie dazu berufen, in deren Anpassungsprozeß die führende, Richtung gebende und organisierende Rolle zu spielen. Da sie andererseits nicht mehr so ausschließlich an die Zwangsroute der bestehenden Zwecksetzungen gebunden ist, ist sie mehr als die Normalität imstande, die neuen Werte, welche das Genie schafft, zu begreifen, zu übernehmen und in Scheidemünze umzusetzen.

Das Genie selbst aber ist die qualitative Übernormalität. So buntscheckig die Ansichten sein mögen, die in der kaum übersehbaren Literatur über das Genie aufgespeichert sind[1], so stimmen die meisten doch in dem Punkt überein, daß sie im Genie nicht eine blos quantitative Steigerung normaler Eigenschaften, sondern etwas qualitativ anderes sehen. Dieses Besondere aber läßt sich nur als Totalvariante ausdrücken. Nicht diese oder jene abnorme Einzel-Leistungsfähigkeit: der Phantasie, oder des Intellekts, oder der Willensbetätigung — macht das Wesen des Genies aus, sondern die Bestimmung und Fähigkeit, schöpferisch zu wirken.

Diese Auffassung steht also im Einklang mit jener Definition, die KANT — wenn auch nur für den Sonderfall des künstlerischen Genies — gab: „Genie ist die angeborene Gemütsanlage, durch welche die Natur der Kunst die Regel gibt[2]." Und auch die näheren Erläuterungen, die KANT gibt, können wir heute noch übernehmen und auf alle Arten der Genialität ausdehnen.

Nach KANT sind die Merkmale des Genies: Unbewußtheit des Schaffens, Originalität und Mustergültigkeit. In der Tat ist es wesentlich für das Genie, daß seine schöpferische Mission nicht das Erzeugnis von Absicht und Nachdenken, sondern der ihm eingeborene Lebenszweck ist, der mit der Treffsicherheit des Unbewußten sein Handeln bestimmt. Der Begriff des Schöpferischen selbst aber ergibt sich erst aus der Synthese der beiden anderen Merkmale. Originell muß das Geschaffene sein, kein Ergebnis bloßen Nachahmens und Weiterbildens; es muß eine früher nicht vorhandene Nuance in die Farbenskala der Lebensmannigfaltigkeit hineinbringen. Aber nicht alles Originelle ist genial; das bloße Abstechen vom Hergebrachten stellt noch keinen Wert dar, launische Subjektivität, eitle Neuerungssucht ist weltweit von Genialität entfernt. Erst das Teleologische gibt wieder dem Genie den Stempel: das Neue, das von ihm geschaffen wird, muß zugleich, indem es entsteht, ein neuer objektiver Wert und Zweck, ein nicht mehr fortzudenkendes Ideal des allgemein menschlichen Daseins werden. Es darf nur darum alten Normen zuwider sein, weil es neue Normen schafft, also vorbildlich, mustergiltig wird.

Für die bisher besprochenen Formen der Normalität und Abnormität ergibt sich folgende Übersichtstabelle:

---

[1] Vgl. Abschnitte A IV 3 und D IV der Bibliographie.

[2] 1133, § 46.

Normal
(angepaßt an allgemeine Zwecke)

Gliederung innerhalb des Normalen	quantitativ	*Stufen*
	qualitativ	*Typen*

Abnorm
(nicht angepaßt an allgemeine Zwecke)

		Übernormal (disponiert zu Aufgaben, die über die allgemeine Anpassung hinausliegen)	Unternormal (nicht fähig zur Anpassung an allgemeine Zwecke)
Art der Abweichung v. Normalen	quantitativ	*Begabung* (Talent, Intelligenz)	*Minderwertig*
	qualitativ	*Genie*	*Pathologisch*

3. Einzeleigenschaften und Individuen.

Die Vorliebe der modernen Wissenschaft für die Analyse hat dazu geführt, daß man jede einzelne Eigenschaft für sich daraufhin studierte, welches ihre normalen, über- und unternormalen Partial-Varianten seien. Das ist eine durchaus berechtigte Fragestellung, denn jede einzelne Disposition hat einen gewissen Sonderzweck zu erfüllen, und die Angepaßtheit oder Nicht-Angepaßtheit an diesen Zweck ist der Erforschung fähig und würdig.

Aber man darf doch über dieser zergliedernden Betrachtung nicht vergessen, daß die Gesamtheit der menschlichen Zwecke jedem einzelnen Menschen als Ganzem gesetzt ist und von ihm nur als Ganzem erfüllt oder nicht erfüllt werden kann. Die Gesamt-Anpassung oder Nichtanpassung einer Persönlichkeit ist daher eine Total-Variante und als solche etwas durchaus Anderes, als die Summierung aller Teil-Anpassungen und -Nichtanpassungen ihrer einzelnen Eigenschaften. Die Feststellung, ob X als Individuum normal, genial, pathologisch usw. ist, hat ihren eigenen und ganz selbständigen Sinn über die Feststellung hinaus, ob X im Einzelnen normale, pathologische usw. Eigenschaften hat.

Offenbar hängt nun die Normalität oder Nicht-Normalität eines Individuums als Ganzen sehr wesentlich von dem Verhältnis ab, in dem seine einzelnen Eigenschaften zueinander stehen. Wir kommen hier zu den Begriffen der normalen oder abnormen Proportion. Ein hervorragend begabter Mensch kann zwischen zwei Leistungsfähigkeiten, in deren jeder er übernormal ist, dennoch eine annähernd normale Proportion besitzen (GOETHE!); und ein Desequilibrierter kann zwischen mehreren Eigenschaften, deren jede für sich betrachtet innerhalb der normalen Breite liegt, eine so starke Disproportion zeigen, daß hieraus seine pathologische Totalbeschaffenheit deutlich erhellt.

Sodann haben wir die mögliche Substitution und Kompensation der Eigenschaften zu beachten. Die Zielsetzungen der einzelnen Eigenschaften sind nicht in dem Maße monopolisiert, daß, wenn eine Eigenschaft abnorm schwach ausgebildet ist, nun unter allen Umständen auch die ihr normaler Weise bestimmte Aufgabe im Zwecksystem leiden müßte. Vielmehr kann sich gerade hier die organische Einheit des Individuums bewähren, indem nun eine andere Disposition den bedrohten Zweck mit übernimmt. So wie sich beim Blinden kompensatorisch die Unterscheidungsfähigkeit des Tastsinnes verfeinert — nicht durch wirkliche Erhöhung der nervösen Empfindlichkeit, sondern durch eine Übung im Beachten, Schätzen und Berücksichtigen der Unterschiede — oder wie die Lähmung des rechten Armes den linken geschickter macht, so kann auch im rein Psychischen die Minderwertigkeit einer Eigenschaft durch die stärkere Heranziehung einer anderen ganz oder zum Teil aufgehoben werden. Schwaches Gedächtnis z. B. findet einen gewissen Ausgleich durch bewußte Ausbildung von Verstandestätigkeiten, die in den Dienst des Merkens und Besinnens gestellt werden; Willensschwäche und mangelnde Initiative kann kompensiert werden durch Ausnützung der Suggestibilität und Nachahmungstendenz, die bei Anschluß an willensstarke Persönlichkeiten die Aktivität beträchtlich anfeuern können; eine gewisse Verkümmerung des sittlichen Gefühls vermag in der Angst vor Strafen und in der Besorgnis um den guten Ruf ihre Kompensation zu erhalten [1].

Aus diesen Gedankengängen ergibt sich als wichtige Folgerung: Wir haben durchaus kein Recht, aus der etwa festgestellten Abnormität dieser oder jener Einzeleigenschaft ohne weiteres einen Schluß auf die Abnormität ihres Trägers als Individuums abzuleiten. — Es ist andererseits nicht möglich, die festgestellte Abnormität einer Persönlichkeit auf eine einzelne

---

[1] V. ADLER (**1148**) hat sogar die merkwürdige Theorie aufgestellt, daß solche kompensatorischen Reaktionen auf vorhandene Minderwertigkeiten die einzige Quelle der Ausbildung von Übernormalitäten seien!

E i g e n s c h a f t a l s a l l e i n i g e n U r q u e l l z u r ü c k - z u f ü h r e n.

Die Berücksichtigung dieses Satzes scheint besonders wichtig in unserer Zeit, die im Aufstöbern von Abnormem und Pathologischem auf jedem Sondergebiet eine große Kunstfertigkeit entwickelt hat. Das gilt ebenso im Somatischen wie im Psychischen.

Die Ausbildung des Spezialistentums nicht nur unter den Forschern, sondern auch unter den behandelnden Ärzten hat ja dazu geführt, daß jedes Organ isoliert betrachtet wird, als ob es ein Ding an sich wäre und nicht erst seine Bedeutung von der Einordnung in den Gesamtorganismus erhielte. Bei der Verfeinerung der Diagnostik ist es geradezu unwahrscheinlich geworden, daß eine gründliche Untersuchung eines Organs bei irgend einem Menschen nicht diese oder jene Abnormität zutage förderte; bedauerlich der Untersuchte, der diese Spezialabnormität in eine Totalabnormität umdeutet und sich infolgedessen für „krank“ hält. Dem gegenüber ist die — wohl zuerst von OTTOMAR ROSENBACH eingeleitete —, Reaktion mit Freuden zu begrüßen, welche die zweckmäßige oder unzweckmäßige Funktionsfähigkeit des Gesamtorganismus für das alleinige Kriterium von Gesundheit und Krankheit hält und die einzelnen Abnormitäten nur danach bewertet, ob sie durch andere Leistungen des Organismus normal kompensiert werden oder nicht.

Auf dem Gebiet des Psychischen steht es nicht besser. Auch hier hat die ins Mikroskopische verfeinerte Analyse Abnormitäten aufgedeckt in einer Mannigfaltigkeit und einer Ausbreitung, von der man früher nichts ahnte. Phobien und sexuelle Perversionen, Idiosynkrasieen und Wahnideen, Halluzinationen und Spaltungen der Persönlichkeit sowie tausend andere früher unbekannte Abweichungen von der Norm werden nicht nur studiert — das ist Recht und Pflicht der Wissenschaft —, sondern sie werden auch in ihrer Tragweite stark überschätzt und als „Beweise“ für die abnorme Totalbeschaffenheit der Persönlichkeiten selber angesehen. So entstand die Pathographie als Versuch, alles Schöpferische aus psychopathischen Elementen zu erklären; so ergab sich die Neigung mancher psychiatrischer Sachverständiger, bei Gutachten das „H a b e n von psychopathischen Symptomen“ und das „Psychopathisch-S e i n“ miteinander zu identifizieren; so erklärt sich die Tendenz der Psychoanalytiker, irgend ein abnormes Einzelereignis des jugendlichen Sexuallebens zu dem alles durchdringenden Fäulnisstoff der Persönlichkeit zu machen.

Man sollte sich also auch hier daran erinnern, daß nicht das bloße Vorhandensein, sondern lediglich die Wirksamkeit eines psychopathischen Elementes innerhalb der Gesamtstruktur des Individuums über dessen Normalität oder Abnormität entscheidet. Um diese Wirksamkeit beurteilen zu können, muß man selbstverständlich Analyse treiben (der wir später im Kapitel über Psychographie eine besondere Erörterung widmen werden); aber die Ergebnisse der Analyse gewinnen ihren endgültigen Wert doch erst durch ihr Bezogenwerden auf die Einheit der Persönlichkeit und die Gesamtteleologie ihres Funktionierens. Dann wird auch der von manchen heutigen Untersuchungen erweckte Schein wieder verschwinden, als ob es überhaupt keine wirklich normalen Menschen mehr gäbe.

Aber auch für die Übernormalen gilt der gleiche Gesichtspunkt. Die Inhaber dieser oder jener übernormalen Einzeleigenschaft sind darum noch keine übernormalen Persönlichkeiten; und namentlich von Genie darf man nur dort sprechen, wo sich der ganze Mensch ungeteilt in den Dienst der neuen großen Aufgabe stellt. Vor allem übersieht man gar zu leicht, daß zur Übernormalität als Totalerscheinung auch Eigenschaften der Willenssphäre gehören: Tatkraft und Lauterkeit, völlige Hingebungsfähigkeit und der selbstverständliche Fleiß. Die partiellen Übernormalitäten rein intellektueller Art: hervorstechende Talente, künstlerische Fertigkeiten und feine Intelligenzen als solche, sind gewiß hoch zu werten, aber nicht — wie es leider oft geschieht — als Selbstzwecke, sondern nur als das Rohmaterial, aus dem Großes gestaltet werden kann, falls sein Inhaber den Besitz als Verpflichtung empfindet.

Und wenn heut erfreulicherweise die Gesellschaft einzusehen beginnt, daß sie ihrerseits den Übernormalen gegenüber besondere Aufgaben namentlich pädagogischer Art habe [1], so wird sie diese ebenfalls dahin formulieren müssen: nicht nur die Begabung selber soll gepflegt und zu möglichster Entfaltung gebracht werden, sondern die Begabten müssen zu hoher Selbstzucht und Willensstärke, zu vollem Bewußtsein der aus ihren Fähigkeiten erwachsenden Sonderpflichten erzogen werden, damit sie sich zu wirklichen Persönlichkeiten von überragendem Wert entwickeln.

Beim hervorragend begabten Kinde [2] muß aber die Frage nach dem Verhältnis von Partial- zu Totalvariation noch in einem anderen, nämlich in z e i t l i c h e m Sinne aufgeworfen werden: welche Bedeutung ist gewissen in der Kindheit erkennbaren Übernormalitäten für die künftige Entwicklung und das Gesamt-

---

[1] Darstellung dieser Aufgaben in meinem Aufsatz **909** (**910**). Vgl. auch Petzold **994**.

[2] Bibliographie Abt. C III.

leben der Persönlichkeit zuzuschreiben? Die Schwierigkeit liegt darin, daß Frühsymptome der Übernormalität stets einen eigenartig fesselnden und berückenden Eindruck machen und daher sehr leicht überschätzt werden können; ferner darin, daß sich in der Kindheit die später deutlich unterscheidbaren Typen noch viel unklarer voneinander abheben.

Rein apriori scheinen vier Hauptfälle denkbar: die in Frühsymptomen sich bekundende Übernormalität ist entweder lediglich Erscheinung einer einzelnen Entwicklungsepoche oder eine Dauereigenschaft der Persönlichkeit — und innerhalb jeder dieser Möglichkeiten: die Übernormalität ist entweder eine quantitative oder eine qualitative. Von diesen vier denkbaren Formen sind mit Bestimmtheit freilich nur drei tatsächlich vorhanden, nämlich:

a) quantitative Übernormalität als vorübergehende Phase: die bloße „Frühreife"[1]. Hier ist lediglich das Tempo der geistigen Entwicklung — im ganzen oder auf bestimmten Gebieten — beschleunigt, ohne daß aber die schnell erreichte Entwicklungshöhe die der normalen Menschen überträfe. Ja oft genug bedeutet dies verfrühte Reifen einen verfrühten Stillstand und hat eine viel vollständigere Stagnation im erwachsenen Alter zur Folge, als bei den Normalen. Diese bloße Beschleunigung ist zuweilen auch auf rein äußerlichem Wege durch Drill zu erzielen, wie wir es bei manchen „Wunderkindern" erleben[2].

b) Quantitative Übernormalität als Dauereigenschaft: ein starkes Talent oder eine lebhafte Intelligenz bekundet sich zuweilen schon sehr früh durch ein spontanes Interesse an bestimmten Objekten und Tätigkeiten — ein Interesse, das oft ohne Unterstützung der Umgebung, zuweilen geradezu unbeirrt durch die von ihr ausgehende Hemmung, doch Mittel und Wege zu seiner Betätigung zu finden weiß. Hier hängt freilich alles davon ab, ob die Begabung aus dieser Spontaneität behutsam und mit zarter Hand in bedachte Pflege und Erziehung übergeleitet wird, oder ob sie gewaltsam unterdrückt oder endlich ob mit ihr in den Kinderjahren Raubbau getrieben und daher ihre Blüte vorzeitig geknickt wird. Im letzten Falle geht dieser Typ in den zuerst geschilderten über, wie uns ebenfalls die Schmerzensgeschichte mancher Wunderkinder lehrt.

---

[1] Boodstein (**906**) bezeichnet freilich als „frühreife Kinder" gerade die des zweiten und dritten Typs; doch scheint mir, daß dies dem Sprachgebrauch widerspricht.

[2] Vgl. Wasmuth (**912**), Grossmann (**906** a) und Williams (**913**).

c) Qualitative Übernormalität als früh sich bekundende Dauereigenschaft: das kindliche G e n i e. Das berühmteste Beispiel hierfür ist MOZART, für eine etwas spätere Phase des Jugendlebens dann noch GOETHE. Hier ist die schwierige Aufgabe gestellt, aus den Leistungen der Kinder zu diagnostizieren, inwiefern sich unter der, natürlich noch vorwiegend reproduktiven Art der kindlichen Betätigung schon eine schöpferische Ader verbirgt.

Noch besitzen wir viel zu wenig Materialien über die Entwicklung übernormaler Kinder, um schon sagen zu können, durch welche Frühsymptome jeder dieser Typen charakterisiert sei; und doch wird es für eine fruchtbare Übernormalen-Pädagogik von großer Wichtigkeit sein, insbesondere diejenigen Merkmale zu kennen, durch welche sich die Fälle a und b unterscheiden[1]. Nur wenn man die a-Fälle rechtzeitig als bloß zeitliche Verfrühungen zu erkennen imstande ist, sind falsch angebrachte Maßnahmen und nachträgliche Enttäuschungen zu vermeiden.

[1] Die Fälle c sind ja so selten, daß allgemeine pädagogische Maßnahmen für sie nicht getroffen werden können.

Kapitel XII.

Der psychologische Typus.

Die qualitativen Verschiedenheiten zwischen Mensch und Mensch innerhalb der Normalitätsbreite verlangen nach einem Ordnungsprinzip. Als solches wird neuerdings in immer steigendem Maße der Begriff des Typus angewandt, der aber, um wissenschaftlich fruchtbar zu werden, einer sehr genauen Formulierung und Abgrenzung gegen verwandte Begriffe bedarf.

Wir halten uns an folgende Definition:

Ein psychologischer Typus ist eine vorwaltende Disposition psychischer oder psychophysisch neutraler Art, die einer Gruppe von Menschen in vergleichbarer Weise zukommt, ohne daß diese Gruppe eindeutig und allseitig gegen andere Gruppen abgegrenzt wäre.

In dieser Definition scheinen uns alle wesentlichen Merkmale enthalten zu sein, nämlich:

1. die Gemeinsamkeit für eine Gruppe von Menschen; 2. das dispositionelle Moment; 3. die Nicht-Eindeutigkeit der Abgrenzung (d. h. das fließende Übergehen in Nachbartypen); 4. die Nicht-Allseitigkeit der Begrenzung (d. h. die Beschränkung des Typenbereichs auf nur einen Bruchteil des individuellen Lebens).

Zunächst ein Wort zu der Kennzeichnung: „psychischer oder psychophysisch neutraler Art“. So wie es beim Begriff der Disposition selbst unmöglich ist, eine Beschränkung auf das rein Psychische durchzuführen, wie er vielmehr oft eine psychophysisch neutrale Beschaffenheit des Individuums bedeutet (s. S. 27), so gilt Gleiches auch von der typischen Disposition. Für den „Typ des Weibes“ oder den „Temperamentstyp des Phlegmatikers“ sind in der Tat gewisse körperliche wie gewisse psychische Merkmale gleich wesentlich, entsprechend in vielen anderen Fällen.

Die übrigen Merkmale bedürfen einer genaueren Betrachtung.

1. Der Typus Ausdruck für eine Gemeinsamkeit.

Wenn wir jemanden musikalisch oder sanguinisch oder visuell nennen, so stellen wir Eigenschaften fest, die für alle dem gleichen Typus angehörigen Menschen ebenfalls gelten. Insofern treiben wir also generelle Psychologie, nur daß das Allgemeingültige hier nicht auf menschliches Seelenleben überhaupt, sondern auf eine engere Gruppe innerhalb der Menschheit bezogen wird.

Aus dieser generellen Bedeutung des Typus ergibt sich, daß die Zuweisung eines X zu einem Typus niemals diesen X als Individualität kennzeichnet; denn sie betont ja lediglich diejenigen Seiten seines Wesens, durch welche X mit den anderen Typenangehörigen vergleichbar ist.

Das Verhältnis des Allgemeineren zum weniger Allgemeinen kann sich nun innerhalb der Typen selber auf Grund engerer Einteilungsprinzipien in mehrfacher Stufung wiederholen („Obertypen“ und „Untertypen“). So kann sich z. B. der visuelle Typ gliedern in einen Untertyp, in welchem mehr die farbigen, und in einen anderen, in welchem die räumlichen Bestandteile der Gesichtsvorstellung vorwiegen.

Der inhaltlich genauer determinierte Untertyp hat natürlich eine geringere generelle Bedeutung, da die Gruppe, die er umschließt, enger ist; aus gleichem Grunde aber trägt er stärker zur Charakteristik des einzelnen Individuums bei. So bildet das System der über- und untereinander geordneten Typen die Vermittlung zwischen dem Allgemein-Menschlichen und der singulären Individualität, aber weder die obere noch die untere Grenze dieser Gruppe wird von der Typenpsychologie selber jemals erreicht.

2. Der Typus eine Disposition.

Das Gemeinsame, durch welches wir eine Menschengruppe zum Typ zusammenfassen, bezieht sich letzten Endes nicht auf akute Merkmale (Phänomene und Akte), die irgendwann bei A, B, C, D usw. in vergleichbarer Weise auftreten, sondern auf eine chronische Beschaffenheit, durch welche A, B, C, D usw. zum Hervorbringen jener akuten Merkmale disponiert werden.

Die Psychologie verwendet freilich den Begriff des Typus nicht immer in diesem dispositionellen Sinne; sie braucht ihn vielmehr auch als Hilfsbegriff zur bloßen Gruppierung von qualitativen Unterschieden, die am phänomenologischen Material selbst gefunden werden. Es seien z. B. von 100 Schülern freie Aufsätze über ein gegebenes Thema gefordert worden, so zerfallen die Leistungen in eine Reihe von mehr oder minder deutlich geschiedenen Gruppen, die man füglich als „Aufsatztypen" bezeichnen darf. Ähnlich kann man überall dort verfahren, wo sich die zu vergleichenden Ergebnisse der Beobachtung oder des Experiments nicht einer rein quantitativen Stufenreihe einfügen.

Indessen dürfen derartige rein phänomenologische Typen nicht als der eigentliche Gegenstand der Typenkunde gelten. Der Nachweis, daß bei gewissen Aufgaben und unter gewissen Bedingungen bestimmte Menschen so, andere so reagieren, und daß sich hiernach Gruppen bilden lassen, ist nicht um seiner selbst willen wichtig und interessant, sondern nur wegen der Schlüsse, die man daraus ziehen kann. Man muß nach der Ursache der Gemeinsamkeit suchen; diese kann in der Art der Aufgabe, in zufälligen und vorübergehenden Einstellungen, in somatischen, unterrichtlichen und sonstigen Bedingungen ihren Sitz haben; sie kann auf gegenseitiger Beeinflussung der Versuchspersonen (Suggestion, Imitation) beruhen; sie kann in solchen dispositionellen Eigentümlichkeiten der Personen begründet sein, die trotz der Ähnlichkeit ihrer Äußerungsweise innerlich ganz verschieden sind; sie kann endlich in gemeinsamen dispositionellen Eigentümlichkeiten ihren Grund haben: nur in diesem letzten Falle ist die Feststellung des gemeinsamen Verhaltens zugleich die Feststellung eines Typus im eigentlichen Sinne.

Um die Unklarheiten auf diesem Gebiet zu beseitigen, wäre es gut, die beiden Bedeutungen des Typusbegriffs auch sprachlich zu sondern; dort möge man von phänomenologischen oder uneigentlichen Typen, hier von psychologischen oder eigentlichen Typen sprechen.

Daß man den Typus im dispositionellen Sinne bisher mehr stillschweigend als ausdrücklich anerkannt hat, ist aus der psychologischen Gesamtsituation heraus zu verstehen; denn die herrschende Psychologie war ja bis vor kurzem durchaus eingestellt auf einen Kampf gegen Alles, was nach „Vermögen" oder seelischen „Kräften" aussah. Indessen ist gerade die sich immer mehr entwickelnde Typenlehre das Gebiet, auf dem sich die Unentbehrlichkeit des Dispositionsbegriffs am deutlichsten zeigt. Ein psychologischer Typ, der nicht zugleich eine den Individuen zukommende ständige Angelegtheit, eine Fähigkeit oder Tendenz bedeutete, ist ein unvollziehbarer Begriff. Vor dem Rückfall in die plumpe Form der alten Vermögenstheorie schützt uns hierbei die genaue Formulierung, die wir früher (S. 23 ff.) dem Dispositionsbegriff gegeben haben.

Wie wir die Disposition auffassen, ist sie vor allem bloße Potentialität, also nur Teilbedingung des Geschehens, nicht alleiniger deus ex machina. Und demgemäß ist auch das aktuelle Seelenleben eines Menschen niemals bloßes Ergebnis seines Typus, sondern Konvergenzerzeugnis; die Art, wie sein Typus reagiert, hängt ebenso wie von diesem selbst auch von den äußeren Sonderbedingungen des Einzelfalles (der Aufgabe, der Einstellung, der übrigen Umwelt) ab.

Ferner ist der Typ, wie jede Disposition, in gewissen Grenzen plastisch, d. h. durch erziehliche und andere Einflüsse modifizierbar.

Sodann ist „Disposition" in unserem Sinne nie eine isolierte Seelenkraft, die unabhängig von den anderen im gleichen Individuum wirksamen Kräften ihr Wesen treibt, sondern nur einer der Strahlen, welche die einheitliche Entelechie der Persönlichkeit entsendet. Die Bedeutung einer einzelnen Disposition für die Persönlichkeit ist daher auch nie erkennbar an der absoluten Stärke, mit der sie sich äußert; entscheidend ist lediglich die relative Bedeutung, die ihr im Verband aller im Individuum vorhandenen Dispositionen zukommt. Entsprechendes gilt auch vom Typ. In genauerer Formulierung ist dieser nicht eine mehreren Menschen gemeinsame Einzeldisposition, sondern ein Dispositionsverhältnis mit Prävalenz eines Gliedes.

Ein Beispiel: Man denke sich eine Person, bei welcher die Energie der Vorstellungen allgemein recht schwach ist; aber die relativ stärkere (also „prävalierende") Lebhaftigkeit und Nachhaltigkeit komme den visuellen Vorstellungen zu. Diese Person gehört zweifellos zum visuellen Typus, und doch kann der absolute Energiegrad ihrer visuellen Vorstellungen geringer sein als bei anderen Menschen, die noch nicht zum visuellen Typ gehören (weil deren auditive Vorstellungen eben noch lebhafter und dauerhafter sind)[1].

---

[1] Das Beispiel ist mit einigen Änderungen SEGAL entlehnt, der überhaupt das Verdienst hat, auf obigen wichtigen Tatbestand aufmerksam gemacht zu haben. (**546** S. 131.) S. nennt den Typ wegen der relativen Vorherrschaft der einen Dispositionsrichtung eine „Prädisposition"; da aber der Sprachgebrauch bei dieser Wortzusammensetzung längst das „Prä-" im zeitlichen, nicht im Rangsinne anzuwenden gewöhnt ist, scheint mir der Ausdruck „prävalierende (vorwaltende) Disposition" einwandfreier.

Ein weiteres Merkmal des Dispositionsbegriffs ist der teleologische Charakter; und damit erhält auch der Begriff des Typus wieder eine neue Schattierung. Jede Disposition ist ein fortwährendes Tendieren zur Verwirklichung bestimmter Ziele; so fern und in dem Grade nun als eine vorwaltende Disposition auf Ziele besonders eingestellt ist, die einer Gruppe von Individuen gemeinsam sind, erhält sie typischen Charakter. Hiernach hört der Typus auf, ein beliebiger Sammelbegriff für vorhandene Dispositionsbeziehungen zu sein; er wird zu einer Art Idealbegriff für diejenige Struktur, welche die möglichst reine Ausprägung eines gemeinsamen Ziels und die möglichst geringe Beimischung störender, zufälliger, rein individueller Züge aufweist.

Dies Teleologische zeigt schon der Sprachgebrauch, der hier nicht als bedeutungslos bei Seite geschoben werden darf. Wenn wir vom „Gelehrtentypus" sprechen, meinen wir nicht nur diejenigen Merkmale, die zufällig bei den meisten Gelehrten vorhanden sind, sondern den Inbegriff derjenigen Eigenschaften, welche in ihrer Besonderheit und Einseitigkeit am besten geeignet sind, die besondere Aufgabe des Gelehrten innerhalb der menschlichen Gemeinschaft zu verwirklichen. Gleiches gilt, wenn wir eine Frau eine reine Vertreterin des weiblichen Typus nennen.

Der Ausdruck „Idealbegriff" darf hier freilich nicht im Sinne einer moralischen Wertung verstanden werden. Ob die Ziele, denen eine Menschengruppe zustrebt, ethisch gut oder böse, biologisch förderlich oder schädlich sind, geht die Typenlehre nichts an; sie hat es nur mit der Frage zu tun, ob die dispositionelle Einstellung auf solche Ziele reiner oder weniger rein ausgeprägt ist. Darum kann man von einem typischen Verbrecher ebenso sprechen, wie von einem typischen Altruisten.

Diejenigen Fälle, in denen keine Annäherung an die Idealform eines bestimmten Typus vorliegt, oder in welchen diese Annäherung durch zweckfremde Elemente empfindlich gestört wird, nennen wir atypisch.

Bemerkenswert ist es, daß sich die eben angestellte Betrachtung mutatis mutandis auch auf Intra-Variationen anwenden läßt. Die Lebensentwicklung eines Individuums besteht nicht nur in der graduellen Steigerung des seelischen Lebens, sondern auch in fortwährendem qualitativen Wandel. In diesem haben aber nun nicht alle qualitativ verschiedenen Zeitabschnitte die gleiche Bedeutung für die Entwicklung; vielmehr gibt es Epochen, deren Inhalt einen ausgesprochenen „typischen" Charakter hat, indem hier das Leben des Individuums eine bestimmte, in sich geschlossene, relativ stabile Zweckstruktur hat; zwischen solchen liegen andere, die einen vorwiegenden Übergangs- und Vorbereitungscharakter tragen. Die Qualitäten jener erstgenannten Zeitabschnitte wollen wir Entwicklungstypen oder „Stadien" nennen. Die Analogie zu den eigentlichen interindividuellen Typen zeigt der Sprachgebrauch, der z. B. vom Kindheitstypus, vom Jünglingstypus spricht.

3. Der Typus keine Klasse.

Nach dem ersten Merkmal unserer Begriffsformulierung (Gemeinsamkeit für eine Gruppe von Individuen) könnte es scheinen, als ob sich der Begriff des Typus mit dem der Klasse (oder auch der Art, der Spezies) decke. In der Tat ist auch diese Identifikation oft genug vollzogen worden; sie ist aber durchaus unberechtigt und hat manchen Schaden gestiftet.

Die nebengeordneten Glieder einer Arten- oder Klasseneinteilung sind deutlich gegeneinander abgegrenzt. Die zur Artdefinition nötigen Merkmale passen nur auf die Angehörigen der Gruppe und sind zweifellos auf Angehörige anderer Gruppen unanwendbar. Dieser Satz besteht durchaus zu Recht auch für denjenigen, der sich zur biologischen Entwicklungstheorie bekennt; denn wenn auch die Arten auseinander hervorgegangen sind — so, wie sie gegenwärtig als Arten bestehen, sind sie eindeutig und ohne Übergang voneinander geschieden. Wo sich vereinzelte Zwischen- und Bastardformen zeigen, sind sie stets Ausnahmefälle, durch welche die kompakte Geschlossenheit der eigentlichen Artbeschaffenheit nicht beeinträchtigt wird.

Anders beim Typus. Zwischen einem Typus und seinen Nachbartypen sind die Grenzen stets fließend; die Übergangsformen, bei denen man zweifelhaft sein kann, ob sie noch dem einen oder schon dem andern oder vielleicht einer Zwischenform angehören, sind nicht gelegentliche Abnormitäten, sondern sie gehören notwendig zur Struktur der Typenverteilung. Stellen die Arten Inseln dar, von deren einer zur andern keine Brücke führt, so sind die Typen nur Hügel in einem welligen Gelände; wo aber grenzt sich das zu einem Gipfel gehörige Terrain gegen das des nächsten ab?

Dies ergibt sich eigentlich schon aus der teleologischen Schattierung, die wir im vorangegangenen Abschnitt am Typenbegriff feststellten. Denn wenn der Typ eine „Idealform" ist, so sind in der Annäherung an das Ideal alle möglichen Grade denkbar.

Auch biologisch ist diese Verschiedenheit zwischen „Art" und „Typus" wohl verständlich. Die Geschlossenheit der Art und ihre feste Abgrenzung gegen jede andere wird gewahrt durch die immer innerhalb der Art bleibende Fortpflanzung und Vererbung. Zwischen den Angehörigen verschiedener Typen dagegen besteht Panmixie und damit die Möglichkeit zur Schaffung von sämtlichen denkbaren Zwischenformen. Das trifft selbst auf denjenigen Typus zu, der innerhalb der Menschheit noch am meisten der biologischen Art nahe steht, den Rassentypus; so hat z. B. Amerika in zahlreichen Generationen die Mischung von Weißen, Schwarzen und Roten erlebt. In viel höherem Maße aber gilt das Entsprechende von den rein psychologischen Typen, weil hier die instinktmäßigen Hemmungen, die etwa der Mischung verschiedener Rassen entgegenstehen, durchaus fehlen, ja eher durch das Gegenteil (gegenseitige Anziehung und Ergänzung verschiedener Typen) abgelöst werden.

Die rein logische Orientierung ist freilich durch die eben geschilderte Eigenart des Typusbegriffs außerordentlich erschwert. Der Mensch hat den fast unwiderstehlichen Hang, qualitative Unterschiede, die er bemerkt, zu Klassenbegriffen zu machen und die Angehörigen jeder Klasse durch bestimmte Merkmale eindeutig gegen alle anderen abzugrenzen. Hierbei spielt wohl die Sprache eine entscheidende Rolle, da ja die Reihe der Qualitäts-bezeichnungen immer ein Diskretum bildet, dem man nun auch die entsprechende unstetige Einteilung der bezeichneten Objekte an die Seite stellen möchte. Die Folge ist, daß schon in der allgemeinen Logik die Methode der Klassifikation, die Unterscheidung durch die differentia specifica, das System der Über- und Unterordnuug der Klassen usw. auf das ausführlichste behandelt wird, während das Prinzip der Typengliederung kaum einen Platz, geschweige denn eine gleichwertige Behandlung erhält[1].

---

[1] Am schärfsten hat wohl Sigwart den Gegensatz formuliert (Logik 2. Aufl. II. S. 711):

„Es gibt natürliche Gruppen verwandter und unter sich ähnlicher Dinge, welche trotzdem keinen Gattungsbegriff zulassen wollen, der ihre Zusammengehörigkeit ausdrückte, und durch ihr eigentümliches Verhalten den reinlichen Forderungen des logischen Schematismus widerstreben. ... Eine solche Gruppe rechtfertigt einen gemeinschaftlichen Namen, dem aber kein in einer Definition zu fixierender Begriff entspricht; denn daß die zu einer Gruppe gehörigen Dinge meist das Merkmal a, ausnahmsweise aber auch a_1, meist das Merkmal b, ausnahmsweise aber auch b_1 haben, kann kein Ersatz für eine Definition sein, welches für alles darunter Befaßte gleich gelten muß. Repräsentiert ist eine solche Gruppe durch diejenigen in der Mitte stehende Form, welche mit allen anderen die meisten Ähnlichkeiten hat, so daß diese als nach verschiedenen Seiten divergierende Variationen eines mittleren Typus betrachtet werden können.“

S. 712. „Je weniger es gelingen will, innerhalb des Umfangs eines höheren Begriffs durchgreifende und fundamentale Unterschiede aufzufinden, die eine sichere Einteilung gestatten, je mehr insbesondere die Unterschiede selbst quantitativer und fließender Natur sind, um so mehr ist die Über-

Auch die Psychologie neigt nun dazu, jener Verwechslung zu unterliegen und die gefundenen Typeneinteilungen unversehens in Klassenbegriffe umzuwandeln. Fast jede Charakterologie oder Temperamentenlehre, die man daraufhin prüft, beweist es. So hat, z. B. KANT die vier berühmten Temperamente für so feste Klassen angesehen, daß er apriori das Bestehen von Übergangs- und Zwischenformen für unmöglich hielt[1]. Auch HEYMANS ist augenscheinlich von der Geschlossenheit seiner Temperamentstypen so überzeugt, daß es ihm bei 102 von 110 psychographierten Menschen ganz außer Zweifel ist, in welches Fach er sie zu weisen habe[2]. — Oder ein Beispiel aus einem anderen Gebiet: Man stellte im Gebiet der Vorstellungsdispositionen zunächst den auditiven, visuellen und motorischen Typ auf. Dann bemerkte man, daß zwischen den relativ reinen Ausprägungen des visuellen und des auditiven Typus zahlreiche Zwischenformen existierten, bei denen die Zuweisung zu einem der genannten Typen durchaus Willkürsache gewesen wäre. Da erhob man dies Kontinuum der Übergangsformen wieder zu einer besonderen Klasse, die man „type mixte" nannte.

Es gehört eine gewisse Resignation dazu, aus Obigem die notwendige wissenschaftliche Folgerung zu ziehen: daß es unmöglich sei, die psychischen Varianten in reinlicher Scheidung einer kleinen Anzahl von Fächern restlos zuzuweisen, und daß daher eine aufzustellende Typusgliederung nie zur Klasseneinteilung zugespitzt werden darf.

---

sicht über die Mannigfaltigkeit der Dinge auf die Aufstellung solcher Gruppen angewiesen. Die Klassifikation der Menschen z. B. nach den Verschiedenheiten ihres Baues hat, je weiter sich die Kenntnis der mannigfachen Stämme ausdehnte, um so mehr von einer durchgreifenden Division absehen und sich darauf beschränken müssen, solche Gruppen aufzustellen, welche sich um bestimmte T y p e n herum bilden; wobei freilich die Schwierigkeit nicht ausbleiben kann, daß sich Zwischenformen einstellen, bei denen man zweifelhaft ist, ob man sie zu dieser oder jener Gruppe zählen soll."

[1] **8**, § 87. II. „Also gibt es keine z u s a m m e n g e s e t z t e n Temperamente, z. B. ein sanguinisch-cholerisches ..., sondern es sind in allem deren nur vier, und jedes derselben einfach, und man weiß nicht, was aus dem Menschen gemacht werden soll, der sich ein gemischtes zueignet."

[2] **804**, S. 323. Bei den übrigen 8 Personen verzichtet er auf Zuweisung zu einem Temperament nicht deshalb, weil er hier das Vorhandensein von atypischen Übergangs- oder Zwischenformen für möglich hält, sondern nur, weil die ihm vorliegenden Angaben für ihre Eichung nicht ausreichten.

4. Typenverbindung und Typenbereich.

Aber noch aus einem andern Grunde widerstrebt der Typusbegriff — im Gegensatz zum Klassenbegriff — den Bedürfnissen der Logik nach sauberer Einteilung und Scheidung.

Die Gruppe von Individuen, die durch eine Klassendefinition umschlossen wird, ist damit als allseitig zusammengehörig charakterisiert; die Klassen (Arten) stellen also „Totalvarianten" dar. Sofern die Angehörigen verschiedener Klassen gemeinsame Merkmale haben, ist dies durch gemeinsame Zugehörigkeit zu einer übergeordneten Klasse erklärt.

Die Typen dagegen sind (mit wenigen Ausnahmen) „Partialvarianten". Sie beziehen sich auf die Qualität eines einzelnen Dispositionskomplexes; und die Angehörigen eines Typus werden lediglich durch die Gemeinsamkeit in eben diesem Merkmal zusammengehalten, während sie in bezug auf andere Merkmale sehr verschiedenen, mit jenen sich kreuzenden Gruppen zugehören können.

Es sei ein X ausgesprochener Sanguiniker — so gehört er hierdurch mit allen jenen andern zusammen, die auch den sanguinischen Typ vertreten. Derselbe X sei außerdem stark visuell — damit gehört er wiederum einem Typus an, der sich in seinem Umfang mit dem Typus des Sanguinikers weder deckt, noch ihm als höhere Klasse über-, noch als Unterart untergeordnet ist, sondern sich ganz beliebig mit ihm kreuzt. Manche Sanguiniker sind visuell, aber viele Sanguiniker sind nicht visuell, und viele Visuelle sind nicht Sanguiniker. Da entsprechendes für jeden andern Typus gilt, so entsteht durch ständige Kreuzungen ein Bild, das sich in seiner Wirrnis und Unübersichtlichkeit sehr von der klaren Systematik der Arten und Klassen unterscheidet.

Man kann diesen Tatbestand auch anders ausdrücken. Die einzelnen Eigenschaften, durch welche eine Art spezifisch bestimmt ist, kommen sämtlich [1] bei allen Angehörigen der Art vor, und sie fehlen bei allen Nichtangehörigen der Art: diese Eigenschaften, so sagt man dann, stehen untereinander in totaler Korrelation. Vergleichen wir dagegen zwei psychologische Typen a und b, die zwei verschiedenen Merkmalsgebieten angehören und daher zusammen in denselben Individuen vorkommen können, so ist der entsprechende Fall — daß alle Individuen, die dem Typ a angehören, auch dem Typ b angehören, und daß Individuen, die dem Typ a

---

[1] Von vereinzelten Abnormitäten, Mißgeburten usw. kann hier füglich abgesehen werden.

nicht angehören, auch nie dem Typ b angehören — nur eine Grenzform, die nie verwirklicht ist. An die Stelle der einfachen Totalkorrelation treten in der Typengliederung die verschiedensten Korrelationsgrade: von einer sehr engen Zusammengehörigkeit der Typen a und b durch die völlige Gleichgültigkeit hindurch bis zu einem vorwiegenden Sichausschließen beider Typen.

So kommt es, daß in der Typenlehre die Korrelationsmethode eine besondere Bedeutung und Anwendungsweise erhält, von der die Artenforschung nichts weiß [1].

Auf Grund des Korrelationsgrades kann man das Beieinander mehrerer Typen in einem Individuum auf zwei verschiedene Hauptformen zurückführen: den Komplextypus und den Typenkomplex. Wenn nämlich beide Typen stark korrelativ sind, so heißt dies, daß ihre Verbindung selber ein typisches Merkmal für die entsprechende Menschheitsgruppe ist, derart daß die Anwesenheit der einen Eigenschaft auch die der andern erwarten läßt: wir haben es also mit einem komplexen Typus zu tun (dessen entwickeltste Form der Totaltypus ist). Besteht dagegen zwischen beiden Typen im allgemeinen keine Korrelation, ist ihr gemeinschaftliches Auftreten in irgend einem Individuum nicht mehr aus einer notwendigen inneren Zusammengehörigkeit beider Eigenschaften erklärlich, so bilden sie nur einen Typenkomplex.

Als komplexe Typen werden sich zum großen Teile jene Eigenschaften erweisen, mit denen die Laienpsychologie arbeitet, als ob es einfache Tatbestände wären. Um z. B. den Typ des „Musikalischen" zu erzeugen, müssen sich typische Besonderheiten der Sinneswahrnehmung und des Sinnengedächtnisses, der Gefühlserregbarkeit und des intellektuellen Verständnisses, der Reproduktions- und Produktionsfähigkeit zu einer geschlossenen Einheit verbinden [2]. — Auch alle Versuche, die Temperamente psychologisch zu erklären, machen aus ihnen komplexe Typen, da typische Formen der Stärke, Geschwindigkeit, Gefühlsbetonung und Nachhaltigkeit menschlicher Willens- und Gemütsbewegungen in ihnen zu einer wiederum typisch werdenden Synthese kommen sollen.

---

[1] Zur speziellen Berechnung der Typenkorrelationen vgl. Kap. XX.

[2] Die genannten Elemente des Komplextypus mögen seine „Teiltypen" heißen. Mit diesem dürfen die (S. 169 erwähnten) „Untertypen" nicht verwechselt werden. Der Komplextyp des „Musikalischen" hat zu Untertypen die verschiedenen Varietäten, in denen uns musikalische Menschen begegnen.

Die Komplextypen treten uns in zwei verschiedenen Modifikationen entgegen, je nachdem die seelischen Funktionen, welche die Komponenten bilden, einander ähnlich (homogen) oder unähnlich (heterogen) sind. Die beiden Teiltypen z. B., aus denen viele Psychologen den Typus des Sanguinikers zusammensetzen: vorwiegender Lustcharakter der Gefühle und schneller flacher Ablauf der Reaktionen, sind Eigenschaften, die untereinander keine Ähnlichkeit haben: danach wäre der Typ des Sanguinikers ein „heterogener Komplextypus". Dagegen haben die zahlreichen Einzelfunktionen, die an der Konstituierung des „Musikalischen" beteiligt sind, trotz aller Verschiedenheit doch die Bezugnahme auf musikalische Eindrücke gemeinsam; wir haben es also hier mit einem „homogenen Komplextypus" zu tun.

Die homogenen Typen sind noch einmal danach einzuteilen, ob die Homogeneität der Elemente eine inhaltliche oder eine formale ist. Das eben genannte Beispiel des „Musikalischen" gehört zur ersten Gruppe; überhaupt ist jedes Talent ein durch inhaltliche Gesichtspunkte bestimmter und begrenzter Typ. Das Wesen anderer Komplextypen besteht dagegen darin, daß sich eine formale Besonderheit gleichmäßig über eine größere Anzahl verschiedener psychischer Inhalte erstreckt; so kann z. B. die typische Eigenschaft der Suggestibilität ebenso an Sinneswahrnehmung wie Erinnerung, Erwartung wie Urteil, Gefühlsbetonung wie Willenshandlung angreifen. Auch die Charakter-, Intelligenz-, Aufmerksamkeitstypen gehören hierher.

Nun besteht aber durchaus kein Recht, apriori anzunehmen, daß sich dies homogene Prinzip tatsächlich auf die Gesamtheit aller derjenigen Funktionen erstrecken muß, auf die es sich erstrecken kann; und so tritt hier ein neues Problem auf, das bisher noch sehr wenig mit exakten Mitteln behandelt worden ist, das des „Typenbereichs".

Der Typenbereich ist der Umkreis derjenigen Funktionen innerhalb der Persönlichkeit, die vom Typus betroffen werden, also die intra-individuelle Wirkungssphäre des Typus. Im allgemeinen ist die Neigung sehr stark, bei (angenommenen oder nachgewiesenen) homogenen Typen den Typenbereich so weit als möglich zu spannen. Ist ein Mensch als „suggestibel" charakterisiert, so meint man damit meist nicht nur: suggestibel in bezug auf diese und jene untersuchte Funktion, sondern: suggestibel auch in bezug auf alle andersartigen Funktionen, bei denen überhaupt Suggestion eine Rolle spielen kann. Aber so einfach und glatt, wie eine solche Theorie es voraussetzt, ist die Typenbildung in

Wirklichkeit fast nie, und so kann die Unterlassung einer eigens auf den Typenbereich gerichteten Untersuchung zu starken Irrungen und Enttäuschungen führen.

In seinen komplexesten Formen zeigt der Komplextypus eine starke Annäherung an den Speziesbegriff, indem er nicht nur vereinzelte Merkmale umfaßt, sondern die verschiedensten seelischen Funktionen mehr oder minder in Mitleidenschaft zieht („Totaltypus"). Solche Fälle werden dort möglich, wo eine einheitliche — biologische oder kulturelle — Ursächlichkeit zahlreiche Individuen in ihrer Totalität beeinflußt; in diesem Sinne kommen vor allem Abstammung (Rasse, Nation, Familie), Geschlecht, Beruf, soziales Milieu in Betracht. Wenn wir vom Negertypus, dem Familientypus der Habsburger, dem weiblichen Typus, dem Typus des Schauspielers, dem Verbrechertypus sprechen, so meinen wir stets einen Totaltypus, der ebenso körperliche wie psychische Teiltypen und innerhalb des letzteren typische Bestimmungen der mannigfachsten Merkmale umfaßt. Wir nehmen zugleich an, daß diese Teilvarianten sämtlich, da sie von einer identischen Ursache abhängig sind, untereinander in enger Korrelation stehen. Aber auch der Totaltypus ist — das darf nicht übersehen werden — keine wirkliche Spezies; auch hier sind die Übergänge fließend, Zwischenstufen, Ausnahmen und Abweichungen zahlreich, die Durchdringung des Individuums mit den typischen Eigenschaften nie vollständig und allseitig. Auch der Totaltypus ist eben nur eine Idealform, der sich die Typenangehörigen in sehr verschiedenem Abstande nähern, nicht das in allen Vertretern verwirklichte Artprinzip.

Die psychologische Schilderung solcher Totaltypen ist ein beliebtes Thema populärer und halbpopulärer Abhandlungen; man denke nur an die vielen Schriften über Psychologie „des Weibes", „des Künstlers". Die exakt empirische Untersuchung der Totaltypen aber, die sich hauptsächlich auf Korrelationsbestimmungen wird aufbauen müssen, bleibt noch der differentiellen Psychologie als wichtige Sonderaufgabe vorbehalten.[1]

Das Gegenstück zu den einheitlichen Komplex- und Totaltypen bilden die Typenkomplexe. Sie spielen innerhalb der Typenlehre selber keine so bedeutende Rolle, da ja bei ihnen, wie gesagt, das intraindividuelle Zusammensein der Teiltypen

---

[1] Als eine der wertvollsten Untersuchungen dieser Art sei HEYMANS' Psychologie der Frauen genannt (**1031**).

keine Erscheinung ist, die sich selber typisch wiederholt. Aber gerade aus diesem Grund wird der Typenkomplex um so wichtiger für die Individualitätsforschung. Denn die Verbindung der beiden Typen in X ist ja für diesen um so charakteristischer, je weniger man eine gleiche Verbindung bei andern Individuen erwarten kann. Mit jeder weiteren Komplikation des an einem Individuum zu konstatierenden Beieinanders von Typen entfernt man sich weiter von dem bloß Typischen und nähert sich dem Singulären; denn die Wahrscheinlichkeit wird immer geringer, daß noch andere Individuen ebenfalls gerade diesen Typenkomplex in sich vereinigen sollen. Die volle Individualbeschaffenheit der einzelnen Persönlichkeit wird freilich auch auf diesem Wege nicht erreicht, da ja jeder Typus, den wir an ihr konstatieren stets noch etwas Generelles ist; immerhin stellt der genannte Weg die größte Annäherung an die Individualität dar, die wir durch rein empirische qualitative Analyse erreichen können; und wir werden uns dieses Weges später bei Besprechung der „Psychographie" zu erinnern haben.

Wir geben zum Schluß eine Übersicht über die besprochenen Typenformen.

A Einfacher Typus

B Verbindung von einfachen Typen (innerhalb eines Individuums).

- Komplextypus (typische Verbindung einfacher Typen)
  - homogener Komplextypus (Ähnlichkeit der zugehörigen Teiltypen untereinander)
    - inhaltliche Homogeneität (Teiltypen beziehen sich auf gleichen Inhalt)
    - formale Homogeneität (Teiltypen beziehen sich auf gleiche formale Eigenart)
  - heterogener Komplextypus (keine Ähnlichkeit der zugehörigen Teiltypen untereinander)
- Typenkomplex (nicht-typische Verbindung einfacher Typen)

Kapitel XIII.

Typengliederung I.

(Allgemeines. Naive und konstruktive Methoden.)

Während die Begriffsbestimmung des Typus bisher nur wenig Beachtung gefunden hatte, ist die Gliederung der Typen von jeher ein sehr beliebtes Arbeitsgebiet der Psychologie — sowohl der populären, wie der philosophischen, wie endlich der exakt wissenschaftlichen — gewesen.

Unter Typengliederung verstehen wir die interindividuelle Verteilung der Varianten eines allgemeinen Merkmals auf eine Reihe nebeneinandergeordneter Typenformen. Das so entstehende Schema heiße Typik („Typik der Aufmerksamkeit", „Typik des sensorischen Gedächtnisses" usw.).

Drei Hauptarten des Typenschemas lassen sich unterscheiden.

a) Das monotypische Schema: Das typenbildende Merkmal wird so gewählt, daß die Menschen kontradiktorisch nach seiner Anwesenheit oder Nicht-Anwesenheit gruppiert werden können. Die Besitzer des Merkmals bilden dann eben „den" Typus, durch den sie sich aus der indifferenten Masse herausheben.

b) Das antitypische Schema bedient sich nicht des kontradiktorischen, sondern des konträren Gegensatzes, d. h. es erhebt die zwei Formen eines Merkmals, die sich von einem Indifferenzpunkt aus nach entgegengesetzten Richtungen erstrecken, zu Typenzentren. Zuweilen wird die Indifferenzgegend selbst noch zu einem Mitteltypus erhoben.

c) Die polytypische Variation endlich liegt dort vor, wo an einem Merkmal eine Mehrheit qualitativ verschiedener Typenformen aufgestellt wird, die sich nicht mehr in ein eindimensionales Schema einfügen lassen. Die Typik ist hier entweder ganz unsystematisch oder sie wird auf eine Kreuzung mehrerer einfacherer Schemata zurückgeführt.

Der Versuch, die Menschen in psychologische Typen zu gliedern, zieht sich bereits durch etwa zwei Jahrtausende. Das ehrwürdigste System dieser Art, die Temperamententypik, hat sogar Gliedzahl und Namen der Typen aus dem Altertum bis ins Volksbewußtsein der Gegenwart und in einen Teil der wissenschaftlichen Psychologiebücher hineingerettet. Aber diese ganze lange Bewegung ermangelt doch fast überall des Charakters einer durchgeführt wissenschaftlichen Betrachtung. Bald begnügte man sich mit der rohen Zufallsempirie des gesunden Menschenverstandes; dann wieder bewegte man sich ganz im Abstrakten, konstruierte auf logischem Wege bestimmte Typen und kümmerte sich nicht um ihre empirische Bewährung; endlich verband man Empirie und Deduktion, aber in einer unzureichenden Weise. Selbst viele der bedeutendsten Wissenschaftler, die sich noch in neuester Zeit mit der Typenlehre befaßten, haben ihre eigentlich wissenschaftliche Arbeit auf die logische Ableitung und Durchbildung des Typenschemas beschränkt, während sie sich bei der empirischen Nachprüfung und Einordnung mit der populären Alltagserfahrung zufrieden gaben.

Erst die letzten Jahrzehnte haben einen Umschwung eingeleitet; man beginnt jenen halb naiven, halb konstruktiven Verfahrungsweisen eigene exakte Methoden der Typenforschung an die Seite zu stellen. Aber auch diese Bestrebungen leiden noch an gewissen, später zu besprechenden Fehlern (vgl. das nächste Kapitel).

Das Merkmal des Teleologischen, das ja jedem Typus anhaftet, gab wohl dem naiven Denken den ersten Anstoß zur Typenbildung, aber in einer äußerst groben Form: dasjenige, das unter irgend einem praktischen Zweckgesichtspunkt besonders auffiel und sich aus der Menge heraushob, wurde zu einem besonderen Typus gemacht. Dieser wurde durchaus als einheitliche, ja einfache Eigenschaft angesehen; nach einer etwaigen, in ihm enthaltenen psychischen Mannigfaltigkeit wurde nicht gefragt.

Die niederste Stufe dieser Auffassung ist die direkte Verdinglichung einer solchen Eigenschaft, und damit die Aufstellung eines monotypischen Schemas. Die Fähigkeiten und Besonderheiten, durch welche sich bestimmte Menschen rein praktisch von der Menge der Durchschnittsmenschen unterscheiden, werden zu besonderen „Gaben" gemacht, die jenen verliehen, allen anderen vorenthalten sind. So betrachtet der Laie noch heute Talente, Genie, Humor usw. als besondere Dinge, durch deren

Besitz je eine bestimmte Gruppe von Menschen einfach ein seelisches Merkmal m e h r hat als die andern, Außenstehenden [1].

Das Interesse des naiven Menschen, auch das psychologische, ist also zuerst dem Auffallenden zugewandt; die Störung, die dies in den Gang der alltäglichen Erlebnisse bringt, reizt die Aufmerksamkeit, zwingt zu besonderer Stellungnahme und veranlaßt die sprachliche und begriffliche Fixation. Eine derartige Festlegung braucht nun aber nicht immer auf monotypischem Wege zu erfolgen, sondern kann auch zum a n t i t y p i s c h e n Schema führen; und damit ist schon eine höhere Stufe der Typenbildung erreicht. Man erkannte, daß Auffälliges, Ungewöhnliches nicht nur durch den Besitz von etwas, das andern fehlt, zustande kommt, sondern auch durch die ungewöhnliche Abweichung eines, allen Menschen zugänglichen Merkmals vom Durschchnittszustande nach der einen oder anderen Seite hin.

Sicherlich spielte hierbei auch das rein logische Bedürfnis mit, in Gegensätzen zu denken; daß es aber nicht den eigentlichen Ausgangspunkt der Antitypik bildete, ersieht man daraus, daß die ursprünglichsten Antitypiken fast durchweg W e r t gegensätze darstellen. Hiervon gibt schon die Sprache Kunde: die zahlreichen Eigenschaftswörter, welche sich in den Kultursprachen für die Charakteristik entgegengesetzter menschlicher Verhaltungsweisen finden, sind in ihrer Mehrheit nicht rein konstatierender, sondern zugleich wertender Art: dankbar und undankbar, mutig und feig, grausam und mitfühlend, gerecht und ungerecht, klug und dumm. Und die Anwendung dieser Adjektiva beschränkte sich nicht auf die Benennung und Verwertung eines akuten Verhaltens oder Zustandes, sondern wurde sehr schnell auch zur Bezeichnung von dauernden Dispositionen, von Tugenden und Lastern, Vorzügen und Fehlern, kurz zur Aufstellung antitypischer Charakter- und Intelligenzschemata benutzt.

Hierbei entspricht es ganz der naiven Auffassung des Typus als einer Klasse, daß man zunächst schroff und ohne Zwischenglied die beiden Gegensätze gegenüberstellte; man vergaß, daß man ja nur durch die Abweichung vom Indifferenzzustande darauf gekommen war, positive und negative Wertungen vorzunehmen; man glaubte, j e d e n Menschen als gut oder böse, klug oder dumm usw. kennzeichnen zu können.

---

[1] Es ist nur ein kleiner Schritt, der von dieser Verdinglichung zur Personifikation dieser Gaben führt. Das Genie verwandelt sich in den Genius, das Vorhandensein anderer absonderlicher Fähigkeiten wird für Besessenheit durch Dämonen erklärt.

Hier war es nun aber das Bedürfnis nach logischer Vollständigkeit, das sich mit dieser Zweiteilung nicht immer zufrieden geben konnte und den dort vernachlässigten Indifferenzzustand selber zu einem dritten, einem Mitteltypus, erhob.

Interessant ist es, gerade an dieser Stelle zu beobachten, wie die zunächst logisch bedingte Fixierung der Mitte sofort wieder ins Axiologische gewendet wird. Aristoteles war es, der insbesondere für die ethischen Eigenschaften die Mitte nicht als das Gleichgültige, Farblose, sondern als das „Normale" im teleologischen Sinne: das Harmonische, Angemessene, betrachtete; in seiner Dreiteilung sind daher die beiden Gegentypen negativwertig, indem sie das maßlose Zuviel und Zuwenig bezeichnen, während der Mitteltypus den positiven Wert darstellt. So steht je eine Tugend zwischen zwei Lastern und je ein Tugendtypus zwischen zwei Lastertypen: der Typ des Mutigen zwischen denen des Tollkühnen und des Feigen, der Typ des Freigebigen zwischen denen des Verschwenders und des Geizhalses usw.

Die neuere Zeit hat übrigens dem antitypischen Schema (vor allem in seiner reinen zweiteiligen Form) eine große Vorliebe entgegengebracht, aus verschiedenen Gründen. Zu der leichten sprachlichen Formulierung der konträren Dispositionsformen und zu der logischen Befriedigung an der klaren Entgegensetzung kommt noch ein ganz modernes Motiv. Das antitypische Schema nimmt nämlich eine Mittelstellung ein zwischen der rein qualitativen Typik und der q u a n t i t a t i v e n Variationsweise; denn die Gegensätze ordnen sich in eine eindimensionale Reihe, die sich vom Indifferenzpunkt nach entgegengesetzten Seiten erstreckt; der Abstand von der Indifferenz ist unter Umständen meßbar und jedem Einzelindividuum ist sein Platz in der Reihe anweisbar. Das Bestreben der neueren Wissenschaft, alles Qualitative zu quantifizieren, kann also auf unserem Gebiete nur durch Vermittlung der Antitypik befriedigt werden. Daraus wird es auch verständlich, daß das antitypische Schema nicht nur um seiner selbst willen angestrebt wird, sondern auch für zahlreiche andere Probleme der Typenforschung als Hilfsmittel verwandt wird.

Am umfassendsten ist wohl in dieser Hinsicht das Unternehmen HEYMANS'.[1] Er hat eine große Anzahl von Personen in bezug auf etwa hundert Merkmale charakterisiert; und zwar verfährt er hierbei so, daß er jedes Merkmal antitypisch gliedert (ohne Mitteltypen) und sodann jede Person dem positiven oder negativen Typ zuordnet. Analysiert man das Verfahren, so ist die Aufstellung der Merkmalsliste auf Grund der common

---

[1] 804.

sense-Erfahrung erfolgt; die Annahme, daß sich jedes Merkmal antitypisch gliedere, ist eine apriorische. und erst die Zuordnung der einzelnen Person zu den so aufgestellten Typen erfolgt auf dem Wege exakt kritischer Empirie.

Die p o l y t y p i s c h e n Schemaaufstellungen sind zum Teil Erzeugnisse einer unexakten und ungeordneten Empirie, zu einem andern Teil aber Ergebnisse philosophischer Konstruktion.

Fortwährend wurde die Erfahrung gemacht, daß es zwischen Menschen qualitative Unterschiede gibt, die sich nicht in den Formen der Monotypik oder Antitypik darstellen ließen; da war es am einfachsten, die verschiedenen Varietätenbildungen, die einem zufällig begegneten und die man für typische hielt, in beliebiger Reihenfolge zusammenzustellen und im einzelnen zu schildern. Es gibt in der populären und halbpopulären Literatur, in Charakterologie, Graphologie, Physiognomik usw. eine ganze Reihe von Darstellungen, die sich mit einer so grob empirischen Behandlung der Charaktertypik und anderer Typiken begnügen. Ernstere Denker freilich mußten an dem völligen Mangel systematischen Zusammenhangs Anstoß nehmen, und so hat man denn oft versucht, wenigstens nachträglich logische Prinzipien zur Ordnung heranzuziehen.

In ebenso einseitiger Beschränkung wurde von andern der umgekehrte Weg benutzt, d. h. die logische Deduktion der Politypik unter Vernachlässigung oder doch starker Zurückstellung der Empirie. Da es sich hier um Bestrebungen handelt, die von wissenschaftlichen Kreisen — und zwar nicht nur von konstruktiven Philosophen, sondern z. T. auch von modernen empirischen Psychologen — vertreten werden, so ist ein kurzes Eingehen auf die Schwächen des Verfahrens nötig.

Den Ausgangspunkt bildet der Gedanke, daß Typen nur Varietätenbildungen von Merkmalen sind, die allgemein menschliche Geltung haben; deshalb stützt man sich auf dieses G e n e r e l l e, d. h. auf die Auffassung, die man über die allgemeinen Bedingungen oder die allgemeine Struktur des menschlichen Seelenlebens hat und läßt die der Voraussetzung nach überall vorhandenen ätiologischen oder psychologischen Elemente bei bestimmten Menschengruppen verschieden stark ausgeprägt sein. Es handelt sich also kurz gesagt um eine d i r e k t e U m s e t z u n g d e r g e n e r e l l - p s y c h o l o g i s c h e n (o d e r p s y c h o - p h y s i s c h e n) T h e o r i e i n d i f f e r e n t i e l l - p s y c h o - l o g i s c h e T y p i k. Bei konsequenter Anwendung dieses deduktiven Verfahrens mußte sogar die Zahl der im allgemeinen

Merkmal angenommenen Elemente und der in der Menschheit angenommenen Typen übereinstimmend sein, da jedes Element prävalieren und damit einen Typus konstituieren kann.

Einige Beispiele mögen dies zeigen, zunächst aus dem Altertum:

a) Allgemeine Theorie (GALEN): Alles menschliche Leben ist bestimmt durch Mischung von vier Säften: Blut, Schleim, gelbe Galle, schwarze Galle.

Abgeleitete Typik: Es gibt vier Arten der Mischung (temperare = mischen), Menschen, bei denen das Blut vorwiegt (Sanguiniker), „Schleimige" (Phlegmatiker), „Gelbgallige' (Choleriker), „Schwarzgallige" (Melancholiker)[1].

b) Allgemeine Theorie (PLATON): Die Seele besteht aus drei Teilen, der Vernunft, dem Mut und der Begierde, die auch in verschiedenen Körperteilen ihren Sitz haben.

Abgeleitete Typik (hier in sozialpsychischem Sinne): Die Bürgerschaft besteht aus drei Typen: den Vernunftmenschen oder Philosophen, den Mutmenschen oder Kriegern, den Begierdemenschen oder Gewerbetreibenden. —

Aus der neueren Zeit:

c) Allgemeine Theorie (Vermögenslehre): Die Seele hat drei Vermögen: Denken, Fühlen, Wollen.

Abgeleitete Typik: Es gibt Verstandesmenschen, Gefühlsmenschen, Willensmenschen.

d) Allgemeine Theorie (GALL). Die Seele besteht aus zahlreichen Vermögen, die in bestimmten Gehirnteilen ihren Sitz haben und sich nach außen durch Wölbungen der darüber liegenden Schädelpartie bekunden.

Abgeleitete Typik: Es gibt so viele verschiedene Typen, als sich verschiedene Varietäten von Hökern und Wülsten am Schädel (als Zeichen besonders ausgeprägter Vermögen) finden.

In jüngster Zeit ist das konstruktive Verfahren mit besonderer Deutlichkeit von DÜRR für die Aufmerksamkeit durchgeführt worden[2].

Nachdem er jene Typengliederungen, die von verschiedenen Psychologen auf Grund experimenteller Untersuchungen aufgestellt worden waren, zurückgewiesen hat, fährt er fort: „Es ist von vornherein zu erwarten, daß die Bestimmung von Verschiedenheiten der Aufmerksamkeitsdisposition sich am besten wird durchführen lassen im Anschluß an eine bestimmte Theorie der Aufmerksamkeit..." Diese Theorie aber fordert, „daß die elementaren Verschiedenheiten der Aufmerksamkeitsdisposition .. nur gedacht werden können als beruhend auf Differenzen der ... Erregbarkeit der den Bewußtseinsfunktionen zugeordneten Partien des Zentralorgans, auf Differenzen der Beeinflußbarkeit gleichzeitig sich abspielender psychophysischer Prozesse, auf Differenzen der Bahnungsfähigkeit des Nervensystems .... und auf Differenzen der Ermüdbarkeit ..." Die

---

[1] **779.** Vgl. auch **788, 795.**

[2] **402.**

Theorie geht also, wie man sieht rein analytisch vor, sie sucht die den Aufmerksamkeitsakt begleitenden Bewußtseinszustände und physiologischen Prozesse aufzuzeigen. Hierzu hat sie — als generellpsychologische Theorie — völlig Recht; aber irrig ist der Glaube, aus der Analyse dieser Begleiterscheinungen einen Schematismus ableiten zu können, der den tatsächlich vorhandenen typischen Varietäten der Aufmerksamkeit gerecht wird.

Es ist klar, daß der Wert der aus einer generellen Theorie abgeleiteten Polytypik zum Teil abhängig ist von dem Wert dieser Theorie selbst; aber man darf auch diesen Zusammenhang nicht absolut nehmen. Die Geschichte der Temperamentenlehre zeigt ja, daß die Theorie längst überwunden sein kann, ohne daß die darauf aufgebaute Typik ihr Schicksal teilen mußte; andererseits bietet aber auch die wissenschaftlichste Allgemeintheorie durchaus keine Gewähr dafür, daß die von ihr aus zu erwartenden Typen auch tatsächlich vorhanden sind; die Wirklichkeit ist eben launischer als das logische Schema.

Das Paradigma für diese verwickelten Verhältnisse zwischen theoretischer Ableitung und realer Existenz der Typen bildet die Wendung, welche die Temperamentenlehre im 19. Jahrhundert genommen hat[1].

Man gab jetzt (mit wenigen Ausnahmen) die alte physiologische Ableitung auf und wählte seinen Standpunkt im rein Psychologischen. Zunächst stellte man diejenigen psychischen Elemente auf, welche allgemein und notwendig zum Begriff des Temperaments gehören sollten; und es ist zweifellos, daß manche dieser Analysen, zumal in neuester Zeit, von großer Feinheit und Gründlichkeit waren. Sodann wurde aus den angenommenen generellen Elementen des Temperaments überhaupt wieder die Typik der einzelnen Temperamente abgeleitet. Man verfuhr nun aber nicht mehr in der groben Weise, daß jedem prävalierenden Element ein Typus zugeordnet wurde. Vielmehr setzte man voraus, daß die Temperamente komplexe Typen sein müßten, die durch Kreuzung von einfachen Typen entständen, und damit war ein neuer logischer Schematismus zur Ableitung der Polytypik, nämlich ihre Zurückführung auf die Antitypik, gefunden. Jedes der angenommenen Merkmale des allgemeinen Temperamentsbegriffs nämlich ließ man antitypisch variieren und aus diesen Variationen bildete man die denkbaren Kombinationen.

Einfachstes Beispiel: Kommt das allgemeine Merkmal a in

[1] Bibliographie Abt. B XII. Vgl. auch die Liste der Temperamentenschemata im Anhang.

der Antitypik + a und — a vor und das allgemeine Merkmal b in der Antitypik + b und — b, so erhält man durch Kombinationsrechnung vier Komplextypen, deren Schema so aussieht:

		Merkmal a	
		+ a	— a
Merkmal b	+ b	(+a) (+b)	(—a) (+b)
	— b	(+a) (—b)	(—a) (—b)

Läßt man drei antitypisch gegliederte Merkmale zusammenkommen, so ergeben sich $2^3 = 8$ Kombinationsformen; bei vier Gegensatzpaaren entstehen $2^4 = 16$ Fächer, aber auch noch andersartige Kombinationen sind denkbar.

Man glaube nicht, daß wir hier müßige mathematische Spielerei treiben; es handelt sich um eine Methode, die seit einem Jahrhundert zur Aufstellung der Temperamentstypik fortwährend (und für andere Typiken ebenfalls hier und da) angewandt worden ist.

$2^2 = 4$ Temperamente, also die hergebrachte Gliederung, erhält Kant [1] durch Kreuzung der Gesichtspunkte: Gefühlsmäßig/tätig und Anregung/Abspannung, Hellwig [2] durch Kreuzung von starker/schwacher Rezeption mit starker/schwacher Reaktion, Wundt [3] durch Kreuzung von starker/schwacher und schneller/langsamer Affektveranlagung, Ebbinghaus [4] durch Kreuzung von optimistischer/pessimistischer Richtung mit mehr affektartigem und mehr stimmungsartigem Verhalten.

$2^3 = 8$ Temperamente enthält das Schema von Höffding [5] durch Kreuzung der drei Gegensatzpaare Lust/Unlust, Stärke/Schwäche, Schnelligkeit/Langsamkeit und das von Heymans [6] durch Kreuzung von: Emotionell/Nichtemotionell, Aktiv/Nichtaktiv, vorwiegende Primär-/Sekundär-Funktion. Allerdings hat Heymans für zwei der acht Fächer bisher keine Vertreter gefunden.

Auch Herbart [7] kreuzt drei Gegensatzpaare, nämlich die starke und schwache Ausprägung der drei physiologischen Systeme (des vegetativen, irritablen und sensitiven); doch kommt er statt zu acht nur zu sieben Temperamenten, indem die Kombination schwach/schwach/schwach ausfällt. Ferner gehört Achs [8] Einteilungsversuch hierher; seine drei Komponenten sind: starke/schwache determinierende Veranlagung, schneller/langsamer Abfall

---

[1] 8. [2] 781/2. [3] Grundzüge der phys. Ps. 5. Aufl. Bd. 3 S. 637.
[4] Abriß d. Ps. S. 147.
[5] 786. [6] 804. [7] 784/5. [8] 799.

der Determinationsstärke, Erhöhung/Herabsetzung der sensomotorischen Erregbarkeit; indessen begnügt er sich mit fünf der acht denkbaren Kombinationsformen.

Auf Kreuzung von v i e r Gegensatzpaaren endlich bauen BAHNSEN [1] und MEUMANN [2] ihre Schemata auf; aber keines enthält die von der logischen Systematik geforderte Sechzehnzahl der Temperamente. BAHNSEN verwendet die antitypischen Formen: Stärke/Schwäche der Spontaneität, Rezeptivität, Impressionabilität, Reagibilität, wählt jedoch nur diejenigen vier Verbindungen aus, welche dem alten Temperamentenquartett entsprechen. MEUMANN kreuzt: Lust/Unlust, leichte/schwere Gefühlserregbarkeit, geringe/große Gefühlsintensität, Aktivität/Passivität. Aber da er nicht viergliedrige Kombinationen bildet, sondern nur zweigliedrige, aus Lust/Unlust und je e i n e r anderen Form, so entstehen zwölf Temperamente, die er allerdings sämtlich als wirkliche Typen anspricht.

Diese Aufzählung ist notwendig, um einen prinzipiellen Standpunkt zu dem gewählten Verfahren der polytypischen Gliederung zu gewinnen. Sie läßt nämlich zwei Grundmängel der Methode klar erkennen: die außerordentliche Buntscheckigkeit der zur Einteilung gewählten Gesichtspunkte und die Unzulänglichkeit des logisch geforderten Schemas, sobald es empirisch ausgefüllt werden soll. Der erste Mangel beweist, daß die generell-psychologische Analyse, mit der die einzelnen an die zu typisierende Funktion herangingen, bei aller Feinheit nicht ausreichend gewesen sein kann, sonst hätten nicht die verschiedenen Forscher so verschiedenartige Elemente als Konstituenten des allgemeinen Temperamentsbegriffs aufstellen können. Der zweite Punkt zeigt, daß der logische Schematismus ein sehr zweischneidiges Mittel ist. Sein positiver Wert liegt im Heuristischen, da er angibt, welche Typenformen unter gewissen Voraussetzungen d e n k b a r seien; aber er bedeutet geradezu eine Gefahr, wenn man das von ihm gebildete Rahmenwerk für ein System realer Gliederungsfächer ansieht, die sämtlich ausgefüllt werden müssen und denen sich die typischen Verschiedenheiten der Menschen erschöpfend fügen sollen.

---

[1] **1**. [2] **592**.

Kapitel XIV.

Typengliederung II.

(Die exakten Methoden.)

1. Die exakte Typenforschung.

Die bisher besprochenen Verfahrungsweisen der Typengliederung hatten — trotz der bedeutenden Unterschiede ihres wissenschaftlichen Wertes — doch ein Negatives gemeinsam: sie bauten sich nicht auf differentiellpsychologischen Untersuchungen im exakten Sinne des Wortes auf. Im besten Falle zogen sie solche nachträglich zur Prüfung des anderweitig hergeleiteten Typensystems hinzu; meist aber verzichteten sie selbst hierauf.

Man versteht dies, wenn man bedenkt, daß das praktische und popularpsychologische Verlangen nach Typengliederung um viele Jahrhunderte älter ist, als die wissenschaftliche Differential-Psychologie; aber da wir nunmehr eine solche haben, muß sie auch beim Problem der Typengliederung zu ihrem Rechte kommen. Dies gilt auch gegenüber den Ansprüchen der generellen Psychologie. Zeigte doch gerade der am Schluß des vorigen Abschnittes gegebene Überblick über neuere Versuche zur Temperamentenlehre, daß man glaubte, in allgemeinpsychologischen Theorien und Analysen die zureichende Handhabe zur Aufstellung von Typen gefunden zu haben. Das Verfahren hat keinen befriedigenden Erfolg gehabt; *die Typenlehre ist ein Gegenstand der differentiellen Psychologie und muß mit deren eigenen Methoden und Gesichtspunkten bearbeitet werden.*

Die letzten Jahrzehnte haben begonnen, diesen Forderungen zu entsprechen. Experimentelle Massen- und Einzeluntersuchungen, statistische Erhebungen, psychographische Aufnahmen, klinische Beobachtungen usw. haben zur Aufstellung von zahlenreichen Typenschemen geführt, die teilweise mit schon früher bekannten zusammenfallen (also deren exakte Nachweisung darstellen sollen), teilweise aber auch eine Erweiterung unserer Kenntnisse bedeuten.

Bei diesen auf induktivem Wege gewonnenen Typen finden wir wieder alle drei Schemaformen.

Das monotypische Schema wird freilich nur als Notbehelf angewendet. Es ist das Provisorium für irgendeine neu gefundene Abnormität (z. B. die Synästhesie), oder eine prätendierte Gabe (Fähigkeit des Hellsehens), enthält aber in sich die Aufforderung für den Forscher, das scheinbar ganz isolierte Gebilde mit gewissen, bei anderen Menschen bekannten Erscheinungen in Analogie zu bringen und damit die monotypische Auffassung zu verlassen.

Besonders stark vertreten ist das antitypische Schema — kein Wunder, da es ja, wie schon oben angedeutet, dem Streben moderner Forschung nach Quantifikation so sehr entspricht. Es ist vor allem auf zwei ausgedehnten Funktionsgebieten vielfach angewandt worden, auf dem des Stellungnehmens und auf dem der psychischen Dynamik.

Die Art, wie das Subjekt — beim Urteilen, Auffassen, Darstellen usw. — zum Objekt Stellung nimmt, führte zur Gegenüberstellung eines „objektiven" und eines „subjektiven" Typus, über den weiter unten ausführlicher gehandelt wird.

Die psychische Kräfteverteilung kann entgegengesetzte Typen erzeugen in der Art des Arbeitens, im Funktionieren der Aufmerksamkeit, in der zur Verstärkung oder Abschwächung neigenden Richtung des Urteilens und Schätzens. So stellte Kräpelin den Unterschied der Morgen- und Abendarbeiter so wie andere antitypische Arbeitseigenschaften auf. Die Aufmerksamkeitstypik wurde von Meumann [1], Cohn und Gent [2] und anderen auf die Gegensätze: fixierend-fluktuierend, distributiv-konzentrativ, stark-schwach dilatationsfähig gebracht [3].

Martin und Müller [4] fanden beim Vergleichenlassen gehobener Gewichte, daß eine Gruppe von Prüflingen mehr richtige Fälle lieferte, wenn das Vergleichsgewicht größer als das Grundgewicht war, die andere, wenn das Vergleichsgewicht kleiner war. Zum ersten „positiven" Typ gehörten meist Männer und kräftige Heber, zum „negativen" meist Frauen und schwache Heber. Auch ein indifferenter Typ ergab sich.

Gegentypen beim Schätzen („Überschätzer" und „Unterschätzer", zuweilen auch ein indifferenter Mitteltypus) wurden festgestellt: von Lobsien [5] an Schulkindern, welche kurze Zeiträume zu beurteilen hatten, von Smith [6] bei geometrisch-optischen Täuschungen, von mir selbst [7]

---

[1] **886** Bd. 1, S. 500, 508. [2] **559** S. 233 ff.

[3] Cohn und Gent haben freilich durch Korrelationsberechnungen gezeigt, daß man hier von wirklichen Typen nur mit großem Vorbehalt sprechen kann.

[4] **414**. [5] **412**. [6] **422**. [7] **425** S. 70.

bei Schätzungen von Raumlängen. Zugleich aber glaubte ich davor warnen zu müssen, den Bereich eines so festgestellten Schätzungstyps zu weit auszudehnen, da die Korrelation zwischen den Schätzungstendenzen derselben Personen für Zeiten und Längen noch ganz ungewiß sei.

Polytypischen Charakters sind die Darstellungstypen Binets (beschreibender, beobachtender, phantasievoller, gelehrter Typ), mit denen die von mir für verschiedene Altersstufen aufgestellten Intelligenztypen (Substanz-, Aktions-, Relations- und Merkmalsstadium) eine gewisse Verwandtschaft haben. Vor allem aber gehören hierher die Vorstellungstypen (visuell, auditiv, motorisch und deren Verbindungen), die das meist behandelte Thema der experimentellen Typenlehre darstellen. — Auf alle genannten polytypischen Gliederungen kommen wir später noch genauer zu sprechen.

Allein auch diese Typenaufstellungen bedürfen einer kritischen Betrachtung, freilich meist in entgegengesetzter Richtung wie die des vorigen Kapitels. Denn nun handelt es sich um ein zu enges Haftenbleiben am Roh-Empirischen und um die Unzulänglichkeit in der logischen Be- und Verarbeitung der Erfahrungsmaterialien.

Die Empirie selbst liefert ja, wie wir S. 170 sahen, höchstens „phänomologische Typen"; das Recht, in ihnen Symptome für wirkliche „psychologische Typen" zu sehen, bedarf einer gesonderten Untersuchung, ebenso wie die genaue Beschaffenheit des so erdeuteten Typs. Beide Aufgaben nahm man meist zu leicht. Man neigte dazu, den Erscheinungstyp geradezu mit dem psychologischen zu identifizieren; und hielt man erst das Dasein eines solchen Typs für erwiesen, so ging man möglichst schnell zu Problemen zweiten Ranges über: in welchen verschiedenen Phänomenen sich der Typ äußere, in welcher Häufigkeit er vertreten sei und mit welchen Mitteln seine Anwesenheit oder Nichtanwesenheit im individuellen Falle geprüft werden könne.

Die Fragen nach der wirklich dispositionellen Grundlage des Typs, nach seiner Stabilität oder Veränderlichkeit, nach seiner größeren oder geringeren Komplexität, nach seinem korrelativen Verhältnis zu anderen Typen, vor allem nach seinem Typenbereich fanden bei weitem nicht die Beachtung, die sie verdienten; und doch sind sie mit der obengenannten aufs engste verknüpft, ja zum Teil ist ihre Beantwortung die Vorbedingung zu einer Bearbeitung jener anderen Probleme. Wie kann man denn schon nach Methoden suchen, um die Zugehörigkeit eines X zu einem Typ zu prüfen, ehe man über die Struktur dieses Typs selbst Genaueres weiß? Prüfen heißt immer nur Einreihung eines Einzelfalles in ein bekannntes System; die bisher vorgeschlagenen Methoden der Typenprüfungen stellen aber meist Gleichungen mit lauter Unbekannten dar[1].

In ähnlich paradigmatischem Sinne, wie wir die Schwächen der konstruktiven Methoden an der Temperamentstypik erläuterten, kann man die der experimentellen Methoden an der Lehre von den Vorstellungstypen[2] dartun. Als diese vor etwa zwei Jahrzehnten von GALTON und CHARCOT an bestimmten Einzelsymptomen entdeckt worden waren, nahm man zunächst ohne weiteres an, daß damit die Typik des Gedächtnisses, ja des Vorstellungslebens überhaupt gefunden sei. Es wurde also der Typenbereich apriori in denkbar weitestem Sinne ausgedehnt. So bezog ich selbst noch vor elf Jahren die Bezeichnungen visuell, auditiv, motorisch auf „die qualitive Bedeutung, welche das eine oder andere Sinnesgebiet für das Anschauungsleben — und damit auch für höhere geistige Funktionen, die Sprache, Lernen usw. besitzt"[3]. Und die Visuellen wurden dort folgendermaßen charakterisiert[4]: „Sie phantasieren und träumen in den lebhaftesten optischen Bildern, sie beobachten und behalten besonders leicht Farben, Formen, Gesichter, sie reproduzieren Sprachliches vorwiegend mit Hilfe der Schriftbilder, ja sie bauen sich überhaupt ihre Vorstellungswelt hauptsächlich aus optischen Elementen auf." Mit der Zeit aber stellte sich heraus, daß diese damals allgemein verbreitete Auffassung eine sehr weitgehende Vergröberung des wahren Sachverhalts enthielt.

Zunächst erwies sich eine besondere Berücksichtigung der Gegenstandsvorstellungen und der Sprachvorstellungen als erforderlich, aus zwei Gründen. Erstens nämlich bildet das Ver-

---

[1] Es zeigt sich also auch hier der schon an anderer Stelle ausführlich behandelte Mangel der differentiellen Psychologie (s. S. 102), daß sie dazu neigt, zu schnell vom Forschungsexperiment zum Test überzugehen.

[2] Diese Bezeichnung, die jetzt von den meisten Bearbeitern gewählt wird, scheint mir in der Tat passender zu sein als die Ausdrücke „Gedächntis-", „Reproduktions-", „Sinnes-", „innerer Sprachtypus", auch als der früher von mir vorgeschlagene „Anschauungstypus".

Ich kann mich oben um so eher auf kurze Andeutungen beschränken, als gerade in letzter Zeit wichtige Zusammenfassungen der Lehre von den Vorstellungstypen und kritische Erörterungen der Untersuchungsmethoden erschienen sind, so insbesondere von PFEIFFER (**544**), MEUMANN (**534/5**), COLVIN (**515**), SEGAL (**546**), G. E. MÜLLER (**458** a). Bezüglich weiterer Literatur vgl. man die ganze Abt. B III der Bibliographie.

[3] **13** S. 47/48. [4] S. 48.

hältnis beider Gebiete zueinander eine neue Typengliederung, die sich mit der nach Sinnessphären kreuzt: man unterschied solche Individuen, deren Denken sich vorwiegend in sprachlichem Vorstellungen bewegt („Wortdenker") und solche, deren Vorstellungsleben viel mehr auf Gegenständliches gerichtet ist („Sachdenker"). — Zweitens aber erkannte man die Unzulässigkeit der Voraussetzung, daß sich das bevorzugte Sinnesgebiet gleichmäßig über alle Seiten des Vorstellungslebens ausdehnen müsse.

Diejenigen Individuen, bei denen überwiegende Visualität auf dem Gebiete der Sprachvorstellungen (Einprägung des Schriftbildes, der Stellen usw.) herrscht, sind durchaus nicht immer in bezug auf Gegenstandsvorstellungen, Träume, Phantasieleben stark visuell, und umgekehrt. Es kann also ein X für Sprachliches und Sachliches verschiedenen Typen angehören.

Diese Spezialisierung des Typenbereichs geht nun aber noch weiter. Selbst innerhalb des Sprachlichen fand sich, daß ein festgestellter Typ nicht gleichmäßig auf alle hierhergehörigen Vorstellungsleistungen angewandt wird, sondern in starker Weise von der Art und Schwierigkeit der gestellten Aufgabe und anderen Bedingungen abhängig ist (SEGAL, COLVIN, FEUCHTWANGER, G. E. MÜLLER u. A.). In entsprechender Weise aber wird sich zweifellos auch das Gebiet der Sachvorstellungen in eine ganze Reihe von Teiltypen spalten; es ist z. B. durchaus nicht gewiß, ob die Vorherrschaft einer Sinnessphäre, die bei Prozessen der freien Phantasietätigkeit und des Traumlebens festgestellt ist, sich auch auf das Gebiet des gegenständlichen Denkvorganges erstrecken müsse.

So ist denn gerade auf diesem, weitaus am meisten bearbeiteten Gebiet der experimentellen Typenlehre ein heftiger Rückschlag eingetreten. An die Stelle der schönen, umfassenden Einheiten mit denen man vor einem Jahrzehnt die gesamte Vorstellungseigenart der Menschen glaubte typisieren zu können, ist jetzt eine ungeordnete Schar von Spezialtypen getreten, deren jeder einen noch nicht im einzelnen festgestellten, sicher aber relativ engen Typenbereich besitzt und über deren Korrelation untereinander ebenfalls erst die Zunkunft Aufklärung verschaffen muß.

Bei dieser Sachlage ist eine große Zurückhaltung auch bezüglich der p r a k t i s c h e n Folgerungen geboten, die aus der Lehre von den Vorstellungstypen zu ziehen sind. Gewiß ist auch das, was an dieser Lehre als gesichert gelten kann, schon von bedeutendem Werte z. B. für die Pädagogik; aber man vergleiche Forderungen wie diejenige, daß die Schule in besondere Typenklassen gegliedert werden solle, mit dem oben angedeuteten Stande der wissenschaftlichen Forschung!

Und endlich das Prüfungsproblem! Der Irrtum, daß die festgestellten Vorstellungstypen bekannte Größen seien, veranlaßte zahlreiche Untersucher, insbesondere Pädagogen, Tests aufzustellen, mit deren Hilfe jedes Individuum ohne Mühe als visuell, auditiv oder motorisch charakterisiert werden könne. Und wie wahllos verfuhr man hier! Jedes Verfahren, bei welchem manche Menschen mehr optische, andere mehr akustische Vorstellungen in Funktion treten ließen, galt ohne weiteres als geeigneter Prüfungstest für den Vorstellungstypus. Ob dieser Test überhaupt Symptomwert habe, ob die mit dem einen Test geprüften Individuen auch bei einem anderen Test dieselbe Typenzugehörigkeit zeigten, welche Seiten des Gedächtnisses durch den Test getroffen werden, wurde nicht gefragt; man glaubte ja eben, der Bereich des Typs erstrecke sich über das ganze Vorstellungsleben. Auch in dieser Beziehung hat erst in den letzten Jahren größere Selbstkritik und Vorsicht Platz gegriffen (vgl. z. B. die Ablehnung fast aller Typentest-Methoden durch Colvin); aber sie ist durchaus noch nicht Gemeingut aller Beteiligten geworden.

Da sich derartige Unsicherheiten und Unklarheiten auch auf anderen Gebieten der experimentellen Typenforschung finden, so sieht es zunächst aus, als ob die exakte Methode keinen höheren Wert habe, als die im vorigen Abschnitt besprochenen Verfahrungsweisen. Indessen — die naiv-konstruktiven Methoden hatten nach einer jahrhundertelangen Geschichte keinen wissenschaftlich befriedigenden Stand erreicht; das experimentelle Verfahren dagegen hat eine Geschichte von wenigen Jahren, und die besprochenen Mängel dürfen wohl als Kinderkrankheiten betrachtet werden. Es war ja auch sehr natürlich, daß man im Überschwang der ersten Entdeckung einer neuen Methode ihr gleich zuviel zumutete.

Die Forderungen, die für eine künftige experimentelle Typenforschung auf diesem Gebiete aufgestellt werden müssen, sind zum Teil schon in der vorangegangenen Kritik implicite gegeben oder in früheren Kapiteln (z. B. über die Feststellung des Symptomwerts eines Ergebnisses oder über die Kautelen der Prüfungstests) besprochen. Zu einem anderen Teil aber müssen sie noch ausdrücklich behandelt werden.

Da ist zunächst vor einer zu weitgehenden Empiristik zu warnen, die alles, was nicht in unmittelbaren Erfahrungen experimenteller oder statistischer Art vorliegt, verwirft. Zu Typen kommt man niemals durch bloßes Sammeln von Daten, sondern nur durch ihre logische Verarbeitung. Ja selbst jenen Weg, der mit der logischen Konstruktion anfängt, braucht die exakte Typenforschung nicht völlig zu verwerfen. Denn er liefert zum Teil die Gesichtspunkte und Aufgaben, die der empirische Untersucher braucht, um sich nicht im Ungewissen der zahllosen Experimentiermöglichkeiten zu verlieren. Schemata, die abgeleitet sind aus den großen Zweckeinheiten des natürlichen Lebens (Geschlecht, Beruf, Nation) oder aus einer wissenschaftlich gut fundierten allgemein-psychologischen oder physiologischen Theorie, sind zwar auf Grund dieser Ableitung noch nicht als wirkliche Typen legitimiert, aber sie stellen Möglichkeiten, unter Umständen geradezu Wahrscheinlichkeiten dar, deren Wirklichkeitswert zu prüfen nun dem empirischen Forscher obliegt. Es wird sich dann gewöhnlich zeigen, daß zwar die starre Einfachheit des logischen Schemas nicht vor der Wirklichkeit Stand hält, daß aber doch gewisse Hauptzüge, oft auch überraschende Einzelheiten in der Empirie bestätigt und nach Inhalt, Form und Ursache genauer bestimmt werden können. Und wenn selbst die Nachpüfung wesentlich negativ ausfallen sollte, so bleibt doch die heuristische Bedeutung des Ausgangspunkts ungeschmälert.

Es gibt bereits einige Beispiele für diese Verbindung des deduktiven und des induktiven Weges.

Als Lombroso seine Theorie vom Verbrechertypus aufstellte, ging er zunächst fast ganz spekulativ vor. Die wenigen und unzulänglichen Einzelerfahrungen des Anfangs boten nur den Anstoß dar für die Anwendung darwinistischer und psychiatrischer Theorien auf den Verbrecher. Das empirische Studium der verbrecherischen Psyche folgte erst nach; und wenn hierbei auch der „Typ des geborenen Verbrechers“ in seinem einfachen Schematismus aufgeben werden mußte, so hatte er doch inzwischen Gesichtspunkte und Fragestellungen für die ganze moderne Kriminalpsychologie geliefert.

Ferner ist es verständlich, wenn die von so vielen Seiten in Angriff genommene psychologische Erforschung der Geschlechtsunterschiede ihre Probleme an den Überzeugungen des Alltagslebens orientiert. Diese Überzeugungen sind aber stets naiv-konstruktiver Art, — mag man nun, von der Zweckverschiedenheit ausgehend, eine deutliche Scheidung des männlichen oder weiblichen Typus auch in allgemein-psychischer Beziehung behaupten, oder mag man, im Sinne der Frauenrechtler von dem Dogma der allgemeinen Menschengleichheit ausgehend, die wesenhafte innere Typisierung des weiblichen Geschlechts leugnen. Allerdings ist hier für den empirischen Forscher besondere Vorsicht nötig, damit er in den erwähnten Dogmen nur Probleme, nicht aber, von der Hitze des Kampfes unbewußt beeinflußt, unter allen Umständen zu beweisende oder zu widerlegende Thesen sieht. MÖBIUS und WEININGER sind an dieser Klippe gescheitert, indem sie von vornherein nur solche Erfahrungstatsachen zusammentrugen, die für die durchgehende Minderwertigkeit des weiblichen Typs zu sprechen schienen; und auf der Gegenseite ist zum Beweis der entgegengesetzten These oft gleich unwissenschaftlich verfahren worden. Aber selbst innerhalb der exakten Empirie ist es in gewissem Maße möglich, durch Auswahl der Methoden und der Versuchspersonen, Gruppierung der Zahlen usw. seinen Resultaten eine — natürlich durchaus ehrlich gemeinte — Deutung zu geben, die doch stark durch dogmatische Parteiüberzeugungen beeinflußt ist.

Für die empirische Untersuchung selbst empfiehlt sich wiederum eine Methodensynthese. Da Typen Gemeinsamkeiten vieler Menschen sind, wodurch sich diese von anderen Menschengruppen unterscheiden, so kann ihre Konstatierung natürlich nicht ohne Vergleichung vieler Personen erfolgen. Da aber andererseits der Typus nicht eine in jedem Menschen isoliert vorhandene Seelenkraft, sondern die relative Vorherrschaft einer Disposition innerhalb des Gefüges der Dispositionen ist, so muß diese Relation bei jedem einzelnen untersucht werden. Also kurz formuliert: die Feststellung von Typen erfolgt durch inter-individuellen Vergleich intra-individueller Dispositionsverhältnisse[1].

Zur Untersuchung von Dispositionsverhältnissen im Einzelindividuum dienen, wie schon früher (S. 83 ff.) ausgeführt, zwei Methoden: das Wahlverfahren, welches die Spontaneität des Prüflings in Wirksamkeit treten läßt, und das Hilfe-Störungs-Verfahren, das feststellt, welche Bedingungen besonders erleichternd oder erschwerend auf die Leistungsfähigkeit einwirken. Da es aber

---

[1] SEGAL, der diesen Gedanken zuerst ausgesprochen hat, formuliert ihn mit einer gewissen Übertreibung folgendermaßen (**546** S. 218): „Der Zweck der Psychologie der Typen ist der interindividuelle Vergleich der intraindividuell gefundenen Typen". Die Typen selbst kann man intraindividuell nicht „finden", da ein Dispositionsverhältnis nur dann als typisch bezeichnet werden kann, wenn es sich an vielen anderen Menschen wiederholt. Erst wenn die allgemeine Typengliederung einer psychischen Funktion bereits anderweitig bekannt ist, genügt die intraindividuelle Prüfung eines X, um dessen Typus zu finden. Aber nicht um Typenprüfung, sondern um Typenforschung handelt es sich oben.

Wenn daher SEGAL mit Recht die Untersuchungen PFEIFFERS beanstandet, weil sie einseitig auf interindividuellem Wege Typen bestimmen wollen, so hat PFEIFFER (**701** S. 274 ff.) auch mit seiner Replik nicht Unrecht, daß ein bloß intraindividuelles Verfahren ebensowenig zum Ziele führt.

bei beiden Verfahren noch immerhin möglich ist, daß die Ergebnisse durch äußerliche oder durch vorübergehende Bedingungen stark mitbestimmt sind, so erweisen sich Kontrollen als notwendig.

Am nächsten liegt natürlich die W i e d e r h o l u n g der gleichen Untersuchungsmethoden an denselben Individuen zu verschiedenen Zeiten, um den chronischen Charakter des prävalierenden Verhaltens nachzuweisen. Allerdings besteht hier eine Gefahr in dem Faktor der Einstellung, da ein Verhalten, das beim ersten Male aus zufälligen Gründen gewählt worden sein mag, im Wiederholungsfall nachwirken kann und so einen chronischen Wert vortäuscht, den es in Wirklichkeit nicht hat. Die Gefahr ist um so geringer, je länger die Zwischenzeit zwischen den verschiedenen Proben ist; aber da äußere Schwierigkeiten es meist verbieten, dieselben Versuchspersonen nach längeren Zeiträumen noch einmal in Anspruch zu nehmen, so wird diese Nachprüfung viel seltener vorgenommen, als es wünschenswert wäre.

Ein lehrreiches Beispiel für die Wichtigkeit solcher Nachprüfung liefern Binets Untersuchungen an seinen zwei Töchtern (**692**). Er hatte in einem bestimmten Jahr die Mädchen vielseitig psychologisch geprüft und sie auf Grund dessen zwei deutlich verschiedenen Typen zugewiesen. Als er ein Jahr später die Prüfung wiederholte, hatte sich das Typenbild bei dem einen Mädchen beträchtlich geändert.

Auch Pfeiffer prüfte eine Reihe von Schulmädchen dreimal (mit je einjähriger Zwischenzeit). Er fand daß die „Arbeitstypen" (d. h. die bei Aufsätzen hervortretenden Darstellungstypen) nur in der guten Hälfte aller Fälle, die Interessentypen in und die Vorstellungstypen in etwa Dreiviertel der Fälle konstant blieben. Die Konstanz nahm mit steigendem Alter zu. (**544** S. 104 u. 114, **701** S. 180).

Wiederholte Prüfungen in größeren Zwischenräumen sind an einigen Rechenkünstlern, z. B. Inaudi und Dr. Rückle, angestellt worden. Hier ergaben die Nachprüfungen meines Wissens stets eine Bestätigung des ursprünglich gefundenen Typus. So konnte ich bei Dr. Rückle im Jahre 1911 feststellen, daß sein Zahlenlernen und Rechnen sich durchaus in den typischen Formen bewegte, wie sie Müller für 1902 ff. geschildert hat (**458** a). — Freilich ist die Stabilität der Verhaltungsweisen bei derartigen Virtuosen nicht allein auf das Konstantbleiben der Typusanlage, sondern mindestens ebensosehr auf die Fixierung durch tägliche Übung zurückzuführen.

Leichter durchführbar und nicht minder wichtig ist dagegen eine andere intra-individuelle Synthese: die Untersuchung des zur Rede stehenden Typus mit verschiedenartigen, sich ergänzenden Verfahrungsweisen. Eine typische Disposition betätigt sich ja nie nur an einer Art psychischer Phänomene und Akte, sondern an vielen; daher kann man sich ihr konzentrisch von verschiedenen

Seiten her nähern; man kann eine Prävalenz, die sich beim Hilfe-Störungsverfahren gezeigt hat, durch ein Wahlverfahren kontrollieren, man kann die Selbstbeobachtung heranziehen und zusehen, in wie fern ihre Aussagen mit den objektiven Befunden in Einklang stehen. Durch diese Vielseitigkeit der Prüfung eines und desselben Individuums nähert die Typenforschung ihr Verfahren der psychographischen Methode.

Binets eben genannte Untersuchung an seinen zwei Töchtern ist ein Beispiel auch für dies Verfahren; denn er suchte den Intelligenztypus jedes Mädchens durch zehn oder mehr verschiedenartige Verfahrungsweisen abzustecken. — Pfeiffer [1] stellt an seinen Versuchspersonen den Arbeitstypus, den Interessentypus und den Vorstellungstypus fest und vergleicht diese nicht nur untereinander, sondern auch mit den Tagebuchaufzeichnungen des Lehrers über diese Personen.

Die Vergleichung der Selbstbeobachtungsangaben mit den objektiven Ergebnissen verwertet Segal zur genaueren Bestimmung des Vorstellungstypus. [2] — Auch Feuchtwanger prüft zu gleichem Zweck seine Versuchspersonen mit einer Mehrheit von Methoden [3]. — Sehr vielseitig ist endlich der neuerdings von Bärwald ausgearbeitete Fragebogen zur Untersuchung des „motorischen“ Typus, da hier jeder Beantworter für die mannigfachsten seelischen Phänomene feststellen soll, welchen Anteil Bewegungsvorstellungen und Bewegungsimpulse an ihrem Zustandekommen haben [4].

Je mehr sich bei solcher Methodenverknüpfung zeigt, daß die auf einem Gebiet festgestellte Prävalenz auch auf anderen verwandten aber nicht identischen besteht, um so geringer ist die Wahrscheinlichkeit, daß die Prävalenz nur äußeren Bedingungen zuzuschreiben ist, um so größer also die Berechtigung, von einer vorwaltenden Disposition zu sprechen.

Für den interindividuellen Teil der Typenforschung ergeben sich dann einige weitere Forderungen. Zunächst diese, daß man in jeder Untersuchungsserie das Menschenmaterial möglichst gleichartig wähle, damit die gefundenen Unterschiede tatsächlich der inneren Disposition und nicht irgendeinem äußeren Unterscheidungsfaktor, der Bildung, dem Unterricht, der Rasse, dem Alter usw. zugeschrieben werden können. Nur dann, wenn gerade die Korrelation des Typus mit diesen Faktoren untersucht werden soll, ist natürlich ihre Einbeziehung gerechtfertigt.

Die Homogeneität des Materials hat freilich zur Folge, daß die in seinem Umkreis gefundene Typik durchaus keine Gewähr für eine Vollständigkeit der Gliederung gibt; denn es könnte ja sein, daß die übereinstimmenden Bedingungen, welchen alle

---

[1] **701.** [2] **546.** [3] **520.** [4] **509.**

Geprüften unterstehen, nur die Typenscheidung a, b oder c erlauben, dagegen den sonst möglichen Typus d nicht zulassen.

So wird eine an Künstlern vorgenommene Untersuchung auf gewisse Typen, die sich vorwiegend bei abstrakten Denkern finden, vielleicht gar nicht stoßen.

Bedenklich in dieser Hinsicht ist es, daß sich bisher die erdrückende Mehrheit aller exakt-psychologischen Untersuchungen an normalen Menschen auf nur zwei Kategorien erstreckten: auf Studenten einerseits, auf Volksschulkinder andererseits. Auch fast alle neu aufgestellten Typengliederungen sind lediglich an diesen Gruppen gefunden worden. Wir wissen vorläufig noch gar nicht, ob gleich umfangreiche Untersuchungen an Menschen höheren Alters, an Angehörigen der arbeitenden Klassen, an Schülern höherer Schulen, an Naturvölkern usw. nicht wiederum ganz andere bisher unbekannte Typen der Aufmerksamkeit und des Auffassens, des Vorstellens und des Darstellens usw. entdecken würden.

Es ist also weiter zu fordern:

Man stelle für möglichst viele, in sich homogene Gruppen die Typenbildung fest; nur so ist es möglich, sich dem Gesamtumfang der für ein bestimmtes Merkmal bestehenden Typenvariabilität zu nähern. Die apriorische Übertragung der bei einer einzelnen Gruppe gefundenen Typik auf eine Gruppe von andersartiger Struktur ist ungerechtfertigt.

Aber selbst innerhalb einer homogenen Gruppe ist die Ausdehnung der bei den untersuchten Mitgliedern der Gruppe gefundenen Typik auf die Gruppe überhaupt nicht ohne weiteres angängig; es gilt hier die früher erwähnte Bezugnahme auf die Extensität der Untersuchung (s. S. 81).

Schließlich ist die Aufstellung der Typik noch durch die Art bestimmt, wie sich die Ergebnisse der inter-individuellen Vergleichung zueinander gruppieren.

Der einfachste Fall ist die rein qualitative Gruppierung. Es kann ja vorkommen, daß sich die geprüften Individuen in zwei, drei oder mehr charakteristisch verschiedene Abteilungen reinlich scheiden — obgleich eine solche klassenartige Absonderung, wie schon früher erörtert, für psychische Beschaffenheiten als Ausnahme gelten muß. Aber auch da, wo Übergangsformen existieren, ist es immerhin oft genug möglich, diejenigen Fälle, welche sich irgendeiner teleologischen Idealform annähern, als „typische“ zu unterscheiden von jenen „atypischen“, die sich als Halbheiten, Unstimmigkeiten, unorganische Mischungen darstellen. Durch Zählung der den einzelnen Gruppen zugeteilten Personen kann dann die relative Häufigkeit der Typen bestimmt werden.

Das Verfahren ist von HEYMANS angewandt worden, der 110 Personen auf Grund ihrer Biographien den von ihm theoretisch aufgestellten 8 Temperamentenfächern zuwies [1]. Er fand 20 „Nervöse", 14 „Sentimentale", 10 „Sanguiniker", 21 „Phlegmatiker", 16 „Choleriker", 21 „Passionierte", 0 „Amorphe", 0 „Apathiker". 8 Personen ließen sich nicht eindeutig einordnen. Man ersieht hieraus sofort, daß die relative Häufigkeit der am stärksten vertretenen Typen (der Nervösen, Phlegmatiker und Passionierten) fast identisch ist; jeder Typ umfaßt ein Fünftel aller gruppierten Personen. Die Choleriker, Sentimentalen und Sanguiniker teilen sich absteigend in die übrigen zwei Fünftel. Natürlich darf aber eine an nur etwa 100 Personen gewonnene Verteilung nicht als repräsentativ für die hier überhaupt obwaltenden Häufigkeitsverhältnisse gelten; auch der Verfasser selbst denkt nicht an eine solche Verallgemeinerung.

Sind dieselben Personen nach verschiedenen Gesichtspunkten in solche qualitativen Gruppen geteilt, so kann man sie durch die später zu besprechende Methode der Gruppenkorrelation (Kontingenz) zu Komplextypen kombinieren und so ein wesentlich exakteres Bild der tatsächlich vorhandenen Typengliederung erhalten.

Das bisher zuweilen angestrebte Ziel, durch direkte Messung einer einzelnen psychischen Verhaltungsweise eine Typengliederung zu gewinnen, ist nur innerhalb sehr enger Grenzen und mit größter Vorsicht erreichbar. Es sei irgend eine geistige Leistung an vielen Personen gemessen, derart, daß wir die erhaltenen Maße in eine Reihe ordnen können — wann haben wir das Recht, aus einer solchen Stufenreihe Typenbilder abzuleiten?

Ganz unzulänglich ist die hier und da angewandte Methode, daß man einfach den Durchschnittswert der Reihe berechnet und die über dem Durchschnitt stehenden Varianten dem einen Typus, die unter dem Durchschnitt stehende dem anderen Typus zuweist. Hier wird der Begriff des Typus falsch aufgefaßt.

PFEIFFER, z. B. verfuhr, um den sachlichen Vorstellungstypus seiner Versuchspersonen festzustellen, folgendermaßen [2]. Er nannte ihnen eine Reihe von Worten mit der Aufgabe, niederzuschreiben, was sie sich bei jedem Wort dächten. Die Niederschriften erhielten bei jeder Person optische, akustische und kinästhetische Inhalte in bestimmter Anzahl. Nun wurden die Anzahlen der optischen Inhalte jeder Versuchsperson in eine Reihe geordnet, der Zentralwert gesucht und alle über dem Zentralwert stehenden Personen als Angehörige des visuellen Typus angesprochen.

---

[1] **804.** [2] **544.**

Ebenso wurde mit den akustischen und den kinästhetischen Inhalten verfahren. (Natürlich kann eine Versuchsperson unter Umständen in allen drei Reihen über dem Zentralwert stehen; sie bildet dann nach PFEIFFER einen Komplextypus. Die Wertigkeit der Teiltypen wird nach dem relativen Abstand vom Zentralwert bestimmt.) — Über die Anwendung der entsprechenden Methode durch PFEIFFER bei den Darstellungstypen vgl. S. 205/6.

Der einzige zulässige Weg, um aus einer e i n z e l n e n Messungsreihe Ergebnisse für die Typenkunde zu ziehen, ist der folgende: Man stelle die Häufigkeit fest, mit der die einzelnen vertretenen Maßwerte vorkommen und ordne sie in eine Häufigkeitskurve. Hat die Kurve die einfachste Form, nämlich einen einzigen in der Mitte liegenden Gipfel (GAUSSsche Kurve), dann besteht keine Möglichkeit, daraus eine Typengliederung abzuleiten; denn jene Form bedeutet, daß der mittlere Grad der Disposition am häufigsten ist, und daß von dort nach oben und unten die Häufigkeit stetig abnimmt. Anders wenn die Kurve zwei- oder mehrgipflig ist. Denn dann kann jedes solches Häufigkeitsmaximum als Zentrum eines Typus angesehen werden; zugleich läßt sich aus der Kurve ablesen, ob die verschiedenen Typen in annähernd gleicher oder in verschiedener Häufigkeit vorkommen.

Mit diesem statistischen Verfahren wird man vor allem antitypische Ausdrücke daraufhin prüfen können, ob ihnen tatsächlich eine Typengruppierung entspricht, oder ob sie lediglich bequeme Bezeichnungen für gewisse extrem liegende Einzelfälle sind. Auch die etwaige Berechtigung, die Indifferenzzone zwischen zwei Gegentypen zu einem besonderen Mitteltypus (type mixte) zu erheben, läßt sich daran prüfen, ob sich hier noch ein besonderes Maximum der Kurve findet.

Um aber auch ein etwaiges Ergebnis dieser Art nicht zu überschätzen, muß man sich immer gegenwärtig halten, daß man höchstens phänomenologische Typen gefunden hat, die sich auf die gemessene Einzelleistung beziehen. Erst dann wenn man durch die früher erwähnten Methodensynthesen und durch Korrelationsrechnung die gefundene Häufigkeitsverteilung im großen und ganzen immer wieder bestätigt findet, hat man ein Recht, sie als Ausdruck einer eigentlichen dispositionellen Typik zu betrachten.

Mit den letzten Betrachtungen haben wir uns schon aus der rein qualitativen Fragestellung entfernt und dem Problem der quantitativen Variation sowie der Korrelationsstatistik genähert, die in den folgenden Kapiteln selbständig behandelt werden. Zuvor aber sei noch an einigen konkreten Hauptgebieten der modernen Typenforschung gezeigt, welcher Stand mit Hilfe der geschilderten Methoden bisher erreicht wurde und in welcher Richtung Fortschritte zu erhoffen sind. Ich wähle dazu absichtlich Gebiete, die in letzter Zeit nicht (wie etwa das der Vorstellungstypen) von anderer Seite zusammenfassende Behandlung erfahren haben, die aber, wie mir scheint, berufen sind, in der Forschung der nächsten Jahre mit im Vordergrunde des Interesses zu stehen.

2. Darstellungstypen.

A. Methodisches. Als „Darstellungstypen" bezeichne ich alle diejenigen typischen Besonderheiten, die in der Wiedergabe zusammenhängender Erlebniskomplexe hervortreten. Für die hierher gehörigen Typiken sind bisher verschiedene andere Namen verwandt worden, z. B. „Intelligenztypen" (Binet), „Arbeitstypen" (Pfeiffer), „Beschreibungstypen" (Meumann). Die Ausdrücke sind indessen teils zu weit, teils zu eng, teils schief. Obiger Name scheint schon deshalb den Vorzug zu verdienen, weil er am wenigsten voraussetzt, vielmehr nur die Erscheinung benennt, an der sich die Typik bekundet.

Ich selbst hatte früher von „Auffassungstypen" gesprochen; aber auch hier muß man einen Vorbehalt machen.

Von irgendeinem Erlebniskomplex bis zu seiner Darstellung führt ein weiter Weg, auf welchem eine mehrfache Auslese stattfindet. Sowie nur dasjenige zum Gegenstand der Wahrnehmung wird, was die Empfindlichkeits-Schwelle überschritten hat, so hebt ein weiterer Akt des Individuums wiederum aus diesem Wahrnehmungsmaterial gewisse Elemente über die Schwelle des Auffassens und interessebetonten Verstehens, während andere darunter bleiben. Diese Auslese ist zweifellos zum großen Teil von inneren Dispositionen des Individuums abhängig; aber die hier etwa vorhandenen Typen der Auffassung sind dem Beobachter deswegen nicht ohne weiteres zugänglich, weil die nach außen tretende Darstellung nicht ein einfaches Spiegelbild der Auffassung ist. Es wiederholt sich hier nämlich der Ausleseprozeß noch eine drittes Mal. Durchaus nicht alles, was aufgefaßt worden ist, wird über die Darstellungsschwelle gehoben, manches nicht, weil ihm die Wucht fehlt, um sich in eine Äußerung umsetzen zu können, anderes nicht, weil die Technik versagt, wieder anderes nicht, weil das Darstellen selber seine eigenen Wahl- und Gestaltungsprinzipien hat. Somit sind die Darstellungsprodukte selbst, als die letzten uns zugänglichen Glieder dieser Kette, kaum mehr daraufhin analysierbar, welchen Anteil Wahrnehmungs-, Auffassungs- und eigentliche Darstellungsfähigkeiten an ihnen haben; aber um so deutlicher treten diejenigen Eigenschaften des Individuums in ihnen hervor, die nicht dieser oder jener Einzelfunktion, sondern der intellektuellen Stellungnahme des Individuums überhaupt anhaften und sich daher ebenso beim Wahrnehmen wie beim Auffassen wie beim Darstellen betätigen.

Das Darstellen kann entweder auf dem Wege des Sprachlichen oder des Bildnerischen (durch Zeichnen, Malen, Modellieren) erfolgen. Auf letzterem Gebiet sind Typenprobleme bisher mit exakten Mitteln noch kaum bearbeitet worden; nur Kik hat den Versuch gemacht, eine Reihe von Typen zeichnerischer Begabungen (bei übernormalen Kindern) zu beschreiben [1].

Dagegen ist die sprachliche Darstellungstypik [2] vielfach untersucht worden, allerdings ganz vorwiegend bei Kindern. Auch hier war Binet der Wegweiser. Später vereinigten sich mit seinen Anregungen gewisse Befunde der Aussagepsychologie; endlich wurde durch die Analyse des deutschen Aufsatzes die Untersuchung bedeutend gefördert.

Das Gemeinsame aller Methoden besteht darin, daß die Versuchspersonen veranlaßt werden, irgendein Erlebnis oder einen Komplex von Eindrücken sprachlich darzustellen.

Als Objekte der Darstellung dienten bei fast allen Untersuchern in erster Reihe Bilder; außerdem wurden verwandt: Gegenstände (eine Zigarette und andere Dinge bei Binet [3], eine Uhr bei Leclère [4], eine Statuette bei Nogrady [5], ein Federhalter bei Erdmann [6], gehörte Erzählungen, gesehene Vorgänge, ganze Erlebniskomplexe (Netschajeff [7]: die Newa; Cohn-Dieffenbacher [8]: Leben und Treiben auf dem Bahnhofe in Freiburg). Lobsien gab fünf isolierte Wörter, um welche herum eine Geschichte erdacht werden sollte [9].

Die Darstellung erfolgte bald in Gegenwart des darzustellenden Bildes oder Objektes („Beschreibung"), bald kürzere oder längere Zeit, nachdem es gesehen worden war („Bericht"). Sie fand bei manchen Untersuchungen mündlich statt, wobei mitstenographiert wurde, bei anderen schriftlich. Jede dieser methodischen Verschiedenheiten ist von großem Einfluß auf die ganze psychologische Struktur der Darstellungstätigkeit und daher auch auf die resultierende Darstellung selbst [10].

---

[1] **908.** [2] Bibliographie Abt. B VII.
[3] **688—690; 692.** [4] **696.** [5] **697.** [6] **693** a. [7] **696** b. [8] **104.**
[9] **696** a.

[10] Eine weitere methodologische Unterscheidung, die namentlich für Aussageversuche gilt, kommt für unsere Zwecke nicht in Betracht, nämlich die Sonderung zwischen spontaner Darstellung („Bericht") und durch Fragen provozierter Darstellung („Verhör"). Für die Erforschung der Darstellungstypen sind natürlich allein die spontanen Berichte verwendbar.

Während sich manche Forscher damit begnügten, ihren Versuchspersonen nur e i n Objekt oder Bild zur Darstellung vorzulegen, verlangten andere von jedem Prüfling m e h r e r e Darstellungen; BINET [1] und BOBERTAG [2] legten je drei Bilder vor, PFEIFFER [3] stellte 6 verschiedene Aufsatzthemen und zwar denselben Versuchspersonen dreimal mit einjährigen Zwischenräumen. Am mannigfachsten war die Prüfung bei COHN und DIEFFENBACHER, da die Versuchspersonen ein sichtbares Bild zu beschreiben, über ein früher gesehenes aus der Erinnerung zu berichten und endlich einen Aufsatz über den Bahnhof zu verfertigen hatten.

Die Bestimmung der Typen erfolgte in den meisten Fällen, insbesondere bei BINET und seinen Nachfolgern, durch S c h ä t z u n g des Gesamteindruckes, den die Darstellungen hervorrufen. Die deutsche Forschung suchte dies immerhin unsichere Verfahren durch ein exakteres zu ergänzen oder zu ersetzen, indem sie jede Darstellung in ihre Elemente zerlegte, diese zählte und gruppierte, endlich nach dem Häufigkeitsverhältnis der Elemente zueinander die Gesamtdarstellung charakterisierte. Diese Methode der D a r s t e l l u n g s a n a l y s e ist für Zwecke der Typenbestimmung angewandt worden: VON STERN[4], RODENWALD[5], BAERWALD[6], COHN und DIEFFENBACHER bei Aussagen über Bilder, von PFEIFFER und COHN-DIEFFENBACHER bei Aufsätzen verschiedener Art.

Die psychologischen Aufsatzanalysen der letztgenannten Forscher sind von großer Ausführlichkeit und Subtilität. Für weitere Arbeiten auf diesem Gebiet werden wohl die Gesichtspunkte von COHN und DIEFFENBACHER noch mehr als diejenigen von PFEIFFER maßgebend sein müssen; ihre Analyse erstreckt sich nicht nur auf den Inhalt, sondern auch auf den Stil der Aufsätze; außerdem aber wird der Aufsatz noch als Ganzes charakterisiert [7].

PFEIFFER sucht vor allem in sehr weitgehendem Maße die Ergebnisse der Aufsatzanalyse zur Feststellung der Typengliederung zu verwerten; leider wird die Bedeutung dieser dankenswerten Untersuchungen durch einige methodologische Bedenken stark beeinträchtigt. PFEIFFER verfährt nämlich folgendermaßen: Die Aufsätze werden zerlegt in viele logische und psychologische Kategorien, sog. „Arbeitsweisen“; es wird nun berechnet, wie häufig jede „Arbeitsweise“ in jedem Aufsatz jedes Kindes vorkommt und aus diesen Häufigkeitszahlen eine interindividuelle Reihe für die betreffende Arbeitsweise des Aufsatzes gebildet. In dieser Reihe werden die Kinder durch den Zentralwert in zwei Gruppen gegliedert: in solche, welche die Arbeitsweise in dem Aufsatz häufiger als die Mehrzahl, und in solche, welche sie weniger häufig als die Mehrzahl angewandt haben.

---

[1] **666.** [2] **668.** [3] **701.**
[4] **575.** [5] **572.** [6] **686.**

[7] Der Vollständigkeit halber sei auch die Aufsatzanalyse von SCHMIDT erwähnt (**981**). Sie gehört nicht eigentlich hierher, da nur die Fehlerhaftigkeit der Aufsätze, nicht aber der Inhalt analysiert und statistisch verwertet wird.

Dies wird für jede Arbeitsweise wiederholt. Da jede Versuchsperson nun sechs Aufsätze zu machen hatte, war es möglich festzustellen, welche Arbeitsweise bei ihr am häufigsten über dem Zentralwert lag: diese bestimmte den Typus in erster Reihe; andere ebenfalls häufig wiederkehrende Arbeitsweisen lieferten — mit absteigendem Gewicht — weitere Teiltypen.

Die Methode, Typengliederungen auf eine Halbierung von Gradreihen zu stützen, ist schon oben (S. 201) bemängelt worden. Der Mangel wird durch die Anwendung des Häufigkeitsgesichtspunktes zwar etwas gemildert, nicht aber beseitigt. Denn wir erfahren nur, wie o f t , nicht aber wie s t a r k eine Arbeitsweise bei einer Versuchsperson den Zentralwert übersteigt; aber gerade diese Stärke ist das unvergleichlich wichtigere. Denn da die in der Nähe des Zentralwerts liegenden Werte nur wenig voneinander zu differieren brauchen, ist es in weitem Maße Sache des Zufalls, ob im Einzelfalle eine Arbeitsweise etwas diesseits oder jenseits des Zentralwerts liegt. Die vorhandenen statistischen Werte werden also zur Typenbestimmung nicht genügend ausgenutzt, da der Abweichungsgrad vom Zentralwert nicht einbezogen wird.

Ein anderer methodischer Fehler besteht darin, daß die Versuchspersonen nach jeder Arbeitsweise isoliert rangiert wurden, während das intra-individuelle V e r h ä l t n i s der Arbeitsweisen nicht berücksichtigt wird. Hier gilt also mutatis mutandis dieselbe Kritik, die Segal an andere Untersuchungen Pfeiffers über Vorstellungstypen angelegt hat (s. S. 197 Anm.).

Wir kommen nun zu den aufgestellten Typen selbst. Die hier obwaltende Mannigfaltigkeit zeigt, wie stark die Gruppierung in der Tat von der jeweiligen Aufgabe abhängig ist, wie vorsichtig man daher sein muß in der Übertragung einer für dieses oder jenes Bild oder für ein einzelnes Aufsatzthema gefundenen, phänomenologischen Typik auf die dauernde Beschaffenheit ihrer Autoren. Immerhin ergeben sich doch bei aller Buntscheckigkeit gewisse stereotyp wiederkehrende Züge und diese weisen uns den Weg zu den eigentlichen dispositionellen Typen der Darstellungstätigkeit.

B. A l l g e m e i n e D a r s t e l l u n g s t y p e n. Bei Binet selbst begegnen uns die Darstellungstypen in mehreren voneinander abweichenden Formen.

In seiner ersten Publikation (gemeinsam mit Henri) [1] nennt er vier Typen, die bei schriftlicher Darstellung des Inhalts eines eben gesehenen Bildes hervortraten: den t y p e d e s c r i p t e u r , o b s e r v a t e u r , é m o t i o n n e l und é r u d i t. Der beschreibende Typ gibt eine einfache unzusammenhängende Aufzählung der Einzelinhalte des Bildes; der beobachtende Typ ordnet das Einzelne in den Gesamtzusammenhang ein, bezieht und deutet,

[1] 4.

verknüpft und sondert das Gegebene, fügt wohl auch um des Zusammenhanges willen manches hinzu, was gar nicht gegeben ist. Der gefühlsmäßige Typ bringt die subjektive Gemütsreaktion auf den Inhalt des Bildes; der gelehrte Typ benutzt die Wahrnehmungen nur als Gelegenheit, um seine von früher her bereitliegenden Kenntnisse ins Spiel zu setzen.

Bald darauf berichtete BINET über die Typik, die sich bei Darstellung eines Objektes (einer Zigarette) ergeben hatte[1]: Die drei mehr intellektualistischen Typen (descripteur, observateur, érudit) sind auch hier vorhanden; an Stelle des Gemütstypus ist der ihm nahe verwandte t y p e i m a g i n a t i f e t p o é t i q u e getreten, bei dem Phantasie und Einfühlung eine starke Rolle spielen.

Der Gegensatz des letztgenannten Typs zu den übrigen Darstellungstypen ist dann auf eine klare Antithese gebracht in der Untersuchung l'observateur und l'imaginatif[2]. BINETS beide Töchter figurieren hier als Vertreter der beiden Typen; der Ausdruck „observateur" hat nicht mehr den speziellen Sinn wie oben, sondern wird unterschiedslos für die beschreibende und beobachtende Art benutzt. BINET steuert hier also offenbar auf eine einfache Antitypik von objektiver und subjektiver Darstellungsweise zu.

Im Gegensatz zu dieser Vereinfachungstendenz BINETS haben andere, die seine Versuche aufnahmen, geglaubt, die Typenzahl vermehren zu müssen.

So kommt LECLÈRE bei Beschreibung einer Uhr zu sieben Typen, die in verschiedenen Verbindungen auftreten können: es sind die Typen der Beschreibung, Beobachtung, Einbildungskraft, Gelehrsamkeit, der einfachen Emotion, der ästhetischen Emotion, des Hanges zum Moralisieren. — NOGRADY zählt (bei Darstellung eines Bildes und einer Statuette) sechs Typen auf: den beschreibenden, beobachtenden, empfindsamen, gelehrten, phantasievollen, reflektierenden.

GRÜNWALDS[3] und ERDMANNS Typeneinteilungen stimmen im wesentlichen mit der BINETschen Typik überein; doch legt ERDMANN außerdem noch Wert auf die Gegenüberstellung eines „wissenschaftlichen" und eines „literarischen" Typus.

Der einfacheren Einteilung nähert sich wieder WOLODKEWITSCH[4] (bei Bilddarstellungen), dessen rechnerisches Verfahren freilich so wenig einwandfrei ist, daß seinen darauf gestützten Ergebnissen kein großer Wert beigelegt werden kann. Es unterscheidet einen beschreibenden und einen emotionalen Typus, deren jeder in mehrere Untergruppen zerfällt.

PFEIFFER endlich gelangt auf dem oben geschilderten Wege (der Verwertung der häufigsten „Arbeitsweisen") am Aufsatz

[1] **689.** [2] **690.** [3] **695** b. [4] **703.**

zu folgenden Typen, die für sich allein oder in Typenkomplexen auftreten können: beschreibender, beobachtender, erinnernder, beziehender, schließender, reflektierender, praktisch urteilender, ethisch urteilender, ästhetisch urteilender, einfühlender, phantasierender Typ. Um diese etwas unsystematische Liste auf ein einfacheres, übersichtlicheres System zu bringen, faßt Pfeiffer sie bald in die zwei Hauptgruppen der „objektiven" und „subjektiven", bald in die der „assoziativen" und „apperzeptiven" Typen zusammen (siehe hierüber weiter unten).

Überblicken wir die bisher genannten Versuche, eine allgemeine Darstellungstypik zu geben, so zeigt sich, daß bei den meisten zwei Einteilungsgesichtspunkte regellos miteinander verquickt worden sind, die nach deutlicherer Scheidung verlangen. Einerseits nämlich liegt eine Gliederung vor nach der gesamten Art, wie das Subjekt zur Welt und zu den Objekten Stellung nimmt; hier stehen sich ein „objektiver" und ein „subjektiver" Darstellungstyp gegenüber. Andererseits existiert eine Typik nach der Art, wie das Material des Erlebnisses intellektuell bewältigt worden ist; die Benennungen: beschreibend, beobachtend, gelehrt, reflektierend, assoziativ, apperzipierend usw. gehören hierher. Der Umstand nun, daß man die Unterabteilungen beider Gliederungen als Bestandteile eines Typenschemas nebeneinander ordnete, hat die Klärung unseres Gebiets sehr beeinträchtigt. In Wirklichkeit sind die Darstellungstypen Komplextypen, die aus Kreuzungen der beiden genannten Gliederungen (und vielleicht noch anderer) hervorgehen. Noch ist die Forschung nicht so weit, die verschiedenen Resultanten dieser Kreuzung in ihrer komplextypischen Beschaffenheit ganz übersehen zu können; dagegen hat sie über die elementaren Teiltypen, die in jene Kreuzungen eingehen, — die „Intelligenz"-Typen und die Typen der „Stellungnahme" — schon eine Reihe bemerkenswerter Ergebnisse zutage gefördert, die jetzt kurz zusammengestellt seien.

C) Intelligenz-Typen und -Stadien (als Teiltypen des Darstellens). — Wir lassen zunächst die etwaige Rolle, welche subjektive Momente wie Gefühl, Phantasie, persönliche Anteilnahme bei der Darstellung spielen, bei Seite und behandeln nur die Unterschiede, die in der geistigen Beherrschung des Erlebnisinhalts bestehen. Diese Unterschiede sind, wie sich sofort ergibt, nicht nur qualitativer, sondern zugleich gradueller Art; die einzelnen Typen entsprechen nämlich zugleich verschiedenen Graden geistiger Reife. Deshalb sind die intellektuellen Darstellungstypen fast stets in Beziehung zum Altersfortschritt untersucht worden; sie sind also als genetische Typen oder „Stadien“ aufzufassen (s. S. 172/3).

So fand ich bei mündlichen Berichten über ein eben gesehenes Bild folgendes [1]: die verschiedenen logischen Kategorien, die an dem Objekt darstellbar waren, (Gegenstände, Handlungen, Eigenschaften, Beziehungen) kommen bei verschiedenen Alterstufen in sehr verschiedener Verteilung vor; die Verteilung innerhalb jedes Berichts läßt sich statistisch durch Zählung der zu jeder Kategorie gehörigen Angaben feststellen und durch Diagramme veranschaulichen. Das niederste Stadium ist durch Alleinherrschaft oder doch unverhältnismäßiges Überwiegen unverbundener Gegenstandsnennungen gekennzeichnet („Substanzstadium“, von mir hauptsächlich gefunden bei siebenjährigen Volksschulkindern). Im nächsten Stadium tritt die Nennung von Handlungen im größeren Umfange hinzu („Aktionsstadium“ bei zehn- bis elfjährigen Kindern); das dritte bringt endlich Angaben von näheren Bestimmungen, und zwar sowohl Beziehungen (namentlich örtliche) der Gegenstände untereinander, wie auch Eigenschaften der Einzelgegenstände („Relations- und Merkmalsstadium“; bei vierzehnjährigen und älteren)[2].

Das von mir verwandte Bild[3] bot wenig Gelegenheit zu Deutung und Kombination, so daß ein hierauf bezügliches Stadium in meiner Aufzählung fehlte. Diese Lücke wurde von anderen Forschern ausgefüllt, die mit anderen Bildern arbeiteten; so fanden Cohn und Dieffenbacher, daß den drei obigen Stadien als weitere Entwicklungsphase ein „kritisch-reflektierendes“ Stadium anzureihen sei [4].

Binet und Simon haben die Beschreibung eines Bildes, w ä h r e n d es sichtbar ist, in ihr Staffelsystem als einen der wichtigsten Tests eingereiht. Die von ihnen aufgestellten Stadien verteilen sich folgendermaßen: Aufzählung (bei dreijährigen), Beschreibung (bei siebenjährigen), Erklärung (bei zwölfjährigen). —

---

[1] 575. Weitere Untersuchungen an demselben Bild, so von Oppenheim, Rodenwaldt und anderen, bestätigten im wesentlichen das obige Typenschema.

[2] Natürlich haben diese Altersangaben hier wie im folgenden nur die Bedeutung von ungefähren Durchschnittswerten; die Typen finden sich auch oft bei älteren und jüngeren Kindern.

[3] Vgl. hierüber S. 103 Anm.

[4] S. 96.

Bobertag, der zu gleichen Zwecken andere Bilder benutzte, kommt doch zu einer ähnlichen Staffelung [1].

Der von Cohn und Dieffenbacher analysierte Aufsatz „Was ich auf dem Freiburger Bahnhof gesehen und erlebt habe" ließ ziemlich deutlich vier intellektuelle Darstellungstypen erkennen, deren Ähnlichkeit mit den eben genannten um so bemerkenswerter ist, als sich doch die Aufgabe von der Beschreibung eines Bildes ganz wesentlich unterscheidet. Cohn und Dieffenbacher unterscheiden nämlich den „beschreibenden" Typ (der auf das Gegenständliche, den Bahnhof und seine Teile, die Züge und Lokomotiven gerichtet ist), den „erzählenden" Typ (der über bestimmte Einzelerlebnisse berichtet), den „schildernden" Typ (der dem Leben und Treiben auf dem Bahnhof zugewandt ist) und den „reflektierenden" Typ (der allgemeine Betrachtungen sozialer, ethischer, kultureller Art anstellt) [2]. Und wieder ist die Beschreibung die typische Form der Unterklassen, die Reflexion nur in den Oberklassen anzutreffen, während Erzählung und Schilderung charakteristisch für die Mittelklassen ist [3].

Der Versuch Pfeiffers, die große Zahl der von ihm gefundenen Typen in den zwei Gruppen der „assoziativen" und „apperzeptiven" zu vereinen, gehört ebenfalls hierher. Er charakterisiert die intellektuellen Prozesse hier und dort folgendermaßen [4]: Während bei diesen (den Angehörigen der assoziativen Typen) die Vorstellungen, die vom Objekt angeregt werden, sich nach den Gesetzen der Vorstellungsmechanik aneinanderreihen, ist es hier (beim apperzeptivem Typ) das Ich, das gemäß seiner psychischen Beschaffenheit in den Vorstellungsverlauf eingreift und denselben in seiner Richtung beeinflußt." Zur „assoziativen" Gruppe gehören die drei ersten Typen seiner Liste, also der beschreibende, beobachtende, erinnernde Typ. Pfeiffer findet ebenfalls, daß sich mit steigender Klasse ebenso wie mit steigender Begabung das Verhältnis der apperzeptiven zu den assoziativen Typen zugunsten der erstgenannten verschiebt [5].

D. Typen der Stellungnahme (als Teiltypen des Darstellens). — Unter ganz andere Betrachtungsmotive ordnen wir die Darstellungen, wenn wir fragen,

---

[1] Zugleich gibt er sehr wertvolle methodologische Winke für die Anwendung von Bildertests.

[2] **701** S. 103. [3] S. **193** u. S. **212**.

[4] **104** S. 103. [5] S. **194**.

in wie fern sich darin die typische Stellung des Subjekts zum Objekt bekundet.

Ich selbst hatte bereits 1900 vorgeschlagen, die Vierzahl der BINETschen Typen unter zwei Obertypen, den „objektiven“ und den „subjektiven“ zu ordnen. Für jenen würde die Tendenz zu Darstellungen charakteristisch sein, die einen kühl sachlichen Charakter haben, dem Objekt als solchem gerecht zu werden suchen; für diesen die Tendenz des Darstellers, vor allem sich selbst zu geben, seine persönliche Beziehung zu den Gegenständen, seine Gemüts-, Willens-, Phantasiereaktion auf sie zum Ausdruck zu bringen.

Wir haben nun oben (S. 207) gesehen, wie sich BINET in seinen späteren Untersuchungen dieser Antitypik nähert, und auch bei WOLODKEWITSCH (S. 207) fand sich eine ähnliche Scheidung. Ausdrücklich aufgenommen wurden dann — und zwar auch mit den gleichen Terminis — die Gruppierungen von PFEIFFER. Zu den „objektiven“ rechnet er die acht ersten Typen seiner Liste, zu den „subjektiven“ den ethischen, ästhetischen, einfühlenden und phantasierenden Typ. Es trägt freilich nicht zur Klarheit bei, daß PFEIFFER seine Typenreihe, die er eben in eine assoziative und apperzeptive Gruppe geteilt hatte, lediglich durch Verschiebung der Grenzlinien in eine objektiv-subjektive Gruppierung zu bringen sucht; er übersieht, daß die Einteilungsprinzipien hier und dort zwei verschiedenen Dimensionen angehören [1].

Die klarste und zugleich feinste Herausarbeitung dieses Gegensatzes verdanken wie aber BAERWALD; seine Arbeit [2] ist außerdem eine von den seltenen Untersuchungen, die an Erwachsenen angestellt worden sind. BAERWALD findet bei Darstellung des Inhaltes eines Bildes, das den Beschauern bisher unbekannt und nicht ganz leicht zu deuten war, zunächst die deutliche Scheidung eines „beschreibenden“ und eines „selbsttätigen“ Typs. Die Charakteristik des selbsttätigen Typs besteht, wie zahlenmäßig erwiesen wird, in folgenden Merkmalen: Neigung, den Zusammenhang des Ganzen zu beobachten, Vergleichungen vorzunehmen, über nicht gleich Verständliches Konjekturen aufzustellen, Kritik zu üben, endlich die Beziehung zur eigenen Person stark zu betonen [3]; auch findet sich oft eine ziemliche

[1] Auch COHN-DIEFFENBACHER unterscheiden bei den Aufsätzen gefühlsfreie und gefühlshaltige, ohne aber darauf eine eigentliche Typenunterscheidung aufzubauen. [2] **686.**

[3] BAERWALD nimmt eine Zählung der „Ich“-Angaben vor.

Fehlerhaftigkeit der Angaben. Der beschreibende Typ, welcher sich direkt der Sache zuwendet und wenig subjektive Selbsttätigkeit verrät, scheidet sich bei genauerer Prüfung in zwei ganz verschiedene Typen: den „passiven“ und den „vorsichtigen“. Der geringe Anteil der Selbsttätigkeit beruht dort auf tatsächlicher Schwäche, hier auf einer bewußten Hemmung; der vorsichtige Typ ist daher durch viele Zweifel und Vorbehalte, sowie durch große Treue der Aussage gekennzeichnet.

Die Scheidung der beiden Arten des beschreibenden Typs erscheint mir methodologisch besonders wichtig; sie zeigt, daß die äußerliche Ähnlichkeit des Verhaltens noch nicht zur Einordnung in einen einheitlichen Typ berechtigt, da sie aus innerlich ganz verschiedenen Gründen entspringen kann.

Endlich kennt aber Baerwald noch einen Typ, der eine Synthese des selbsttätigen und des vorsichtigen Typs darstellt. Dieser „harmonische“ Typ äußert sich z. B. in der Weise, daß zuerst, unter absichtlicher Hemmung subjektiver Beteiligung, eine sachliche Darstellung gegeben, dann aber in abgeschlossenen Konjekturen und Kritiken der eigenen Intelligenztätigkeit Spielraum gewährt wird.

Baerwalds Untersuchungen scheinen mir, in Gemeinschaft mit den früher erwähnten, wohlgeeignete Grundlagen zu sein, um auf diesem wichtigen Gebiete weiter zu arbeiten. Die Existenz eines objektiven und eines subjektiven Darstellungstypus darf wohl bereits als erwiesen gelten, ebenso, daß kein Recht besteht, diese Typen (wie es bei den intellektuellen Typen möglich war) in eine eindeutige Wertabstufung zu bringen[1].

Dagegen sind innerhalb eines jeden der beiden Typen große Wertunterschiede möglich.

Der objektive Typ kann, wie Baerwald zeigte, bald die Äußerung einer Unfähigkeit sein, das Ich in seiner besonderen Eigenart Anteil nehmen zu lassen, also das Ergebnis eines trägen Sichschiebenlassens vom Objekt — bald das Zeichen einer straffen Selbstzucht und der Ehrfurcht vor der objektiven Tatsächlichkeit.

Der subjektive Typ hinwiederum kann einerseits auf Hemmungslosigkeit beruhen, auf dem Unvermögen, individuelle

[1] Hierzu stimmt auch Pfeiffers Resultat (**701**, S. 213), daß die Typen der Stellungnahme keine so deutliche Korrelation zur Begabung haben, wie die rein intellektuellen Darstellungstypen.

Laune und beliebige Vorstellungsverkettung durch objektive Forderungen zu normieren — andererseits auf starker innerer Aktivität, die alles Erleben in eigene Tat umsetzt, und auf schöpferischer Gabe, die dem von außen kommenden Stoff aus Eigenem Gestalt und Stimmung verleihen muß. Es wird sehr notwendig sein, diese Wertstufen der beiden Typen durch weitere Untersuchungen genauer zu umgrenzen. Hierzu wird vor allem die intra-individuelle Anwendung sehr mannigfacher Darstellungsstoffe dienen müssen. Denn die niederen Formen des objektiven wie des subjektiven Typus werden sich durch eintönige Beibehaltung derselben Darstellungsweisen verraten, gleichgültig, ob das Thema sie fordert, zuläßt oder eigentlich verbietet; die höheren Wertstufen dagegen werden zugleich durch eine bessere Anpassungsfähigkeit an die Aufgaben erkennbar sein; sie werden innerhalb ihrer Objektivität, bzw. Subjektivität doch nach Grad und Art Variationen zeigen, die den gestellten Zielen zu entsprechen suchen.

Wo diese Abstufung in der Verteilung von objektiven und subjektiven Einschlägen, je nach den geforderten Aufgaben, am vollkommensten möglich ist, da haben wir es nicht mehr mit dem „subjektiven" oder „objektiven", sondern mit jenem „harmonischen" Typus zu tun, den auch BAERWALD bereits gefunden hatte.

3. Die Typen der objektiven und subjektiven Stellungnahme bei anderen Funktionen.

Der eben aufgestellte Gegensatz der objektiven und subjektiven Stellungnahme gewinnt dadurch eine besondere Bedeutung, daß er als Teiltypik nicht nur in die Darstellungstypik, sondern auch in viele andere Typengliederungen eingeht, so daß er eine der umfassendsten Variantenbildungen bezeichnet. Das Stellungnehmen des Subjekts zum Objekt bekundet sich ja in den verschiedensten seelischen Funktionen, im Auffassen und Aufmerken, im Urteilen und Werten, im Wollen und Handeln, und überall ist es zum mindesten theoretisch möglich, daß sich ein Vorwalten des objektiven und ein solches des subjektiven Moments typisch scheidet.

Erfreulicherweise sind wir hier nun nicht mehr nur auf die theoretische Ableitung angewiesen, da wir über empirisches Material verfügen. Experimentelle Untersuchungen an verschiedenen der eben genannten Funktionen haben — mit mehr oder minder großer Sicherheit — zur Aufstellung von Typiken geführt, die zwar wechselnde Benennungen erhielten, aber im Grunde immer wieder die Gegenüberstellung von vorwaltender Objektivität und Subjektivität bedeuteten. Ich erörtere nur einige der Hauptgebiete.

Merkwürdig ist es, daß an dieser Stelle die ersten Forschungsobjekte der experimentellen Psychologie: Reaktionszeit und Unterschiedsempfindlichkeit, auch für die differentielle Untersuchung wichtig werden. Freilich nicht, sofern sie eine Analyse der elementarsten Seelenfunktionen ermöglichen wollen, sondern sofern auch an ihnen die innerste Wesenheit des Individuums mitbeteiligt ist.

A. Das Reagieren (Beantworten eines Reizes mit einer Bewegung) ist ja das einfachste Schema für die Stellungnahme des Subjekts zum Objekt überhaupt; hier zeigt sich die seelische Aktivität in ihrem direkten Angeregtwerden durch die umgebende Welt. Nun sind schon vor längerer Zeit von Baldwin[1] und Flournoy[2] „Reaktionstypen" aufgestellt worden, die in unseren Zusammenhang zu gehören scheinen.

Bekanntlich unterscheidet man bei experimentellen Reaktionszeitmessungen entsprechend der Aufgabestellung zwei Formen der Reaktion. Ist die Aufmerksamkeit des Reagenten vor jedem Versuch auf den zu erwartenden Sinneseindruck eingestellt, so heißt die Reaktion sensoriell; ist sie auf die auszuführende Bewegung gerichtet, so heißt sie muskulär. Ludwig Lange, der jenen Unterschied entdeckt hat, fand eine durchgängige Verkürzung der Reaktionszeit bei muskulärer Reaktion.

Nun stellten die oben genannten Forscher fest, daß bei verschiedenen Versuchspersonen erstens die Neigung zu einer der beiden Reaktionsformen sehr verschieden stark, zweitens die Zeitdifferenz sehr verschieden groß sei (ja zuweilen das Vorzeichen wechsle). Sie erschlossen daraus typische Unterschiede: dem „muskulären" oder „motorischen Reaktionstyp" gehören diejenigen an, die zu einer Einstellung der Aufmerksamkeit auf die eigene Bewegung neigen und in diesem Fall auch besonders schnell reagieren; dem „sensoriellen Reaktionstyp" gehören diejenigen an, denen die sensorielle Einstellung am meisten zusagt und am besten gelingt.

Flournoy unterschied daneben noch zwei weitere Typen: den „zentralen", der die kürzeste Reaktionsdauer dann zeigt, wenn die Aufmerksamkeit nicht auf diesen oder jenen Teilvorgang, sondern auf den Zu-

[1] 741—743, 746. [2] 747—749.

sammenhang des Prozesses gerichtet ist, und den „indifferenten", dessen Zeitdauern gleichgültig gegen die Aufmerksamkeitsrichtung sind.

Diese Typentheorie ist zwar vielfach angefochten worden, so von WUNDT[1], TITCHENER[2] u. a.[3] Mit Recht wandte sich die Kritik gegen den Versuch, die genannten Typen mit den Vorstellungstypen in Deckung zu bringen (der auditive und visuelle Vorstellungstyp sollte mit dem sensoriellen Reaktionstyp, der motorische Vorstellungstyp mit dem muskulären Reaktionstyp zusammenfallen). Es handelt sich hier um so verschiedenartige Leistungen, daß diese Identifikation von vornherein sehr unwahrscheinlich ist.

D a ß aber innerhalb des Reagierens Typen bestehen, scheint unbestreitbar; und wenn wir die im Experiment gefundenen Unterschiede vergleichen mit jenen, die uns bei den natürlichen Reaktionen des Lebens auffallen, so ergibt sich, daß es sich wieder um ein mehr „subjektives" und ein mehr „objektives" Verhalten handelt.

Der eine ist gewöhnt, zu allem, was ihm begegnet, aktiv Stellung zu nehmen; für ihn bildet sein eigenes Tun allezeit den Mittelpunkt, die Umgebung aber ist nur von Bedeutung, sofern sie in dieses Beziehungszentrum eingreift; er hält daher sein Ich stets in Bereitschaft. Der andere pflegt äußere Eindrücke zunächst passiv auf sich wirken zu lassen, betrachtet sie theoretisch, verhält sich kontemplativ. Bei jenem besteht die Neigung, sich „sprungbereit" zu machen; die Finger sind gespannt, und die Psyche ist gespannt, er harrt nur des Signals zum Handeln. Für diesen ist die natürliche Verfassung die sensoriell gerichtete Aufmerksamkeit; er fühlt sich dagegen beengt und verwirrt, wenn er gezwungen ist, auf sich zu achten, und die zu machende Bewegung einzustellen, noch ehe ihr Anlaß gegeben ist. Der erstere erwartet s e i n e i g e n e s L o s b r e c h e n, der letztere erwartet d e n E i n d r u c k; für jenen ist der Reiz d i e A u s l ö s u n g, für diesen die U r s a c h e der Bewegung.

Diese Gegenüberstellung hat nun freilich zwei Extreme geschildert, die schon im natürlichen Leben in dieser Reinheit selten vorkommen und noch weniger im Experiment zu erwarten sind. Denn dazu sind die Bedingungen des Experiments zu künstlich, und es sind die ständig sich wiederholenden Reize und Bewegungen zu eintönig, um das Individuum zu einer so starken Bekundung seiner Sonderart zu veranlassen. Dennoch muß meines

---

[1] Phys. Ps. 5. Aufl., Bd. III S. 427. [2] 757/8. [3] 739.

Erachtens dasjenige, was das Experiment bisher an typischen Unterschieden zutage gefördert hat, auf diese Momente zurückgeführt werden; und es ist denkbar, daß eigens hierauf eingestellte Reaktionsexperimente mit veränderter Methodik unsere Einsicht in diese Typenbildungen vertiefen werden[1].

B. Die psychophysische Messung der Reiz- und Unterschiedsschwellen hatte ursprünglich allein den Zweck, die Abstufungen der menschlichen Empfindungsphäre kennen zu lernen. Allmählich aber bemerkte man, daß man an die Empfindung und ihre Verschiedenheit selbst gar nicht herankam, sondern nur die Urteile der Menschen über ihre eigenen Empfindungsverhältnisse feststellen konnte. Diese Urteile sind aber nichts weniger als eine Planspiegelung der tatsächlichen sensoriellen Tatbestände selbst, sondern verarbeiten diese in mehr oder minder starker Weise.

Nun hatten die Experimentatoren schon längst bemerkt, daß die Versuchspersonen in sehr verschiedenen Graden geeignet waren, reine psychophysische Resultate zu liefern. Brauchbar waren hierfür nur jene Gruppen von Prüflingen, die in ihren Urteilen über Gleichheit und Verschiedenheit, Größer und Kleiner von dargebotenen Reizen möglichst rein und unverfälscht den tatsächlich erlebten Empfindungsinhalt auszudrücken imstande waren. Daneben aber gab es eine andere Gruppe, deren Urteile so sehr von individuellen Bedingungen der Erwartung und der vorgefaßten Meinung, der Ermüdung und Stimmung abhängig waren, daß ihre Ergebnisse unter dem Gesichtspunkt der Schwellenuntersuchung unbrauchbar wurden.

Dafür aber sind sie um so wertvoller für unsere Zwecke; denn eben jene Unfähigkeit, die Urteile über einen bestimmten Erlebnisinhalt (Sinneseindrücke) von anderen subjektiven Bedin-

---

[1] Die obige Erklärung der Reaktionstypen ist bereits in der ersten Auflage dieses Buches gegeben worden. Neuerdings findet sie sich auch durch Beobachtungen Meumanns bstätigt. Er sagt (**886** Bd. 1, S. 352/3): „Von Hause aus reagieren manche Individuen ganz erheblich kürzer, mit starker motorischer Spannungsentwicklung und einseitiger Aufmerksamkeitsrichtung auf die zu bewegenden Organe (impulsiver Typus), es sind die mehr impulsiven Naturen, die sich in ihrem ganzen Wesen als Willensmenschen bekunden; daneben finde ich nur noch einen zweiten Typus, den intellektuellen; die zu ihm gehörigen Menschen warten den Reiz (die Empfindung) mit voller Ruhe ab, suchen ihn deutlich aufzufassen, haben erheblich längere Reaktionszeiten und bekunden sich in ihrem allgemeinen Wesen als mehr beobachtende und reflektierende Naturen."

gungen zu isolieren, zeigt die Zugehörigkeit dieser Personen zu einem subjektiven Typus; und die exakten Methoden der Empfindlichkeitsmessung erlauben zugleich, die Subjektivität der einen und die Objektivität der anderen Gruppe in eindeutigen Formulierungen zu umschreiben.

Im Jahre 1899 habe ich eine Reihe hierher gehöriger Untersuchungen angestellt, welche geeignet sind, diesen Gegensatz zu illustrieren. Ich wurde hierbei unterstützt durch den Zufall, daß meine zwei Versuchspersonen ausgesprochene Vertreter der entgegengesetzten Typen waren und daß die Art der Versuchsanordnung eine vielseitige quantitative Festlegung ihres Gegensatzes erlaubte[1].

Die eigentliche Tendenz der Versuche bestand in der Feststellung der Wahrnehmungsschwelle für allmähliche Tonveränderungen verschiedener Geschwindigkeit. Der von mir zu diesem Zweck konstruierte Apparat ermöglichte es, einen Ton in seiner Höhe sehr langsam und in völliger Kontinuität abzuwandeln, zugleich den Geschwindigkeitsgrad der Veränderung innerhalb weiter Grenzen zu variieren. Ich benutzte 7 Änderungsgeschwindigkeiten zwischen ½ und $^1/_{16}$ Schwingung in der Sek. Der Prüfling hatte durch eine Reaktionsbewegung den Moment der Wahrnehmung anzugeben; es ließ sich hieraus mit Leichtigkeit Dauer und Umfang der bis zum Wahrnehmungsmoment erfolgten Tonveränderung bestimmen. Die Experimente zerfielen in „ungemischte“ und „gemischte“ Reihen zu je neun Versuchen. In den u n g e m i s c h t e n enthielt jede Einzelreihe nur Veränderungen e i n e r Richtung, also nur Erhöhungen, bzw. Vertiefungen des Tones, und die Versuchsperson wußte, um welche Veränderungsrichtung es sich in der Reihe handelte. Dagegen war die Reihenfolge der sieben Geschwindigkeiten innerhalb der Reihe sprungweise steigend oder fallend und dem Reagenten unbekannt; ebenso wußte er nicht, daß in jede Einzelreihe zwei Versuche eingestreut waren, in denen der Ton konstant blieb. In den „g e m i s c h t e n R e i h e n“ waren nicht nur die Geschwindigkeiten, sondern auch die Richtungen der Veränderung in einer dem Reagenten unbekannten Weise regellos durcheinandergemischt, und zwar umfaßte jede Doppelreihe zu 18 Versuchen die 7 Erhöhungs-, die 7 Vertiefungsgeschwindigkeiten und 4 Konstanzen.

Die Ergebnisse zeigten nun folgende typische Unterschiede (der Vertreter des objektiven Typus ist mit O. der des subjektiven mit S. bezeichnet):

1. Beide Prüflinge reagieren, wie verständlich, schneller in den ungemischten Reihen, (d. h. dort, wo sie wissen, was zu erwarten steht) als in den gemischten. Aber die Durchschnittsdifferenz ist sehr verschieden groß: sie beträgt bei O. 14 %, bei S. 8 % der „ungemischten“ Reaktionsdauern. Hiermit ist zusammenzuhalten, daß O in den gemischten Reihen 16 %,

---

[1] Für die Versuchsanordnung vgl.: STERN, Wahrn. v. Tonveränd. III. Z. Ps. **22**, S. 4. — Für die Darstellung der Typen vgl. **424**. Einige Stellen sind von dort wörtlich übernommen.

S. 26 % falscher Urteile aufzuweisen hat. Deutung: S. zeigt sich dort, wo die Gefahr des Irrtums in hohem Maße vorhanden ist, nicht viel vorsichtiger und zurückhaltender als dort, wo er sich seiner Sache völlig sicher glaubt; daher die geringe Zeitdifferenz und die große Fehlerzahl. Die Zuverlässigkeit seines Urteils hat bei ihm einen weit geringeren Grad als bei O.

Hiermit vergleiche man die Aussagen über ihre Selbstbeobachtungen: O: „Ich gehe bis zur Grenze einer nach meinen Begriffen sicheren Sinneswahrnehmung." S: „Ich reagiere, sobald ich überhaupt glaube, eine Veränderung wahrgenommen zu haben. Ich könnte sie schließlich noch sicherer konstatieren, aber oft habe ich die Empfindung, es ist ganz überflüssig, noch länger zu warten."

2. Ganz verschieden verhalten sich O. und S. gegenüber den Konstanzen in den gemischten Reihen. O. ließ gleichsam den Reiz an sich herantreten; merkte er keine Veränderung, so wartete er eben noch länger, vielleicht daß sich bei Fortdauer des Reizes die Wahrnehmung einer kleinen Veränderung doch noch einstellen könnte. So kam es denn oft, daß der Versuch nach 20 Sek. aus technischen Gründen abgebrochen werden mußte, ohne daß O. überhaupt reagiert hätte. . . . . Ganz anders S. Bei ihm war der Drang zu rascher Betätigung viel zu groß, als daß er so rein kontemplativ hätte bleiben können. Er reagierte bei jedem Versuch, auch dann wenn er keine Veränderung merkte; in letzterem Falle bedeutete eben die Reaktion, daß er mit seinem Urteil „Konstanz" fertig war. . . . . Diese Reaktion erfolgte durchschnittlich schon nach 10 Sek., obgleich er doch wußte, daß auch Veränderungen ganz langsamer Geschwindigkeit vorkamen, die namentlich im Anfang ihrer Dauer leicht mit Konstanzen zu verwechseln sind. Die Folge dieses Verhaltens ist eine völlige Unfähigkeit, Konstanzen objektiv zu beurteilen.

Selbstbeobachtungen: O: „Bei Gleichheit würde ich in infinitum warten." „Da ich tatsächlich zuweilen erst bei 20 Sek. eine langsame Veränderung wahrnehme, warte ich solange."

S: „Wenn eine gewisse Zeit vergangen ist, vergleiche ich den gegenwärtigen Ton mit der Erinnerung des Anfangs. Merke ich dann keine Veränderung, so habe ich die Empfindung, das ist „totensicher" gleich und wird sich auch nie mehr verändern."

3. In die „ungemischten" Reihen waren ebenfalls Konstanzen eingestreut worden, von denen die Reagenten nichts wußten. Sie erwarteten also jedesmal eine Veränderung bestimmter Richtung, nur in wechselnder Geschwindigkeit zu hören. Hier tritt die Erwartungssuggestion scharf hervor: S. hat von den 40 Konstanzen nur 10 richtig erkannt, in 30 Fällen dagegen die erwartete Veränderung zu vernehmen geglaubt! Bei O. ist das Verhältnis von falschen zu richtigen Urteilen gerade umgekehrt.

4. Sehr wichtig sind endlich die zeitlichen Beziehungen des Urteilens. Hier werden nämlich die objektiven Reizbedingungen von einem subjektiven Faktor durchkreuzt: dem periodischen Auf- und Niederschwanken der psychischen Energie. Da unseren Versuchspersonen selbst die Wahl des Augenblickes überlassen war, in dem sie durch eine Bewegung den Abschluß ihres Urteils zu bezeugen hatten, so ist es kein Wunder, daß diese Handlung zum großen Teil von der Kulmination der Aufmerksamkeits-

periodik abhing. Und so zeigte es sich in der Tat, daß in den Reaktionen gewisse Zeitwerte außerordentlich häufig, andere wiederum sehr selten vorkommen. Eine erste Vorzugszeit für die Urteilsfällung liegt um 4, eine zweite um 8 Sek. herum; auch die Zeiten 12 und 16 zeigen noch merkbare, wenn auch kleine Kulminationen.

Prüft man nun die Verteilung der gewonnenen Zeitwerte (ohne Rücksicht auf die verschiedenen Geschwindigkeiten)[1], so zeigt S. eine große Konzentration der weitaus meisten Resultate auf die kurze Spanne zwischen zwei und fünf Sekunden, O. dagegen eine viel größere Streuung der Zeiten. Deutung: Bei S. läßt der zu einer bestimmten Zeit hervorbrechende Drang nach psychischer Betätigung die objektiven Unterschiede des Empfindungsmaterials, an dem er sich zu betätigen hat, durchaus in den Hintergrund treten. Er muß reagieren, wenn seine Zeit gekommen ist, wobei es sich ziemlich gleich bleibt, ob die Änderung, die zur Beurteilung steht eine langsame oder eine schnelle ist..... Nicht er beherrscht den Gegenstand, sondern er wird beherrscht von seinem eigenen subjektiven Zustand. O. weist zwar auch ein Vorwiegen der ersten Optimalzeit auf, aber die Tendenz hier zu reagieren, ist nicht allmächtig. Die Verschiedenartigkeit des Verhaltens paßt sich eben der Verschiedenartigkeit des zu beurteilenden Stoffes weit mehr an.

Es würde sich vielleicht verlohnen, psychophysische Untersuchungen mit einer von vornherein auf die genannten Dispositionsunterschiede gerichteten Tendenz zu veranstalten. Vor allem wäre an größeren Personenzahlen zu prüfen, ob es sich wirklich um einigermaßen deutlich unterscheidbare Typen oder um ein nur graduell abgestuftes Verhalten handelt, das sein Häufigkeitsmaximum in einer mittleren Gegend hat.

Auch bei den zahlreichen, mit obigem nahe verwandten Forschungen über die Suggestibilität bei Sinneswahrnehmungen[2] ist meines Wissens noch nicht untersucht worden, ob die großen Unterschiede zwischen stark suggestiblen (also subjektiven) und schwach suggestiblen (objektiven) Personen nur graduellen oder echt typischen Charakter hat.

C. Dagegen ist auf einem anderen ebenfalls verwandten Leistungsgebiet — dem Erkennen kurz exponierter Reize — der experimentelle Beweis eines objektiven und eines subjektiven Typus versucht worden — freilich nicht ohne Widerspruch zu erfahren.

Messmer[3] hat Versuche über das Lesen sinnvoller Wörter im Tachistoskop angestellt. Es wurden 4—5 silbige Wörter

---

[1] Im Original durch Diagramme veranschaulicht.

[2] Vgl. Bibliographie Abt. B VIII.

[3] Messmer **415** S. 13—20. Meumann **886** Bd. II, S. 250—253.

so kurze Zeit exponiert, daß sie bei erstmaligem Zeigen nicht gelesen werden konnten; die Darbietung wurde mit immer gleicher Expositionszeit so oft wiederholt, bis das ganze Wort richtig gelesen worden war. Bei Erwachsenen glaubt nun MESSMER zwei Typen gefunden zu haben, die sich sowohl durch das Verhalten der Aufmerksamkeit wie durch die objektive Treue der Lesungen unterschieden. Der objektive Typus zeigt „fixierende“ Aufmerksamkeit; d. h. die Aufmerksamkeit ist bei jeder Lesung nur auf einen kleinen Bruchteil des Eindrucks gerichtet, um diesen desto intensiver fassen zu können. Der subjektive Typus „fluktuiert“ dagegen mit seiner Aufmerksamkeit, um einen möglichst großen Eindruckskomplex auf einmal zu ergreifen. Der objektive Typ ist ferner nach außen gerichtet; seine „psychische Energie erschöpft sich gleichsam im Reizobjekt“. Daher findet ein bloßes Raten nur selten statt; und wo es geschieht, vermag die Versuchsperson doch deutlich Sinnwahrnehmung und subjektive Zutat zu unterscheiden. Der Vertreter des subjektiven Typus sucht dagegen von Anfang an das zu Lesende als sinnvolles Ganzes zu fassen, wobei oft dem wirklichen Reiz sehr unähnliche Worte herauskommen. Er achtet weniger auf die Beschaffenheit des Reizes selbst, sondern bringt das nur ungefähr Gesehene sofort mit einem Wort aus dem verfügbaren Wortschatz in Verbindung, wobei die subjektive Zutat meist nicht als solche erkannt wird.

Da auch MESSMER nur mit ganz wenigen Personen arbeitete, von denen zudem noch zwei bei einer späteren Nachprüfung durch SCHUMANN ein etwas abweichendes Verhalten zeigten, darf die von ihm aufgestellte Typik noch nicht als erwiesen gelten [1]. Immerhin aber ist doch die Beschreibung, die MESSMER von seinen Typen gibt, in so überraschender Übereinstimmung mit den Charakteristiken des objektiven und des subjektiven Typus, die für ganz andere seelische Funktionsgebiete (siehe oben) gegeben worden sind, daß dadurch seine Aufstellungen zum mindesten an Wahrscheinlichkeit gewinnen.

D. Endlich hat PFEIFFER die subjektiv-objektive Antitypik auch auf das Gebiet der kindlichen Interessenrichtungen angewandt [2]. Er ließ sich von seinen Schülerinnen (die er drei Jahre hindurch unterrichtete) mehrmals die Lieblingsgedichte,

---

[1] Vgl. SCHUMANNS Kritik: 2. Co. Ps. in Würzburg S. 168/9. 1907.
[2] **701** S. 78 ff.

Lieblingslektüre und Lieblingsfächer nennen. Jeder genannte Gegenstand wurde als „objektiv“ oder „subjektiv“ rangiert, und nach dem Überwiegen dieser oder jener Gegenstände in den Nennungen eines Kindes wurde dann dessen Interessentypus bestimmt. Es ergab sich, daß außer den ausgesprochenen Typen auch Mischtypen (je nach der vorwiegenden Richtung als objektiv-subjektiv oder subjektiv-objektiv bezeichnet) vorkamen.

Das Verfahren ist an sich einigermaßen willkürlich; daß es aber doch nicht ganz zu verwerfen ist, zeigen die von Pfeiffer gefundenen Korrelationen zwischen dem Interessetypus und dem subjektiv-objektiven Verhalten auf anderen Gebieten der Stellungnahme. Pfeiffer hatte nämlich die Interessenuntersuchungen an solchen Schülerinnen vorgenommen, die auch sonst seine Versuchspersonen gewesen waren. Es ergab sich nun durchweg eine starke Deckung zwischen Interessetyp und Darstellungstyp in bezug auf Subjektivität und Objektivität; in mehr als $^4/_5$ aller Fälle gehörten die Prüflinge für beide Funktionen dem gleichen Typus an.

Die weitere Forschung wird sich bezüglich der Typik des Stellungnehmens folgende Aufgaben setzen müssen:

1. Es sind möglichst verschiedene Gebiete, auf denen die Stellungnahme des Subjekts zum Objekt quantitativ meßbar ist, daraufhin durchzuprüfen:
   a) ob deutliche Unterschiede in dem Grade der Subjektivität, bzw. Objektivität der Stellungnahme hervortreten,
   b) an welchen verschiedenen Symptomen innerhalb eines Leistungsgebiets sie sich bekunden,
   c) ob ihre Variabilität nur graduellen oder echt typischen Charakter hat.

2. Es ist vermittels Durchprüfung verschiedener Leistungsgebiete an denselben Personen und angeschlossener Korrelationsrechnung zu untersuchen, ob und in welchem Umfange hier eine „homogene Komplextypik“ (s. S. 178) vorliegt, d. h. ob sich eine nachgewiesene Subjektivität (Objektivität) gleichmäßig über die verschiedenen Arten des Stellungnehmens: Reaktionen, Sinnesurteile, Erkennungsprozesse, Interesserichtungen, Darstellungen u. a. m. erstreckt. Gerade hier wird man sich in acht nehmen müssen, nicht apriori dem subjektiven und objektiven Typ einen zu großen Typenbereich zuzumessen.

3. Es ist zu untersuchen, ob die Untertypen des subjektiven und des objektiven Typs, die wir oben (S. 212) für die Darstellungstätigkeit formulierten, auch für andere Funktionsgebiete gelten.

4. Schließlich möge auch die Frage behandelt werden, wie sich die Typik der Stellungnahme zu den Typen des Temperaments (insbesondere zu den von Heymans aufgestellten Gegensätzen der Grundeigenschaften aktiv/nichtaktiv; emotionell/nichtemotionell) verhalte.

Kapitel XV.

Graduelle Variationen.

1. Bedeutung des graduellen Variierens.

Quantitative Variationen zwischen Mensch und Mensch können in drei Formen ausgedrückt werden. Die erste und einfachste ist die Benutzung des Komparativs für zwei Individuen: A ist klüger als B. Die zweite ist die fortlaufende Benutzung des Komparativs für eine ganze Reihe von Individuen und die dadurch ermöglichte Herstellung einer Rangordnung: A hat den ersten Platz, B den zweiten, C den dritten usw. Die höchste Form endlich ist die Messung jedes einzelnen Falles, wodurch nicht nur eine Rangordnung, sondern auch die Distanzfeststellung für je zwei aufeinander folgende Fälle möglich wird.

Alle drei Formen finden wir schon in der Praxis des Kulturlebens verwirklicht: paarweise Gradschätzungen und Vergleichungen menschlicher Leistungen und Eigenschaften werden jeden Tag tausendfach vorgenommen; auf Rangordnungen ist unser gesamtes Schulwesen aufgebaut; messende Feststellungen finden wir ebenso bei den Nummernprädikaten der Zeugnisse, wie bei den Punktzählungen der Wettkämpfe und den Zeitmessungen der Wettrennen. Aber hierbei mußte sich eben die Kulturpraxis mit eigenen ad hoc gebildeten Gesichtspunkten durchhelfen, so gut oder schlecht es ging; ein klares Bewußtsein besteht weder darüber, was man eigentlich vergleicht, rangiert und mißt, noch wie man es macht, und so hat denn die wissenschaftliche Selbstbesinnung neben ihren rein theoretischen Aufgaben gerade hier Wichtiges als angewandte Disziplin zu leisten. Hierbei enthüllt uns schon die einfachste Aufgabe, nämlich die paarweise Gradvergleichung, die ganze Fülle der Schwierigkeiten.

Zunächst müssen wir — ähnlich wie bei den Typen — eine phänomenologische und eine dispositionelle Bedeutung der Stufenbildung unterscheiden.

Der erste Fall liegt relativ klar. Für jedes menschliche Einzelverhalten, bei dem überhaupt eine quantitative Seite gedanklich isoliert werden kann, vermag man anzugeben, ob diese in einem gegebenen Fall bei A oder bei B stärker hervortritt. Bei der Lösung bestimmter Rechenaufgaben macht A mehr Fehler als B; beim Erlernen eines aufgegebenen Stoffes lernt C schneller als D; bei den Antworten auf Suggestivfragen unterliegt E häufiger der Suggestion als F usw. Alle exakten Maßmethoden der modernen Psychologie sind in dieser Weise auf die phänomenologische Gradvergleichung zwischen Mensch und Mensch anwendbar.

Das Problem kompliziert sich aber in dem Augenblick, in welchem man nicht Leistungsgrade um ihrer selbst willen vergleichen, sondern sie als Symptome für dispositionelle Gradunterschiede benutzen will. Das schnellere Lernen interessiert ja nur als Zeichen eines besseren Gedächtnisses, das korrektere Kombinieren als Kriterium einer höheren Intelligenz. Welchen Sinn hat nun eine solche, auf eine Disposition bezogene Gradangabe?

Wir unterschieden früher[1] zwei Formen der Disposition: die Anlagen und die Eigenschaften. Anlagen sind Dispositionen zu künftigen Entwicklungen; Eigenschaften sind Dispositionen zu gegenwärtigen Verhaltungsweisen. Nun ist freilich niemals eine Disposition nur Anlage oder nur Eigenschaft; stets sind beide Arten der Zielstrebigkeit vereinigt, nur in sehr verschiedener Mischung. Aber für theoretische Fragen muß man die Scheidung durchführen, so auch für das Problem der Gradangabe. Betrachtet man nämlich die Disposition als Eigenschaft, so ist ihr Grad die gegenwärtig feststellbare Höhe ihrer Leistungsfähigkeit. Betrachtet man sie als Anlage, so ist ihr Grad nur meßbar an dem Niveau dessen, was sie möglicherweise einmal werden könnte, wenn die inneren Bedingungen der Entwicklung und die äußeren der Übung, der Förderung durch die Unwelt usw. in denkbar vollständigster Weise mitwirken. Offenbar wird aber hierdurch die Gradangabe für eine Anlage als solche unmöglich gemacht. Auch die scheinbar stabilste Eigenschaft hat ja noch Zukunftsmöglichkeiten, ist noch nicht in allen ihren Teilfunktionen bis zum Gipfel maximaler Übung verwirklicht; der Grad, der in ihr mitenthaltenen „Anlage" ist also nicht bestimmbar.

Einen unmittelbaren Sinn kann daher die Bezeichnung „Grad einer Disposition" nur haben, wenn er auf den gegenwärtig

---

[1] S. 27.

tatsächlich aufweisbaren Leistungsstand, also auf die Disposition als Eigenschaft bezogen wird. Und nur indirekt kann man auf diesem Wege später einmal vielleicht dazu kommen, eine Disposition, sofern sie Anlage ist, ebenfalls zu graduieren. Wenn wir nämlich sukzessiv bei einem Individuum die Grade verfolgen, in denen eine Eigenschaft zu verschiedenen Zeiten auftritt, so wird man allmählich auch bei anderen Individuen einen bestimmten Grad der Eigenschaft prognostisch verwerten können für künftig zu erwartende höhere Grade. So wird z. B. bei den S. 166 erwähnten Problemen, die sich an das übernormale Kind knüpfen, diese Methode anzuwenden sein.

Die folgende Betrachtung bezieht sich nur auf die Grade gegenwärtig wirksamer Eigenschaften.

Wenn wir von einer Eigenschaft im ganzen sagen, daß A sie im höheren Maße besitze als B, so ist dies zunächst teleologisch gemeint. Denn das, was eine Eigenschaft zu einer Einheit macht, ist die Einheit des Ziels, auf dessen Erreichung sie eingestellt ist. Höhere Intelligenz bedeutet also: bessere Anpassungsfähigkeit des Denkens an neue Daseinsbedingungen und Anforderungen; stärkeres Gedächtnis bedeutet: bessere Verfügbarkeit über früher gemachte Erfahrungen; höhere musikalische Begabung bedeutet eine Leistungsfähigkeit, die höhere objektive Werte auf dem Gebiet der Musik erzeugen kann. Der „Grad" stellt hier also die größere oder geringere Annäherung an ein Ideal der vollkommen gedachten Disposition dar, mithin eine Wertung, wobei natürlich das Ideal ebensowohl ein positives wie ein negatives sein kann. Auch die Anwendung des Dispositionsgrades im praktischen Leben schließt ja immer eine Wertung ein.

Die wissenschaftliche Psychologie wird diesen Weg einer Graduierung nicht ganz vernachlässigen dürfen (allerdings wohl nur als Vorbereitung für anderweitige und exaktere Skalenbildungen). Das einzuschlagende Verfahren ist dann das der Schätzung des Gesamteindrucks, den die Eigenschaft des X in dem Beurteiler hervorruft. Eine Analyse findet nur so weit statt, als anderweitige, nicht hierhergehörige Eigenschaften des X bei der Schätzung ausgeschaltet werden sollen.

So hat sich z. B. mehrfach zur Einleitung von Korrelationsuntersuchungen über Intelligenz als wünschenswert erwiesen, daß der Lehrer an den Schülern seiner Klasse eine Intelligenzschätzung vornahm und darauf eine Rangordnung gründete[1]. Hierbei mußte verlangt werden, daß

[1] s. S. 98.

andere Eigenschaften — wie Fleiß, Spezialbegabung usw. — die Schätzung nicht beeinflussen durften. Dagegen war es nicht möglich, die verschiedenen, die Intelligenz selbst konstituierenden Teilfunktionen einzeln berücksichtigen zu lassen, da hierdurch die Herstellung einer Gesamtschätzung verhindert worden wäre.

Dazu kommt der weitere Mangel, daß der Schätzende sich der einzelnen Eindrücke, die sein schließliches Urteil bestimmen, nicht bewußt sein kann. Das Verfahren ist also stark von subjektiven und unkontrollierbaren Momenten abhängig und kann nicht von anderen unter gleichen Bedingungen wiederholt oder nachgeprüft werden.

Deshalb muß sich die Wissenschaft das Problem stellen, die Gradbestimmung einer Disposition auf eine Analyse und Einzelprüfung der in ihr enthaltenen Teilfunktionen zu gründen. Hierbei kann der Ausdruck: „Die Disposition hat bei A einen höheren Grad als bei B" zwei Bedeutungen haben, die sich schematisch so darstellen lassen: 1. Alle direkt meßbaren Teilfunktionen haben bei A höhere Grade als bei B. 2. A hat dieselben Teilfähigkeiten wie B (in gleichem oder höherem Grade), aber dazu noch eine Teilfähigkeit mehr.

Der Satz „A ist musikalischer als B" bedeutet also einen Unterschied der „Dispositions stärke", wenn A besser als B Töne, Intervalle, Melodien und Harmonien behalten, unterscheiden, wiedererkennen und wiedergeben, besser nach dem Gehör spielen, besser die Technik bewältigen kann. Derselbe Satz bedeutet aber einen Unterschied des „Dispositions bereichs", wenn A alles Genannte ebenso gut wie B (oder besser als B) kann, außerdem aber auch noch selber komponieren kann, wozu jener nicht imstande ist.

Eigentlich ist nur die erstgenannte Verschiedenheit eine rein quantitative Differenzierung; die Erweiterung des Dispositionsbereichs bringt ja ein qualitativ neues Element hinein und gibt dadurch der Gesamtstruktur der Disposition eine andere Beschaffenheit; der musikalisch Produktive ist nicht nur musikalischer als der bloß Rezeptive oder Reproduktive, sondern auch in anderer Weise musikalisch als dieser.

Nun sind aber sowohl die Steigerungs- wie die Erweiterungsfälle lediglich Grenzformen, die in der eben konstruierten Reinheit nicht existieren. Niemals erstreckt sich die größere „Stärke" einer Eigenschaft innerhalb eines Individuums tatsächlich auf ihre sämtlichen Teilfähigkeiten; vielmehr variieren — trotz aller Korrelation — die Teilfunktionen doch einigermaßen ungleich.

Der „intelligentere" A ist nicht in bezug auf jede geistige Teilfunktion intelligenter als der „weniger intelligente" B, sondern es gibt meist irgendwelche Einzelleistungen, in denen B dem A gleichkommt oder ihn übertrifft. Und ebenso ist es bei den Verschiedenheiten des „Dispositionsbereichs" möglich, daß zwar A eine Teilfähigkeit mehr hat als B, daß aber B in manchen der beiden gemeinsamen Teilfunktionen mehr leistet als A. (Ein Boecklin z. B. beging so grobe Zeichenfehler wie sie die meisten Dutzendmaler sich nie zuschulden kommen lassen.)

So löst sich denn der scheinbar einfache dispositionelle Gradunterschied zwischen A und B in ein Gewirr von verschieden gerichteten Differenzen auf; A ist dem B in manchen Teilfähigkeiten der Gesamtdisposition überlegen, in anderen gleich, in wieder anderen unterlegen; einige hat er vielleicht in einer anderen, graduell überhaupt nicht vergleichbaren Beschaffenheit. Und da sich bei A wie bei B die jeweilig vorhandenen Teilgrade zu einem einheitlichen Strukturbild zusammenschließen, so sind die Gesamtdispositionen bei beiden qualitativ und nicht quantitativ verschieden.

Natürlich ist schon dies psychologisch recht wertvoll, wenn man den Dispositionsunterschied zwischen A und B durch sorgfältige Analyse in eine Summe verschieden großer (und zum Teil verschieden gerichteter) Teildifferenzen zerlegen kann. Allein das Bedürfnis, die Gesamtdispositionen als ganze zu vergleichen und daraufhin eine Reihe von Individuen in eine Skala zu ordnen, bleibt daneben doch bestehen. Um nun aus den Graden der Teildispositionen einen resultierenden Gesamtgrad abzuleiten, ist es erforderlich, das relative Gewicht abzuschätzen, das jeder Teildisposition innerhalb der Struktur der Gesamtdisposition zukommt. Hierbei muß man sich allerdings dessen stets bewußt bleiben, daß wieder ein Schätzungsmoment hineinkommt, und daß damit die Graduierung von einer gewissen Willkür nicht ganz frei ist.

Die Gesichtspunkte für eine solche Ableitung eines Gesamtgrades sind die folgenden:

Eine Gesamtdisposition ist bei A höher zu rangieren als bei B,

1. wenn die überwiegende Mehrheit der Teildispositionen bei A stärker ist und nur verstreute und isolierte Einzelfähigkeiten weniger stark ausgeprägt sind als bei B;

2. wenn die bei A stärker ausgeprägte Teildisposition (oder

Gruppe von solchen) teleologisch höher steht als die geringer ausgeprägte Teildisposition (oder Gruppe von solchen);

3. wenn die bei A stärker ausgeprägte Teildisposition (oder Gruppe von solchen) zugleich Seltenheitswert hat, während die schwächer ausgeprägte häufiger vorkommt.

Die drei Gesichtspunkte sind nicht immer gleichmäßig anwendbar; es kann sogar zuweilen ein Konflikt unter ihnen entstehen. Der erste Gesichtspunkt setzt z. B. voraus, daß die einzelnen Teilfunktionen ihrem Gewicht nach ungefähr gleichgesetzt werden, so daß nur die Häufung der Gewichte den Gesamtgrad bestimmt. Die beiden anderen Kriterien verleihen dagegen einer einzelnen Teilfunktion ein ganz besonderes Gewicht, so daß deren Überlegenheit die Unterlegenheit von vielen anderen Teildispositionen kompensieren oder überkompensieren kann. Es hängt nun ganz vom speziellen Problem ab, welche Gesichtspunkte man bestimmend sein läßt, nur muß man in jedem Falle klar den gewählten Gesichtspunkt angeben und folgerecht durchführen. Bei den gewöhnlichen Messungen der Intelligenz wird z. B. das erste Kriterium vorwaltend sein müssen (nach ihm verfuhr Binet bei seinem bald zu besprechenden Maßsystem). Für Gradbestimmungen künstlerischer oder wissenschaftlicher Begabung dagegen wird man meist die beiden anderen Gesichtspunkte mitsprechen lassen. Die Fähigkeit, in der Boecklin hinter anderen zurückstand (Fähigkeit des korrekten Zeichnens) ist eine wesentlich reproduktive und vielen Menschen zukommende; die Fähigkeit, in der er die anderen übertraf, die Farbigkeit des inneren Schauens und die schöpferische Phantasie, sind produktive, durch welche er neue, früher nicht geahnte künstlerische Werte schuf, und es sind zugleich sehr seltene Fähigkeiten. Darum dürfen wir den Gesamtgrad seiner künstlerischen Begabung durch diese Überwertigkeit und nicht durch jene Minderwertigkeit bestimmt sein lassen.

2. Feststellung der Gradvariationen.

Die Bestimmung phänomenologischer Grade für irgendein einzelnes Leistungsgebiet bedarf keiner weiteren Besprechung; da hier nur, wie schon S. 224 erwähnt, die Anwendung der altbekannten psychologischen Maßmethoden in Betracht kommt.

Dagegen muß noch erörtert werden, wie die „Dispositionsgrade", deren Sinn wir eben besprochen haben, nun im konkreten Fall bestimmt werden können. Es handelt sich hierbei nur um einige Ergänzungen der Gedankengänge, die schon früher im Kapiel VI über die Testmethode vorgekommen waren.

Dort war bereits (S. 99) das Bestreben, in einem einzelnen Testverfahren den Gradprüfer einer Eigenschaft zu sehen, kritisiert worden; die letzten Betrachtungen waren geeignet, jene Kritik zu verstärken. Wir müssen daher für die Graduierung einigermaßen umfassender Dispositionskomplexe die Ausbildung vielseitiger Prüfungsserien fordern, deren Teilergebnisse, wie wir eben sahen, zu einem R e s u l t a n t e n w e r t zu verarbeiten sind.

Welche Maßregeln sind bei dieser Resultantengewinnung anzuwenden?

Es ist zunächst interessant zu beobachten, wie bereits das praktische Kulturbedürfnis für seine Graduierungen neben dem Einzeltest den Resultantenwert ausgebildet hat.

Das markanteste Beispiel bildet die Feststellung des Reifegrades der Schüler in einem bestimmten Fach[1].

Früher wurde hier ein besonders großes Gewicht gelegt auf isolierte Stichproben, nämlich auf „Probearbeiten", die ausdrücklich die Zensur bzw. Versetzung entscheiden sollten. Und bei den meisten Schul- und Staatsprüfungen ist es schließlich ähnlich: eine allgemeine Fähigkeit soll durch eine mehr oder weniger engumgrenzte Einzelleistung in ihrem Grade bestimmt werden. Indessen hat die letzte Zeit — vielleicht nicht ganz ohne Beteiligung psychologischer Erwägungen — hier einen Wandel der Anschauungen eingeleitet. Man beginnt mehr und mehr einzusehen, daß die Einzelleistung niemals ein eindeutiges Prüfungsmittel für einen allgemeinen Befähigungsgrad sein kann, da nicht nur temporäre Gründe (Aufregung, Ermüdung), sondern auch die notwendige Einseitigkeit der berührten seelischen Funktionen ihren symptomatischen Wert sehr herabsetzt. Statt dessen sucht man nun die Resultantenwerte, die man ja immer schon berücksichtigt hatte, mehr und mehr in den Vordergrund zu schieben.

Durch ständige Beobachtung hat der Lehrer während des Schuljahrs die betreffende Leistungsfähigkeit des Schülers in denkbar vielseitiger Betätigung kennen gelernt; hieraus soll ein Fazit gezogen und ein Gesamtprädikat abgeleitet werden. Um aber Willkür zu vermeiden, um auszuschließen, daß besonders markante und dadurch im Gedächtnis des Lehrers haftengebliebene Einzelleistungen das Urteil vorwiegend bestimmen, ist man oft von einer bloßen Resultanten s c h ä t z u n g zu einer Resultanten r e c h n u n g übergegangen. So werden etwa alle größeren mündlichen Leistungen des Schülers jedesmal mit einem Zahlenprädikat notiert und aus diesen Noten die Semesterdurchschnitte gezogen; ähnlich werden die schriftlichen Arbeiten nach Fehlerzahlen oder Prädikaten behandelt, und schließlich wird so eine allgemeine Resultantenzahl gewonnen, in welcher der Gesamtbestand der Leistungen des Schülers kristallisiert ist. Das Verfahren ist reichlich grob und kann auch in der Schule nur Wert haben, wenn es mit der mehr intuitiven Schätzung des Lehrers verbunden

[1] Vgl. hierzu Bibliographie Abt. C IV 4.

wird. Aber das darin zum Ausdruck kommende Resultanten p r i n z i p verdient doch Beachtung.

Eine ähnliche Methode zeigt das Punktiersystem, das bei Wettkämpfen angewandt wird. Handelt es sich hier um eine rein quantitative Leistung (z. B. Schnelligkeit beim Rudern, Reiten, Autofahren), dann genügt der Einzeltest mit seiner direkten Messung. Handelt es sich aber um Qualitätsleistungen (Kunstschwimmen, Schlittschuhlaufen, Athletik usw.), so greift man zu der Auskunft, daß jede Leistung nach ihrer Güte ein Zahlenprädikat (eine Anzahl von Punkten) erhält, und daß diese Punkte für die Gesamtwürdigung zusammenaddiert werden.

Für wissenschaftlich psychologische Gradbestimmungen war das Resultantenverfahren bis vor kurzem überhaupt noch nicht angewandt worden; erst die Intelligenzuntersuchungen Binets haben hier bahnbrechend gewirkt. Binet sucht nämlich für jedes geprüfte Kind aus sämtlichen Testergebnissen einen Resultantenwert zu berechnen, der das „Intelligenzalter" des Kindes ausdrücken soll und mit dem wirklichen Alter verglichen werden kann (s. S. 100). Binets Verfahren wird uns bei der weiteren methodologischen Besprechung als Hauptbeispiel dienen.

Die erste Schwierigkeit des Resultantenverfahrens besteht darin, daß die Komponenten, die in die Resultante eingehen sollen, u n g l e i c h a r t i g sein müssen. Denn es handelt sich ja hier nicht um die bekannte Aufgabe, aus mehrfach wiederholten Leistungen e i n e r bestimmten Art den Mittelwert zu ziehen, sondern darum, die v e r s c h i e d e n e n zur Gesamtdisposition gehörigen Teilfunktionen in einen Totalwert hineinzupressen. Eine gewisse Gewaltsamkeit liegt hierbei im Wesen der Sache; wir können lediglich versuchen, sie auf ein Mindestmaß zurückzuführen. Dazu ist nötig, zwischen zu großer Ungleichartigkeit und zu großer Gleichartigkeit der Komponenten die richtige Mitte zu finden.

Bei zu großer Gleichartigkeit wird nicht die Gesamtdisposition, sondern nur eine Seite von ihr getroffen. Wenn z. B. die „Intelligenz" durch eine Serie von zehn Tests geprüft wird, die — bei aller Verschiedenheit — doch sämtlich eine Kombinationstätigkeit erfordern, so ist der Resultantenwert höchstens ein solcher für die Kombinationsfähigkeit, nicht aber für die Intelligenz; denn diese betätigt sich in noch ganz andersartigen Leistungsformen als im Kombinieren. Häufung der Tests allein macht also die Prüfung noch nicht vielseitig.

Zu große Ungleichartigkeit wiederum verbietet eine Vereinigung der Ergebnisse. Fügt man etwa zu mehreren Tests, welche der rezeptiven und reproduktiven Seite einer Begabung gewidmet sind, einen hinzu, der eine schöpferische Leistung verlangt, so ist es nicht angängig, den hier gewonnenen Wert ebenso wie jeden einzelnen anderen innerhalb der Resultante in Anrechnung zu bringen. Sollte man aber die höherwertige Leistung mit irgendeinem vielfachen Zahlenwert für die Resultantenbildung verrechnen, so wäre wiederum der Willkür Tor und Tür geöffnet. Wir kommen also zu der Forderung: Die zur Resultante zusammengezogenen Einzelleistungen sollen zwar qualitativ verschieden sein, aber sie müssen in ihrer Bedeutung für die Gesamtdisposition ungefähr zur gleichen Wertordnung gehören.

Ob die BINETschen Serien für die einzelnen Altersstufen schon in genügender Weise dieser Forderung entsprechen, ist fraglich. Man betrachte z. B. folgende Zusammenstellungen:

Für neunjährige Kinder: Angabe des Tagesdatums; Aufsagen der Wochentage; Ordnen von 5 gleich aussehenden, aber verschieden schweren Gewichten; Geld herausgeben; Definieren von Konkretem (es wird ein Hinausgehen über die bloße Zweckangabe gefordert); Erinnerung an Gelesenes (sechs Einzelerinnerungen werden gefordert).

Für zehnjährige Kinder: Aufsagen der Monate; Kenntnis sämtlicher Münzen; Bilden eines Satzes (oder höchstens zweier Sätze) aus drei gegebenen Worten. Drei leichtere, fünf schwerere Intelligenzfragen.

Für elfjährige Kinder: Kritik absurder Sätze; Bilden eines einzigen Satzes aus drei gegebenen Worten; Finden von mindestens sechzig Worten in drei Minuten; Definieren von abstrakten Begriffen; Ordnen der durcheinander gewürfelten Worte eines Satzes.

Und noch eine weitere, nämlich ursächliche, Gleichartigkeit muß gewahrt bleiben, die gerade bei den praktischen Resultantenberechnungen im Schul- und Examenswesen bisher zu vermissen war. Die Schule zensiert jede Einzelleistung nach ihrer äußeren Korrektheit oder Fehlerhaftigkeit und bildet daraus die Resultante für die Fachzensur. Diese Leistungsresultante hat aber keinen eigentlichen inneren Sinn; denn die Grade der Einzelleistung sind durch zahlreiche zueinander disparate und im einzelnen unkontrollierbare Ursachen bestimmt worden, von denen einige bereits früher (S. 93 oben) zusammengestellt sind. Die innere dispositionelle Beschaffenheit des Schülers steckt natürlich auch mit darin, aber nur als Teilursache, deren Wirkungsgrad nicht bestimmbar ist. — Die wissenschaftliche Resultantenrechnung dagegen muß gerade diese Teilursache möglichst rein isolieren. Die Komponenten sind demnach so zu wählen, daß jedesmal der erzielte Grad tatsächlich in erster Linie von der Stärke der Disposition und nicht von anderen Faktoren bestimmt wird.

Binet hat sich große Mühe gegeben, alle diejenigen Leistungen, die durch äußere Bedingungen, wie Lerngelegenheit, häusliche Einflüsse usw. ihre Gestalt erhalten, auszuschließen und nur solche zu verlangen, bei denen die innere geistige Veranlagung direkt zum Ausdruck kommt. Freilich ist ihm dies nicht voll gelungen, da er manche rein mechanisch anzueignenden Inhalte (wie Monatsnamen, Münzen) verlangt.

Die rechnerische Bestimmung des Resultantenwerts für jedes Individuum ist auf drei verschiedene Weisen möglich.

a) Anzahlresultanten. Die Einzelaufgaben sind so eingerichtet, daß es bezüglich ihrer Lösung nur ein Ja oder Nein, aber keine Gradation gibt (Alternativtests s. S. 98). Aus der Anzahl der Plus- und Minusfälle wird dann die Resultante gebildet.

So geht Binet vor; sein Verfahren arbeitet hierbei stark mit konventionellen Regeln. Er prüft jedes Kind nicht nur mit der Testserie seines Alters, sondern auch mit denen der benachbarten Altersstufen. Jede gelöste Aufgabe wird mit Plus (+), jede nichtgelöste mit Minus (—) bezeichnet. Hat ein Kind sämtliche Aufgaben einer Altersstufe (wobei eine Ausnahme gestattet ist) gelöst, so steht es mindestens auf dem intellektuellen Niveau dieser Stufe; je fünf weitere gelöste Aufgaben der höheren Stufen bedeuten einen Jahresvorsprung (ein siebenjähriges Kind also, das außer den Tests für Siebenjährige noch zehn für höhere Altersstufen bestimmte Aufgaben löst, steht auf der Intelligenzstufe der Neunjährigen). Die Rechtfertigung für diese konventionellen Regeln liegt in der Empirie; durch zahllose Proben hat Binet festgestellt, daß die so gewonnene Resultantenberechnung im großen und ganzen gut mit den Schätzungen stimmt, welche die Lehrer auf Grund dauernder Beobachtung von dem Intelligenzstatus der Kinder geben.

Derartige Kontrollen an der nicht-wissenschaftlichen Erfahrung des Praktikers sind vorläufig noch unvermeidlich; sie werden um so mehr zurücktreten können, je mehr Material exakter Art schon vorliegt. Außerdem ist zu wünschen, daß für die Berechnung der Resultantenwerte einfachere und weniger willkürliche Verfahrungsweisen gefunden werden mögen.

b) Maßresultanten. Die Lösung der Einzelaufgabe kann in verschiedenem Maße gelingen; sämtliche vom Individuum erzielten Maßzahlen werden zu einer Totalsumme vereinigt (Punktiermethode bei Wettkämpfen), oder es wird aus ihnen ein Gesamtdurchschnitt gebildet (Zeugnisresultante in der Schule). — Bei wissenschaftlicher Anwendung des Verfahrens muß natürlich dafür gesorgt werden, daß die Maßsysteme bei sämtlichen Leistungsformen den gleichen Sinn haben und auf gleiche Einheiten reduziert sind.

WISSLER hat die Versuchspersonen, die er einer Reihe von Tests unterworfen hatte, zugleich nach ihren Schulleistungen klassifiziert. Zu diesem Zweck hat er für jede Person die Zensurenziffern aller Fächer zu einer Resultante vereinigt und nach diesen Resultantenwerten 11 Stufen gebildet [1]. — Ähnlich verfuhr PFEIFFER mit den Zensurenwerten seiner Versuchspersonen [2].

c) R a n g r e s u l t a n t e n. Auch hier müssen die Leistungen bezüglich jeder Einzelaufgabe einer abgestuften Wertung zugänglich sein; hiernach werden die Prüflinge in eine Rangordnung gebracht. So ergeben sich für jedes Individuum im ganzen ebenso viel Rangplätze, als verschiedene Leistungen oder verschiedene Seiten einer Leistung an ihm geprüft wurden. Bildet man nun aus den Rangplätzen jedes Individuums die Summe, so entsteht eine neue Zahlenreihe, nach der man die Indivduen wiederum in eine „Resultantenrangordnung" bringen kann. Der hier jeder Person zukommende Platz ist ihr „Resultantenrang".

Dies Verfahren haben KRÜGER und SPEARMAN mehrfach angewandt. Sie prüften z. B. die Addierfähigkeit ihrer Versuchspersonen und maßen sowohl die Geschwindigkeit wie die Korrektheit des Addierens. Aus beiden Maßreihen bildeten sie Rangordnungen, die sie dann nach obiger Methode zu einer gemeinsamen Rangreihe kombinierten [3].

Die besondere Bedeutung der Rangresultanten für symptomatologische Zwecke ist auf S. 102 bereits kurz erwähnt und findet am Schluß des XVIII. Kapitels nähere Erörterung.

---

[1] **111.** [2] **701** S. 41 ff. [3] **640** S. 71.

Kapitel XVI.

Variationsstatistik.

Sind an einer größeren Zahl von Individuen quantitative Bestimmungen bezüglich eines Merkmals gemacht worden, so können diese Varianten in eine inter-individuelle Reihe geordnet und die so entstehende Reihe zur Grundlage statistischer Feststellungen gemacht werden. Die im folgenden zu besprechenden Hilfsmittel dieser Statistik gelten, unabhängig davon, ob sich die Gradbestimmung auf ein akutes Merkmal oder auf eine Disposition bezieht, ob sie ein Einzel- oder ein Resultantenwert ist; Voraussetzung ist nur, daß die zur Reihe zu vereinigenden Varianten unter vergleichbaren Bedingungen gewonnen sind [1].

Die Mathematik der Variationsstatistik ist dadurch begründet worden, daß die Gausssche Theorie der Beobachtungsfehler von Quetelet auf inter-individuelle Variantenbildungen volkswirtschaftlicher Art übertragen wurde. Galton und seine Schule wandten abweichende Verfahren für sozialpsychologische Untersuchungen an. Mathematisch durchgebildet wurde dann die Theorie von Pearson; auf ihn stützen sich zum großen Teil die deutschen Arbeiten von Duncker [2] und Betz [3]. Duncker gibt eine recht brauchbare Zusammenfassung der variationsstatistischen Prinzipien, zieht aber (ebenso wie der Botaniker De Vries) nur die Anwendung auf biologische Probleme in Betracht. Betz' Arbeit ist psychologisch gerichtet, behandelt aber das Variationsproblem nicht um seiner selbst willen, sondern nur sofern es für Korrelationsrechnungen wichtig ist.

Die Variationsstatistik bedarf jedoch einer selbständigen Ausgestaltung für psychologische Zwecke; besonders wichtig scheint mir hierfür die durchgängige Einführung relativer Werte zu sein. Im folgenden können nur einige Hauptgesichtspunkte an-

[1] Bibliographie Abt. A II 4.
[2] 55. [3] 54.

gedeutet werden; die spezielle mathematische Durchführung muß der Spezialforschung überlassen bleiben.

An einer quantitativen Variantenreihe sind drei Gruppen von Zahlenwerten zu gewinnen: Rangplatz, Maßzahl und Häufigkeit; diese Werte treten wiederum zueinander in mannigfache Beziehungen, welche sowohl mathematisch auf Formeln wie graphisch auf Kurven gebracht werden können.

1. Rangordnung und Rangplatz.

Die einfachste und daher auch am weitesten und leichtesten anwendbare Methode zur Herstellung einer Variationsreihe ist die „Rangierung". Hierbei ist es nämlich nicht nötig, daß die einzelne Variante gemessen wird; es genügt, daß ihr ein Mehr oder Weniger in Vergleich zu den anderen Varianten zugeschrieben wird.

Bei der Rangierung ordnet man sämtliche Varianten von der höchsten beginnend in eine absteigende Reihe; hierbei erhält jede Variante ihren Rangplatz. Der ihr zugewiesene Zahlenwert bedeutet demnach eine Ordnungszahl; er möge zur Unterscheidung von allen anderen Werten durch ein vorgesetztes „Nr." bezeichnet werden.

Sind mehrere Varianten ihrem Grade nach gleich, so sind ihre Rangnummern nicht hintereinander, sondern nebeneinander zu ordnen, d. h. sie bekommen sämtlich dieselbe Rangnummer, welche gleich dem arithmetischen Mittel der von ihnen eingenommenen Plätze ist. Wenn z. B. nach den ersten 7 Varianten von verschiedenem Range 4 gleichwertige Varianten folgen, so erhalten diese sämtlich die Rangnummer Nr. $\frac{8+9+10+11}{4}$ = Nr. $9\frac{1}{2}$.

Da nun aber die Gesamtreihe bald viele, bald wenige Fälle umfaßt, so hat jeweilig ein Rangplatz immer nur die spezielle Bedeutung in seiner Reihe. Der Platz Nr. 30 bedeutet etwas ganz anderes, wenn die ganze Rangordnung 200, als wenn sie 40 Plätze umfaßt [1]. Deshalb wird es für gewisse Zwecke empfehlenswert sein, an Stelle des absoluten Zählungsverfahrens ein relatives zu verwenden, indem jede Rangordnung auf 100 Plätze bezogen wird. Die einzelnen Varianten erhalten dann „Prozentnummern"

[1] In den Schulen hilft man sich nötigen Falls mit der umständlichen Formel: „Platz 30 unter 40 Schülern".

(geschrieben: % Nr.), welche den relativen Rangplatz ausdrücken.

In den obengenannten beiden Beispielen würde demnach dem absoluten Rangplatz Nr. 30 das eine Mal der relative Rangplatz $\left(\frac{30}{200}\right) \cdot 100 =$ % Nr. 15, das andere Mal $\left(\frac{30}{40}\right) \cdot 100 =$ % Nr. 75 entsprechen.

Mit Hilfe der Prozentnummern werden die Rangplätze aus Reihen verschiedenen Umfangs miteinander vergleichbar. Man kann durch sie z. B. feststellen, ob ein Schüler in einer Klasse noch denselben relativen Platz einnimmt, wie in der vorigen Klasse, selbst wenn die Klassen ganz verschiedene Schülerzahl haben; man kann die aus verschieden großen (aber vergleichbaren) Serien stammenden Rangwerte zu einer neuen Reihe vereinigen usw.

War die Reihe groß genug, innerhalb deren die relativen Rangplätze bestimmt worden sind, so haben diese geradezu psychographischen Wert; denn sie rangieren das Individuum für die betreffende Funktion an eine bestimmte Stelle innerhalb der sozialen Gemeinschaft, zu der es gehört.

Endlich dient der relative Rangplatz als konstante Grenzmarke bei Fraktionierungen der Gesamtreihe. Der „mittlere Rangplatz", von dem aus gesehen ebensoviel bessere wie schlechtere Varianten vorkommen (zu dem also als Maßzahl das sog. „wahrscheinliche Mittel" oder der „Zentralwert" gehört), hat stets die Prozentnummer % Nr. 50 1/2. Bei Dreiteilung einer Rangordnung reicht das erste Drittel von % Nr. 1 bis % Nr. 33, das zweite von % Nr. 34 bis % Nr. 66, das dritte bis % Nr. 100.

Die Reihe der Rangplätze ist als Ausdruck der Variabilität des Merkmals nicht so exakt wie die Reihe der Maßzahlen; denn die Rangordnung gibt ja lediglich an, daß irgendeine Variante p zwischen den Varianten o und q liegt, nicht aber (was durch die Maßzahlen ausgedrückt wird), um wieviel sich p von seinen Nachbarn unterscheidet. Es findet somit eine Vernachlässigung der einzelnen Stufenunterschiede statt, wodurch zuweilen wichtige Tatbestände verhüllt werden. So kommt z. B. in der bloßen Rangordnung nicht zum Ausdruck, daß innerhalb der höchsten und tiefsten Werte die Abstände von Platz zu Platz meist beträchtlich größer sind als innerhalb der mittleren Zone.

Dennoch wird die Rangierung bei vielen Problemen, bei denen es nicht auf die feinere Verwertung der einzelnen Distanzgrößen ankommt, ausreichen (dies gilt zum Teil für ihr Hauptverwertungsgebiet, die später zu besprechende Korrelationsforschung). Zugleich empfiehlt sie sich durch ihr bequemeres Zahlenmaterial und vor allem durch ihre viel weitere Anwendungsmöglichkeit. Denn es gibt zahlreiche Variationsprobleme, bei denen zwar nicht eine Messung der individuellen Werte, wohl aber die Herstellung einer Rangordnung unter ihnen angängig ist. Auch muß ja damit gerechnet werden, daß wir bei vielen variationsstatistischen Untersuchungen auf vorhandenes Reihenmaterial des praktischen Lebens angewiesen sind; dies aber ist uns sehr oft — man denke an die Schulen — nur in der Form der Rangordnungen zugänglich.

2. Die Maßzahlen.

Ist ein psychisches Merkmal bei n Individuen gemessen worden, so mögen die einzelnen Maßzahlen als p_1, p_2, $p_3 \ldots\ldots p_n$ bezeichnet werden.

p_1 und p_n stellen die obere und untere Grenze dar; es sind die Maßzahlen derjenigen Individuen, welche die Rangplätze % Nr. 1 und 100 haben. Die obere Grenze hat stets einen endlichen Wert; die untere kann zuweilen 0 betragen (z. B. hat die Farbenempfindlichkeit bei Blinden, der Wortschatz beim alalischen Kinde den Wert 0). Da man indessen nur wirklich vergleichbare Individuen zu einer solchen Statistik heranziehen soll, welche sämtlich das zu untersuchende Merkmal in irgend einem, wenn auch noch so geringen Grade haben, so wird die untere Grenze 0 praktisch kaum je vorkommen. — Die Wertdifferenz $p_1 - p_n$ ist das Maß der absoluten Variationsbreite des Merkmals innerhalb der vorliegenden Reihe.

Addiert man sämtliche Maßzahlen der Reihe und dividiert dann die Summe durch die Zahl der Fälle, so gewinnt man das arithmetische Mittel oder den Reihendurchschnitt (Mittelwert, m)

$$m = \frac{p_1 + p_2 + p_3 \ldots p_n}{n}$$

Dieser hat an sich keine variationspsychologische Bedeutung, weil ja die Varianten ungeschieden in ihm enthalten sind, kann aber wiederum der Ausgangspunkt für weitere Bestimmungen werden. Jeder Einzelfall hat nämlich von diesem Durchschnitt eine Abweichung a, die entweder ein positives oder ein negatives Vorzeichen trägt (bzw. für diejenigen Fälle, die genau auf dem Durchschnitt liegen, Null wird).

$$a_1 = p_1 - m,\ a_2 = p_2 - m, \ldots a_n = p_n - m.$$

Ist z. B. das arithmetische Mittel der Leistungen irgendeiner Reihe 17, so hat die Variante 14 die Abweichung — 3, die Variante 25 die Abweichung + 8. Das Vorzeichen unterscheidet somit die „unterdurchschnittlichen“ und die „überdurchschnittlichen“ Varianten (welche Begriffe freilich nicht mit „unter-“ und „übernormal“ verwechselt werden dürfen, s. S. 155).

Der einzelne Zahlenwert einer Abweichung ist seiner absoluten Größe nach ganz bedeutungslos; so hat die Abweichung vom Mittel um 30 Einheiten ($a = \pm 30$) eine ganz andere Bedeutung, wenn dieses Mittel 60 beträgt, als wenn dieses den Wert 240 hat. Das eigentliche Maß einer Abweichung ist daher ihr prozentuelles Verhältnis zum Durchschnitte;

$$A = \frac{a}{m}(100)$$

diese „relative Abweichung“ beträgt im ersten Falle $\left(\frac{30}{60}\right) \cdot 100 = 50\,\%$, im zweiten Falle $\left(\frac{30}{240}\right) \cdot 100 = 12\,{}^1\!/_2\,\%$.

Die relativen Abweichungen können nach unten hin niemals unter dem Wert $-100\,\%$ hinabgehen, da dieser der Maßzahl $p = 0$ entspricht. Dagegen bedeutet $+ 100\,\%$, daß die Variante das Doppelte des Durchschnittes beträgt ($p = 2\,m$); dieser Wert kann nach oben hin natürlich beliebig überschritten werden. Im ganzen aber müssen sämtliche positiven und negativen Abweichungen, wenn man sie addiert, den Wert Null ergeben. Dies gilt ebenso für die absolute, wie für die relative Berechnung der Abweichungen.

Läßt man dagegen bei den Abweichungen die Vorzeichen fort und vereinigt sie nun zu einem Durchschnitt, so enthält man einen variationspsychologisch außerordentlich wichtigen Wert: die mittlere Abweichung. Auch hier tut man gut, den prozentuellen Wert zu berechnen, indem man entweder den Durchschnitt aus den relativen Einzelabweichungen bildet:

$$V = \frac{(A_1) + (A_2) + (A_3) + \ldots + (A_n)}{n};$$

oder indem man den Durchschnitt der absoluten Einzelabweichungen zu dem Mittelwert aller Varianten m ins Verhältnis setzt:

$$V = \frac{(a_1) + (a_2) + (a_3) + \ldots + (a_n)}{n \cdot m} . 100.$$

Beide Werte stimmen überein.

Die Bedeutung dieser mittleren relativen Abweichung liegt nun darin, daß sie das Variabilitätsmaß des geprüften Merkmals (wenigstens für die Bedingungen der jeweiligen Untersuchung) enthält; denn V gibt an, um wieviel Prozent des Mittelwertes durchschnittlich die einzelnen Fälle von diesem Mittel abweichen. Je breiter die Streuung ist, d. h. je mehr die einzelnen Fälle auseinander liegen, um so größer ist die mittlere Abweichung. Indem man sie als relative berechnet, ist man zugleich in der Lage, verschiedene Merkmale, auch wenn sie ganz verschiedene Durchschnittswerte haben mögen, doch in bezug auf ihre „Variabilität" zu vergleichen.

Entspricht die „mittlere Abweichung" dem „mittleren Fehler" der Fehlertheorie, so kann man auch, dem „wahrscheinlichen Fehler" entsprechend, eine „wahrscheinliche Abweichung" berechnen (Galton). Sie bedeutet — bei Geltung des Gaussschen Verteilungsgesetzes (s. weiter unten) — diejenige Abweichung einer bestimmten Richtung, welche von allen Abweichungen der gleichen Richtung ebenso oft überschritten wie unterschritten wird.

Ihre Formel lautet:

$$\text{w. Abw.} = 0{,}6745 \sqrt{\frac{(A_1)^2 + (A_2)^2 + (A_3)^2 + \ldots (A_n)^2}{n}}$$

3. Die Zuverlässigkeit der Rang- und Maßreihen.

Jede durch Rangierung oder Messung hergestellte Variantenreihe gilt zunächst nur für diejenigen Umstände, unter denen sie gewonnen ist. Aber ihre Bedeutung soll über diese speziellen Untersuchungsbedingungen hinausgehen; was man erstrebt, ist ja eine dispositionelle Reihe; sie soll angeben, in welchem konstanten Rang- oder Maßverhältnis die psychischen Beschaffenheiten der geprüften Personen zueinander stehen.

Wurden die Individuen nur einmal geprüft, so können bei verschiedenen Personen unkontrollierbare Einflüsse mitgewirkt haben, die zur Folge hatten, daß jene Personen in einer von ihrem durchschnittlichen Verhalten beträchtlich abweichenden Weise reagierten. Derartige Schwankungen sind ja aus allen psychologischen Experimenten bekannt genug. Die Folge muß sein, daß die aus solchen *einmaligen Bestimmungen zusammengesetzte Varianten-*

reihe keine Gewähr bietet, den wirklich charakteristischen Ausdruck für die Stufenleiter der Personen darstellen, und daß die Reihe zunächst nicht zu anderen Zwecken (z. B. solchen der Korrelationsforschung) benutzt werden darf. Um diese zufälligen Störungen zu kontrollieren, ist mehrmalige Anstellung derselben Messung für dieselben Personen nötig.

Hat man Gelegenheit, für jede Person eine bestimmte Messung sehr oft vorzunehmen, so gewinnt man aus diesen Wiederholungen intraindividuelle Durchschnittswerte, die — wenn ihre mittleren Abweichungen nicht sehr groß sind — als charakteristische Indices der Person angesehen werden können. Die aus solchen Durchschnittswerten gebildeten Variantenreihen können dann auch als zuverlässig angesehen werden.

Nun ist aber bei der großen Extensität, die für Variationsuntersuchungen gefordert wird, meist ausgeschlossen, jedes zu prüfende Merkmal an jeder der vielen zu untersuchenden Personen in häufiger Wiederholung zu messen. Einen Ausweg bietet hier die Korrelationsmethode [1]. Nehmen wir an, es sei dasselbe Merkmal an derselben Personenreihe unter möglichst gleichen Bedingungen z w e i m a l gemessen worden, dann können wir den zwischen den zwei Variantenreihen bestehenden Korrelationsgrad berechnen.

Ist dieser sehr hoch, so bedeutet dies, daß die Wertreihen bei beiden Prüfungen in hohem Maße proportional (bei Maßzahlen) bzw. übereinstimmend (bei Rangnummern) sind, mit anderen Worten, daß die zufälligen Störungen nur einen geringen Einfluß gehabt haben können. Diese Korrelation ist somit der „Z u - v e r l ä s s i g k e i t s - K o e f f i z i e n t“ für die zur Anwendung gekommene Prüfungsmethode.

Wie wichtig diese Bestimmung ist, zeigen Feststellungen von KRUEGER und SPEARMAN, wonach der Zuverlässigkeits-Koeffizient für zwei (durch 8 Tage getrennte) Prüfungen des Raumsinns bei denselben Personen sehr klein (0,42), für zwei entsprechende Prüfungen des Auswendiglernens sehr groß (0,92) war. Wenn die Prüfungen der Tastschärfe bei denselben Personen an zwei verschiedenen Tagen so ausfallen, daß die Personen sich jedesmal in eine ganz andere Rangreihe ordnen, so ist dies ein Zeichen, daß der differentialpsychologische Wert der ästhesiometrischen Methode durch die Größe der zufälligen Störungen fast ganz illusorisch gemacht wird. Umgekehrt beweist der hohe Zuverlässigkeits-Koeffizient des Auswendiglernens die Konstanz der Ergebnisse und damit die Brauchbarkeit der Methode.

---

[1] Zuerst von KRUEGER und SPEARMAN zu diesem Zwecke verwertet (**640** S. 54 f.).

Ist die Menge der gemessenen Fälle (n) um ein Vielfaches größer als die Menge der verschiedenen vorkommenden Maßzahlen- so kann man die Berechnung aufstellen, wie viele Fälle (h) auf jede Maßzahl kommen. Ist die Menge der auf jede Maßzahl kommenden Fälle zu klein zu solcher Berechnung, ist aber andererseits die Zahl der vorkommenden Maßzahlen sehr groß, so kann man Gruppenhäufigkeiten bestimmen, indem man je eine bestimmte Anzahl benachbarter Maßzahlen als eine Gruppe zusammenfaßt.

Man habe z. B. 200 Personen untersucht in bezug auf ihre Lernzeit für einen bestimmten Lernstoff; die Zeit variiere zwischen 120 und 240 Sekunden: dann kann man etwa die Lernzeiten von 120 bis 130, 130 bis 140 .... 230 bis 240 Sekunden zusammenfassen und jeder dieser 12 Gruppen die Häufigkeiten des Vorkommens zuordnen.

Auch bei den Häufigkeitsberechnungen sind relative Werte durchaus zu bevorzugen; man setzt alle geprüften Fälle = 100 % und stellt nun fest, welcher Bruchteil von Fällen auf jeden Maßwert entfällt: $H = \left(\frac{h}{n}\right) . 100$ bedeutet dann die relative Häufigkeit des einzelnen Maßwertes.

Um die Gesamtverteilung der Varianten für ein geprüftes Merkmal zu überblicken, bedient man sich mit großem Vorteil graphischer Darstellungsmethoden. Wir schildern deren zwei;

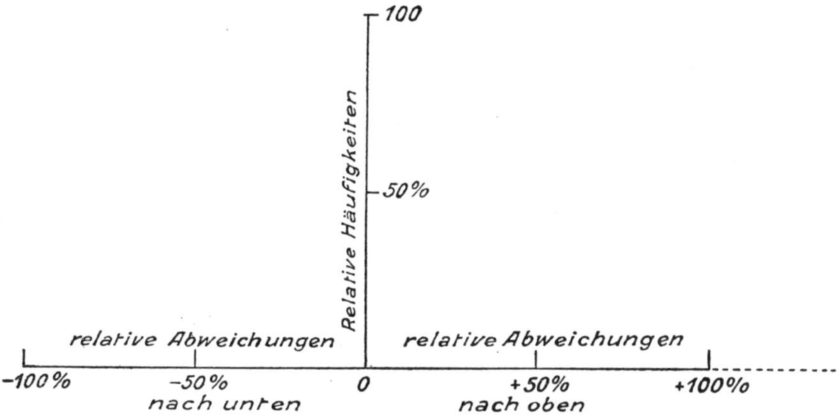

Fig. 1.

hierbei bedienen wir uns (was unseres Wissens bisher noch nicht versucht worden ist) durchweg der relativen Werte als Koordinaten; dadurch entstehen für Variationsreihen verschiedensten Menschenmaterials und verschiedenster psychischer Merkmale durchweg vergleichbare Bilder.

Die wichtigste Form ist die Streuungskurve; hier werden die Abszissen durch die Maßzahlen, die Ordinaten durch die jeder Maßzahl zukommenden Häufigkeiten dargestellt. Nehmen wir die Maßzahlen in der Form der relativen Abweichungen A, die Häufigkeiten als prozentuale Häufigkeiten H, so gilt für sämtliche denkbaren Streuungskurven das umstehende Koordinatenschema (Fig. 1). Für alle hier einzutragenden Kurven muß die Summe aller Ordinaten eine konstante Größe haben, da sie die Prozentzahl 100 sämtlicher Fälle umfaßt.

Tabelle I.

Relative Abweichungen vom Mittel	Relative Häufigkeit der Varianten			
	Reihe A (Fig. 2)	Reihe B (Fig. 3)	Reihe C (Fig. 4)	Reihe D (Fig. 5)
— 65% bis — 55%				
— 55% „ — 45%	1			
— 45% „ — 35%	4		4	3
— 35% „ — 25%	7	2	9	5
— 25% „ — 15%	12	8	**16**	13
— 15% „ — 5%	17	22	15	**22**
— 5% bis + 5%	**18**	**36**	12	16
+ 5% bis + 15%	17	22	15	12
+ 15% „ + 25%	12	8	**16**	9
+ 25% „ + 35%	7	2	9	7
+ 35% „ + 45%	4		4	6
+ 45% „ + 55%	1			
+ 55% „ + 65%				

Zur Veranschaulichung der typischen Hauptformen, in denen die Streuungskurve vorkommt, fingieren wir vier verschiedene Versuchsreihen, in denen jedesmal die relativen Abweichungen zu 10prozentigen Gruppen zusammengefaßt sind (Tab. I). Für jede Reihe wird die Kurve konstruiert, indem in der Mitte der Abweichungsgruppen die Ordinaten errichtet und deren Endpunkte miteinander verbunden werden. Die Verbindung, die eigentlich als gebrochene Grade erscheinen müßte, ist in den Beispielen zu einer kontinuierlichen Kurve ausgezogen worden.

Figg. 2 und 3 zeigen die einfachste Form, die sog. „Gaussche Fehlerkurve", die ein allgemeiner Ausdruck für das Binom $(^1/_2 + {}^1/_2)^c$ ist. Sie besitzt die symmetrische Form einer Glocke mit dem Dichtigkeitsmaximum in der Mitte. Zeigt die empirische

Kurve Annäherung an diese Form, so bedeutet es, daß die mittleren Grade des Merkmals am häufigsten vertreten sind, daß diejenigen Ursachen, welche die stärkere Ausprägung bedingen, die

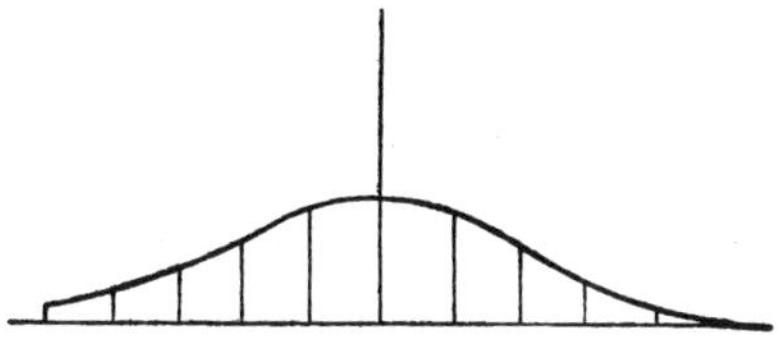

Fig. 2.

gleiche Wahrscheinlichkeit haben wie diejenigen, welche die abgeschwächten Varianten bedingen (Gleichheit der beiden Summanden des Binoms) und daß nach jeder Richtung mit steigender Abweichung die Wahrscheinlichkeit zuerst sehr schnell und dann langsamer abnimmt, um sich schließlich asymptotisch der Null zu nähern.

In der Gaussschen Streuungskurve wird der Kurveninhalt (die Zahl aller geprüften Fälle) durch die im Nullpunkt errichtete Ordinate halbiert. Es fallen dann also die Mittelwerte aller drei Rechnungsweisen: mittlerer Rangplatz, Durchschnitt der Maßzahlen und Dichtigkeitsmaximum zusammen. Anders ausgedrückt: diejenigen Fälle, welche das Durchschnittsmaß zeigen, kommen am häufigsten vor und liegen zugleich in der Mitte der Rangordnung. Ferner wird in der Gaussschen Kurve jede Hälfte noch einmal durch die „wahrscheinliche Abweichung" (s. S. 239) halbiert; es liegen dann die Rangplätze % Nr. 1—25 oberhalb der oberen wahrscheinlichen Abweichung, die Plätze % Nr. 76—100 unterhalb der unteren wahrscheinlichen Abweichung.

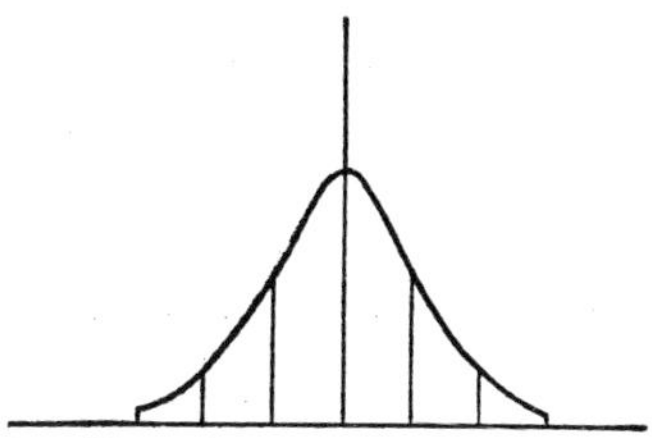

Fig. 3.

Die Figg. 2 und 3 unterscheiden sich lediglich in der Steilheit der Kurven. Da der Flächeninhalt gleich ist, wird die größere

Höhe von Fig. 3 durch geringere Breitenausdehnung kompensiert, d. h. die Fälle drängen sich dichter um den Mittelwert zusammen oder die Variabilität des Merkmals ist geringer.

GAUSS hat diesen Steilheitsgrad folgendermaßen ausgedrückt: die Kurve gehorcht dem Gesetz:

$$H = \frac{z}{\sqrt{\pi}} e^{-z^2 A^2}$$

wo H die relative Häufigkeit einer Maßzahl, A ihre relative Abweichung vom Mittel, π die Kreiszahl und e die Basis des natürlichen Logarithmensystems bedeutet. Die Unbekannte z ist um so größer, je steiler die Kurve ist und daher ein Maß dieser Steilheit.

Dieser Wert z wird von GAUSS als „Präzisionsmaß" bezeichnet [1]; er kann als umgekehrtes Variabilitätsmaß gelten, denn die Variabilität des Merkmals ist um so kleiner, je größer z ist.

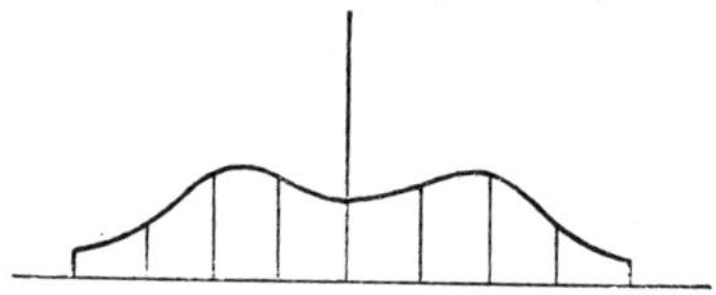

Fig. 4.

Die Kurve Fig. 4 ist ebenfalls symmetrisch, hat aber zwei seitliche Dichtigkeitsmaxima; eine derartige Verteilung weist auf das Wirken zweier entgegengesetzt gerichteter Ursachen hin, deren jede eine besonders große Wahrscheinlichkeit des Wirkens dort hat, wo die andere besonders gering wirksam ist; natürlich sind auch drei -und mehrgipflige Kurven denkbar. Alle diese vielgipfligen Kurven beweisen, daß wir es hier nicht mehr mit einer rein quantitativen Abstufung zu tun haben, sondern daß an bestimmten Stellen Bedingungen qualitativer Natur eingreifen. Jeder Gipfel zeigt demnach einen T y p u s an, der um so ausgeprägter ist, je deutlicher der Gipfel von dem anderen durch Täler geschieden ist. Das oben gezeichnete zweigipflige Schema stellt im besonderen eine antitypische Gliederung dar (vgl. S. 202).

Nun können aber die eingipfligen ebenso wie die mehrgipfligen Kurven auch in deutlich asymmetrischen Formen auftreten (Fig. 5). Hier wirken dann die Ursachen, welche die Abweichungen

[1] Da die Kurve ja von G. früher für die Streuung der Beobachtungsfehler aufgestellt wurde, bezeichnet die Steilheit der Kurve in der Tat das Maß an Präzision, das den Beobachtungen zukommt.

vom Mittel nach oben und nach unten bedingen, in verschieden starken Graden. Auch für solche Verteilungen läßt sich eine

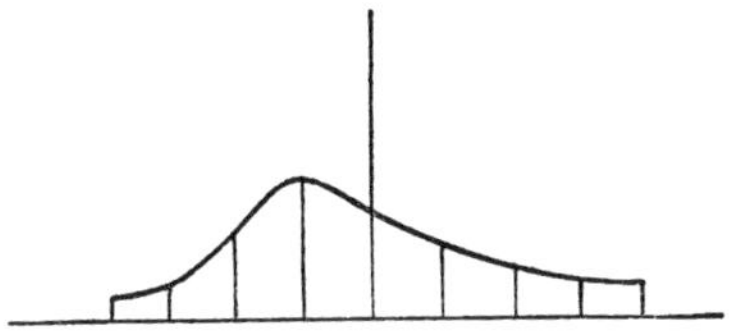

Fig. 5.

mathematische Idealkurve konstruieren, welche dem Binom $\left(\frac{p}{p+q}+\frac{q}{p+q}\right)^c$ entspricht. $\frac{p}{q}$ drückt hier das Verhältnis der beiden entgegengesetzt wirkenden Ursachen aus[1].

Durch Superposition mehrerer eingipfliger Kurven von asymmetrischer Form sind dann endlich auch die oben erwähnten mehrgipfligen Kurven mathematisch konstruierbar (sog. Komplexkurven)[2]. Sind auch diese mehrgipfligen Kurven stark unsymmetrisch, so heißt dies, daß die daran beteiligten Typen sehr verschiedene Häufigkeit haben.

Die oben entworfenen Kurven stellen natürlich nur Idealfälle dar; eine empirisch gefundene Zahlenreihe, und mag sie noch so umfangreich sein, liefert nur eine Anzahl von Ordinatenendpunkten, deren Verbindung höchstens eine gewisse Annäherung an eine mathematisch konstruierbare Kurve haben kann.

Diese Annäherung hat nun für uns eine zwiefache Bedeutung.

Erstens ist die mathematische Kurve der Ausdruck eines allgemeinen Gesetzes; eine empirische Kurve, welche zu einer mathematischen genügende Annäherung besitzt, zeigt daher an, daß für ein bestimmtes psychisches Merkmal die Variantenbildung in einer gesetzmäßigen Weise — und in welcher — erfolgt. Insbesondere ist hier eine Annäherung an die Gausssche Fehlerkurve ein Zeichen, daß die Variation rein durch quantitative Abstufung bedingt ist.

Damit hängt der zweite Punkt zusammen: Eine allgemeine Gesetzmäßigkeit bezieht sich nicht nur auf die geprüften Individuen A .... N, sondern enthält das Prinzip der Verteilung für das in Frage kommende Merkmal überhaupt. Darum haben wir nun

[1] Duncker (55) S. 121. [2] Duncker S. 123.

ein Kriterium, ob die geprüfte Individuenzahl genügt, um das Variabilitätsgesetz des Merkmals hervortreten zu lassen.

So lange sich die aus den Beobachtungen konstruierten Kurven zu keiner mathematischen Kurve in genügender Annäherung befinden, ist es immer noch möglich, daß durch gesteigerte Zahl der Beobachtungen eine völlige Veränderung der Häufigkeitsverhältnisse eintreten kann. Ist dagegen jene Zurückführung möglich, so ist die Wahrscheinlichkeit gering, daß eine weitere Vermehrung des Beobachtungsmaterials für dieses Merkmal an vergleichbaren Individuen noch zu einer wesentlichen Änderung des Variabilitätsbefundes führen werde.

Wann die Übereinstimmung zwischen der empirischen und der mathematischen Kurve als ausreichend anzusehen sei, kann hier nicht im einzelnen ausgeführt werden; es sei dafür auf DUNCKER S. 137 verwiesen.

Zugleich läßt sich dann mathematisch erweisen, daß eine Vermehrung des Materials auch den Variationsumfang nur in sehr geringem Maße verändern würde. Steigert man nämlich (für die einfachste — GAUSSsche — Kurvenform) die Zahl der einbezogenen Individuen auf das c fache ihrer ursprünglichen Anzahl, so wird der Variationsumfang nur um das $\sqrt{c}$ fache vermehrt.

Die Ogive. Eine andere Darstellungsweise der Streuungsverhältnisse bietet die von GALTON eingeführte Ogive. Diese wurde bisher seltener gebraucht, ist aber für bestimmte Zwecke wohl zu empfehlen.

Die Ogive stellt das Verhältnis der einzelnen Rangplätze zu ihren Maßzahlen dar. Es sind nämlich die Rangplätze als Abszissenpunkte gewählt, auf welche die dazugehörigen Maßzahlen als Ordinaten eingetragen werden. Die Kurve hat also eine durchweg fallende Tendenz. Je größer der Maßunterschied zwischen zwei Rangplätzen, um so steiler der Kurvenabfall zwischen ihnen. Da nun bei rein quantitativen Abstufungen die Maßabstände der Einzelfälle besonders groß am Anfang und am Ende der Rangordnung sind, während die in der Mitte liegenden Varianten sich voneinander nur sehr wenig unterscheiden, muß die Kurve erst steil, dann flach, dann wiederum steil verlaufen, also die Form eines halben Spitzbogens *(„ogive")* haben.

Wählt man zur Darstellung wieder relative Werte (Prozentnummern für die Rangplätze und relative Abweichungen für die Maßzahlen), so ergibt sich das nebenstehende Schema, in welches beliebige Variationsreihen eingefügt werden können. Der Kurventeil über der Abszisse enthält die positiven Abweichungen vom Mittel, der andere die negativen. Der Durchgang durch die Abszisse (Durchschnittswert der Maßzahl) muß im Idealfall genau beim mittleren Rangplatz % Nr. 50 ½ stattfinden. Sind die beiden von Kurven und Abszissen begrenzten Flächen kongruent, so bedeutet dies eine symmetrische Verteilung der Maßzahlen um den Mittelwert herum. Die eingezeichnete Kurve ist die Darstellung der nebenstehenden (fingierten) Tabelle II.

Tabelle II.

Maßzahlen äquidistanter Rangplätze. (Statt des Platzes % Nr. 50 ist der „mittlere Rangplatz" % Nr. 50½ eingetragen.)

(% Nr.) Rangplätze	(rel. Abw.) Maßzahlen
1	+ 70%
5	+ 48%
10	+ 37%
15	+ 27%
20	+ 20%
25	+ 15%
30	+ 11%
35	+ 7%
40	+ 4%
45	+ 2%
50 ½	0
55	— 2%
60	— 4%
65	— 7%
70	— 11%
75	— 15%
80	— 20%
85	— 27%
90	— 37%
95	— 49%
100	— 70%

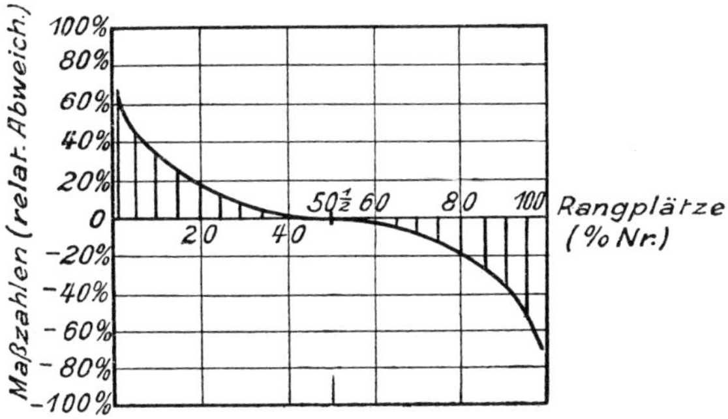

Fig. 6.

Eine noch einfachere, aber gröbere Darstellung derselben Verhältnisse ist auch in linearer Weise möglich durch die „Streuungslinie". Man trägt auf einer Linie die Maßzahlen (relativen Abweichungen) als gleich lange Strecken ab und setzt die wirklich vorkommenden Fälle als Punkte in die entsprechenden Teilstrecken ein. Die verschiedene Dichtigkeit der Punkte gibt dann ein unmittelbares Bild der Dichtigkeitsverteilung. Allerdings kann man mit der Eintragung etwas ins Gedränge kommen, wenn sich für eine Teilstrecke die Punkte zu sehr häufen.

Die Darstellung in der Ogive (und ebenso die Streuungslinie) ist schon bei Reihen möglich, die wegen ihres geringeren Umfangs die Darstellung in der Streuungskurve nicht gestatten. Denn bei der Streuungskurve muß jede Maßzahl in einer größeren Anzahl von Fällen vertreten sein, deren Häufigkeit gemessen wird; bei der Ogive dagegen erhält jeder Einzelfall seine besondere Ordinate.

5. Die Fraktionierung der Reihen.

Wie bei den qualitativen Unterschieden zwischen den Menschen besteht auch für die quantitativen Unterschiede das wissenschaftliche und kulturelle Bedürfnis, eine Gesamtreihe in Gruppen zu gliedern; zu diesem Zweck sind aus der statistisch-mathematischen Behandlung der Reihe Einteilungsgesichtspunkte abzuleiten. Für eine solche Gliederung in abgestufte Gruppen gilt freilich in noch weit höherem Maße, was wir schon bei den Typengliederungen aussprachen: daß die Grenzbestimmung der einen Gruppe gegen die andere nicht ohne eine gewisse Willkür möglich ist.

Die Wahl der künstlichen Grenzpunkte wird verschieden ausfallen, je nachdem man die Rangordnungen, die Maßzahlen oder die Häufigkeitsverteilung zur Grundlage der Fraktionierung macht.

Die Zweiteilung der Reihen ist überall leicht durchzuführen. Hält man sich an die Rangordnung, so teilt der mittlere Rangplatz % Nr. 50 $^1/_2$ die Reihe in zwei an Personenzahl gleiche Teile, also in eine obere und eine untere Hälfte. Wählt man die Maßzahlen, so gliedert der Mittelwert m die Reihe in die Fraktionen der Überdurchschnittlichen und der Unterdurchschnittlichen. Berücksichtigt man die Dichtigkeitsverteilung, so kommen hier nur die eingipfligen Kurven in Betracht, da hier die längste Ordinate (also die Stelle größter Dichtigkeit) als Teilungspunkt gelten kann. In dem Falle, daß die Streuungskurve eine symmetrische ist, decken sich alle genannten Grenzpunkte; empirisch wird niemals völlige Deckung, zuweilen starke Unstimmigkeit vorhanden sein.

Außer diesem Mangel kommt der Zweiteilung noch ein anderer, schwerer wiegender zu: der Schnitt wird gerade in die Gegend gelegt, in der sich die ähnlichsten Werte häufen; die am Schnittpunkt selbst gelegenen Varianten identischen Werts müssen zur Hälfte der oberen, zur Hälfte der unteren Fraktion zugewiesen werden. Die bei der Fraktionierung überhaupt vorhandene Willkür macht sich daher hier ganz besonders fühlbar; denn jede Fraktion enthält eine recht große Anzahl von Werten, die ebensogut oder fast ebensogut der anderen Fraktion angehören könnten [1].

Man kann daraus folgern, daß im allgemeinen Teilungen in eine ungerade Anzahl von Fraktionen, bei denen die Mittelgegend in sich geschlossen bleibt (oder erst sekundär geteilt wird), vorzuziehen sind.

Dies hat man schon immer instinktiv gefühlt; und deshalb ist die D r e i t e i l u n g der Quantitätsreihen in „gute", „mittlere" und „schwache" Varianten in Wissenschaft und Leben zweifellos die beliebteste. Sie begegnete uns in den Begriffen des Übernormalen, Normalen und Unternormalen; bei allen Zensuren sind „gut", „genügend", „mangelhaft" die drei Hauptprädikate; und auch sozial grenzt sich der Mittelstand gegen die oberen Zehntausend ebenso wie gegen das Proletariat ab. Fast alle anderen Fraktionierungen sind letzten Endes auf diese Dreiteilung zurückzuführen, indem die einzelnen Fraktionen Unterabteilungen erhielten oder Übergangsfraktionen zwischen ihnen hergestellt wurden.

Auch die wissenschaftliche Bearbeitung wird sich der Dreiteilung oft bedienen; sie muß sich aber über die dabei anzuwendenden Gesichtspunkte genauere Rechenschaft geben.

Am nächsten liegt es wieder, unter Benutzung der Rangordnung alle Personen in drei g l e i c h g r o ß e Fraktionen zu teilen, deren Grenzen, wie schon früher erwähnt, bei % Nr. 33 $^1/_3$ und 66 $^2/_3$ liegen.

Diese, auch in der Psychologie zuweilen angewandte Methode [2] hat den Vorteil, daß man es bei Vergleichung der Fraktionen stets mit gleichen Personenzahlen zu tun hat, was die Rechnung sehr vereinfacht. Daneben aber besteht der bisher nicht genügend beachtete Nachteil, daß die Variabilität innerhalb der einzelnen Fraktionen außerordentlich verschieden ist. Wegen der gewöhnlich weit stärkeren Dichtigkeit der Maßzahlen nach der Mitte zu enthält das mittlere Drittel nur Varianten, die sich sehr nahe stehen, während die beiden äußeren Drittel ein höchst divergentes Material umschließen.

Man betrachte daraufhin Tab. I (S. 242): bei Reihe B kommen

---

[1] Praktisch macht sich das z. B. in der Schule bemerkbar, wenn die Schüler nach irgendeiner Leistung in eine bessere und eine schlechtere Hälfte gegliedert werden sollen. — In der psychologischen Methodik ist uns die Mangelhaftigkeit des Verfahrens schon früher (S. 201) merklich geworden.

[2] So z. B. von EBBINGHAUS bei seinen Schulversuchen (**604**).

36 % aller Fälle (also das gute mittlere Drittel) auf eine einzige Maßstrecke; alle anderen Werte gehören dem oberen oder unteren Drittel an. Und selbst bei Reihe A, welche die doppelte Streuung hat, liegen die Verhältnisse nicht viel besser. Hier wird das mittlere Drittel gebildet aus den 18 % der Fälle, welche den Mittelwert zeigen und aus je 8 %, die den beiden benachbarten Maßstrecken entnommen werden müssen; der Rest gehört wieder zur ersten und letzten Abteilung. Mit anderen Worten: in die beiden Grenzabteilungen kommen noch Fälle hinein, die ihrem ganzen Habitus nach durchaus Mittelgut sind. Die besonderen Gruppenerscheinungen, die speziell den „Guten“ und den „Schwachen“ zukommen, und zu deren Erforschung die Fraktionierung vorgenommen wird, werden hierdurch stark verschleiert.

Es ist deshalb eine solche Teilung anzustreben, bei der die Mitte als Stelle größter Dichtigkeit mit größerer Kopfzahl vertreten ist, als jede der extremen Fraktionen.

Hierfür gibt es sowohl bezüglich der Rangordnungen wie der Maßzahlen Fraktionierungsgrundsätze, die zudem den Vorteil haben, für Normalfälle auch untereinander in guter Übereinstimmung zu stehen.

Wo nur eine Rangordnung ohne Maßzahlen zur Verfügung steht oder wo es zu rechnerischen Zwecken erwünscht ist, daß die Personenzahlen der einzelnen Fraktionen in einfachen Zahlenverhältnissen stehen, teile man die Reihe in v i e r an Personenzahl gleiche Teile, rechne die ersten 25 % aller Individuen als gute Abteilung, die folgenden 2 × 25 % als mittlere und die letzten 25 % als schwache Abteilung. Dann hat man die Gewähr, daß die beiden extremen Abteilungen ihrer Hauptmasse nach von solchen Varianten gebildet werden, die sich wesentlich vom Durchschnitt entfernen, und daß andererseits die Mittelabteilung die kompakte Vertreterin derjenigen Fälle ist, die sich eng um das Dichtigkeitsmaximum herum scharen.

Sind Maßzahlen vorhanden, so bieten sich die „mittlere Abweichung“ oder die „wahrscheinliche Abweichung“ als geeignete Scheidungspunkte an. Für den Idealfall, daß die Reihe dem Gaussschen Verteilungsgesetz gehorcht, deckt sich die Gliederung nach der wahrscheinlichen Abweichung genau mit der oben genannten nach der Personenzahl (s. S. 243). Denn außerhalb der wahrscheinlichen Abweichungen nach oben und unten liegen je 25 %, innerhalb der wahrscheinlichen Abweichungen liegen 50 % aller Fälle.

Im allgemeinen wird die bequemer zu berechnende „mittlere Abweichung" nicht allzusehr von der wahrscheinlichen Abweichung differieren, so daß sie zur Fraktionierung meist ausreicht. Sie erlaubt zugleich eine innerlich begründete Definition der drei Fraktionen:

Die „Mittelgruppe" ist die Zusammenfassung aller derjenigen Varianten, die vom Durchschnitt weniger abweichen als das Mittel aller Abweichungen beträgt; zur „guten Gruppe" bzw. „schwachen Gruppe" gehören alle Varianten, die vom Durchschnitt nach oben (unten) weiter abweichen als die mittlere Abweichung beträgt.

In der fingierten Reihe A der Tabelle 1 würden die drei mittleren Maßstrecken (von der Abweichung — 15% bis + 15%) innerhalb der mittleren Abweichung liegen, welche ± 16,6% beträgt. Die Mittelgruppe umfaßt demnach der Häufigkeit nach 17% + 18% + 17% = 52% aller Varianten.

Die Empfehlung der Viertelsteilung erfährt nun aber eine eigentümliche Verstärkung auf rein empirischem Wege. Es scheint nämlich, daß dort, wo aus immanenten Bedürfnissen, ohne Rücksicht auf statistische Gesichtspunkte, eine Reihe fraktioniert wird, sich sehr oft von selbst die Viertelsteilung, zum mindesten für die Abspaltung der schwachen Gruppe, einstellt. Dies von Bobertag entdeckte Verhalten kann man auch so formulieren: die allgemeinen und normalen Anforderungen, die an bestimmte Menschengruppen in gewisser Beziehung gestellt werden, sind oft so dosiert, daß 75% aller Individuen ihnen — in sehr verschieden hohem Grade — genügen oder mehr als genügen, während 25% ihnen — wiederum in verschiedenem Grade — nicht genügen. (Die zuerst genannten 75% umfassen dann die gute und die mittlere Gruppe.)

Bobertag stellte dies Verhältnis einerseits bei einer Zensurenstatistik, andererseits bei den Ergebnissen der Binetschen Intelligenzprüfungsmethode fest, und zwar ebenso in den von Binet selbst angestellten Versuchen, wie in seinen eigenen Experimenten [1]. Sodann fand er ähnliche Einteilungsgesichtspunkte bei Mc Dougall und in einer Zensurenstatistik von Max Meyer [2]

[1] Bericht hierüber in der bei Ausgabe dieses Buches noch nicht erschienen Fortsetzung von **668**. Vgl. auch Lipmann **675**.

[2] **979**.

angewandt. Eine weitere Nachprüfung erscheint dringend erwünscht[1].

Ganz andere Gesichtspunkte müssen naturgemäß obwalten, wenn es gilt, eine an Varianten außerordentlich zahlreiche Reihe in eine ziemlich große Anzahl von Gruppen zu fraktionieren. Wir sprechen dann von Stufenbildung.

Man kann Stufen gleicher Häufigkeit bilden, indem man je x in der Rangordnung benachbarte Varianten zu einer Stufe zusammenfaßt. In der Ogive sind die Stufen gleicher Häufigkeit durch Abszissenabschnitte gleicher Länge repräsentiert. Man kann dann untersuchen, wie sich innerhalb der gleichen Personenzahl je von Stufe zu Stufe die Maßzahlen ändern. Das Verfahren hat den Mangel, daß oft, um die gleiche Personenzahl zu erlangen, Varianten von identischen Werten (und gleichem Rangplatz) doch verschiedenen Stufen zugeteilt werden müssen.

Man kann andererseits Stufen gleicher Breite bilden, indem man die vorkommenden Maßzahlen (am besten in der Form der relativen Abweichungen) in gleich große Strecken teilt. In der Streuungskurve sind die Stufen gleicher Breite durch Abszissenabschnitte gleicher Länge repräsentiert; hier ist festzustellen, wie sich innerhalb einer bestimmten Graddistanz je von Stufe zu Stufe die Häufigkeiten ändern. So wählten wir in der Tabelle I 10prozentige Maßdistanzen als Stufen gleicher Breite.

Nehmen wir die ideale Gausssche Kurve als gültig an, so läßt sich für jede angenommene Gesamtzahl von Stufen berechnen, mit welcher relativen Häufigkeit die einzelne Stufe vertreten ist. Allerdings müssen die Anfangs- und Endstufen wegen des asymptotischen Verlaufs der Kurve als unbegrenzt betrachtet werden; dies kommt aber bei der verschwindenden Stärke ihrer Besetzung nicht in Betracht.

Teilt man z. B. die Abszisse in 14 äquidistante Stufen und 2 asymptotische Seitenstufen, so enthält bei idealer Verteilung jede Stufe die in Tabelle III angegebenen prozentualen Häufigkeiten. (Nach Galton, dem wir die Zahlen entnehmen, geben wir auch die Verrechnung auf eine Million Individuen wieder.)

Wenn also für irgend ein Merkmal empirisch festgestellt ist, daß die Streuung seiner Varianten eine genügende Annäherung

[1] Während der Drucklegung des Buches erscheint eine weitere Bestätigung: Goddard (**681a**) kam, bei Anwendung der Binet-Tests an 1500 Schulkindern, zu ganz ähnlichen Fraktionierungen.

an die GAUSSsche Kurve zeigt, so ist man berechtigt, für das Merkmal Stufen zu bilden und deren relative Besetzung nach dem zu berechnenden Schema anzunehmen.

Dagegen ist der umgekehrte Weg nicht zulässig, daß man apriori für irgendein Merkmal die Gültigkeit der GAUSSschen Fehlerkurve voraussetzt und danach Stufen gleicher Weite mit den entsprechenden Besetzungsziffern postuliert. So verfuhr vor einem Menschenalter GALTON.[1] Er wollte die Gesamtheit eines Volkes nach der geistigen Leistungsfähigkeit in eine Anzahl gleich abgestufter Klassen gliedern. Unter Voraussetzung der GAUSSschen Verteilung bildete er 16 Stufen (vgl Tab. III), nahm an, daß der Begabungsabstand jeder Klasse von der benachbarten gleich groß sei und war nun überzeugt, daß je eine Million Menschen sich ungefähr in der berechneten Weise auf die 16 Klassen verteile.

Tabelle III.

Stufe	Häufigkeit auf 100%	Häufigkeit auf 1 Million Menschen
1 (asympt.)	0,0001%	1
2	0,0014%	14
3	0,0233%	233
4	0,2423%	2 423
5	1,5696%	15 696
6	6,3563%	63 563
7	16,1279%	161 279
8	25,6791%	256 791
9	25,6791%	256 791
10	16,1279%	161 279
11	6,3563%	63 563
12	1,5696%	15 696
13	0,2423%	2 423
14	0,0233%	233
15	0,0014%	14
16 (asympt.)	0,0001%	1

Der methodologische Fehler liegt hier in der schon oben erwähnten unberechtigten Annahme, daß die GAUSSsche Kurve das allgemeingültige Verteilungsprinzip für jede Variantenbildung überhaupt bedeute.

[1] **324, 325.**

Kapitel XVII.

Die Variabilität.

Unter Variabilität (Vb) eines Merkmals verstehen wir den Mannigfaltigkeitsgrad der Varianten, in denen es vorkommt. Die Vb eines Merkmals kann entweder im allgemeinen oder für eine bestimmte Gruppe (z. B. das weibliche Geschlecht, ein Volk, einen Stand) untersucht werden.

Die Vb ist zum Teil von isoliert prüfbaren Bedingungen abhängig; sofern das Merkmal in diesem Mitvariieren mit wechselnden Bedingungen betrachtet wird, sprechen wir von seiner Konvariabität (Cvb). Die Fähigkeit einer Bedingung, Varianten zu erzeugen, nennen wir ihre Variativität (Vt)[1].

Ist der Variabilitätsgrad eines Merkmals selber variabel, so liegt Variationswechsel oder Vb zweiter Ordnung vor (entsprechend besteht bei der sie verursachenden Bedingung Vt zweiter Ordnung). Ihre Richtung ist positiv, wenn der Vb-grad zunimmt: fortschreitende Differenzierung des Merkmals. Sie ist negativ, wenn der Vb-Grad abnimmt: fortschreitende Uniformierung des Merkmals.

1. Bestimmung und Vergleichung der Variabilität.

Die Variabilität eines Merkmals bekundet sich zunächst in der Zahl der Qualitäten oder Stufen, in denen die Varianten auftreten.

Wenn ein Merkmal nur in drei Typen, ein anderes in vier Typen vorkommt, so hat jenes eine „ärmere", dieses eine „reichere" Variabilität. Ebenso wenn von zwei Rangordnungen

[1] Bezüglich der Ausdrücke Variabilität und Variativität vergleiche man ähnliche Korrelatbezeichnungen, die ebenfalls die passive und aktive Seite eines identischen Tatbestandes benennen, wie „Suggestibilität" und „Suggestivität".

gleicher Personenzahl und gleichen Umfanges die eine nur zehn Stufen umfaßt, die andere sich in zwanzig feiner abgestufte Unterschiede teilt. Diese Art der Variabilitätsbestimmung verspricht indessen keine bedeutende wissenschaftliche Ausbeute und ist auch meines Wissens bisher nicht angewandt worden.

Weit wichtiger ist die Bestimmung der Variabilität nach dem Abstand der Varianten untereinander. Je nach der dichteren oder weiteren Streuung um den Mittelwert sprechen wir dann von „schwächerer" und „stärkerer" Variabilität; auf sie allein beziehen wir auch den Ausdruck „Variabilitätsgrad". Dieser ist durch verschiedene Werte meßbar [1].

Am bequemsten ist die bloße Angabe der oberen und der unteren Grenze, z. B.: „Die Leistungen der Schüler schwankten zwischen 3 und 17 Fehlern". Aber die Bestimmung ist außerordentlich grob; denn derartige Umfangswerte sind durch ganz zufällige und vereinzelte Grenzleistungen bedingt, die Stellung der Hauptmasse der Varianten kommt darin nicht zu ihrem Recht.

Wir müssen solche Werte benutzen, in welchen die einzelnen Varianten mit ihren Abweichungen enthalten sind. Duncker wählt die Wurzel aus der mittleren quadratischen Abweichung, Galton die „wahrscheinliche Abweichung", welche zwei Drittel des Dunckerschen Wertes beträgt (s. d. Formel S. 239). Auch das Gausssche Präzisionsmaß kann unserem Zweck dienen (s. S. 244); es ist aber rechnerisch sehr kompliziert und nur für Gausssche Verteilungskurven gültig.

Für unsere Zwecke wird wohl durchweg die mittlere Abweichung — und zwar meist in ihrer relativen Form V (s. S. 238/9) — ein ausreichendes und bequem zu berechnendes Variabilitätsmaß für eine Reihe sein; sie liefert uns den inneren Streuungsindex der Reihe.

Wir brauchen aber aus bald aufzuzeigenden Gründen auch ein Maß für die zwischen mehreren Gesamtreihen oder Gruppen bestehende Variabilität, also ihre äußere Streuung. Hierbei wird die einzelne Reihe durch ihren Mittelwert m vertreten. Die Abweichungen dieser m voneinander liefern dann wiederum vermittels der S. 238 angegebenen Berechnung einen Wert der relativen Variabilität V_m, den äußeren Streuungsindex der Reihe.

Bei der äußeren Streuung wird man es aber oft nur mit dem Abstand zweier Mittelwerte zu tun haben; dann vereinfacht sich die Rechnung. Zuweilen genügt schon die bloße Differenz

---

[1] Vgl. Duncker **55** S. 143 ff.

der Mittelwerte $m_2 - m_1$ [1]; will man auch hier einen relativen Wert gewinnen, so benutze man den Quotienten $\frac{m_2 - m_1}{m_2 + m_1}$.

Der Variabilitätsgrad bietet nun für vergleichende Untersuchungen, ein sehr interessantes und aussichtsreiches Objekt, das bisher noch fast gar nicht bearbeitet wurde. Man war von der generellen Psychologie her zu sehr gewöhnt, die Streuung lediglich als ein unangenehmes Zeichen für die Ungenauigkeit des Mittelwertes anzusehen; jetzt zeigt sich, daß sie ein eigenes Problem ist, an Bedeutung dem Mittelwert durchaus ebenbürtig. So kommt es, daß in den schon vorliegenden Publikationen latent zahlreiche Variabilitätswerte versteckt liegen, die noch nachträglich durch besondere Berechnungen herausgeholt werden können. Die von uns gewählten Beispiele sind z. T. auf solche Weise gewonnen.

Infolge der relativen Bedeutung des Wertes V sind wir in der Lage, die Variabilität von verschiedenen Merkmalen trotz verschiedener Mittelwerte miteinander zu vergleichen, sofern nur das bei beiden angewandte Maß vergleichbar ist. So kann z. B. die Güte der Leistungen in einer Schulklasse ebenso für Rechnungs- wie für Diktat- und Übersetzungsaufgaben durch das übereinstimmende Maß der Fehlerprozentsätze gemessen werden; die drei gewonnenen V-Werte zeigen dann, in welcher der drei Leistungsformen die Schüler am meisten differenziert sind.

Ein experimentelles Beispiel: OEHRN [2] hat an zehn Personen Lernversuche gemacht und zwar einmal mit sinnlosen Silben, das andere Mal

Tabelle IV.

ÖHRN, Lernversuche an 10 Personen	Lernzeit in Sek. für	
	je eine sinnlose Silbe	je eine Ziffer
Mittelwert	11,8	9,6
mittl. Abw., absol.	2,9	3,7
mittl. Abw., relat. = V.	25%	38%

[1] Exakter als dieser Wert scheint der von LIPMANN, Ztschr. f. Psychol. **48**, vorgeschlagene Zentralwert der Differenzen zu sein. Es werden zwischen jedem Wert der einen Reihe und dem auf entsprechendem Rangplatz stehenden Wert der zweiten Reihe die Differenzen gebildet und diese ihrerseits in eine Rangreihe gebracht. Der auf dem mittleren Rangplatz stehende Wert ist dann — nach Vorzeichen und Größe — repräsentierend für den zwischen beiden Reihen überhaupt bestehenden Unterschied. Das Verfahren empfiehlt sich besonders bei Reihen mit großer Streuung oder geringer Differenz.

[2] **442**.

mit sinnvollem Stoff, nämlich Ziffern. Die psychologische Struktur der Leistung ist offenbar in beiden Fällen sehr verschieden. Beifolgende von mir berechnete Tabelle IV zeigt nun, daß das sinnvolle Lernen weniger Zeit erforderte, daß aber trotz dieser augenscheinlich größeren Leichtigkeit der Aufgabe das sinnvolle Lernen eine ganz beträchtlich stärkere Streuung der Lernzeiten hervorbrachte.

Derartige Vb-Vergleichungen sind natürlich nur dann zulässig, wenn im übrigen die Untersuchungsbedingungen für die verschiedenen Leistungen möglichst gleichartig sind; deshalb wird man wohl kaum je davon absehen können, daß die Untersuchungen an demselben Menschenmaterial angestellt werden. Ist dies aber für eine größere Anzahl von Leistungen geschehen, so wird es unter Umständen möglich sein, die Leistungen der Gruppe nach ihrer Variabilität in eine Rangordnung zu bringen. Die Zuverlässigkeit einer solchen Rangordnung wäre dann durch entsprechende Untersuchungen an anderen Gruppen nachzuprüfen.

2. Die Idee einer allgemeinen Variabilitätsskala.

Den Befund über den Vb-Unterschied verschiedener Merkmale kann man dadurch erweitern, daß man die Untersuchung unter veränderten Bedingungen wiederholt. So läßt sich — um bei obigem Beispiel zu bleiben — den Vergleich sinnloser und sinnvoller Lernleistungen an andersartigem Lernmaterial erneuern. Zeigt sich dann jedesmal, daß die sinnlosen Leistungen verschiedener Personen untereinander weniger abweichen als die sinnvollen, so ist wohl der Schluß berechtigt, daß das Lernen sinnvoller Stoffe eine im allgemeinen stärker variierende Tätigkeit ist, als das rein mechanische Lernen.

Andere Methoden, insbesondere die später zu besprechende Messung der Konvariation, können in gleichem Sinne verwandt werden; und so ist es denkbar, daß man künftig Aussagen über die allgemeine Variabilität eines psychischen Merkmals und über das allgemeine Variabilitätsverhältnis mehrerer psychischen Merkmale untereinander wird machen können.

Der Begriff der allgemeinen Variabilität eröffnet Ausblicke in psychologisches Neuland; denn er stellt ein neues Ordnungsprinzip der psychischen Dispositionen dar. Zu unterst stehen die relativ invariablen Beschaffenheiten; sie bilden den wenig differenzierten Fundus für Menschen verschiedenster Art, bleiben im Wechsel der Zeiten ziemlich konstant, sind durch äußere Einwirkungen nicht sehr beeinflußbar. An sie reihen sich dann die Dispositionen mit immer größerem Streuungsindex bis zu jenen, die von Individuum zu Individuum und von Gruppe zu Gruppe, ja auch innerhalb des Individuums von einem Zustand zum anderen am meisten variieren und Milieueinflüssen in hohem Maße zugänglich sind.

Ferner wird auf den Zusammenhang des allgemeinen Variabilitätsgrades mit anderen Eigenschaften der geprüften Funktionen zu achten sein. So steht die Variabilität in enger Beziehung zur Komplexität eines seelischen Merkmals. Die Funktionen von höherer Zusammengesetztheit sind auch die stärker variierenden, die einfacheren auch zugleich die interindividuell gleichförmigeren. Diese — schon von Binet und Henri hervorgehobene — Beziehung bewirkt, daß die von der generellen Psychologie vorzugsweise beachteten Elementarfunktionen für die differentielle eben wegen ihrer geringeren Streuung weit weniger Bedeutung haben als die komplexeren Funktionen.

Eine ähnliche Beziehung besteht dann vermutlich auch zwischen Variabilität und Entwicklungsfolge: Je später eine Funktion in der (ontogenetischen und phylogenetischen) Entwicklung des Menschen auftritt, um so stärker ist auch im allgemeinen ihre Variabilität.

Man sieht, daß wir hier zu einer Rangordnung der psychischen Dispositionen kommen, wie sie im Alltagsleben durch die Wertausdrücke „niedere" und „höhere Funktionen" gekennzeichnet sind. Die niederen sind die weniger variablen, einfacheren, früher auftretenden Funktionen, die höheren die variableren, komplexeren, später zur Entwicklung kommenden. Aber unsere vorangegangene Betrachtung läßt uns erst den Sinn und die Grenzen dieser Wertung richtig beurteilen. Jedes Individuum ist zugleich Gattungswesen und Individualität und hat zugleich Aufgaben nach beiden Seiten zu lösen. Diesen Aufgaben dienen nun jedoch die in irgendeinem Individuum X vorhandenen Dispositionen in sehr verschiedenem Maße. Denn die Dispositionen mit geringem Streuungsindex sind solche, in denen X allen anderen Individuen sehr ähnlich ist: sie vertreten also das Gattungsmäßige in ihm. Die Dispositionen mit hohem Streuungsindex dagegen sind solche, in denen sich X gewöhnlich von den anderen Individuen deutlich unterscheidet, sie sind es also vorzugsweise, die die Zuspitzung zur Individualität bedingen. Macht man also die Gattungsaufgabe des Menschen zum Mittelpunkt der Wertung, so sind die wenig variablen „niederen" Funktionen gerade die höherwertigen; denn sie allein gewährleisten die Homogeneität und Konstanz der Gattung. Wird dagegen die Persönlichkeitsbildung zum Wertzentrum gemacht, dann sind die variableren Funktionen auch die höherwertigen, weil sie vor allem die Ausgestaltung persönlicher Eigenart herbeiführen.

3. Inter- und Intravariabilität.

Da die Vb eines Merkmals ebenso interindividuell wie intraindividuell untersucht werden kann, so bietet sich hier zu Vergleichungen mannigfacher Anlaß.

Die allgemeinste Frage ob zwischen der Intra- und Intervariabilität eines Merkmals im großen und ganzen Analogie bestehe, haben wie bereits im vorigen Abschnitt implicite bejaht. Unzweifelhaft werden diejenigen Merkmale, welche im Individuum stark zum Variieren neigen, auch beim Vergleich der Individuen untereinander große Unterschiede liefern und umgekehrt. So sind z. B. auch innerhalb eines einzelnen Individuums die Leistungen des sinnvollen Gedächtnisses viel variabler als die des rein mechanischen Gedächtnisses — wie wir es entsprechend oben für die interindividuelle Vb. fanden.

Da aber die Analogie zwischen Intra- und Intervariabilität niemals eine vollständige sein wird, so entsteht die weitere Frage nach dem Verhältnis beider für ein und dasselbe Merkmal. Dies Verhältnis wird ausgedrückt durch den „Inter-Intra-Quotienten":

$$\frac{\text{Inter-Vb}}{\text{Intra-Vb}}$$

Ist der Quotient groß, so bedeutet dies, daß das Merkmal innerhalb des Einzelindividuums relativ konstant, aber zwischen vielen Einzelindividuen sehr different ist: es hat demnach einen hohen Individualitätswert. Bewegt sich der Quotient dagegen um den Wert 1 herum, so bedeutet dies, daß die Unterschiede zwischen den Individuen nicht beträchtlich größer sind als die Unterschiede, die innerhalb eines Individuums vorzukommen pflegen; das Merkmal hat also viel mehr generelle (objektive) als individuelle (subjektive, psychographische) Bedeutung.

Meines Wissens ist dieser Quotient bisher erst einmal benutzt worden, nämlich von F. L. Wells zur Bestimmung der Objektivität von individuellen Urteilen [1]. Er fand, daß jener Quotient bei der ästhetischen Beurteilung farbiger Ansichtskarten größer als 2, bei der Schätzung von Farben-

[1] 427.

differenzen größer als 1 und bei der Anordnung von sechs verschieden schweren Gewichten unter Unständen sogar kleiner als 1 war; die drei Arten des Urteilens stellen also eine Skala fallender Subjektivität oder steigender Objektivität dar.

4. Konvariabilität (Cvb).

Der Begriff der Konvariation eines Merkmals mit einer Bedingung ist scharf von dem der Korrelation (s. das nächste Kapitel) zu unterscheiden. Daß ein Merkmal mit einer Bedingung in Korrelation stehe, d. h. mit ihm überhaupt gemeinsam variiere, ist notwendige Voraussetzung, um die Konvariation zu berechnen. Diese aber bezieht sich auf die Größe der Distanzen, welche an dem Merkmal durch die Bedingung erzeugt werden, also auf einen Wert, der bei der Korrelationsberechnung überhaupt nicht in Betracht kommt.

Tabelle V.

Altersstufe	Leistungswerte für Aufgabe	
	A	B
I.	5	3
II.	6	5
III.	7	7
IV.	8	9

Ein einfaches (fingiertes) Beispiel erläutere diesen Unterschied. I, II, III, IV seien 4 Altersstufen von gleichen Abständen; ihnen werden je 2 verschiedenartige Aufgaben A und B gestellt. Die Maßzahlen der Leistungen seien die im Schema angegebenen. Dann sind die Korrelationen der Leistung A mit dem Alter und der Leistung B mit dem Alter gleich (nämlich beide vollständig, $r = 1$). Ihre Konvariationen mit dem Alter sind aber ganz verschieden; denn Leistung B konvariiert doppelt so stark wie Leistung A.

Zur Berechnung der Cvb ist es nicht nötig, daß die variative Bedingung in ihrer Vb selber, wie in obigem Beispiel, meßbar ist; es genügt, daß irgendein Unterschied, er mag qualitativ oder quantitativ sein, festgehalten und mehreren Konvariationsberechnungen gleichmäßig zugrunde gelegt wird. So kann z. B. der Unterschied des Geschlechtes oder der Unterschied der Bildung eine solche variative Bedingung darstellen, wofür weiter unten rechnerische Beispiele gegeben werden.

Die Messung der Konvariation eines Merkmales mit einer Bedingung kann intraindividuell oder interindividuell erfolgen. Ein Beispiel für die erste Methode:

Ich untersuche etwa, ob die Gedächtnisleistungen eines X mit wechselnder Bedingung — z. B. mit zunehmendem Alter, oder bei verschiedenem Grade der Übung, oder bei verschiedener Aufmerksamkeitseinstellung — stark variieren oder ob sie schwach variieren; die innere Streuung der Einzelwerte gibt das Maß der Konvariation. Vereinige ich viele so gewonnene Werte verschiedener Individuen, so erhalte ich den durchschnittlichen Konvariationsgrad der Gedächtnisleistung mit dem Alter (oder mit der Übung, oder mit der Aufmerksamkeit).

Die zweite Methode bedient sich der äußeren Streuung. Die Leistungen aller Individuen der einen Übungsstufe (oder Altersstufe usw.) werden zu dem Mittelwerte m_1, die einer anderen Stufe zu dem Mittelwerte m_2, die einer dritten zu m_3 zusammengefaßt usw. und nun wird die zwischen diesen m bestehende Streuung in einer der oben angegebenen Weisen berechnet.

Hat man für mehrere Merkmale ihre Cvb mit derselben variativen Bedingung berechnet, so kann man Cvb-V e r g l e i c h u n g e n vornehmen, so wie wir es in unserem fiktiven Beispiel S. 260 bereits getan haben; bei mehr als zwei Merkmalen läßt sich auch eine Cvb-Skala aufstellen. Zeigt sich bei einer solchen Vergleichung oder Skalierung, daß die Konvariation des Merkmales a der des Merkmales b bei sehr vielen variativen Bedingungskomplexen überlegen ist, so können wir hierin wieder eine allgemeine Eigenschaft des Merkmales a sehen.

Beispiel: Bei Aussageversuchen mit Bildern sind oft an dieselben Individuen sowohl Suggestivfragen wie „Normal"-Fragen (Fragen ohne Suggestion mit geringer Schwierigkeit) gerichtet worden. Auf Grund der Versuche von Oppenheim und solcher von mir ist es nun möglich, die Aussagetreue für Suggestiv- und für Normalfragen in verschiedener Gruppierung zu vergleichen; und da zeigt es sich, daß fast jede variative Bedingung bei der Suggestibilität starke Varianten, bei den Antworten auf Normalfragen nur schwache Varianten hervortreten läßt. Tabelle V gibt die äußeren Streuungen und zwar, da immer nur je zwei Reihen zur Vergleichung kommen, als Quotienten der Mittel. Der Mittelwert der schwächeren Gruppe ist als 100 gesetzt; die Brüche geben also an, um wieviel die stärkere Gruppe die schwächere übertrifft. Untersucht wird die Konvariation mit dem Alter [1], dem Geschlecht [1], der Schulgattung [2], der Aussageerziehung [2], der Schulleistung [2]. Keines dieser Momente hat auf die

---

[1] Aus: Stern 575 Tab. XX u. XXI.

[2] Von mir berechnet nach R. Oppenheim (571) Tab. VIII S. 369, III S. 72, XI S. 91.

Treue der Normalantworten eine nennenswerte variative Wirkung gehabt; die besseren Gruppen unterscheiden sich von den schwächeren durchweg nur um wenige Prozente. Anders die Treue bei Suggestivfragen. Hier ist der Unterschied zwischen den beiden Gruppen sehr beträchtlich. Am frappantesten ist die Alterswirkung: die vierzehnjährigen übertreffen die siebenjährigen an Normaltreue nur um 7 %, an Suggestivtreue dagegen um 63 %! Aber auch die übrigen Differenzen sind groß, mit Ausnahme der Begabungsrubrik[1]. Mithin darf man schließen, daß die Suggestibilität auf alle Bedingungen, die überhaupt in eindeutiger Richtung auf sie wirken, stark reagiert, d. h. sie hat eine starke allgemeine Konvariabilität. Dagegen ist die Aussagetreue auf normale, nicht schwere und nicht suggestive Fragen eine psychische Funktion von durchgängig geringer Konvariabilität.

Tabelle VI.

Konvariabilität der Aussagetreue mit verschiedenen Bedingungen.

Treue der stärkeren Gruppe, auf 100 % der schwächeren Gruppe berechnet	Verschiedene Altersstufen: 14 ½ jähr. / 7 jähr.	Geschlechter: Knaben / Mädchen	Verschiedene Schulgattungen: Höh. Töchterschule / Mädchen-Volksschule	Nach und vor der Aussageerziehung: 3. Versuch / 1. Versuch	Verschiedene Schulleistungen: gute Schülerinnen / schwache Schülerinnen
Normalfragen	107/100	104/100	107/100	104/100	109/100
Suggestivfragen	163/100	111/100	122/100	135/100	(106/100)

Diese allgemeine Konvariabilität ist nun aber nichts als eine Teilerscheinung jener „allgemeinen Variabilität", die wir oben (S. 257) besprachen. Denn zweifellos wird irgendeine psychische Disposition, die in sich stark zum Variieren neigt, auch mit modifizierenden Bedingungen stark **kon**variieren und umgekehrt.

Mittelbare Konvariation. — Der Begriff der Konvariabilität erlaubt uns gewisse Einblicke in noch eine andere Problemgruppe. Eine Leistung a konvariiere mit einer auf sie

[1] Dieser Ausfall ist verständlich, ja notwendig; zwischen Intelligenzgrad und Suggestibilität besteht nämlich, wie andere Befunde lehren, keine sichere Korrelation, somit haben wir (vgl. S. 260) überhaupt kein Recht, die Konvariation zu untersuchen.

gerichteten variativen Bedingung in gewissem Maße (es finde etwa in der Leistung fortschreitende Übung, oder eine fortschreitende Ermüdung statt, oder sie werde unter wechselnde Formulierung der Aufgaben gestellt; hierdurch werden die Leistungswerte verändert). Gleichzeitig kann nun eine Leistung b, welche jener variativen Bedingung n i c h t direkt untersteht, ebenfalls eine Konvariation höheren oder geringeren Grades zeigen. Dies ist dann ein Zeichen, daß b zu a in einem inneren Zusammenhang steht, welcher ein Ausstrahlen des von der Bedingung auf a geübten Einflusses auch auf b zur Folge hat. Diese Vorgänge sind bisher in einzelnen Fällen als „Mitübung" und als „Mitermüdung" untersucht worden; wir sehen jetzt, daß diese beiden Phänomene nur Teilerscheinungen der mittelbaren Konvariation sind, die sich auch noch in ganz anderen Formen äußern kann.

Nun ist aber klar, daß diese Ausstrahlung von a auf b um so stärker sein wird, je enger beide Leistungsformen miteinander zusammenhängen. Nennen wir diesen Zusammenhang „Verwandtschaft", so sind wir nun imstande die Verwandtschaft der beiden Leistungen quantitativ zu bestimmen. Wir definieren nämlich: z w e i L e i s t u n g s g e b i e t e h e i ß e n v e r w a n d t, w e n n e i n e B e d i n g u n g, w e l c h e a u f d i e V a r i a t i o n d e r e i n e n L e i s t u n g g e r i c h t e t i s t, a u c h d i e a n d e r e i n d i r e k t m i t v a r i i e r e n l ä ß t; d i e N ä h e d e r V e r w a n d t s c h a f t h a t i h r M a ß i n d e m G r a d e d e r K o n v a r i a t i o n.

Der Begriff der Verwandtschaft läßt sich dann von den Leistungsgebieten auf die ihnen zugrunde liegenden Dispositionen übertragen und wir erhalten damit ein neues Mittel, die dispositionelle Struktur des Individuums zu erkennen.

5. D i e V a r i a t i v i t ä t d e r B e d i n g u n g e n (i n s b e s o n d e r e d e r Ü b u n g).

Wir betrachten nun die gleichen Tatbestände von einer anderen Seite, indem wir fragen: Welche Bedeutung kommt bestimmten Bedingungen zu im Hervorbringen psychischer Varianten?

Die Wirkung formaler Bedingungen — wie Übung und Gewöhnung, Ermüdung und Erholung, Erleichterung und Erschwerung, Ablenkung und Konzentration, Zwischenzeit, Alter, Bildungsgrad usw. — auf das psychische Geschehen ist ja von der generellen Psychologie sehr vielseitig geprüft worden, aber ihre

Wirkung auf die Variabilität wurde dabei doch höchstens gelegentlich gestreift.

Der Grad der Variativität (Vt) ist natürlich nur meßbar an dem Grad der Vb, den sie hervorbringt; auf diese Weise sind sowohl die Wirkungen einer einzelnen Bedingung zu untersuchen, wie auch mehrere Bedingungen miteinander vergleichbar.

So läßt sich z. B. die Vt des Geschlechtsunterschieds mit der der Schulgattung an Tab. VI vergleichen; sie zeigt, daß bei Aussageversuchen (und zwar ebenso bei Normal- wie bei Suggestivfragen) der Unterschied zwischen Volks- und höherer Schule weit stärkere Varianten hervorbrachte, als der Unterschied zwischen Knaben und Mädchen. Zu einem gleichen Ergebnis für Suggestivfragen kam LIPMANN[1].

Diejenige Bedingung, deren Vt-Messung die größte theoretische und praktische Wichtigkeit hat, ist wohl die Übung; sie sei als Hauptbeispiel etwas ausführlicher behandelt. Bei einer und derselben Leistungsform kann die Differenz, die zwischen dem Leistungsgrade in ungeübtem und demjenigen in maximal geübtem Zustande besteht, eine ganz gewaltige sein; dies gilt ebenso, wenn man zwei getrennte Personengruppen (ungeübte und geübte) vergleicht, wie wenn man an denselben Personen den Übungsfortschritt mißt.

Da die bisherigen Untersuchungen über die Übung fast immer nur die allgemeinen Gesetze und Relationen im Auge hatten, so ist die absolute Größe der durch Übung erzeugbaren Variationen bisher weniger beachtet worden. Und doch harren hier viele wichtige Probleme der Bearbeitung, so die Frage: auf welchen Gebieten die Übung die stärksten Variantenbildungen erzeugen könne, welche Gebiete dagegen dem Übungseinfluß gegenüber refraktär seien. (Es ist dies eines der Grundprobleme der gesamten Pädagogik). — Ferner: In welchem Maße die Übung irgendeines Leistungsgebietes die Fähigkeit auf anderen mehr oder minder verwandten Gebieten konvariieren lasse (das Problem der Mitübung und der formalen Bildung[2]) und anderes mehr.

Die variative Bedeutung der Übung fordert gewisse theoretische Überlegungen heraus, die sich auf die Grundlage der differentiellen Psychologie überhaupt, nämlich auf die Lehre von den Dispositionen beziehen. Jeder Mensch hat ein eng begrenztes, durch Beruf und Interessen bestimmtes Gebiet auf dem seine Leistungen einen hohen, vielleicht maximalen Übungsgrad

[1] 711 S. 534.

[2] Vgl. die oben gegebenen Ausführungen über mittelbare Konvariationen.

haben; auf allen anderen Gebieten ist gar keine oder eine geringfügige und unsystematische Übung vorhanden. Demnach muß man auch die Fähigkeiten irgend eines Menschen in die beiden Gruppen der „natürlichen" und der „maximalen" gliedern. Die natürlichen Verhaltungsweisen sind für das Gesamtbild eines X in hohem Maße charakteristisch; eine bestimmte Fähigkeit zur Unterscheidung von Sinnesreizen, ein gewisser Grad der Intelligenzbetätigung, eine so und so beschaffene Reaktion auf ästhetische Eindrücke sind nun einmal für die ganze Struktur seiner Lebenshaltung charakteristisch geworden und machen sein Wesen aus. Dennoch wäre es falsch, den Grad dieser natürlichen Fähigkeiten ohne weiteres auf den Grad der zugrunde liegenden Dispositionen zu beziehen. Denn jede der genannten Verhaltungsweisen ist übbar, die eine mehr, die andere minder; und da auch die stärkste Übung niemals mehr erzeugen kann, als was der Potentalität nach schon vorhanden war, so schöpft erst die maximale Übung den ganzen Fundus der angeborenen Disposition aus.

Die Unterscheidung zwischen natürlicher und maximaler Fähigkeit kann nun bei vielen Spezialgebieten vor Irrtümern bewahren. Man hat oft die natürliche Verhaltungsweise als erschöpfenden Ausdruck für die Disposition betrachtet und dabei übersehen, daß sie nur einen kleinen Bruchteil der vorhandenen Leistungskapazität verwirklicht. Am häufigsten begegnete — und begegnet noch — dieser Irrtum bei Bestimmung der sinnlichen Unterschiedsschwelle. Man neigt dazu, die geringe Fähigkeit des unmusikalischen Menschen, Tonhöhen zu unterscheiden, oder die Gleichgültigkeit eines abstrakten Denkers gegen feine Farbennuancen direkt als grobe Mängel ihrer rein sinnlichen Empfindungsfähigkeit anzusehen; und erst der Nachweis, daß man durch Übung diese scheinbaren Ausfälle ganz beträchtlich verringern kann [1], führt jene Meinung ad absurdum. Natürliche Unterscheidungsfähigkeit und wirkliche Sinnesempfindlichkeit sind eben zwei gänzlich verschiedene Fähigkeiten. — Das gleiche aber gilt auf jedem anderen Gebiet, welches durch Übung variiert werden kann.

Der Umstand, daß bei jedem Menschen die vorhandenen Dispositionen nur zu einem Bruchteil der in ihnen latent liegen-

---

[1] Gänzlich unmusikalische Menschen können durch fortgesetzte Übung dazu gebracht werden, Unterschiede der Tonhöhe, die nur Bruchteile einer Schwingung betragen, zu erkennen, oder das absolute Tonbewußtsein zu erwerben.

den Möglichkeiten ausgebildet sind, darf nun aber nicht falsch gedeutet werden. Die nur partielle Ausbildung ist durchaus nicht eine reine Zufallssache, geschweige denn eine Vernachlässigung; sie ist vielmehr durch die Kräfteökonomie des Individuums gefordert. Wohl kann jede einzelne Disposition, für sich betrachtet, durch Übung zu dem individuellen Maximum ihrer Entwicklung geführt werden, nie aber alle Dispositionen zusammen; die auf die starke Übung einer Disposition gerichtete Energie muß anderen Betätigungsweisen entzogen werden. Der Glaube an die Allmacht der Übung, wie er hier und da auch von Psychologen ausgesprochen wird, ist daher irrig. Es ist vielmehr für jeden Menschen eine Auslese derjenigen Dispositionen nötig, die er durch Übung maximal ausbilden kann, und bei dieser Auslese wird er zwar zum Teil durch äußere (pädagogische, soziale) Einflüsse, zu einem anderen Teile aber durch gewisse ihm immanente Tendenzen, durch Neigungen, Charakter- und Temperamentseigenschaften bestimmt. Und so wird es doch, trotz systematischer Pflege von Übungen auf den verschiedensten Gebieten, bestehen bleiben, daß jeder Mensch neben einigen maximalen Fähigkeiten ein weites Gebiet von „natürlichen“ (also nicht bis zum möglichen Maximum ausgebildeten) Fähigkeiten besitzt.

6. Variationswechsel.
(Differenzierung und Uniformierung.)

Da die Vb eines Merkmals in einem einzigen Zahlenwert ausdrückbar ist, so kann die Konstanz oder Inkonstanz dieses Zahlenwertes ihrerseits bestimmt werden. Wir messen dann die Vb zweiter Ordnung.

Es gibt psychische Eigenschaften, bei denen die einmal vorhandene Verschiedenheit der Individuen als eine Art Fatum hingenommen und bei allen sozialen und pädagogischen Urteilen und Maßnahmen in Rechnung gestellt werden muß; es gibt andere, bei denen die ursprüngliche Mannigfaltigkeit der Varianten stark beeinflußbar ist — bald im Sinne steigender Differenzierung, bald im Sinne einer Anähnelung. Für theoretische und praktische Fragen kann es wichtig werden, Richtung und Grad dieses Variationswechsels zu bestimmen.

Sind V' und V'' die zwei zu vergleichenden Vb-Werte erster

Ordnung, so ist die zwischen ihnen bestehende Vb zweiter Ordnung als relativer Wert durch folgende Formel ausdrückbar

$$(V)_2 = \frac{V'' - V'}{V'}$$

Ist das Vorzeichen des so berechneten Ergebnisses positiv (bezw. negativ), so hat in der Richtung von V' zu V'' Differenzierung (bezw. Uniformierung) stattgefunden.

Eine Abstufung der seelischen Dispositionen nach dieser ihrer Differenzierungs- oder Uniformierungsmöglichkeit ergibt wieder ein neues Strukturbild, das vermutlich von dem für die Vb erster Ordnung geltenden charakteristisch abweichen wird. Denn es ist durchaus nicht von vornherein zu erwarten, daß eine Funktion mit starker Vb erster Ordnung auch eine starke Vb zweiter Ordnung besitze und umgekehrt.

So ist z. B. folgender Fall denkbar: Irgend eine Leistung *a* werde an *n* Personen zweimal geprüft und zwar jedes Mal unter anderen Bedingungen. Ist der Durchschnittswert bei der zweiten Reihe erheblich abweichend von dem der ersten, so bedeutet dies: Die Leistung hat eine starke Konvariabilität erster Ordnung zu der genannten Bedingung. Trotz dieser Verschiebung des Durchschnittes kann aber die relative Streuung in der zweiten Reihe der der ersten sehr ähnlich sein: Die Leistung hat dann eine geringe Konvariabilität zweiter Ordnung zu der betreffenden Bedingung.

Seine ganze Bedeutung enthüllt aber der Variationswechsel erst dort, wo man die Bedingungen betrachtet, durch welche er hervorgebracht wird.

Da diese Variativität zweiter Ordnung bisher noch sehr wenig wissenschaftlich psychologische Behandlung erfahren hat, sei es gestattet, ihr Wesen durch eine Reihe von Beispielen zu illustrieren, die der schon vorhandenen Literatur entnommen sind, zum Teil aber erst für unsere Zwecke umzurechnen waren.

a) Die Angleichungstendenz sozialisierender Bedingungen. Daß diejenigen Lebensformen, welche auf Herbeiführung und Ausgestaltung sozialer Gemeinschaften gehen, zugleich die Angehörigen der Gemeinschaft einander anzugleichen streben, darf wohl als allgemein zugestanden gelten. Aber über Art, Grad und Dauer dieser Uniformierungswirkung ist nur wenig Genaueres bekannt. Wie das Problem, wenn auch zunächst nur für ein sehr eng begrenztes Problem, experimentell angegriffen werden kann, zeigen die Arbeiten der Würzburger

Lehrer Mayer[1] und Schmidt[2]. Sie untersuchten die Wirkung der Schulgemeinsamkeit, freilich nicht, sofern dadurch die Dispositionen der Schüler dauernd beeinflußt werden, sondern nur sofern eine momentane Veränderung der Leistungen hervorgerufen wird. Sie verlangten nämlich von einer Anzahl von Schülern gewisse Leistungen: das eine Mal, während alle Schüler in einem gemeinschaftlichen Raume sich befanden („Gemeinschaftsarbeit"), das andere Mal, während jeder Schüler isoliert arbeitete („Einzelarbeit")[3]. Jeder Gemeinschaftsarbeit lief eine entsprechende und gleich schwere Einzelarbeit parallel.

Mayer, der auf solche Weise mündliches und schriftliches Rechnen, Diktat, Kombination, Einprägen einer sinnlosen Silbenreihe ausführen ließ, hat selbst für die einzelnen Arbeiten die „Uniformierungstendenz" der Schulgemeinsamkeit berechnet. Da aber sein Rechnungsverfahren fehlerhaft war, habe ich seine Zahlen in relative Streuungsindizes umgerechnet.[4] Wenn hierbei die Angleichungswirkung der Gemeinschaftsarbeit auch nicht so stark hervortrat, wie Mayer es seinen Zahlen entnehmen wollte, so ist doch ihr Vorhandensein unverkennbar. Die Zeitdauern der Arbeiten zeigen eine durchschnittliche Streuung von 15,2% bei den Einzelarbeiten, von 12,3% bei den Gemeinschaftsarbeiten. Die Fehlerhaftigkeit der Leistung hat dort einen Streuungsindex von 24,4%, hier nur einen solchen von 21%. Schließlich vereinigte M. Zeitdauer und Fehlerhaftigkeit einer jeden Arbeit zu einer „Qualitätsziffer"; diese zeigen die Streuungsindizes 44% für die Einzel-, 35% für die Gemeinschaftsarbeiten. Die Vb ist also um $^1/_5$ ihres ursprünglichen Wertes gesunken.

Speziellere Einblicke in die Bedingungen der Uniformierung vermittelt M. dadurch, daß er für die einzelnen Versuchsserien, in die sich seine Untersuchung gliedert, verschiedene Einstellungen des arbeitenden Schülers schuf. In einigen Serien hieß die Instruktion: „Arbeite rasch und schön!", in anderen: „Arbeite recht rasch!", in noch anderen: „Arbeite schön und langsam!" Diese letzte Gruppe zeigt den stärksten Variationswechsel zwischen Einzel- und Gesamtarbeit; für die Zeit betrug die Vb: Einzelarbeit 16½%, Gemeinschaftsarbeit 11%; für die Fehlerzahlen: Einzelarbeit 29½%, Gemeinschaftsarbeit 21%; für die Qualitätsziffern: Einzelarbeit 47%, Gemeinschaftsarbeit 26½%.

Dies Ergebnis läßt sich meines Erachtens so aussprechen: Der Aufforderung, sich beim Arbeiten Zeit zu lassen, wird beim isolierten Arbeiten von jedem Schüler nach seiner natürlichen Disposition entsprochen, daher

---

[1] 977. [2] 981.

[3] Bei Mayer fand die isolierte Arbeit in einem Klassenraume statt, in dem sich nur noch der Experimentator befand, bei Schmidt war sie als Hausarbeit aufgegeben. — Bei den gemeinschaftlichen Arbeiten war natürlich der Verkehr der Schüler untereinander verhindert. Es sollte lediglich die Wirkung der räumlichen Gemeinsamkeit und der allgemeinen Arbeitsstimmung erforscht werden.

[4] Eine Kritik der Mayerschen Rechnungsweise und die umgerechnete Tabelle sind im Anhang gegeben.

starke individuelle Differenzen. Beim gemeinschaftlichen Arbeiten wirkt der Anblick der mitarbeitenden Schüler und der dadurch erzeugte Wetteifer gegen diese Disposition, und die Zeitdauern des Arbeitens werden sich ähnlicher.

Besonders bemerkenswert erscheint dann noch folgendes Ergebnis, das sich aus MAYERS Befunden herausrechnen läßt. Seine Versuche zerfielen, wie schon bemerkt, in mehrere (7) Serien, die unter verschiedenen Instruktionen standen; in jeder Serie wurden alle Tests an den 14 Schülern durchgeprüft. Natürlich weichen nun auch die für die verschiedenen Serien gewonnenen Durchschnittswerte von einander ab, aber wiederum viel stärker bei den Einzelarbeiten als bei den Gemeinschaftsarbeiten. Es ergab sich nämlich als Streuung der Seriendurchschnitte für die Arbeitsdauern: Einzelarbeiten 21%, Gemeinschaftsarbeiten 16½%. Für die Fehlerzahlen: Einzelarbeiten 14½%, Gemeinschaftsarbeiten nur 6%. Das bedeutet also: die Verschiedenheit der Instruktionen für die einzelnen Serien machte sich dort stark geltend, wo die Schüler isoliert arbeiteten; dagegen war bei den Gemeinschaftsarbeiten die variative Wirkung der Instruktion viel geringer; sie wurde überdeckt von der ausgleichend wirkenden, weil in allen Fällen gleichmäßig vorhandenen Bedingung der Arbeitsgemeinschaft.

Aus der SCHMIDTschen Arbeit mag eine einzelne Probe genügen[1]. Er hat u. a. Aufsätze von gleicher Schwierigkeit einmal zu Hause, einmal in der Schule anfertigen lassen. Jeder Versuch fand mit denselben Schülerreihen zweimal statt. Für die geprüften zwölf Schüler gibt nun SCHMIDT nicht nur die Fehlerprozente, sondern auch — woran wir uns halten wollen — die Umfänge der Arbeiten an. Die durchschnittliche Wortzahl pro Aufsatz betrug bei den beiden Hausarbeiten 159 und 155, bei den Schularbeiten 151 und 126. Die innere Streuung V beträgt zu Hause 16% und 17%, in der Schule 9% und 13,5%. Die Vb der Aufsatzlänge ist demnach in der Schule jedesmal geringer.

b) V a r i a t i o n s w e c h s e l d u r c h E r l e i c h t e r u n g u n d E r s c h w e r u n g. An einer früheren Stelle (S. 258) hatten wir ausgeführt, daß die Vb umso größer ist, je komplexer und höher stehend das variierende Merkmal ist. Wird dieser Gedanke nun auf den Variationswechsel derselben Funktion bezogen, so erhalten wir eine Reihe von Thesen, die hier — nicht als feststehende Behauptungen, sondern als h e u r i s t i s c h e P r i n z i p i e n weiterer Forschungen — formuliert sein mögen:

I. Diejenigen Bedingungen, welche eine Leistung komplizieren, erschweren, einen höheren Aufwand an Bewußtsein und geistiger Energie bei der Ausführung erheischen, steigern zugleich die Vb.

II. Diejenigen Bedingungen, welche bewirken, daß eine und dieselbe Leistung einer Gruppe von Menschen schwerer fällt als

[1] Von mir berechnet aus der Tabelle: **981** S. 94.

einer anderen, bewirken zugleich, daß sie dort stärker differenziert ist als hier.

III. Diejenigen Bedingungen, welche eine Leistung vereinfachen, erleichtern, den zu ihr nötigen Bewußtseins- und Energieaufwand verringern, setzen zugleich die Vb herab, wirken also uniformierend.

Für jede der drei Sätze seien wenigstens einige Beläge aus der Literatur gegeben; kurze prinzipielle Erörterungen seien angeknüpft.

Zu I. Erschwerung einer Leistung liegt zweifellos dort vor, wo die Aufmerksamkeit gleichzeitig noch durch eine andere Leistung in Anspruch genommen wird. Wie eine derartige Ablenkung auf die Vb wirkt, kann man aus Versuchen von Cohn und Gent berechnen [2].

Tebelle VII.

Cohn und Gent Schreiblese-Versuche		Lesezeit eines bestimmten Textes in Sek.: ohne Ablenkung	bei Ablenkung durch gleichzeitiges Schreiben von 222....	Schreiben der Zahlenreihe	Addieren von 5 + 3 + 3 + 3	Schreiben von a b c.... (8 Personen)
Vorversuch 13 Studenten	Mittelwert *m*	35,6	40,7	52,2	55,5	
	m. Abw., abs.	3,9	7,7	12,1	9,5	
	m.Abw.rel. = V	**11%**	**19%**	**23%**	**17%**	
Hauptvers. 12 Studenten	Mittelwert *m*	32,8	37,4	50,9	63,7	(70,4)
	m. Abw., abs.	4,3	4,3	7.9	15,4	(18)
	m.Abw.rel. = V	**13%**	**11%**	**15½%**	**24%**	**(25½%)**
Beide vereinigt	V	**12%**	**15%**	**19%**	**21½%**	(25½%)

Sie haben unter anderem Schreibleseversuche angestellt, indem sie Texte bestimmter Länge mit und ohne Ablenkung lesen ließen. Die Ablenkungen bestanden in einer Serie darin, daß die Versuchspersonen während des Lesens die Zahlen 2 2 2 ... schreiben mußten; bei der zweiten Ablenkung wurden die Zahlenreihen 1 2 3 4... niedergeschrieben, bei der dritten waren leichte Additionsaufgaben während des Lesens zu rechnen (5 + 3 + 3 + 3 ....); bei einigen Personen wurde dann noch als vierte Ablenkungsart die Niederschrift des ABC gefordert.

[2] **559.**

Aus einem Vorversuch an 13 und einem Hauptversuch an 12 Studenten habe ich nun die Werte der Tabelle VII berechnen können [1]. Sie zeigen zunächst als zu erwartende Variation erster Ordnung eine Verlangsamung des Lesens bei der Ablenkung (die Mittelwerte der Lesezeit steigen von links nach rechts). Damit steigt, wie gleichfalls vorauszusehen, auch der absolute Abstand der einzelnen Varianten voneinander (vgl. die Reihen: mittlere Abweichung absolut). Für uns wichtig aber ist erst der Umstand, daß diese Abweichungen schneller steigen als die Mittelwerte, so daß auch das Verhältnis beider steigt: die Variabilität der Reihe ist nicht nur absolut, sondern auch relativ genommen größer in den Ablenkungsversuchen. Dies drückt sich in dem steigenden Werte V aus. Die Erschwerung der Leistung durch Ablenkung hat also einen deutlichen Differenzierungswert. Der absoluten Größe der Differenz ist bei der geringen Personenzahl keine große Bedeutung zuzuschreiben. Die schwächste Ablenkung (das mechanische Schreiben derselben Zahl) hat sogar einmal eine schwache Wirkung nach entgegengesetzter Richtung erzielt (11% mit, 13% ohne Ablenkung). Den höchsten Differenzwert im Sinne der Differenzierung hat im Vorversuch das Schreiben der Zahlenreihe (12%), im Hauptversuch das Addieren und das ABC-Schreiben (11% und 12½%) herbeigeführt.

Ein anderes Beispiel liefern Ergebnisse STONES [2]. Er untersuchte die Rechenfertigkeit bei einer großen Anzahl von Schülern und fand innerhalb der einzelnen Klassen eine viel größere Differenzierung der Schüler bei sogenannten „eingekleideten" Aufgaben als bei nicht-eingekleideten. Die ersteren, bei denen der Ansatz vom Schüler selbst gefunden werden muß, sind aber zweifellos schwerer als die letzteren.

Zu II. In ihren Begabungsuntersuchungen an Schülern sind COHN und DIEFFENBACHER zu einem sehr bemerkenswerten Resultat gelangt, das, wie mir scheint, im Sinne der obigen These II gedeutet werden muß.

Sie verglichen Schulkinder beiderlei Geschlechts in bezug auf eine Reihe von Leistungen; innerhalb jedes Geschlechts waren sowohl begabte wie unbegabte Prüflinge vorhanden. Wenn nun bei denjenigen Leistungen, die deutlich mit dem Geschlecht konvariierten, innerhalb jedes Geschlechts die Konvariation mit der Begabung geprüft wurde, so ergab sich, daß diese bei dem weniger leistungsfähigen Geschlecht größer war. C. und D. drücken dies so aus [3]: „daß in denjenigen Eigenschaften, in denen ein Geschlecht hinter dem anderen zurücksteht, die besseren dieses Geschlechts ihre schwächeren Kameraden deutlicher übertreffen, als dies beim anderen Geschlecht der Fall ist".

So waren z. B. bei der Anwendung der EBBINGHAUSschen Ergänzungsmethode die Knaben den Mädchen beträchtlich überlegen: innerhalb der Mädchengruppe war aber bei dieser Methode der Unterschied der Begabten und Unbegabten viel deutlicher als bei den Knaben. Im Aufsatzstil waren im ganzen die Mädchen besser, aber bei den Knaben war die Konvariabilität

---

[1] Hierzu benützte ich COHN und GENTS Tabellen XXIV und XV S. 242 und 234. [2] **1294.** [3] **104** S. 201.

der Stilgüte mit der Begabung deutlicher. Ähnlich in verschiedenen anderen Fällen.

Nun ist eine Leistung, in welcher Geschlecht A dem Geschlecht B nachsteht (mehr Fehler macht, langsamer arbeitet), zweifellos eine solche, die dem Geschlecht A auf Grund seiner gesamten geschlechtlichen Disposition schwerer fällt als dem Geschlecht B. Die größere Schwierigkeit für A hat demnach innerhalb der Gruppe A eine stärkere Vb zur Folge; dies ist der Gedanke unserer These II.

Eine weitere Bestätigung liefert ein Befund WRESCHNERS bei Assoziationsversuchen[1]. Er verglich u. a. die Assoziationsergebnisse verschiedener Menschengruppen, so von Männern und Frauen, von Gebildeten und Ungebildeten, von Erwachsenen und Kindern. In jedem dieser Paare zeigte die zweite Gruppe längere Assoziationszeit als die erste, d. h. — so deutet es auch WRESCHNER — die Assoziationsleistung fiel dieser Gruppe schwerer als der anderen. Sodann aber untersuchte er die Vb jeder Gruppe in bezug auf den Inhalt der Assoziation. Es kann nämlich ein Reizwort mit sehr verschiedenen Reaktionsworten beantwortet werden und die Mannigfaltigkeit der auf je ein Reizwort entfallenden Reaktionen war durchweg größer bei den Frauen als bei den Männern, bei den Ungebildeten als bei Gebildeten, bei den Kindern als bei den Erwachsenen. Die Gruppen, denen die Assoziationsleistung schwerer fiel, hatten also die größere Vb.

Zu III. Unter denjenigen Bedingungen, welche eine Leistung zu erleichtern geeignet sind, steht wiederum die Übung obenan; ist also unsere These III zutreffend, so muß die Übung außer der früher besprochenen Variationswirkung erster Ordnung (Verbesserung der Leistungen) auch solche zweiter Ordnung entfalten und zwar in negativem (anähnelnden) Sinne.

Diese uniformierende Wirkung der Übung besteht nun in der Tat.

Schon vor 10 Jahren hat BINET[2] an einer ganzen Reihe von Tests nachgewiesen, daß die deutlichen Unterschiede, die sich ursprünglich zwischen den Leistungen einer intelligenten und einer nicht intelligenten Gruppe von Prüflingen gezeigt hatten, mit fortschreitender Übung ständig verringerten bis zum fast völligen Verschwinden.

ROSA OPPENHEIM fand bei ihren Untersuchungen über Erziehbarkeit der Aussage, daß der Unterschied zwischen gleichalterigen Schülerinnen der Volks- und der höheren Töchterschule, der beim ersten Aussageversuch sehr groß war, beim dritten beträchtlich herabgemindert war; die Prozentzahl der richtigen Verhörsantworten betrug bei erstem Versuch: Volksschule 61%, höhere Schule 72%, beim dritten: Volksschule 75%, höhere Schule 77%[3].

---

[1] 468. [2] 632. [3] 571 S. 83.

Neuerdings hat I. C. Brown unser Problem einer eigenen Untersuchung unterworfen[1].

Er untersuchte an drei Elementarklassen die Wirkung der Übung auf die Rechenfähigkeit. Die Schüler wurden in zwei gleichwertige Gruppen geteilt, deren eine 30 Tage hindurch in den Operationen mit den vier Spezies täglich 5 Minuten lang geübt wurde, während die andere ohne Übung blieb. Bei beiden Gruppen wurde die Rechenleistung des 1. Tages mit der des 30. verglichen. Es ergab sich für die geübte Gruppe nicht nur, wie selbstverständlich, ein größerer Leistungsfortschritt vom 1. zum 30. Tage, sondern auch eine starke Uniformierung: die Vb sank bei ihr um 29%, während sie bei der ungeübten nur eine Abnahme von 10% zeigte.

Auch die momentane Übung bei sofortiger mehrfacher Wiederholung einer Funktion unterliegt dem gleichen Gesetz. Busemann[2] fand bei Lernversuchen mit Mädchen verschiedenen Alters folgendes: Wurde beim Erlernen einer Reihe geprüft, wieviel Treffer nach nur dreimaliger Lesung der Reihe erzielt wurden, so ergaben sich für Klasse I 21%, für Klasse II 9% Treffer. Dieselbe Probe nach sechsmaliger Lesung der Reihe ergab dagegen die Werte 43,4% und 33,4%. Es wird also der bei Beginn des Lernprozesses sehr große Vorsprung der älteren Mädchen mit fortschreitendem Lernprozeß merklich geringer; die Übung wirkt angleichend.

An diese Wirkung der Übung knüpft sich ein pädagogisches Problem, das mit einem früher (S. 264) besprochenen verwandt ist. Dort wurde gefragt, inwiefern die Übung praktisch verwertet werden könne, um vorhandene Fähigkeiten der einzelnen Schüler zu steigern, hier lautet die Frage: inwiefern die Schule vermittels systematischer Übungen die vorhandenen Unterschiede in den Fähigkeiten ausgleichen könne. Manche Theoretiker schreiben in dieser Beziehung der Übung einen fast unbegrenzten pädagogischen Wert zu.

Dem gegenüber muß doch zweierlei bedacht werden. Wie schon früher erwähnt, kann die Übung ihre volle Wirkung nur immer auf ganz wenige Gebiete erstrecken, weil die begrenzte Energie des Organismus eine Beschränkung verlangt. Die von Meumann geforderte, den Uniformierungszwecken allein dienende Übung würde daher notwendig immer eine nur einseitige Ausgleichung herbeiführen und dafür andere — vielleicht wichtigere unterrichtliche Aufgaben — vernachlässigen müssen.

Sodann aber darf doch nicht die Gleichartigkeit aller Schüler als ein Ideal hingestellt werden, dem jedes andere Ideal weichen müßte. Die eigentümliche Antinomie aller Pädagogik besteht ja gerade darin, zugleich zu sozialisieren und zu individualisieren, über dem gemeinsamen Niveau nicht die Eigenart der Einzelnen zu vernachlässigen. Wenn wir daher sehen, daß schon die Schul-

---

[1] **1277.** [2] **449 a.**

gemeinsamkeit als solche eine merkliche Uniformierungswirkung hat, wenn wir ferner bedenken, daß diese noch gesteigert wird durch die ständige Übung auf verschiedenen Gebieten, welche die Schule aus sachlichen Gründen fordern muß, so erscheint es nicht empfehlenswert, noch eine besondere eigens auf Ausgleich gerichtete Übung in die Schule einzuführen.

7. Die Variabilität verschiedener Menschengruppen.

Schon das Urteil des gewöhnlichen Lebens beschäftigt sich oft mit dem Grade, in dem irgendeine Kategorie von Menschen im Vergleich mit anderen in sich differenziert ist. Dies Urteil bezieht sich dann gewöhnlich auf die Totalvariabilität, nicht auf die eines bestimmten Merkmals. Wenn ich tausend Europäer mit tausend Negern vergleiche, so ist der Eindruck zweifellos, daß jene unter einander beträchtlich stärker variieren als diese, sowohl nach ihrem physischen, wie auch nach ihrem psychischen Habitus. Ähnlich wird allgemein die Schicht der Gebildeten für differenzierter gehalten als die der Ungebildeten. Auch die geringere Variabilität des weiblichen Geschlechts gegenüber dem männlichen wird als These aufgestellt.

Derartige Urteile beruhen ja zunächst nur auf unbestimmten Eindrücken, und wir müssen fragen, ob hier nicht große Täuschungen mitunterlaufen können.

Eine Hauptquelle solcher Täuschungen ist die geistige Ferne des Beobachters. Schon für die sinnliche Wahrnehmung gilt es: wenn eine kompakte Masse einander ähnlicher Exemplare aus der Ferne gesehen wird (z. B. die Bäume einer Pappelallee), so bemerkt man fast nur das Übereinstimmende an den Exemplaren; erst beim Näherkommen wird die Unterschiedsschwelle überschritten, und man sieht, daß jedes Individuum eine „Variante" ist. Das entsprechende Gesetz besteht auch für die intellektuelle Aufmerksamkeitsrichtung. An einer Gruppe, der wir geistig fernstehen, bemerken wir zunächst nur die groben psychischen Umrisse, die allen Exemplaren gemeinsam zukommen; die Erkennung des Gattungsmäßigen ist hier also nicht etwa eine nachträgliche Abstraktion von den Unterscheidungspunkten, sondern eine der Individualisierung vorausgehende einfachere Geistestätigkeit. Je inniger man mit dem Kollektivgegenstand vertraut wird, um so mehr wird auch hier die apperzeptive Unterschiedsschwelle — man könnte sie die „Individualisierungsschwelle" des

Beobachters nennen — überschritten, und die gleichförmige Masse differenziert sich in eine Reihe deutlich voneinander gesonderter Varianten. Das bekannteste Beispiel hierfür ist die Schafherde, die dem Städter eine unterschiedslose Summe von Exemplaren, dem Schäfer dagegen eine Gemeinschaft durchaus individuell gefärbter Tierpersönlichkeiten ist. Und der Schäfer würde vielleicht nicht einmal zugeben, daß seine Schafe untereinander weniger verschieden seien als eine gleich große Gruppe von Menschen.

So könnte also auch unser Eindruck von der geringeren Variabilität der Naturvölker darin gegründet sein, daß sie uns innerlich zu fern stehen, als daß wir die feinen individuellen Kräuselungen, die sich auf dem gemeinsamen Untergrund ihrer Masse zeigen, richtig bewerten könnten. Ist doch sogar zu vermuten, daß ein Angehöriger jener Gruppe selber geradezu die umgekehrte Bewertung vollzieht, indem er die Masse der Weißen für viel gleichförmiger hält als die eigene Gruppe.

Wir müssen also nach objektiven Maßstäben für die Totalvariabilität einer Gruppe und für ihre Vergleichung mit der einer anderen Gruppe suchen.

Hier griff man nun zunächst zu dem Mittel, das wir oben als das bequemste — aber auch unsicherste — Variabilitätsmaß erwähnten, zur Berücksichtigung der G r e n z f ä l l e. Man verglich z. B. die geistige Leistungsfähigkeit beider Geschlechter nach dem Vorkommen der extremen Formen, und da zeigte sich, daß das Genie (in der Kindheit das Wunderkind) beim weiblichen Geschlecht sehr viel seltener ist als beim männlichen, daß aber ebenso die untere Grenze der Normalität viel häufiger vom männlichen Geschlecht überschritten wird (Lombroso, Havelock Ellis, Burgerstein u. a.)[1].

Diese Variabilität der Extreme darf nun aber — so interessant sie in sich sein mag — nicht identifiziert werden mit der allgemeinen Variabilität, denn diese soll ein Charakteristikum der Gesamtgruppe, also auch der normalen — oder vielmehr vor allem der normalen — Streuung sein. Grenzfälle sind viel zu selten und in ihrer Stärke viel zu sehr von Zufällen abhängig, um einen Schluß auf den Charakter der Gesamtreihe zu erlauben. Hierauf hat Pearson schon 1897 aufmerksam gemacht und dem-

[1] Nach Burgerstein hat Warner „bei einer Untersuchung von zirka 50 000 Kindern 20,8 % der Knaben, aber nur 15,6 % der Mädchen in irgendeiner Richtung defektiv konstatiert“.

gegenüber gefordert, daß man Variabilitätsuntersuchungen auf Statistiken der Normalen stütze.

Solche Untersuchungen sind technisch recht schwer durchführbar; denn man muß erstens die Vertreter der beiden Gruppen, an denen die Untersuchung vorgenommen wird, so wählen, daß sie in allen anderen Hinsichten (z. B. Alter, Bildung usw.) möglichst übereinstimmen; man muß zweitens eine ziemlich große Zahl solcher Individuen prüfen, da sonst keine Streuungswerte zu berechnen sind, und man muß endlich ziemlich viele Merkmale an ihnen prüfen.

Bisher sind noch keine Untersuchungen mit der ausgesprochenen Absicht der Vb-Vergleichung ausgeführt worden; und auch eine nachträgliche Verrechnung anderer Versuchsergebnisse für unseren Zweck ist nur in sehr geringem Maße möglich.

Eine gewisse Ausbeute liefern die Studien von H. B. Thompson über die psychischen Verschiedenheiten der beiden Geschlechter [1], die daher als Beispiel herangezogen werden mögen.

Versuchspersonen waren je 25 männliche und weibliche Studierende, die im übrigen möglichst gleichaltrig ausgesucht worden waren. An ihnen wurden Tests und Erhebungen sehr verschiedener Art angestellt. Leider waren für die meisten Einzeltests die 25 Varianten so unregelmäßig verstreut, daß eine Berechnung von V nicht zulässig war. Jedenfalls aber zeigt der Augenschein der dargestellten Verteilungskurven, daß für sämtliche Tests bezüglich der Bewegungs- und Sensibilitätsleistungen kein eindeutiges

Tabelle VIII.

Variabilität von Männern (M) und Frauen (F). Nach Thompson.

	Schmerzschwelle an der Schläfe (Gramme)				Zahl der assoziierten Worte		Kenntnisprüfg. Gesamtprädikate	
	M		F					
	r	l	r	l	M	F	M	F
Mittelwert *m*	2552	2520	2250	2333	10,8	11,6	157,5	153,5
mittl.Abw.,abs.	976	909	442	530	2,9	2,7	29,8	22,5
mittl.Abw.,rel. : **V**	**38**%	**36**%	**20**%	**23**%	**27**%	**23**%	**19**%	**14½**%

Übergewicht von V für eines der Geschlechter bestand. Nur für drei geprüfte Merkmale waren die Berechnungen des V-Wertes möglich. (S. Tab. VIII.) Erstens für die Schmerzschwelle auf Druck [2]. Hier wurden

[1] **1064/5.**

[2] Von mir berechnet nach Fig. 14 und 15 S. 33 der englischen Ausgabe.

bei allen Versuchspersonen je zwei Prüfungen (an der rechten und an der linken Schläfe) vorgenommen und die deutliche Kurvenbildung der Resultate, sowie die großen Übereinstimmungen der rechts- und der linksseitigen Messungen ließen hier die Berechnung zu, die einen ganz überraschend großen Vorsprung der Männer in bezug auf die Variabilität lieferte (38% und 36% gegen 20% und 23%). — Eine geringere aber ebenfalls deutliche Differenz in der gleichen Richtung liefern die Assoziationsversuche und die Kenntnisprüfungen. Bei jenen mußten auf ein zugerufenes Wort alle weiteren sich assoziativ einstellenden Wörter 1½ Minuten lang niedergeschrieben werden; der Versuch wurde mit 10 Reizwörtern vorgenommen, so daß wir für jedes Geschlecht 10 × 25 = 250 Versuche haben, deren Streuung schon meßbar ist. Gegenstand der Messung ist die Anzahl der bei jedem Wort gefundenen Assoziationen. Während der Mittelwert dieser Wortzahl bei beiden Geschlechtern fast identisch ist, steht die weibliche Variabilität hinter der männlichen um 4% (27% — 23%) zurück. — Bei der Kenntnisprüfung wurden an jede Person 25 Fragen gestellt, die sich auf historisches, literarisches usw. Wissen bezogen. Der Wert jeder Antwort wurde mit einem Prädikat von 1—10 belegt. Das einzelne Individuum konnte also im Bestfalle das Gesamtprädikat 250 erhalten. In bezug auf diese Prädikate variieren die Frauen untereinander um 4½% weniger als die Männer (14½% gegen 19%)[1].

In zweiter Reihe könnte man auch solche Untersuchungen heranziehen, in denen nur e i n bestimmtes Merkmal an beiden Geschlechtern in vergleichbarer Weise geprüft wurde. So haben z. B. Studien über kindliche Ideale und Interesse öfters ergeben, daß sich die Bevorzugungen der Mädchen auf eine geringere Anzahl von Personen oder Gegenständen verteilen als die der Knaben, was wiederum eine geringe Vb des weiblichen Geschlechts bedeuten würde. — Ebenso fand Wells bei Klopftests eine geringere Vb des weiblichen Geschlechts.

Derartige spezielle Gruppenvergleichungen sind zweifellos sehr lehrreich; aber zu Schlüssen auf den Grad der Totalvariabilität einer Gruppe dürfen sie nur mit größter Vorsicht benützt werden. Was wir messen können, sind ja immer nur mehr oder minder eng begrenzte Einzelmerkmale; und wenn selbst eine Gruppe A in einer Reihe solcher Einzelmerkmale weniger differenziert ist, als die Gruppe B, ist es immerhin möglich, daß doch in der Art, wie die Einzelmerkmale zur Gesamtstruktur des Individuums zusammentreten und ferner in den mehr qualitativen Merkmalen, die nicht der Messung zugänglich sind, Gruppe A die andere Gruppe an Vb übertrifft.

---

[1] Relativ ausgedrückt beträgt der Rückstand der weiblichen Vb: bei der Schmerzschwelle 42%, bei den Assoziationen 15%, bei den Kenntnissen 24% der männlichen Vb.

Sodann muß auch die früher erwähnte These II (S. 269 bis 270) in Betracht gezogen werden. Bei äußerlich gleichen Anforderungen kann doch die Schwierigkeit der Ausführung für beide Gruppen sehr verschieden sein. Variieren dann die Leistungen der Gruppe A stärker als die der Gruppe B, so braucht dies nur ein Zeichen dafür zu sein, daß ihr die geforderte Leistung schwerer fällt, nicht aber dafür, daß sie auf dem bezüglichen Gebiet überhaupt differenzierter ist als die andere.

Darum muß noch ein weiterer Gesichtspunkt zur Unterstützung herangezogen werden. Wir haben oben gesehen, daß es bestimmte Merkmale gibt, die im allgemeinen eine geringere Vb haben als andere, ja, daß man dem Prinzip nach eine Art Rangordnung der psychischen Eigenschaften nach dem Grade ihrer Vb aufstellen kann. Nun kann man die Gruppen A und B daraufhin vergleichen, welche relative Bedeutung den einzelnen Eigenschaften in ihrer Gesamtstruktur zukommt. Zeigt sich z. B., daß bei A in höherem Maße als bei B solche Eigenschaften eine Rolle spielen, die in der allgemeinen Vb-Skala tiefer stehen, so sind auch aller Wahrscheinlichkeit nach die Mitglieder von A ihrer Gesamtstruktur nach weniger differenziert als die Mitglieder von B. Verstärkt wird diese Wahrscheinlichkeit natürlich sehr, wenn die Ergebnisse einer solchen Betrachtung sich mit denen der oben genannten Methoden decken.

Um bei dem Beispiel des Geschlechtsunterschiedes zu bleiben, so ist in der Struktur des weiblichen Geschlechts zweifellos das Verhältnis $\frac{\text{Rezeptivität}}{\text{Spontaneität}}$ ein anderes als bei dem männlichen, und zwar durch relativ stärkere Ausprägung der Rezeptivität. Da nun die rezeptiven Fähigkeiten im allgemeinen eine geringere Vb haben als die Dispositionen zu spontanen, selbständigen und originalen Leistungen, so ist zu vermuten, daß das Geschlecht mit stärkerer Rezeptivität auch in sich weniger variiert als das mit stärkerer Spontaneität.

Kapitel XVIII.

Begriff der Korrelation.

An mannigfachen Stellen der früheren Kapitel waren wir gezwungen, auf die Tatsachen und Methoden hinzuweisen, die unter den Begriff der Korrelation fallen; die folgenden drei Kapitel haben nunmehr diesen Erscheinungskomplex, der eine zentrale Stellung innerhalb unserer Wissenschaft einnimmt, im Zusammenhange zu behandeln.

Das Wort Korrelation wird fortan stets als „Korr." abgekürzt.

Die Ausbildung der Korr.-Methode ist fast ganz den Engländern zu danken. Die Schule GALTONS wurde durch ihre sozialbiologischen und Eugenics-Interessen fortwährend auf Korr.-Probleme gedrängt, und PEARSON hat das Verdienst, das Rechnungsverfahren in den Hauptlinien durchgebildet zu haben. Er selbst und zahlreiche Mitglieder des Eugenics-Instituts haben dann durch mannigfache statistische Untersuchungen den praktischen Wert der Methode erwiesen. Diese Forschungen bezogen sich meist auf Erhebungsmaterialien, die an sehr großen Personenzahlen gewonnen waren.

Im letzten Jahrzehnt hat dann SPEARMAN versucht, Methoden von teilweise abweichender Form zu entwickeln, zu denen er durch andere Interessen gedrängt wurde. Ihm lag daran, das Korr.-Verfahren für rein psychologische Fragestellungen und insbesondere für solche Befunde nutzbar zu machen, die auf experimentellem Wege gefunden werden; hierbei muß naturgemäß mit viel kleineren Personenzahlen gerechnet werden. Ferner versuchte er, das Verhältnis von Rangordnungen in die Methode einzubeziehen, während PEARSON nur mit Maßzahlen arbeitet.

Zur Zeit der Abfassung dieses Buches ist der Methodenstreit noch nicht geschlichtet. Vermutlich wird sich herausstellen, daß bestimmte Problemstellungen diese, andere jene Rechnungsweise erforderlich machen, so daß ein Nebeneinanderbestehen beider Verfahrungsweisen gerechtfertigt scheint.

Die Aufgabe des vorliegenden Buches wird beträchtlich dadurch erleichtert, daß gleichzeitig mit ihm eine sehr ausführliche deutsche Monographie von Betz über die Korr.-Methode und ihre bisherigen Hauptergebnisse erscheint[1]. Dies Buch gibt auch ein ziemlich lückenloses Literaturverzeichnis. Bei allen folgenden Ausführungen ist vorausgesetzt, daß für die Detailfragen — insbesondere die mathematischen — Betz' Arbeit als Ergänzung hinzugezogen wird. Da aber Betz wesentlich auf Pearsonschem Standpunkt steht, so sei zugleich auf die Originalarbeiten von Spearman verwiesen[2].

1. Begriff der Korrelation.

Das einzelne psychische Merkmal, von dessen Variieren in den letzten Kapiteln die Rede war, führt in Wirklichkeit kein isoliertes Dasein, sondern steht mit anderen Merkmalen in Beziehung; diese muß sich unter anderem darin bekunden, daß die Variationen der verschiedenen Merkmale einen irgendwie gemeinsamen Gang haben. Wir definieren: Zwei Merkmale stehen dann in Korrelation, wenn bestimmte Varianten des einen bestimmten Varianten des anderen mit einer gewissen Wahrscheinlichkeit zugeordnet sind.

Die Aufnahme des Wahrscheinlichkeitsbegriffes in die Definition ist besonders wichtig; denn dadurch unterscheidet sich die Korr. von jener Form des Zusammenhangs, die in den exakten Wissenschaften vorherrscht, der eindeutigen Funktionalbeziehung. In der Physik ist z. B. der Zusammenhang zwischen Fallhöhe und Fallgeschwindigkeit ein solcher, daß zu jeder Variante der Höhe eine bestimmte Variante der Geschwindigkeit mit Notwendigkeit gehört. Annähernd dasselbe gilt auch in der Biologie bezüglich zweier Merkmale, die zur Charakteristik einer bestimmten Spezies dienen; das Vorhandensein des einen Merkmals (bzw. dessen Fehlen bei Nichtangehörigen der Spezies) ist notwendig von dem Vorhandensein des anderen Merkmals (bzw. dessen

---

[1] 54.

[2] In unserem Bibliographie enthält Abt. A II 4 die wichtigsten Nachweise zur Korr.-Methodik. Außerdem enthalten viele andere Abteilungen Titel von Arbeiten, in denen Ergebnisse von Korr.-Untersuchungen niedergelegt sind.

Fehlen) begleitet. Voraussetzung zur Feststellung einer solchen eindeutigen Funktionalbeziehung ist, daß man entweder (wie in der Physik) die beiden Merkmale und ihren Zusammenhang von allem Beiwerk isolieren kann, oder daß (wie in der Biologie) die Zugehörigkeit jedes Merkmals zu einem festen gemeinsamen Ganzen, der Spezies, bekannt ist. Die Existenz der Funktionalbeziehung ist natürlich nicht mehr irgendwelchen Abstufungen unterwerfbar; sie ist entweder vorhanden oder nicht vorhanden; tertium non datur.

Ganz anders steht es mit jenen wissenschaftlichen Problemen, die nicht eine solch reine Isolierung der Elemente erlauben und die in diesem Sinne als „nicht-exakt" zu gelten haben. Hierher gehören viele biologische und die weitaus meisten psychologischen, soziologischen, geisteswissenschaftlichen Fragestellungen. Insbesondere in der Psychologie ist ja die Herauslösung des einzelnen psychischen Merkmals oder des Zusammenhangs zwischen zwei Merkmalen aus der Einheitlichkeit des persönlichen Daseins eine bloße Abstraktion. In Wirklichkeit ist jedes der beiden Merkmale eingeschmolzen in die Fülle aller anderen, demselben Individuum angehörigen Merkmale; und die Varianten des Merkmals a können normalerweise mit denen des Merkmals b schon deshalb nicht in einer eindeutigen Funktionalbeziehung stehen, weil sie zugleich von dem Zusammenhang mit den Merkmalen c, d, e abhängig sind.

Aus diesem Grunde ist die Fragestellung der exakten Wissenschaften: „Besteht ein Zusammenhang zwischen den Merkmalen a und b oder besteht er nicht"? hier nicht mehr ausreichend; an ihre Stelle tritt die andere Frage: „Wie groß ist die Wahrscheinlichkeit des speziellen Zusammenhangs zwischen a und b?" Diese Wahrscheinlichkeit läßt sich berechnen; sie kann zwischen jenen beiden Grenzfällen, welche die exakte Forschung allein kennt, also zwischen den Werten 0 (Fehlen des Zusammenhangs) und 1 (Eindeutigkeit des Zusammenhangs) alle Grade annehmen. Der „Korr.-Grad" bezeichnet sonach nicht den „Grad des Zusammenhanges" — denn der Zusammenhang hat keine Grade — sondern den Grad der Wahrscheinlichkeit des Zusammenhangs.

Die Richtung des Zusammenhangs kann positiv oder negativ sein. Dort sind die im Zusammenhang stehenden Merkmale gleich gerichtet (starke Ausprägung des Merkmals a korreliert mit starker des Merkmals b, schwaches a mit schwachem b), hier entgegengesetzt gerichtet (starkes a korreliert mit schwachem b und umgekehrt). Bei dem positiven Zusammenhang bewegen sich die Korr.-Grade zwischen 0 und + 1, bei dem negativen zwischen 0 und — 1.

Zwei Merkmale, die miteinander in Korr. gesetzt werden, bilden ein Korr.-Paar. Aber hierbei braucht die Forschung nicht stehen zu bleiben; vielmehr kann man die Korr. von dreien oder mehr Merkmalen untereinander untersuchen. Zeigen alle paarweisen Kombinationen dieser Merkmale eine hohe Korr., so bilden sie untereinander eine Korr.- S c h a r.

Die einzelnen Glieder eines Korr.-Paares oder einer Korr.-Schar sind an dem Zusammenhang nicht notwendig mit gleicher Stärke beteiligt. Demnach ist es erwünscht, für jedes Glied noch besonders den Grad der Festigkeit zu bestimmen, in der es mit dem anderem oder mit den anderen Werten korreliert. Dieser Grad heiße der „K o r r e l a t i v i t ä t s w e r t" des Merkmals. Er ist bisher nur für Korr.-Scharen von Krueger und Spearman (unter dem mir nicht recht geeignet erscheinenden Namen „Zentralwert") berechnet worden; wir werden weiterhin den Weg angeben, ihn auch für Korr.-Paare zu bestimmen. Ist bei einer paarweisen Korr. die Beteiligung des einen Gliedes beträchtlich stärker als die des anderen, so heiße die Korr. „e i n s e i t i g" (im anderen Falle „gegenseitig"). Da dann das Merkmal mit hohem Korrelativitätswert dasjenige ist, das den Zusammenhang erst eigentlich schafft und bestimmt, so kann man es als „Korrelans" dem anderen Glied, dem „Korrelat", gegenüberstellen.

„Rein psychologisch" ist eine Korr. dann, wenn beide Merkmale psychischer Natur sind (z. B. musikalische und mathematische Begabung). Oft ist aber auch nur ein Glied der Korr. psychisch, das andere der objektiven Welt angehörig; so können psycho-physische Korr. (Schädelmaß und Intelligenz), psychobiologische Korr. (Altersstufe und geistige Leistungsfähigkeit), psycho-soziale Korr. (Berufsangehörigkeit und verbrecherische Neigungen) untersucht werden.

Das S u b s t r a t des psychologischen Korr.-Forschung wird in den weitaus meisten Fällen gebildet von vielen Individuen, deren jedes in bezug auf zwei oder mehrere Merkmale charakterisiert ist (vgl. das zweite Diagramm auf S. 18). Es wird also die i n t r a - individuelle Beziehung zweier i n t e r - individuellen Reihen geprüft.

Daneben gibt es aber noch zwei seltener vorkommende Möglichkeiten.

Entweder: man bleibt ganz im Intra-Individuellen, indem man an einem einzelnen Individuum die beiden notwendigen Merkmalsreihen durch häufige sukzessive Prüfungen erzielt (Übungs-, Entwicklungs-Korr.; vgl. weiter unten).

Oder: man bewegt sich ganz im Inter-Individuellen, indem man ein einziges Merkmal an zweien Gruppen von Individuen prüft. Hierbei ist es nötig, daß zwischen den Mitgliedern der einen und denen der anderen Gruppe besondere, — z. B. verwandtschaftliche — Beziehungen bestehen. Dann kann man das Merkmal je eines Individuums der einen Gruppe dem des dazugehörigen Individuums der anderen Gruppe zuordnen und die hier bestehende Korr. feststellen (Vererbungs-, Verwandtschafts-Korr.; vgl. weiter unten).

Kapitel XIX.

Ziele der Korrelationsforschung.

Die psychologische Korr.-Forschung steht, wie schon aus früheren Stellen des Buches ersichtlich, im Dienst sehr mannigfacher wissenschaftlicher Aufgaben. Suchen wir die Probleme zusammenfassend zu gruppieren, so ergeben sich drei Gesichtspunkte: Feststellung von Struktur-, Kausal- und Symptomzusammenhängen. In der praktischen Forschungsarbeit wird freilich die scharfe Sonderung der drei Probleme nicht immer möglich sein.

Wir geben nunmehr eine Übersicht über die Probleme und die zu ihnen führenden Wege[1]. Zur näheren Erläuterung dienen teils Beispiele aus bereits vorliegenden Untersuchungen — ohne daß hierbei die größere oder geringere Zuverlässigkeit der Befunde im einzelnen beurteilt werden soll — teils Hinweise auf aussichtsvolle Untersuchungs-Materialien und -Methoden. Bei den Beispielen bevorzugen wir natürlich solche, die bisher noch nicht an anderen Stellen des Buches Erwähnung gefunden haben.

1. Strukturzusammenhänge.

Hier handelt es sich um den engeren oder loseren Zusammenhang, den die im Individuum vorhandenen psychischen Merkmale untereinander haben, um die Existenz von Struktursystemen verschiedenen Umfangs und verschiedener Innigkeit, die womöglich das Bild eines hierarchischen Aufbaues der Persönlichkeit vermitteln, um den Wirkungsbereich einer Eigenschaft über verschiedene Teileigenschaften hinweg, um die führende und bestimmende Bedeutung eines einzelnen Elementes innerhalb eines Strukturzusammenhanges. Zur Beantwortung dieser Fragen kann man entweder synthetisch oder analytisch vorgehen.

---

[1] Die statistische Seite der Methodik kommt erst in den folgenden Kapiteln zur Erörterung.

Das synthetische Verfahren greift einzelne, zunächst isoliert gegebene Funktionen auf und verknüpft ihre Variantenreihen, um zuzusehen, ob sich Korr. zwischen ihnen ergeben.

Sehr häufig ist bisher die Auswahl der so zu behandelnden Funktionen von Gesichtspunkten bestimmt worden, die mit dem Korr.-Problem selbst nichts zu tun hatten. So sind z. B. von manchen amerikanischen Forschern beliebige Testserien angewandt worden, in denen die verschiedenartigsten Prüfungen: der Geschicklichkeit, der Sinnesempfindlichkeit auf verschiedenen Gebieten, der Kombination, des Gedächtnisses usw. enthalten waren; nachträglich konnten dann die für die einzelne Tests erzielten Variantenreihen untereinander in korrelative Beziehungen gebracht werden [1]. — Und wenn Krueger und Spearman [2] an ihren Vpn. die so disparaten Funktionen der Tonhöheunterscheidung, des Kombinierens, der Tastschärfe, des Addierens und des Auswendiglernens prüften, so wurden sie zu ihrer Auslese nicht etwa durch eine im voraus vermutete Korr.-Beziehung gerade dieser Funktionen, sondern lediglich durch deren relativ bequeme experimentelle Bearbeitbarkeit veranlaßt.

Diese Zufallsmethode ist deshalb nicht ganz zu verwerfen, weil sie zuweilen unerwartete Beziehungen zwischen psychischen Merkmalen aufdecken kann, die anscheinend wenig miteinander zu tun haben. So glauben z. B. Krueger und Spearman zwischen Addieren, Tastschärfe und Tonunterscheidung eine überraschend starke Korr. gefunden zu haben [3].

Außerdem muß man an die zahlreichen Fälle denken, in welchen aus anderen (psychographischen, pädagogischen oder sonstigen) Gründen ein Material gesammelt worden ist, welches vielseitige Charakteristiken zahlreicher Personen unter vergleichbaren Bedingungen enthält. Die korr.-statistische Verrechnung derartiger Materialien erfordert dann eine verhältnismäßig geringe Mühe, die sich unter Umständen sehr belohnen kann.

Dieser Gesichtspunkt ist namentlich bei Schulkindern nahe gelegt, bei denen das Ergebnis irgendeines Tests mit der sonst bekannten schulischen Leistungsfähigkeit (wie sie in der Rangordnung, der Zeugnisnummer, der vom Lehrer gegebenen Intelligenzschätzung vorliegt) korreliert wird. Eine solche nach-

---

[1] Z. B.: **98**; **99**; **101**; **105**; **111**. [2] **640**.

[3] Allerdings ist die Zahl der geprüften Personen viel zu gering, als daß diesem Ergebnis schon einige Sicherheit beigemessen werden könnte.

trägliche Vergleichung ist in der Tat vielfach geübt worden, worüber an anderen Stellen dieses Buches berichtet wird[1].

Fast nach gar nicht gehoben sind dagegen die reichen Schätze, die in den Detailangaben der Schulzeugnisse selbst stecken. Die Leistungen in den Einzelfächern können sowohl untereinander, wie auch mit andersartigen Befunden (des Experiments, der Erhebung) in Beziehung gebracht werden, und ich zweifle nicht, daß sich hier bemerkenswerte Korr. und Nicht-Korr. zwischen den speziellen fachlichen Leistungsfähigkeiten ergeben werden. Dies weite Feld sei einer pädagogisch-psychologischen Statistik besonders empfohlen.

Anfänge hierzu liegen unter anderem vor in Untersuchungen von Lobsien[2], Ivanoff[3] und Busemann[4]. — Lobsien konstatierte zwischen den Fachzensuren im allgemeinen ziemlich starke Korr. — Ivanoff korrelierte die an 2400 Schulkindern untersuchte Zeichenfähigkeit mit den Fachprädikaten und fand bemerkenswerte Beziehungen (z. B. zwischen Zeichnen und Leistungen in der Geschichte). — Busemann berechnete (freilich an einer viel kleineren Schülerzahl) die Korr. von experimentell geprüften Gedächtnisleistungen mit den Fachzensuren.

Immerhin wird doch die eigentliche Korr.-Forschung das synthetische Verfahren in noch anderer Weise ausgestalten müssen. Man wird die Auswahl der zu untersuchenden Funktionen von vornherein bestimmt sein lassen durch Hypothesen über möglicherweise bestehende Korr. Denn Behauptungen solcher Zusammenhänge gibt es in großer Zahl; schon mehrfach wurde erwähnt, wie zwischen musikalischer und mathematischer Begabung, zwischen Intelligenz und Gedächtnis, zwischen bestimmten Eigenschaften des Temperaments und des Willens mehr oder minder enge Beziehungen vermutet werden; die endgültige Bestätigung oder Beseitigung solcher Hypothesen ist nur auf dem Wege der Korr.-Untersuchungen möglich.

Das am meisten bearbeitete hierher gehörige Problem ist die Beziehung zwischen Gedächtnis und intellektuellen Eigenschaften; der Anhang gibt eine tabellarische Zusammenstellung der hierher gehörigen Befunde. Im ganzen kann man wohl das Ergebnis formulieren, daß das rein mechanische Gedächtnis geringe oder keine Korr. zur Intelligenz besitzt, daß aber die Beziehung um so deutlicher ist, je mehr die Gedächtnisleistungen selbst von „judiziösen“ Momenten (Erfassen des Sinnes, Verständnis des Zusammenhanges usw.) abhängig sind.

Der speziellere Konnex zwischen Zahlengedächtnis und Rechenleistungen ist neuerdings von Lobsien[5], Huther[6] und Erler[7] studiert worden.

---

[1] Vgl. S. 97 fg. [2] **974.** [3] **1251.** [4] **449** b.
[5] **1289.** [6] **1286.** [7] **1282** a.

Die Methoden der letzten Art sind wegen des engen Zusammenhangs, den sie schon im voraus zwischen den zu untersuchenden Funktionen annehmen, nahe verwandt mit dem nun zu besprechenden a n a l y t i s c h e n Verfahren. Dieses hat zur Aufgabe festzustellen, inwiefern wir das Recht haben, von e i n h e i t - l i c h e n Eigenschaften, Typen, Begabungen usw. zu sprechen. Denn daß diese Dispositionen keine e i n f a c h e n Gebilde seien, ist seit dem Kampf gegen die Seelenvermögen allgemein anerkannt; aber damit ist nicht, wie man wohl zuweilen glaubte, auch die Frage ihrer Einheitlichkeit erledigt. Einheitlich ist eine Disposition dann, wenn ihre, durch Analyse gefundenen Elemente die Tendenz haben, gemeinsam zu variieren. Es seien mehrere hierher gehörige Fragestellungen zu Beispielszwecken genannt.

Zunächst können in einer e i n z i g e n Leistungsform durch Abstraktion verschiedene Merkmale — wie Dauer, Umfang, Güte der Leistung — isoliert und dann untereinander korreliert werden.

So fand z. B. W. Brown [1], daß bei Additionsleistungen Geschwindigkeit und Genauigkeit des Arbeitens eine ziemlich hohe Korr. zeigen. Im Gegensatz hierzu stehen freilich die Befunde von Stone und Ranschburg [2], nach welchen keine gegenseitige Abhängigkeit von Tempo und Richtigkeit des Rechnens existiert. — Das korrelative Verhältnis von Quantität und Qualität der Leistung verdiente auf den verschiedensten Gebieten geprüft zu werden.

Ferner kann man in einem bestimmten Leistungsgebiete p o l a r e Eigenschaften auf ihre etwaige Zusammengehörigkeit prüfen, wie: Leichtigkeit des Lernens und des Vergessens; Grad der Ermüdbarkeit und der Erholbarkeit; starke Konzentrationsfähigkeit und geringe Ablenkbarkeit der Aufmerksamkeit und anderes mehr.

Die uralte Korr.-Behauptung: „Wer leicht lernt, vergißt leicht" ist mit exakten Rechnungsmethoden noch so gut wie gar nicht bearbeitet worden. Busemann [3] bestreitet ihre Verläßlichkeit auf Grund gewisser experimenteller Befunde.

Das Hauptproblem aber, welches hierher gehört, ist wohl der B e r e i c h einer Eigenschaft. Wenn man dasjenige in Betracht zieht, was auf S. 176 fg. über den Begriff des Komplextypus und des „Typenbereichs" ausgeführt wurde, so ergibt sich sofort, daß hier der Korr.-Grad der am Typus beteiligten Einzelfunktionen das zuverlässigste Kriterium bilden muß. Aber auch bei solchen Eigenschaften, die nicht nach ihrer Typengliederung,

---

[1] **101**. [2] **1294** u. **614**; vgl. Lipmanns Bericht **1276**a S. 397.
[3] **449**a S. 262 u. 271.

sondern nach ihrer Gradabstufung untersucht werden, gilt die gleiche Frage, auf welche Gruppen seelischer Betätigungsgebiete sich die Eigenschaft einheitlich erstrecke.

Als erstes Beispiel diene wieder eine bekannte Behauptung aus der Gedächtnislehre: „Jeder Mensch hat nicht e i n Gedächtnis, sondern v i e l e Gedächtnisse (Namen-, Zahlen-, Physiognomien-, Orts-Gedächtnis usw.), die durchaus unabhängig voneinander sind.“ Nun ist die bisher meist übliche Beweisführung — nämlich der Hinweis auf besonders markante Fälle eines starken Spezialgedächtnisses bei sonst nur durchschnittlichen Gedächtnisleistungen für Inhalte anderer Art — offenbar nicht genügend, um obigen Satz in seiner Allgemeinheit zu rechtfertigen. Man muß eine große Menschenzahl auf sehr verschiedene Gedächtnisinhalte hin prüfen und dann zusehen, ob sich wirklich nur geringe Korr. herausstellen.

Eingehende Untersuchungen dieser Frage liegen meines Wissens noch nicht vor. — SPEARMAN-KRUEGER[1] haben eine sehr starke Korr. zwischen dem Auswendiglernen von Silben und Zahlen gefunden und vermuten deshalb, daß man von einer einheitlichen Leistungsfähigkeit des „Auswendiglernens“ sprechen dürfe; doch scheinen mir die beiden geprüften Leistungsarten noch zu ähnlich, um diese Generalisation sicherzustellen.

Einen breiten Raum wird ferner die Prüfung f o r m a l e r Eigenschaften einnehmen, d. h. solcher, die sich an Inhalten verschiedenster Art betätigen können, wie Suggestibilität, Ablenkbarkeit, psychisches Tempo. So wird man etwa die Suggestibilität zu prüfen haben für erwartete Wahrnehmungen, Suggestivfragen, ästhetische Urteile, Bewegungen, für die Einwirkung von Massensuggestionen usw. Die Korr.-Werte der Ergebnisse zeigen dann, über welche Teilgebiete sich die Eigenschaft einer höheren oder geringeren Suggestibilität gleichmäßig auszubreiten pflegt, und auf welchen Gebieten sie isoliert vorkommt. (Vgl. S. 178.)

SCOTT[2] untersuchte an zwanzig Studenten die Suggestibilität erstens für optische, zweitens für thermische Eindrücke; er fand keine merkliche Korr.

COHN und GENT[3] haben die formale Eigenschaft der Ablenkbarkeit an zwei ziemlich verschiedenen Leistungsformen untersucht, einmal an der Wirkung der Ablenkung auf die Menge des bei einem Aussageversuch Ausgesagten, das andere Mal an der durch Ablenkung bewirkten Verlangsamung des Lesens. Es zeigte sich eine deutlich merkliche, wenn auch nicht sehr hohe Korr. (0,53)[4].

---

[1] **640** S. 103.
[2] **716**.
[3] **559** S. 260.
[4] Nach SPEARMAN **67**.

Auch die „Intelligenz“ ist ja eine formale Eigenschaft, die auf den Zusammenhang ihrer Teilfunktionen (Kombinieren, Definieren, Urteilen, Verständnis für Abstraktes usw.) untersucht werden kann. So fand z. B. PETERSON [1] starke Korr. zwischen den Leistungen im deduktiven Schließen, im Verallgemeinern und im Verstehen.

Endlich seien die in den letzten Jahren mehrfach vorgenommenen Korr.-Bestimmungen im Gebiete der rechnerischen bzw. mathematischen Begabung erwähnt.

STONE [2] fand für einfache Rechenleistungen Korr., über welche LIPMANN zusammenfassend berichtet [3]:

„Die Fähigkeiten, nichteingekleidete Multiplikationen, Divisionen usw. zu lösen, sind in höherem Grade untereinander verwandt als mit der Fähigkeit, eingekleidete Aufgaben zu lösen. Am größten ist die Korr. der letztgenannten Fähigkeit mit der zu dividieren, offenbar weil das Dividieren eine ähnliche Denkleistung erfordert, aber auch diese Korr. ist noch kleiner als die mit den Leistungen in ganz heterogenen Fächern. Unter den Fundamentaloperationen ist das Addieren am nächsten mit dem Multiplizieren verwandt, weil es relativ ähnliche mechanische Funktionen sind; andererseits steht das Multiplizieren auch in hoher Korr. mit dem Dividieren, weil es eine ähnliche Denktätigkeit erfordert. — Gutes Multiplizieren garantiert am meisten, gutes Addieren am wenigsten gute Leistungen auch in den anderen Fundamentaloperationen.“

Höhere mathematische Leistungen untersuchte W. BROWN an 83 Schülern. [4] Sein Hauptergebnis war, daß einer sehr starken Korr. von algebraischen und arithmetischen Leistungen ($r = 0{,}76$) eine sehr geringe Korr. jeder dieser Leistungsgruppen mit den geometrischen Leistungen gegenüberstand (Korr. Geom./Arithm. = 0,28; Geom./Algebra = 0,18). B. sieht hierin den Beweis für die Existenz deutlich geschiedener mathematischer Begabungstypen, nämlich eines geometrischen und eines analytischen Typs. — Innerhalb der geometrischen Begabung war das Gedächtnis für vorangegangene Lehrsätze diejenige Teilfähigkeit, die am meisten mit allen anderen geometrischen Teilfähigkeiten korrelierte und die daher als zentrales Element jener Begabung anzusehen ist.

Eine weitere Gruppe von Strukturproblemen ist *rein intra-individueller* Art. Es kann sich ja die enge Zusammengehörigkeit zweier Merkmale darin bekunden, daß sie im *zeitlichen Ablauf* des individuellen Lebens gemeinsam variieren.

Mit fortschreitendem Alter entwickeln sich die einzelnen psychischen Funktionen bekanntlich nicht alle gleichmäßig, sondern in den verschiedensten Beziehungsformen; bald ist die Entwicklung der einen Funktion von der der anderen ganz unabhängig, bald hat sie die Tendenz, mit ihr parallel zu gehen, bald

---

[1] **108.** [2] **1294.** [3] **1276**[a] S. 396.
[4] **1278**; vgl. den Bericht bei BETZ **54** S. 75.

sogar bedeutet die Entwicklung der einen die Hemmung der anderen. Diese drei Fälle stellen also fehlende, positive und negative Entwicklungs-Korr. dar — Erscheinungen, die bisher noch nie exakt untersucht worden sind.

Ähnliches gilt von der Wirkung der Übung. Sind zwei Funktionen sehr eng korrelativ verknüpft, so macht sich eine durch Übung gesetzte Veränderung an beiden gemeinsam bemerkbar. Es besteht also Übungs-Korr.[1]

Winch[2] prüfte diese Übungs-Korr. für die Fähigkeit im Rechnen eingekleideter und nicht eingekleideter Aufgaben. Die Übung in der einen Leistungsform hatte keine irgendwie bemerkenswerte Mitübung der anderen zur Folge. So bestätigt sich auch hier der bereits oben (S. 289) erwähnte geringe Zusammenhang beider Fähigkeiten.

Endlich gehören hierher die durch Erkrankung hervorgerufenen Veränderungen. So fanden Förster und Gregor[3], daß gewisse Funktionen, die bei Gesunden eine hohe Korr. untereinander haben, bei Paralytikern auch gemeinsam herabgesetzt sind, während wiederum andere Funktionen isoliert durch Krankheit beeinträchtigt werden können.

2. Ätiologische Zusammenhänge.

Schon die eben besprochenen Strukturtatsachen drängen zu einer kausalen Deutung. Denn sobald einmal die enge Zusammengehörigkeit mehrerer psychischer Merkmale nachgewiesen ist, muß sich die Frage nach dem gemeinsamen Grunde erheben, in dem sie wurzeln. Je umfassender die Korr.-Schar, um so fundamentaler muß der Ursachfaktor sein. Und da es dann nahe liegt, derartige Befunde hypothetisch zu verallgemeinern, so kann man zur Aufstellung ganz weniger „Grundeigenschaften“ oder gar eines einzigen „Zentralfaktors“ kommen, von denen (oder von dem) alle wesentlichen Züge mehr oder minder entschieden korrelativ bestimmt sind.

In diesem Sinne betrachtet Heymans die Temperamente als „Grundeigenschaften“, da jedes Temperament mit einer großen Reihe von Spezialeigenschaften eine Korr.-Schar bildet[4].

Im Dienst derartiger Hypothesen stehen vor allen die Untersuchungen Spearmans. Da nach seinen Befunden sehr verschiedene Leistungsformen eine eng verbundene Korr.-Schar bilden, so

---

[1] Vgl. hierzu die Erörterungen über den verwandten Begriff der Übungs-Konvariation S. 262/263.

[2] 1296. [3] 117. [4] 804.

sieht er damit die Existenz einer allgemeinen Intelligenzanlage („general intelligence“ [1]) als erwiesen an. In der gemeinsamen Arbeit von SPEARMAN und KRUEGER [2]) wird dieser Gedanke folgendermaßen formuliert:

„Die Leistungsfähigkeiten irgendeiner Person in zahlreichen sehr verschiedenen Richtungen (Unterscheidung von Tonhöhen, Addieren von Zahlen, Ausfüllung von lückenhaften Texten, Geschwindigkeit des Schreibens, des Lesens und des Zählens) weisen hohe und konstante Korr. untereinander auf. . . . Nach den numerischen Verhältnissen aller dieser Korr. scheint man berechtigt zu sein, sie als Wirkungen eines gemeinsamen Zentralfaktors aufzufassen . . . . Die Erklärung scheint psychophysiologisch erfolgen zu müssen. Die bisher gesammelten Erfahrungen deuten möglicherweise darauf hin, daß das eine Nervensystem allgemein eine gesteigerte plastische Funktion besitzt gegenüber dem anderen. Diese funktionelle Tüchtigkeit wäre die Bedingung für die Ausgestaltung von präziser und konstanter funktionierenden Leitungskomplexen, was sich dann auf den verschiedensten psychophysiologischen Gebieten in einer größeren Genauigkeit und zugleich Geschwindigkeit der Leistung geltend machen würde. Diese Hypothese wird jedoch nur mit der größten Reserve (von uns) aufgestellt, hauptsächlich als Anregung zu weiteren psychologischen und biologischen Untersuchungen.“

Die zuletzt geäußerte Vorsicht ist durchaus am Platze. Die von K.-Sp. geprüfte Personenzahl ist viel zu klein, um auch nur die Existenz des Zentralfaktors, geschweige seine Deutung als gesichert erscheinen zu lassen; in der Tat haben die Nachprüfungen der SPEARMANschen Befunde durch andere Forscher nur zu einem Teil seine Korr.-Ergebnisse bestätigen können, so daß zunächst noch das Aufwerfen der Ursachenfrage als verfrüht erscheint.

Sehr viel einfacher und weit weniger ins Spekulative übergreifend ist die Sachlage bei einer anderen Gruppe von Kausalfragen. Es handelt sich hierbei um die Ätiologie eines einzelnen Merkmals, die festgestellt werden kann, in dem man die Korr. dieses Merkmals mit der vermuteten Ursache berechnet. Voraussetzung hierfür ist demnach nur, daß die hypothetische Ursache ebenso wie das Merkmal selbst statistischer Berechnung zugänglich ist.

Die Abhängigkeit der psychischen Differenzierung von Vererbung, Geschlecht, Alter, Beruf, Rasse usw. ist unsäglich oft behandelt worden, meist aber mit unzulänglichen Methoden. Das Korr.-Verfahren scheint das einzige zu sein, welches verspricht, aus den verfügbaren Massenmaterialien schlüssige Er-

[1] Vgl. den Titel seiner Abhdlg. **651.** [2] **640** S. 109/110.

gebnisse abzuleiten. Hierfür dürfen die Arbeiten Galtons und Pearsons und ihres Eugenics Laboratory als vorbildlich gelten. Über diese hat Betz in einem Sammelbericht [1] und in seinem Buch [2] so gut orientierende Zusammenfassungen gegeben, daß ich mich hier auf eine kurze Andeutung der speziell psychologischen Seiten ihrer Befunde beschränken kann [3].

Nur ein kleiner Teil jener Arbeiten behandelt nämlich die Abhängigkeit psychischer — besonders intellektueller — Eigenschaften von bestimmten ursächlichen Bedingungen; für diese gilt ganz ebenso wie für die physischen Eigenschaften das Hauptergebnis, daß die Vererbung den allergrößten, die äußeren Faktoren des Milieus dagegen einen überraschend geringen Einfluß haben.

Heron [4] fand bei 4000 Schulkindern, daß zwischen ihrer vom Lehrer beurteilten Intelligenz und ihren häuslichen Verhältnissen so gut wie gar keine Korr. bestehe. — Barrington und Pearson [5] widerlegen die alten Anschauungen, als ob die Kurzsichtigkeit ein Produkt der Schule sei. — Miß Elderton [6] und Pearson kamen gar zu dem Aufsehen erregenden Ergebnis, daß der Alkoholismus in keiner Weise die ihm zugemessene Rolle als Ursache physischer und psychischer Minderwertigkeit spiele. Sieht man von den ganz schweren Trinkern ab, so besteht weder intraindividuelle noch interindividuelle Korr. zwischen Alkoholismus und geistiger Minderwertigkeit. Der zweite Punkt ist der wichtigere: „Die Korr. zwischen elterlichem Alkoholismus und der Intelligenz der Kinder ist so minimal, daß das Vorzeichen aus dem vorliegenden Material nicht bestimmt werden konnte“ [7].

Im schroffen Gegensatz zu diesen geringen Wirkungen der Außeneinflüsse steht die starke Vererbungswirkung. Galton wies nach, in wie hohem Maße hervorragende Begabung in gewissen Familien erblich sei [8]. — Schuster und Elderton [9] untersuchten die geistigen Fähigkeiten von solchen Angehörigen der gleichen Familien, die in Oxford studiert hatten. Die Fähigkeit wurde nach den dort erhaltenen Zeugnisnummern bewertet, und es ergab sich, daß zwischen Vätern und Söhnen ein Korr. von 0,3, zwischen Brüdern eine solche von 0,4 bestand. — Heron erwies die Erblich-

---

[1] **270.** [2] **54** Kap. IV.

[3] Die Bibliographie des vorliegenden Buches verzeichnet unter A IV die wesentlichste Literatur.

[4] **282.** [5] **275.**

[6] **277** a. [7] Betz **54** S. 61. — Wenn sich bei schweren Trinkern eine starke Korr. zu geistiger Minderwertigkeit ergibt (0,7 bis 0,8), so ist sicher nicht der Alkoholismus die Ursache der Minderwertigkeit, da diese nicht mit länger dauerndem Alkoholgenuß steigt, sondern umgekehrt die Minderwertigkeit die Ursache für die Neigung zum Alkoholismus und für die fehlenden Hemmungen bei der Befriedigung dieser Neigung (Betz S. 62).

[8] **324** f. [9] **314.**

keit von Geisteskrankheiten, da die Korr. hier zwischen Eltern und Kindern 0,5—0,6 betrug [1].

Unabhängig von dem Eugenics-Institut, doch in derselben Richtung liegend sind die Arbeiten von THORNDIKE und von HEYMANS-WIERSMA. Der erstere [2] untersuchte fünfzig Zwillingspaare durch eine Reihe von Tests. Die Korr. war eine sehr hohe (0,7 bis 0,8); sie ist zweifellos zum größeren Teil nicht auf das gemeinsame Milieu, sondern auf die identischen Erblichkeitsbedingungen zurückzuführen.

HEYMANS-WIERSMA[3] haben eine große Anzahl von Eigenschaften bei Eltern und Kindern vergleichend untersucht und aus den gefundenen Korr. Schlüsse auf die ätiologische Bedeutung von Geschlechtsanlagen einerseits, der Vererbung andererseits gezogen.

3. Symptomatische Zusammenhänge.

Man denke sich zwei Merkmale, von denen das eine (p) nur unter großen Schwierigkeiten oder nur sehr indirekt der Beobachtung und Feststellung zugänglich ist, während das andere (q) leicht, direkt und relativ sicher untersuchbar ist (z. B. in der Form eines Tests). Besteht nun zwischen diesen beiden Merkmalen eine hohe Korr., so darf q als Symptom für das Vorhandensein von p betrachtet werden. Mithin ist die Korr.-Rechnung die zuverlässigste Eichungsmethode des Symptomwertes eines Merkmals.

Da auf diesem Zusammenhang bereits an mehreren frühere Stellen (S. 65 fg. und S. 96 fg.) eingegangen worden ist, so bleibt uns nur noch übrig, einen früher nur kurz angedeuteten Gedanken (S. 102 oben) etwas näher auszuführen.

Brauchen wir für irgend ein Merkmal p ein zuverlässiges Symptom q, so ist es zunächst möglich, daß wir verschiedene Merkmale q_1, q_2, q_3 . . . ., die möglicherweise für p symptomatisch sein könnten, auswählen und jedes derselben zu p in Korr. setzen; das Merkmal mit höchstem Korr.-Grad zu p hat dann den höchsten Symptomwert.

Aber wir brauchen uns nicht darauf zu beschränken, unter den vorhandenen Einzelsymptomen das geeignetste zu suchen; vielmehr können wir unter Umständen *aus den Einzelsymptomen auf synthetischem Wege* ein neues Symptom schaffen, das jene beträchtlich an Sypmtomwert übertrifft. Wenn es sich nämlich um die Prüfung einer umfassenden Eigenschaft — z. B. der Intelligenz — handelt, so wird, wie schon

[1] **380.** [2] **345.** [3] **306.**

oft erwähnt, von einem Einzelsymptom immer nur eine eng begrenzte Seite jener Eigenschaft getroffen, und diese Einseitigkeit muß bewirken, daß die Korr. zwischen der gesamten Eigenschaft p und dem Einzelsymptom q_1 stets nur eine partielle ist. Ein anderes Einzelsymptom q_2 trifft wieder eine andere Seite der gesamten Eigenschaft; wiederum ist die Korr. nur eine partielle. Nun ist es möglich, daß diese beiden Korr., die einerseits q_1, andererseits q_2 mit p haben, zwar dem Grade nach ziemlich gleich, aber ihrer Art nach verschiedenartig konstituiert sind. Es zeigen z. B. die geprüften Individuen in dem Symptom q_1 eine Rangordnung, die eine gewisse Ähnlichkeit mit ihrer Rangordnung nach p hat, ebenso auch in Symptom q_2 eine zu p ähnliche Rangordnung; aber die Abweichungen der Rangordnungen für q_1 und q_2 von der für p liegen zum Teil nach verschiedenen Seiten hin: ein Individuum, welches den allgemeinen Intelligenzrangplatz x hat, kann in q_1 einen Rangplatz höher als x und in q_2 einen solchen tiefer als x einnehmen. Die Folge muß dann sein, daß die Merkmale q_1 und q_2 untereinander einen merklich geringeren Korr. Grad haben, als jedes von ihnen mit p hat. Umgekehrt aber kann man nun eine Synthese der beiden Rangplätze, welches jedes Individuum in q_1 und q_2 hat, zu einem Resultantenwert $\frac{q_1 + q_2}{2}$ herbeiführen; dieser wird mit großer Wahrscheinlichkeit eine Rangierung liefern, welche der Rangordnung für p merklich näher liegt, als jede der gesonderten Rangordnungen. Hieraus ergibt sich von selbst die Methode der „Resultanten-Korr.“, wie wir sie S. 102 angedeutet haben (vgl. auch S. 233).

Inzwischen ist mir auch eine Arbeit bekannt geworden, welche schon eine erstmalige Anwendung dieser Methode bringt. Burt[1] hat an einer Anzahl von Schülern, deren Intelligenzrangordnung nach der Schätzung der Lehrer festgestellt war, eine Reihe von Tests durchgeprüft, die sich auf Unterschieds-Empfindlichkeit, Schätzungen, Bewegungskoordinationen, Ordnen von Buchstaben, Gedächtnisleistungen bezogen. Die Korr. einiger dieser Einzeltests zu der Intelligenzrangordnung war nicht unbeträchtlich (meist höher als 0,5). Wurden nun aber diejenigen Tests, deren $\varrho > 0,5$ war, ausgewählt und aus ihnen eine Resultantenrangordnung nach obiger Methode gebildet, so zeigte diese die überraschend hohe Korr. von 0,85 für die Volksschule, 0,91 für die höhere Schule mit der geschätzten Rangordnung. Burt leitet daraus die optimistische These ab: „Mit Hilfe von einigen halben Dutzend Tests kann man unabhängig von den Schulangaben und sicherer als diese eine Gruppe von Knaben nach ihrer Intelligenz ordnen.“ Jedenfalls fordern die Ergebnisse Burts dringend zu einer Nachprüfung und zu einem Ausbau des Verfahrens der Resultanten-Korr. auf.

[1] **636.**

Kapitel XX.

Korrelationsstatistik.

1. Allgemeine Gesichtspunkte der Korrelationsstatistik.

Nach der oben gegebenen Definition kann eine Korr. nur dadurch bestimmt werden, daß zwei (oder mehrere) Variantensysteme einander zugeordnet werden. Demnach müssen alle Gesichtspunkte und methodischen Forderungen der Variationsstatistik auch für die Korr.-Statistik gelten.

Variantensysteme sind entweder quantitativer oder qualitativer Art.

Werden zwei quantitativ abgestufte Variantensysteme in Beziehung gesetzt, so entsteht „Reihenkorrelation". Innerhalb der Reihenbildung unterschieden wir aber noch eine solche durch Maßzahlen oder durch Rangplätze. Zwei Maßsysteme bilden untereinander „Maßkorrelation" (Korrelation im eigentlichen Sinne); zwei Rangordnungen bilden „Rangkorrelation" (oder nach Betz' Vorschlag: „Koordination").

Zwei qualitativ gegliederte, d. h. in Gruppen oder Typen eingeteilte Variantensysteme treten zueinander in „qualitative Korrelation"; diese wird auch als „Kontingenz" bezeichnet, da hier der Grad, in welchem die Gruppen sich decken, untersucht wird.

Mit der Einteilung nach Quantität und Qualität kreuzt sich nun aber eine andere.

Die Variantenreihen können nämlich entweder mit ihrem Gesamtumfang oder nur mit einem Bruchteil ihres Umfangs in Beziehung gesetzt werden: „generelle" und „spezielle" Korr. Diese Scheidung, die bisher noch wenig beachtet wurde, scheint mir gerade für psychologische Probleme eine größere Bedeutung gewinnen zu sollen. Die generelle Korr. ist genau genommen ein Problem der generellen Psychologie; denn sie geht auf den Zusammenhang, der im allgemeinen zwischen den

Varianten zweier Systeme besteht. Die spezielle Korr. ist dagegen recht eigentlich ein Problem unserer Sonderwissenschaft. Sie greift aus jeder Variantenreihe nur je ein Bruchstück heraus und fragt nach deren Beziehungen. Die Bruchstücke einer quantitativen Variantenreihe nannten wir Fraktionen, die einer qualitativen hießen Gruppen oder Typen. Danach ist die spezielle Korr. entweder „Fraktionskorrelation" oder „Gruppen-(Typen-) Kontingenz".

Wir geben eine schematische Übersicht der so gewonnenen Einteilung und fügen jeder Korr.-Art ein Beispiel an.

Arten der Korrelation	Quantitative (Reihen-) Korr.		Qualitative Korr.
	Maß-Korr. *(Korrelation im engeren Sinne)*	Rang-Korr. *(Koordination)*	*(Kontingenz)*
generelle Korr.	Zshg. zwischen den Graden von Intelligenz- und Gedächtnisleistungen	Zshg. zwischen den Rangplätzen in verschiedenem Schulfächern	Zshg. zwischen Temperaments- und Charaktereigenschaften
spezielle Korr.	*(Fraktions-Korr.)* Zshg. zwischen den Graden der $25^0/_0$ besten Intelligenzleistungen mit Gedächtnisleistungen	*(Fraktions-Koordination)* Zshg. zwischen den unzureichenden Leistungen in einem Fach mit den Leistungen in einem anderen (auf Grund der bezügl. Rangplätze)	*(Gruppen-* oder *Typen-Kontingenz)* Zshg. zwischen dem phlegmatischen Temperament und der Charaktereigenschaft der Zuverlässigkeit.

Es gibt nun eine Reihe von methodischen Vorschriften, die für alle eben aufgezählten Korr.-Arten gelten.

a) Die Zuverlässigkeit der beteiligten Variantensysteme. Nur wenn die Gliederung der geprüften Personen in qualitative Typen oder ihre Einreihung in ein Stufensystem als relativ konstant betrachtet werden darf, ist es erlaubt, sie mit einer anderen solchen Gliederung in Korr. zu setzen. Denn während für die einzelne Variantenreihe selbst, für das Problem der Variabilität usw. eine geringfügige Verschiebung in der Verteilung oder Rangierung keine allzu große Bedeutung hat, kann sie auf ihre Beziehung zu der anderen Reihe den größten Einfluß haben.

Reihen, bei denen die Verteilung der Werte stark von augenblicklichen und äußerlichen Bedingungen abhängig ist, sind daher für Korr.-Untersuchungen nicht geeignet.

Auf welche Weise die Zuverlässigkeit von Variantensystemen geprüft werden kann, ist auf S. 197 fg. (für qualitative Gliederungen) und S. 239 (für Stufenreihen) erörtert worden.

b) Nur zwei unabhängig voneinander gewonnene Variantensysteme dürfen bezüglich ihrer Korr. untersucht werden. Sobald es nämlich schon in der Methode als solcher liegen kann, daß gewisse Varianten des einen Merkmals mit gewissen Varianten des anderen verbunden auftreten, kann im Ergebnis eine stark Korr. vorgetäuscht werden, die der Wirklichkeit nicht entspricht.

Diese Regel ist z. B. in der mehrfach erwähnten Temperamentenuntersuchung von HEYMANS (**804**) unseres Erachtens nicht ausreichend berücksichtigt worden. H. ordnet nämlich eine Reihe von Personen auf Grund ihrer Biographien einerseits in eines seiner 8 Temperamentenfächer ein, andererseits füllt er eine große Liste von sekundären Eigenschaften über sie aus. Die Aufgabe ist, festzustellen, welche sekundären Eigenschaften zu jedem der Temperamente in starker Korr. stehen. Da es nun aber möglich, ja wahrscheinlich ist, daß die Einrangierung eines X in ein bestimmtes Temperament zum Teil auf Grund derselben biographischen Daten erfolgte, die dann zur Feststellung ihrer sekundären Eigenschaften verwertet wurden, so sind die daraus abgeleiteten Korr. z. T. wertlos, weil selbstverständlich. Sie stellen ein analytisches Urteil dar und sollen doch ein synthetisches bedeuten.

Das allerkorrekteste — aber nicht immer durchzuführende — Verfahren wäre hier das unwissentliche: der Forscher, der das eine Variantensystem an einer Gruppe von Individuen untersucht, sollte nicht wissen, welche Stelle der einzelne Prüfling in dem anderen System einnimmt. Erst nach Beendigung der Untersuchung sollte die Zusammenstellung der beiden Werte für jeden Prüfling erfolgen.

c) Die beiden Variationssysteme a und b sollen in ihrer Personenverteilung möglichst nur durch die Beschaffenheit derjenigen Funktionen bedingt sein, deren Korr. untersucht wird. Allerdings ist ja eine wirkliche Isolierung der einzelnen Funktionen nicht möglich, und so sind denn stets noch zahlreiche andere Bedingungen an den Leistungen mitbeteiligt, welche der einzelne jeweilig vollbringt. Aber es gibt Bedingungen, die in ganz besonderen Maße als konstante „Störungsfaktoren“ bezeichnet werden können; es sind solche, die für sich allein ein Variationssystem c bilden, das nun in jene zu korrelierenden gewaltsam eingreift.

Findet der Eingriff nur in eines der beiden primären Systeme statt, so muß dadurch die etwaige Korr. zwischen a und b fälschlich vermindert werden.

Ein Beispiel: Cohn und Gent[1] untersuchten, wie schon S. 288 erwähnt, die Wirkung der „Ablenkung" an den beiden Leistungen des Aussagens und des Lesens. Es ergab sich nun zwischen beiden Ablenkbarkeiten zunächst eine ziemlich geringe Korr. (0,38); aber diese gibt kein zutreffendes Bild des tatsächlichen Zusammenhanges. Denn die Ablenkungsgröße beim Aussageversuch ist von einem weiteren Faktor abhängig, zu dem beim Leseversuch die Parallele fehlt, nämlich von dem Umfange, den die Aussage natürlicherweise, d. h. ohne Ablenkung hat. Je mehr jemand natürlicherweise spontan aussagt, um so mehr wird er bei Ablenkung gestört werden. Dieser Zusammenhang ist durch eine besondere Korr.-Berechnung zwischen diesen beiden Faktoren, welche 0,69 ergab, erwiesen. Da also die Aussage m e n g e auf die Rangordnung der Aussage a b l e n k u n g modifizierend wirkt, muß eine etwaige Korr. zwischen der Aussage a b l e n k u n g und der Lese a b l e n k u n g vermindert werden. Diese wahre Korr. konnte von Spearman nunmehr auf 0,53 berechnet werden[2].

Aber auch die gegenteilige Wirkung des Störungsfaktors ist denkbar: Greift das System c gleichmäßig in beide primären Systeme ein, so werden diese in gleichförmiger Weise beeinflußt und erhalten eine Übereinstimmung, die fälschlich als hohe direkte Korr. zwischen ihnen gedeutet werden kann.

Prüfen wir etwa zwei Leistungsfähigkeiten an Personen sehr verschiedener Altersstufen, und finden wir große Übereinstimmungen in den Rangordnungen, so braucht dies nicht an einer direkten Korr. der beiden Leistungsfähigkeiten zu liegen, sondern kann darauf beruhen, daß beide Leistungen einen ähnlichen Altersfortschritt haben, so daß jedesmal die Rangordnung von den Älteren zu den Jüngeren hinführt.

Sind solche störenden Einflüsse, die entweder eine vorhandene Korr. herabdrücken oder eine zu hohe Korr. vortäuschen, in feststellbarer Weise bei der Untersuchung beteiligt gewesen, so wird man nachträglich versuchen müssen, sie durch Berechnung wieder zu eliminieren. Spearman hat auf die Erarbeitung derartiger Korrektionsformeln viele Bemühungen verwandt; doch sind gegen seine Formeln von anderer Seite starke Bedenken erhoben worden, so daß hier noch alles im Fluß ist. Aus diesem Grunde müssen wir uns mit der Verweisung auf die Literatur begnügen[3].

Weit empfehlenswerter als die Vornahme nachträglicher Korrektionen ist es natürlich, die Untersuchung von vornherein

---

[1] **559.** [2] **67.**

[3] Spearman: **66**, **68**; (mit Krueger) **640** S. 54—63. Dagegen Betz **54** S. 33 ff.

so anzulegen, daß die Störungen soweit als möglich ferngehalten sind.

e) Endlich ist bei sämtlichen Korr.-Berechnungen der Umstand mit in Betracht zu ziehen, daß zwischen zwei Variantensystemen schon durch bloßen Zufall gewisse Übereinstimmungen bestehen können, die nichts mit realer Zusammengehörigkeit zu tun haben. Diese Zufallswerte sind — als sog. „wahrscheinliche Fehler" (w. F.) — in den berechneten Korr.-Werten mit enthalten; und die von ihnen drohende Gefahr ist um so größer, je kleiner an sich der berechnete Korr.-Wert und je kleiner die der Untersuchung zugrunde gelegte Personenzahl ist. Als unzweifelhafte Kennzeichen einer wirklichen Korr. sind daher nur solche Zahlenwerte anzusehen, welche um ein Vielfaches den Betrag des w. F. übersteigen.

Die Festsetzung der Grenze ist in gewissem Maße willkürlich; gewöhnlich werden Korr.-Werte, die nicht das Dreifache des w. F. betragen, überhaupt nicht berücksichtigt, und nur solche, die mindestens 5 mal so groß wie der w. F. sind, als sichere Korr. angesehen.

2. Die Berechnung der Reihen-Korrelation.

Die Korrelierung zweier Variantenreihen ist die bisher weitaus am meisten angewandte Methode. Ihr Vorzug besteht in der Annäherung an Gesichtspunkte der exakten Wissenschaften, da sie ja die durchgängige quantitative Abstufung der zu untersuchenden Merkmale zur Voraussetzung hat; daraus wiederum ergibt sich ihre weitgehende Zugänglichkeit für subtile mathematische Bearbeitung, was ebenfalls auf viele Forscher eine begreifliche Anziehungskraft ausübte.

Darüber darf man aber die Schranken nicht vergessen, die ihr gerade für psychologische Zwecke gesetzt sind. Ihre Vorbedingung — die Quantifizierbarkeit — findet sich ja bei den äusseren Merkmalen der Individuen in größter Mannigfaltigkeit: man denke an Körpermaße, Altersstufen und Ähnliches. Bei seelischen Merkmalen dagegen ist die bloße Gradvariation durchaus keine so selbstverständliche und sichere Sache; wir haben in Kap. XV gesehen, welche Schwierigkeiten hier auftreten und wie insbesondere für psychische Dispositionen die Graduierung auf verwickelter Resultantenbestimmung oder auch auf vagen Schätzungen beruht.

Sind nun aber einmal die Varianten in Zahlen ausgedrückt,

so verraten sie nicht mehr ihren Ursprung; sie wirken wie exakte, einfache Werte und verlocken leicht zu rein mathematischen Bearbeitungen und Schlußfolgerungen von einer Subtilität, die nicht immer in dem Material ihre rechte Grundlage hat.

Man wird sich also auch hier vor einem Exaktheitsfanatismus und Zahlenkult hüten müssen, um die wahren Leistungen der Methode richtig würdigen zu können.

Wir geben nun die rechnerischen Grundlagen des Verfahrens.

Es seien die n Vpn. A bis N in bezug auf zwei Merkmale p und q zahlenmäßig charakterisiert worden (wobei es noch gleichgültig ist, ob es sich um Maß- oder Rangzahlen handelt). Person A liefert die beiden Werte p_A und q_A, Person B die Werte p_B und q_B . . ., Person N die Werte p_N und q_N.

Nun bilden sämtliche Merkmale p_A, p_B . . . . p_N unter sich eine Variantenreihe, deren Durchschnittswert $m_p = \frac{\Sigma p}{n}$ ist. Von diesem haben die einzelnen Werte die Abweichungen x:

$$x_A = p_A - m_p; \; x_B = p_B - m_p; \; \ldots . \; x_N = p_N - m_p.$$

Das entsprechende gilt für die Variantenreihe des Merkmals q; hier mögen die einzelnen Abweichungen vom Mittel m_q die Bezeichnungen y_A, y_B . . . . y_N erhalten. Die Abweichungswerte in jeder Reihe müssen zum Teil positives, zum Teil negatives Vorzeichen haben.

Jede Person hat nunmehr zwei Abweichungswerte: die Person A: x_A und y_A usw.

Bilden wir nun für jede Person das Produkt ihrer beiden Abweichungen $x \cdot y$, so ergibt sich ohne weiteres: je mehr diese Produktenwerte in der ganzen Reihe inter-individuell gestreut sind, um so enger muß im Allgemeinen die intra-individuelle Zusammengehörigkeit entsprechender x- und y-Werte sein. Denn nur, wenn mit kleinen x meist kleine y, mit großen große, mit positiven x meist positive, mit negativen x meist negative y zusammen vorkommen, enthält die Summe aller Produkte (also die Streuung) einen hohen Wert; ist dagegen in beliebigem Durcheinander großes x bald mit großem, bald mit kleinem y, positives x bald mit positivem, bald mit negativem y verbunden, so nähert sich die Summe aller Produkte mehr oder weniger der 0.

Je größer also der Streuungswert $\frac{\Sigma xy}{n}$, um so stärker ist die Korr. zwischen p und q.

Nun hängt aber die absolute Größe dieses Wertes auch noch

davon ab, wie die x unter sich, und ebenso wie die y unter sich gestreut sind. Deshalb muß der obengenannte Wert ins Verhältnis gesetzt werden zu den Streuungen der x-Werte unter sich, wie der y-Werte unter sich; die hierzu nötige Summierung der x-, bzw. der y-Werte muß, damit nicht das Resultat 0 entsteht, unter Absehung vom Vorzeichen geschehen: $\sqrt{\frac{\Sigma x^2}{n}}$ und $\sqrt{\frac{\Sigma y^2}{n}}$.

Demnach ist der Korr.-Grad auszudrücken durch folgende Formel („BRAVAISscher Korr.-Koeffizient"):

$$\underline{\underline{r}} = \frac{\Sigma xy}{n} : \sqrt{\frac{\Sigma x^2}{n}} \cdot \sqrt{\frac{\Sigma y^2}{n}} = \underline{\underline{\frac{\Sigma xy}{\sqrt{\Sigma x^2 \cdot \Sigma y^2}}}}$$

r kann variieren zwischen + 1 (vollständige positive Korr.), 0 (fehlende Korr.) und — 1 (umgekehrte oder negative Korr.).

Diese Formel liegt den weitaus meisten Korr.-Rechnungen zugrunde. Ihre Anwendung verlangt nun noch nähere Betrachtung.

b) Maß-Korrelationen. Ist eine große Anzahl von Personen in bezug auf zwei Eigenschaften gemessen worden, so bildet man für jedes Variantensystem, vom Durchschnittswert ausgehend, eine Reihe von Stufen gleicher Maßdifferenz (z. B. die prozentuellen Abweichungen vom Durchschnitt: von 0 bis 10 %, von 10 % bis 20 % usw.; benso von 0 bis —10 %, von —10 % bis —20 %). Es ist wünschenswert, daß die Stufenzahl für beide Variantensysteme gleich groß gewählt werde. Dann ist es möglich, daß eine „Verteilungstafel" angelegt wird, d. h. ein Quadrat, dessen wagerechte Dimension durch die Stufen des einen Merkmals, dessen senkrechte Dimension durch die Stufen des anderen Merkmals gebildet wird. Die durch diese Kreuzungen entstehenden Felder werden nun ausgefüllt durch die Anzahl derjenigen Personen, welche die beiden das Feld konstituierenden Stufen in sich vereinigen[1]. Besteht nun Korr., so werden sich die Häufigkeitswerte im Allgemeinen mehr oder weniger dicht um eine Diagonale der Tafel herum gruppieren; besteht keine Korr., so werden mit jedem Wert der einen Variante beliebige Werte der anderen verbunden auftreten, daher dann die Felder in beliebig ungeordneter Weise mit Häufigkeitszahlen ausgefüllt werden.

Die Berechnung von r erfolgt zweckmäßig auf folgende Weise:

---

[1] Als Beispiel diene die umstehende (fiktive) Verteilungstafel, die dem Buch von BETZ (**54**, S. 11) entlehnt ist.

An Stelle der Abweichungswerte der Maßzahlen selbst wählt man als x und y die Stufennummern, indem man die über dem Durchschnitt liegenden Stufen mit + 1, + 2, + 3 usw., die unter dem Durchschnitt liegenden mit — 1, — 2, — 3 bezeichnet. Nun bildet man für jedes Feld das Produkt aus den beiden Stufennummern, zu denen es gehört $(x \cdot y)$ und multipliziert das Produkt mit der Anzahl der im Feld enthaltenen Fälle. Die Summierung der so für alle Felder gefundenen Werte ergibt dann $\Sigma\,(x \cdot y)$. Auf gleiche Weise berechnet man die Summe aller x^2 sowie die aller y^2.

Der wahrscheinliche Fehler des so gewonnenen Korr.-Werts r ist

$$\mathrm{wF}(r) = \pm\, 0{,}6745\, \frac{1-r^2}{\sqrt{n}}$$

Voraussetzung für die Gültigkeit der Formel ist die „lineare Regression" (GALTON) der Verteilungstafel. Diese ist auf folgende Weise festzustellen[1]: Wenn wir für je eine Stufe einer Variantenreihe den Durchschnittswert aus a l l e n zu ihr gehörigen Varianten der anderen Reihe bilden, so kann man diese Mittelwerte in die Verteilungstafel in der Form von Punkten eintragen. Die Verbindung dieser Punkte ist die Regressionslinie der ersten Variantenreihe. Bei fehlender Korr. läuft die Regressionslinie der x- (bzw. y-) Achse parallel; bei vorhandener Korr. wird sie aber eine schräge Richtung einnehmen. Nur wenn diese Linie genügende Annäherung

$y \downarrow$ \ $x \rightarrow$		−5 *a*	−4 *b*	−3 *c*	−2 *d*	−1 *e*	0 *f*	+1 *g*	+2 *h*	+3 *i*	+4 *k*	
−4	*α*		1									1
−3	*β*		1	3	1			1				6
−2	*γ*	1		5	7	3						17
−1	*δ*		1	2	11	21	10	2	1			48
0	*ε*			1	4	14	22	9	2			52
+1	*ζ*		1		1	5	9	10	6		1	34
+2	*η*				1	1	5	7	2	1		17
+3	*ϑ*								3			3
+4	*ι*									1		2
+5	*κ*								1			1
		1	4	11	25	44	48	30	15	2	1	181

[1] Vgl. BETZ **54** S. 12/13.

an eine Gerade hat, darf die obige Formel auf die Tafel angewandt werden.

c) Rangkorrelation (Koordination). Sind die beiden zu korrelierenden Merkmale nicht gemessen, sondern nur in Rangsysteme geordnet worden, so ist der Ansatz der Rechnung noch einfacher. Denn da die identischen Personen auf beide Merkmale geprüft werden, sind die zur Anwendung kommenden Zahlensysteme in jeder Reihe identisch, nämlich von Rangplatz Nr. 1 bis Rangplatz Nr. n reichend: es ist die Reihe der ganzen Zahlen von 1 bis n. Die Streuung der x und der y ist also identisch unter sich und mit der Streuung der Reihe der ganzen Zahlen, welche $\sqrt{\frac{n^2-1}{12}}$ beträgt.

$$\sqrt{\frac{\Sigma x^2}{n}} = \sqrt{\frac{\Sigma y^2}{n}} = \sqrt{\frac{n^2-1}{12}}.$$

Demnach kann man die Korr.-Formel $\frac{\Sigma xy}{\sqrt{\Sigma x^2 \; \Sigma y^2}}$ auch schreiben:

$$\frac{\Sigma xy}{\Sigma x^2} \text{ oder: } \frac{2\,\Sigma x^2 - \Sigma x^2 + 2\,\Sigma xy - \Sigma y^2}{2\,\Sigma x^2} = 1 - \frac{\Sigma (x-y)^2}{2\,\Sigma x^2} =$$

$$1 - \frac{6 \cdot \Sigma (x-y)^2}{n\,(n^2-1)}$$

Die Formel stammt von SPEARMAN; BETZ nennt sie in seinem Buch[1], erwähnt aber dort nicht, daß sie mit der Formel $\frac{\Sigma xy}{\sqrt{\Sigma x^2 \; \Sigma y^2}}$ identisch ist; er hatte in persönlicher Mitteilung die Freundlichkeit, mir diese Identität zu entwickeln.

x und y bedeuten bekanntlich in der ursprünglichen Formel die bezüglichen Abweichungen von der Reihenmitte. Nun ist aber die Differenz zweier Abweichungen identisch mit der Differenz der Rangplätze selber; da die zweite Formel lediglich mit dem Differenzwert arbeitet, so kann man hier statt x und y die bezüglichen Rangplätze jedes Individuums selbst verstehen, die wir als Nr. x und Nr. y bezeichnen wollen. Die Formel wird dadurch einfacher, da sie nicht erst die Ausrechnung der Abweichungen erfordert.

Um den Wert der Rang-Korr. von dem der Maß-Korr. r zu unterscheiden, möge er als ϱ bezeichnet werden. Wir erhalten also:

$$\varrho = 1 - \frac{6 \cdot \Sigma (Nr.\,x - Nr.\,y)^2}{n\,(n^2-1)}$$

[1] **54** S. 24.

Der wahrscheinliche Fehler der Rang-Korr. ist etwas größer als der für Maß-Korr.:

$$wF(\varrho) = \pm 0{,}706 \frac{\sqrt{1-\varrho^2}}{\sqrt{n}}$$

Spearman brauchte eine andere Formel: $wF(\varrho) = 0{,}6745 \frac{\sqrt{1-\varrho^2}}{\sqrt{n\,(1+\varrho^2)}}$ Diese Formel stammt, wie mir Herr Betz mitteilt, vermutlich aus einer älteren Publikation von Pearson, ist aber von diesem schon vor längerer Zeit durch die korrektere obige ersetzt worden. Da sich die Sp.sche Formel auch in der deutschen Abhandlung von Spearman-Krueger findet, so ist sie vielfach bei weiteren deutschen Untersuchungen angewandt worden. Bei allen diesen Untersuchungen muß man also einen merklich größeren wahrscheinlichen Fehler in Anschlag bringen, als er in den Verrechnungen angesetzt ist.

Es ist das Verdienst Spearmans, die Methode der Rang-Korr. für psychologische Zwecke ausgebaut zu haben. Da wir, wie schon früher erwähnt, für viele psychische Merkmale wirkliche Messungen nicht anstellen können und schon froh sein müssen, wenn uns wenigstens eine Rangierung ihrer Varianten gelingt, so ist damit die große Bedeutung der Koordinationsmethode gegeben. Auch in denjenigen Fällen, in welchen das eine Variantensystem zwar in Maßzahlen, das andere aber nur als Rangordnung vorliegt, bleibt nichts übrig, als das erste ebenfalls in eine Rangreihe zu verwandeln, um Korr.-Rechnung zu ermöglichen.

Aber man darf andererseits auch die Bedeutung der Rang-Korr. nicht überschätzen und vor allem nicht — wie es in Spearmans Gedankengängen öfters durchschimmert — sie der Maß-Korr. als gleichwertig an die Seite zu setzen. (Es wäre demnach auch nicht gerechtfertigt, dort wo beide Variantensysteme als Maßreihen gegeben sind, sie doch in Rangordnungen zu verwandeln, um die rechnerisch bequemere Koordinationsformel anwenden zu können).

Denn schon für das einzelne Variantensystem ist die Rangordnung ein viel weniger korrekter Ausdruck als die Maßreihe. Sie leidet an dem Hauptfehler, daß sie durch Benutzung der Ordnungszahlen gleiche Abstände zwischen den aufeinander folgenden Fällen vortäuscht, während in Wirklichkeit die verschiedenartigsten Abstände vorliegen. Die wirkliche Verteilung der Varianten: ihre größere Dichtigkeit an bestimmten Stellen der Reihe, ihr starker Abstand an anderen Stellen, wird von der bloßen Rangordnung unterschlagen.

Dieser Mangel führt nun aber zu zu beträchtlichen Fehlern, wenn zwei Rangsysteme miteinander in Verbindung gebracht werden. Betz sieht die notwendige Voraussetzung einer Rang-Korr. darin, daß in beiden Variantenreihen die Verteilung gleichartig sein müsse (daß z. B. beide dem Gaussschen Verteilungsgesetz folgen); aber mir scheint auch dadurch noch nicht der obige Mangel beseitigt zu sein. Denn selbst bei gleichartiger Verteilung in beiden Reihen bleibt doch bestehen, daß innerhalb jeder Reihe die Verteilung ungleichartig und unkontrollierbar ist. Die Formel arbeitet mit den Differenzen der Rangplätze, die jedes Individuum in beiden Merkmalen einnimmt; dieselbe Differenz aber kann etwas ganz anderes bedeuten, wenn sie dem Anfang als wenn sie der Mitte der Skala angehört.

Ein Beispiel: Wenn ein Schüler (auf eine Rangordnung von 100 Plätzen bezogen) für Merkmal p den Rangplatz $^0/_0$ Nr. 40, für Merkmal q den Platz $^0/_0$ Nr. 60 hat, so stehen trotz der ziemlich großen absoluten Rangdifferenz von 20 $^0/_0$ die Leistungen in beiden Funktionen auf einem sehr ähnlichen Niveau, weil sich in der Mitte die Fälle eng zusammen drängen. Rangiert er dagegen in p als $^0/_0$ Nr. 1, in q als $^0/_0$ Nr. 21, so offenbart sich darin schon ein sehr verschiedener Befähigungsgrad in beiden Leistungen, obgleich die Differenz Nr. x — Nr. y wiederum 20 $^0/_0$ beträgt. Der Beitrag dieser Differenz 20 $^0/_0$ zum resultierenden ϱ-Wert würde aber in beiden Fällen derselbe sein. Ich sehe hierin die Hauptschwäche der Koordinationsmethode; sie kann nur dadurch gehoben werden, daß man die Koordination der Gesamtreihe durch solche der Fraktionen ergänzt.

d) Fraktionskorrelation. Die Korr. von Fraktionen, d. h. Bruchstücken von Reihen ist meines Wissens bisher noch nicht berechnet worden. Wir müssen uns daher mit einigen Leitgedanken begnügen und beschränken uns zugleich auf die einfachere Form der Rangreihen. Die gewiß ebenfalls mögliche Ableitung der Formeln für Maßreihen-Fraktionen muß fachmathematisch geschulten Forschern überlassen bleiben.

Über die Fraktionierung von Rangreihen haben wir oben (S. 248) gehandelt; als die empfehlenswerteste Einteilung erwies sich die Abspaltung der 25 $^0/_0$ besten und der 25 $^0/_0$ schlechtesten Fälle von der kompakten Mittelfraktion; andere Einteilungen sind ebenfalls möglich.

Nehmen wir an, wir haben in den beiden Rangreihen, die an identischem Personenmaterial für zwei Merkmale gefunden sind, die Abspaltung des guten und des schlechten Viertels vorgenommen, so kann nun gefragt werden, ob und welche spezielle Korr. zwischen den guten Fällen beider Systeme und ebenso, ob und welche spezielle Korr. zwischen den schlechten Fällen beider Systeme bestehe.

Die einfachste aber auch gröbste Antwort auf diese Frage könnte man finden durch die Feststellung, in wie weit sich das Menschenmaterial, aus dem beide guten Gruppen (bzw. beide schlechte Gruppen) bestehen, deckt. Dies wäre die später zu besprechende „Kontingenzmethode"; sie gehört nicht hierher, weil bei ihr nicht zur Geltung käme, daß i n n e r h a l b der zu vergleichenden Fraktionen lauter Rangabstufungen vorliegen. Wir erstreben gegenwärtig den exakteren Nachweis von Reihen-Korr. innerhalb der Fraktion.

Hier ergibt sich eine eigentümliche Schwierigkeit, die aber gerade für unsere psychologischen Probleme in einen großen Vorzug umschlägt. Wir sind nämlich nicht imstande, die beiden entsprechend gelagerten Fraktionen der zwei Reihen mit einander direkt zu korrelieren, eben weil sich diese Fraktionen in ihrem Personenbestand nicht durchaus decken, und Reihen-Korr. doch nur an Reihen identischen Personenbestands zu berechnen sind. Deshalb sind wir gezwungen, jede einzelne Fraktion gesondert zum Ausgangspunkt einer Korr.-Rechnung zu machen.

Wir beginnen z. B. mit der guten Fraktion des Merkmals p, greifen also diejenigen Personen heraus, welche in p die Plätze $^0/_0$ Nr. 1 bis $^0/_0$ Nr. 25 erhalten haben, und schreiben zu jeder dieser Personen ihren in Merkmal q gewonnenen Rangplatz. Diese Rangnummern in q variieren aber nicht nur, wie die in p, zwischen $^0/_0$ Nr. 1 und $^0/_0$ Nr. 25, sondern sie können beliebige Werte zwischen $^0/_0$ Nr. 1 und $^0/_0$ Nr. 100 haben. Demnach verhalten sich die beiden Reihen jetzt nicht mehr wie zwei gleich strukturierte Rangreihen, sondern wie zwei verschieden gebaute Maßreihen und es ist auf sie nur die Formel der Maß-Korr. r, nicht die Differenzenformel der Rang-Korr. ϱ anwendbar; als Werte x und y sind nicht die Rangplätze selbst, sondern die Abweichungen vom Mittelwert zu benutzen.

Ganz entsprechend kann man die guten Fraktionen des Merkmals q zum Ausgangspunkt nehmen und die dazu gehörigen p-Werte ausschreiben.

Auf diese Weise gewinnen wir also nicht nur Korr.-Werte für die Beziehung z w i s c h e n den Fraktionen (so wie wir früher solche zwischen den Gesamtreihen fanden), sondern wir erhalten g e r i c h t e t e K o r r e l a t i o n e n von der einen Fraktion des einen Merkmals zum gesamten anderen Merkmal hin und umgekehrt. Sind demnach beide zu korrelierenden Rangreihen je in drei Fraktionen geteilt, so ergibt die Rechnung sechs Werte:

von der guten Fraktion p hin zu q (geschrieben: Korr $p_{(+)} \rightarrow q$)
von der mittleren Fraktion p hin zu q „ „ $p_{(0)} \rightarrow q$)
von der schlechten Fraktion p hin zu q „ „ $p_{(-)} \rightarrow q$)
von der guten Fraktion q hin zu p „ „ $q_{(+)} \rightarrow p$)
von der mittleren Fraktion q hin zu p „ „ $q_{(0)} \rightarrow p$)
von der schlechten Fraktion q hin zu p „ „ $q_{(-)} \rightarrow p$)

Eine solche Zerlegung verspricht nun Auskunft zu geben über die feinere Struktur eines Zusammenhanges, der durch die Korr.-Berechnung der Gesamtreihe nur ganz im groben festgestellt werden kann.

Zunächst kann man die von p und von q ausgehenden Korr. vergleichen. Sind sie stark voneinander verschieden, dann ist die Korr. nicht „gegenseitig", sondern „einseitig" gerichtet. Nehmen wir einmal — als rein fiktives Beispiel — an, daß eine gewisse Intelligenzleistung und eine Gedächtnisleistung in einseitiger Korr. stehen. Das würde Folgendes bedeuten. Die Vollbringer der guten Intelligenzleistungen zeigen bei der Gedächtnisaufgabe Werte, deren bezügliche Rangplätze keinen allzu großen Unterschied von der Intelligenzrangierung aufweisen (und ebenso bei schlechten Intelligenzleistungen); umgekehrt sind aber die Vollbringer guter (schlechter) Gedächtnisleistungen in bezug auf die Intelligenzleistungen durchaus nicht immer ähnlich rangiert. Der Schluß von irgend einem ausgeprägten (hohen oder niedrigen) Intelligenzgrad auf einen ähnlichen Gedächtnisgrad hätte daher viel größere Wahrscheinlichkeit, als der umgekehrte Schluß von irgendeinem ausgeprägten Gedächtnisgrad auf einen ähnlichen Intelligenzgrad.

Der Nachweis einer solchen einseitigen Korr. bedeutet zugleich die Konstatierung eines Abhängigkeitsverhältnisses zwischen den beiden Merkmalen. Aus obigem fingierten Fall z. B. würde zu entnehmen sein, daß der Intelligenzgrad bestimmend auf den Gedächtnisgrad, nicht aber der Gedächtnisgrad auf den Intelligenzgrad wirkte. Die Intelligenz wäre hier demnach das Korrelans, das Gedächtnis das Korrelat.

Des weiteren kann man für jedes Merkmal die drei Fraktionen unter sich vergleichen.

Wir hatten schon oben erwähnt, daß man einem allgemeinen Koordinationskoeffizienten nicht ansehen kann, in welcher Gegend der Rangordnung die Rangdifferenzen hauptsächlich ihren Sitz haben. Jetzt sind wir imstande zu untersuchen, ob sie sich in der Mitte häufen (wo die spezielle Rangierung des Einzelnen in hohem Grade Zufallssache ist und daher Rangdifferenzen wenig bedeuten), oder ob sie hauptsächlich in den extremen Fraktionen liegen. Das Verhältnis in diesen äußeren Fraktionen muß als viel entscheidender gelten für die Beurteilung der Korr. überhaupt, als das in der Mitte.

Eine spezielle Vergleichung der Werte für die guten und für die schlechten Fraktionen verspricht wieder eine neue Einsicht. Sind die Werte ziemlich gleich, so ist die Korr. „symmetrisch“; sind sie sehr verschieden, so ist sie „asymmetrisch“. Auch hier können wir zunächst nur von Möglichkeiten sprechen. Der Fall ist denkbar, daß zwischen den beiden Merkmalen p und q starke Korr. der guten, aber nur schwache der schlechten Fraktionen besteht; es wäre dies das deutlichste Zeichen dafür, daß der Unterschied der Leistungsgrade eben mehr als ein Gradunterschied ist, daß vielmehr die guten Leistungen zum Teil unter qualitativ anderen Existenzbedingungen und deshalb auch in anderen Strukturzusammenhängen stehen als die schwachen. So könnte vielleicht das Vorhandensein eines Talentes lediglich auf gute Leistungen mehrerer Gebiete korrelativ wirken, während das Fehlen des Talents nicht alle Leistungen entsprechend beeinträchtigen müßte.

3. Kontingenz.

Wenn die beiden zu korrelierenden Merkmale nicht in quantitativ abgestuften Reihen, sondern in qualitativen Gruppierungen gegeben sind, dann ist der zwischen ihnen bestehende Zusammenhang in der Form der Kontingenz (d. h. des „Deckungsgrades“) meßbar.

Es mögen sich n geprüfte Individuen bezüglich des Merkmals p gliedern in die Typen $p_1, p_2, p_3 \ldots$, bezüglich des Merkmals q in die Typen $q_1, q_2, q_3 \ldots$: die Wahrscheinlichkeit, mit der nun die Angehörigen des Typus p_1 zugleich solche des Typus q_1, Angehörige des Typus p_2 zugleich solche des Typus q_2 sind usw., stellt dann die generelle Kontingenz zwischen den Merkmalen p und q dar.

Die Berechnung muß hier nun aber den umgekehrten Weg nehmen wie bei der Reihen-Korr.; sie muß bei den speziellen Zusammenhängen anfangen und von diesen erst zum generellen übergehen; ja in vielen Fällen wird sich die Untersuchung ganz auf die Feststellung von speziellen Kontingenzen beschränken können. Man greift dann aus der Gliederung nach Merkmal p lediglich die Angehörigen des Typus p_1, aus der Gliederung nach Merkmal q nur die Angehörigen des Typus q_1 heraus und läßt die anderen Gruppen — zunächst oder überhaupt — unberücksichtigt.

Die beiden so gebildeten Gruppen p_1 und q_1 enthalten also jeweilig nur einen Bruchteil aller Individuen; die Angehörigen der beiden Gruppen sind zum Teil dieselben Persönlichkeiten, in bezug auf diese also „decken" sich die Gruppen; zu einem anderen Teil aber sind die in Gruppe p_1 enthaltenen Individuen in Gruppe q_1 nicht vertreten und umgekehrt. Der Grad der zwischen beiden Gruppen bestehenden Deckung (sofern sie höher ist als die auf Grund bloßen Zufalls zu erwartende) drückt ihre „spezielle Kontingenz" aus.

Die Berechnung der speziellen Kontingenz ist auf verschiedene Weisen möglich; für alle aber ist es empfehlenswert, von einer einfachen Verteilungstafel, dem „Vier-Felder-Schema" auszugehen. Hierbei werden die herausgegriffenen Typen behandelt, als ob es Monotypen wären, d. h. den ihnen angehörigen Individuen werden sämtliche anderen Individuen ungruppiert gegenübergestellt. So erhalten wir eine Einteilung der Individuen nach dem Merkmal p in die Gruppen p_1 und non-p_1, nach Merkmal q in q_1 und non-q_1. Durch Kreuzung dieser beiden Gliederungen ergeben sich 4 Felder:

	p_1	non-p_1
q_1	α	β
non-q_1	γ	δ

Feld α enthält die Anzahl derjenigen Individuen, welche sowohl dem Typ p_1, wie dem Typ q_1 angehören, β diejenigen, welche ebenfalls dem Typ q_1, nicht aber dem Typ p_1 angehören usw. Hinter jede absolute Häufigkeitszahl setzt man am besten sogleich die prozentuelle in Klammern.

Ein Beispiel[1]: Gefunden seien unter 110 Individuen 21 Angehörige des phlegmatischen Temperaments, andererseits unter denselben Individuen 31, welche ein gutes Urteil hatten; 14 Individuen gehörten zugleich in beide Kategorien. Aus diesen vier Ziffern ergeben sich sämtliche anderen der folgenden Vier-Felder-Tafel:

[1] Die rohen Ziffern stammen aus Heymans **804** S. 336.

	Phlegma	Nicht Phlegma	Summa
Gutes Urteil	14 (12,7 %)	17 (15,5 %)	31 (28,2 %)
Nicht gutes Urteil	7 (6,3 %)	72 (65,5 %)	79 (71,8 %)
Summa	21 (19,0 %)	89 (81,0 %)	110 (100 %)

Ich schlage im folgenden eine Berechnungsweise für spezielle Kontingenz vor, wie sie bisher noch nicht angewandt ist; sie wird vermutlich mathematisch noch besser durchgebildet werden können. Ihr Vorzug scheint mir in der Berücksichtigung der Kontingenz-r i c h t u n g zu liegen.

Nehmen wir an, es bestände zwischen den Typen p_1 und q_1 keine spezielle Zusammengehörigkeit, so würde ihr Zusammenfallen lediglich abhängen von der Häufigkeit, mit der beide überhaupt unter den Individuen vertreten sind. Es würden unter den Nicht-Phlegmatikern verhältnismäßig ebensoviel gute Urteiler zu finden sein wie unter den Phlegmatikern, und es würden umgekehrt unter den nicht-guten Urteilern die Phlegmatiker in gleicher relativer Häufigkeit vorkommen wie unter den guten Urteilern. Die Wahrscheinlichkeit dieses rein zufälligen Zusammentreffens wird nun ausgedrückt durch den Wert $z = \frac{p_1 \cdot q_1}{n}$. In obigem Beispiel $\frac{19\% \cdot 28{,}2\%}{100\%} = 5{,}4\%$.

Würden p_1 und q_1 unabhängig von einander variieren, so würden unter je 100 Individuen nur 5,4 beiden Kategorien zugleich angehören.

In Wirklichkeit aber zeigen α Individuen ($\alpha = 12{,}7\ \%$) eine Deckung von p_1 und q_1; die Abweichung dieses Wertes von z

$$D = \alpha - z$$

ist also ein Kennzeichen dafür, ob zwischen p_1 und q_1 spezielle Kontingenz besteht. In unserem Beispiel:

$$D = 12{,}7\ \% - 5{,}4\ \% = +\ 7{,}3\ \%.$$

Das Vorzeichen dieses Differenzwertes gibt an, ob eine Tendenz zum positiven Sich-Decken oder zum negativem Sich-Ausschließen zwischen p_1 und q_1 vorhanden ist.

Um die genannte Differenz im Sinne eines tatsächlichen Zusammenhangs zu deuten, muß man nun allerdings auch den wahrscheinlichen Fehler ihrer Komponenten in Rücksicht ziehen. Diese Komponenten basieren auf den Häufigkeitsverteilungen von p_1, q_1 und z, wie sie bei der Prüfung von n Individuen gefunden wurden; vielleicht würden sich bei anderen und zahlreicheren Prüflingen andere Häufigkeitsprozente ergeben.

Der w. F. einer prozentuellen Häufigkeit h beträgt nun, wie BETZ in einer besonderen Mitteilung ausführlich entwickelt [1], w. F. $(h) = 67{,}45 \sqrt{\frac{h\,(100-h)}{n}}$. Nur dann, wenn zwei Häufigkeitsprozente um ein mehrfaches des größeren ihrer beiden w. F. von einander abweichen, darf man diese Differenz selbst als einen realen Ausdruck der Tatsachen ansehen.

In unserem obigen Beispiel betragen die w. F. der beiden Komponenten von D bei $n = 110$:

w. F. (12,7 %) $= \pm$ 2,12 % und w. F. (5,4 %) $= \pm$ 1,44 %.

D. selbst ist demnach mehr als dreimal so groß wie der größere w. F.; die Wahrscheinlichkeit, daß die Differenz dennoch ein bloßes Zufallsprodukt sei, ist geringer als $^1/_{49}$ [2].

Die bisher berechnete Differenz D gibt uns nun zwar an, d a ß spezielle Kontingenz besteht, verrät uns aber nichts über ihren G r a d , denn die Größe von D ist offenbar so sehr von der absoluten Größenordnung der Häufigkeiten abhängig, daß dadurch der in ihr mitenthaltene Kontingenzwert verdeckt wird. (D = 7 % ergibt sich ebenso aus 12 % — 5 %, wie aus 40 % — 33 %; die Kontingenz ist aber im ersten Falle um ein vielfaches stärker.) Die Differenz D muß daher zu den beteiligten Häufigkeitswerten selbst ins V e r h ä l t n i s gesetzt werden, damit wir den wirklichen Kontingenzausdruck erhalten. Hierbei aber kommen wir wieder, wegen der verschiedenen Häufigkeiten von p_1 und q_1, zu g e r i c h t e t e n Kontingenzen.

Die denkbar höchste Kontingenz von p_1 zu q_1 wäre dann vorhanden, wenn alle überhaupt existierenden p_1-Fälle (in unserem Beispiel 19 % aller Fälle) zugleich q_1-Fälle waren. Dieser Höchstfall überragt den bloßen Zufallswert z um den Wert $p_1 - z$. Je mehr sich die wirkliche Differenz dieser Maximaldifferenz nähert, um so stärker die Kontingenz. Ihre Formel ist daher:

$$\text{Kont}\,(p_1 \to q_1) = \frac{D}{p_1 - z} = \frac{D}{p_1 - \frac{p_1\,q_1}{n}} = \frac{n\,\alpha - p_1\,q_1}{p_1\,(n - q_1)}$$

---

[1] 54 a.

[2] Nach BETZ 54 S. 20. Er stellt dort nämlich folgende Tabelle auf: Für einen Fehler größer als 1 w. F. sind die Chancen 1: 3.

„ „ „ „ „ 2 „ „ „ „ „ 1: 11

„ „ „ „ „ 3 „ „ „ „ „ 1: 49

„ „ „ „ „ 4 „ „ „ „ „ 1: 332

In unserem Beispiel: Kont (Phlegma $\rightarrow$ gut. Urteil) $= 0{,}53$.

Wird dieser Wert gleich 1, so bedeutet dies, daß alle Angehörigen des Typus p_1 zugleich dem Typus q_1 angehören.

Entsprechend kann man die Kontingenz in entgegengesetzter Richtung berechnen:

$$(q_1 \rightarrow p_1) = \frac{D}{q_1 - z} = \frac{n\,\alpha - p_1\,q_1}{q_1\,(n - p_1)}.$$

Zu unserem Beispiel: Kont (gut. Urteil $\rightarrow$ Phlegma) $= 0{,}32$.

Die geringere Höhe dieses Wertes ergibt sich ohne weiteres aus der größeren absoluten Häufigkeit des Merkmals q_1. Denn infolge dessen gibt es innerhalb des „guten Urteils" sehr viel mehr Fälle, die nicht mit „Phlegma" kontingieren, als es unter „Phlegma" Fälle gibt, die nicht mit „gutem Urteil" kontingieren. So sind wiederum die gerichteten Kontingenzen ein besonders wertvoller Ausdruck für die wirklichen psychologischen Verhältnisse.

Aus gleichem Grunde kann der zweite Wert (Kont $q_1 \rightarrow p_1$) niemals $= 1$ werden, da α nicht $= q_1$ werden kann. Denn die maximale Besetzung des Feldes α ist durch die Häufigkeit des seltneren der beiden kontingierenden Gruppen bestimmt. Es wäre wohl möglich, daß alle Phlegmatiker gute Urteiler, nicht aber daß alle guten Urteiler Phlegmatiker seien, weil es mehr gute Urteiler als Phlegmatiker gibt.

Die obigen Formeln sind nur brauchbar für positive Kontingenzen. Ist die Differenz im Zähler negativ, so wählt man statt des Feldes α eines der beiden zu α kontradiktorischen Felder β oder γ. Jedes derselben liefert wiederum je zwei positive Kontingenzwerte, die untereinander bezüglich übereinstimmen.

Die Schwierigkeit, negative Kontingenzwerte direkt zu berechnen, liegt in folgendem. Wie wir die positive Kontingenz zur denkbar höchsten in Beziehung setzen mußten, um einen ausdrucksvollen Quotienten zu gewinnen, so müßte die negative Kontingenz zur denkbar niedrigsten in Beziehung gesetzt werden. Nun ist in den meisten Fällen auf Grund der Häufigkeitsverteilung die Möglichkeit vorhanden, daß p_1 und q_1 völlig ohne Deckung nebeneinander liegen könnten, also für Feld α den Wert 0 ergäben. Dieser Null-Wert ist aber kein eindeutiges Kontingenzminimum, da er bei den verschiedensten Häufigkeitsverteilungen eintreten kann (nämlich in allen, bei denen $p_1 + q_1 < 100\,\%$). Theoretisch wären eben zu den verschiedenen Häufigkeitsverteilungen Kontingenzminima denkbar, die in verschiedenem Grade kleiner als 0 wären; in Wirklichkeit treten aber alle diese Fälle unterschiedslos als Null-Fälle auf. Nur dann, wenn $p_1 + q_1 > 100\,\%$ sind, ist es notwendig, daß in einer Mindestzahl von Fällen Deckung vorkommt; damit gewinnen wir einen positiven endlichen Wert für das Kontingenzminimum, nämlich $p_1 + q_1 - 100\,\%$, und es wäre dann der Quotient für negative Kontingenz (die dann freilich ungerichtet wäre)

$$\frac{D}{p_1 + q_1 - 100\,\% - z}$$

Von anderen Berechnungsweisen der speziellen Kontingenz seien hier die sog. „Vier-Felder-Methoden“ kurz erwähnt[1]. Sie suchen die Werte der vier Felder selbst zu einander in Beziehung zu setzen. PEARSON hat eine außerordentlich komplizierte Formel entwickelt, welche zu einem r-Wert führt, also zu einem solchen, der mit den für Reihenkorr. zu herechnenden Werten direkt vergleichbar ist. Diesem r-Wert ziemlich nahe kommt die Formel

$$\mathrm{u} = \sin \frac{\pi}{2} \frac{\sqrt{\alpha\delta} - \sqrt{\beta\gamma}}{\sqrt{\alpha\delta} + \sqrt{\beta\gamma}}$$

Noch einfacher ist die von UDNY YULE entwickelte Formel:

$$\mathrm{u}' = \frac{\alpha\delta - \beta\gamma}{\alpha\delta + \beta\gamma}$$

Er nennt den so gemessenen Zusammenhang „Assoziation“. Der Wert u' verhält sich zu dem von PEARSON berechneten r ungefähr wie 4: 3. Durch die genannten Formeln werden nicht gerichtete, sondern nur ungerichtete Kontingenzen gemessen.

Die einzige psychologische Untersuchung, die sich bisher mit dem Studium von speziellen Kontingenzen beschäftigt hat, stammt von HEYMANS[2]. Aber H. gibt im Wesentlichen nur die rohen Ziffern für die Häufigkeiten von p_1, q_1 und α; er fügt dann noch die Werte für die Wahrscheinlichkeit hinzu, daß die berechneten Deckungen auf Zufall beruhen. Endlich gibt er zur Bestimmung dieser Wahrscheinlichkeiten eine Rechnungsmethode an[3], die so kompliziert ist, daß sie mir für die Praxis umfassenderer Untersuchungen nicht in Betracht zu kommen scheint.

Dennoch ist der von H. angewandte Schematismus geeignet, um das Wesen der speziellen Kontingenz zu veranschaulichen.

Zunächst teilte er die geprüften Individuen nach dem Temperament in sechs Gruppen (p_1 . . . . p_6). Sodann wurde für irgendeine Spezialeigenschaft q festgestellt, wie sich nach ihr dieselben Individuen konträr gliedern; die Individuen mit stark positiver Ausprägung der Eigenschaft bildeten demnach Gruppe q_1, diejenigen mit stark negativer Ausprägung die Gruppe q_2, die anderen, welche die Eigenschaft in mehr indifferenter Form zeigten, blieben unberücksichtigt. Nunmehr war er imstande zwischen je einer

---

[1] Vgl. BETZ **54** S. 25.
[2] **804** [3] S. 371 fg.

Teilgruppe der Temperamententypik p und einer solchen der Eigenschaft q den Grad der Deckung zuzugeben, also zwischen p_1 und q_1, p_2 und q_1, ... p_6 und q_1, ebenso zwischen p_1 und q_2, p_2 und q_2, ... p_6 und q_2. Somit ergaben sich für die Beziehungen zwischen Temperament und jeder Spezialeigenschaft nicht weniger als zwölf Bestimmungen [1], aus denen dann Kontingenzaussagen z. B. dieser Art gemacht werden konnten (als Eigenschaft q greifen wir den zeitlichen Verlauf der Stimmung heraus): Neigung zu Stimmungswechsel „findet sich am häufigsten bei Nervösen und Sentimentalen, seltener bei Cholerikern und Passionierten, am seltensten bei Sanguinikern und Phlegmatikern." [2] Die stärkste Kontingenz mit der Neigung zum Stimmungswechsel hat das nervöse Temperament, die stärkste zur Gleichmäßigkeit der Stimmung das phlegmatische.

Zugleich zeigt das obige Beispiel, daß bei Kontingenzuntersuchungen die beiden Variationssysteme, deren Beziehung geprüft wird, nach ganz verschiedenen Einteilungsprinzipien gegliedert sein können; denn H.s Temperamentengliederung ist sechsteilig, die der Spezialeigenschaften aber zweiteilig.

Die generelle Kontingenz bezieht sich auf den Grad des Zusammenfallens, der zwischen sämtlichen Gruppen des Merkmals p und sämtlichen des Merkmals q besteht. Ihre Existenz ist daher aus den speziellen Kontingenzen zwischen den Einzelgruppen von p und q ableitbar. Wenn z. B. Heymans fand [3]: „Gewinnsucht kommt in minimalem Grade bei den Sentimentalen, bei den übrigen Typen aber ziemlich gleichmäßig vor", so heißt das in unserer Terminologie: Zwischen dem sentimentalen Typ und der starken Ausprägung der Gewinnsucht besteht negative Spezial-Kontingenz; dagegen besteht keine Gesamt-Kontingenz zwischen Temperament überhaupt und Verhalten zum Gewinn überhaupt.

Vorbedingung zur Untersuchung der generellen Kontingenz ist, daß die Einteilungsprinzipien für beide Merkmale nicht disparat zu einander sind. (Sind etwa die geprüften Individuen bezüglich des Merkmals p in ein fünfgliedriges, bezüglich q aber in ein zweigliedriges Typenschema eingeordnet, so läßt sich keine Gesamt-Kontingenz bezeichnen). Am besten ist es, wenn beide Systeme die gleiche Gruppenzahl haben; deshalb bieten sich für solche Zwecke in erster Linie antitypische Einteilungsformen dar.

Es sei das Merkmal $\bar{p}$ antitypisch gegliedert in $p_{(+)}$ und $p_{(-)}$,

---

[1] Unsere obige Methode würde jede dieser 12 Bestimmungen in einer Vierfeldertafel niederlegen, die je zwei Kontingenzwerte ($p \twoheadrightarrow q$ und $\bar{q} \twoheadrightarrow \bar{p}$) liefert.

[2] S. 343. [3] S. 343.

zwischen denen eine Indifferenzzone $p_{(0)}$ bestehen mag; ebenfalls zerfalle q in $q_{(+)}$, $q_{(0)}$, $q_{(-)}$.

Nun kann untersucht werden, ob je zwischen den Gruppen mit gleichem Vorzeichen spezielle Kontingenzen bestehen; sind solche sowohl für die Plus- wie für die Minusgruppen konstatiert, so ist die Beziehung eine durchgängige, d. h. aus der bloß speziellen ist eine generelle Kontingenz geworden.

Nehmen wir z. B. an, wir haben aus einer größeren Zahl von Prüflingen herausgesucht: erstens die beiden Gruppen, die sich durch ein besonders starkes, bzw. durch ein besonders schwaches Autoritätsgefühl auszeichnen, zweitens die beiden Gruppen, die eine besonders starke bzw. besonders schwache Suggestibilität zeigen; und es habe sich herausgestellt, daß nicht nur unter den Stark-Autoritätsgläubigen eine überdurchschnittliche Zahl von Stark-Suggestiblen, sondern daß auch unter den Schwach-Autoritätsgläubigen eine überdurchschnittliche Zahl von Menschen ist, die gegen Suggestion sehr widerstandsfähig sind, so ist die Gesamt-Kontingenz zwischen den Merkmalen Autoritätsgläubigkeit und Suggestibilität erwiesen.

Heymans, der im allgemeinen nur Teilkontingenzen untersucht, hebt doch auch gelegentlich hervor, wie wichtig ihre indirekte Bestätigung durch die entsprechende Kontingenz der konträren Typen ist. So bringt er das Beispiel:[1] „daß nicht nur unter den Sanguinikern mehr Lacher und weniger Nichtlacher, sondern auch unter den Sentimentalen [die er den Sanguinikern als konträren Typus gegenüberstellt] mehr Nichtlacher und weniger Lacher vorkommen als durchschnittlich, wodurch offenbar die Wahrscheinlichkeit einer Abhängigkeitsbeziehung zwischen den Konstitutivmerkmalen des sanguinischen Typus und der Neigung zum Lachen sich noch bedeutend erhöht."

Immerhin ist für H. die doppelte Teilkontingenz der positiven und der negativen Typen nur methodologisches Hilfsmittel zur Stütze der einfachen Teilkontingenz, während sie für uns zum eigenen Gegenstand der Untersuchung wird.

Natürlich lassen sich in ganz gleicher Weise auch fraktionierte Variantenreihen behandeln. Man kann die 25 % besten Fälle, die 50 % mittleren und die 25 % schwächsten Fälle bei beiden Merkmalen isolieren und auf ihre spezielle Kontingenz untersuchen. Da hier die in Beziehung zu setzenden Gruppen stets an Häufigkeit gleich sind, so ergibt sich für jedes Gruppenpaar nur ein ungerichteter Kontingenzwert. Daß die Kontingenz der Fraktion nicht identisch ist mit der früher besprochenen Reihen-Korr. innerhalb der Fraktion, (s. S. 306), bedarf wohl kaum der Erwähnung. Aber ähnlich wie bei diesen kann man auch aus Fraktionskontingenzen ersehen, ob der Zusammenhang zwischen beiden Merkmalen asymmetrisch ist (sich vorwiegend

---

[1] **804** S. 378.

auf die guten oder vorwiegend auf die schlechten Fraktionen beschränkt), oder ob er symmetrisch und damit Zeichen einer generellen Kontingenz ist.

Pearson hat den Versuch gemacht, ein rechnerisches Verfahren zur Bestimmung des allgemeinen Kontingenzkoeffizienten ausfindig zu machen. Die Rechnung ist aber so kompliziert, daß hier auf ihre Darstellung verzichtet werden muß [1].

[1] Vgl. Betz **54** S. 30.

Dritter Hauptteil.

Die Erforschung der Individualitäten.

Kapitel XXI.

Das Individualitätsproblem. Die Biographie.

1. Die Individualität als Forschungsobjekt.

So verschieden die bisher besprochenen Probleme der differentiellen Psychologie gewesen sein mögen, sie hatten alle ein Gemeinsames: Gegenstand der Untersuchung war das Merkmal in seiner interindividuellen Ausbreitung; die Individuen waren nur Mittel der Forschung, sofern sie eben Träger des zu studierenden Merkmals waren.

Nunmehr muß die Forschungsrichtung eine Schwenkung um 90^0 machen (vgl. die Diagramme auf S. 17/18); nicht die horizontale Ausbreitung des einen Merkmals durch die vielen Individuen, sondern die vertikale Struktur eines Individuums auf Grund der vielen Merkmale wird Objekt der Untersuchung. Es ist das Problem der Psychographie, der empirisch psychologischen Bestimmung der Individualität.

Nur gestreift kann hier die wissenschaftstheoretische Frage werden, welches Recht das Individuelle überhaupt — und die menschliche Individualität insbesondere — auf wissenschaftliche Erforschung habe. Dies Recht ist ja oft genug bestritten worden, vor allem von denjenigen Denkern, welche den Begriff der naturwissenschaftlichen Allgemeingültigkeit und Gesetzmäßigkeit auf jedem Forschungsgebiet zum alleinigen Erkenntnisgegenstand überhaupt machen wollten. Diese Theorie war indessen schon längst durch die tatsächliche Entwicklung der Forschung über den Haufen geworfen worden, bis dann endlich WINDELBAND und RICKERT das erkennungstheoretische Recht des Individualitätsprinzips grundsätzlich formulierten. WINDELBAND stellte den „nomothetischen", also gesetzesuchenden Wissenschaften die „idiographischen", also auf das Individuelle gehenden, als gleichgeordnete gegenüber. Und RICKERT vertiefte den Gedanken, indem er als Objekt jener das Gesetzessystem der Natur, als das Objekt dieser das Wertsystem der Kultur hinstellte.

In der Tat: Kultur ist zwar der Inbegriff allgemeiner Werte, Normen und Ideale; aber ihre Verwirklichung beruht in individuellen Phänomenen, Akten und Fähigkeiten, die in ihrem Sosein durchaus einmalig sind und gerade in dieser Einmaligkeit und Unvergleichbarkeit ihre Bedeutung haben. So ist Geschichte ein durchaus singuläres Geschehen, das zu den Wertgebieten in Beziehung steht; so ist jedes Kunst- und Literaturwerk, jede religiöse und rechtliche Sanktion eine individuelle Tat. Auch die Feststellung ursächlicher Zusammenhänge ist nicht etwa aus der idiographischen Forschung ausgeschlossen, nur gewinnt sie hier eine andere Form: nicht gesetzmäßige Beziehung, sondern das individuelle Wirken und Bewirktwerden ist das Problem [1].

All dies gilt nun speziell auch für das menschliche Individuum. Als reiner Gegenstand der Naturwissenschaft ist der Mensch lediglich Exemplar, Anwendungsfall allgemeiner Gesetze; aber wo der Mensch zur Kultur in Beziehung tritt, wirkt und leidet er als Individualität. Diese Beziehung der Individualität zur Kultur kann in ihrer theoretischen wie in ihrer praktischen Bedeutung Objekt der Wissenschaft werden. Dort wird untersucht, wie die Ausprägungen bestimmter Individualitäten zu den großen Bewegungen und Wertverschiebungen der Kultur beizutragen berufen waren: Biographie. Hier wird umgekehrt die Kultur vor die Aufgabe gestellt, die zu ihr gehörigen Mitglieder in ihrer individuellen Besonderung zu erkennen und dieser Erkenntnis entsprechend zu bewerten und zu beeinflussen: praktische Menschenkenntnis und Menschenbehandlung.

Nun darf aber die Scheidung in eine nomothetische und eine idiographische Betrachtungsweise nicht so angesehen werden, als ob damit zugleich eine strenge Sonderung wissenschaftlicher Disziplinen gegeben wäre. Es sind zwei Standpunkte, aber nicht zwei Gebiete; vielmehr muß oft genug innerhalb einer und derselben Forschungseinheit zwischen den Standpunkten gewechselt, zuweilen müssen sie geradezu beide vereinigt werden. Es darf z.B. der Historiker in einem durchaus individuellen historischen Zusammenhange doch sehr wohl die Frage aufwerfen, in wiefern bestimmte soziologische, politische, ökonomische Gesetze oder

---

[1] Durchaus unberechtigt ist auch die Meinung, als ob die naturgesetzlich-sachliche und die individualisierend-personalistische Betrachtung der Welt miteinander unvereinbar seien. In meinem philosophischen Werk „Person und Sache" (**30**) habe ich ausführlich gezeigt, daß die beiden Standpunkte nicht nur vereinbar, sondern sogar innerlich zusammengehörig und notwendig aufeinander angewiesen sind.

Tendenzen allgemeiner Art an dem zur Frage stehenden Geschehen beteiligt sind. Wichtiger ist uns hier noch zu Vergleichszwecken die Wissenschaft der Medizin. Sie ist ihrer Hauptrichtung nach zweifellos Naturwissenschaft, sucht die allgemeinen Gesetze der Krankheits-Bildung und -Überwindung zu erkennen und anzuwenden; aber wenn der Arzt am Krankenbett sitzt, dann handelt es sich nicht mehr um Gesetze, sondern um individuelle Fälle, deren jeder — trotz noch so „typischen" Verlaufs — in sich eine Singularität bedeutet. Die Diagnose ist idiographische Erkenntnis, die Therapie individualisierendes Tun. Und in unmittelbare Nähe der rein historischen Individualitätserkenntnis begibt sich der Mediziner dort, wo er „Pathographie" treibt — worüber weiter unten zu sprechen sein wird.

Das gleiche Recht muß nun auch die Psychologie für sich in Anspruch nehmen. Sie muß sich freilich erst erkämpfen, was der Medizin als selbstverständlich zugebilligt wird, nämlich, daß sie neben ihrer naturwissenschaftlichen gesetzesuchenden Aufgabe noch eine idiographische habe. Der Kampf ist nicht leicht, weil er nach zwei Fronten zu führen sein wird. Denn das Dogma von dem rein naturwissenschaftlichen Habitus der Psychologie wird einerseits von manchen Psychologen selbst vertreten, die von Physik, Physiologie, Anthropologie her ihre Hauptanregung empfangen haben, andererseits aber von vielen Geisteswissenschaftlern, welche ihr eigenes Gebiet gegen den Einbruch der „naturwissenschaftlichen" Betrachtungsweise sichern wollen. Demgegenüber hoffen wir nun zeigen zu können, daß die individualisierende Psychographie, als notwendige Ergänzung der nomothetischen Psychologie, von theoretischen und von praktischen Bedürfnissen gefordert wird; ferner, daß sie die bisher fehlende Brücke darstellt zwischen der Psychologie und den idiographischen Geistes- und Kulturwissenschaften, die von ihr nicht Störung, sondern Förderung und Unterstützung zu erwarten haben.

Im Begriff der Individualität liegt nicht nur das Besondere, Singuläre, sondern auch zugleich das Ungeteilte, Einheitliche. Gleichgültig, wie man diese Einheit philosophisch erkläre, sie ist auch eine empirische Tatsache, welche nicht übersehen werden darf. Aber die Einheitlichkeit ist nicht Einfachheit, sondern sie schließt eine unendliche Mannigfaltigkeit von Merkmalen — körperliche, seelische und psychophysisch-neutrale, gleichzeitige und sukzessive, konstante und wechselnde — in sich.

Somit hat die Individualitätsforschung stets von dem Grundfaktum auszugehen, daß Individualität Einheit in der Mannigfaltigkeit sei. Jede Betrachtung, welche nur die Einheit berücksichtigt, indem sie das Wesen einer Persönlichkeit auf eine alles beherrschende Grundeigenschaft, einen determinierenden Typus bringt, ist ebenso einseitig und damit schief wie die andere, welche aus dem Individuum eine mittelpunktloses Nebeneinander, eine buntscheckige Musterkarte von Merkmalen machen will.

Dagegen kann sehr wohl die Forschungsrichtung von dieser oder jener Seite her ihren Ausgang nehmen; danach werden wir die biographische und die eigentlich psychographische Behandlung der Individualität unterscheiden.

2. Biographie[1].

Für den Biographen wird stets die Einheit der Persönlichkeit der vorherrschende Gesichtspunkt sein müssen. Er faßt das Leben des Individuums als die Erfüllung einer inneren Sendung im Dienst einer großen Kulturaufgabe auf und schätzt die Bedeutung aller biographischen Details danach ab, wie sie beteiligt sind an jenem einheitlichen inneren Telos der Persönlichkeit. In der Durchführung frelich finden wir alle Zwischenstufen zwischen der Vereinfachung, die — oft geradezu mit einer gewissen Gewaltsanwendung — Leben und geistige Entwicklung einer Persönlichkeit auf eine bestimmte Formel zu bringen sucht, und der rein chronikmäßigen Datensammlung und Stoffanhäufung, die es erst anderen Bearbeitern überläßt, aus dem Material eine Einheit zu formen.

Auch für den künstlerischen Darsteller einer Individualität — sei er Dichter, Bildner oder Schauspieler — ist das Einheitsprinzip das herrschende. Denn seine Aufgabe ist Gestaltung. Alle Einzelzüge sollen nur dazu dienen, das Ganze mitzubestimmen; und die künstlerische Leistung ist umso größer, je anschaulicher und mitfühlbarer das Bild der einheitlichen Persönlichkeit in ihren Wesenszügen vor uns entrollt wird — wobei es gleichgültig ist, ob es sich um eine fingierte Individualität (Don Quixote, Nora, Faust) oder um eine tatsächlich dagewesene (Egmont,, Tell, Klingers Beethoven, Lenbachs Bismarck) handelt.

[1] Hier handelt es sich natürlich nicht wie in Kap. IX, 2 um die Biographie, sofern sie dem Psychologen Rohmaterial für seine Zwecke liefert, sondern um die Biographie als besondere Methode der Individualitätsdarstellung.

Auch hier sind freilich zwischen typisierender Vereinfachung oder realistischer Detailhäufung alle Übergänge vorhanden.

Zwischen den beiden ebengenannten Arten der Individualitätsdarstellung, der historischen und der künstlerischen, bestehen eigentümliche Beziehungen, ja geradezu stetige Übergänge. Jede gute Biographie ist zugleich ein Kunstwerk; der Biograph muß, um den Eindruck der Einheitlichkeit und Lebendigkeit der dargestellten Persönlichkeit zu erzielen, künstlerische Fähigkeiten wie Intuition, Einfühlung, Gestaltungskraft besitzen. Dies sei hier ein für alle Male betont, da unsere weitere Betrachtung auf diesen notwendigen Faktor der Biographie nicht mehr wird eingehen können, sondern sie nur betrachten wird, sofern sie Gegenstand wissenschaftlicher Methodik ist.

Die Biographie hat zwar die Einheit der Persönlichkeit als Ausgangs- und Zielpunkt ihres Verfahrens; sie kann aber der im Individuum vorhandenen Mannigfaltigkeit nicht entraten; denn diese bildet ja letzten Endes das Material für ihre Synthese. Und so entsteht die Frage, von welchen Prinzipien der Biograph sich bei der Auswahl, Gruppierung und Verarbeitung dieses Materials leiten läßt.

Hier wird nun gewöhnlich als Ausleseprinzip der Begriff des „Wesentlichen“ verwendet: Die wesentlichen Merkmale des Individuums sollen in möglichster Schärfe betont, die minderwesentlichen nur gestreift, die unwesentlichen übergangen werden.

W a s h e i ß t a b e r „w e s e n t l i c h“?

Der Begriff des Wesentlichen hat hier augenscheinlich zwei wohl zu scheidende Bedeutungen, eine absolute und eine relative.

Der absolute Begriff hat zur Voraussetzung, daß in dem „Wesen“ der Individualität gewisse Eigenschaften eine viel grundsätzlichere Rolle spielen als andere, daß man die Merkmale, deren Variationen diese grundlegende Bedeutung haben, apriori angeben könne, und daß man die besondere Gestalt, die sie in X erhalten, angeben müsse, um X ausreichend zu charakterisieren.

Der relative Begriff des Wesentlichen geht von der jeweiligen Problemstellung aus. für welche gewisse Merkmale entscheidend, andere dagegen gleichgiltig sind. Wenn ich z. B. Moltke als Schriftstellerindividualität schildern will, so werden andere Merkmale „wesentlich“, als wenn ich Moltke, den Strategen, zu behandeln hätte.

In beiden Fällen verfährt nun die gewöhnliche Art der Biographie in der Hauptsache konstruktiv; sie geht mit einer

Theorie über die Struktur der Individualität an ihre Aufgabe heran; und diese Theorie bestimmt die Auswahl der als „wesentlich“ zu betrachtenden Merkmale. So verschieden nun die möglichen Theorien sind, so verschieden fallen die Auslesen des vermeintlich Wesentlichen und damit auch die ganzen Anlagen der Biographien selber aus. Die Zahl der möglichen Theorien aber ist deswegen so groß, weil erstens von den mannigfachsten Betrachtungsstandpunkten aus zu Individualitätsproblemen Stellung genommen werden kann, und weil zweitens dann noch innerhalb jedes Gesichtspunkts mehrere sich widersprechende Hypothesen über Wesen und Bestimmung der Individualität aufstellbar sind. Dabei ist jede neue Theorie fast immer eine Bereicherung unseres biographischen Gesichtskreises gewesen, manche haben geradezu umstürzend gewirkt.

Von diesen konstruktiven Verfahrungsweisen können hier nur einige wenige aufgezählt werden.

An erster Stelle seien die geschichtsphilosophischen Theorien genannt. Auf der einen Seite steht die seit HEGEL vielfach abgewandelte These: Ein großer Mann ist nur das Sprachrohr der unpersönlichen objektiven Geistesbewegung der Menschheit, nur das Werkzeug überindividueller Triebkräfte —, auf der anderen Seite die individualistische Heroenverehrung, die in den Genies Zielpunkt und Ausgangspunkt aller Kulturentwicklung sieht. Natürlich muß die eine oder andere These, auf eine konkrete Biographie angewandt, das ganze Bild total bestimmen; man vergleiche etwa KUNO FISCHERS Biographien der großen Philosophen, deren jeder den gerade logisch geforderten Fortschritt der menschlichen Gedankenbewegung zu verkörpern scheint — mit den Darstellungen, die ein CARLYLE von seinen Helden gibt.

Rein psychologische Theorien: Wer von einer intellektualistischen Psychologie herkommend, Biographie treibt, muß zu einer ganz andren Auswahl des ihm wichtig Erscheinenden kommen als der Voluntarist, der seine Darstellung um die Charakter- und Gesinnungsfrage gruppieren wird. — Auch darauf kann hingewiesen werden, in welcher Weise etwa das phrenologische System GALLS oder ein graphologisches Schema manche Biographen beeinflußt hat. — Von modernen biographischen Darstellungen seien hier OSTWALDS Schilderungen großer Männer genannt: Ein einfaches Schema der Typenpsychologie („klassischer“ und „romantischer“ Typ) liefert die wesentlichen Kategorien, nach denen verschiedene hervorragende Naturforscher charakterisiert werden.

Ethische Theorien: Die ethische Auffassung des Biographen wird nicht etwa nur die wertende Stellungnahme, das Loben oder Tadeln bestimmen, sondern auch die Selektion der heranzuziehenden Merkmale selbst. Der Vertreter einer frommen Jenseitsmoral und der moderne Diesseitsethiker, sie sehen von vornherein ihre Helden mit Brillengläsern verschiedener Färbung an; bei jedem werden Strahlen anderer Färbung resorbiert, andre durchgelassen.

In den letzten Jahrzehnten sind nun noch die spezifisch naturwissenschaftlichen Theorien aufgetreten, welche wieder die Zahl der Gesichtspunkte nicht unwesentlich erweiterten.

Hier sind zunächst die großen Gegensätze in der ätiologischen Auffassung der Individualität bestimmend. Die Milieutheorie sucht das Individuum aus der Summe der Umwelteinflüsse zu verstehen; sie hat in höchst verdienstvoller Weise die Biographen darauf aufmerksam gemacht, daß neben den bewußten und beabsichtigten Einwirkungen, die das Individuum treffen, auch fortwährend stille, unbemerkte und nicht gewollte Faktoren an der Bildung der Persönlichkeit beteiligt sind: die allgemeine Atmosphäre des Hauses und der Gesellschaft, Suggestion und Lektüre, Ernährung und Körperpflege usw. Aber auch sie ist konstruktiv, wenn sie, wie in den Darstellungen Taines, die Milieuformel als das erlösende Zauberwort für alle Rätsel der Individualität benutzen zu dürfen glaubt.

Und in das entgegengesetzte Extrem verfallen die Vererbungstheoretiker. Die allgemeinste Form, in der dieses Dogma auf die Biographie Anwendung gefunden hat, ist die Rassentheorie. Gobineau und Chamberlain, Woltmann und Reibmayr sehen in den Genies nichts als Rassenprodukte — wobei bald auf Reinheit der Rasse, bald auf eine maßvolle Rassenmischung die Betonung gelegt wird, bald sogar eine einzige bestimmte Rasse (die germanische) als Vorbedingung der großen Individualität überhaupt hingestellt wird. Und so werden hier plötzlich Ahnentafeln und Bildnisse, Schädelformen und Haarfarben zu den wesentlichsten Bestandteilen der Biographie, hinter denen die sonst üblichen weit zurücktreten.

Mehr ins Spezielle gehen jene Theorien, welche pathologische Gesichtspunkte an die Biographie heranbringen. Lombroso u. a. hatten die These aufgestellt, daß Genialität und Psychopathie in naher Verwandtschaft zu einander stehen. Damit war dem Psychiater Anlaß gegeben, große Persönlichkeiten der Geschichte und der Gegenwart unter den Gesichtspunkten seines Gebiets zu betrachten; denn einerseits wurden ihm die Genies „interessante Fälle", die besonders geeignet waren, als Anschauungsbeispiele für psychopathische Phänomene zu dienen, andererseits konnte leicht die Hoffnung entstehen, daß die Feststellung des psychopathischen Einschlags erst ein wirkliches Verständnis für die Eigenart und die Leistungen des Helden vermittele. So entstand die Pathographie, diejenige Art der Biographie, welche körperliche Konstitution, somatische und psychische Krankheiten, erbliche Belastung, Degenerationszeichen, hysterische und epileptische Zustände, sexuelle Perversitäten, Alkoholneigung und andere pathologische Merkmale in ihrer ursächlichen Bedeutung für Wesen unf Werk des Helden aufzudecken bestrebt ist[1]. Der eigentliche Schöpfer der Pathographie war Möbius, der Goethe, Nietzsche, Rousseau, Schumann und manche andere in dieser Weise behandelte; wie viele Nachfolger er fand, beweist die im Anhang gegebene Liste bisher veröffentlichter Pathogramme. Sie zeigt zugleich, daß die Pathographen eine eigentümliche Vorliebe für bestimmte Persönlichkeiten haben; als solche fallen C. F. Meyer, Maupassant und vor allem Jesus auf.

Eine Verengerung des pathographischen Dogmas endlich finden wir neuerdings in der psychoanalytischen Theorie von Freud und seiner Schule. Für diese gibt es einen Universalschlüssel zum Verständnis eines jeden Individuums und somit auch einer großen Persönlichkeit: Es sind die Sexualerlebnisse der Kindheit, die, scheinbar vergessen und verdrängt, in Wirklichkeit doch alles Denken und Fühlen, alles Schaffen und Dichten des reifen Menschen beeinflussen und durchsetzen sollen!

Das Verzeichnis der Theorien, welche konstruktiv den Auswahlgesichtspunkt für Biographien geben sollen, ist mit obigem durchaus nicht erschöpft. Aber es mag doch genügen, um die auf diesem Gebiet herrschende Vielgestaltigkeit zu zeigen. Zu den eigentlichen Theorien kommen dann noch andere Momente, welche die Buntscheckigkeit in der Behandlung von Biographien vermehren: die vorwiegende Interessenrichtung des Biographen, die Möglichkeit, eine bestimmte Methode anzuwenden, dies und manches andere wirkt ebenfalls auf die Auslese der zu behandelnden Merkmale und auf die größere und geringere Intensität ihrer Erforschung.

Und das Fazit hieraus für die Biographie als wissenschaft-

---

[1] S. a. S. 145; dort auch Literaturnachweis.

liche Methode? So wertvoll die einzelne Theorie sein mag, von der aus man das Individuum zu verstehen sucht, oder die spezielle Methode, mit der man an die Erforschung herangeht — im ganzen stehen wir doch vor einer Willkür, die sich in mangelnder Ordnung, Vollständigkeit und Vergleichbarkeit dokumentiert. Wo eine Theorie apriori den Biographen bestimmt — und mag es die beste sein — da drängt sich Unwichtiges vor und Wichtiges wird übersehen; reale Zusammenhänge fallen unter den Tisch, andere werden vorgetäuscht. Ist nun einmal die Aufmerksamkeit des Biographen auf irgend eine kulturelle oder psychologische Kategorie oder auf eine bestimmte Ursachengruppe eingestellt, so wird ihr alles zugeschoben, und es entsteht leicht ein Zerrbild.

Die Buntheit der Ausleseprinzipien bewirkt zugleich, daß von demselben Individuum ganz disparate Biographien entstehen, und daß die Vergleichung der Biographien verschiedener Individuen zur Feststellung interindividueller Ähnlichkeiten und Gegensätze erschwert, ja unmöglich gemacht wird. Der Historiker weiß nichts von den pathographischen Gesichtspunkten des Mediziners, die ihm wertvolle Dienste leisten könnten; der Psychoanalytiker treibt biographische Literaturerklärung, ohne von der wissenschaftlichen Methodik der Literaturforschung genügende Kenntnis zu haben; daß die Psychologie dabei ist, eine große Zahl von Kategorien und Methoden zu bearbeiten, die die Individualitätsforschung zu bereichern berufen sind, davon ist den meisten Biographen noch nichts bekannt.

So entsteht hier das Bedürfnis, nach einer gemeinsamen und neutralen Grundlage der Biographie, welche eine möglichst vollständige Übersicht über die Mannigfaltigkeit der in Betracht kommenden Gesichtspunkte enthält und zugleich die Möglickeit gewährt, eine exaktere Auslese des „Wesentlichen" zu treffen. Diese kann nur ein „psychographisches Schema" gewähren.

Kapitel XXII.

Die Psychographie.

1. Begriff und Ziele[1].

Unter „Psychographie“ verstehen wir — im Gegensatz zur Biographie — diejenige Methode der Individualitätsforschung, welche nicht von der Einheit, sondern von der Mannigfaltigkeit der im Individuum vorhandenen Merkmale ausgeht und diese — ausschließlich oder vorwiegend — nach psychologischen Gesichtspunkten ordnet.

Ein „Psychogramm“ ist die für irgend eine bestimmte Persönlichkeit X durchgeführte Anwendung der psychographischen Methode. Der Hersteller eines Psychogramms heiße der Psychograph. Eine Liste, welche diejenigen Gesichtspunkte enthält, nach denen ein Psychogramm — oder Psychogramme überhaupt — herzustellen sind, nennen wir ein psychographisches Schema.

Das Anwendungsgebiet der Psychographie ist beträchtlich weiter als das der Biographie. Diese beschränkt sich mit Absicht auf die Schilderung von Individualitäten, welche — durch ihre seelische Beschaffenheit oder durch ihre Lebensstellung — eine hervorragende Rolle in der Menschheit gespielt haben; die Psychographie wendet sich zwar auch mit großer Vorliebe solchen historischen Persönlichkeiten zu, bleibt aber nicht bei ihnen allein stehen. Ihr Interesse gilt auch jenen, die zwar nicht über, aber außerhalb der Norm stehen und eben darum eine zum Studium reizende Individualität besitzen, wie Psychopathen, Verbrecher, Somnambulen usw.; endlich aber auch jenen, die durchaus zur breiten

[1] Bibliographie Abt. A II 8. — Der Ausdruck „Psychographie“ ist ziemlich gleichzeitig und unabhängig voneinander an zwei verschiedenen Stellen entstanden. OSTWALD bezeichnete so 1907/8 seine psychologischen Analysen großer Naturforscher (**1271**); für den von uns gemeinten Gedankenkomplex ist der Ausdruck zum ersten Male von BAADE 1908 gebraucht worden (**71**). — Prinzipielle Ausführungen über Wesen und Aufgabe des Psychographie enthalten die Aufsätze von STERN (**80**) und MARGIS (**78**).

Masse der Normalen gehören. Denn sie wird geleitet von der Überzeugung, daß j e d e Individualität eine Welt für sich und somit auch ein Problem für sich sei, und daß gewisse gleich zu besprechende Fragen ebenso an Hinz und Kunz wie an Goethe und Bismarck studiert werden können.

Die Z i e l e welche die Psychographie verfolgt, sind dreifacher Art.

Erstens hat sie rein p s y c h o l o g i s c h e Aufgaben.

Ein großes und höchst bedeutsames Problem, das bisher noch so gut wie garnicht bearbeitet wurde, ist geradezu n u r auf psychographischem Wege zu lösen: das der S t r u k t u r d e s I n d i v i d u u m s. Über die Art, wie sich im Menschen die Gesamtheit seiner psychischen Merkmale an-, in- und übereinander fügt, ist wissenschaftlich eigentlich nichts bekannt, weil man sich immer darauf beschränkt hatte, an je einem Beobachtungsobjekt 1 oder 2 oder 3 Merkmale, aber nicht seine Gesamtstruktur im Querschnitt festzustellen. Entsprechendes gilt auch für engere Probleme. Denn wie wir schon früher anführten, ist nicht nur das Individuum im Ganzen, sondern auch jede seiner Eigenschaften in sich strukturiert und daher nur durch vielseitige Absteckung zu erkennen. Bezüglich dieser Strukturbildungen gibt es natürlich wieder ebenso Gesetzmäßigkeiten, die für alle Menschen gelten, wie typische Differenzierungen für bestimmte Menschengruppen; somit liefert die Psychographie sowohl generellen wie differentiellen Fragestellungen das Material.

Allerdings sind zur Lösung dieser Aufgaben prinzipiell m e h r e r e Psychogramme nötig, und so muß zur Methode der Psychographie noch die weitere der Vergleichung treten. (Vgl. Kap. XXV über Komparation.)

Verfügen wir aber gar erst über eine große Anzahl von Psychogrammen, die nach vergleichbarer Methodik hergestellt sind, so bilden sie das denkbar idealste Material für alle Probleme der Variations- und Korrelationsforschung, die wir im vorigen Hauptteil behandelten.

Zweitens will die Psychographie in den Dienst der B i o g r a p h i e treten. Ihre Schematik kann dem Biographen eine Übersicht über die für ihn wichtigen psychologischen Gesichtspunkte verschaffen; ihre Methodik liefert ihm Material für seinen Helden, das er in dieser Form, Mannigfaltigkeit und Anordnung aus seinen rein historischen Verfahrungsweisen heraus nicht hätte erarbeiten können.

Um aber ein mögliches Mißverständnis von vornherein zurückzuweisen, sei betont, daß die Psychographie niemals einen Ersatz der Biographie liefern kann. Vielmehr wird für den Biographen in Zukunft die Benutzung eines psychographischen Schemas oder bereits vorhandener Psychogramme seines Helden in ähnlicher Weise zu den Vorarbeiten gehören wie die Archiv- und Quellenstudien, die philologisch-sprachlichen Analysen der Werke des X usw.; aber aus all diesem Material entsteht erst durch die synthetische und künstlerisch einfühlende Verarbeitung die eigentliche Biographie.

Drittens kann die Psychographie Zwecken der praktischen Diagnostik dienen. Der Arzt, der Lehrer, der Richter ist fortwährend in die Lage versetzt, bestimmte Individualitäten beurteilen und behandeln zu müssen. Hierbei sind oft die von selbst hervortretenden Symptome unzureichend; es genügt nicht, irgend ein einzelnes Verhalten oder eine zufällige Leistung des X zu berücksichtigen, sondern es ist eine darüber hinausgehende Erkenntnis der wesentlichen Sonderart des X oder doch einer ganzen Reihe seiner Eigenschaften erforderlich, also die Herstellung eines Psychogramms.

Vergleichen wir nun mit diesen großen Aufgaben den bisherigen Betrieb der Psychographie, so zeigt sich ein deutliches Mißverhältnis. Es fehlte ebenso die Selbstbesinnung auf die methodischen Forderungen, die an wissenschaftliche Psychogramme zu stellen sind, wie eine gemeinsame systematische Grundlage für das Vorgehen verschiedener Psychographen. In beiden Richtungen ist von der Zukunft ein Wandel zu erhoffen.

Wir besprechen in diesem Kapitel die methodischen Gesichtspunkte, die bisher zur Anwendung gelangten, geben im nächsten eine summarische Übersicht über die bereits erzielten Psychogramme und begründen im übernächsten Notwendigkeit und Beschaffenheit eines psychographischen Generalschemas.

2. Vorbereitung des Psychogramms.

Ein Hauptunterschied in den bisherigen Arbeiten liegt schon in der Art der Vorbereitung; die Psychogramme werden nämlich bald auf Grund einer vorher festgestellten Liste von Gesichtspunkten, bald ohne solche hergestellt. Die Listen dienen einerseits dazu, im Einzelfall den Psychographen auf die zu beachtenden

Merkmale aufmerksam zu machen; sie sollen andererseits die Vergleichbarkeit mehrerer Psychogramme ermöglichen.

Zum größeren Teil dienen diese Blankolisten, deren es schon eine beträchtliche Anzahl gibt, der praktischen Psychodiagnostik.

Die bekannte pädagogische Forderung, daß der Lehrer individualisieren solle, hat zur Vorbedingung, daß er die Individualität des Schülers kennen müsse. Solange diese Kenntnis sich mit Gelegenheitsbeobachtung begnügt, hat sie nicht nur den Fehler der Ungeordnetheit, sondern auch den mangelnder Dauerhaftigkeit; so wie die Eindrücke kamen, werden sie auch wieder vergessen. Zudem hat es ein Schüler meist — gleichzeitig oder sukzessiv — mit mehreren Lehrern zu tun, und es ist wichtig, daß dem einen Lehrer die Beobachtungen des anderen zu gute kommen. Aus allen diesen Forderungen gingen die „Personalbogen" und „Individualitätenbücher" hervor, die in manchen Schulen, insbesondere in privaten und Sonderschulen (heilpädagogischen Anstalten, Hilfsschulen, Fürsorgeanstalten) geführt werden [1].

Auch die klinischen Personalakten müssen in Irrenhäusern und verwandten Anstalten naturgemäß einen zum Teil psychographischen Charakter gewinnen. Oft sind diese in ihrem Schematismus recht ins Einzelne gehend; es sei nur an die RIEGERsche Anweisung zur Intelligenzprüfung, an SOMMERS Schema der psychopathologischen Untersuchungsmethoden, an ZIEHENS Liste erinnert [2].

Vergleicht man nun diese Individualitätenschemata aus verschiedenen Unterrichts- und Heilanstalten, so steht man vor einem geradezu niederdrückenden, wirren Chaos. Jeder Schul- und Klinikleiter hat da seine eigene Auswahl der Gesichtspunkte, seine eigene Terminologie, seine eigenen Beobachtungs- und Versuchsmethoden; nirgends besteht Vollständigkeit, nirgends eine wissenschaftlich zureichende Begründung für die getroffene Auslese, nirgends auch ein klares Bewußtsein davon, was weggelassen ist. Eine Vergleichbarkeit der Ergebnisse aus verschiedenen Instituten ist hierdurch aufs äußerste erschwert, oft ganz unmöglich.

Eine Reihe von Individualitätenlisten ist aber auch zu rein psychologischen Zwecken aufgestellt worden, über die Ähnliches zu sagen ist. Niemals ist die Auswahl der Punkte so, daß man nicht das Gefühl hätte, es könnte genau ebenso gut eine ganz andere Serie gewählt werden.

---

[1] Bibliographie Abt. C IV 1.

[2] Bibliographie Abt. A II 7 u. B VI 2b.

Dies gilt vor allem von den Vorschlägen zu Test-Serien, die ja auch psychographische Aufgaben erfüllen sollen. Wie prinzipienlos meist diese Serien zusammengestellt waren, ist an früherer Stelle ausführlich erörtert worden. — Andere von psychologischer Seite stammende Listen werden im nächsten Kapitel bei den Hauptbeispielen Besprechung finden.

3. Arten des psychographischen Verfahrens.

Dem Verfahren nach sind die bisherigen Psychogramme entweder unmethodisch oder gemischt-methodisch oder isoliert-methodisch zustande gekommen.

Unmethodisch geht z. B. meist die Ausfüllung von Individualitätenlisten in Schulen vor sich. Je nach Gelegenheit und Stimmung werden die Eintragungen gemacht; bald wird ein Urteil nach dem allgemeinen Eindruck gefällt, bald bestimmte Einzelerlebnisse als Belege beigegeben, bald vielleicht auch eigens zum Zweck der Ausfüllung eine Prüfung oder ein kleines Experiment angestellt. Wenn diese Vielseitigkeit im Vorgehen des Psychographen an sich auch durchaus nicht abgelehnt werden soll, so ist doch zu bemängeln, daß eine Kontrolle der abwechselnd angewandten Methoden, ihrer Motive und ihrer Ergebnisse meist ganz unmöglich ist.

Anders dort, wo verschiedene Methoden in bewußter Sonderung und in begründeter Anpassung an die einzelnen Probleme des Psychogramms zur Anwendung gelangen. Das Hauptbeispiel für dies gemischt-methodische Verfahren liefern die üblichen psychopathologischen Individualitätenuntersuchungen. Klinische Beobachtungen, experimentelle Prüfungen, Heranziehung der Erinnerungen des X selbst und seiner Angehörigen und gelegentlich noch andere Methoden werden hier absichtlich kombiniert, um sich in der Charakteristik des X zu ergänzen. — Andere Beispiele des gemischten Verfahrens folgen weiter unten.

Daneben aber stehen viele Untersuchungen, welche mit einer einzigen isolierten Methode arbeiten. Hierher gehören zunächst die Liebhabereikünste, wie Graphologie, Phrenologie, Physiognomik, die es bekanntlich unternehmen, aus einer einzigen Symptomgruppe das Psychogramm zu entwickeln; dabei ist dann oft das Raffinement in der Erkennung, Analyse und Ausnützung dieser Symptomgruppe höher ausgebildet als die Kritik. — Aber auch die wissenschaftliche Psychologie ging bei ihren ersten Arbeiten zum Psychographieproblem isoliert-methodisch vor; insbesondere hat sie ja längere Zeit an die Allmacht des Experiments auch für die Individualitätsprüfung geglaubt und daher das Testverfahren ausgebildet. Als man sodann die Unzulänglichkeit dieses Verfahrens erkannte, wandte man sich wiederum neuen Methoden zu, die aber nun nicht weniger isolierend gebraucht wurden: HEYMANS' Methode der antitypischen Beurteilung, GROOS' Methode der psychographischen Statistik (siehe weiter unten). Auch die Resonanzmethode, die wir schon früher besprachen, wird jetzt von RUTZ, REINHARD und WASER zur Charakteristik einzelner Künstler der Vergangenheit verwertet und zwar wiederum ohne Zuhilfenahme anderer Methoden.

Nun hat ja die isolierte Methodik zweifellos große Vorzüge: sie erlaubt eine Verfeinerung der Ausbildung und eine Exaktheit der Durchführung, die viele unbekannte Schätze aus den Tiefen der Individualität heben kann; und sie ermöglicht es dem Psychographen, seine Aufmerksamkeit zu konzentrieren und sich ganz in seine besondere Aufgabe einzuleben. So steht das Verfahren jenen Untersuchungsweisen am nächsten, die bisher durchweg zu anderen psychologischen Zwecken gewählt wurden, und diese Verwandtschaft hat auch vor allem zu ihm hingeführt. Aber man darf doch andererseits nicht übersehen, daß die psychographische Problemstellung eben eine durchaus andere ist als jede sonstige psychologische. Sie soll das Individuum vielseitig charakterisieren; und jede durch die Methodenwahl geforderte Beschränkung bedeutet zugleich eine Unterdrückung von Gesichtspunkten, die in den Zusammenhang der individuellen Struktur gehören.

Noch in einer anderen Hinsicht weichen die psychographischen Verfahrungsweisen von einander ab. Die an X zu unter suchenden Merkmale sind einerseits phänomenologischer Art: „Verhaltungsweisen", die als solche direkt der Beobachtung zugänglich sind, andererseits dispositioneller Art: Eigenschaften, die zwar als dauernd vorhanden angenommen werden, aber selber nicht beobachtbar, sondern nur aus den Phänomenen und Akten des X, als ihren Symptomen erschließbar sind. Hiernach muß die Methode des Psychographen bald beobachtender, bald beutrteilender Natur sein.

Nun ist das eigentliche Ziel eines Psychogramms stets in der Feststellung von Eigenschaften zu sehen; aber es ist doch ein großer methodischer Unterschied, ob der Psychograph geradewegs auf dieses Ziel lossteuert, oder ob er die beiden Etappen seiner Arbeit: die Feststellung der Verhaltungsweisen und die Erdeutung von

Eigenschaften, scharf sondert. Ja auch der dritte Fall ist denkbar, daß der Psychograph sich zunächst auf die erste Etappe beschränkt und rein deskriptiv die an X beobachtbaren Verhaltungsweisen registriert, sich aber der Deutung ganz oder fast ganz enthält.

Am weitaus häufigsten ist bisher das erste Verfahren angewandt worden, daß von vornherein beides, Beobachtung und Beurteilung, in einander gearbeitet wird. So geht die Biographie fast immer vor, oft genug aber auch die Psychographie (z. B. bei der Ausfüllung von Individualitätenbögen). Systematisch fixiert werden dann nur die fertigen Deutungen. Bestenfalls werden wohl bestimmte Verhaltungsweisen des X als illustrative Beispiele für die gegebene Charakteristik der Xschen Beschaffenheit nachträglich angefügt; aber von einer scharfen Sonderung der beiden Forschungsetappen und von einer zureichenden Begründung jeder Deutung durch das Tatsachenmaterial ist dann nicht die Rede. Selbst das ist oft nicht klar zu erkennen, ob überhaupt Einzeltatsachen oder mehr der allgemeine Eindruck oder das Urteil anderer die Charakteristik der psychischen Eigenschaften des X bestimmt haben.

4. Arten der Psychogramme.

Der Problemstellung nach hat man in erster Linie zu scheiden zwischen Vollpsychogrammen und Teilpsychogrammen.

Beim Voll-Psychogramm ist nicht eine bestimmte Eigenschaft oder Eigenschaftsgruppe des X, sondern seine Gesamtcharakteristik das Problem. Eine wirkliche Erschöpfung der Totalität dessen, was in einem X an Merkmalen enthalten ist, gehört natürlich ins Reich der Unmöglichkeit, denn „l'individualité enveloppe l'infini"; der Ausdruck „Vollpsychogramm" kann sich daher nur auf die Tendenz beziehen, die Eigenart des Individuums in möglichster Mannigfaltigkeit abzustecken. In der Durchführung dieser Tendenz gibt es dann noch alle möglichen Grade; sie ist abhängig von Vielseitigkeit oder Lückenhaftigkeit des zugrunde gelegten Schemas, von dem verfügbaren Material über X, von der besonderen Einstellung des Psychographen auf gewisse Interessengebiete.

Teil-Psychogramme beschränken sich von vornherein auf ein einzelnes Merkmal oder eine Merkmalsgruppe, z. B. den Charakter, oder die Intelligenz, oder die künstlerische Produktivität des X, um diese in ihren verschiedenen Betätigungsweisen und Phänomenen darzustellen. Freilich darf man von einem wirklichen Psychogramm nur dann sprechen, wenn innerhalb des gewählten engeren Rahmens wieder eine Tendenz zur Vielseitigkeit vorhanden ist; es kann sich dann die geringere Extensität durch eine größere Intensität in der Durchforschung der Einzeleigenschaft belohnen. Da nun aber jede Eigenschaft mit jeder anderen desselben Individuums irgendwie in Zusammenhang steht, so führt eine eindringlich vorgehende Teilpsychographie leicht dazu, daß man mindestens die Berührungspunkte der direkt zu untersuchenden Eigenschaft mit allen anderen Eigenschaften einbezieht, und es nähert sich so das Teilpsychogramm dem Vollpsychogramm. Immerhin bleiben beide deutlich trennbar dadurch, daß sich im Teilpsychogramm die Wichtigkeit der anderen Momente abstuft nach der Entfernung von der Eigenschaft, die das eigentliche Leitmotiv der ganzen Untersuchung bildet, während beim Vollpsychogramm die Allseitigkeit der Charakteristik und die Gleichwertigkeit aller zu untersuchenden Eigenschaften angestrebt wird.

Der hier geschilderte Unterschied der Problemstellung deckt sich nun durchaus nicht, wie man wohl denken könnte, mit dem oben beschriebenen Unterschied des Verfahrens. Es ist nicht so, daß für die Herstellung von Teilpsychogrammen eine isolierte Methode, für die Herstellung von Vollpsychogrammen eine Kombination der verschiedenen Methoden gewählt wird; vielmehr finden sich hier Kreuzungen. Es gibt Versuche zu Vollpsychogrammen, die nur mit einer einzigen Methode bestritten werden, so die vielen „graphologischen Gutachten“, die ja nicht nur über den Charakter, sondern auch über Intelligenz, Temperament, Humor, Talente des X Urteile fällen. Und es gibt andererseits Teilpsychogramme, die sich kombinierter Methoden bedienen, so die psychiatrische Festellung der Intelligenz eines Patienten. Die größte I n t e n s i t ä t der Untersuchung ist dort möglich, wo eine Einzeleigenschaft mit einer einheitlichen Methode erforscht wird. (Beispiel: Groos' psychographische Statistiken.) Die größte Annäherung an das Ideal der Vollpsychographie aber liegt umgekehrt dort vor, wo möglichst viele verschiedene Merkmale des X mit mannigfach wechselnden Methoden studiert werden.

Die Herstellung eines, diesen Forderungen entsprechenden Totalpsychogramms erfordert nun eine ganz bestimmte psychische Verhaltungsweise des Psychographen selbst und zwar eine solche die von der sonst notwendigen Bewußtseinslage und Aufmerksamkeitsrichtung des Psychologen wesentlich abweicht. Der Psychograph muß nämlich vor allem eine extensive, zu schneller

Fluktuation fähige Aufmerksamkeit besitzen. Er kann nicht, wie der Psychologe bei einer Spezialuntersuchung, auf einen einzigen Gesichtspunkt seine Arbeitsenergie konzentrieren, sondern er muß fortwährend das Ganze des Psychogramms mit seinen zahlreichen Fragestellungen und den vielen ihnen anzupassenden Verfahrungsweisen vor Augen haben. Er sei z. B. gerade damit beschäftigt, eine gewisse Phänomengruppe, etwa die sprachliche, an seinem Helden zu registrieren: so hat er bald dessen Schriften, bald seine Sprechsprache als Material heranzuziehen; er muß, wenn es ein Lebender ist, an vielleicht anzustellende phonetische oder phonographische Aufnahmen denken, er muß die Gesichtspunkte der Sprachwissenschaft ebenso, wie diejenige der Sprachphysiologie zu berücksichtigen suchen. Und da er, bei aller Vielseitigkeit, nicht selber alle diese Gebiete beherrschen kann, so muß er sich darüber klar werden, wo er Vertreter jener anderen Fachgebiete als Berater oder Helfer heranzuziehen hat. — Oder eine andere Situation: Der Psychograph sei etwa damit beschäftigt, die Werke des X auf ihre Verwertung für das Psychogramm durchzuarbeiten. Dann muß ihm hierbei immer das auszufüllende Schema in seiner Vielseitigkeit vorschweben. In irgend einer Stelle sieht er einen Beleg für den Vorstellungstypus des X, andere liefern Material für die Rubriken Interessenrichtung, Gedächtnistreue, Neigung zum Humor usw.; auch eine und dieselbe Stelle kann in mannigfache Rubriken des Schemas gehören.

Diese Extensität der Aufmerksamkeit und Beweglichkeit der Einstellung ist ein so unbedingtes Erfordernis für den Psychographen, daß Forschern von anderem Arbeitstypus geradezu abgeraten werden muß, sich mit Totalpsychogrammen abzugeben. Fast in jeder Wissenschaft gibt es ja diese beiden so verschiedenen Forschungsrichtungen; in der Psychologie dominierte bisher fast ausschließlich die intensiv-konzentrative Art der Einstellung, und es ist daher eine gewisse Gefahr vorhanden, daß man glaubt, sie ohne weiteres auch auf psychographische Aufgaben übertragen zu können.

Eine andere Gliederung in der psychographischen Problemstellung ergibt sich durch die Richtung des Schnittes, der durch das Individuum gelegt werden soll. Dieser ist entweder ein chronologischer Längsschnitt, der die zeitlich auf einander folgenden Phasen der individuellen Entwicklung bloßlegt, oder ein synchronistischer Querschnitt, der die gleichzeitig neben einander bestehenden Elemente der Xschen Individualität zeigt. Wir unterscheiden beide Arten kurz als „Längs-" und „Quer-Psychogramme".

Allerdings bedeutet auch diese Bezeichnung nur, daß in jedem Psychogramm die eine oder andere Tendenz vorherrschend, nicht aber, daß sie alleinherrschend sein soll. In den weitaus meisten Fällen findet eine gewisse Verbindung statt.

Die Längs-Psychogramme verfolgen in erster Linie genetische Interessen; sie sollen die individuelle Entwicklung des X nach Inhalt und Form untersuchen. Hierbei können sie wieder als Vollpsychogramme auftreten, indem sie die Gesamtentwicklung des Individuums in bezug auf Tempo, Kontinuität, Rhythmus schildern und ferner das genetische Verhältnis der Einzelfunktionen zu einander: ihr Auseinander-Hervorgehen und Sich-Ablösen, ihr abwechselndes Hervor- und Zurücktreten verfolgen. Oder sie sind Teilpsychogramme, wenn die Entwicklung einer Funktion oder Eigenschaft in X (die Sprachentwicklung, die Begabungsentwicklung) registriert wird. Die rein chronologische Betrachtung wird hierbei an geeigneten Stellen durch gewisse Ruhepunkte zu unterbrechen sein, welche den status praesens, also eine synchronistische Zustandsschilderung geben.

Bei den Quer-Psychogrammen steht dagegen die Synchronistik durchaus im Vordergrunde. Nicht die Genesis, sondern die Struktur der Individualität soll herausgearbeitet werden; deshalb werden die wesentlichen Eigenschaften des X in ihrer vollen charakteristischen Ausprägung dargestellt, wie sie neben einander bestehen und in einander greifen.

Eine Synchronistik ist nur mit Hilfe gewisser Kompromisse möglich. Ein Querschnitt im wirklichen Sinne muß in einem bestimmten Zeitpunkt vollzogen werden; aber die Charakteristik des Psychogramms soll nicht für diesen oder jenen Moment, sondern für die dauernde und wesentliche Beschaffenheit des X überhaupt gelten; zudem sind die verschiedenen, in X nebeneinander vorhandenen Eigenschaften durchaus nicht alle in einem gegebenen Zeitpunkt zur Aktualisierung zu bringen. Deshalb muß der Begriff der „Gleichzeitigkeit" der in den Querschnitt aufzunehmenden Merkmale eine gewisse Elastizität erhalten — je nach den Problemen und je nach den Untersuchungsmöglichkeiten. Für den Arzt, der Intelligenzprüfungen an einem Patienten vornimmt, stellen die nur durch Wochen getrennten Stadien einer Geisteskrankheit unter Umständen schon zwei verschiedene Querschnitte dar. Wenn dagegen die psychische Struktur einer hervorragenden historischen Persönlichkeit gegeben werden soll, wird man oft Material aus sehr verschiedenen Jahren in das einheitliche Bild aufnehmen müssen. (Man denke z. B. an eine Fragestellung wie diese: Wie verhält sich X bei außergewöhnlichen Gelegenheiten [Unglücksfällen, Todesfällen, Prüfungen, Jubiläen usw.]? Hier muß ein recht breiter Spielraum gegeben werden, um überhaupt eine Antwort möglich zu machen; denn das Verhalten zu außergewöhnlichen Anlässen kann eben nicht alle Tage aktuell sein.)

Auch die Konstanz der geschilderten Eigenschaften ist ja nur eine Fiktion. Sie gilt mit einer gewissen Annäherung höchstens für die Zeit des reifen Erwachsenseins und auch hier nur bei solchen Persönlichkeiten, die eine ausgesprochene Akme ihres geistigen Lebens haben und längere Zeit auf dieser Höhe verharren. Sie gilt aber durchaus nicht für die anderen Lebensphasen (der Entwicklung, des Alterns) und auch nicht für solche Personen, die — wie Goethe, Nietzsche u. a. — während ihres reifen Daseins noch stärkste innere Wandlungen durchgemacht und mehrere Akmen besessen haben.

Deshalb ist es für alle Quer-Psychogramme wünschenswert, daß wenigstens sekundär genetische Gesichtspunkte mit einbezogen werden, etwa in der Weise, daß den einzelnen behandelten Eigenschaften neben der Darstellung ihrer Wesensart auch kurze Entwicklungsgeschichten beigegeben werden.

Bei Individualitäten mit typisch mehrgipfliger Entwicklung würde freilich auch dies nicht mehr ausreichen; hier werden mehrere gesonderte Querschnitte aus den verschiedenen Epochen notwendig. Erst deren Vergleich gibt uns ein volles Bild davon, wie sich X in seiner Gesamtstruktur gewandelt hat, wie gewisse Merkmale dominierend geworden, andere zurückgetreten sind, wie sich manche qualitativ geändert haben, manche sogar in ihr Gegenteil umgeschlagen sind.

Kapitel XXIII.

Psychogramme.

Wir geben in diesem Kapitel eine summarische Übersicht über die wichtigsten bisher durchgeführten Versuche, Psychogramme einzelner Individualitäten herzustellen. Hierbei lassen wir die (schon S. **145 u. 325** kurz erwähnten) Pathographien bei Seite, da sie nicht Psychogramme im oben definierten Sinne sind. Die Individualitätsuntersuchungen, die sich auf die Anwendung einer Testserie beschränken, können wir ebenfalls übergehen. Sie bedienen sich zwar einer psychographischen Methode, liefern aber für sich allein keine Charakteristiken, die vielseitig genug wären, um schon den Namen von Psychogrammen zu verdienen. Außerdem sind die wichtigsten Testunternehmungen bereits an anderem Orte (S. 92ff) zusammengestellt worden.

1. Psychogramme Erwachsener[1].

a) Die holländischen Psychogrammsammlungen. Eine ganz eigenartige Stellung innerhalb der psychographischen Arbeit nehmen die Untersuchungen von Heymans-Wiersma[2] und Heymans[3] allein ein. Sie haben als einzige ein wirkliches Massenmaterial von Psychogrammen zu erzielen gesucht; sie haben, ebenfalls als einzige, auch Psychogramme durchschnittlicher Menschen gewonnen, und sie sind endlich bestrebt, von jeder untersuchten Person Vollpsychogramme zu geben — worin sie nur eine einzige Nachfolge gefunden haben.

Die holländischen Forscher wollen die Psychogramme lediglich als Hilfsmaterialien zur Bearbeitung andersartiger Probleme (der Typen-, Korrelations- und Vererbungspsychologie) verwerten. Aus diesem Grunde

---

[1] Zusammenfassende Berichte über Psychogramme übernormaler Individuen finden sich bei Baade (**71**) und ausführlich bei Margis (**78**).

[2] **306.** [3] **804.**

sind sie auf die Beschaffung möglichst vieler Psychogramme angewiesen. HEYMANS-WIERSMA übertragen deswegen Mittelspersonen, nämlich Ärzten, die Herstellung der Psychogramme; sie selbst haben einerseits das Schema entworfen, andererseits die Verarbeitung der einlaufenden 2415 Psychogramme durchgeführt. In der von HEYMANS allein unternommenen Untersuchung über Korr. hat er allerdings selber die Ausfüllung der psychographischen Listen vollzogen und so auf Grund von Biographien 110 Psychogramme erhalten. Es handelt sich hier um hervorragende Persönlichkeiten verschiedenster Gebiete und um einige Verbrecher; beide Geschlechter, verschiedene Nationalitäten, verschiedene Jahrhunderte sind vertreten. H. schildert sein hierbei geübtes Verfahren folgendermaßen (S. 320):

„In bezug auf jede dieser Personen habe ich möglichst vollständig alles aufgeschrieben, was an psychologisch Charakteristischem in den Biographien erwähnt wurde oder aus denselben sich erschließen ließ, und sodann den wesentlichen Inhalt dieser Excerpte, um sie für die statistische Bearbeitung handgerecht zu machen, auf Zählkarten übergebracht; auf diesen Zählkarten waren 88 Eigenschaften, über welche die Biographien besonders häufig Aufschluß erteilten, gedruckt angegeben, und für 10 oder 12 weiterer Raum übrig gelassen; die entschiedene Anwesenheit oder Abwesenheit einer Eigenschaft wurde durch das Anbringen eines + oder — Zeichens bei dem Namen der betreffenden Eigenschaft angedeutet."

Unter den oben gewonnenen Gesichtspunkten läßt sich das Verfahren der holländischen Forscher kurz so charakterisieren: Es handelte sich um reine Quer-Psychogramme. Die Vorbereitung geschah durch Herstellung einer Liste. Die Ausfüllung erfolgte isoliert-methodisch: jede in der Liste aufgestellte Eigenschaft wurde für jedes Individuum antitypisch (als stark, indifferent oder schwach ausgeprägt) bewertet. Eine Scheidung zwischen den beiden Etappen der Forschung: Registrierung des phänomenologischen Materials und Erdeutung der Eigenschaften, wurde nicht gemacht.

Die zugrunde gelegte Liste sucht in der Tat die Individualität recht vielseitig abzustecken. Sie umfaßt etwa neunzig Nummern, die sich bei HEYMANS-WIERSMA folgendermaßen verteilen: 8 Fragen gehen auf Bewegungen und Handlungen, 8 auf Gefühle, 10 auf die Sekundärfunktionen, 17 auf den Intellekt und Verwandtes, nicht weniger als 38 auf Neigungen auf allen Gebieten, 10 auf Verschiedenes. Die von HEYMANS allein aufgestellte Liste ist ganz ähnlich konstruiert.

Natürlich darf weder diese Liste noch jenes Ausfüllungsverfahren als geeignet gelten, um ein möglichst ideales Vollpsychogramm über irgend einen X zu gewährleisten. Aber es wäre auch durchaus ungerecht, wollte man mit den Normen der rein psychographischen Methodik an Untersuchungen herangehen, die nicht mit psychographischen, sondern mit psychologischen Absichten angestellt worden sind. Die Forderung eines großen Schatzes von Psychogrammen mußte notwendig dazu führen, daß dem Einzelpsychogramm nur eine sehr begrenzte Arbeitsenergie zugewandt werden konnte; und unter diesem Gesichtspunkte darf sogar die von H. und W. gefundene Lösung als recht glücklich bezeichnet werden.

Aber ein Wunsch möge noch angeschlossen werden. Die zwei einhalb Tausend Psychogramme von H. und W. sind bisher fast lediglich psychologisch, nicht eigentlich psychographisch bearbeitet worden. Diejenige Betrachtung, die erst durch „Drehung der Forschungsrichtung um 90%“ möglich ist, also die Untersuchung der einzelnen Individualität in bezug auf ihre Struktur aus den neben-, über- und untergeordneten Eigenschaften, hat noch nicht stattgefunden. Es wäre aber ein unersetzlicher Verlust für unsere Wissenschaft, wenn dies einzig dastehende Material nicht auch nach dieser Richtung hin noch Verwendung finden sollte. Freilich überstiege dies die Kraft eines einzelnen Forschers; aber hier haben wir einen der Fälle, wo die früher empfohlene Arbeitsgemeinschaft die schönsten Früchte tragen könnte.

Alle übrigen Psychographen begnügten sich mit der Herstellung eines einzigen oder ganz weniger Psychogramme; sie konnten naturgemäß dadurch dieses oder diese Psychogramme mit größerer Ausführlichkeit bearbeiten. Ferner handelt es sich im Folgenden durchweg um Psychogramme nicht-normaler — meist übernormaler — Persönlichkeiten und mit Ausnahme der Arbeit von Margis um Teilpsychogramme.

b) Psychographische Sprachstatistiken. Der Charakter des Teilpsychogramms ist dort am meisten ausgeprägt, wo eine einzige Verhaltungsweise eines X zum Gegenstand einer detaillierten und exakten Untersuchung gemacht wird, ohne daß nach rechts und links geschaut und Brücken zu anderen Eigenschaften des X geschlagen würden. Für eine solche Art der Betrachtung bietet sich nun besonders die Sprache eines Individuums an. Sie ist relativ leicht von allen anderen Verhaltungsweisen isolierbar, liegt in den Werken der Schriftsteller als ein selbständiges, immer zugängliches Gebilde vor und ist endlich in sich vortrefflich zu ordnen und zu klassifizieren, da Linguistik und Philologie in jahrhundertelanger Arbeit ein höchst entwickeltes System sprachlicher Kategorien geschaffen haben. Die Nutzbarmachung dieser Gesichtspunkte für psychographische Zwecke ist allerdings erst ganz jungen Datums; es wird dann das sprachliche Material eines X nach bestimmten Gesichtspunkten geordnet und zahlenmäßig verarbeitet, so daß wir es mit einer psychographischen Statistik zu tun haben [1]. Meist handelt es sich hier erst um Ansätze, so in den Untersuchungen von SIEVERS, MARBE, EGGER, HILPERT, MENDENHALL und anderen [2], bei denen der Wortschatz nach Umfang und Verteilung, der Prosarhythmus, die Sprachmelodie, der Stil und manches andere für bestimmte Persönlichkeiten als charakteristische Merkmale ihrer Individualität bestimmt werden.

MENDENHALL stellt z. B. für SHAKESPEARE eine Statistik der Wortlängen an. Er zählt die zwei-, drei- und mehrbuchstabigen Worte und bildet aus deren Häufigkeiten eine Kurve, die für SHAKESPEARE eine konstante Form haben soll. Da die entsprechende Kurve für BACON ganz anders aussieht, so erblickt M. hierin einen Beweis für die Nicht-Identität beider Personen.

Nur eine Gruppe von Untersuchungen ist bereits über diese embryonale Phase hinausgekommen und zu einer für unsere Zwecke wertvollen Ausbildung gelangt; es sind die psychographischen Statistiken von K. GROOS und seinen Schülern, die wir kurz skizzieren wollen.

Das gemeinsame Problem aller dieser Untersuchungen ist so zu formulieren: Welche Rolle spielen Ausdrücke einer bestimmten psychologischen Kategorie (z. B. der Farben) innerhalb des Wortschatzes eines Dichters X? Die Frage ist offenbar ganz objektiv zu beantworten auf dem Wege der Zählung.

Es werden die Werke (oder eine Auswahl der Werke, die als repräsentativ für alle anderen gelten kann) durchgezählt, einmal auf sämtliche Worte überhaupt, das andere Mal auf die speziell interessierenden Ausdrücke. Bleiben wir bei dem Beispiel der Farben, so ergeben sich aus den Tabellen Befunde über die prozentuelle Häufigkeit der Farbenangaben bei dem geprüften Dichter überhaupt, über die Mannigfaltigkeit der Farbenausdrücke, über das Verhältnis verschiedener Farbenausdrücke zu einander (starke Vorliebe für die eine, starke Vernachlässigung einer anderen Farbe), über den verschiedenen Sprachgebrauch des Dichters in verschiedenen Phasen seiner dichterischen Entwicklung.

Auf diese Weise haben KARL und MARIA GROOS in zwei Arbeiten die Lyrik SCHILLERS auf die optischen und akustischen Ausdrücke

[1] Man sieht demnach, daß die statistische Methode nicht nur an einem Massenmaterial von Individuen, sondern auch an einem Einzelindividuum zur Anwendung kommen kann.

[2] Bibliogr. A III 4. Ferner HILPERT **1193**. MENDENHALL **1204**.

hin analysiert[1]; KARL GROOS mit ILSE NETTO verrechneten die visuellen Worte in SHAKESPEARES nicht-dramatischen Dichtungen[2]; FRANK studierte die Verwendung der Farbenausdrücke bei GOETHE[3]; KATZ stellte alle Äußerungen HOFFMANNS, TIECKS und SCHUMANNS zusammen, welche musikalisches Genießen in optischen Bildern schildern[4].

Der große Vorzug dieser Untersuchungen beruht zunächst in der Möglichkeit, objektive Beobachtungsresultate zu geben, die noch nicht von vornherein mit Interpretationen durchsetzt sind, sodann in der streng isolierten Methodik und in der Eindeutigkeit der Problemstellung, die von dem Bearbeiter nicht fortwährendes Schweifen und Wechseln der Aufmerksamkeit verlangt. Allerdings liegt der eigentlich psychographische Wert solcher Untersuchungen nicht in den Beobachtungsresultaten selber, sondern doch erst in den Deutungen, die nun auf ihnen aufgebaut werden können. Zweifellos leistet auch nach dieser Richtung die Methode wertvolles; denn von dem Sprachgebrauch eines Schriftstellers fallen Lichter auf verschiedenste Seiten seiner Persönlichkeit: auf Vorstellungstyp, Interessenrichtung, Phantasie, Neigung zu Metaphern, Synaesthesie, Konkretheit oder Abstraktheit des Vorstellungslebens und anderes mehr.

Allein hier zeigt sich auch sofort die Grenze der Methode. Die Erdeutung von individuellen Eigenschaften ist aus dem beschränkten Material nur in sehr unvollständiger Weise möglich. Denn die registrierbaren Verhaltungsweisen und die zu erdeutenden Dispositionen teilen sich nicht nach gleichen Gesichtspunkten ein; es gehört nicht zu jeder Kategorie von Verhaltungsweisen eine geschlossene Kategorie von Eigenschaften und umgekehrt. Vielmehr kann sich eine einheitliche Eigenschaft in vielerlei Verhaltungsweisen bekunden; eine Untersuchung, die sich daher von vornherein auf eine Gruppe von Verhaltungsweisen beschränkt, trifft jede Eigenschaft nur an einem relativ zufälligen Punkte und stellt ihre Art, Ausdehnung, Stärke nicht sicher.

Hierfür zeigen die Untersuchungen von GROOS ein charakteristisches Beispiel. K. und M. GROOS konstatieren die Tatsache, daß bei SCHILLER akustische Ausdrücke in relativ großer Häufigkeit auftreten, und dies legt ihnen die Hypothese nahe, daß SCHILLER dem auditiven Typ zugehörte. Aber sie sind selbst weit davon entfernt, „die sich allerdings aufdrängende Vermutung, daß SCHILLER stark akustisch veranlagt war, als erwiesen anzusehen.“ Und in der Tat wäre zur Sicherung einer solchen Typik SCHILLERS notwendig, daß neben dem Wortschatz der Schriftsprache auch

---

[1] 1186/7. [2] 1188. [3] 1183. [4] 1195.

seine Sprechsprache, seine Gedächtnisbetätigung, das Arbeiten seiner Phantasie und manche andere Verhaltungsweise zu Rate gezogen würde.

So versteht man es sehr wohl, daß eine andere Gruppe von Teilpsychogrammen nicht ein einzelnes Verhalten, sondern eine einzelne Eigenschaft herausgreift, zu deren Untersuchung in freierer Weise alle in Betracht kommenden Verhaltungsweisen herangezogen werden. Sie stehen somit dem Totalpsychogramm näher, da sie eine mehr oder minder große Vielseitigkeit der Gesichtspunkte zur Anwendung bringen; aber die eine im Mittelpunkt der Betrachtung stehende Eigenschaft unterscheidet sie doch prinzipiell von diesen. Auch das Verfahren ist meist nicht mehr isoliert-methodisch, sondern bringt eine Kombination verschiedener Methoden.

c) Die französischen Psychogramme bedeutender Zeitgenossen. Besonderes Interesse hat man in Frankreich der psychologischen Analyse schöpferischer Persönlichkeiten zugewandt; als zu behandelnde Eigenschaft wählte man ihre Arbeits- und Schaffensfähigkeit. Und zwar erforschte man nicht historische Individuen mit Hilfe biographischer Daten, sondern suchte die Mittel direkter psychologischer Beobachtung und experimenteller Forschung auszunutzen; deshalb richtete man seine Arbeit auf mitlebende Männer. Toulouse und Binet, ferner Passy und Arréat haben derartige Psychogramme angefertigt, die freilich einen sehr verschiedenen Wert haben.

Auf der Grenze zwischen Pathographie und Psychographie stehen, wie schon ihr Name besagt, die beiden Studien von Toulouse: „Enquêtes médico-psychologiques sur la supériorité intellectuelle". Der erste Band über Zola [1] erschien schon 1896, der zweite über Poincaré [2] wurde erst 1910 veröffentlicht, stützt sich aber ebenfalls auf das in den 90er Jahren gesammelte Material. So erklärt es sich, daß diese Psychogramme eine Phase der Psychographie vertreten, die heute hoffentlich als endgültig überwunden gelten kann. Das Vorgehen ist sehr mechanisch; die angestrebte Exaktheit besteht darin, daß einige Experimente, wie sie damals im psychologischen Laboratorium und in einigen Kliniken zu andersartigen Zwecken üblich waren, ohne wesentliche Umformung an Zola und Poincaré angewandt wurden. Diese den weitaus größten Teil der Bücher füllenden Tests über Seh- und Hörschärfe, Farben-, Formen-, Ziffern-, Wort- und Satzgedächtnis, Reaktions-

[1] 1216. [2] 1295.

zeiten und Assoziationen haben für die eigentlich geniale Gabe der beiden nur ganz verschwindende Bedeutung; die wenigen psychographisch wichtigen Angaben, die wir erhalten, stützen sich ganz überwiegend auf allgemeine Beobachtungen und einige Selbstanalysen der psychographierten Persönlichkeiten. Dort, wo das Wesentliche nach detailliertem Ausbau verlangt, versagt das Psychogramm.

Ganz anders geartet sind die Studien Binets, die sich auf die schöpferische Begabung der Dramatiker erstrecken. Die ersten mehr skizzenhaften Psychogramme — über Sardou, Coppée, Dumas, Meilhac, Goncourt, Pailleron, Curel — veröffentlichte er (zum Teil gemeinsam mit Passy) ebenfalls bereits im Jahre 1895 [1]. Weit übertroffen aber werden diese durch die feinsinnige und eingehende Analyse des Dramatikers Hervieu, bei welcher er die „création littéraire“ in ihren Bedingungen, Äußerungen und zugrunde liegenden Dispositionen bloßzulegen sucht [2]. Sein Verfahren ist hierbei eine sehr glückliche Verbindung von intuitiver Einfühlung und psychologisch wissenschaftlicher Analyse; die verschiedenartigsten Methoden: Befragung des Autors, Beobachtung seiner Lebensführung, Studium der Werke selbst, Beurteilung der äußeren Form und der Handschrift seiner Manuskripte und andere werden, jede zu ihrer Zeit, herangezogen, um im Ganzen ein rundes und lebensvolles Bild zu geben. Es ist zwar nur ein Teilpsychogramm, das B. uns gibt — denn alle anderen Eigenschaften werden nur so weit herangezogen, als sie zum Verständnis der dramatischen Begabung nötig zu sein scheinen — aber innerhalb dieses engeren Rahmens beweist B. den Wert jener Extensität und Anpassungsfähigkeit der Aufmerksamkeit, die wir oben für Totalpsychogramme gefordert haben.

Ähnlicher Art, wie die Untersuchung Hervieus ist das Psychogramm, das Binet 1909 von dem jungen Maler Tade Styka veröffentlichte [3].

d) Das Hoffmann-Psychogramm von Margis [4]. Das weitaus umfassendste Psychogramm, das bisher ausgeführt wurde, ist dasjenige von Margis über den Romantiker E. Th. Hoffmann. Es hat, wie mir scheint, eine über den speziellen Fall hinausgehende Bedeutung aus verschiedenen methodologischen Gründen. M. hat gezeigt, daß es möglich ist, ein sehr ausführliches psychographisches Schema einem konkreten Psychogramm zu-

[1] 1179/80. [2] 1181. [3] 1227. [4] 1201.

grunde zu legen und zwar ebensowohl für die Beschaffung wie für die Bearbeitung des Materials. Er hat sodann das Schema in seinem ganzen Umfange auszufüllen, also ein wirkliches Vollpsychogramm zu geben versucht; hierbei aber hat er zugleich möglichst erschöpfende Vollständigkeit des Materials erstrebt: alles, was von und über HOFFMANN erreichbar war, wurde herangezogen, Werke, Handschriften, Tagebücher, Briefe, Zeichnungen, Musikalien, Biographien und Urteile der Zeitgenossen. Ferner hat M., obwohl es ihm im wesentlichen um ein Quer-Psychogramm zu tun war, doch soweit angängig auch die Längsschnitte durch die einzelnen Eigenschaften gelegt. Methodologisch zeigt die Arbeit eine große Mannigfaltigkeit in der Auswahl der angewandten Verfahrungsweisen: literarhistorische und rein psychologische, graphologische und statistische, genealogische und biologische Gesichtspunkte sind je nach dem gerade zu bearbeitenden Teilproblem berücksichtigt [1]. Endlich hat M. der Forderung, Beobachtung und Deutung zu trennen, streng genügt; für jedes psychologische Urteil über eine Eigenschaft, die HOFFMANN zugeschrieben wird, werden auch die Materialien, auf welche es sich stützt, zur Verfügung gestellt.

Das Schema, das M. benutzte, besteht aus zwei Teilen. Für das eigentliche Vollpsychogramm legte er ein allgemeines Schema zugrunde, das von mir für das Institut für angewandte Psychologie (als „Schema der zweiten Fassung") ausgearbeitet, aber nicht publiziert worden war [2]; M. hat es dann an vielen Stellen für seine Zwecke modifiziert. Wenn dieses Schema auch von einer früher unbekannten Ausführlichkeit ist, so entspricht es doch keineswegs allen uns jetzt zum Bewußtsein gekommenen Anforderungen, und das letzte vom Institut für angewandte Psychologie in Angriff genommene Schema geht bereits weit über das MARGISsche hinaus (vgl. das nächste Kapitel). Dennoch war es sehr günstig, daß erst einmal an einem Schema minderer Umfänglichkeit der Beweis geführt wurde, welche Dienste der Schematismus dem Psychographen leisten kann. Auch sind die praktischen Erfahrungen bei dieser Arbeit von Wert für den weiteren Ausbau des neuen Schemas.

Dem allgemeinen Schema hat M. dann noch ein von ihm selbst entworfenes Spezialschema angefügt, das der Analyse des literarischen Schaffens H.s dient.

So entstand ein Individualitätsbild, das die Bezeichnung Vollpsychogramm mit allem Recht verdient. Durch die Umorien-

---

[1] Wenn ich S. 334/5 den eigentümlichen Zustand der fluktuierenden und extensiven Aufmerksamkeit schilderte, der vom Hersteller eines wirklichen Vollpsychogramms zu verlangen ist, so waren hierfür Beobachtungen maßgebend, die ich beim Zustandekommen der M.schen Arbeit gewonnen hatte. [2] Vgl. Nachr. a. d. Inst. f. ang. Psych.; *ZAngPs* III S. 164, 1810.

tierung der Betrachtung nach psychologischen Gesichtspunkten erscheint die Persönlichkeit H.s zum Teil in neuen Lichtern; die Einbeziehung bisher vernachlässigter psychischer Eigenschaften trägt dazu bei, das Gesamtbild abzurunden und zu vervollständigen und gewährt einen Einblick in das Spiel und Gegenspiel der verschiedenen Elemente innerhalb der Struktur dieser Individualität. Insbesondere tritt das merkwürdige Nebeneinander so verschiedener Begabungen wie der musikalischen, literarischen und zeichnerischen, ferner das Verhältnis von Naturell und Werk deutlich hervor.

Zugleich aber macht dieser Versuch auch die grundsätzliche Grenze der Psychographie klar: Das Vollpsychogramm H.s ist keine Biographie (d. h. einheitliche Persönlichkeitsdarstellung), sondern ein Mosaik und verlangt daher nach einer biographischen Ergänzung; es wird aber einmal diese Ergänzung auf einem ganz anderen Niveau möglich machen, als es jemals bei einer nicht psychographisch vorbereiteten Biographie denkbar wäre.

e) Kasuistische Psychogramme. Die Psychogramme hervorragender Künstler und Gelehrter, wie sie von Binet, Margis und anderen bearbeitet worden sind, haben in erster Linie Interesse als Darstellungen eben dieser bedeutenden Individualitäten; in zweiter Linie sollen sie als Belege und Demonstrationsmittel für allgemeinere psychologische Probleme (insbesondere für das der Genialität und der geistigen Arbeit) dienen. Nun gibt es aber eine Reihe anderer Psychogramme, die lediglich oder doch ganz vorwiegend aus irgendeinem kasuistischen Interesse angefertigt wurden. Auch hier handelt es sich um Persönlichkeiten, die irgendwie von der Norm abweichen; aber diese Außernormalität ist dann nicht Übernormalität im Sinne historischer Bedeutsamkeit, sondern eine rein psychologische Besonderheit, die zu genauerem Studium auffordert. Die Individualitäten als solche würden nicht eine eigene psychographische Behandlung nahe legen; aber sie besitzen gewisse Eigenschaften in einer quantitativ oder qualitativ besonderen Ausprägung, und ein Studium dieser Ausprägung läßt erhoffen, daß dadurch unser Wissen über die allgemeine Beschaffenheit der bezüglichen Funktion überhaupt vermehrt wird.

Im weiteren Sinne gehört die ganze psychiatrische Kasuistik hierher; denn wenn der Irrenarzt einen Einzelfall seiner Beobachtung genauer schildert, so will er damit die allgemeinen Merkmale und Zusammenhänge der betreffenden Krankheit belegen.

Allerdings kommt es hier selten zu einer Individualitätsdarstellung von solchen Umfange, daß wir von einem eigentlichen Psychogramm sprechen könnten [1].

Ausführlicher sind oft kriminalistische Kasuistiken. So enthält „der neue Pitaval" Verbrecherbiographien, die immerhin inhaltreich genug waren, um HEYMANS die Anlage entsprechender Psychogramme zu gestatten. Und die moderne Kriminalpsychologie ist reich nicht nur an individuellen Seelen- und Charakteranalysen verbrecherischen Individuen, sondern auch an Autobiographien solcher. Aber auch diese sind keine „Psychogramme" in unserem Sinne; denn es fehlt die Durchführung psychologischer Gesichtspunkte in der Ordnung und Bewältigung des biographischen Materials.

Wohl aber sind hier einige Untersuchungen zu erwähnen, die sich mit „okkulten" Phänomenen, insbesondere der Spaltung der Persönlichkeit befassen. FLOURNOY, MORTON PRINCE, SCHRENCK-NOTZING, WILSON u. a. haben über solche Fälle, zum Teil in recht umfänglichen Werken, gehandelt. Diese Psychogramme arbeiten mit gemischter Methodik: Beobachtungen, die durch lange Zeit hin fortgesetzt wurden, Experimente, Selbstzeugnisse und Tagebücher der psychographierten Individuen werden herangezogen [2].

Ferner hat auch das Phänomen der Mindersinnigkeit zu psychographischen Kasuistiken Anlaß gegeben. Wir haben zunächst autobiographische Aufzeichnungen von Persönlichkeiten, welche uns zeigen, wie das Seelenleben durch das Fehlen eines oder mehrerer Sinne von Grund aus beeinflußt wird, so von den Blinden ANSALDI [3] und JAVAL [4], von der Taubblinden HELEN KELLER [5]. Sodann aber hat das besondere Interesse, das an dem gleichzeitigen Fehlen der beiden höheren Sinne genommen wird, dazu geführt, daß vielseitige Analysen Taubblinder nach psychologischen Gesichtspunkten versucht werden, so von Jerusalem über LAURA BRIDGMAN [6], von mir über HELEN KELLER [7]. Auch in diesen Fällen wurde gemischte Methodik angewandt.

Das Hauptgebiet aber, auf dem Fachpsychologen bisher psychographische Kasuistik gepflegt haben, ist das der übernormalen Spezialbegabung. Und zwar hat sich hier das Interesse mit einer gewissen Einseitigkeit den Rechenkünstlern und verwandten Virtuosen (z. B. Schachblindlingsspielern) zu-

---

[1] Vgl. die schon 1841 geschriebenen Biographien Geisteskranker von IDELER (75).

[2] Bibliographie Abt. D IX. [3] **1372.** [4] **1376.** [5] **1378—1381.** [6] **1377.** [7] **1385—1386.**

gewandt[1]. Die beiden von BINET[2] psychographierten Rechner JNAUDI und DIAMANDI sind zu Musterbeispielen für die Lehre vom auditiven und visuellen Typ geworden; die gründliche experimentelle Untersuchung des Rechenkünstlers RÜCKLE wurde für G. E. MÜLLER der Ausgangspunkt für umfassende Studien über das Vorstellungsleben[3]. Kurze Zusammenstellungen der wichtigsten aus der Geschichte bekannt gewordenen Fälle von Rechenkünstlern geben SCRIPTURE[4] und MITCHELL[5], und zwar ausdrücklich zu dem Zweck, um aus dieser Kasuistik das allgemeine Bild jener Sonderfähigkeit zu entwickeln.

2. Psychogramme von Kindern und Jugendlichen.

a) Genetische Psychogramme aus der frühen Kindheit[6]. Das einzige Gebiet, auf welchem Längsschnitt-Psychogramme bisher in größerem Umfange durchgeführt worden sind, ist das frühe Kindesalter. Die Wahl der zu psychographierenden Kinder ist hierbei durchaus zufällig. Nicht die besondere Individualität eines Kindes, die zur eingehenden Charakteristik aufforderte, war bestimmend (denn in der frühesten Kindheit ist eine solche Eigenart noch gar nicht erkennbar), sondern das kindespsychologische Interesse der Untersucher, das sich naturgemäß den ihnen am leichtesten zugänglichen Kindern zuwandte. So sind es fast immer Familienangehörige: die eigenen Kinder bei PREYER, STUMPF, MAJOR, LINDNER, SCUPINS, STERNS usw., Neffen oder Nichten bei AMENT und MISS SHINN.

Die Zufälligkeit in der Wahl der Kinder bewirkte, daß es sich beinahe ausnahmslos um solche handelt, die der breiten Masse der Normalen angehören; die Folge war, daß man die Psychogramme wesentlich nur als kasuistisches Material für allgemeine Probleme der Entwicklungspsychologie verwertete. In vielen Fällen wurde deshalb überhaupt gar nicht die psychographische Darstellung isoliert, sondern von vornherein in allgemeine kindespsychologische Erörterungen als Beispiel und Beleg hineinverarbeitet, so bei PREYER, AMENT, MAJOR.

Reine Psychogramme kleiner Kinder sind bisher nur als Teilpsychogramme gegeben worden. Zwar liegt in den Tagebüchern

---

[1] Bibliographie Abt. D IV 2. [2] **1297.**

[3] **1308, 458** a Bd. I; vgl. a. **1309.** [4] **1310.** [5] **1307.**

[6] Bibliographie Abt. C II. Ferner: AMENT **873**, CRAMAUSSEL **878** a, PREYER **887**, C. u. W. STERN **889**.

mancher Eltern oft genug Material verborgen, das in sich vielseitig genug wäre, um die Herstellung eines Vollpsychogramms zu erlauben (das gilt z. B. von den Aufzeichnungen, die meine Frau über unsere Kinder gemacht hat; die als Rohmaterial veröffentlichten Tagebücher des Ehepaares SCUPIN über ihren Sohn zeigen ein Gleiches); indessen hat sich noch niemand an den Versuch gewagt, hieraus das Vollbild einer kindlichen Individualentwicklung zu gestalten. Die Schwierigkeit ist freilich groß; müßte doch ein solches Psychogramm ebenso das Nebeneinander der verschiedenen Eigenschaften wie das Nacheinander der Entwicklungsphasen zur Geltung bringen. Einen ersten kleinen Anlauf zu einem solchen genetischen Vollpsychogramm können wir vielleicht in MISS SHINNS „Biography of a Baby" sehen; indessen handelt es sich hier um eine mehr populäre Darstellung, die sich zudem auf das erste Lebensjahr beschränkt.

Die genetischen Teilpsychogramme, die wir besitzen, beziehen sich auf sehr verschiedene Eigenschaften.

Am häufigsten sind Entwicklungen des Sprechens (und Denkens) psychographisch dargestellt worden, so von PREYER und AMENT, STUMPF, LINDNER, GHEORGOV. Die ausführlichste und zeitlich weiteste Ausdehnung zeigen wohl die beiden Sprachgeschichten unserer Kinder. In diesen ist auch der Versuch gemacht worden, die rein chronologische Längsschnittsdarstellung von Zeit zu Zeit durch Querschnitte zu ergänzen, die den sprachlichen Gesamtstatus einer bestimmten Entwicklungsphase festhalten. — Von Längspsychogrammen anderer Eigenschaften seien erwähnt: Miß SHINNS Untersuchungen über die Entwicklung der Sinneswahrnehmungen und Bewegungen eines Kindes, ferner unsere (C. u. W. STERNS) Darstellungen über die Entwicklung der Erinnerungs- und Aussagefähigbeit bei unserer Tochter und über die zeichnerische Entwicklung unseres Sohnes.

Während früher nach dem Vorbild von PREYER die genetischen Psychogramme stets mit dem dritten Lebensjahre abschlossen, werden neuerdings, so von SCUPINS und uns, auch die nächsten drei Jahre einbezogen; zum Teil wird noch darüber hinausgegangen. Natürlich sind derartige Zeitbeschränkungen nur aus äußeren Gründen zu rechtfertigen; an sich wäre es höchst wünschenswert, wenn wir Längs-Psychogramme erhielten, die sich über die ganze Kindheit und Jugendzeit erstreckten und insbesondere das so wichtige Pubertätsalter mit einschlössen.

b) Quer-Psychogramme von Schulkindern. Obwohl, wie früher erwähnt, Individualitätenbücher und Personallisten in zahlreichen Schulen und Anstalten bereits im

Gebrauch sind [1], ist mir über ihre wissenschaftliche Verarbeitung zu Schülerpsychogrammen nichts bekannt. Was unter dem Titel „Schülercharakteristiken", „Individualitätenbilder von Kindern" in der Literatur zu finden ist, besteht meist aus mehr oder weniger populären Plaudereien, bestenfalls aus feinsinnigen Beobachtungen und verständnisvollen Einfühlungen, die aber des wissenschaftlichen Gepräges entbehren [2].

Binet ist wiederum in diesem Zusammenhange zu nennen. Er hat von seinen beiden Töchtern, als diese 13 bezw. 14½ Jahr alt waren, Psychogramme angefertigt, die durch die verschiedenen Betätigungen ihres Vorstellungslebens einen Querschnitt legen [3]. Der Rahmen seiner Methode besteht in Tests; aber da er deren Ergebnisse durch die Alltagsbeobachtungen kontrollieren, ergänzen und deuten konnte, entstanden zwei Charakteristiken, die ein durchaus lebensvolles individuelles Gepräge tragen.

Heymans hat neuerdings seine psychographische Erhebung, die er früher (mit Wiersma) im wesentlichen auf Erwachsene beschränkt hatte, auf Knaben und Mädchen aus verschiedenen Schulgattungen ausgedehnt [4]. Von fast 4000 Kindern und Jugendlichen wurden so Listen über je 81 Eigenschaften ausgefüllt. Leider ist auch dies Material, ähnlich wie das S. 340 erwähnte, noch nicht nach der psychographischen, sondern nur nach der variationspsychologischen Dimension verarbeitet worden.

Weitere Quer-Psychogramme von Kindern im Schulalter wären dringend erwünscht. Sie sind leichter herzustellen als Längs-Psychogramme, da sie nicht jahrelange Beobachtungen, sondern nur ein genaueres Studium einer begrenzten Zeitphase verlangen. Pädagogen, insbesondere solche, die ein Kind auch außerhalb des schulischen Betriebes zu beobachten Gelegenheit haben (Anstaltslehrer, Hauslehrer) seien auf diese Aufgabe hingewiesen.

c) Psychogramme übernormaler Kinder und Jugendlicher [5]. Während bei den Psychogrammen Erwachsener in den weitaus meisten Fällen übernormale Persönlichkeiten als Objekte gewählt wurden, sind bei Kinderpsychogrammen die von Übernormalen noch sehr in der Minderzahl. Sie sollen einerseits dem theoretischen Problem dienen, die Entwicklungsbedingungen der Genialität unmittelbar zu erfassen, sodann aber

---

[1] Bibliographie Abt. C IV 1. [2] Bibliographie Abt. C IV 2.
[3] **692.**
[4] Vgl. **1031,** S. 33—34 u. S. 295—304. [5] Bibliographie Abt. C III 2.

auch die praktische Frage der Diagnose und Behandlung jugendlicher Übernormaler klären. Die Unterscheidung des bloßen Wunderkindes, das nur eine voreilige, später stagnierende Entwicklung hat, vom wirklichen werdendem Genie, die Herstellung der günstigsten Erziehungs-, Unterrichts- und Umweltbedingungen für diese Führer der kommenden Kultur — all dies setzt eine möglichst genaue Kenntnis zahlreicher Entwicklungsgänge hervorragender Kinder voraus, die nur auf dem Wege des Jugendpsychogramms zu erlangen ist[1].

Unser bisheriger Besitz an solchen ist noch recht dürftig. Eigentliche Entwicklungsdarstellungen existieren überhaupt noch nicht, bestenfalls liegen genauere Querschnittsaufnahmen aus einer bestimmten Altersstufe vor, die lediglich durch Anamnesen über die vorangegangene Entwicklung ergänzt werden konnten; oft aber müssen wir uns mit biographischen Notizen begnügen, aus denen nur dürftige und unkontrollierbare psychographische Daten herauszuholen sind.

Zu dieser letzten Gruppe gehören mehr oder weniger alle Mitteilungen über Wunderkinder aus früheren Jahrzehnten (und Jahrhunderten), so über das „lesende Baby“ Otto Poehler (Mitteilungen von Stumpf und von Berkhan), über einen Gedächtniskünstler des 18. Jahrhunderts Christian Heineken, der mit $4^1/_2$ Jahren starb (von Schöneich und Berkhan), über den dichtenden Knaben Chatterton (von Engel) und das in elf Sprachen dichtende Mädchen Elisabeth Kulmann (von Thomson).

In neuerer Zeit sind insbesondere über musikalische Wunderkinder genauere Aufnahmen gemacht worden. Über eines von diesen, Pepito Arriola, liegen bereits zwei Querschnitte vor, die ihn als Dreieinhalbjährigen (Richet) und als Sechsjährigen (Stumpf) schildern. Beide Untersuchungen beschränken sich mit Absicht auf die akustischen und musikalischen Fähigkeiten. — Bevorstehend sind ausführliche Psychogramme des siebenjährigen ungarischen Komponisten Ervin Nyiregyhazy (von Revesz) und des elfjährigen Wieners E. Korngold (von Hornbostel); in beiden Fällen sind außer der Spezialbegabung auch andere Seiten der Individualität in Hauptzügen psychographiert worden.

Übernormale zeichnerische Begabungen hat Kik psychographisch behandelt[2]; allerdings mußte er sich, da es ihm mehr auf eine Vergleichung einer größeren Zahl von Kindern ankam, bei jedem einzelnen Kind mit einer Skizze begnügen.

Endlich sei noch das von Kramer und mir gegebene Psychogramm eines elfjährigen als Gedächtniskünstlerin auftretenden Mädchens erwähnt; hier ist versucht worden, die angewandten Experimente einigermaßen den besonders interessierenden Fähigkeiten des Kindes anzupassen.

---

[1] Vgl. hierzu auch S. 165 ff. dieses Buches.

[2] 908.

In Zukunft müssen solche Psychogramme übernormaler Kinder unbedingt zu genetischen ausgestaltet werden. Das Wünschenswerteste wäre ja die Führung eines fortlaufenden psychographischen Tagebuches, wie es bei Durchschnittskindern oft geschieht. Da sich dies aber meist durch die Verhältnisse verbieten wird, so sollten mindestens häufigere Querschnitte desselben Kindes genommen werden, welche die inzwischen erfolgte Entwicklung und Wandlung erkennen lassen.

Kapitel XXIV.

Das psychographische Schema.

1. Notwendigkeit des Generalschemas.

Überblicken wir alles, was wir über die bisherige Entwicklung und den gegenwärtigen Stand des Psychographieproblems gefunden haben, so ergibt sich eine große Fülle an Gesichtspunkten und Versuchen, aber zugleich eine bedauerliche Wirrnis in methodischer Hinsicht und starke Willkür in der Auslese der zu behandelnden Merkmale. Soll daher die Psychographie auf die Höhe eines wirklich wisschenschaftlichen Verfahrens gehoben werden, auf der sie ihre Aufgabe für Psychologie, Biographie und praktische Kultur voll erfüllen kann, so erscheint eine weit ausschauende Vorarbeit nötig, die allein der Schaffung eines psychographischen Generalschemas gilt. Denn in der Tat beruht die Unzulänglichkeit und Ungleichmäßigkeit aller bisherigen psychographischen Unternehmungen darauf, daß man die Herstellung des Schemas nicht als ein selbständig zu behandelndes Problem erkannt, sondern von Fall zu Fall in Eile erledigt hat.

Unter dem Generalschema der Psychographie verstehen wir eine nach übersichtlichen Einteilungsprinzipien geordnete Liste aller derjenigen Merkmale, die für die Erforschung von Individualitäten möglicherweise in Betracht kommen können, ohne Rücksicht auf apriorisch angenommene „Wesentlichkeit“ und auf die besonderen Absichten der einzelnen Individualitätsuntersuchungen.

Da bisher unseres Wissens ein solches Generalschema als eigene wisschenschaftliche Aufgabe nur durch das Institut für angewandte Psychologie in Angriff genommen worden ist, wird unsere Darstellung vornehmlich auf jene — freilich noch sehr fragmentarischen — Bestrebungen Bezug nehmen, in zweiter Linie aber auch die von anderen Forschern gelegentlich aufgestellten Listen zur Unterstützung heranziehen [1].

Es liegt ja nun der Einwand nahe, daß das „Generalschema" etwas gründsätzlich Unmögliches anstrebe. Dieser Einwurf hat insofern Recht, als die Unendlichkeit von Elementen, welche jede Individualität einschließt, durch kein noch so enges Netz einer Liste wirklich eingefangen werden kann. Aber so wenig die Unerschöpflichkeit der vorhandenen Pflanzenarten den Botaniker abgehalten hat, eine Systematik der Arten zu versuchen, um mindestens den Bruchteil der Fülle, den er zu bewältigen vermag, ordnen und überschauen zu können, so wenig sollte der Psychologe sich scheuen, die ihm erreichbare Merkmalsfülle der Persönlichkeit, wenn auch nur in der Form von Problemen, zu registrieren. Er erhält dadurch eine Vielgestaltigkeit der Individualitätsmerkmale, die jedenfalls von einer ganz anderen Größenordnung ist, als irgend eine sonstige, zu irgend welchen Spezialzwecken bisher zusammengestellte Prüfungsliste; und er wird imstande sein, neu auftauchenden Problemen, die noch nicht in seinem Systeme stehen, einen Platz anzuweisen oder das Manko durch Änderung des Systems zu beseitigen. Von der beliebigen Unvollständigkeit des Zufalls, die bisher in allen Individualitätslisten herrschte, wird sich das psychographische Generalschema zwar nicht durch tatsächliche Vollständigkeit, wohl aber durch die systematische Vervollständigungs-Tendenz und -Möglichkeit unterscheiden.

Das hat sich bereits in der Praxis bestätigt: das erste von mir für das Institut ausgearbeitete Vollschema erwies sich bei aller Unvollständigkeit als geeignete Grundlage der Weiterarbeit [2]; auf ihm aufgebaut ist einerseits das weit detailliertere Schemabruchstück, das von BAADE, LIPMANN und mir veröffentlicht wurde [3], andererseits das Schema, welches MARGIS seinem HOFFMANN-Psychogramm zugrunde gelegt hat.

Bei näherer Betrachtung erscheint die Anlage eines psychographischen Generalschemas geradezu als notwendiges Prolegomenon für die verschiedensten psychologischen Forschungen überhaupt, nicht etwa nur für diejenigen mit differentieller Tendenz [4].

---

[1] Einige der folgenden Gedankengänge wurden bereits früher in der Einleitung zum Institutsfragment (**80**) von mir veröffentlicht. Es sind aber nunmehr eine Reihe weiterer Betrachtungen hinzugekommen, die zunächst nur als meine privaten Ansichten, nicht als die des Instituts, gelten können.

[2] Vgl. die S. 345 erwähnte Nachr. a. d. Inst. [3] **72**.

[4] Daß ein Prolegomenon zeitlich später auftritt, als die inhaltliche Bearbeitung des Gebietes, dem es als Vorbereitung dienen sollte, ist ja in der Geschichte der Wissenschaften kein seltener Fall.

Denn das Schema gewährt ja erst einen Überblick über all das, was zur Psyche eines Individuums gehört, sei es direkt als Element, Eigenschaft, Verhaltungsweise, Leistung, sei es indirekt als Ursache oder Symptom. Wie unvollständig alle bisherigen Psychologiewerke in dieser Hinsicht sind und sein mußten, das geht erst demjenigen auf, der unter systematischem Gesichtspunkte an einem solchen Schema gearbeitet hat, und sei es nur in bezug auf ein enges Teilgebiet des Psychischen. Zu den merkwürdigsten Erlebnissen meiner Mitarbeiter und meiner selbst gehörte die Überraschung, wie viel Psychologie — und zwar wieviel neue, auf dem bisherigen Wege nicht erreichbare Psychologie — wir gelernt haben in den Wochen, da wir an der Aufstellung eines psychographischen Schemas gearbeitet haben.

Um ein Beispiel herauszugreifen: kein Lehrbuch der Psychologie gibt auch nur eine annähernde Vorstellung davon, was alles zu dem eigentümlichen Akt des „Stellungnehmens“ gehört und nach welchen Dimensionen er sich daher individualisieren kann. Es ist eben hierzu nötig, daß man sich die Formulierung der für irgend ein Individuum X möglichen **Fragestellungen an sich** — in bezug auf Richtung, Inhalt, Dynamik, Schwankung, Entwicklung, Verknüpfung, Anomalien usw. des Stellungnehmens — zur selbständigen wissenschaftlichen Aufgabe machte, ohne der Versuchung zu unterliegen, sofort zu Beantwortungen überzugehen; und diese Beschränkung auf das reine Beschreiben — oder vielmehr noch zurückhaltender: auf das reine Fragen nach dem Beschreibbaren — fehlte bisher.

Aber natürlich ist der Wert, den das Schema für die allgemeine Psychologie haben kann, nur sekundärer Natur. Primär soll es der Individualitätsforschung selber dienen. Denn wenn, wie wir oben sahen, jedem einzelnen Individualitätsforscher die Notwendigkeit obliegt, sich auf die gerade für seine Aufgabe wesentlichen Merkmale zu beschränken, so kann er die richtige Auslese nur dann treffen, **wenn das Material von Fragen, aus denen die Auslese zu erfolgen hat, möglichst neutral und möglichst vollständig ist.** Die Neutralität soll bedeuten, daß das Schema sich nicht von vornherein in dem engen Zirkel bewegt, der durch historische, oder pädagogische, oder psychopathologische, oder durch forensische Interessen abgesteckt ist. Wenn schon die zufällige Berührung medizinischer und historischer Gesichtspunkte zu wertvollen Erweiterungen der biographischen Betrachtungsweise führen konnte (Vererbungsproblem, Pathographie usw.), um wieviel mehr muß ein systematisches In-Verbindung-Setzen aller heut möglichen, auf die Individualität anwendbaren Fragestellungen untereinander und vor allem mit denen der Psychologie sämtlichen Beteiligten nützen! Mag dann auch der einzelne Individualitäts-Forscher oder -Prüfer, der jeweiligen Aufgabe und den ihm zur Verfügung stehenden Hilfsmitteln entsprechend, seine Auslese auf einen sehr kleinen Bruchteil der im Schema enthaltenen Fragen beschränken — er weiß jetzt, warum er gerade diese wählt, er ist sich dessen bewußt, was er ausläßt, und warum er es ausläßt; zudem wird er sicherlich angeregt werden, so manche Punkte hinzunehmen, Beziehungen und Korrelationen zu suchen, auf Ursächlichkeiten und Symptome zu achten, an die er sonst nie gedacht hätte — kurz, er vermag dem Postulat der „Wesentlichkeit" in kritischer Weise gerecht zu werden.

In dieser Hinsicht ist die Geschichte des Institutsschemas besonders lehrreich. Den Ausgangspunkt bildete das Bestreben, für bestimmte hervorragende Einzelbegabungen, z. B. für das musikalische Talent, die mathematische Begabung usw. einen Untersuchungsplan zu entwerfen. Hierbei stellte es sich aber bald heraus, daß auch die speziellste Sonderbegabung eines X gar nicht erschöpfend untersucht werden könne, wenn man nicht ihre Beziehung zu seinen anderen Begabungen, zum Temperament, zur Bildung, zur Intelligenz, zu den Erblichkeitsverhältnissen mit einbezog. So ergab sich gerade hieraus die Notwendigkeit eines allgemeinen Schemas.

Die weitere Entwicklung wird hier vermutlich dahin führen, daß nebeneinander — aber in ständigem Zusammenhang miteinander — das allgemeine und eine Reihe von Spezialschematen ausgearbeitet werden. Das allgemeine Schema hat jenen Hauptstamm von Merkmalen zu enthalten, die in irgend einer Variante bei jeder Individualität vorkommen, ob es sich nun um einen Verbrecher oder um einen Heros, um ein Kind oder einen Erwachsenen, um einen Idioten oder ein Genie handeln mag. Die ursächlichen Komplexe der Vererbung und des Milieus, der Erziehung und des Umgangs, gewisse Phasen der Entwicklung, die phänomenologischen Tatbestände des Gedächtnisses, der Willensbeschaffenheit, der Interessenrichtung usw., sind in irgend einer Weise bei allen vorhanden.

Dagegen wird die besondere Art des „geistigen Arbeitens" nur bei einer kleinen Gruppe von Individuen genauer untersuchbar sein, eben bei jenen, die sich in umfangreicherem Maße intellektuell betätigen. Darum müssen für die hier in Betracht kommenden Merkmale Spezialschemata ausgearbeitet werden und zwar so viele, als es Richtungen der Geistesarbeit gibt.

Auch hierfür liegt, wie bereits erwähnt, ein Beispiel vor: Margis hat bei der Hoffmann-Psychographie dem allgemeinen Schema ein spezielles angefügt, das sich auf die Einzelheiten des literarischen Schaffens bezieht.

Ein weiterer Einwand wirft dem Schema vor, es fälsche das Wesen der Individualität; denn es mache ja aus ihr eben jene mittelpunktlose Musterkarte zahlloser Merkmale, bei der der Gesichtspunkt der Einheit unter dem der Mannigfaltigkeit völlig verloren gehe. Infolge des Strebens nach Vollständigkeit enthalte es ohne Unterschied Gleichgültigstes neben Wichtigstem, Flüchtigstes neben Dauerndem, äußerlich Zufälliges neben innerlich Notwendigem; es zeige nichts von der hierarchischen Über- und Unterordnung der Merkmale zur organischen Gesamtstruktur der Persönlichkeit.

Der Einwand wäre teilweise berechtigt, wenn das Schema als bloßer „Fragebogen" aufgefaßt würde, mit dessen möglichst mechanischer Ausfüllung für irgend ein zu prüfendes Individuum die Aufgabe des Forschers erledigt wäre. Er verliert aber seine Berechtigung, sobald man im Schema nicht mehr als die allerdings unumgängliche Vorbedingung der Individualitätsforschung sieht, welche die Frage nach den wesentlichen Eigenschaften, nach dem einheitlichen Aufbau, nach den ursächlichen Grundfaktoren der Persönlichkeit nicht abschneiden, sondern im Gegenteil auf einem höheren Niveau zur Klärung bringen soll.

Um diese Frage endlich einmal der apriorischen Konstruktion, dem Zufall und dem gefühlsmäßigen Belieben zu entziehen, muß freilich mit der allseitigen Analyse begonnen werden.

Aber schon das Schema selbst braucht nicht bei dieser stehen zu bleiben, sondern muß in seinem Rahmen auch synthetische Gesichtspunkte enthalten, durch welche das Vielerlei der einzelnen Verhaltungsweisen zu größeren Einheiten innerhalb des Individuums zusammengefaßt wird. Daß die bisherigen Schemata dieser Forderung weniger entsprachen und in der Analyse stecken blieben, war ein Kunstfehler, liegt aber nicht im Wesen des psychographischen Schemas. Wir werden weiterhin sehen, auf welche Weise diese Synthese im Schema vorbereitet werden kann.

Freilich führt auch dieser synthetische Teil des Schemas nicht bis zum letzten. Man darf eben nie vergessen, daß das Schema nichts anderes sein will und kann als die Anweisung, das Rohmaterial über eine Individualität zu gewinnen, zu ordnen und zu verknüpfen. Das Rohmaterial muß dann der Individualitätsforscher — sei er nun Historiker, Pädagoge, Kliniker — in einer Weise bearbeiten, die den besonderen Anforderungen seiner Disziplin und seiner Problemstellung entspricht.

2. Anlage des psychographischen Schemas.

Wir besprechen nun die leitenden Gesichtspunkte für die Herstellung der psychographischen Schemata.

Wegen der geforderten Neutralität und möglichsten Vollständigkeit übersteigt die Herstellung des Schemas offenbar die Leistungsfähigkeit eines einzelnen. Es ist eine organisierte Arbeitsgemeinschaft notwendig, damit die Fragestellungen des Psychologen und des Historikers ebenso wie die des Anthropologen und Mediziners (Vererbung, Gesundheitszustand, Degeneration, Psychosen) zu ihrem Rechte kommen, damit die Faktoren der Begabungsarten und Betätigungsweisen auf den verschiedenen wissenschaftlichen, künstlerischen, technischen Gebieten genau analysiert werden, damit die Interessen des Praktikers (Lehrers, Richters, Arztes und Soziologen) an der Individualitätsprüfung ebenso wie die der Theoretiker berücksichtigt werden [1].

Unterstützt muß die Arbeit werden durch eine Sammlung und Sichtung aller bisher schon vorhandenen Prüfungsmittel der Individualität, über deren unberechenbar hohe Zahl bisher noch jeder Überblick fehlt. Die brauchbaren Bestandteile dieser Partialschemata müssen schließlich in dem allgemeinen Schema Aufnahme finden.

Das Sammelarchiv des Instituts für angewandte Psychologie ist zurzeit damit beschäftigt, eine solche Sammlung anzulegen, welche die in den verschiedenen Schulen eingeführten „Individualitätenbücher" und Schemata zu Schülercharakteristiken, die in psychiatrischen Kliniken angewandten Listen zur Intelligenzprüfung, die Fragebogen und Enquêtelisten zu wissenschaftlichen Untersuchungen über die Art des geistigen Arbeitens, des ästhetischen Genießens usw., Materialien zu Tests, Anweisungen zu graphologischen und physiognomischen Charakterprüfungen und ähnliches umfassen soll.

Notwendig sind eine ganze Reihe von Schematen, entsprechend den verschiedenen Zielen des Psychogramms. Wir brauchen Schemata für Vollpsychogramme und für Teilpsychogramme; andererseits solche für Querschnitts- und für Längsschnittspsychogramme. Am dringlichsten ist aber zweifellos die schematische Grundlegung des vollen Querschnittspsychogramms, und diesem gelten auch allein die folgenden Erörterungen [2].

---

[1] S. S. 112/113.

[2] Nebenbei sei darauf hingewiesen, daß auch bereits ein genetisches Schema — freilich nur für die partielle Psychographie der sprachlichen Entwicklung — aus dem Institut für angewandte Psychologie hervorgegangen ist (**889** b).

Da das Querpsychogamm keinesfalls der genetischen Betrachtung ganz entraten kann, so muß auch das Schema Anweisungen dafür enthalten, daß wenigstens an sekundärer Stelle Entwicklungstatsachen ihren Platz finden. Es muß daher im „Vorbericht“ die Hauptetappen des Lebenslaufes von X verlangen und ferner für jede zu psychographierende Verhaltungsweise oder Eigenschaft nahe legen, daß ihre wichtigen Veränderungen in der Zeit mitgeteilt werden.

Wie ist nun das Schema einer Querpsychographie zu gliedern?

Das eigentliche Ziel psychographischer Untersuchung ist die Charakterisierung der Persönlichkeit des X nach ihren psychischen und psychophysischen Eigenschaften. Aber es ist nicht möglich, die Psychographie auf diese Angaben zu beschränken; es müssen vielmehr auch alle diejenigen Momente hineingenommen werden, welche für die persönlichen Eigenschaften des X ätiologische oder symptomatische Bedeutung haben oder haben können.

Die ätiologischen Bedingungen der Individualität sind sehr verschiedener Natur. Zum Teil finden die Einflüsse vor der Geburt statt: a) Vererbungswirkungen und b) Einwirkungen während des Embryonallebens. Zu einem anderen Teile wirken sie postnatal und sind hier wieder entweder c) unabhängig von der Selbsttätigkeit des X (Körperbeschaffenheit, Milieueinflüsse, Erziehung usw.) oder d) durch ihn mitbedingt (Alkoholgenuß, Beruf, Lektüre). Die Kategorie d gehört zugleich in die eigentliche Psychographie selber. Denn es ist z. B. Neigung zum Alkohol nicht nur ätiologisch bedeutsam für bestimmte psychische Eigenschaften des X, seine Arbeitsfähigkeit, seine Stimmungslage — sondern zugleich selber ein psychisches Charakteristikum des X. Ja, man kann geradezu sagen, daß jede in der Psychographie aufzuzählende Eigentümlichkeit mindestens ätiologisch sein kann für andere psychische Eigentümlichkeiten derselben Person.

Würden wir daher im Schema eine besondere Abteilung „Ätiologie“ schaffen, so müßte diese außer den reinen Vererbungs- und Umwelteinflüssen auch die seelischen Beschaffenheiten des X selber als mögliche Ursachfaktoren aufzählen. Das würde zu einer Verdoppelung führen, die vermieden werden muß. Es scheint deshalb angemessen, daß das Schema diejenigen Ursachfaktoren, welche nicht in der Selbsttätigkeit des X ihren Sitz haben — also die Kategorien a, b, c — aus dem Psychogramm heraussondert und in den „Vorbericht“ hineinnimmt. Hier fügen sie sich zwanglos der zu Einleitungszwecken nötigen chronologischen Übersicht ein.

Die Bedingungen c müssen natürlich innerhalb des Vorberichts sehr spezifiziert werden: die Umwelteinflüsse nach Ernährung, Klima, Aufenthaltsort, häuslicher Erziehung, Verkehr, Beschaffenheit des Elternhauses — die körperliche Beschaffenheit nach Gewicht, anthropologischen Kennzeichen und Maßen, Gesundheitszustand, Krankheiten usw.

Zu den Bedingungen a (Vererbungswirkungen) sieht das Schema einen besonderen Anhang vor, der durch Stammbäume und Sippschaftstafeln sowie durch Psychogrammskizzen der Vorfahren die Aszendenz des X klarzulegen hätte.

Anders steht es mit den symptomatischen Tatbeständen. Sie gehören nicht in den Vorbericht oder den Anhang, sondern in das Psychogramm selbst, sind aber innerhalb dessen von den Eigenschaften zweckmäßigerweise zu trennen.

Wir wissen ja, daß die Eigenschaften des zu psychographierenden X selber überhaupt nicht direkt erreichbar sind, sondern nur aus seinen symptomatischen „Verhaltungsweisen" erschlossen werden können. Nun fanden wir einen Hauptmangel so ziemlich aller biographischen und vieler psychographischer Individualitätsdarstellungen darin, daß sie von vornherein beides in einander arbeiteten und nur mit der fertigen Deutung hervortraten. Die künftigen Psychogramme müssen, aus früher erörterten Gründen, von diesem Fehler freigehalten werden und daraufhin muß das Schema gestaltet werden.

Die Befriedigung dieser Forderung wäre nun zunächst so möglich, daß das Schema zwar durchaus orientiert ist nach den Eigenschaften, daß aber bei der Ausfüllung des Schemas jede behauptete Eigenschaft des X durch das zugehörige Material belegt wird. Daß dies mit gutem Erfolg möglich ist, zeigt das Hoffmann-Psychogramm von Margis; denn sein Schema ist noch in der Hauptsache eine Eigenschaftsliste. Allein die vollkommenste Form ist dies noch nicht. Denn bei Eigenschaftslisten ist immerhin die Verlockung groß, das symptomatische Material als etwas weniger Wichtiges zu behandeln oder gar auf seine isolierte Darstellung zu verzichten (vgl. die Psychogramme von Heymans).

Sodann aber ist die gesonderte Darstellung der „Verhaltungsweisen" und der „Eigenschaften" deswegen empfehlenswert, weil die Einteilungs- und Gruppierungsgesichtspunkte hier und dort ganz disparate sind und so die mannigfachsten Kreuzungen notwendig machen. Es kann eine einzelne Verhaltungsweise symptomatisch sein für sehr verschiedene psychische Eigenschaften (z. B. ein gewisses Verhalten beim geistigen Arbeiten für Vorstellungstypus, Intelligenzgrad, Pedanterie, Interessenrichtung usw.); und es kann umgekehrt eine bestimmte Eigenschaft aus sehr verschiedenen Verhaltungsweisen abgeleitet werden (z. B. Pünktlichkeit aus beruflichem Verhalten, Tageseinteilung, Innehalten von Verabredungen usw.).

Aus den genannten Gründen hat auch die letzte Fassung des Institutschemas die Abteilung „Verhaltungsweisen" von der Abteilung „Eigenschaften" abgetrennt.

3. Das Schema der Verhaltungsweisen.

Am „Verhalten" des X ist ein Doppeltes zu unterscheiden: sein natürliches Funktionieren in den komplexen Zusammenhängen seines Lebens und sein Reagieren auf bestimmte experimentelle Prüfungsreize.

Eine Übersicht und Analyse des natürlichen Verhaltens ist für alle zu psychographierenden Individuen denkbar; bei manchen — nämlich bei lebenden und dem Erheber unmittelbar zugänglichen Persönlichkeiten — ist außerdem das experimentelle Verhalten durch Prüfungen sehr verschiedener Art festzustellen.

Die Gesichtspunkte für beide Arten des Verhaltens müssen im Schema systematisch zusammengestellt sein.

a) Die Systematisierung des natürlichen Verhaltens war eine durchaus neue Aufgabe, für welche bisher eigentlich noch jede Vorarbeit fehlte. Deshalb hatten die Bearbeiter des Institutsschemas geglaubt, gerade diesem Problem besondere Aufmerksamkeit zuwenden zu müssen. Sie stellten sich die Frage: Ist für die Feststellung derjenigen Verhaltungsweisen, die sich der experimentellen Isolierung und Variierung entziehen, dennoch eine Annäherung an die Gesichtspunkte exakter Methodik möglich? Hierzu scheinen sich zwei Wege zu bieten.

Der erste und wichtigste ist die Gruppierung der Verhaltungsweisen nach sachlichen Gesichtspunkten. Alle Verhaltungsweisen gehen hervor aus einer Konvergenz zwischen den inneren Dispositionen des Individuums und den äußeren Existenzbedingungen, in die es hineingestellt ist; bald sind die Verhaltungsweisen „Reaktionen", die von den äußeren Bedingungen als „Reize" hervorgerufen werden, bald sind sie „Spontanaktionen", die aber die äußeren Faktoren als „Material" gebrauchen, an dem sie angreifen und sich betätigen können. Da nun die inneren Faktoren dieser Konvergenz im zweiten Hauptteil des Schemas (der Eigenschaftsliste) dominieren, so ist es angemessen, das Verzeichnis der Verhaltungsweisen (im ersten Hauptteil) nach dem anderen Gesichtspunkt der äußeren Lebensbedingungen zu ordnen. So entstehen Gruppen, deren jede durch die gemeinschaftliche Beziehung zu bestimmten Formen oder Aufgaben des Lebens zusammengehalten wird.

Die Fragen für die einzelnen Gruppen lauten z. B.: Wie benimmt sich X bei den ständig sich wiederholenden Alltagsleistungen der Lebensführung (Kleiden, Essen, Sprechen, Schreiben)? Wie verhält sich X zu den Bedingungen der Zeit (Tages-, Wochen-, Jahreseinteilung)? Wie verhält er sich zu den Sachen (Wohnung, Bücher, Schmuck, Kleider)? Zum Geld (Etat, Schulden, Verdienst)? Welche Beschäftigung treibt er? Wie benimmt er sich bei diesen Beschäftigungen (Art des geistigen Arbeitens, Art des Reisens usw.)? Wie verhält er sich in sozialen Beziehungen (in Familie, Verkehr, Vereinen, Staat usw.)? Wie benimmt er sich beim Einwirken ungewöhnlicher Reize (bei Unglücksfällen, Festen, Prüfungen, Todesfällen usw.)?

Auch innerhalb jeder einzelnen Gruppe muß wieder für sachliche Ordnung der Fragen Sorge getragen werden. Oft stellt es sich heraus, daß für irgend ein Lebensgebiet eine Mehrzahl sich kreuzender Gesichtspunkte berücksichtigt werden muß; jeder der Gesichtspunkte verlangt dann seinen Schematismus, und es muß dem Benutzer des Schemas die Anweisung gegeben werden, bei der Ausfüllung alle Gesichtspunkte miteinander zu kreuzen.

Als Beispiel mag die Gruppe „Verkehr" gelten. Die Art, wie ein Mensch X sich im Verkehr mit anderen verhält, ist zu charakterisieren: a) nach den verschiedenen Konstellationen des Verkehrs (mündlicher und schriftlicher, Massen- und Einzelverkehr usw.), b) nach den Persönlichkeiten, mit denen X verkehrt (Verwandte und Fremde, Vorgesetzte und Untergebene usw.), c) nach den Tätigkeiten beim Verkehr (Plaudern, Reden halten, Zuhören, Korrespondieren usw.), d) nach dem allgemeinen Habitus, den Zielen, den Ausdrucksformen des Verkehrs.

Bei dieser Schematisierung des natürlichen Verhaltens darf nichts zu klein und nichts zu unbedeutend erscheinen. Man kann ja nicht im Voraus wissen, ob nicht irgend eine bestimmte Angewohnheit, eine Beschäftigungsweise, eine sprachliche Eigenart, eine Verkehrsform symptomatisch ist für wichtige psychische Eigenschaften, ob sie nicht durch Korrelationen mit so und so vielen anderen zunächst unwichtigen Einzelheiten eine Korrelationsschar von großem Umfang bildet, die auf eine dominierende Grundeigenschaft hinweist. Hier muß in der Tat die Herstellung des Schemas so neutral wie möglich sein und sich nicht durch vorgefaßte Meinungen über „Wesentlichkeit“ beeinflussen lassen.

Ein zweites Hilfsmittel zu einer exakten Schematisierung des natürlichen Verhaltens besteht in der Nutzbarmachung aller Verfahrungsweisen, die von Spezialwissenschaften zur Registrierung und Analyse einzelner menschlicher Betätigungsformen geschaffen worden sind. Die technischen Methoden zur Fixierung der natürlichen Ausdruckszustände und Prozesse (Photographie, Kinematographie, Phonographie) sind daher im Schema ebenso zu verzeichnen wie die mannigfachen, von der Graphologie gefundenen Gesichtspunkte, nach denen die Schrift eines Menschen analysiert werden kann (natürlich zunächst unter Absehung von den daran zu knüpfenden graphologischen Deutungen, denn diese gehören in die Eigenschaftsliste). — Der Medizin wird man eine Reihe von bewährten Gesichtspunkten der Beobachtung (z. B. bezüglich des Verhaltens von Herzschlag, Atmung, Stoffwechsel) zu entnehmen haben. — Man denke ferner an die Fülle von detaillierten Beschreibungsmitteln, die Philologen und Linguisten für die Charakteristik der Sprache (der Sprech- wie der Schriftsprache) erarbeitet haben; und wenn diese auch meist zu ganz anderen Zwecken verwendet werden, so sind doch gelegentlich auch schon psychographische Absichten damit verfolgt worden (s. S. 340/1). Von einer bewußten Übertragung dieser Hilfsmittel auf Zwecke der Psychographie ist noch sehr viel zu erwarten; sie kann aber nur durch das Zusammenarbeiten von Fachmännern der Spezialwissenschaften und der Psychologie erreicht werden. — Sodann müssen die Methoden, welche eine natürliche Verhaltungsweise quantitativ festlegen, wie die psychographische Statistik von Groos (s. S. 341/2), in das Schema aufgenommen werden. Endlich verdienen jene „Resonanzmethoden“ Berücksichtigung, bei denen eine Verhaltungsweise des X durch die Art erschlossen wird, wie andere Personen Werke des X wiedergeben (s. S. 146).

b) Über die Gesichtspunkte zur Feststellung des experimentellen Verhaltens eines Individuums können wir uns kürzer fassen; denn hier handelt es sich um die Anwendung der Prüfungs- und Testsmethoden, die wir ja an den verschiedensten Stellen ausführlich besprochen haben. Nur die Frage muß erörtert werden, in welcher Weise ein Prüfungsschema für psychographische Zwecke zusammengestellt werden müßte.

Die Möglichkeit, Prüfungen vorzuschlagen, ist natürlich unbegrenzt. Man kann innerhalb jeder bisher zur Verwendung gelangten Experimentalmethodik unzählige Testmöglichkeiten angeben (s. S. 95); man kann ferner Tausende von Aufgaben ausdenken, die dem X zu Explorierungszwecken gestellt und Tausende von Fragen formulieren, die ihm zur Beantwortung vorgelegt werden sollen. Aus den bereits vorhandenen Testvorschlägen, Individualitätenlisten, Fragebogen, Assoziationsschematen, Kenntnisprüfungslisten usw., könnten schon jetzt viele Bogen mit psychographischen Prüfungsmethoden gefüllt werden. Während die Systematisierung der natürlichen Verhaltungsweisen bald an einer natürlichen Grenze anlangt, lassen sich die Vorschläge für experimentelle Verfahrungsweisen in infinitum vermehren.

Es hätte nun offenbar wenig Sinn, wollte man das psychographische Schema zu einer wahllosen Sammelstelle aller dieser bisher vorgeschlagenen und angewandten Testmethoden und Prüfungsaufgaben machen; eine solche Sammlung wird zwar nötig sein, aber lediglich als Vorbereitung; in diesem Sinne ist das Buch von Whipple (**81**) sehr zu begrüßen, und auch die obengenannte Sammlung des Instituts für angewandte Psychologie verfolgt diesen Zweck. Erst in einer späteren Etappe der Arbeit — heute sind wir dazu noch nicht genügend gerüstet — wird dann aus den vorhandenen Tests eine Auslese getroffen werden müssen, es werden auch neue zu schaffen sein unter dem leitenden Gesichtspunkte, daß nur Tests von möglichst hohem psychographischen Wert aufgenommen werden.

Von den früher für Tests überhaupt aufgestellten Regeln (S. 105/6) gelten hier vor allem die drei ersten, die einen zugleich sehr hohen und sehr breiten Symptomwert des Tests verlangen und außerdem fordern, daß auf Grund des Tests eine Einordnung des Prüflings in eine bekannte Rangreihe oder Qualitätsgruppierung möglich wird. Dazu kommt nun aber noch eine speziell psychographische Forderung: der Test muß einen möglichst hohen „Inter-Intra-Quotienten" (s. S. 259)

$$\frac{\text{Inter-Vb.}}{\text{Intra-Vb.}}$$

besitzen; d. h. die von ihm gemessene Funktion muß zwar von Individuum zu Individuum sehr stark variieren, innerhalb jedes Individuums aber von einer Prüfung zur anderen sehr geringe Variationen zeigen.

Tests, deren Ergebnisse bei vielen verschiedenen Individuen sehr gleichförmig sind, haben — gerade wegen dieser generell-psychologischen Bedeutung — eine um so geringere psychographische Verwertbarkeit; Tests, deren Ergebnisse schon innerhalb eines Individuums stark zu schwanken pflegen, geben vielleicht Einblicke in die Gesetzmäßigkeiten der psychischen Schwankungen, aber liefern nicht die p s y c h i s c h e n K o n s t a n t e n , die wir zur Charakteristik der Persönlichkeit suchen.

4. D a s S c h e m a d e r E i g e n s c h a f t e n.

Erst die Eigenschaften sind das eigentliche Ziel der ganzen Untersuchung; denn die Registrierung der natürlichen und experimentellen Verhaltungsweisen soll ja nur dazu dienen, die ihnen zugrunde liegende dispositionelle Beschaffenheit der Individualität erschließen zu lassen.

Hier kommt nun auch sofort wieder die Tatsache zu ihrem Rechte, daß das Individuum eine E i n h e i t in der Mannigfaltigkeit ist. Schien es bei der Liste der Verhaltungsweisen zeitweilig so, als wolle man sich im Mosaik der analytisch gefundenen Einzelphänomene verlieren, so setzt bei der Eigenschaftsliste wieder eine synthetische Arbeit ein, die zu Einheitsbildungen niederer und höherer Ordnung führt und so dem Ziel eines g e s c h l o s s e n e n S t r u k t u r b i l d e s d e r u n t e r s u c h t e n I n d i v i d u a l i t ä t entgegenstrebt.

Diese Synthesis des Psychographen kann durch das Schema schrittweise gefördert werden, indem es die Eigenschaften in die drei Gruppen der inhaltlichen, der formellen und der strukturellen Eigenschaften gliedert.

a) Zunächst stellt ja j e d e Eigenschaft nach der gefragt wird, mag sie noch so eng gefaßt sein, schon eine Synthese dar; denn sie soll für viele akute Phänomene und Akte, die zu verschiedenen Zeiten des Lebens auftauchen und wieder verschwinden, den dauernden Untergrund und die gemeinsame potentielle Ursächlichkeit bilden. Die Feststellung solcher engumgrenzten Eigenschaften wird daher an erster Stelle zu fordern sein; und zwar wird als nächstliegender Gesichtspunkt der Abgrenzung die i n h a l t l i c h e Gemeinsamkeit der psychischen oder psychophysischen Phänomene gelten.

So ist die Eigenschaftsliste HEYMANS' größtenteils auf die Art gebildet worden, daß die verschiedenen Gebiete des natürlichen Verhaltens direkt in Dispositionen übersetzt wurden, z. B. „Mißtrauisch (etwa den Dienstboten gegenüber; glaubt, geheime Feinde zu haben; setzt leicht böse Absichten voraus) oder gutgläubig (Zutrauen zu den Behauptungen interessierter Personen, zu Reklamen usw.)“ . . . . „Einer, der an alten

Erinnerungen hängt oder mehr für neue Eindrücke und Freunde interessiert ist" . . . . „Geldsüchtig oder uneigennützig" usw. Daß hierbei Dispositionen und nicht Verhaltungsweisen selbst gemeint sind, geht zweifellos aus der bei der Ausfüllung angewandten Methode hervor; denn es wurden Beurteilungen gegeben, während die zugrunde liegenden Beobachtungen nicht eigens registriert wurden. Beurteilungen aber beziehen sich auf Eigenschaften, Beobachtungen auf Verhaltungsweisen.

Da es uns nun erforderlich schien, für die Verhaltungsweisen eine gesonderte Liste aufzustellen, ist es unzweckmäßig, die Eigenschaften noch einmal nach gleichem Gesichtspunkt einzuteilen. Deshalb legt unser Institutsschema für die Einteilung der inhaltlichen Eigenschaften die Systematik der allgemeinen Psychologie zugrunde und kommt unter anderem zu folgenden Rubriken: Beschaffenheit der motorischen Funktionen, der sensorischen, der expressiven, der Beobachtungs- und Auffassungs-, der Gedächtnisfunktionen, der Sexualität, des Selbstbewußtseins usw.

Aber gerade hier zeigt sich eine eigentümliche Klippe der üblichen psychologischen Schematik. Ohne die Annahme von „Eigenschaften" kommen wir zur Darstellung und Erklärung der Individualität nicht aus; ordnen wir aber jeder inhaltlich zusammengehörigen psychischen oder psychophysischen Funktionsgruppe eine Eigenschaft zu, so stecken wir wieder mitten drinnen in der alten Vermögenstheorie, die mit Wahrnehmungsvermögen, Gedächtnisvermögen, Denkvermögen, Gefühlsvermögen, Einbildungskraft usw. operierte und damit wieder an die Stelle der Einheit des Individuums ein mosaikartiges Nebeneinander von Seelenkräften setzte.

Um dieser Klippe zu entgehen, haben wir schon in der Einleitung den Begriff der Disposition anders — nämlich teleologisch — definiert (s. S. 26) als die Fähigkeit, gewisse Teilziele der individuellen Selbsterhaltung und Selbstentfaltung in bestimmter Weise zu verwirklichen — wobei eine und dieselbe Disposition sich durch inhaltlich sehr verschiedene Mittel realisieren kann.

Trifft dies zu, so müssen Eigenschaften formulierbar sein, die nicht durch inhaltliche Gemeinsamkeit, sondern durch eine solche der Zielstrebigkeit charakterisiert sind und sich mit jenen inhaltlichen Eigenschaften völlig kreuzen. Ich halte es nun für eine der wichtigsten Aufgaben der psychographischen Forschung, auf diese Art von Eigenschaften hinzuweisen. Solange man in genereller — und auch differentieller — Psychologie das einzelne Merkmal in der Betrachtung isolierte, mußten ja auch die etwa angenommenen Eigenschaften auf ein solches Einzelmerkmal (z. B. Gedächtnisvorstellungen oder Gefühle) bezogen und damit inhaltlich determiniert werden. Erst die Drehung der Forschungsrichtung um 90 ^{0}, die am Individuum die Fülle der Merkmale überschauen läßt, befähigt uns nun, aus vielen inhaltlich disparaten Merkmalen das Gemeinsame und damit eine teleologische Disposition des Individuums herauszulesen.

Hierbei wird sogar die alte Grenze zwischen Physischem und Psychischem fallen: denn die teleologische Gemeinsamkeit kann sich quer durch beide Gebiete hinziehen und die festgestellte Disposition ist dann psychophysisch-neutral.

b) Die nicht-inhaltliche Disposition kann zunächst in der Tendenz bestehen, vielen disparaten Verhaltungsweisen eine überstimmende Form aufzuprägen: „formale Eigenschaften". Drei Beispiele mögen zeigen, wie das psychographische Schema auf sie eingestellt werden muß.

Gefühle, Willensregungen, Urteile, Handlungen — dies sind teils psychische, teils physische Tatbestände von ganz verschiedenem Inhalt. Wenn wir aber nun beginnen, nach den Beschaffenheiten dieser Funktionen bei einem bestimmten Individuum X zu fragen, so fällt bald auf, daß sich dieselben Fragestellungen bei den scheinbar so disparaten Gebieten immer wiederholen. Dies liegt darin, daß sie alle die formale Gemeinsamkeit haben, „Stellungnahmen" zu sein; d. h. in ihnen verhält sich das Individuum alternativ (positiv oder negativ) zu einem Gegenstand. Für jede Stellungnahme, gleichgültig, ob es eine urteilende, wollende, gefühlsmäßige sei, kann man z. B. fragen: Ist X' Stellungnahme stark oder schwach? rasch oder langsam? reaktiv oder spontan? imitativ (suggestibel) oder selbständig? vorwiegend positiv oder negativ? (d. h. lust- oder unlustvoll? akzeptierend oder kritisierend? zustrebend oder abwehrend?), einfach oder fein nuanciert? usw. — Jede dieser Fragen wird dann noch in weitere Unterfragen zu teilen sein. Natürlich müssen die gemeinsamen Fragen für jede der einzelnen obengenannten Funktionen besonders beantwortet werden; aber es scheint schon jetzt zweifellos, daß manche Antworten für alle oder viele Inhaltsgebiete durchgehend, mithin für die formale Beschaffenheit des Xschen Stellungnehmens überhaupt charakteristisch sein werden.

Eine andere formale Gruppe bilden die dynamischen Verhältnisse, d. h. die Art, wie der Energiehaushalt des Individuums arbeitet. Es gehören hierher: die psychischen und physischen Leistungsschwankungen bei Ermüdung, Erholung usw., die dynamischen Verhältnisse des Schlafens und Wachens, die Verteilungs- und Spannungsweise der Aufmerksamkeit (Konzentrationsfähigkeit, Ablenkbarkeit usw.), das psychische und das physische Tempo; auch hier sind zunächst jedenfalls gemeinsame Fragestellungen formulierbar, vielleicht aber auch gemeinsame Antworten zu erwarten, welche gewisse dynamische Beschaffenheiten als durchgehende formale Dispositionen des Individuums erweisen.

Auch in den Heymansschen Listen findet sich eine ausgesprochen formale Eigenschaft, freilich mehr als Obertitel für eine Reihe von inhaltlichen Eigenschaften, denn als besonderes Forschungsproblem: die sogenannte „Sekundärfunktion". Gerade an diesem Begriff ist in interessanter Weise die Wandlung zu verfolgen, die von der inhaltlichen Betrachtungsweise zur teleologisch-formalen führt. Früher galt allgemein das „Gedächtnis" als eine lediglich das Vorstellungsleben betreffende Disposition. Aber seit Hering seinen berühmten Satz von dem Gedächtnis als allgemeiner Eigenschaft der lebenden Materie ausgesprochen hat, ist man mehr und mehr zu der Einsicht durchgedrungen, daß die Aufspeicherung und Reproduzierbarkeit von Vorstellungen nur eine unter vielen Arten ist, in denen frühere Eindrücke nachwirken können, daß daneben Übung, Gewöhnung, Mechanisierung auf psychischen und physischen Gebieten, ferner Pietät, Routine, Treue und manches andere ebenfalls dieser konservativen Zielsetzung dient, und daß die starke Ausprägung dieses Nachwirkens auf allen genannten Gebieten zugleich eine Erschwerung für die Wirksamkeit neuer Erlebnisse und für die Einstellung auf neue Aufgaben bedeutet. Diese formale Gemeinsamkeit der Nachhaltigkeit früherer Erlebnisse hat man nun in den Ausdruck „Sekundärfunktion" zusammengefaßt.

Es erscheint mir zweifellos, daß die Durchprüfung formaler Beschaffenheiten durch eine große Mannigfaltigkeit inhaltlicher Funktionen eines Individuums dazu beitragen wird, jene fundamentalen Dispositionsbegriffe zu klären, die — wie Begabung und Intelligenz, Charakter und Temperament — für unser ganzes Denken ebenso unentbehrlich sind wie sie für die bisherige Psychologie unerfaßbar waren. Es gelang eben nicht, sie als Eigenschaften, die auf bestimmte isolierte Inhalte bezogen sind, zu verstehen;

und auf die andersartige Blickrichtung war die Psychologie nicht genügend eingestellt.

Auch hierzu ein Beispiel: der Unterschied zwischen Talent und Intelligenz wird nur auf psychographischen Wege scharf herauszuarbeiten sein. Die „Talente" sind in der Tat in ziemlich weitem Maße inhaltlich isolierte Eigenschaften: daher ist das Nebeneinander von hoher Leistungsfähigkeit auf dem einen und merklich geringer auf den meisten anderen Gebieten ein Kennzeichen des Talentes. Die Intelligenz dagegen ist eine durchaus formale Eigenschaft: sie bezieht sich auf die Fähigkeit, die Geistesbewegung jeweilig neuen Aufgaben anpassen zu können, wobei es relativ gleichgiltig ist, auf welchem Gebiete diese Aufgaben gestellt werden und ferner, ob die neue Einstellung in einer Funktion des Verstehens oder des Kombinierens oder des Schließens oder des Auffassens oder des Kritisierens besteht.

c) Aber auch die formalen Eigenschaften stellen noch nicht die höchste Synthese dar, die dem Psychographen erreichbar ist; denn über ihnen bauen sich nun die s t r u k t u r e l l e n Eigenschaften auf, die unmittelbar auf die Gesamtstruktur des Individuums gehen. Sie sind gleichsam Eigenschaften zweiter Potenz, indem sie die zwischen den Einzeleigenschaften bestehende Relation selbst wieder als eine Dauerbeschaffenheit hinstellen.

So beziehen sich auf die Querschnittsstruktur des Individuums unter anderen die folgenden Eigenschaften:

Die K o h ä r e n z bezw. I n k o h ä r e n z betrifft die Zähigkeit des Zusammenhangs, in dem die gleichzeitig vorhandenen Einzeleigenschaften des Individuums miteinander stehen. Der Maßstab hierfür ist in dem intra-individuellen Korrelationsgrad der Eigenschaften zu sehen; denn je fester der Zusammenhang, umso größer die Gemeinsamkeit des Variierens oder Konstantbleibens. Eine Individualität, in der eine Eigenschaft stark variieren kann, ohne andere Eigenschaften dabei beträchtlich in Mitleidenschaft zu ziehen, ist „inkohärent".

Die P r o p o r t i o n a l i t ä t bezw. D i s p r o p o r t i o n a l i t ä t bedeutet, daß die Ausprägungsgrade der Einzeleigenschaften in einem Verhältnis zu einander stehen, welches dem durchschnittlichen Verhältnis dieser Eigenschaften nahe kommt bezw. sich stark von ihm entfernt. Der Begriff der „normalen Proportion", den wir hierdurch gewinnen, unterscheidet sich, wie schon an anderer Stelle (S. 162) erörtert, beträchtlich von der Normalität der Einzeleigenschaft und scheint für die Charakteristik der Individualität als einer ganzen bedeutend wichtiger zu sein als jene.

Allerdings ist die intra-individuelle Proportionalität nur feststellbar bei Eigenschaften, die allgemein einen höheren Grad von Korrelation miteinander haben; denn nur dann, wenn bestimmte Grade der einen Eigenschaft bestimmten Graden der anderen Eigenschaft überhaupt mit Wahrscheinlichkeit zugeordnet sind, kann man von einem durchschnittlichem Verhältnis beider Eigenschaften sprechen und zusehen, ob auch X eine Annäherung an dies Verhältnis zeige. Sind zwei Eigenschaften, die im allgemeinen korrelativ sind, bei X durch zahlenmäßige Konstanten ausdrückbar, so ist aus deren Verhältnis unmittelbar der Grad ihrer intraindividuellen Proportionalität in X zu berechnen. Handelt es sich z. B. um (prozentuale) Rangnummern, so ist die Annäherung ihres Quotienten an 1 dies Maß; der Wert 1 selbst würde bedeuten, daß X in beiden Eigenschaften gleich rangiert.

Aber selbst in den Fällen, in denen zwei oder mehrere Einzeleigenschaften keine allgemeine Korrelation besitzen, kann ihre gemeinsame starke, mäßige oder schwache Ausprägung in X psychographischen Wert haben. Wir wollen dann von intraindividueller Gleichförmigkeit (H o m o g e n e i t ä t) sprechen. So sind manche mittelmäßige Menschen wirklich durchweg mittelmäßig und damit auch in den Graden von Eigenschaften, die sonst von einander ganz unabhängig zu sein pflegen, gleichförmig. Auch Idiotie oder Genialität können vielen Eigenschaften, die sonst nichts miteinander zu tun haben, den gemeinsamen Stempel der Unterwertigkeit oder Überwertigkeit aufdrücken.

Natürlich wird sich die Proportionalität oder Homogeneität der Eigenschaftsgrade niemals restlos durch alle Eigenschaften des Individuums hinziehen — dies Ideal des „Normalmenschen" existiert in Wirklichkeit nicht —, vielmehr wird in jedem Individuum eine Eigenschaft oder eine Gruppe von solchen eine Vorherrschaft führen und damit der Gesamtstruktur ihren Charakter aufprägen. So ist denn die Art der H e g e m o n i e und die hierarchische Unterordnung der anderen Eigenschaften unter die führende selber eine Struktureigenschaft.

Wie bereits früher bemerkt, ist die Charakterisierung eines Individuums durch eine vorherrschende Eigenschaft schon immer sehr beliebt gewesen. Aber während meist diese Charakteristik eine bequeme Schematisierung und Vereinfachung, oft eine rein apriorische Konstruktion war, ist sie bei der Psychographie erst die Bekrönung des Gebäudes, belegt durch die ganze Fülle der Verhaltungsweisen und abgeleitet aus der Mannigfaltigkeit aller Einzeleigenschaften und ihrer Beziehungen zu einander. Darum wird auch die Feststellung einer Hegemonie in der Psychographie niemals das Individuum zu einer leeren Einfachheit, sondern stets zu einer wirklichen Mannigfaltigkeitseinheit machen.

Daß sich entsprechende strukturelle Eigenschaften auch für die Längsschnittsstruktur (d. h. die zeitliche Lebensgestaltung) des Individuums aufstellen lassen, sei nur kurz angedeutet. Es gehört hierher vor allem die Konstanz oder Variabilität der Einzeleigenschaften in der Zeit, Wechsel oder Gleichförmigkeit der Hegemonie, ferner die allgemeine Beschaffenheit des Entwicklungstempos, der Entwicklungsrhythmen; die Art, wie die unbestimmten Anlagen der Kindheit sich zu festen Eigenschaften konsolidieren und manches andere, wofür das künftige Eigenschaftsschema die Problemstellungen zu schaffen hätte.

Kapitel XXV.

Komparation.

In der Einleitung hatten wir für das Gesamtgebiet der differentiellen Psychologie einen Schematismus aufgestellt, nach dem sich vier Hauptdisziplinen, zwei „horizontale" und zwei „vertikale", ergaben. Von diesen ist noch die vierte zu besprechen. Die Komparationslehre verhält sich zur Psychographie ähnlich wie die Korrelationslehre zur Variationslehre: sie hat zwei oder mehrere Psychogramme miteinander zu verknüpfen.

Zurzeit ist allerdings die „Komparationslehre" noch nicht viel mehr als eine papierne Forderung, die sich aus der Systematik des Diagramms (S. 18) ergibt; ihr tatsächlicher Zustand ist noch weit embryonaler als der der Psychographie; und dies ist auch ganz verständlich, da ja ein gewisser Bestand von Psychogrammen die Vorbedingung dazu ist, daß Komparationen ausführbar sind.

Wir werden uns also hier darauf beschränken können, in aller Kürze die besonderen Aufgaben zu formulieren, die der Komparation harren. Auf eine nähere Besprechung der Methodik dürfen wir um so eher verzichten, als sie sich im wesentlichen mit der der Psychographie decken dürfte.

Der Ausdruck „komparative Psychologie" existiert bekanntlich schon seit einer Reihe von Jahren; aber er wird in einer ganz ungerechtfertigten Beschränkung nur auf die Tierpsychologie angewandt, genauer auf Vergleichung und Unterscheidung der Tierpsyche von der menschlichen und der psychischen Beschaffenheit verschiedener Tierspezies untereinander.

Immerhin hat doch auch dieser Sprachgebrauch mit dem, was wir hier unter Komparation verstehen, ein Hauptkennzeichen gemein, eben die vertikale Forschungsrichtung. Verglichen werden nicht psychische Merkmale verschiedener Art (nicht Gedächtnis mit Intelligenz, oder willkürliche mit unwillkürlichen Handlungen), sondern Lebenseinheiten; und jede der zu vergleichenden Lebenseinheiten wird in bezug auf viele verschiedene Merkmale — letzten Endes in bezug auf die gesamte Struktur ihrer psychophysischen Beschaffenheit — mit der anderen verglichen.

Der Begriff der „Lebenseinheit“ ist weiter als der des Einzelindividuums. Denn auch eine Gruppe oder Masse von Individuen — ein Volk, eine Rasse, ein Geschlecht, ein Stand — kann in sich eine Gemeinsamkeit der psychischen Struktur besitzen, die groß genug ist, um die Gruppe als Gesamtheit zu psychographieren und mit anderen Gruppen zu komparieren.

Wir müssen also Komparation in diesem weiteren Sinne nehmen, wenden uns aber zunächst der Methode in ihrer engeren Bedeutung, als Vergleichung zweier oder mehrerer Einzelindividuen zu.

Am einfachsten liegt das Problem dort, wo es sich um Vergleichung zu historisch-biographischen Zwecken handelt. Der Historiker liebt es ja, die Sonderart seines Helden gerade dadurch in helleres Licht zu setzen, daß er ihn neben andere stellt und nun Ähnlichkeiten und Abweichungen im Wechselspiel hervortreten läßt. Man denke nur an die zahlreichen Vergleichungen von SCHILLER und GOETHE, oder von ALEXANDER dem Großen und NAPOLEON.

Das bisher nur intuitiv geübte Verfahren kann sehr wohl mit Hilfe psychographischer Schemata systematisiert und verfeinert werden. Als Beispiel hierfür seien vor allem die von GROOS und seinen Schülern mit Hilfe der psychographischen Statistik angestellten Komparationen erwähnt [1].

So wurden von KARL und MARIA GROOS [2] die optischen Qualitäten in der Lyrik SCHILLERS mit denen GOETHES (die FRANK berechnet hatte) verglichen. Hierbei fanden sie unter anderem die folgenden Abweichungen und Übereinstimmungen. Abweichungen: In der Jugendlyrik zeigt SCHILLER ungefähr doppelt soviel Ausdrücke für optische Qualitäten (auf je zehntausend Textworte berechnet) wie GOETHE. Der junge SCHILLER offenbart eine viel größere Vorliebe als GOETHE für die prächtigen und schmückenden optischen Ausdrücke wie: goldig, Glanz, Glut, Schein und verwandte. Bei GOETHE steigt mit zunehmendem Alter die Zahl der optischen Qualitäten etwas an, bei SCHILLER sinkt sie merklich, namentlich deutlich zeigt sich dies bei den Ausdrücken für Glanz, Glut, Schein. — Übereinstimmungen: Bei beiden ist das Verhältnis der bunten Farben zu allen anderen optischen Qualitäten merkwürdig konstant, etwa wie 1:3 und zwar ebenso in den Jugend- wie in den Altersdichtungen. Von der Jugend zum Alter hin findet sich bei beiden, daß die Häufigkeit des

---

[1] Vgl. S. 341/2. [2] 1987.

Rot sinkt, die des Grün steigt; bei beiden ist Blau sehr schwach, Gelb fast gar nicht vertreten. Bei beiden findet mit steigendem Alter ein relatives Zunehmen der „nach hell hin" tendierenden Qualitäten statt.

Der Amerikaner Woods erblickt in den Versuchen, historische Probleme mit statistischen Methoden zu bearbeiten geradezu einen neuen Zweig der Geschichtswissenschaft, den er „Historiometrie" nennt[1]. Er selbst bringt ein eigentümliches Beispiel hierzu:

Um die alte Frage, ob Sophokles oder Euripides der größere Dichter gewesen sei, objektiv zu entscheiden, sucht er statistisch die Resonanz beider in neueren literarischen Werken festzustellen. Er zählt daher in Konversationslexicis und Literaturgeschichten erstens die beiden Dichtern gewidmeten Zeilen, zweitens die in den Würdigungen enthaltenen lobenden und tadelnden Ausdrücke; und insbesondere die zweite Statistik zeigt das ganz unverkennbare Übergewicht des Sophokles.

Ich bin allerdings überzeugt, daß gerade für geschichtswissenschaftliche Zwecke die Komparation mit qualitativen Analysen und wirklich psychographischen Untersuchungen weit mehr wird erreichen können, als mit bloßer Statistik.

Auch hierzu noch ein Beispiel, welches zugleich beweist, daß eine Komparation nicht nur zwischen Einzelindividuen möglich ist.

Baerwald (**376**) hat die Verschiedenheit zweier Kulturepochen, nämlich der Goethezeit und der Gegenwart, durch Anwendung psychologischer Kategorien zu kennzeichnen versucht. Die Goethezeit ist dem Vorstellungstypus nach mehr „zeichnerisch-rhythmisch" oder formal, der Denkrichtung nach abstrakt, im Gefühlsleben von ruhigen Mischgefühlen beherrscht; unsere Zeit ist dagegen charakterisiert durch eine mehr „koloristisch-melodische" oder materiale Beschaffenheit des Vorstellens, konkretes Denken und prickelnde Mischgefühle.

Die Komparationsmethode hat aber auch ihre besonderen psychologischen Aufgaben zu lösen; sie tritt hier der Korrelationsmethode an die Seite, da sie gleich dieser Probleme des psychischen Strukturzusammenhangs, wie solche der psychischen Ätiologie zu bearbeiten hat.

Bezüglich der Strukturprobleme kann die Untersuchung vieler Merkmale bei einer kleinen Zahl von Individuen ähnliches leisten wie die (bei der Korrelationsmethode übliche) Untersuchung weniger Merkmale an einer großen Zahl von Individuen. Fingieren wir den Fall, es seien drei Individuen auf Grund desselben Schemas ausführlich (z. B. in bezug auf hundert Eigenschaften) psychographiert. Bei Vergleichung möge es sich ergeben, daß eine Gruppe von zehn Eigenschaften bei jeder

[1] **340**, **340** a.

Person ein in sich gleichartiges Gepräge trage (sie seien etwas bei A sämtlich stark, bei B sämtlich mäßig, bei C sämtlich schwach ausgeprägt), so ist die Wahrscheinlichkeit sehr groß, daß jene zehn Eigenschaften in einem starken allgemeinen Strukturzusammenhang miteinander stehen. Der Grad der Wahrscheinlichkeit eines solchen Zusammenhangs hängt hier offenbar nicht mehr von der Anzahl der geprüften Individuen, sondern von der Anzahl der gemeinsamen variierenden Merkmale ab; wir haben es also mit einer „vertikalen Korrelation" zu tun, und es scheint mir nicht unmöglich, daß sich hierfür später auch noch einmal eine mathematische Behandlung finden wird. Heute muß aber diese Andeutung genügen. Die Methode wird vor allem dazu dienen, um das Strukturbild bestimmter Typen festzulegen; eine vielseitige und vergleichende Untersuchung relativ weniger Typenangehöriger verspricht hier Einblicke in den Aufbau und den Bereich des Typs, wie sie durch Massenuntersuchungen niemals gewonnen werden könnten[1].

Zu ätiologischen Feststellungen führt uns die Methode dann, wenn wir solche Individuen oder Lebenseinheiten komparieren, welche durch bestimmte Existenzbedingungen (Geschlecht, Rasse, Familie, Erziehung, Milieu usw.) verbunden oder geschieden sind. Wie man hierbei gewisse absichtslose Experimente der Natur und der Kultur der vergleichenden Beobachtung dienstbar machen kann, ist bereits S. 72f. ausgeführt worden.

Das Hauptproblem ist natürlich wieder das Verhältnis der inneren (angeborenen, vererbten) zu den äußeren (sozialen, pädagogischen, Milieu-)Faktoren, unter denen der Mensch steht.

Die allgemein menschlichen inneren Dispositionen sind z. B. dann besonders deutlich feststellbar, wenn bei der Komparation zweier Menschen, die unter durchaus verschiedenen Existenzbedingungen stehen, vielseitige Analogien zutage treten. So fand ich[2], daß die Sprachentwicklung eines normalen vollsinnigen Kindes, und die ganz abnorme Entwicklung der Fingersprache, wie sie Helen Keller im siebenten Lebensjahre durchmachte, in der Reihenfolge der einzelnen Stadien überraschende Übereinstimmungen zeigte; hieraus darf man schließen, daß der im Sprechenlernen sich bekundende geistige Fortschritt auf einer allgemein menschlichen inneren Entwicklungsanlage beruht.

Die Psychologie der Geschlechtsunterschiede wird

---

[1] Vgl. S. 199. [2] 1385.

so lange zu keinen wirklich befriedigenden Ergebnissen kommen, als sie sich auf die Vergleichung einzelner Merkmale bei beiden Geschlechtern beschränkt. Die grundlegenden Unterschiede zwischen männlicher und weiblicher Psyche liegen nun einmal nicht in diesem oder jenem inhaltlichen Detail, sondern im ganzen Strukturbilde, in dem Gewichts- und Bedeutungs v e r h ä l t n i s der Funktionen. Schon an einer früheren Stelle, als wir von der verschiedenen Variabilität beider Geschlechter sprachen, mußten wir auf diesen Umstand hinweisen (vgl. S. 278). Erst wenn es gelingt, typische Vollpsychogramme für jedes der beiden Geschlechter aufzustellen und diese zu komparieren, wird man zur Herausarbeitung der charakteristischen Unterschiedspunkte vordringen. Einen bedeutenden Schritt vorwärts auf diesem Wege hat die Untersuchung HEYMANS getan [1].

Ein besonders aussichtsreiches Problem für die Komparationsmethode ist aber das der V e r e r b u n g. Auch hier waren bisher die meisten wissenschaftlichen Untersuchungen, insbesondere diejenigen des Eugenics Instituts, „horizontal" vorgegangen: E i n Merkmal (z. B. Tuberkulose, oder musikalische Begabung, oder Erfolg in der Schule) wurde an sehr vielen Paaren verwandter Personen verglichen, um die Verwandtschaftskorrelation zu bestimmen. Aber wir müssen auch hier von der Vereinzelung des zu untersuchenden Merkmals loskommen. Von der p h y s i s c h e n Vererbung wissen wir es ja längst, daß ihre Wirksamkeit nicht in isolierten Merkmalen der Haarfarbe oder der Nasenbiegung, sondern in einer Durchdringung der ganzen anatomischen Struktur und funktionellen Beschaffenheit mit übereinstimmenden Zügen besteht. Zweifellos gilt Gleiches auch von der p s y c h i s c h e n Vererbung; die wesentlichsten Übereinstimmungen mögen erst in jenen „formalen" und „strukturellen" Eigenschaften zu finden sein, die überhaupt nur als Ergebnisse vielseitiger Psychogramme zutage treten, dagegen bei einer von vornherein einsetzenden Isolierung der Merkmale gar nicht getroffen werden.

SOMMER, der die Bedeutung der Familienforschung so nachdrücklich betont, arbeitet auch vorwiegend komparativ; denn er verfolgt die Angehörigen einer einzigen Familie durch eine Reihe von Generationen [2]. Freilich sind die für jede einzelne Person vorhandenen Materialien zu dürftig, um eine wirklich psychographische Vergleichung zu erlauben. — Anders steht es mit dem Material von HEYMANS und WIERSMA [3], das, wie schon mehrfach erwähnt, nach beiden Dimensionen stark ausgedehnt ist: Die Angehörigen sehr vieler Familien sind in bezug auf sehr viele Merkmale

[1] **1031.** [2] **316.** [3] **306.**

psychographiert worden. Aber auch diese Verfasser begnügen sich mit der Berechnung des Erblichkeitsmaßes für jedes einzelne Merkmal; an die vertikale Gesamtvergleichung der Familienmitglieder war leider noch nicht gedacht worden.

In dem zu erhoffenden künftigen Psychogrammarchiv sollte man vor allem für möglichst vollständige Psychogramme von Familien sorgen.

Aber nicht nur die bei Verwandten-Komparationen zu findenden Übereinstimmungen, sondern auch die Abweichungen sind psychologisch wichtig. Sie erlauben eine Abstufung der Ähnlichkeit, die zu den Abstufungen des Verwandtschaftsgrades in Beziehung gebracht werden kann. Oder sie zeigen (bei Vergleichung eines Kinderpsychogramms mit den Psychogrammen beider Eltern), welche Seiten der geistigen Persönlichkeit mehr von der Mutter, welche mehr vom Vater bestimmt sind. Und sie sind endlich imstande, die absolute Grenze der Vererbungswirkung sichtbar werden zu lassen. Wählen wir nämlich zur Komparation Familienmitglieder, bei welchen alle reinen Hereditätsbedingungen gleich sind — also Geschwister —, so haben wir die dennoch vorhandenen Abweichungen zweifellos auf andere Ursachen als die Vererbung zurückzuführen. Und wenn nun gar auch die Milieubedingungen, unter denen die verglichenen Individuen leben, identisch sind, so sind wir genötigt, die Unterschiede jenem tiefsten Kern der Individualität zuzuschreiben, der in seiner Singularität allen nivellierenden Bedingungen trotzt.

Am reinsten würden derartige Untersuchungen an Zwillingen sein, doch liegen über solche bisher nur vereinzelte Bemerkungen vor (vgl. S. 73); dagegen sind bereits einmal zwei im Alter sich ziemlich nahestehende geschlechtsgleiche Geschwister komparativ behandelt worden. Binet hat seine beiden Töchter, als sie im Alter von 12 und 13 Jahren standen, einer großen Reihe von Experimenten und Beobachtungen unterworfen[1]. Und wenn er in erster Linie damit auch nicht eigentlich psychographische und komparative Zwecke verfolgt, sondern seine Ergebnisse vornehmlich als Illustrationen für allgemeine Intelligenzprobleme benutzt, so ergibt sich doch als Nebenresultat eine sehr lehrreiche G e g e n ü b e r s t e l l u n g d e r b e i d e n I n d i v i d u a l i t ä t e n. Lehrreich ist erstens, daß hier die Grenze der Vererbungswirkung sehr deutlich sichtbar wird; denn die Verschiedenheit der beiden Schwesternindividualitäten tritt mit überraschender Schärfe zu-

---

[1] **692.** Vgl. a. S. 350.

tage. Lehrreich ist aber auch, wie sich hier die vertikale Vergleichung bewährt; denn in jedem der beiden Kinder ist es erst das Zusammenwirken aller Einzelergebnisse zu einem geschlossenen Gesamtbild, das die charakteristische Unterscheidung der Individualitäten ermöglicht. Wenn Binet, auf der Suche nach einer möglichst umfassenden Formel für diesen Unterschied, schließlich die Ausdrücke „Stabilität" für die eine und „Variabilität" für die andere als die angemessensten empfindet, so sind es charakteristischer Weise umfassende Struktureigenschaften, nicht solche, die sich auf irgendeine inhaltlich determinierte Funktion beziehen.

Bezeichnend für diese Anwendung der Komparationsmethode ist folgende Zusammenfassung am Schluß der Binetschen Arbeit:

„Nous trouvons d'une part chez l'un de nos sujets la précision de la pensée, l'aptitude à se rendre compte, la constance de l'attention, l'esprit pratique, le développement médiocre de l'imagerie spontanée, et pardessus tout l'attention dirigée vers le monde extérieur. Est-ce que tout cet ensemble de qualités ne s'oppose pas, dans un curieux contraste, à cet autre esprit, chez lequel l'esprit d'observation extérieure moins développé, une pensée moins précise, moins méthodique, moins consciente, une attention moins soutenue s'allie au développement de l'imagination, au sens poétique, à la vivacité, à l'imprévu, au caprice? Ne sont-ce pas là deux portraits bien logiques et bien vivants?"

Diese Gegenüberstellung erinnert uns zugleich lebhaft an die Typengliederung, die wir früher unter der Bezeichnung „subjektiver"/„objektiver" Typ an einer Reihe von seelischen Funktionen durchgesprochen haben.

Vierter Hauptteil.

Bibliographie.

Vorbemerkungen.

Bei der Anlage der Bibliographie leiteten mich die folgenden Gesichtspunkte:

1. Fachgebiete.

Vollständigkeit wurde angestrebt bezüglich der wissenschaftlichen Veröffentlichungen der neueren Zeit, welche direkt Probleme der differentiellen Psychologie zum Gegenstand haben. Wenn dies Ideal natürlich auch nicht ganz erreicht werden kann, so hoffe ich doch, daß keine irgendwie belangreiche Lücke geblieben ist.

Außer den ausdrücklich differentiell-psychologischen Forschungen suchte ich aber auch diejenige Literatur heranzuziehen, die nur nebenbei und gelegentlich Probleme unserer Disziplin behandelt, sowie diejenige, die nicht rein-wissenschaftlicher, sondern feuilletonistischer, sozialer, politischer, okkulter Natur ist. Wenn man bedenkt, daß unser Gebiet einerseits eine Abzweigung der generellen Psychologie darstellt, andererseits mit zahlreichen anderen Wissenschaften und praktischen Kulturgebieten verknüpft ist, so wird verständlich, daß differentiell-psychologische Gesichtspunkte, Fragestellungen und Ergebnisse in einer ganz unübersehbaren Ausbreitung vorkommen; eine auch nur einigermaßen erschöpfende bibliographische Behandlung aller dieser Beziehungen ist ebenso unmöglich für den Verfasser, wie sie für den Benutzer zwecklos wäre.

Ich habe daher diejenigen wissenschaftlichen Grenzgebiete, die ihrerseits bereits eine selbständige Disziplin bilden, nur in enger Auswahl berücksichtigt. Einige Hauptwerke und vor allem bibliographische Hilfsmittel nenne ich, um dem Benutzer das Weiterarbeiten zu erleichtern; im übrigen beschränke ich mich auf diejenigen Publikationen, deren Beziehung zu den eigentlich differentiell-psychologischen Problemen eine recht nahe ist. — In solcher Weise wurden z. B. behandelt: generelle Psychologie, Psychiatrie, Sinnesphysiologie, Kriminalpsychologie, Ästhetik, Kunst-, Literaturwissenschaft. Überall, wo diese Gebiete berührt werden, wird ausdrücklich erwähnt, daß nur eine Auswahl vorliegt, eventuell auch, welche Fragen nicht mit einbezogen sind.

Für die nichtwissenschaftlichen Publikationen, die ja in manchen Grenzgebieten einen ziemlich großen Umfang annehmen, darf der Benutzer natürlich noch weniger auf Vollständigkeit rechnen, Es ist hier Sache des Zufalles, ob diese oder jene Abhandlung zur Psychologie der Frau, die in der Literatur zur Frauenfrage enthalten ist, oder eine Darstellung von Schülertypen, die sich in pädagogischen Zeitungen findet, oder ein Aufsatz zur Psychologie des Künstlers in einer schöngeistigen Zeitschrift mir bekannt geworden ist oder nicht.

2. Sprachgebiete.

Bei denjenigen Abteilungen, in denen Vollständigkeit angestrebt wurde, versuchte ich die deutsche, französische, englisch-amerikanische, italienische, holländische Literatur möglichst gleichmäßig zu berücksichtigen; daß hierbei doch unwillkürlich die Aufzählung der deutschen

Literatur am ergiebigsten wurde, ist schon wegen der mir zur Verfügung stehenden literarischen Hilfsmittel selbstverständlich. Literatur in mir unbekannten Sprachen konnte nur so weit erwähnt werden, als ich die bezüglichen Titel in einer mir zugänglichen Sprache zitiert fand.

Für diejenigen Gebiete, die nur in Auswahl erwähnt werden, finden deutsche Werke, deutsche Bibliographien oder deutsche Übersetzungen fremder Werke Bevorzugung.

3. Zeitliche Begrenzung.

Da von einer wissenschaftlichen Bewegung auf unserem Gebiet noch nicht länger als seit etwa einem Vierteljahrhundert die Rede sein kann, so beschränken sich in den meisten Abteilungen die Nennungen auf diese Zeit. Nur in einigen wenigen Gebieten, die schon in früheren Zeitläufen ein lebhafteres Interesse gefunden haben (z. B. Temperamentenlehre, Charakterlehre, Phrenologie), habe ich auch die älteren Werke genannt, natürlich ohne hier für Vollständigkeit Gewähr leisten zu können.

In einigen Gebieten, in denen ziemlich viel Literatur aus verschiedenen Jahrzehnten existiert, schien es mir wünschenswert, dem Benutzer die zeitliche Scheidung zu erleichtern. Ich wählte dann die Jahrhundertwende als Grenzpunkt und stellte die Literatur bis 1899 und die seit 1900 in getrennten Abteilungen zusammen.

Fortgeführt ist das Verzeichnis möglichst vollständig bis Ostern 1911; doch konnte auch noch eine ziemlich beträchtliche Anzahl von Veröffentlichungen aus dem Sommer des Jahres 1911 aufgenommen werden.

4. Einteilung. Verweisungen.

Die Bibliographie zerfällt in vier Hauptteile, deren jeder in viele Unterabteilungen gegliedert ist.

Die erste Abteilung behandelt Gesamtdarstellungen und Grundprobleme. Hierher gehören methodologische, symptomatologische und ätiologische Fragen, sofern sich diese nicht auf eine einzelne menschliche Eigenschaft, sondern auf die individuelle Differenzierung im ganzen beziehen.

Der zweite Teil umfaßt diejenigen Abhandlungen, welche den Variantenbildungen einer bestimmten allgemein menschlichen Eigenschaft gewidmet sind. also alle Untersuchungen über Intelligenz, Temperament, Charakter, Gedächtnis, Aufmerksamkeit usw.

Der dritte Teil ist den Differenzierungen gewidmet, die mit den biologischen Tatsachen des Alters und des Geschlechts in Zusammenhang stehen. Hier finden also Untersuchungen über die einzelnen Altersstufen der Kindheit, über das Pubertätsalter, das Greisenalter, ferner die weitschichtige Literatur zur Frauenpsychologie Platz.

Im vierten Teile endlich sind „besondere Verhaltungsweisen" behandelt, d. h. solche Tätigkeiten und Dispositionen, die nur bei einer bestimmten kleineren oder größeren Gruppe von Menschen vorkommen, wie künstlerisches Schaffen, wissenschaftliches Arbeiten, Verbrechertum, ferner einige eigenartige Funktionen, wie Verdoppelung der Persönlichkeit, Synästhesie.

Nun fügen sich aber die einzelnen Nummern durchaus nicht immer glatt und eindeutig einer der so entstandenen Abteilungen; ja bei vielen ist es geradezu Sache der Willkür, bei welcher Abteilung man sie nennt. (So kann z. B. eine Untersuchung über die Intelligenz zugleich Methodenfragen, Geschlechtsunterschiede und die wissenschaftliche Produktion behandeln, würde also in alle vier Hauptabteilungen gehören.) Dem so entstehenden Mangel habe ich durch ein möglichst weit durchgeführtes System von Verweisungen zu begegnen gesucht; bei jeder Abteilung werden mit kurzen Stichworten diejenigen Nummern der anderen Abteilungen genannt, die ebenfalls einen Beitrag zu dem Thema der vorliegenden Abteilung enthalten oder zu enthalten scheinen.

Bei diesen Verweisungen wird freilich manches übersehen worden sein; bezieht sich doch meist der Titel einer Abhandlung nur auf das Hauptthema, ohne erkennen zu lassen, welche Nebengesichtspunkte mitbehandelt sind. Bei jenen Werken, die mir dem Inhalte nach bekannt sind, konnte daher die Verweisung in weiterem Umfange erfolgen, als bei den anderen.

5. Inhaltsangaben.

Bei einer größeren Anzahl von Publikationen habe ich durch knappe, in runde Klammern gesetzte Stichworte den Inhalt, soweit er differentiell-psychologischer Natur ist, anzudeuten versucht.

Bei allen Veröffentlichungen, die im Textteil dieses Buches selbst Besprechung finden, ist außerdem die betreffende Seitenzahl des Textes angegeben, auf der man sich über den Inhalt orientieren kann. Es geschieht diese Verweisung stets durch die Worte: „Vgl. Text ...".

6. Abkürzungen.

Um Raum zu sparen, ist in weitem Umfang von Abkürzungen Gebrauch gemacht worden.

In den Titeln der Abhandlungen bedeutet

Diff. = Differenz. *exp.* = experimentell. *Exp.* = Experiment. *ind.* = individuell. *Päd.* = Pädagogik. *päd.* = pädagogisch. *ps.*, *Ps.* = Psychologie, Psychology, psychologisch, psychologique, psychological. *Sd.* = Studien, Studies.

Besonders aber wurde für die Zeitschriften ein bequemes Zeichensystem durchgeführt, das im wesentlichen von OTTO LIPMANN ausgearbeitet ist und seit 1911 in allen Bibliographien der Zeitschrift und des Instituts für angewandte Psychologie Verwertung findet.

In der vorliegenden Bibliographie kommen folgende Abkürzungen vor:

AgZPt = Allgemeine Zeitschrift für Psychiatrie u. psychisch-gerichtliche Medizin. (v. LÄHR.) Berlin Reimer.

AmJPs = American Journal of Psychology (ST. HALL). Worcester U. S.

AnNatPh = Annalen d. Naturphilosophie (OSTWALD). Jena, Fischer.

AnPs = Année psychologique (BINET). Paris, Masson & Cie.

ArGsPs = Archiv für die gesamte Psychologie (MEUMANN, WIRTH). Leipzig, Engelmann.

ArKr = Archiv für Kriminalanthropologie und Kriminalistik (GROSS). Leipzig, Vogel.

ArPs = Archives de psychologie (FLOURNOY, CLAPARÈDE). Genf, Kündig.

ArPt = Archiv für Psychiatrie und Nervenkrankheiten (SIEMERLING). Berlin, Hirschwald.

ArPtCr = Archivio di psichiatria, neuropatia, antropologia criminale (ANDENINO). Turin, Bocca.
ArSystPh = Archiv f. systemat. Philos. (STEIN).
BPsAu = Beiträge zur Psychologie der Aussage (STERN). Leipzig, Barth.
BrJPs = British Journal of Psychology (WARD u. RIVERS). London, Cambridge University Press.
CgInPs = Congrès international de Psychologie.
CRAc = Comptes rendus de l'Académie.
DMdW = Deutsche medizinische Wochenschrift (SCHWALBE). Leipzig, Thieme.
EdR = Educational Review, New York.
EPd = Die Exp. Pädagogik (LAY u. MEUMANN). Später *ZEPd* siehe diese.
GNSee = Grenzfragen des Nerven- und Seelenlebens (LÖWENFELD u. KURELLA). Wiesbaden, Bergmann.
. . . *InCgPs* = Bericht über den . . . Internationalen Congreß für Psychologie.
InJEth = Internat. Journal of Ethics.
JEdPs = The Journal of Educational Psychology (BAGLEY, SEASHORE, BELL u. WHIPPLE). Baltimore, Warwick & York.
JN = Journal de neurologie (FRANCOTTE u. CROCQ).
JPh = Journal of Philosophy, Psychology and Scientific Methods (WOODBRIDGE u. BUSH).
JPsN = Journal für Psychologie und Neurologie (FOREL u. VOGT). Leipzig, Barth.
JPsPa = Journal de Psychologie normale et pathologique (JANET u. DUMAS). Paris, Alcan.
. . . *KgEPs* = Bericht über den . . . Kongreß für experimentelle Psychologie. Leipzig, Barth.
KlPs = Klinik für psychische und nervöse Krankheiten (SOMMER). Halle, Marhold.
MKrPs = Monatsschrift für Kriminalpsychologie u. Strafrechtsreform. (ASCHAFFENBURG). Heidelberg, Winter.
MPtN = Monatsschrift für Psychiatrie und Neurologie (ZIEHEN). Berlin, Karger.
NZb = Neurologisches Zentralblatt (MENDEL). Leipzig, Veit.
PdMag = Pädagogisches Magazin (MANN). Langensalza, Beyer.
PdMng = Pädagogische Monographien (MEUMANN). Leipzig, Nemnich.
PhR = Philosophical Review.
PdSe = Pedagogical Seminary (ST. HALL). Worcester (Mass.), Chandler.
PdPsSd = Pädagogisch-psychologische Studien (BRAHN, jetzt SEYFERT). Leipzig, Wunderlich.
PhSd = Philosophische Studien (WUNDT). Leipzig, Engelmann.
PolAntR = Politisch-anthropol. Revue (WOLTMANN). Eisenach u. Leipzig, Thüringische Verlagsanstalt.
PopSciM = Popular Science Monthly.
PsArb = Psychologische Arbeiten (KRAEPELIN). Leipzig, Engelmann.
PsBu = Psychological Bulletin (BALDWIN, JUDD, WARREN). Lancaster (Pa.). The Review Publishing & Co.
PsCl = Psychological Clinic (WITMER). Philadelphia, ThePsClPress.
PsR = The Psychological Review (BALDWIN, JUDD, WARREN). Lancaster (Pa.), The Review Publishing & Co.

PsSd = Psychologische Studien (Wundt). Leipzig, Engelmann.

PtW = Psychiatrisch-neurologische Wochenschrift (Bresler). Halle, Marhold.

RdePh = Revue de Philosophie (Peillaube).

RFt = Rivista sperimentale di Freniatria, Archivio italiano (Tamburini). Reggio Emilia, Colderini.

RPh = Revue philosophique de la France et de l'Etranger (Ribot). Paris, Alcan.

RPs = Revue Psychologique (Joteyko). Brüssel, Misch et Thron.

RPsAp = Rivista di Psicologia Applicata (Ferrari). Bologna, Stabilimento Poligrafico Emiliana.

RPt = Revue de Psychiatrie et de Psychologie Expérimentale.

RSci = Revue scientifique.

VPh = Vierteljahrsschrift f. wissenschaftl. Philosophie u. Soziologie (Barth). Leipzig, Reisland.

ZAngPs = Zeitschrift für angewandte Psychologie u. psychol. Sammelforschung (Stern u. Lipmann). Leipzig, Barth.

ZEPd = Zeitschrift für experimentelle Pädagogik (Meumann). Früher *EPd*, siehe diese. Leipzig, Nemnich.

ZKi = Zeitschrift für Kinderforschung (Trüper, Ufer). Langensalza, Beyer.

ZNPt = Zeitschrift für d. ges. Neurologie u. Psychiatrie (Alzheimer, Gaupp, Lewandonsky u. Wilmanns). Berlin, Leipzig, Springer, Barth.

ZPdPs = Zeitschrift f. pädagogische Psychologie u. exp. Pädagogik (früher Kemsies u. Hirschlaff, jetzt Meumann u. Scheibner). Verlag früher Walther, Berlin; jetzt Quelle u. Meyer, Leipzig.

ZPs = Zeitschrift für Psychologie u. Physiol. d. Sinnesorgane (früher Ebbinghaus u. König, jetzt Red. d. psychol. Abteilung Schumann). Leipzig, Barth.

ZPsth = Zeitschrift f. Psychotherapie u. medizinische Psychologie (Moll). Stuttgart, Enke.

ZRlPs = Zeitschrift für Religionspsychologie (Bresler, Runze, Klemm). Leipzig, Barth.

ZSt = Zeitschrift für die gesamte Strafrechtswissenschaft (Lilienthal u. v. Liszt). Berlin, Guttentag.

ZbN = Zentralblatt für Nervenheilkunde und Psychiatrie (Gaupp). Leipzig, Barth.

Herr Dr. Lipmann ist mir nicht nur durch einzelne bibliographische Nachweisungen behilflich gewesen, sondern hat mir auch seine außerordentlich reichhaltigen Literatursammlungen über Frauenpsychologie und über Synästhesie zur Verfügung gestellt. So bestehen die Abteilungen C VI—IX und D X zum größten Teil aus dem von ihm freundlichst überlassenen Material. Ihm sei hierfür herzlich Dank gesagt.

Inhaltsverzeichnis der Bibliographie.

A. Gesamtdarstellungen und Grundprobleme.

B. Die einzelnen Hauptfunktionen in ihrer Differenzierung.

C. Alters- und Geschlechtsunterschiede.

D. Besondere Verhaltungsweisen.

A. Gesamtdarstellungen und Grundprobleme.

I. Allgemeines.

1. Differentielle Psychologie und Charakterologie im allgemeinen.

1. Bahnsen, J. *Beitr. z. Charakterologie. Mit bes. Berücksichtigung pädag. Fragen.* Lpzg., Brockhaus. 1867. 2 Bd. 442 u. 362 S. (Vgl. Text S. 11, S. 189 u. Anh.)

2. Beneke, E. *Lehrbuch d. Ps. als Naturw.* 3. Aufl. Berlin, Mittler. 1861. Insbes. 9. Kap.: *Von d. individuellen Verschiedenheiten d. menschlichen Seelenentwicklung.* S. 240—264. — (B. fordert eine diff. Ps. als besondere Disziplin unter dem Namen „pragmat. Ps." oder „Anthropol.")

3. —, F. E. *Ps. Skizzen.* Bd. II: *Üb. die Vermögen d. menschlichen Seele u. deren allmähliche Ausbildung.* Göttingen, Vandenhoeck u. Ruprecht. 1827. Insbes.: „Ind. Verschiedenheiten" S. 95—116 und: „Ind. Bildungen" S. 417—531. — (Die Sk. enthalten eigentlich eine diff. Ps. in nuce. Zusammenwirken von Anlagen [„Urvermögen"] und Reizen. Polemik gegen Hypostasierung der Eigenschaften. Untersuch. über Temperamente, Genie und Talent, praktische u. theoret. Talente.)

4. Binet, A. et Henri, V. *La ps. individuelle.* AnPs 2, 411—465. 1896. — (Vgl. Text S. 90/91, 206 f.)

5. — *La Ps. individuelle.* III InCgPs. München 1897. 244—245.

6. Christ, F. *Charakterologie auf ps. Grundlage.* Lpzg., Mutze. 1907. 72 S. (Gibt u. a. folgende Typengliederung:

		Verstand stark	Verstand schwach
Gemüt	stark	Normalmensch	Gemütsmensch
	schwach	Verstandesmensch	Gewohnheitsmensch

7. Galton, F. *Inquiries into Human Faculty and its Development.* London, Macmillan. 1883. — 2. Aufl. Everymans Library, edited by Ernest Rhys. Science Nr. 263. I. M. Deut & Co., London; E. P. Dutton & Co., New York, ohne Jahreszahl (1908?). — (Vorstellungstypen. Synästhesie. Ps. v. Zwillingen. Typen-Photographien u. a.)

7a. Herbart, J. F. *Die Verschiedenheit der Köpfe und Naturen.* In: *Aphorismen zur Ps.* H.s Schriften zur Ps., herausg. v. Hartenstein **3**, 672 —676.)

8. Kant, J. *Anthropologie in pragmatischer Hinsicht.* 1798. — (Vgl. Text S. 11, 175, 188.)
9. Klages, L. *Prinzipien d. Charakterologie.* Lpzg., Barth, 1910. 93 S. — (Verhältn. d. Ch. z. Schul-Ps., Materie, Struktur, Qualität d. Charakters. Vorstellungskapazitäten u. Auffassungsdispos. Temperament. Metaphysik d. Persönlichkeitsunterschiede. System der Triebfedern.)
10. Lucka, E. *D. Problem e. Charakterologie.* ArGsPs **11**, S. 211—241. 1908. — (Ch. soll nicht d. Individualität in eine Vielheit von Phänomenen zerlegen, sondern als einheitl. Persönlichkeit charakterisieren. Typengliederung in 2 Typenpaare, die sich kreuzen: Erstes Paar: Der unmittelbare naive und der mittelbare reflektierende Mensch. Zweites Paar: Der durch die Umwelt gebundene reproduzierende u. der unabhängig produzierende Mensch.)
11. Möbius, P. F. *Stachyologie.* Lpzg., Barth, 1901. — (Enth. u. a.: Über Rousseaus Jugend. Üb. d. Studium d. Talente [**593**]. Üb. d. Vererbg. d. Talente. Üb. Unterschiede d. Geschlechter.)
12. Partridge, G. E. *An Outline of Individual Study.* New York, The Sturgis and Walton Co. 1910. 240 S.
13. Stern, W. *Üb. Ps. d. ind. Differenzen.* (Ideen zu e. differentiellen Ps.) Lpzg., Barth, 1900. 146 S. (Schriften d. Ges. f. ps. Forschung, Heft 12.)
14. Sternberg, Th. *Charakterologie als Wissenschaft.* Lausanne, Frankfurter, 1907. 43 S.

Vgl. ferner den Abschnitt B XIII (Charakter), insbes.: 813, 820 833 („Ethologie"); 837, 844, 862. Ferner 271, 457.

2. Individualität.

15. Baur, G. *Individualität.* Enc. d. ges. Erzieh. u. Unterr.-Wesens (Schmid). 2. Aufl. **3**, S. 693—701. 1880.
16. Dilthey, W. *Beitr. z. Studium d. Individualität.* Akad.-Ber. Berlin, 1896, S. 295—335.
17. Froehlich, J. *Die Individualität v. allgemein-menschlichen u. ärztlichen Standp.* Stuttg., 1897. 410 S.
18. Gill, F. *Aspects of Personality.* New-World **7**, 229—237. 1898.
19. Greco, F. del. *Sulla ps. della individualità.* Atti Soc. Rom di Antrop., 1898, **5**, fasc. 3, 20 S.
20. Gugler, P. *Die Individualität und Individualisation des Einzelnen.* Lpzg., 1896. 435 S.
21. Knortz, K. *Individualität.* Päd. Betrachtungen. 1895.
22. Kunstler, J. *L'origine de l'individualité.* Gaz. Hebd. d. Sc. Méd. d. Bordeaux **17**, 543 ff. 1896.
23. Leighton, J. A. *The Study of Individuality.* PhR **11**, 565—575. 02.
24. Neisser, C. *Individualität u. Psychose.* Verh. d. Ges. deutscher Ärzte u. Naturf. zu Meran. Vogel, Leipzig, 05. Auch sep.: Hirschwald, Berlin 05.
25. Netoliczka, O. *Individualität und Persönlichkeit.* 23 S. Hermannstadt, W. Kraft. 08.
26. Röse, F. *Ps. als Einltg. i. d. Individualitätsphilosophie.* Gött. 1856.
27. Schnehen, W. *D. Begriff der Individualität.* Eisl. 04.

28. Seligmann, R. *Z. Philosophie d. Individualität.* ArSystPh. **15**, S. 79—86. 09.
29. Sigwart, Ch. *D. Unterschiede d. Individualitäten.* Kl. Schriften 2. Freiburg u. Tübingen 1881, 212—259.
30. Stern, W. *Person u. Sache. System d. philos. Weltanschauung. I. Ableitung u. Grundlehre.* Lpzg., Barth, 06. 434 S. — (Vgl. Text S. **319**.)
31. Tiling, Th. *Ind. Geistesartung u. Geistesstörung.* GNSee **27**.
32. Waldeck, O. *D. latente Ich. D. Quellengebiet d. Ps. eines Individuums.* Wien 06.
33. Zillig, P. Artikel *Individualität.* Enzykl. Handb. d. Päd. (Rein). 1. Aufl. **3**, S. 809—827. 1897.

II. Methodologie.

1. Methoden- und Organisationsfragen im allgemeinen.

34. Binet, A. *La mesure en psychologie individuelle.* RPh **46**, 113—123. 1898.
35. Dessoir, M. *Seelenkunst und Psychognosis.* (Beitr. z. Ästhetik I.) ArSystPh **3**, 374—388. 1897.
36. — *Die Seelenkenntnis des Dichters.* (Beitr. z. Ästhetik IV.) ArSystPh **6**, S. 470—501. 1900.
36a. Fischer, A. *Über Organisation u. Aufgabe ps. Institute.* ZPdPs **11**. 1910. — (Vgl. Text S. 109.)
37. Hellpach, W. *Grundgedanken zur Wissenschaftslehre der Psychopathologie.* ArGsPs **7**, S. 143—226. 06. — (Begriff der Abnormität. Methoden.)
37a. Heymans, G. *Des méthodes dans la ps. spéciale.* AnPs **17**, 64—79. 1911. — (Übersetzg. e. Kapitels aus **1031**.)
38. Schulze, R. *A. d. Werkstatt der exp. Ps. u. Pädag.* Lpzg., Voigtländer, 09. 292 S.
38a. Specht, W. *Üb. d. Wert d. pathol. Methode in d. Ps. u. d. Notwendigkeit d. Fundierung d. Psychiatrie auf einer Pathopsychologie.* Ztschr. f. Pathopsychologie (Specht) **1**, 4—49. 1911.
39. Stern, W. *Üb. Arbeitsgemeinschaft in d. Ps.* IV CgInPs. Paris 01. S. 435—438. — (Vgl. Text S. 108.)
40. — *Angewandte Ps.* BPsAu **1**, S. 4—43. 03.

Vgl. ferner: Claparède 877, Meumann 886, Thorndike 892, Strümpell 890.

2. Introspektive Methoden.

41. Baerwald, R. *Die Methode der vereinigten Selbstwahrnehmung.* ZPs **46**, S. 174—198. 07. — (Vgl. Text S. 41, 133—135.)
41a. Beaunis, H. *Comment fonctionne mon cerveau. Essai de psychologie introspective.* RPh 09 (janvier). Ausführl. Bericht in: AnPs **16**, S. 447—459. 1910. — (Selbstbeobachtungen über d. Entstehen von Gedanken, das „Annichts-Denken" usw. — B. erwähnt, er habe schon 1892 dem Londoner Ps.-Kongress ein „Programm der ps. Autobiographie" entwickelt.)
42. Binet, A. *Connais toi-même.* R. des R. **19**, 419—424. 1896.
43. Burr, Anna R. *The Autobiography.* Houghton, Mifflin Comp. Boston

09. 451 S. — (Untersuchung v. 260 Autobiogr. unter folg. Gesichtspunkten: Gründe der Abfassung, Aufrichtigkeit, Nachahmung u. Einflüsse, Beziehung zu Poesie, Nation, Beruf usw.)

44. Misch, G. *Geschichte d. Autobiographie. I. Das Altertum.* Lpzg., Teubner, 07. 466 S.

45. Münsterberg. *Lust u. Unlust. (E. vorläuf. Mitteilung.)* BExpPs **4**. Freiburg, Mohr, 1892. S. 216—218. — (Ergebnisse eines während mehrerer Monate geführten „ps. Tagebuches“.)

46. Wundt, W. *Über Ausfrageexp. u. üb. d. Methoden zur Ps. d. Denkens.* PsSd **3**, 301—360. 07. — (Kritik der Würzburger Methode der „exp. Selbstbeob.“ Vgl. Text S. 38.)

Anwendungen der introspektiven Methoden in gröfserem Umfang finden sich u. a. bei vielen Erhebungen (vgl. nächsten Abschnitt), ferner bei 459, 520, 583. Autopsychographisches von hervorragenden Persönlichkeiten: 875, 1132, 1190, 1231, 1250, 1254, 1256, 1258, 1315, 1319, 1328. Von Mindersinnigen: 1372, 1376, 1378—1381.

3. Erhebung. Fragebogenmethode.

47. Gault, Robert H. *A History of the Questionnaire-Method in Ps.* PdSe **14**, S. 366—383. 07.

48. G. Stanley Hall. *General Outline of the New Child Study Work at Clark Univ.* PdSe **17**, S. 160—165. 1910. — (Vgl. Text S. 120.)

49. Héricourt, J. *Projet de questionnaire psychophysique.* RPh **29**, 445—448. 1890. — (Vgl. Text S. 121.)

50. Lacassagne. *Questionnaire psycho-physiologique.* RSci **49**, 797—798. 1892. — (Vgl. Text S. 121.)

51. Ribot, Th. *Sur la valeur des questionnaires en psychologie.* JPsPa **1**, S. 1—10. 04. — (Vgl. Text S. 121, 133—135.)

52. Smith, Th. L. *The Questionnaire Method in Genetic Ps.* PdSe **10**, S. 405—409. 03.

53. Weber, Max. *Zur Methodik sozialps. Enquêten.* Arch. f. Sozialwiss. u Sozialpolitik **29**, S. 949—958. 09. — (Kritik e. Arbeiterenquête von Levenstein. Diese enthielt 20 ps. Fragen: nach der Stellung der Arbeiter zur Arbeit, zum Arbeitgeber, zur Kirche, zu den Parteien, 5200 Antworten.)

Zur Methodik vgl. noch Baerwald 41. — Anwendungen der Erhebungsmethode: Abt. C IV 3 (Schulneulinge). Ferner: 306, 486, 509, 859, 860, 881, 1031. 1258, 1283/8, 1325, 1327, 1444.

4. Statistische Methoden.
(Variations- und Korrelationsrechnung.)

[Bibliographisches s. **54** und **54**b.]

54. Betz, W. *Üb. Korrelation. Methoden d. Korr.-Berechnung u. krit. Bericht üb. Korr.-Untersuchungen a. d. Geb. d. Intelligenz, d. Anlagen u. ihrer Beeinflussung durch äufsere Umst.* Beiheft zu ZAngPs I. Flg. (3). Lpzg., Barth, 1911. 88 S. — (Enth. vollst. Bibliogr. üb. d. Korr.-Meth. u. ihre ps. Anwendung v. 90 Nrn. — Vgl. Text S. 234, 240, 280 ff, 292, 298 ff, 311 ff.)

54a. Betz, W. *Der wahrscheinliche Fehler von prozentuellen Häufigkeiten.* ZAngPs **5**, 357—367. 1911. — (Vgl. Text S. 311.)

54b. Brown, W. *The Essentials of Mental Measurement.* Cambridge Univ. Press. 1911. 154 S. — (Enth. u. a. einen Abdruck v. **101**ᵃ. Ferner ausführl. Bibliogr.)

54c. Davenport, C. B. *Statistical methods, with special reference to biological variation.* N.Y., 1899. 148 S. 2. Aufl. 04.

55. Duncker, G. *D. Methode d. Variationsstatistik.* ArEntwMech. (Roux) **8**, 1899. S. 111—183. — (Vgl. Text S. 234, 245/6, 255.)

56. Dürr. *(Besprechung von Spearman.)* ZPs **41**, S. 450. 06.

56a. — (Spearman.) *Erwiderung.* ZPs **42**, S. 470—472. 06.

57. Elderton, W. P. *Frequency curves and correlation.* London, 06.

58. Galton, F. *Correlations and their measurement, chiefly from anthropometric data.* Proc. Roy. Soc. London **45**, S. 135. 1888.

59. Lehmann, A. u. Pedersen, R. H. *Das Wetter u. unsere Arbeit.* ArGsPs **10**, S. 1 ff. 07. (Insbes. S. 15—26: Kritik d. Spearmanschen Korrelationsmethode.)

60. Lipps, G. F. *D. Theorie d. Kollektivgegenstände.* PhSd **17**. Auch sep.: Lpzg., Engelmann, 02. 217 S.

61/62. Pearson. *Mathematical contributions to the theory of evolution III. Regression, heredity and panmixia.* Ph. Transact. Roy. Soc. London **187** A. S. 257. 1896. — (Vgl. Text S. 279.)

63. Spearman, C. *The proof and measurement of association between two things.* AmJPs **15**, S. 72—101. 04. — (Vgl. Text S. 279.)

64. — *Proof and Disproof of Correlation.* AmJPs **16**, S. 228—231. 05.

65. — *„Footrule" for measuring correlation.* BrJPs **2**, S. 89—108. 06.

66. — *Demonstration of formulae for true measurement of correlation.* AmJPs **18**, S. 161—169. 07.

67. — *Z. Korrelationsfrage.* ZAngPs **2**, S. 393/4. 09. — (Vgl. Text S. 288, 298).

68. — *Correlation calculated from faulty data.* BrJPs **3**, 271—295. 1910.

69. Thorndike, E. L. *An Introduction to the Theory of Mental and Social Measurements.* New York, The Science Press. 04. 212 S. — (Statist. Meth. zur Messung der Variabilität usw.)

70. Whipple, G. M. *A quick method for determining the index of correlation.* AmJPs **18**, S. 322—325. 07.

Vgl. ferner Whipple 81. — Die Korr.-Untersuchungen des Eugenics Instituts sind in den Abteilungen A IV 1—3 enthalten. Korr.-Forschungen über Intelligenztests finden sich in Abschnitt B VI. Sonstige Anwendungen der Korr.-Rechnung: 98, 99, 101, 101 a, 108, 111, 117. 804, 967, 974, 982, 983.

5. Methodologisches über Psychographie und Pathographie.

[Auto-Biographie und -Psychographie A II 2. — Individualitätenlisten und Personalbogen f. Kinder: C IV. — Ausgeführte Psychogramme u. Pathogramme: von Kindern C II u. C III 2., von übernormalen Erwachsenen an vielen Stellen der Abt. D. Graphologische Psychogramme an verschiedenen Stellen von A III 3.]

71. BAADE, W. *Psychographische Darstellungen übernormal begabter Individuen.* ZAngPs 1, 274—277. 08. — (Vgl. Text S. 327, 338.)
72. —, LIPMANN, STERN. *Fragment e. psychographischen Schemas.* ZAngPs 3, S. 191—215. 09. — (Vgl. Text S. 354 ff.)
72a. BIRNBAUM, C. *Üb. psychopathische Persönlichkeiten. Eine psychopathologische Studie.* 88 S. Wiesb., Bergmann. 09.
73. GALTON, F. *Life history album.* London, N. Y., Macmillan, 1884. — (Psychographisches Schema.)
73a. — *Record of family faculties.* London, N. Y., Macmillan, 1884. — (Psychograph. Schema.)
74. HELLPACH, W. *Über die Anwendung psychopathol. Erkenntnisse auf gesellschaftliche u. geschichtliche Erscheinungen.* AnNatPh 5, S. 321—348. 06. — (Üb. Pathographie. Die seel. Abnormität einer schöpferischen Persönlichkeit ändert nichts an d. Bedeutg. d. Leistung.)
74a. — *Die pathographische Methode.* MdKl 1905, Nr. 53/54. — (Vgl. Text S. 145.)
75. IDELER, K. W. *Biographien Geisteskranker in ihr. ps. Entwickelg. dargest.* Mit 11 Taf. 1841.
76. LIPMANN, O. *Beitr. z. Ps. u. Psychographie des Wollens u. Denkens.* ZAngPs 5, S. 331—340. 1911.
77. MAC DONALD. *A plan for the study of man.* Washington 02.
78. MARGIS, P. *Das Problem u. d. Methoden d. Psychographie.* ZAngPs 5, 409—451. 1911. — (Zugleich Sammelbericht über frühere psychographische Versuche. Vgl. Text S. 327, 338.)
79. SOMMER, R. *Individual-Ps. u. Psychiatrie.* IIKoExpPs in Würzbg. Lpzg., Barth, 07. S. 136—152.
80. STERN, W. *Üb. Aufgabe u. Anlage d. Psychographie.* ZAngPs 3, S. 167—190. 09. — (Vgl. Text S. 327, 354.)

Vgl. ferner: HEYMANS-WIERSMA 306. — Bei exp. Untersuchungen liefern ausführl. Individual-Charakteristiken ihrer Versuchpersonen: CRON u. KRAEPELIN 400, COHN u. GENT 559, MINNEMANN 570, DECROLY u. DEGAND 670.

Zur Methode der Pathographie: MÖBIUS 1206. — Anleitungen zum Psychographieren von kleinen Kindern: 869 b, 899.

6. Verschiedenerlei Tests zur vielseitigen Prüfung der Individualität.

[Diejenigen Testserien, die zur Prüfung einer einzelnen Eigenschaft dienen sollen, sind nicht hier, sondern unter der betr. Eigenschaft in Abt. B. der Bibliographie genannt. Vgl. insbes. B. VI. Intelligenzprüfungen.]

Bibliographisches.

81. WHIPPLE, G. M. *Manual of Mental and Physical Tests.* 400 S. Baltimore Warwick and York, 1910. — (Vgl. Text S. 87, 95.)

Literatur bis 1899.

82. BINET, A. et VASCHIDE, N. *La ps. à l'école primaire.* AnPs 4, S. 1—305. 1898. — (Enthält unter 18 besonderen Titeln zusammengehörige Unter-

suchungen über die Differenzierung der körperlichen Leistungen bei 45 Knaben einer Klasse.)

83. Cattell, Mc Keen. *Mental Tests and Measurements.* Mind 1890. 373—381. — (Vgl. Text S. 90.)

84. — and Farrand, L. *Physical and Mental Measurements of the Students of Columbia University.* PsR **3**, 618—648. 1896.

85. — *Preliminary Report of the Committee on Physical and Mental Tests.* PsR **4**, 1897.

86. Ferrari e Guicciardi. *Ricerche sperimentali sui dati immediati della coscienza.* III InCoPs München 1897. 225—226.

87. Galton, F. *Remarks on Mental Tests and Measurements.* Mind **15**, 380. 1890.

88. Gilbert, J. A. *Researches upon School Children and College Students.* UnJowaSdPs **1**, 1—39. 1897.

89. Jastrow, J. and Morehouse, G. W. *Some Anthropometric and Ps. Tests on College Students.* AmJPs **4**, 420. 1893. (Vgl. Text S. 90.)

90. — *Official Catalogue of Exhib. Department M., Worlds Columbian Exposition, Section of Ps.* 1893.

91. —, Baldwin, J. and Cattell. *Physical and Mental Tests.* PsR 1898, **5**, 172—179.

92. Mac Donald, A. *Exp. study of children, including anthropometrical and psycho-physical measurements of Washington school children.* Report of the Commissioner of Educ. for 1897/98. I, S. 985—1204, 1281—1398. 1899.

93. Miles, Caroline. *A Study of Individual Ps.* AmJPs **6**, 534—558. 1895.

94. Münsterberg. *Z. Individual-Ps.* ZbN **14**, 196—198. 1891. — (Vgl. Text S. 90.)

95. —, H. Vgl. Nr. **107**.

96. Scripture, E. W. *Tests on School Children.* EdR **5**, 52—61. 1893.

97. Sharp, St. E. *Individual Ps. A Study in Ps. Method.* AmJPs **10**, 329—391. 1899.

Literatur seit 1900.

98. Aikens, H., Thorndike, E. and Hubbell, E. *Correlations among Perceptive and Associative Processes.* PsR **9**, 02, 374—382. — (Nachprüfung von Wissler [**111**]. Keine Korr. selbst von nahe verwandten Tests untereinander. — Vgl. Text S. 285.)

99. Bagley, W. Ch. *On the Correlation of Mental and Motor Ability in School Children.* AmJPs **12**, S. 193—205. 01. — (160 Kinder. Psychische Tests [Karten sortieren] zeigen keine, motorische Tests geringe Korr. zu Klassenrang, psych. u. motor. Tests untereinander umgekehrte Korr — Vgl. Text S. 285.)

100. Bechterew, W. v. *Objektive Untersuchung d. neuropsychischen Sphäre im Kindesalter.* ZPsth **2**, S. 129—141. 1900. — (Vgl. auch **113** f.)

101. Brown, W. *Some Experimental Results in Correlation.* IV CoInPs à Genève 09. — (Vgl. Text S. 285, 287.)

101a. — *Some Exp. Results in the Corr. of Mental Abilities.* BrJPs **3**, 296—322. 1910. — (10 Tests an je 150 Erwachs. u. Kindern beiderlei Geschl.; zieml. hohe Korr. der Kombinationsfäh. mit d. mechan. Gedächtn. u. mit der Wirkung e. geometr. Täuschung. Vgl. a. Text S. 285, 287.)

102. CHAMBERS, W. G. *Individual Differences in Grammar Grade Children.* JEdPs **1**, S. 61—75. 1910. — (Tests an 44 Knab. u. Mädch. des 7. u. 8. Schuljahres: Alter, Gröfse, Gewicht, Druck, Auffassungsgeschw., Addieren, Buchstabieren, opt. u. akust. Gedächtn. — Streuung.)

103. COHN, J. *Unters. üb. Geschlechts- u. Altersunterschiede bei Schülern.* IV KoExPs in Innsbruck. Lpzg., 1911, S. 219—223.

104. — u. DIEFFENBACHER, F. *Unters. üb. Geschlechts-, Alters- u. Begabungsunterschiede bei Schülern.* Beihefte z. ZAngPs **1**. Folge, H. 2. 213 S. 1911. — (Bessere u. schwächere Schüler u. Schülerinnen höh. Schulen werden exp. verglichen in bezug auf: Aussage, Beschreibung, Ergänzung, Zeichnen, Aufsatz, Aufmerksamkeit. — Vgl. Text S. 82, 104ff, 271.)

105. KELLY, R. L. *Psychophysical Tests of Normal and Abnormal Children. A Comparative Study.* PsR **10**, S. 345—372, 03. — (Sinnesempfindl., Bewegungen, Vorstellungen. — Vgl. Text S. 285.)

106. MACMILLAN. *The Physical and Mental Examination of Public School Pupils in Chicago Charities and Commons.* (Now The Survey.) Dez. 06.

106a. —, P. *Die geist. u. körperl. Unters. der Kinder in den „Public Schools" von Chicago.* ZKi **15**, S. 193—203. 1910.

107. MÜNSTERBERG, H. *Finding a Life Work.* MC CLURES Mag. 1910. S. 398—403. — (Vgl. Text S. 104.) — Abgedruckt in:

107a. MÜNSTERBERG. *Problems of to-day.* London, Unwin 1910. 220 S.

108. PETERSON, H. A. *Correlation of Certain Mental Traits in Normal School Students.* PsR. **15** (5), 323—383. 08. — (Tests über: 1. Genauigkeit, 2. Gedächtnis, 3. deduktives Schliefsen, 4. Verallgemeinern, 5. Verständnis. Starke Korr. zwischen 3., 4. u. 5., schwächere, aber deutliche Korr. zwischen diesen und den beiden ersten. Vgl. Text S. 289.)

108a. UGO PIZZOLI. *I „testi mentali" nelle scuole.* RFt **28**, S. 138—148. 02.

109. SEASHORE, C. E. *Suggestions for Tests on School Children.* EdR. **22**, 59—82. 01.

110. SMITH, W. G. *A Comparison of Some Mental and Physical Tests in their Application to Epileptics and to Normal Subjects.* BrJPs **1**, 05, 240—260.

111. WISSLER, C. *The Correlation of Mental and Physical Tests.* PsR Mng Suppl. **3** (6),01, 62 S. N.Y., MacMillan. — (325 Schüler [meist Knaben] v. 16—19 Jahren. Buchstaben-Durchstreichen, opt. u. akust. Silbenlernen, Reakt.-Zeiten, abstrakte Sätze lernen. Die psych. Tests zeigen keine Korr. untereinander, die physischen Tests zeigen Korr. untereinander, aber sehr geringe mit den psychischen. Vgl. Text S. 233, 285.)

Vgl. ferner: BINET-HENRI 4/5, PARTRIDGE 12, STERN 13, BETZ 54, BROWN 54a. — Vergleich der Geschlechter: 1048, 1064/5, 1072.

7. Allgemeine Testserien und Prüfungsschemata zu psychopathologischen Zwecken.

[Vgl. die Vorbemerkung zum vorigen Abschnitt 6.]

112. *Übersicht üb. d. klin. Methoden z. ps. Prüfung Geisteskranker.* ZAngPs **3**, S. 346—397. 1910. I. GREGOR, Bericht üb. d. wesentlichsten a. d. psychiatr. Klinik zu Leipzig gebräuchlichen exp.-ps. Untersuchungsmethoden. II. SEROG, Ber. üb. d. in d. Giefsener Klinik f. psychische

und nervöse Krankheiten gebräuchlichen Untersuchungsmethoden. III. Rohde, Üb. d. Aufnahme e. psychischen Status mittels der in der psychiatrischen Klinik der Kgl. Charité gebräuchlichsten ps. Untersuchungsmethoden, mit bes. Berücksichtigung e. Falles von Simulation. IV. Roemer, Das Aussageexperiment als ps. Untersuchungsmethode. V. Köppen u. Kutschinski, System. Beob. üb. d. Wiedergabe kleinerer Erzählungen durch Geisteskranke. VI. Jung, Die an der psychiatrischen Klinik in Zürich gebräuchlichen ps. Untersuchungsmethoden. VII. Schultz, Fragmente einer Psychoanalyse. — (Vgl. Text S. 93.)

112a. Baroncini, L. e Sarteschi, U. *Ricerche di ps. individuale nei dementi.* RPsAp **6**, S. 1—23. 1910. — (7 Gruppen v. Fragen aus folg. Gebieten: Orientiertheit, coscienza individuale, Gedächtn., Affektivität, Denken, Rechnen, moral. Gefühle.)

113. Bechterew, W. v. *D. objektive Untersuchung der neuropsychischen Sphäre der Geisteskranken.* ZPsth **1**, S. 257—290. 09. — (Tests, die den Kranken lediglich durch das objektive Verhalten — ohne Deutung der psychischen Korrelate — charakterisieren sollen. Vgl. auch **100.**)

114. — *Examen ps. objectif des malades mentaux.* Traité internat. de Ps. pathol. Paris, Alcan, 1910. S. 856—897.

114a. — u. Wladyczko, S. *Beitr. z. Methodik d. objektiven Untersuchung v. Geisteskranken.* ZPsth **3**, S. 86—109. — (Bildertests verschiedener Schwierigkeit.)

115. Ferrari, G. C. *La ps. individuale nell' esame clinico degli alienati.* III InCgPs, 346—347. München 1897.

116. — *Examen médico-ps. des arriérés.* Traité internat. de Ps. pathol., Paris, Alcan, 1910. S. 898—953.

117. Förster, R. u. Gregor, A. *Üb. d. Zusammenhänge v. psych. Funktionen bei d. progressiven Paralyse. 1.* MPt **26** (Erg.-Heft, Festschr. f. Flechsig), S. 42—86. 09. — (Vgl. Text S. 290.)

118. Fuchs, W. *Zur Persönlichkeitsanalyse.* ZbN **18**, S. 533—542.

119. Gregor, A. *Leitfaden der exp. Psychopathologie.* 222 S. Berlin, Karger, 1910.

120. Guicciardi, G. e Ferrari, G. C. *I „testi mentali" per l'esame degli alienati.* RFt **22**, 297—314. 1896.

121. — *L'applicazione dei „mental tests" nella Clinica psichiatrica e nella pratica medico-legale.* RFt **31**, S. 410—418. 05.

122. Morselli, E. *Manuale di Semejotica delle Malattie Mentali. Guida alla Diagnosi della Pazzia.* Milano 1896. — (Prüfungsschema.)

123. Pennazza, G. *Piccolo mondo primitivo.* Bologna, Beltrami, 09. 141 S. 111 Fig. — (Anthrop. u. ps. Charakteristik verschiedener Typen abnormer Kinder; Darstellung ihrer Erzeugnisse, Schilderung des ps. Beobachtungsverfahrens.)

124. Rybakow, Th. *(Atlas zur exp. individual-ps. Untersuchung.)* 57 Tfln. u. 46 russische Textseiten. Moskau 1910. (Tfln. z. Untersuch. d. Lichtempfindung, des Farbengedächtn., des Auffassens und Behaltens von Bildern, geometr. Figuren, gedruckten Worten u. sinnlosen Silben, der Aufmerksamkeit, Suggestibilität usw.)

125. SOMMER, R. *Lehrbuch d. psychopathol. Unters.-Methoden.* Berlin, Urban & Schwarzenberg. 1899. Verlag der Schemata: Brühls Univ.-Druckerei Giefsen.

126. — *E. Schema z. Unters. v. Idioten u. Imbezillen.* KlPs **3**, 68—74. 08.

127. TOULOUSE, E. et PIÉRON, H. *Les tests en psychopathologie.* RPt **7**, S. 1—13. 03.

128. —, VASCHIDE, N. et PIÉRON, H. *Technique de Ps. exp. (Examen des Sujets.)* 330 S. Paris, Doin, 04. — (Schema der psychograph. Exp.-Methoden, insbes. der niederen Funktionen. Empfehlung bestimmter Mafseinheiten. Bildermaterial.)

129. WITMER. *Clinical Psychology.* PsCl **1**, S. 1 ff. 07.

130. WALLIN, J. E. W. *The New Clinical Ps. and the Psycho-Clinicist.* JEdPs 2, 121—132, 191—210. 1911.

131. ZIEHEN. *Schematische Anweisung z. ps. Unters. bei geisteskranken Kindern.* In: Die Geisteskrankheiten des Kindesalters. 3. H. S. 126. Berlin, Reuther & Reichardt, 06.

Vgl. auch KRAEPELIN 706.

8. Psychoanalyse (Auswahl).

Bibliographisches.

132. SCHULTZ, J. H. *Psychoanalyse. D. Breuer-Freud'schen Lehren, ihre Entwicklung u. Aufnahme.* ZAngPs. 2, S. 440—497. 1909. — (Krit. Sammelbericht. Bibliogr. v. 172 Nr. — Der Sammelber. wird an gleicher Stelle fortgeführt durch ständige Referate von SCHULTZ u. FRIEDLÄNDER).

---

133. *Jahrb. f. psychoanalyt. u. psychopathol. Forschungen.* Hrsg. v. BLEULER u. FREUD, redig. v. JUNG. Leipzig u. Wien, Deuticke. Seit 09.

134. *Zentralbl. f. Psychoanalyse.* Hrsg. v. FREUD, ADLER, STEKEL. Wiesbaden, Bergmann. Seit. 1910.

135. *Schriften z. ang. Seelenkunde.* Hrsg. v. FREUD. Lpzg. u. Wien, Deuticke. Seit. 09. Bis 1911. 10 Hefte.

136. *Diagnost. Assoc.-Studien.* Hrsg. v. JUNG. Lpzg., Barth. 1905.

137. FREUD, S. *Sammlung kleiner Schriften z. Neurosenlehre.* Lpzg. u. Wien, Deuticke. 1909. 206 S.

137a. — *The Origin and Development of Psychoanalysis. 5 Lectures.* AmJPs. **21**, 181—218. 1910. — (Dasselbe in dtsch. Sprache) *Vorlesungen über Psychoanalyse.* Lpzg. u. Wien, Deuticke. 1910. Vgl. Text S. 44.

138. BLEULER, E. *Die Psychanalyse Freuds. Verteidigung und kritische Bemerkungen.* Jahrb. f. psychoanal. Forschg. 2, 110 S. auch separat: Lpzg. und Wien, Deuticke. 1911.

139. HITSCHMANN, E. *Freud's Neurosenlehre.* Nach ihrem gegenwärt. Stande zusammenfassend dargestellt. Lpzg. u. Wien, Deuticke. 1911. 156 S.

140. ISSERLIN, M. *Üb. Jungs Ps. der Dementia praecox u. d. Freud'schen Forschungsmaximen i. d. Psychopathol.* ZbN. 1907. S. 329 ff.

Anwendungen der psychoanalyt. Methode: FREUD 851, 895, 1172. 1227a. Andere Verfasser: 112 (IV), 1175, 1177, 1211/12, 1222, 1224a, 1340a, 1341a.

III. Symptomatologie.

1. Allgemeines zur Symptomatologie und Anthropometrie.

[Symptomatologie mit Hilfe von physischen u. ps. Tests s. unter A II 6 u. 7, sowie unter d. einzelnen Eigensch. d. Abt. B.]

141. BINET, A. et COURTIER. *Circulation capillaire de la main dans ses rapports avec la respiration et les actes psychiques.* AnPs 2, 87—167. 1896.

142. BRÜN, LE. *Handwörterb. d. Seelenmahlerey.* Mit 53 Kpfrn. Wien 1804.

143. CARUS, C. G. *Symbolik der menschlichen Gestalt.* 1852. Lpzg., Brockhaus. — 2. Aufl. 1858. Mit 160 Holzsch.

144. DARWIN, CH. *Expression of the Emotions in Men and Animals.* 1872.

145. — *Der Ausdruck der Gemütsbewegungen.* Deutsch von CARUS, J. V. Stuttgart, Schweizerbart. 1872. — (Vgl. Text S. 118.)

145a. FRONTIGNAN, R. DE. *L'art de connaître le caractère de l'homme et de la femme par la physionomie, la main, l'écriture et la pose des pieds en marche.* 1888. 275 S.

146. GOCLENII, R. *Physiognomica et geomantica specialia.* Hamb. 1661.

147. HOESCH-ERNST u. MEUMANN. *D. Schulkind in seiner körperlichen u. geistigen Entwicklung.* Bd. I: HOESCH-ERNST, LUCY. *Anthropol.-ps. Untersuchungen an Züricher Schulkindern.* Lpzg, Nemnich. 06. 165 S. u. zahlr. Tabellen u. Curventafeln.

148. JORDAN, F. *Anatomy and Physiology in Character. An Inquiry into the Anatomical Conformation and the Physiology of Some of its Varieties.* London, Kegan Paul, Trench, Trübner & Co. 1890 111 S.

149. LALLIAT. *Recherches d'anthropométrie sur les enfants d'école.* Bu. soc. libre de ps. de l'enfant 7, 49—60. 1907.

150. LIPMANN, O. *Die Spuren interessebetonter Erlebnisse u. ihre Symptome. (Theorie, Methoden u. Ergebnisse der Tatbestandsdiagnostik.)* Bh. z. ZAngPs Erste Flg. (1). 96 S. 1911. — (Enth. vollständ. Bibliogr. zur Tatbestandsdiagnostik von 82 Nr. Vgl. Text S. 61.)

151. OTTHONIS, A. *Anthroposcopia s. judicium hominis ex homine, ex lineamentis externis.* Lips. 1868.

152. PATRIZZI et CASARINI. *Types des réactions vaso-motrices par rapport aux types mnémoniques et à l'équation personnelle.* IV. CgInPs à Paris, S. 79—87. 01. — (Plethysmogr. Unters., Unterscheidung e. type optique vasomoteur u. e. type acoustique vas.; Korr. mit and. Typen.)

153. SEIDEL, FR. *Einblicke durch Fenster, Tür u. Dach in d. Innere des Menschen. E. Quintessenz der Beobachtungen u. Forschungen eines Lavater, Gall, Spurzheim, Roger David u. a. m. üb. Physiognomik, Schädellehre, Mund, Zähne u. Lippen, Haltung u. Bewegung des Körpers, Stimme, Gang, Kleidung. Mimik usw.* 1886. 3. Aufl. Weimar, Voigt. 152 S.

154. VASCHIDE, N. *Essai sur la ps. de la main.* Paris, Rivière. 09. 504 S.

Vgl. ferner über somatische und anthropometrische Tests: 58, 82. 83—85, 89—92, 106, 110, 111, 1007, 1010.

2. Symptomatologie des Schädels u. des Gesichtes.

(Phrenologie, Kephalometrie, Physiognomik, Mimik.)

Literatur bis 1899.

155. COMBE. *System der Phrenologie.* Dtsch. v. Hirschfeld. 1833.

156. Fuchs, E. J. *Religion u. Phrenologie.* 1855.

157. Gall et Spurzheim. *Recherches sur l'anatomie et physiol. du système nerveux en général et du cerveau en particulier. Mémoire.* Paris 1809.

157a. —, — *Untersuch. über . . .* Paris u. Strafsburg, Treuttel u. Würtz. 1809. (Übersetzung von **157**.)

157b. —, — *Anatomie et physiologie du système nerveux en général et du cerveau en particulier avec des observations sur la possibilité de reconnaître plusieurs dispositions intellectuelles et morales de l'homme et des animaux par la configuration de leurs têtes.* Paris, Schoell. 1810. — (Bd. 2—4 enthält die ausführl. Darstellung der Gall'schen Phrenologie.)

(Zu **157**—**157** b vgl. Text S. 13.)

157c. Gall, F. J. *Des dispositions innées de l'âme et de l'esprit.* Paris 1812.

158. v. d. Hellen, E. *Goethes Anteil an Lavaters physiognom. Fragmenten.* Mit 30 Abbildgn. Frankf. 1888.

159. Lavater, J. C. *Physiognomische Fragmente. Zur Beförderung der Menschenkenntnis und Menschenliebe.* Lpzg. 1775—1778. — Originalgetreuer Neudruck Berlin, H. Barsdorf. 08. 280, 291, 363 S. — (Vgl. Text S. 13.

160. — *Nachgelass. Schriften.* 100 physiognom. Regeln, hrsg. v. Gessner. Zür. 1802.

160a. — *Die Physiognomik im Auszug.* Hrsg. v. Orelli. 2 Bde. Zür. 1846.

161. Ledos, E. *Traité de la physionomie humaine.* Paris, Oudin. 1894.

162. Noel, R. R. *Grundzüge d. Phrenologie.* M. 10 Tfln. Dresden 1842.

163. Priessnitz, V. *Examen phrénologique.* Tropp. 1852.

164. Schack, S. *Physiognom. Studien.* Dtsch. v. E. Liebich. 2. Aufl. Jena 1890. (M. 127 Illustr.)

165. Scheve, G. *Phrenol. Bilder.* 2. Aufl. Lpzg. 1855. 3. Aufl. 1874.

165a. — *Die Phrenologie.* 3. Aufl. Lpzg. 1858.

166. — *Katechismus d. Phrenologie.* 5. Aufl. Lpzg. 1865.

166a. — *Die Phrenologie in einer Vorlesg.* Pforzh. 1865.

167. Spurzheim, G. *Phrenology, or the doctrine of the mind; and of the relations between its manifestations and the body.* 4. ed. London 1833.

168. v. Struve, G. *Grundlehren d. Phrenologie.* ZfPhrenol. **1**, 1843.

169. — *Handbuch d. Phrenologie.* Lpzg. 1845.

170. Ullrich, M. W. *Phrenolog. Bilder.* 4 Hfte. M. Abb. 1893.

170a. — *Phrenolog. Studien.* M. Abb. Berl. 1894.

171. *Ztsch. f. Phrenologie.* Hrsg. G. v. Struve u. E. Hirschfeld. Bd. **1**. 1843.

Literatur seit 1900.

172. Auerbach, S. *Beitr. z. Localis. d. musik. Talents im Gehirn u. am Schädel.* Arch. f. Anat. u. Entwicklungsgesch. 06. S. 197—230. — (Unters. d. Gehirns Bülows u. anderer Musiker. Besond. Gestaltung der 1. Schläfenwindung.)

173. Bauer, K. *Goethes Kopf u. Gestalt. (Stunden mit Goethe.* Sonderheft). Mit 32 Bildnistaf. 62 S. Berlin, Mittler. 08.

174. — *Physiognomisches üb. Schiller. Stunden mit Goethe.* **6**, 1—15. 09.

175. Bayerthal. *Kopfumfang u. Intelligenz im Kindesalter.* EPd **2**, S. 247—251. 05.

176. Bayerthal. *Weitere Unters. üb. Kopfumfang u. Intelligenz im Kindesalter.* EPd **3**, S. 238—240. 06.

177. — *Weitere Unters. üb. d. Beziehungen zwischen Schädelumfang u. Intelligenz im schulpflichtigen Alter.* EPd **5**, S. 223—230. 07.

178. — *Beziehungen zw. Kopfdurchmesser u. geistiger Begabung.* Jahresber. 08/09 üb. d. schulärztl. Tätigkeit in d. städt. Volkschulen zu Worms. — (Verschied. Altersstufen. Feststellung d. Kopfdurchmessers, bei welchem gute Intelligenz niemals, und desjenigen, bei welchem sie nur ausnahmsweise vorkommt.)

179. — *Kopfgröße u. Intelligenz im schulpflichtigen Alter.* ZEPd **10**, S. 197—218. 1910. — (Beziehung zw. Kopfgr. u. Int. besteht nur statistisch, nicht individuell.)

180. Binet, A. *Recherches sur la technique de la mensuration de la tête vivante. Recherches préliminaires de céphalométrie sur 59 enfants d'intelligence inégale choisis dans les écoles primaires de Paris.*
Recherches de céphalom. de 100 enfants d'intelligence inégale . . .; sur 26 enfants d'élite et arriérés . . .; sur 60 enf. d'élite et arrierés . . . AnPs **7**, S. 314—429. 01.

181. — *Les signes physiques de l'intelligence chez les enfants.* AnPs **16**, S. 1—30. 1910. — (Schädelumfang, Degenerationszeichen, Nägelkauen, Physiognomie. Manche Zeichen haben statistischen Gruppenwert, andere nicht, keines hat individuellen Symptomwert. „L'intelligence d'un enfant se démontre et se prouve uniquement par ses manifestations intellectuelles.")

182. Dräseke, J. *Gehirngewicht u. Intelligenz.* Arch. f. Rassen- u. Gesellsch.-Biol. **3**, S. 499—522. 07.

183. Eyerich u. Löwenfeld. *Üb. d. Beziehungen d. Kopfumfanges z. Körperlänge u. z. geist. Entwicklung.* Wiesbaden 05. — (Keine Korrelation zw. Kopfumf. u. Intelligenz. Vgl. auch **195**.)

184. v. Hansemann, D. *Üb. d. Gehirne von Mommsen, Bunsen u. Menzel.* Bibliotheca med. Abt. A. Heft 5. Stuttg., Schweizerbart. 07. 18 S. u. 6 Tf.

185. Hartenberg, P. *Principe d'une physiognomie scientifique.* JPsPa **5**, 23—29. 08.

186. — *Physionomie et caractère.* 217 S. Paris, Alcan. 08.

187. Kotthaus, C. *D. menschl. Gesicht als Spiegel des Körpers u. d. Seele. Physiognom. Betracht.* 31 S. Lpzg. Wiegand. 09.

188. Hughes, H. *D. Mimik des Menschen.* Auf Grund voluntarischer Ps. Frankf., Alt. 1900. — (S. 35—45 Ind. Unterschiede.)

189. Lee. *Study of the Correlation of the Human Skull.* Science **12**, S. 1312.

190. Matiegka, H. *Üb. d. Hirngewicht, d. Schädelkapacität u. d. Kopfform, sowie deren Beziehungen z. psych. Tät. d. Mensch. I. Üb. d. Hirngewicht.* Prag, Verlag der kgl. böhm. Ges. d. Wiss. 1902. (In Komm. bei F. Rivnáč.)

191. Möbius, P. J. *Kunst u. Künstler.* Lpzg., Barth, 01. — (Gall's Ansichten üb. d. Organe des Farbensinns, Tonsinns usw.)

192. — *Franz Joseph Gall.* 222 S. Lpzg., Barth. 05.

193. — *Üb. d. Schädel e. Mathematikers.* Lpzg., Barth, 05.

194. v. Mojsisovicz, E. *Die Gesichtsbildung d. Genie's.* Dresden, Linke, 08. 41 S. — (D. physiognom. Zeichen d. Genies ist d. convexe Nasenrücken.)
195. Pearl, R. *On the Correlation between Intelligence and the Size of the Head.* J. of Comp. Neur. and Psych. **16**, S. 189—199. 06. — (Gegen **183**. Es gibt eine, wenn auch geringe Korrelation zwischen Kopfumfang u. Intell.)
196. Plane, J. M. *Pour devenir physionomiste, moyens pratiques et rapides de discerner le caractère et les qualités des gens.* 62 S. Paris, Varès. 09.
197. Vaschide et Pelletier. *Contribution exp. à l'étude des signes physiques de l'intelligence.* Comptes rendus de l'ac. des sciences 7. Oct. 01.
198. Vaschide, N. et Pelletier, M. *Recherches exp. sur les signes physiques de l'intelligence.* RdePh **3**, S. 796 ff. **4**, S. 168 ff. 03. — (Bezieh. der Intell. zu Schädelmaßen, untersucht an 400 Kindern beider Geschlechter.)
199. Vaught, L. A. *Lecture pratique du caractère (Traduction de l'Institut de Culture humaine).* Bruxelles 08. 254 S. — (Phrenologische Lokalisation von 42 Eigenschaften.)
200. Vierath, W. *Gesichtsausdruckskunde. Physiognom. Studien.* 32 S. Oranienburg, W. Möller. 09.

Vgl. ferner 7, 8, 1290/1, 1299.

3. Graphologie (Auswahl).

Bibliographisches. Zeitschriften.

201. Busse, H. H. *Versuch einer Bibliographie der Graphol.* 2. neubearb. Aufl. (hektographisch vervielfältigt). Institut f. wiss. Graphol. München 1900. 52 S. (344 Nrn.)
202. *Ber. d. Deutschen graphol. Ges. 1897—1898.* Redact. Hans H. Busse. 2 Bde., fortgesetzt als: *Graphol. Monatshefte,* Organ der Deutschen Graphol. Ges. seit 1899. Hrsg. Hans H. Busse. Seit 1900 L. Klages. 10 Bde.
203. *Graphologische Praxis.* (Hrsg. von der Deutschen Graphol. Gesellsch.) 8 Bde.
203a. *Systemat. Generalregister der Publicationen der D. Gr. Ges.* 1897—1903.
204. *Die Handschrift. Blätter f. wissensch. Schriftkunde u. Graphol.* Hrsg. v. W. Langenbruch. 1895. 144 S. Hamburg, Voss.
205. *Der Menschenkenner.* Monatsschrift f. prakt. Ps. Hrsg. v. Dr. F. Dumstrey u. Magd. Thumm-Kintzel. Lpzg., Wiegand. Seit 08.
206. *Archiv f. Gerichtl. Schriftuntersuchungen u. verwandte Gebiete.* Hrsg. v. G. Meyer u. H. Schneickert. Lpzg., Barth. Seit 07.

Literatur bis 1899.

207. Aruss, A. *La Graphologie simplifiée, l'art de connaître le caractère par l'écriture. Théorie et Pratique.* 1891. 2. Aufl. 1899. Paris, Ollendorff. 324 S.
208. Beauchamp, G. de. *Traité de Graphologie. théorique et pratique.* Paris Gautier. 1895. 326 S.
209. Becker, Julius. *Die Graphologie.* 1899. Lpzg., Ficker. 140 S.
210. Busse, Hans, H. *Die Graphol. eine werdende Wissenschaft. Ihre Entwicklung u. ihr Stand.* 1895. München, Schüler. 40 S.

211. — *Die Handschriften-Deutungs-Kunde.* Ein Unterrichtskursus in 10 Briefen, nebt 10 Handschr.-Tafeln. 1896. Institut f. wissensch. Graphol. 2. Aufl. 240 S.

212. — *Graphol. Charakterbilder. I. Bismarcks Charakter. Eine graphol. Studie. Mit 40 Handschr.-Proben.* 1898. Lpzg., List. 35 S.

213. — *Üb. Gerichtsgraphologie.* ArKr 2, 113 ff. 1899. — (Zeugenbegutachtung auf Grund der Schrift.)

214. Couilliaux, Alcide. *La Psychographie ou Graphol. pédagogique. L'art de connaître les enfants d'après leur écriture.* 5 éd. 1896. Paris, Bureau de la Psychographie. 286 S.

215. Crépieux-Jamin, J. *L'Écriture et le caractère.* Paris, Alcan. 1887. 4. Aufl. 1896. 468 S. — Deutsch von Hans H. Busse. *Handschr. u. Charakter.* Mit über 250 Handschr.-Proben. Lpzg., List. — (Vgl. Text S. 13.)

216. — *Traité pratique de Graphol. Etude du caractère de l'homme d'après son écriture.* 1. Aufl. 1885. Paris, Flammarion. 276 S.

217. Crépieux-Jamin-Krauss-Busse. *Praktisches Lehrb. des Graphol. (Handschr.-Deutungs-Kunde).* 4. Aufl. mit 204 Handschr.-Proben. 1898. Lpzg., List. 337 S.

218. Crépieux-Jamin, J. *La Graphol. en Exemples.* Avec autographes. 1899. Paris, Larouse. 123 S. — (Vgl. Text S. 121.)

219. Diehl, A. *Üb. d. Eigenschaften der Schrift b. Gesunden.* 1899. PsArb. 3, S. 1—61.

220. Dilloo, J. *Lebensbilder a. Grundlage d. Graphol.* M. 30 Schriftproben. 1898. Berlin, Siegismund. 84 S.

221. Ferrari-Héricourt-Richet. *La Personnalité et l'Écriture. Essai de graphol. exp.* 1886. RPh. S. 414—424.

222. Frazer, P. *A Manual of the Study of Documents to Establish the Individual Character of Handwriting usw.* Philadelphia, Lippincott. 218 S.

223. Gross, A. *Unters. üb. d. Schrift Gesunder u. Geisteskranker.* PsArb. 2, S. 450—567. 1898.

224. Henze, A. *D. Handschr. d. deutschen Dichter u. Dichterinnen m. 305 Faksimiles, kurzen Biographien u. Schrift-Charakteristiken.* Lpzg., Schlicke. 158 S. 1855.

225. — *Die Chirogrammatomantie od. Lehre, d. Charakter, d. Neigungen, d. Eigenschaften u. Fähigkeiten der Menschen aus der Handschr. zu erkennen u. zu beurteilen.* Mit 1000 Handschr. u. physiognom. Bildern. 1862. Lpzg., Weber, 325 S.

226. Hocquart, E. *L'art de juger de l'esprit et du caractère des hommes et des femmes, sur leur écriture.* Paris, Saintin. 1812. (2. Aufl. 1816.)

227. Lombroso, C. *Grafologia.* Milano, Hoepli 1895. 2. Aufl. 1897.

228. Lombroso-Brendel. *Handb. d. Graphologie.* 1896. Lpzg., Reclam. 199 S.

229. Meyer, L., (Laura v. Albertini). *Lehrbuch d. Graphol.* 248 S. 1895. Stuttg., Union. 4. Aufl. 261 S. 09.

230. Michon, J. H. *Système de Graphol.* 1875. 10. Aufl. 1891. 355 S. Paris, Marpon et Flammarion. — (Vgl. Text S. 13.)

231. — *Méthode pratique de Graphol.* 1878. 6. Aufl. 1893. Paris. Marpon et Flammarion. 216 S.

232. — *Biographie intellectuelle et morale des comtemporains vivants. Diction-*

naire des Notabilités de la France . . . Précédé d'un Abrégé du Système de Graphol. usw. 1878—1881. (Unvollendet in 17 Lieferungen statt der geplanten 130.) — (Sollte ein graphologisch-charakterologisches Lexikon der Franzosen werden.)

233. — *Histoire de Napoléon I. d'après son écriture.* 1879. Paris, Dentu. 203 S.

234. PAULUS, E. M. *Oeffentliche Charaktere im Lichte graphol. Auslegung.* M. 135 Handschr. 1894. Berlin, Hofmann & Co. 2. Aufl. 1895. 296 S.

235. PREYER, W. *Zur Ps. des Schreibens.* Hambg. u. Lpzg., Voss. 1895. 230 S.

235a. — *Die Handschrift d. Verbrecher.* ZKr 1897.

236. SCHWIEDLAND, E. *Die Graphologie. Gesch., Theorie u. Begründung.* Berlin. 2. Aufl. 1883.

237. TARDE, G. *La Graphologie.* RPh **44**, S. 337—363. 1897.

238. UFER, CH. *Üb. Handschrift u. Individualität bei Schulkindern.* III. InCoPs. München. S. 442 f. 1897.

239. — *Schrift u. Individualität bei Kindern.* Enzykl. Handb. d. Päd. (REIN). VI. 1899. S. 202—209.

240. UNGERN-STERNBERG, ISABELLA v. *Portrait intime d'un écrivain (M. Armand Ocampo) d'après six lignes de son écriture, étude de graphol. supérieure.* Paris, Bureau de la Graphol. 1898. 168 S. — (Enthält zum Vergleich die graphol. Charakteristik derselben Person durch verschiedene Graphologen.)

Literatur seit 1900.

241. BINET, A. *Le sexe de l'écriture.* La Revue. Oct. 03. S. 17—35.

242. — *La graphol. et ses révélations sur le sexe, l'âge et l'intelligence.* AnPs **10**, S. 179—210. 04.

243. — *Une expérience cruciale de graphol.* RPh **64**, S. 22—40. 07. — (Handschr. verschiedener sozialer u. Intelligenz-Schichten. Im allg. verrät sich die Intell. in der Handschr.)

244. BUSSE, HANS, H. *Handschr. u. Charakter.* Unter Mitw. v. HERTHA MERKLE. 1902. 546 S.

245. — *Praktisches Lehrb. d. Graphol.* Unter Mitarb. v. Prof. KRAUSS. 5. Aufl. 06. 337 S. (Vgl. **217.**)

246. EBERTIN, ELSBET. *Auf Irrwegen d. Liebe.* Graphol. Betrachtungen unter graphol. Mitwirkg v. M. THUMM-KINTZEL. 87 S. m. 63 Faksim. Berlin, modern-päd. u. ps. Verlag. 09.

247. — *Wie d. Frauen in d. Liebe sind.* Graphol. Charakterstudien. Bremerhaven u. Lpzg., Vangerow, 256 S. 09.

248. HAGEN, H. v. *Reading Character from Handwriting.* 189 S. m. 140 Illustr. NY., Mighill & Co. 02.

249. KLAGES. *D. Grundgesetz d. Ausdrucks u. seine Bedeutung für d. Analyse d. Handschrift.* (Vortragsbericht.) ZPsth **1**, S. 121—126. 09. — (D. Ausdrucksbewegg. ist ein generelles Gleichnis d. Handlung. Die „Reagibilität" wird bestimmt durch d. Verhältnis von Trieb zu Widerstand.)

249a. —, L. *Die Probleme der Graphol.* Entwurf einer Psychodiagnostik. Lpzg., Barth. 1910. 260 S. — (Vorgeschichte. Die Willkür der Handschr. Die persönliche Ausdrucksschwelle. Graphol. Deduktionen.)

250. KÖSTER, R. *D. Schrift bei Geisteskrankheiten.* Lpzg. 03.

251. Langenbruch. *Prakt. Menschenkenntnis a. Grund d. Handschrift.* Berlin, Herlet. 280 S.

251a. Lemaître, A. *Un test basé sur la modification de l'écriture.* ArPs **3**, S. 389—390. 04.

252. Lüddeckens, F. *Rechts- u. Linkshändigkeit.* Lpzg., Engelmann. 82 S. 1900.

253. Meyer, G. *Wissenschaftliche Grundlagen der Graphol.* Jena, Fischer, 01.

254. Noghe, C. *D. Charakter im Spiegel d. Handschr.* Oranienbg. 06.

255. Poppée, R. *Graphologie.* 243 S. Lpzg., Weber, 08.

256. Schneickert, H. *D. Bedeutung der Handschrift im Zivil- u. Strafrecht.* Lpzg., Vogel, 06.

257. — *Üb. d. heutigen Stand der wissenschaftl. Graphol.* ArKr **32**, S. 37—50. 08.

258. — *D. neue Handschriftensammlung der Berliner Kriminalpolizei.* ArKr **39**, S. 144—178. 1910.

258a. Schneidemühl, G. *Handschrift u. Charakter.* E. Lehrbuch d. Handschriftenbeurteilung. M. 164 Handschr.-Proben. 318 S. Lpzg., Grieben, (Fernau) 1911.

259. Thumm-Kintzel, Magdalene. *Der ps. u. pathol. Wert der Handschrift.* Lpzg., List, o. J. 208 S.

260. Ungern-Sternberg, Isabella. *Nietzsche im Spiegelbilde seiner Schrift.* Lpzg., Naumann. 02. 175 S.

261. Waser, Maria (Miß Paget). *Künstlerische Handschrift.* Sonderabdruck aus: Raschers Jahrb. I. Zürich, Rascher & Co. 28 S. 1910. — (Bei Künstlern ist die Linienführung, da sie Ausdrucksbewegung ist, der eigentl. Handschrift verwandt. Bildproben von Michelangelo [Linienführung krampfig zusammengeschlossen, dem Kreis sich nähernd] Raffael [weite, flache Bogen], Lionardo [mannigfach bewegte u. sich kreuzende Wellenlinien]. Vgl. Text S. 147.)

4. Sprachliche u. musikal. Ausdrucksformen. Resonanzmethode.

262. Eggert, B. *Unters. üb. Sprachmelodie.* ZPs **49**, S. 218—237. 08. — (Marbescher Rußapparat. Vgl. Text S. 341.)

263. Krueger, F. *Mitbewegungen b. Singen, Sprechen u. Hören.* Lpzg., Breitk. u. Härtel. 1910. 22 S. — (Bericht über die Rutzsche Theorie der Rumpf-Resonanz. Vgl. Text S. 147.)

264. Marbe, K. *Üb. d. Rhythmus der Prosa.* Gießen, Ricker. 04. IKoEPs in Gießen, 04. S. 95—96. Lpgz. 05. — (Vgl. Text S. 341.)

265. Reinhard, E. *D. Ausdruck v. Lust u. Unlust in der Lyrik.* ArGsPs **12**, S. 481—545. 08. (Insbes.: Über Stimmqualität S. 493—500. Vgl. Text S. 147.)

266. Rutz, Ottmar. *Neue Entdeckungen von der menschlichen Stimme.* München, Beck. 08.

267. — *Neue Ausdrucksmittel des Seelischen. Vortrag.* ArGsPs **18**, S. 234—248. 1910.

268. — *Sprache, Gesang u. Körperhaltung.* Handb. zur Typenlehre Rutz. München, Beck. 1911.

268a. — *E. neue Welt des seel. Ausdrucks.* AnNatPh **9**, S. 159—193. 1910.
269. SIEVERS, E. *Grundzüge d. Phonetik.* 5. Aufl. Lpzg. 01. (§ 659 Psychograph. Bedeutung d. Sprachmelodie. Vgl. Text S. 341.)
Vgl. ferner: RUTZ 1810, HILPERT 1193, MENDENHALL 1204, REUSCHERT 1382.

IV. Ätiologie.

1. Vererbung und Umwelt. Eugenics im allgemeinen.

Bibliographisches. Zeitschriften.

270. BETZ, W. *Unters. von F. Galton, K. Pearson u. ihrer Schule üb. Begabung u. Vererbung.* ZAngPs **3**, S. 273—280. 09. — (Vgl. Text S. 292.)
Sämtliche Publikationen des Eugenics Laboratory bis 1911 sind zusammengestellt von BETZ (**54**), S. 86f.
271. GALTON, F. *Memories of my life.* NY., Dutton and Cie, 09. 331 S. — (Bibliographie der Werke G.s in 182 Nrn.)
272. ELDERTON, ETHEL M. *Das Eugenics Laboratory.* ZAngPs **3**, S. 310—314. 09. — (Literaturverzeichnis. Vgl. Text S. 109, 119.)
273. *Arch. f. Rassen- u. Gesellschaftsbiologie.* Hrsg. v. PLOETZ. München. Verlag d. Archiv-Gesellsch.
274. *Politisch-anthropol. Revue.* Monatsschr. f. d. soz. u. geist. Leb. d. Völker. Begr. v. L. WOLTMANN. Seit 1902. Thüring. Verlagsanst. Lpzg.

275. BARRINGTON, A. u. PEARSON, K. *A First Study of the Inheritance of Vision and of the Relative Influence of Heredity and Environment on Sight.* London, Dulau and Co. 09. 61 S. — (Vgl. Text S. 292.)
276. BENDA, TH. *Besonderheiten in Anlage u. Erziehung der modernen Jugend.* ZPdPs **7**, S. 126—141 u. S. 206—218. 05.
276a. BOSANQUET, JONES, GILDEA, SHAND. *Are Character and Circumstances Coordinated Factors ...?* Proc. Aristot. Soc. **3**, 112—123. 1896.
277. ELDERTON, E. M. *The Relative Strength of Nature and Nurture.* EugLabLectureSeries **3**. London, Dulau and Co. 09. 40 S.
277a. — *A First Study of the Influence of Parental Alcoholism on the Physique and Ability of the Offspring.* EugLabMem **10**. 46 S. 1910. — (Vgl. Text S. 292.)
278. ELSENHANS, TH. *Üb. ind. u. Gattungsanlagen.* ZPdPs **1**, 233—244 u. 334—343; **2**, 41—49. 1899/1900.
279. — *Die Anlagen des Kindes.* 1. KgKi S. 137—139. 07.
280. GALTON, FRANCIS. *Probability, the Foundation of Eugenics.* (HERBERT SPENCER-Lecture, 07.) Oxford Univ. Press.
281. GIESSLER, C. M. *D. plastische Mensch der Zukunft. E. Phantasieskizze auf wissenschaftl. Grundlage.* 120 S. Lpzg., Spohr. 08.
281a. HELLPACH. *D. geopsychischen Erscheinungen. Wetter, Klima u. Landschaft in ihrem Einfluß a. d. Seelenleben.* Lpzg., Engelmann, 1911. 368 S.
282. HERON, DAVID. *The Influence of Unfavorable Home Environment and*

Defective Physique on the Intelligence of School Children. EugLabMem Series. No. 8. 09. — (Vgl. Text S. 292.)

283. Hübbe-Schleiden. *Wodurch entwickelt sich d. Individualität?* Sphinx **18**, S. 245. 1894.

284. Le Dantec, F. *Comment se pose la question de l'hérédité des caractères acquis?* Scientia 2 (4). 08.

285. Martinak. *Einige neuere Ansichten üb. Vererbg. moralischer Eigenschaften u. d. päd. Praxis.* Verhdlg. der 42. Philol.-Versammlung in Wien. S. 208—221. Lpzg., Teubner, 1893.

286. Oppenheim, N. *D. Entwicklung des Kindes. Vererbung u. Umwelt.* A. d. Engl. von B. Gassner. Lpzg., Wunderlich, 05.

287. Orth. *Üb. Entstehung u. Vererbung ind. Eigenschaften.* Lpzg., 1887.

288. Pearson, Karl. *The Scope and Importance to the State of the Science of National Eugenics.* Robert Boyle-Lecture, 07. 2. Aufl.

289. — *Üb. Zweck u. Bedeutung einer nationalen Rassenhygiene (National-Eugenik) für d. Staat.* Deutsch v. H. Fehlinger. Ar. f. Rass.- u. Gesellschaftsbiol. 36 S. 08.

290. — *The Problem of Practical Eugenics.* EugLabLectureSeries **5**. 09. 38 S.

291 — *The Groundwork of Eugenics.* London, Dulau and Co. 09.

292. Schmid-Monnard. *D. Ursachen der Minderbegabung v. Schulkindern.* Z. f. Schulgesundheitspfl. **13**. 1900.

293. Sommer, R. *Anlage u. Erziehung.* ZPdPs **11**, S. 433—438. 1910.

294. Stern, W. *Tatsachen u. Ursachen der seelischen Entwicklg.* ZAngPs **1**, S. 1—43. 08. — (Verhältnis d. inn. u. äufs. Faktoren. Konvergenztheorie. Methodologisches.)

295. Unruh. *Veranlagung u. Erziehung.* Nord u. Süd, 1894. S. 172 ff.

296. Woods, F. A. *City Boys versus Country Boys.* Science N. S. **29**, S. 577—579. 09.

297. — *The Birthplaces of Leading Americans and the Question of Heredity.* Ebenda **30**, S. 17—21. 09.

298. — *American Men of Science and the Question of Heredity.* Ebenda **30**, S. 205—210. 09. — (E. Statistik der bedeutenden Amerikaner zeigt, dafs relativ mehr aus den Städten als vom Lande stammen. Dies beruht nach W. nicht auf Milieu, sondern auf Vererbung. Ebenso beruht die Überlegenheit der Nordstaaten in der Produktion bedeutender Männer (vgl. **339—340**[a]) auf Vererbung (gegen Cattell). — Cattell präzisiert in e. Nachwort das Verhältnis von Vererbung u. Umwelt folgendermafsen: „What a man can do, is prescribed by heredity, what he does is determined by circumstance.")

Vgl. ferner: Betz 54, Stern 30, Flournoy 436, Kirkpatrick 882, Strümpell 890, Thorndike 983.

2. Vererbung geistiger Eigenschaften, Allgemeines.

299. Cook, O. J. *Heredity Related to Memory and Instinct.* Monist **18**, 363—387. 08.

300. Crzellitzer, A. *Sippschaftstafeln. E. neues Hilfsmittel z. Erblichkeitsforschg.* Berliner klin. Wochenschr. **45**, 2119—2123. 08.

301. — *Z. Methodik d. Untersuchung auf Vererbung geist. Eigenschaften.* ZAngPs **3**, S. 216—229. 09.
302. Exner, S. *Bemerk. z. Frage nach d. Vererbung erworbener psych. Eigenschaften.* IVKgEPs. in Innsbruck, S. 203—210. Lpzg., 1911.
303. Fischer-Planer, E. *Vererbung psych. Fähigkeiten.* ArSystPh **13**, 63—96. 07.
304. Galton, F. *Measurement of resemblance.* Nature **74**, 562—563. 06.
305. — *Natural inheritance.* London NY, Macmillan 1899. — (Vererbung körperlicher Eigenschaften. Notiz üb. Vererbg. des Temperaments.)
306. Heymans, H. und Wiersma, E. *Beiträge zur speziellen Psychologie auf Grund einer Massenuntersuchung.* ZPs **42**, 81—127, 258—301; **43**, 321—373, 06; **45**, 1—42; **46**, 321—333, 07; **51**, 1—72, 09. — (Vgl. auch **315**; ferner Text S. 123, 293, 339 f, 365, 376.)
307. Johannsen, W. *Elemente d. exakten Erblichkeitslehre.* Jena, Fischer, 09. — (Viel Methodik, doch fast ausschliefslich unter Bezugnahme auf biolog. Probleme.)
308. Stradonitz, Stephan Kelulé von. *Streifzüge d. d. neuere mediz.-genealog. Literatur.* Lpzg. 08.
309. Lorenz, O. *Lehrb. d. gesamten wissensch. Genealogie.* Berlin, Hertz, 1898. 489 S.
310. Martinak. *Vererbung geist. Eigenschaften.* Reins Enzykl. Hdb. d. Päd. (1. Aufl.) 7, S. 380—386. 1899.
311. Ribot, Th. *L'hérédité psychologique.* 4. Aufl. Paris 1890.
312. — *Die Vererbung.* Ps. Unters. Dtsch. v. Kurella. Lpzg., Wigand 1895. 410 S.
313. Schopenhauer, A. *(Erblichkeit der Eigenschaften.) Welt als Wille u. Vorstellung.* Bd II. Kap. 43. — (Vom Vater erbt man den Willen, von der Mutter den Intellekt.)
314. Schuster, E. and Elderton, Ethel M. *The Inheritance of Ability* EugLabMem I. London, Dulau, 07. — (Vgl. Text S. 292.)
315. — — *On the Inheritance of Psychical Characters. Being further Statistical Treatment of Material Collected and Analysed by Messrs. G. Heymans and E. Wiersma.* Biometrika **5**, 460—469. 07. — (Umrechnung der in **306** gewonnenen Zahlen nach der Korr.-Methode.)
316. Sommer, R. *Familienforschung u. Vererbungslehre.* Lpzg., Barth, 07. 232 S. — (Allg. Grundzüge der Fam.-Forschung. Vergleichende Untersuchung vieler Generationen einer Familie. Vgl. Text S. 376.)
317. (Spencer, H.) *Epitome d. Philosophie H. Spencers* v. J. H. Collins Deutsch v. J. H. Carus. 1900. (s. Register unter Erblichkeit.)
318. Wilser, L. *D. Vererbg. d. geist. Eigenschaften.* Festschr. zum 50. Jubil. d. Anstalt Illenau. Heidelberg, 1892.
319. Ziermer, M. *Genealog. Studien üb. d. Vererbg. geist. Eigenschaften, nachgewiesen an e. Material von 1334 Waldauer Haushaltungen.* Ar. f. Rass.- u. Gesellschaftsbiol. **5**, S. 178 ff. u. S. 327 ff. 08. — (Infolge der engen Inzucht innerhalb eines einsamen Dorfes bleiben jahrhundertelang die Familiencharaktere konstant. Geringer Einflufs der Frauen.)
320. *Treasury of Human Inheritance.* 2 Teile. EugLabPubl. London, Dulau.

3. Ätiologie der Talente und Genies.

[Vieles zur Ätiologie der Übernormalen findet sich auch in den Abschnitten CIII (für Jugendliche), DI (für Künstler), DIII u. IV (für Wissenschaftler), DV u. VI (für religiöse u. politische Heroen).]

321. Candolle, Alphonse de. *Histoire des sciences et des savants depuis deux siècles etc.* Genf-Bâle, H. Georg, 1873. 2. éd., 1885.

322. — *Z. Geschichte d. Wissenschaften u. d. Gelehrten seit 2 Jahrh. usw.* Dtsch. v. W. Ostwald. (Bd. II von W. Ostwald. *Grofse Männer.*) Lpzg., Akad. Verlagsges., 1911. XX u. 466 S. — (Enth. Untersuch. über d. Vererbg. geist. Eigenschaften bei Gelehrten.)

323. Feis, O. *Studien üb. d. Genealogie u. Psychologie d. Musiker.* Wiesbaden, Bergmann, 1910. 97 S. GNSee **71**. — (Vgl. Text S. 140.)

324. Galton, Francis. *Hereditary Genius.* London, NY., Macmillan, 1869. 2. Ausg. 1892.

325. — *Genie u. Vererbg.* Übers. von O. u. A. Neurath. Philos.-soziol. Bücherei (Eisler) **19**. Lpzg., W. Klinkhardt, 1910. 417 S. — (Statist. Untersuchungen üb. d. Erblichkeit der Begabung bei hervorrag. Staatsmännern, Richtern u. Schriftstellern Englands. Vgl. S. 253, 292.)

326. — *English men of science. Their nature and nurture.* London, NY., Macmillan, 1874.

327. — and Schuster, E. *Noteworthy Families. An Index to Kinships in near Degrees between Persons whose Achievements are Honourable, and have been Publicly Recorded.* Med. Science. London, Murray, 06. 97 S.

328. Greco, F. del. *La famiglia Palizzi ed il Genio.* Riv. moderna di Cultura. 1900.

329. Joly, H. *Psychologie des grands hommes.* RPh **13**, 361—376. 1882. **14**, 37—62, 190—216, 465—509. Buchausgabe: Paris, Hachette, 1883. 276 S.

330. — *La genèse des grands hommes.* RPh **42**, 481—497. 1896.

331. Kiefer, F. *Goethes Ahnen.* Der deutsche Herold. 161—164. 08.

332. Knetsch, C. *Goethes Ahnen.* 94 S. m. 30 Stammtaf. Lpzg., Klinkhardt & Biermann, 08.

333. Padovan. *Le origini del Genio.* Mailand, Hoepli, 09. 133 S.

334. Reibmayr, A. *D. Entwicklungsgeschichte d. Talentes u. Genies.* München, Lehmann, 08. I. Die Züchtg. d. ind. Talentes u. Genies in Familien u. Kasten. 517 S. II. Zusätze, histor., genealog. u. statist. Belege. 448 S. — (Die genealog. Vorbedingung des Talentes ist die Inzucht, die des Genies die mafsvolle Blutmischung, während das Blutchaos keines von beiden begünstigt. Es werden die Züchtungs-, Existenz- u. Fortpflanzungsbedingungen der einzelnen Genie- und Talentformen in Individuen, Familien u. Völkern untersucht, das schnelle Aussterben der genialen Familien im Mannesstamme nachgewiesen, das weibliche Geschlecht als latente Bewahrerin von Begabungserbgütern hingestellt, die nach vielen Generationen von neuem wirksam werden können. Vgl. Text S. 140.)

335. Robinovitch, L. G. *The Genesis of Genius.* J. of Ment. Path. 06. **7**, 228—248. 07.

336. SAELTZER, R. M. *Theorien u. Forschungen üb. d. Erblichkeit d. Talente.* PolAntR **3**, S. 423—427. 04.

337. SOMMER, R. *Goethe im Lichte d. Vererbungslehre.* Lpzg., J. A. Barth, 08. 124 S.

338. — *Goethes Wetzlarer Verwandtschaft.* Lpzg., Barth, 08. 47 S.
(Zu **337/8** vgl. Text S. 141.)

339. WOODS, F. A. *Some Desiderata in the Science of Eugenics.* Vol. V of the American BREEDERS' Association. Report of the Meeting, held at Columbia, Mo., Jan. 6—8. 09. Report of the Committee on Eugenics. 4 S.

340. *Bibliography of Historiometry.* (Quantitative studies in the Science of History.) Science, Nov. 19. 09. 2 S.

340a. — *Historiometry as an Exact Science.* Science, N. S. **33**, 568—574. 1911.
(Zu **339—340a**. Historiometrie ist die statistische Verwertung historischbiographischer Daten. **340** nennt 11 einschlägige Werke mit Inhaltsangabe. W. bestimmt den Grad der histor. Bedeutsamkeit hervorragender Persönlichkeiten statistisch nach dem Umfang der ihnen gewidmeten Aufsätze in Lexicis, Geschichtswerken usw. sowie nach der Anzahl der in diesen Würdigungen enthaltenen lobenden (bzw. tadelnden) Adjektiva. So kann er feststellen, wie verschieden sich hervorrag. Persönlichkeiten auf die verschiedenen Staaten der Union verteilen (vgl. **296—298**), ferner dafs Sophokles in der Schätzung der Geschichte höher steht als Euripides. — Vgl. Text S. 374.)

Vgl. ferner: MÖBIUS 11, HELLPACH 74, MITCHELL 1307.

4. Bestimmte Verwandtschaftsbeziehungen.

341. BAYERTHAL, J. *Med. ps. Mitteilungen a. d. schulärztl. Praxis. A. Über die intellektuelle Veranlagung von Zwillingen.* ZPsth **2**, S. 38/39. — (Begabungsgrad von Zw. ist gewöhnlich sehr ähnlich. Ist der eine schwachsinnig, so meist auch der andere usw.)

342. BOODSTEIN, O. *Der Kinder geistiges Erbteil v. Vater- u. Mutterseite.* Betrachtungen a. d. Hand v. Selbstbezeugungen oder v. Biographien. ZEPd **10**, S. 1—56. 1910.

343. ELDERTON, E. M. (assisted by KARL PEARSON). *On the Measure of the Resemblance of First Cousins.* EugLabMem IV. London, Dulau, 07. — (Ähnlichkeit v. Vettern in bezug auf Gesundheit, Intelligenz, Temperament usw. Der Korr.-Grad schwankt um 0,27 herum.)

344. FEER, E. *D. Einflufs d. Blutsverwandtschaft d. Eltern auf d. Kinder.* Berlin, Karger. 32 S.

345. THORNDIKE. *Measurement of Twins.* JPh **2**, S. 547—553. 05.

346. — *Measurements of Twins.* Columbia Contrib. to Phil. and Ps. **13**, Nr. 3. 64 S. 05. — (Vgl. Text S. 293.)

347. VASCHIDE, N. et PIÉRON, H. *L'état mental d'un xiphophage.* RSci **17**, 555—561, 583—589. 02.

348. — et VURPAS, C. *La vie biologique d'un xiphophage.* Nouvelle iconographie de la Salpétrière. No. 3. 02. 18 S. Paris, Marsan et Co.
(Zu **347** u. **348**. 2 zusammengewachs. Brüder [Chinesen]. Verbindung am Nabel. Deutlich verschiedene Individualitäten. Der eine führend.)

349. — — *Essai sur la psychophysiologie des monstres humains.* Paris, Rudeval, 03. 294 S. — (Behandelt u. a. auch zusammengewachsene Zwillinge.)

Weiteres Material zur Ps. von Zwillingen: Galton (**7**). Stern, C. u. W. (**889** I. S. 255. Sprachentwicklg. v. Zw.).

Sonstige Verwandtschaftsbeziehungen in allen anderen unter A IV genannten Werken, insb. bei Heymans u. Wiersma (**306**), Schuster u. Elderton (**314**).

Familienähnlichkeit der Associationen: Fürst (**450**), Jung (**453**).

5. Dynastien.

[Vgl. auch Abt. D VI.]

350. Brachet, A. *Pathologie mentale des rois de France. Louis XI et ses ascendants.* 03. 2. Aufl. Paris, Hachette CCXIX u. 694 S.

351. Kekulé von Stradonitz, Stephan. *Üb. d. Unters. von Vererbungsfragen u. d. Degeneration d. spanischen Habsburger.* ArPt **35**, 787—813. 02.

352. Renda, A. *Il destino delle dinastie; l'eredità morbosa nella storia.* Turin, Bocca, 04. 236 S.

353. Woods, F. A. *Mental and Moral Heredity in Royalty. A Statistical Study in History and Ps.* New York, Henry Holt & Co., 06. 312 S. u. 104 Bilder. — (Die Personen werden ihrer historischen Bedeutsamkeit nach in eine Skala von 10 Graden eingeordnet. Die Bedeutung der Vererbung überwiegt bei weitem die der Umwelt. Statist. Methode vgl. **339—340** a.)

6. Rasse und Volk (Auswahl).

354. Biedenkapp, G. *Stamm u. Genie.* Tägl. Rundschau, 08. Beil. Nr. 214 u. 215.

355. Fouillée, A. *Les facteurs des caractères nationaux.* RPh **45**, S. 1—29. 1898.

356. Gobineau. *Essai sur l'inégalité des races humaines.* Paris 1853—55. 4 Bde.

357. — *Versuch üb. d. Ungleichheit der Menschenrassen.* Dtsch. v. Schemann. 4 Bde. Stuttg. 1898—01.

358. Grotenfelt, A. *De moderna Rasteorierna i psychologisk Belysning. (D. mod. Rassetheorien in psychol. Beleuchtung.)* Psyke **1**, S. 87—116. 06. — (Rasse viel weniger wichtig als Kulturbedingungen. Dargetan an den Finnen.)

359. Hertz, F. *Moderne Rassentheorien.* Wien, Stern. 354 S. 04.

360. Steinmetz, S. R. *D. erbliche Rassen- u. Volkscharakter.* Vierteljahrsschr. f. wiss. Philos. N. F. **1**. S. 77—126. 02.

361. Woodworth, R. S. *Racial Differences in Mental Traits.* Science 1910, S. 171—185.

Vgl. ferner 1084, 1121.

7. Einzelne Völker und Rassen (Auswahl).

362. Baraux, P. et Sergent, L. *De l'influence da la nature du sol sur la conformation du visage et sur le caractère chez le Flamand et le Picard.* RSci **11**, 459—464. 09.

363. Boutmy. *Essay d'une ps. politique du peuple anglais au XIV siécle.* Paris, Colin, 01.

363a. La Toce, P. *Germanen und Latiner.* Beitr. z. Ps. d. Völkerrassen. (Aus dem Schwed. v. Verf.) 30 S. Stockholm, Aktiebolaget Sandbergs Bokh. 09.

364. Murisier, E. *La ps. du peuple anglais et l'éthologie politique.* ArPs **1**, S. 261—277. 02.

365. Oetker, K. *Die Negerseele.* Ar f. Rass.- und Gesellsch.-Biol. **6**, 367—386. 09.

366. Pilcz, A. *Beitr. z. vergleichenden Rassenpsychiatrie.* Leipzig, Wien, Deuticke. 44 S. 06. — (Vergleicht Häufigkeit und Arten der Geisteskrankheit bei Deutschen, Ungarn u. Juden.)

367. Sikorsky. *Quelques traits de la ps. des Slaves.* RPh **45**, 625—635. 1898.

368. Sombart, W. *Die Juden u. d. Wirtschaftsleben.* Lpzg, Duncker u. Humblot, 1911. — (Insbes. XII. Jüd. Eigenart. XIII/XIV. Wie jüd. Wesen entstand.)

369. Woltmann, L. *D. Germanen in Frankreich.* M. 60 Bildnissen berühmter Franzosen. Jena, Diederichs, 06.

370. — *D. Germanen u. d. Renaissance in Italien.* Mit über 100 Bildn. berühmter Italiener. Thüring. Verlagsanstalt, Lpzg. 04/05.

(Zu **369** u. **370**. W. versucht mittels ikonographischer u. namenkundlicher Argumente nachzuweisen, dafs die Genies Frankreichs und der ital. Renaissance gröfstenteils german. Herkunft waren. Vgl. Text S. 141.)

Vgl. ferner 413, 416, 419, 423, 740.

8. Soziale, berufliche, kulturelle usw. Typen (Auswahl).

371. Baerwald. *Ps. Faktoren des modernen Zeitgeistes.* Schr. d. Ges. f. ps. Forschg. **15**, S. 1—85. 05. — (Vgl. Text S. 374.)

372. Campaneo. *Essai de Ps. militaire individuelle et collective.* Paris, Fanchon et Maloine, 02. 214 S.

373. Giddings, F. H. *A Provisional Distribution of the Population of the United States into Ps. Classes.* PsR **8**, S. 337—349. 01.

374. L'Hout, A. *Zur Ps. des Bauerntums.* Tübingen, Mohr, 06/07.

375. Schmoller, G. *Das Wesen der Arbeitsteilung und der sozialen Klassenbildung.* Jahrb. f. Gesetzgeb., Verwaltung usw. **14**, S. 45ff. 1890. — (Zur Erklärung wird auch das Vererbungsprinzip herangezogen.)

376. Simmel, G. *Üb. soziale Differenzierung. Soziolog. u. ps. Untersuchungen.* Schmollers staatswissensch. Forschungen **10**, 1. Lpzg., Duncker u. Humblot, 1890. 147 S.

377. Tardieu, E. *Études de ps. professionelle: le médecin.* RPh 1894. S. 611—623.

378. — *Psychologie du malade.* RPh **45**, 561—593. 1898.

378a. Zergiebel, M. *Zur Psychologie des Lehrers.* ZPdPs **12**, 471—483. 1911.

Vgl. ferner: 53, 107, 572, 751, 781, 956, 1125 a, 1131, 1141. Exp. Vergleichungen verschiedener Bildungsschichten oder Berufe finden sich bei: 413, 454, 556, 564, 571, 576, 618, 636, 734.

9. Pathologische Erblichkeit (Auswahl).

[Die weitschichtige rein psychiatrische Literatur über Vererbung von Geisteskrankheiten u. psychopathischen Zuständen ist nicht mit einbezogen (vgl. die psychiatrischen Zeitschriften u. Bibliographien). — Das Problem „Genie u. Entartung" ist unter D I 2, das Problem „Verbrechertum u. Entartung" unter D VII behandelt.]

379. Goddard, H. *Heredity of Feeble-mindedness.* Amer. Breeders Magazine **1**, No. 3, 165—178. 1910.

380. Heron, D. *A First Study of the Statistics of Insanity and the Inheritance of the Insane Diathesis.* EugLabMem II. London, Dulau, 07. — (Vgl. Text S. 293.)

381. Legrand du Saulle. *D. erbliche Geistesstörung.* Dtsch. v. Stark. 1874.

382. Martius, Fr. *Das pathol. Vererbungsproblem.* 09.

383. Möbius, P. J. *Über nervöse Familien.* AgZPt **40**. 1884.

394. Morel. *Traité des dégénérescences physiques, morales et intellectuelles de l'espèce humaine 1857.*

385. Mönkemöller, O. *E. Vagabundenfamilie.* MKrPs **4**, S. 529—545. 07.

386. Rabaud, É. *Hérédité et dégénérescence.* JPsPa 2, S. 308—327. 05.

387. Strohmayer, W. *Üb. d. Wert genealog. Betrachtungsweise i. d. psychiatr. Erblichkeitslehre.* MPt 22. Erg.-Heft. S. 115—131. 07.

388. — *Ziele u. Wege d. Erblichkeitsforschung in der Neuro- u. Psychopathol.* AgZPt **61**, 355—369. 04. — (Empfiehlt Anlegung von Familien-Stammbäumen.)

B. Die einzelnen Hauptfunktionen in ihrer Differenzierung.

I. Sinnliche Auffassung und Aufmerksamkeit.

(Beobachten, Unterscheiden, Schätzen.)

[Die organisch bedingten Differenzierungen der Sinnesempfindlichkeit als solcher, also die Verschiedenheiten der Sehschärfe, der Farbentüchtigkeit (Farbenschwäche u. Farbenblindheit), der Hörschärfe, der Tonunterscheidung (Toninseln u. -Lücken), der Anästhesie und Hyperästhesie sind nicht in die Bibliographie einbezogen. Für alle diese Probleme sei auf die jährliche Bibliographie der ZPs, sowie auf die ophthalmologischen, otologischen und physiologischen Sonderbibliographien verwiesen.

Die vielseitigen Testserien, die in A II 6 und 7 aufgezählt sind, enthalten durchweg auch Tests zur Sinneswahrnehmung. — Über die Beziehung der Sinneswahrnehmung und Aufmerksamkeit zur Intelligenz handeln zahlreiche Nummern von B VI. — Über „Auffassungstypen" vgl. Abt. B VII. — Über musikalisches Gehör vgl. D II 2. — Über Mindersinnigkeit vgl. D VIII. — Über Synaesthesien vgl. D X.]

389. Baerwald, R. *Beobachtungsgabe.* Enz. Hdb. d. Päd(Rein). 2. Aufl. 01. Ergänzungsband zur 1. Aufl. S. 519—520.

390. BINET, A. *La mesure des illusions visuelles chez les enfants.* RPh **40**, S. 11—25. 1895.

391. — *Recherches sur la sensibilité tactile pendant l'état de distraction.* AnPs **6**, S. 405—440. 1900.

392. — *Les simplistes. Enfants d'école et adultes.* AnPs **9**, S. 129—168. 03.

393. — *Les distraits.* Ebda. S. 169—197. 03.

394. — *Les interprétateurs.* Ebda. S. 198—253. 03.
(Zu **392**—**394**. Ästhesiometerunters. dienen weniger z. Prüfung d. Hautempfindlichkeit als zur Prüfung der Aufmerksamkeitseinstellung. BINET unterscheidet auf Grund dessen drei Aufmerksamkeitstypen: die „Simplistes“ unterscheiden 2 Punkte erst bei einer großen Distanz, halten aber niemals e. einfache Berührung für e. doppelte. Die beiden anderen Typen fällen das Urteil „doppelt“ schon bei geringeren Distanzen, oft aber auch bei einfacher Berührung. Der Typ der „Deuter“ erhält mehrere Untertypen.)

395. — *De la sensation à l'intelligence.* RPh **56**, S. 449—467, 592—618. 03. — (Ästhesiometerversuche. Scheidung der V.-P. in „bewußte“, welche wissen, wie die Vergleichung zustande kommt, und „unbewußte“. Vgl. Lucka **10**.)

396. BULLOUGH, E. *The „Perceptive Problem“ in the Aesthetic Appreciation of Simple Colour-Combinations.* BJPs **3**, 406—447. 1910. — (4 Typen der Farbenbewertung: „obj.“, „physiolog.“ [Farbe wirkt erregend, ermüdend usw.] „affektiver“, „assoziativer“.)

397. BURNETT, C. T. *A New Test for Attention against Distraction.* PsBu **7**, Febr. 1910, S. 64.

398. CHARE, H. W. *Some Aspects of the Attention Problem.* PdSe **16**, 281—300. 09. — (3 Typengliederungen: nach Konzentrationsdauer, Geschwindigkeit der Anpassung u. Konzentrationsgrad).

399. CONSONI, F. *La mesure de l'attention chez les enfants faibles d'esprit.* ArPs **2**, S. 209—252. 03.

400. CRON, L. u. KRAEPELIN, E. *Üb. d. Messung der Auffassungsfähigkeit.* PsArb **2**, 206—325. 1897. — (S. 319 ff. Individuelle Characteristiken der Versuchspersonen.)

401. DOUGALL, MAC. *On a New Method for the Study of Concurrent Mental Operations and of Mental Fatigue.* BJPs **1**, 05. — (Verteilung d. Aufmerksamkeit.)

402. DÜRR, E. *D. Lehre v. d. Aufmerksamkeit.* Lpzg., Quelle u. Meyer, 07. — (Kap. 6. D. Varietäten d. Aufmerks. S. 170—192. Vgl. Text S. 186.)

403. DWELSHAUVERS, G. *Nouvelles Notes de Ps. exp.* Rev. de l'Univ. de Bruxelles **4**, 29. 1899.

404. FINZI, J. *Z. Unters. d. Auffassungsfähigk. u. Merkfähigk.* PsArb **3**, S. 289—384, insbes. S. 358—384. 01.

405. GRIFFING, H. *On Individual Sensibility to Pain.* PsR **3**, S. 412—415. 1896.

406. FRÄNKL. *Üb. Vorstellungselemente u. Aufmerksamkeit.* Augsburg, Lampert. 1905.

407. FREEMAN, F. N. *Üb. Aufmerksamkeitsumfang u. Zahlauffassung.* PädPsArb (Veröffentl. des Inst. f. exp. Pd. u. Ps. des Leipziger Lehrervereins I),

Lpzg., Hahn, 1910. Insbes. S. 111—144. Individ. Unterschiede. — (Tachistoskop. Unters. m. Punktgruppen u. Worten. Korr. zw. Neigung zum Unterschätzen u. Genauigkeit der Auffassung. Keine scharf geschiedenen Aufm.-Typen. Gewisse Korr. zw. Genauigk. d. Auffassg. u. Umfang d. Aufmerksamk.)

408. GRIFFING. *On the Development of Visual Perception and Attention.* AmJPs **7**, S. 227—236. 1896. — (Tachistoskop. Aufmerksamkeitstests. Keine Korr. der Leistungen zu den Lehrer-Urteilen.)

409. GRIJNS, G. *Messungen d. Riechschärfe b. Europäern u. Javanern.* ENGELMANNS A. f. Physiol. 06. S. 509—517. — (Javaner besitzen doppelt so feine Riechschärfe.)

410. HEILBRONNER, K. *Z. klinisch-ps. Untersuchungstechnik.* MPt **17**, S. 117—132. 05. — (E. Gegenstand ist auf einer Serie nacheinander gezeigter Bilder in immer größerer Vollständigkeit dargestellt. Bei welchem Bild erfolgt d. Erkennung? Wird d. Unterschied je zweier Bilder gemerkt?)

411. LIPMANN. *Bemerkg. z. d. Mitteilg. v. Netschajeff. „Üb. d. Beobachtungsfähigkeit von Schülern".* ZAngPs **4**, 575—576. 1911. — (Vgl. **417**. Korr. zwischen der Zensur u. der Gesamtzahl der wahrgenommenen Buchstaben, dem Einfluß des Sinnes, der Richtigkeit der Stellenangaben.)

412. LOBSIEN, M. *Üb. Schätzung kurzer Zeiträume durch Schulkinder.* ZPs **50**, S. 332—380. 09. — (Vgl. Text S. 191.)

413. MAC DONALD, A. *Sensibility to Pain by Pressure in the Hands of Individuals of Different Classes, Sexes and Nationalities.* PsR **2**, 156—157. 1895.

414. MARTIN, L. I. u. MÜLLER, G. E. *Zur Analyse der Unterschiedsempfindlichkeit.* Lpzg., Barth, 1899. 233 S. — (Vgl. Text S. 191.)

415. MESSMER, O. *Z. Ps. des Lesens b. Kindern u. Erwachsenen.* ArGsPs **2**, S. 190—298. 03. Auch: Samml. v. Abhdlg. zur ps. Päd. (Meumann) **1** (1), 04. 109 S. — (Insbes.: III A 2. Vgl. Text S. 219—220.)

416. MYERS, CH. S. *Reports of the Cambridge Anthrop. Exped. to Torres Straits* **2** (Teil 2). (Ps. Teil: Sinnesempfindung u. Reaktionszeit) 03. — (Tests an Primitiven.)

417. NETSCHAJEFF, A. *Unters. üb. d. Beobachtungsfähigk. v. Schülern.* ZAngPs **4**, S. 335—346. 1911. — (Vgl. **411**.)

418. OPPERMANN, A. *Exp. Unters. üb. d. Einfluſs v. Störungslinien auf das Nachzeichnen e. Normalstrecke.* Gießener Dissert, Hamburg. 1910. — (Insbes.: S. 36—47. Die individuellen Differenzen. Verteilung der Fehler auf Schulklassen [einer Realschule] und Individuen.)

419. RIVERS, W. H. R. *Observations on the Senses of the Todas.* BJPs **1**, S. 321—397. 05. — (Einwohner des südl. Indiens. Prüfung der Sehschärfe, des Farbensinns, der geom. Täuschungen, des Tast-, Geruchs-, Geschmackssinns.)

420. RUEDIGER, W. C. *The Field of Distinct Vision with Special Reference to Individual Differences and their Correlations.* Archives of Ps., Nr. 5, 68 S. 07.

421. SCHUCKMANN, W. v. *Vergl. Unters. einiger Psychosen mittels d. Bildchenbenennungsmethode.* MPt **21** (4), 320—347. 07. — (Methode HEILBRONNER (**410**) u. andere Meth. Versuch, die „optische Verblödung" zur Gesamtverblödung ins Verhältnis zu setzen.)

422. SMITH, W. G. *A Study of some Correlations of the Müller-Lyer Visual Illusion and Allied Phenomena.* BrJPs **2**, S. 16—51. 06. — (Vgl. Text S. 191.)
423. STERN, A. *Zur ethnographischen Unters. d. Tastsinnes der Münchener Stadtbevölkerung.* Diss. München. 43 S. 1895.
424. STERN, W. *E. Beitr. zur differentiellen Ps. des Urteilens.* ZPs **22**, 13—22. 1899. — (Vgl. Text S. 217.)
425. — *Über Schätzungen, insbes. Zeit- u. Raumschätzungen.* BPsAu **2**, S. 32—72. 05. — (Vgl. Text S. 191/2.)
426. TORREN, J. VAN DER. *Üb. d. Auffassungs- u. Unterscheidungsvermögen für optische Bilder bei Kindern.* ZAngPs **1**, S. 189—232. 08. — (Methode HEILBRONNER [**410**].)
427. WELLS, FREDERIC LYMAN. *On the Variability of Individual Judgment.* In: Essays Philos. and Ps. in Honor of WILLIAM JAMES. New York, Longmans, Green and Co. 08. — (Vgl. Text S. 259.)
428. WIEGAND, C. F. *Unters. üb. d. Bedeutung der Gestaltqualität f. d. Erkennung von Wörtern.* ZPs **48**, S. 161—237. 08. — (Kritik der MESSMERschen [**415**] Unterscheidung e. objekt. u. subjekt. Typs.)
429. YERKES, R. M. and URBAN, F. M. *Time-Estimation in its Relations to Sexe, Age and Physiol. Rhythms.* Harvard Ps. Studies (MÜNSTERBERG) **2**, S. 405—430. 06. — (500 Versuchspersonen. Frauen schätzen ungenauer als Männer u. neigen bei Zeiten zw. 18 u. 108 Sek. mehr zur Überschätzung.)

Vgl. ferner über: Aufmerksamkeit 104, 458, 508, 559, 745; Wahrnehmung im Allgemeinen 561a, 564, 710, 745; optische Wahrnehmung: 275, 527, 958; (bei Dichtern:) 1183, 1186, 1188, 1194, 1215; akust. Wahrnehmung bei Dichtern: 1187, 1213, 1223; Geschlechtsunterschiede in der sinnlichen Auffassung: 1064/5, 1072, 1080, 1081, 1085, 1089, 1091, 1094.

II. Vorstellungsverlauf. Gedächtnis.

[Vorstellungstypen vgl. nächste Abteilung; Aussage vgl. Abt. B IV; Verdrängung von Vorstellungen und Psychoanalyse vgl. A II 8; fausse reconnaissance D IX. — Die vielseitigen Testserien in A II 6 u. 7 enthalten fast durchweg auch Tests über Vorstellungen und Gedächtnis. — Über die Beziehungen des Gedächtnisses zur Intelligenz vgl. zahlreiche Nummern von B VI. — Über außergewöhnliche Gedächtnisleistungen einzelner Kinder vgl. C III 2.

Bibliographisches.

Ausführl. Literaturverzeichnisse z. Ps. des Vorstellens u. d. Gedächtnisses bei MÜLLER (**458** a) und OFFNER (**541**). Zur Psychopathologie d. Gedächtnisses bei RANSCHBURG (**464**). Zur „Tatbestandsdiagnostik“ bei LIPMANN (**150**).

Literatur bis 1899.

430. ASCHAFFENBURG, G. *Exp. Studien üb. Assoziationen.* PsArb **1**, 209—299. 1895.

431. Bolton, Th. L. *The Growth of Memory in School Children.* AmJPs **4**, 362—380. 1892. — (Bearbeitung eines grofsen Testmaterials. Der Gedächtnisumfang wächst mit dem Alter mehr als mit der Intelligenz.)

432. Bourdon, B. *Recherches sur la succession des phénomènes ps.* RPh. **18**, 226—260. 1893.

433. — *Observations comparatives sur la reconnaissance, la discrimination et l'association.* RPh **20**, 153—185. 1895. — (Bei 9 Versuchspersonen starke Korrespondenz zwischen den Leistungen für Wiedererkennen und für Assoziation.)

434. Burnham, W. H. *Ind. Differences in the Imagination of Children.* PdSe **1**, 204—235. 1892.

435. Colegrove, F. W. *Ind. Memories (Questionnaire).* AmJPs **10**, 359—404. 1899.

436. Flournoy, Th. *Influence du milieu sur l'idéation.* AnPs **1**, 180—190. 1895.

437. — *Sur l'association des chiffres chez les divers individus.* III InCoPs. München 1897. S. 221—222.

438. Jastrow, J. *A Study in Mental Statistics.* The New Rev., 1891, **31**, 559—568.

439. — *A Statistical Study of Memory and Assoziation.* EdR, Dez. 1891.

440. — *Community and Association of Ideas: a Statistical Study.* PsR **1**, 152. 1894.

441. Münsterberg, H. *Studien z. Assoziationslehre.* Beitr. zur exp. Ps. 1892. Heft 4, S. 1 ff.

442. Oehrn, A. *Exp. Studien zur Individual-Ps.* PsArb **1**, 92—151. 1896. — (Variabilität der Lernfähigkeit. Vgl. Text S. 256.)

443. Ribot, Th. *Enquête sur les idées générales.* RPh **32**, 376—388. 1891. — (Vgl. Text S. 121.)

444. — *Une enquête sur les variétés de concepts.* RSci 1892. 289—292.

445. Shaw, J. C. *A Test of Memory in School Children.* PdSe **4**, 61—78. 1896.

446. Witasek, St. *Beitr. z. speziellen Dispositions-Ps.* ArSystPh **3**, S. 273—293. 1897.

Literatur seit 1900.

447. Bernstein, A. *Üb. e. einfache Methode zur Unters. d. Merkfähigkeit bei Geisteskranken.* ZPs **32**, S. 259—263. 03. — (Wiedererkennen geometr. Figuren.)

448. Bogdanoff, T. *Exp. Unters. d. Merkfähigkeit b. Gesunden u. Geisteskranken.* BPsAu **2**, S. 131—146. 05. — (Anwendung der Bernsteinschen Methode [**447**].)

449. Bourdon, B. *Contribution à l'étude de l'individualité dans les assoc. verbales.* PhSd **19**, S. 49—62. 02. — (Originalität der Assoz. gewisser Menschen.)

449a. Busemann, A. *Lernen u. Behalten. Beitr. z. Ps. des Gedächtnisses.* ZAngPs **5**, 211—271. 1911. — (Kap. II u. V: Ind. Differenzen. Versuche an Knaben u. Mädchen. — Vgl. auch Text S. 273, 287.)

449b. — *D. ind. Korrelationen zwischen d. Leistungen im Gedächtnisexp. u. denen im Unterricht.* ZAngPs **5**, 341—344. 1911. — (Die Korr. zu den Gedächtn.-Leistungen waren am gröfsten bei den Zensuren für Rechnen, Deutsch u. Rel. Vgl. Text S. 286.)

450. Fürst, E. *Statist. Unters. üb. Wortassoziationen u. üb. familiäre Übereinstimmung im Reaktionstypus b. Ungebildeten.* JPsN **9**, 243—278. 07.

451. Isserlin. *Ps. Unters. an Manisch-Depressiven.* MPt **22**, S. 302—355, 419—443, 509—536. 07. — (Assoziationsversuche.)

452. Jung, C. G. u. Riklin. *Exp. Unters. üb. Assoziationen Gesunder.* JPsN **3**, S. 55—83, 145—164, 193—215, 283—308. **4**, S. 24—67. 04. — (Verschiedene Typen, vor allem Scheidung e. „sachlichen" und eines „egozentrischen" Typs.)

453. — *Associations d'idées familiales.* ArPs **7**, 160—168. 07.

454. — *Üb. d. Verhalten der Reaktionszeit beim Assoziations-Exp.* JPsN **6**, 1—36. 05 und: Diagnost. Assoz.-Studien (Jung) **1**, S. 193—228. Lpzg., Barth, 06. — (Vergleichung d. Geschlechter; Vergl. Gebildeter u. Ungebildeter.)

454a. Kolk, J. van der u. Jansens, G. *Kasuist. Beitr. Außergewöhnl. Hypermnesie f. Kalenderdaten b. e. niedrigstehenden Imbezillen.* AgZPt 22, 05. — (Vgl. auch **468** a.)

455. Levy-Suhl, M. *Studien üb. d. exp. Beeinflussung des Vorstellungsverlaufs.* ZPs **45**, S. 321—340. 07. — (Versuche mit Zwischenrufen, die plötzlich in einen ganz anderen Gedankengang hineingeworfen werden. Die Reaktionen hierauf werden unterschieden als normale, zweifelhafte u. pathol.)

456. Lipmann, O. *Z. Beurteilung d. Reaktionen b. Gedächtnis- u. Aussageversuchen.* III KoEPs in Frankf. a. M. Lpzg., Barth, 08. S. 212—218. — (Fehlertypen.)

457. Lucka, E. *Die Phantasie. E. ps. Unters.* Wien u. Lpzg., Braumüller, 08. 197 S. — (Vorstellungsleben. Phantasie. Charakterologie.)

458. Müller, G. E. u. Pilzecker, A. *Exp. Beitr. z. Lehre v. Gedächtnis.* ZPs Ergänzungsbd. I. Lpzg., Barth, 1900. — (§ 52 nennt alle Stellen des Buches, die ind. Diff. erwähnen. Verh. der Lernfähigk. z. Aufmerksamkeit.)

458a. — *Z. Analyse d. Gedächtnistätigk. u. des Vorstellungsverlaufs.* Ergänzungsband **5** zur ZPs. 3 Teile. (Teil I, 403 S.) 1911. — (Vgl. **1308** und Text S. 49.)

459. Naville, M. E. *Hallucinations visuelles à l'état normale.* ArPs **8**, S. 1—8. 08. — (Selbstbeobachtungen des Verf.)

460. Pentschew, C. *Unters. zur Ökonomie u. Technik des Lernens.* ArGsPs **1**, S. 417—526. 03. — (Typen der schnellen u. langsamen Lerner.)

460a. Peters, W. *Gefühl und Erinnerung.* PsArb **6**, 197—260. 1911. — (Insb. IV Typenunterschiede. S. 252—260.).

461. Pohlmann, A. *Exp. Beitr. z. Lehre vom Gedächtnis.* Berlin, Gerdes u. Hödel, 06. 191 S. — (Typen. Geschlechtsvergleichung. Beziehung der Intelligenz zum Gedächtnis.)

462. Potwin, B. *Study of Early Memories.* PsR **8**, S. 596—601. 01. — (Männl. u. weibl. Studierende.)

463. Radossawljewitsch, P. R. *D. Behalten u. Vergessen bei Kindern u. Erwachsenen nach exp. Unters. (D. Fortschreiten des Vergessens mit d. Zeit.)* Päd. Monogr. (Meumann) **1**, 197 S. Lpzg., Nemnich, 07. — (Insbes.:

Abschn. X u. XVII. Individ. Eigentümlichkeiten: Lerntypen, Ged.-Typen, Fehlermachen, Rhythmus, Übung.)

464. Ranschburg, P. *D. Ergebnisse der exp. Psychopathol. d. Gedächtnisses.* IV KoEPs in Innsbruck 1910. S. 95—182. 1911. — (Vgl. Text S. 103.)

464a. — *Üb. Art u. Wert klin. Gedächtnismessungen b. nervösen u. psychischen Erkrankungen.*
1. Teil. *D. psychophys. Bedingungen d. Gedächtnismessungen in patholog. Fällen.* KlPs **2**, 365—404. 07.
2. Teil. *Beitr. zu einem Kanon d. Wortgedächtnisses als Grundlage der Unters. patholog. Fälle.* KlPs **3**, 97—126. 08.
3. Teil. *D. diagnost. u. prognost. Verwertbark. v. Gedächtnismessungen.* KlPs **5**, 89—194. 1910.
(Wortpaarmethode. S. d. Referat von Lipmann. ZAngPs **5**, S. 381.)

465. Rusk, R. R. *Exp. on Mental Association in Children.* BrJPs **3**, 349—385. 1910. — (Vergleich verschiedener Altersstufen u. verschied. Intelligenzgrade.)

466. Wimmer, A. *Üb. Assoziationsunters. besonders schwachsinniger Kinder.* MPt **25**, S. 169—182, 268—284. 09.

467. Wreschner, A. *Zur Ps. der Assoziation.* Schweizer Päd. Ztschr. Jhrg. 05 (4). 16 S.

468. — *Die Reproduktion u. Assoziation v. Vorstellungen.* ZPs Ergänzungsbd. 3. Lpzg., Barth, 07—09. — (Insbes. Differenzierung der Reaktionszeit, S. 47—68. — Differenzierung der Reaktionsworte, S. 86—102. Vgl. auch Text S. 272.)

468a. Ziegler, K. *Zum Kapitel d. überwertigen psychischen Leistungen bei Schwachsinnigen.* ZPdPs **12**, S. 381—390. 1911. — (18jähr. Schwachsinniger mit vorzügl. Gedächtnis für etwa 80 Musikstücke u. Platten eines mechan. Musikinstruments. — Vgl. auch **454** a.)

Vgl. ferner über Vorstellungen: 150, 406, 1142a, 1431: (Gemeinsamkeit der Vorstellungen bei Mann und Weib:) 1078, 1086/7, 1090, 1096. Über Gedächtnis: 299, 404, 517, 535, 541, 592, 767.

III. Vorstellungstypen.

1. Klinische und andere Beobachtungen über die „innerliche Sprache". (Auswahl.)

469. Aubert, H. *D. innerl. Sprache u. ihr Verhalten z. d. Sinneswahrnehmungen u. Bewegungen.* ZPs **1**, 53—59. 1890.

470. Baldwin, J. M. *Internal Speech and Song.* PhR 2, 385—407. 1893.

471. Ballet, G. *D. innerl. Sprache u. d. verschiedenen Formen der Aphasie.* (Nach d. 2. Aufl. übers. v. Bongers.) Lpzg. u. Wien, Deuticke, 1890. (Franz. Original. Paris 1888.)

472. Bernard, D. *Un cas de supression brusque et isolée de la vision mentale des signes.* Progr. méd. 1883.

473. — *De l'aphasie et de ses diverses formes.* Paris 1885. — (Darstellung der Lehre Charcots.)

474. CHARCOT, J. M. *Lecons sur les maladies du système nerveux faites à la Salpétrière.* III. Bd. 1. Aufl. 1873, 3. Aufl. 1880—1884.
475. — *Neue Vorles. üb. d. Krankh. des Nervensystems.* Übers. v. FREUD, Wien 1886. — (Die 13. Vorlesung enthält die Lehre von den Typen.)
476. EGGER. *La parole intérieure* 1881. — 2. éd. Paris, Alcan, 04. 326 S.
477. FÉRÉ, CH. *Des troubles de l'usage des signes.* RPh. 1884.
478. LAUPTS. *Enquête sur le langage intérieur.* Ar d'anthrop. crim. **10**, 128—230, 478—480, 609—615. 1895.
479. LEMAÎTRE, A. *Le langage intérieur chez les enfants.* L'éducateur **38**. Auch sep.: Lausanne, Ch. Viret-Genton, 02.
480. — *Observations sur le langage intérieur des enfants.* ArPs **4**, S. 1—43. 05.
481. MARIE, P. *De l'aphasie.* Rev. de Méd. 1884.
482. MIRAILLIÉ, CH. *De l'aphasie sensorielle.* Paris 1896.
483. NÄCKE, P. *Durch Introspektion gewonnene Einblicke in gewisse geistige Vorgänge.* NZb **29**, S. 673—685. — (N. empfiehlt Sammlungen möglichst vieler systematischer Selbstbeobachtungen über die Form d. inn. Sprechens, berichtet über eigene Selbstbeobacht., verweist auf ST. PAUL [**486**].)
484. PAULHAN. *Le langage intérieur.* RPh. 1886.
485. SAINT-PAUL, G, *Essai sur le langage intérieur.* Thèse de Lyon. Lyon, Stork; Paris, Masson, 1893. 145 S.
486. — *Le langage intérieur et les paraphasies.* Paris, Alcan, 04. 316 S. — (Fragebogen, die an Gelehrte, Künstler, Dichter und einfache Leute a. d. Volk versandt wurden. Viel Einzelbeobachtungen u. Selbstbeobachtungen.)

2. Experimente und Erhebungen über Vorstellungstypen.

Literatur bis 1899.

487. ARMSTRONG, A. C. *The Imagery of Amer. Students.* PsR **1**, S. 496—505. 1894. — (Wiederholung d. Versuche GALTONS [**494**] über Visualisation.)
488. BAIN, A. *On Statistics of Mental Imagery.* Mind **5**, 564. 1880.
489. COHN, J. *Beitr. z. Kenntnis der ind. Verschiedenheiten des Gedächtnisses.* IIIInCoPs. München 1897. 456—457.
490. — *Exp. Unters. üb. d. Zusammenwirken des akustisch-motorischen und des visuellen Gedächtnisses.* ZPs **15**, 161—183. 1898. — (Hauptmethode: Einprägen eines Schemas von 12 Buchstaben unter verschiedenen Bedingungen. Arten der Fehler bei verschied. Typen verschieden.)
491. DODGE. *Die motorischen Wortvorstellungen.* (Nr. 8 der Abhdlg. z. Philos. u. ihrer Gesch., hrsg. von B. ERDMANN.) Halle, Niemeyer, 1896. 78 S.
492. DUGAS, L. *Recherches exp. sur les différents types d'images.* RPh **39**, 285—292. 1895.
493. FECHNER, G. TH. *Elemente d. Psychophysik.* 1860. 2. Aufl. 1889. Bd. II. S. 469 ff. — (Grad der Visualisation bei F. selbst und anderen.)
494. GALTON, F. *Statistics of Mental Imagery.* Mind **5**, 301. 1880. — (Vgl. Text S. 119.)
495. HAWKINS, CH. J. *Exp. on Memory Types.* PsR **4**, 289—294. 1897.
496. KIRKPATRIK, E. A. *Mental Images.* Science **22**, 227—230. 1893.

497. Lay, W. *Mental Imagery, Experimentally and Subjectively Considered.* PsR **5**, Mng. Suppl. 7. 1898.

498. Queyrat, F. *L'imagination et ses variétés chez l'enfant.* Paris, Alcan, 1893. 162 S.

499. Ribot, Th. *Recherches sur la mémoire affective.* RPh **38**, S. 376—401. 1894. — (Enquête an 60 Personen beiderlei Geschlechts. Neben dem vis., aud. u. tactil-mot. wird ein besonderer Typ des „affektiven Gedächtnisses" aufgestellt. D. Angehörigen des Typs können ein Gefühl als solches in der Erinnerung aufleben lassen, nicht nur dessen intellektuelle Begleiterscheinungen.)

500. — *Psychologie des sentiments.* Paris 1896. — (Vgl. Bemerkung zu **499**.)

501. Stetson, R. H. *Types of Imagination.* PsR **3**, 398—411. 1896.

502. Stricker, R. *Studien üb. d. Sprachvorstellungen.* Wien 1881.

503. — *D. Bewegungsempfindungen.* Wien 1871.

504. — *Studie üb. d. Bewufstsein.* Wien 1879.

505. Thieme, P. *Üb. Sinnestypen u. ihre Berücksichtigung im Unterrichte, nach Queyrat.* Praxis der Erziehungsschule **9**, S. 184—189, 220—225. 1895. — (Vgl. **498**.)

506. Ufer, C. *Üb. Sinnestypen u. verwandte Erscheinungen.* Langensalza, Beyer 1895. 29 S.

507. — *Artikel: „Sinnestypen".* Reins Enz. Handb. d. Päd. 1. Aufl. **6**, S. 639 —642. 1899.

Literatur seit 1900.

508. Aall, A. *Z. Frage d. Hemmung b. d. Auffassung gleicher Reize.* ZPs **47**, S. 1—114. 08. Insb. Abschn. V—VII. — („Welchen Einflufs übt d. Wiederholung ident. Elemente auf Auffassung u. Reprod. mehrerer Schriftzeichen?" — Genaue Analyse der Reproduktionstypen.)

509. (Baerwald, R.) für die Ps. Gesellschaft Berlin. *Umfrage üb. d. Ps. des motorischen Menschen.* ZPsth **2**, S. 65—74. 1910. — (Vgl. Text S. 199.)

510. Bell, A. and Muckenhaupt, L. *A Comparison of Methods for Determination of Ideational Types.* AmJPs **17**, 121—126. 06.

511. Betts, G. H. *The Distribution and Function of Mental Imagery.* New York, Teachers Coll. Columb. Univ. 09. 99 S. — (Untersuchung üb. gegenständl. Vorstellungsbilder d. verschiedenen Sinne [unter Ausschlufs der Sprachvorstellungen] an Stud. u. Lehrern. Fragebogen u. kl. Versuche. Ind. Diff. sind geringer als gewöhnlich angenommen wird. Deutliche Typenscheidung nicht möglich. Anteil der Vorstellungsbilder an der eigentl. geist. Leistungsfähigk. u. ihre Korr. mit ihr ist gering.)

512. Binet, A. *Mémoire visuelle géométrique.* RPh **35**, S. 104—106. 1893.

512a. Buchner, E. F. *Fixed Visualisation: Three new Forms.* AmJPs **13**. 02.

513. Chambers, W. G. *Memory Types of Colorado Pupils.* JPh **3**, 231—234. 06.

514. Colvin, Stephen S. *A Marked Case of Mimetic Ideation.* PsR **17**, 260—268. 1910.

515. — *Methods of determining ideational types.* PsBu **6**, S. 223—237. 09. — (Vgl. Text S. 195.)

515a. — *The ideational types of school children.* PdSe **16**, S. 314—324. 09.

516. Colvin, Stephen S. and Meyer, J. F. *Imaginative Elements in the Written Work of School Children.* PdSe **13**, S. 84—93. 06.
517. — and Myers, E. J. *The Development of Imagination in School Children and the Relation between Ideational Types and the Retentivity of Material Appealing to Various Sense Departments.* SdPsLabIllinois PsR (PsMonographs) **11**, S. 85—126. 09.
518. Downey, J. E. *Muscle Reading: A Method of Investigating Involuntary Movements and Mental Types.* PsR **16**, 257—301. 09.
519. Eggert, B. *Übungsgesetze im fremdsprachl. Unterricht. II.* ZPdPs **12.** Insbes. S. 279—282 „Individuelle Übung". 1911.
520. Feuchtwanger, A. *Versuche üb. Vorstellungstypen.* ZPs **58**, 161—199. 1911. — (An 4 Herren Versuche mit folg. Methoden: Syst. Selbstwahrnehmung beim Vorgelesen- oder Vorgelegt-bekommen von Silben, Wörtern, Sätzen, Bildern, ferner beim Selbstlesen; Einprägung von Silben mit und ohne Störung. Aufforderung, Bestimmtes vorzustellen, was benannt wurde, oder was eine gewisse Farbe hat. Vgl. Text S. 199.)
521. French, F. C. *Mental Imagery of Students.* PsR **9**, S. 40—56. 02. — (118 Studentinnen.)
522. Gutschky, W. *Üb. Vorstellungstypen.* Z. f. christl. Erziehungswiss. **2**, 722—724. 09.
523. Jacobs, W. *Üb. d. Lernen mit äufserer Lokalisation.* ZPs **45**, S. 43—77 u. 161—187. 07. — (Ständige Bezugnahme auf den Vorstellungstyp der Versuchspersonen.)
524. Joteyko, J., Masuy, M. et Dascotte. *Détermination des types de mémoire.* RPs **1**, 209—221. 08.
525. — et Kipiani, V. *Sur un nouveau procédé de détermination des types de la mémoire.* RPs **1**, 229—238. 08.
526. Kemsies, F. *Gedächtnisuntersuchungen an Schulkindern. III, IV.* ZPdPs **3**, S. 171—183, 281—291. 01. — (Untersuchungen an Inaudi. Visueller u. akust. Typ.)
527. Lipmann, O. *Visuelle Auffassungstypen.* IVKoEPs in Innsbruck, 1910. S. 198—202. Lpzg. 1911. — (Methode: Figuren, die zugleich nach Gröfse, Form u. Farbe variiert sind. Typische Unterschiede in der Bevorzugung des einen oder anderen Merkmals bei der Auffassung.)
528. Lobsien, M. *Exp. Unters. üb. d. Gedächtnisentwicklung bei Schulkindern.* ZPs **27**. 02.
529. — *Üb. den relativen Wert verschiedener Gedächtnistypen.* PdMag, Heft 190. Langensalza, Beyer, 02. 22 S.
530. — *Anschauungstypen.* D. deutsche Schulmann **7** (9/10). 04.
531. — *Üb. Differenzierungen des Gedächtnisses.* ZPdPs **8**, S. 329—343. 06.
532. McMein, M. u. Washburn, M. F. *The Effect of Mental Type on the Interference of Motor Habits.* AmJPs **20**, S. 282—284. 09.
533. Messer, A. *Exp.-ps. Unters. üb. das Denken.* ArGsPs **8**, S. 1—224. Insbes. § 10: Zur Ps. d. ind. Diff., S. 210—224. 06. — (6 Versuchspers. werden nach Sprach- u. Sachtypus charakterisiert.)
534. Meumann, Ernst. *D. Methoden z. Feststellung d. Vorstellungstypus.* ZEPd **4**, S. 23—63. 07. — (Vgl. Text S. 193.)
535. — *Ökonomie u. Technik d. Gedächtnisses.* 2. Aufl. Lpzg., Klinkhardt, 08.

536. Meumann, Ernst. *Üb. d. kombinatorischen Faktor bei Vorstellungstypen.* ZPdPs **12**, S. 115—120. 1911.

537. Mondolfo, R. *Studi sui tipi representativi. Ricerche sull' importanza dei movimenti nell' imaginazione, nelle funzioni del linguaggio, nelle pseudo-allucinazioni e nelle localizzazione delle imagini.* Riv. di Fil. **1**, 38-92. 09.

538. Netschajeff, A. *Exp. Unters. üb. d. Gedächtnisentwicklg. d. Schulkinder.* ZPs **24**, S. 321—351. 1900. — (Knaben u. Mädchen.)

539. — *Üb. Memorieren.* Ziegler-Ziehensche Sammlg. **5** (5). Berlin, Reuther & Reichard, 03. 50 S.

540. — *Üb. Auffassung.* Ebda. **7** (6). 04. — (Häufigkeitsverteilung d. Typen bei 700 Kindern.)

541. Offner, M. *D. Gedächtnis.* Berlin, Reuther u. Reichard, 09. 2. Aufl. 1911. — (Insbes.: VII. Ind. u. sexuelle Unterschiede des Gedächtnisses. S. 208—224.)

542. Ogden, R. M. *Unters. üb. d. Einflufs d. Geschwindigkeit d. lauten Lesens auf das Erlernen und Behalten von sinnlosen und sinnvollen Stoffen.* ArGsPs 2. 03. — (Insb. VIII § 3: Einflufs d. Typus a. d. Lernweise. — 6 Methoden zur Typenbestimmung. O. unterscheidet aufser den verschiedenen sensorischen Typen noch zwischen sensor. u. intellektuellen Typen.)

543. Pedersen, R. H. *Exp. Unters. d. visuellen u. akustischen Erinnerungsbilder, angestellt an Schulkindern.* ArGsPs **4**, S. 520—534. 05. — (10—11-jähr. Knaben. Akust. u. opt. Darbietung v. Wörtern.)

544. Pfeiffer, L. *Üb. Vorstellungstypen.* PdMng 2. Lpzg., Nemnich, 07. 127 S. — (Übersicht üb. Tatsachen u. Methoden. Scheidung von Sach- u. Sprachtypen. Versuche üb. Sachtypen an Schulmädchen durch 3 Jahre. Verteilung: 45% visuell, 25% akust., 30% kinästhet. — Vgl. auch Text S. 193, 201.)

544a. Reuther, F. *Beitr. z. Gedächtnisforschung.* PsSd **1** (1). 06. -- (Insbes. § 10. Gedächtnistypen. R. benutzt d. Methode d. identischen Reihen.)

545. Schulz, A. J. *Unters. üb. d. Wirkung gleicher Reize auf die Auffassung bei momentaner Exposition.* Diss. Zürich. Lpzg., Barth, 09. — (Insbes. S. 71 ff. Gedächtnistypen. — Besprochen ZPs **51**.)

546. Segal, J. *Üb. d. Reproduktionstypus u. d. Reproduzieren von Vorstellungen.* ArGsPs **12**, S. 124—235. 08. — (Vgl. Text S. 171, 197, 199.)

547. Stöhr, Ad. *Ps. Gedächtnistypen.* Päd. Jahrb. 08. Hrsg. v. d. Wiener Päd. Gesellsch. Wien, Pichler, 08. — (Scheidung zw. motor. u. imaginatorischem Gedächtnis.)

548. Sybel, A. v. *Üb. d. Zusammenwirken verschiedener Sinnesgebiete bei Gedächtnisleistungen.* ZPs **53**, S. 257—360. 09. — (Exp. an Personen von verschiedenem Typ.)

549. Vaschide, N. et Vurpas, Cl. *Recherches exp. sur la ps. des souvenirs. (La mémoire immédiate des objects.)* RPt **7**, 13—26, 57—71. 03. — (Schulkinder. Tafel mit Objekten. 3 Typen in der Art, wie die Anordnung der Objekte gemerkt wurde.)

550. Wreschner, A. *Das Gedächtnis im Lichte des Experiments.* 2. Aufl. Zürich, Orell Füssli, 1910. — (S. 29—33. Typen.)

Vgl. ferner: 7, 152, 458a, 461, 463, 568, 579, 581, 592, 701, 711, 883,

886, 1235; über d. visuellen Typ: 748, 1279, 1282, 1292; über d. auditiven 1187; über den motorischen 1242, 1256/8; über den Vorstellungstyp bei Rechenkünstlern D IV 2.

IV. Aussage.

(Auswahl.)

[Suggestion s. B VIII.]

Bibliographisches.

Bis 1906 ist die Literatur in Originalien u. Referaten ziemlich vollständig enthalten in:

551. BPsAu (Stern). 2 Bde. Lpzg., Barth, 03—06.

Die spätere bis 1910 ist zusammengestellt in:

552. *Neue Lit. z. Ps. d. Aussage.* ZAngPs. **1**, 426—450. 08.
553. *Bibliographie z. Ps. d. Aussage* (Stern). ZAngPs **4**, 378—381. 1911.

Bibliographie der Kinderaussage (68 Nrn.) in:

554. Stern, C. u. W. *Erinnerung, Aussage u. Lüge in d. ersten Kindheit.* Lpzg., Barth, 09. S. 159.

Die folgende Auswahl enthält nur diejenigen Aussageuntersuchungen, in denen Verschiedenheiten (der Individuen, Geschlechter, Alters-, Bildungsstufen) eine gröfsere Rolle spielen.

555. Borst, M. *Recherches exp. sur l'éducabilité et la fidélité du témoignage.* ArPs **3**, S. 233—314. 04. — Deutsch: BPsAu **2**, S. 73—120. 05. — (Vergleichung d. Geschlechter.)
556. Breukink, H. *Üb. d. Erziehbarkeit d. Aussage.* ZAngPs **3**, S. 32—87. 09. — (Vergleichung von Männern u. Frauen, Gebildeten u. Ungebildeten. Vgl. Text S. 103.)
557. Cattell, Mc Keen. *Measurements of the Accuracy of Recollection.* Science N. S. **2**, 761. 1895.
558. Claparède, E. *Expériences sur le témoignage: témoignage simple; appréciation; confrontation.* ArPs **5**, S. 344—387. 06. — (Männer u. Frauen.)
559. Cohn, J. u. Gent, W. *Aussage und Aufmerksamkeit.* ZAngPs **1**, S. 129—152, 233—263. 08. — (Insbes. 233—253: Typenlehre. Korrelationen. Individuelle Charakteristiken von 12 Versuchspersonen. — Vgl. auch Text S. 191, 270, 288, 298.)
560. Ephrussi, P. *Exp. Beitr. z. Lehre v. Gedächtnis.* ZPs **37**. 04. — (Insbes. § 7, S. 90—95. Die indiv. Diff. hinsichtlich des Richtigkeits- u. Falschheitsbewufstseins.)
561. Gross, H. *Üb. Zeugenprüfung.* MKrPs 06. S. 577 ff. — (Vgl. Text S. 103.)

561 a. — *Das Wahrnehmungsproblem u. d. Zeuge im Strafprozefs.* Ar. f. Strafrecht u. Strafprozefs (Kohler) **49**. 02. — (Ausführl. Eigenbericht in BPsAu **1**, S. 116—120. 03.)

562. Hammer, B. *Jakktagelsförmagan.* Psyke. 09. Monografiserie I. 94 S.

— (Ausführl. Bericht ZPs **58**, 425—427. — Erziehung d. Beobachtungsfähigkeit. Polemik gegen die von STERN [**575**] aufgestellten „Stadien".)

563. HEINDL, R. *Die Zuverlässigkeit der Signalementsaussagen.* ArKr **33**, S. 109—132. 09.

564. — — (Eigenbericht. Nebst krit. Zusatz von O. LIPMANN.) ZAngPs. **4**, S. 364—375. 1911.

(Zu **563/4**: Massenexperimente. H. liefs Alter u. Gröfse schätzen. Bauern schätzen besser als Städter, kleine Mädchen besser, Frauen u. halbwüchsige Mädchen schlechter als die entsprechenden männl. Individuen. Keine Korr. der Schätzungsfähigkeit zu Intelligenz u. Klassenplatz.)

565. KLAUSSMANN, A. O. *Zeugenprüfungen.* ArKr **1**, 39—60. 1898. — (Vgl. Text S. 103.)

566. KÖPPEN, M. u. KUTZINSKI, A. *Systematische Beobachtungen üb. d. Wiedergabe kleiner Erzählungen durch Geisteskranke.* Berlin, Karger, 1910. 229 S.

567. LEM, M. H. *Kinderaufsätze u. Zuverlässigkeit d. Zeugenaussagen.* (Deutscher Auszug a. e. holländ. Arbeit in Pädag. Tijdschrift, Heft 3/4.) ZAngPs **4**, S. 348—363. 1911. — (Beide Geschlechter.)

568. LOBSIEN, M. *Aussage u. Wirklichkeit b. Schulkindern.* BPsAu **1**, S. 158—221. 03. — (Vergl. d. Geschlechter. Auss. u. Vorstellungstypus. Suggestibilität.)

569. — *Üb. Aussage u. Wirklichkeit bei imbezillen verglichen m. normal begabten Schulkindern.* BPsAu **2**, S. 523—544. 06. — (Beide Geschlechter.)

570. MINNEMANN, O. *Aussageversuche.* BPsAu **1**, S. 478—533. 04. — (Männer. Charakteristiken der einzelnen Personen.)

571. OPPENHEIM, ROSA. *Üb. d. Erziehbarkeit d. Aussage bei Schulkindern.* BPsAu **2**, S. 338—384. 05. — (Mädchen höh. u. nied. Schulen. — Vgl. Text S. 103, 261, 272.)

572. RODENWALDT, E. *Üb. Soldatenaussagen.* BPsAu **2**, S. 287—337. 05. — (Insbes. S. 329—333. Darstellungstypen. — Vgl. Text S. 103, 205.)

573. ROEMER, H. *Das Aussageexp. als psychopathol. Untersuchungsmethode.* KlPs **3** (4), 1—53. 08. — (Bildaussage verwendbar für Differenzierung verschiedener Geisteskrankheiten. Vgl. Text S. 103.)

574. STERN, W. *Z. Ps. der Aussage.* ZSt 22, Heft 2/3. 02. Auch separat: Berlin, Guttentag. 56 S. 02. — (Geschlechtsunterschiede.)

575. — *D. Aussage als geist. Leistung u. als Verhörsprodukt. Exp. Schülerunters.* BPsAu **1**, S. 269—418. Auch separat. Lpzg., Barth, 04. 148 S. — (Geschlechter. Altersstufen. Darstellungstypen. Suggestibilität. — Vgl. Text S. 103, 205, 209, 261.)

576. — *Wirklichkeitsversuche.* BPsAu **2**, S. 1—31. 05. — (Unterschiede der Fakultäten, der Geschlechter.)

577. VOS, H. B. L. *Beitr. z. Ps. d. Aussage bei Schulkindern. Analyse d. Aussage üb. e. gehörte Erzählung.* Amsterdamer Diss. 09 (in holländ. Sprache). Deutscher Eigenbericht: ZAngPs **4**, S. 375—378. 1911. — (Unterschiede der Geschlechter, des Milieus.)

578. WRESCHNER, A. *Z. Ps. der Aussage.* ArGsPs **1**, S. 148—183. 03. — (Geschlechtsunterschiede.)

579. ZAVADSKIJ, A. V. *Die russische Literatur u. Exp.-Forschung z. Ps. der*

Aussage. BPsAu 2, S. 211—227. 05/06. — (Unter anderem: Aussage u. Vorstellungstypen.)

Vgl. ferner: 104, 112 IV und V, 213, 464, 556, 636 a, 654.

V. Intelligenz, Begabung, Talent im allgemeinen.

[Über Genie vgl. D I.]

580. Andreae, K. *Begabung — Anlagen.* Reins Enz. Hdb. d. Päd. (1. Aufl.) **1**, S. 260—271. 1895.

581. Baerwald, R. *Theorie der Begabung.* Lpzg. 1896. 289 S.

582. Baldrian. *Über Schülerbefähigung.* ZKi **8**, S. 145 ff. 03.

583. Binet, A. *La ps. du raisonnement.* Paris 1886.

584. Casimir, R. *Over Domheid I: Schijnbare Domheid.* Paed. Vlugschriften (Lighthart en Casimir) 2 (3). Baarn, Hollandia-Drukkerij 1910.

585. Christinger, J. *Talent.* Reins Enc. Hdb. d. Päd. (1. Aufl.) **7**, S. 16—22. 1899.

586. — *Die Förderung der Talente.* Vortrag auf der Thurgauer Schulsynode.

587. Flashar. *Anlagen, Fähigkeiten, Talente.* Enz. d. Erz.- u. Unterrichtswesens (Schmid), 2. Aufl. I, S. 121—130. 1876.

588. Forel. *Über Talent u. Genie.* Z. Hypn. **10**, S. 159—170. 1900.

589. Huther, A. *Probleme z. Charakter- u. Begabungslehre* ZPdPs **12**, S. 23—36. 1911. — (3 Stufen der Charakterveranlagung: die auf Wahrnehmungsmotivität, die auf Verstandesmotivität, die auf Vernunftmotivität gegründete Charakterveranlagung. — 3 Erkenntnisformen: Wahrnehmungs-, Verstandes-, Vernunfterkenntnis. — Temperamente.)

590. Loewenfeld. *Über d. Dummheit.* GrNSee. Wiesbaden, Bergmann, 09.

591. Matthias, A. *Über Anlagen u. Begabung.* Köln. Ztg. 25. Juli, 1. Aug. 1897. Abgedruckt in: Aus Schule, Unterr. u. Erziehung. 01. S. 433—449.

592. Meumann, E. *Intelligenz u. Wille.* Lpzg., Quelle u. Meyer, 08. 293 S. — (Typen der Aufmerksamkeit, des Gedächtnisses, des Vorstellens, der Phantasie, der Intelligenz. Temperament. Charakter. Vgl. Text S. 189.)

593. Möbius, P. J. *Üb. d. Studium d. Talente.* Z. f. Hypn. **10**, S. 65 ff. 01. — (Vgl. **11**.)

594. Taine, H. *De l'intelligence.* Paris 1870 (7. Aufl., 1895). — *Der Verstand.* Dtsch. v. Siegfried. Bonn 1880.

595. Wundt, W. *Grundzüge der physiol. Ps.* 5. Aufl. 03, Bd. III, S. 592—594 u. S. 628—642. — (Intellektuelle Anlagen: Gedächtnis, Phantasie, Verstand. 4 Talente, aus Kreuzung von je 2 Verstandes- u. Phantasietypen entstehend:

		Verstand	
		induktiv	deduktiv
Phantasie	anschaulich	*beobachtend*	*zergliedernd*
	kombinierend	*erfinderisch*	*spekulativ*

Temperamente vgl. Text S. 188, Reaktionstypen vgl. Text S. 215.)

Vgl. ferner 3, 7 a, 8, 9, 10, 76, 334, 336, 395, 840, 886, 1136, 1285.

VI. Intelligenzgrade. Intelligenzprüfungen.

(Über außergewöhnliche Intelligenzleistungen einzelner Kinder vgl. C III 2. — Über Schulleistungen vgl. C IV 4. — Über die intellektuelle Leistungsfähigkeit des weiblichen Geschlechts vgl. C VI. — Über d. Beziehung des Intelligenzgrades zu den Schädelmaßen vgl. Nr. 175—198, zur Schrift 242/3. — Zur Ätiologie des Intelligenzgrades vgl. 282, 292, 314, 324—327.]

Bibliographisches; Gesamtübersichten.

596. Dost, M. *Kurzer Abriß d. Ps., Psychiatrie u. gerichtl. Psychiatrie. Nebst e. ausführl. Zusammenstellung d. gebräuchlichsten Methoden d. Intelligenz- u. Kenntnisprüfung.* Lpzg., Vogel 08. 142 S. — (Bibliogr. v. 86 Nrn.)

597. Jaspers, Karl. *D. Methoden d. Intelligenzprüfung u. d. Begriff der Demenz.* Krit. Referat. ZNPt Referate **1**, 401—452. 1910.

598. Bobertag, Otto. *Binets Arbeiten üb. d. intellektuelle Entwicklung des Schulkindes.* (1894—1909.) ZAngPs **3**, 230—259. 09. — (Ausf. Bericht üb. 41 Nrn.)

598a. *Intelligenzproblem und Schule. Bericht über den 2. Verhandlungstag des 1. Kongresses f. Jugendbildung und Jugendkunde zu Dresden, Okt. 1911. Arbeiten des Bundes für Schulreform.* Lpzg., Teubner 1911.

598b. Stern, W. *Fragestellungen, Methoden und Ergebnisse der Intelligenzprüfung.* Vortrag 1911. Enthalten in **598** a.

Die Literatur über Korrelationsuntersuchungen der Intelligenz enthält Betz (**54**).

1. Einzeltests zu Intelligenzprüfungen.

a) *Prüfungen an Normalen (und Abnormen).*

599. Babbitt, E. H. *A Vocabulary Test.* PopSciMo **70**, 378. 07. — (Stichproben des Wortschatzes eines Menschen.)

600. Bolton, T. L. *The Relation of Motor Power to Intelligence.* AmJPs **14**, 615—631. 03.

601. Carkman, A. *Pain and Strength Measurements of 1507 School Children.* AmJPs **10**, 392—397. 1899. — (Prüfung der Schmerzempfindlichk. von 1500 Knaben u. Mädchen. Die Intelligenteren waren die empfindlicheren.)

602. Cords, R. *Die Farbenbenennung als Intelligenzprüfung bei Kindern.* ZPdPs **11**, 311—314. 1910.

603. Dresslar. *Studies in the Ps. of Touch.* AmJPs **6**, 313—368. 1894. Insbes. S. 343 f. — (173 Knaben u. Mädchen. Gewichte gleicher Schwere aber verschiedener Größe. Die Illusion, daß das größere Gewicht leichter ist, war bei den Intelligenteren stärker.)

604. Ebbinghaus, H. *Üb. e. neue Methode z. Prüfung geistiger Fähigkeiten u. ihre Anwendung bei Schulkindern.* ZPs **13**, 401—459. 1897. — (Gedächtnis-, Rechen-, Ergänzungsmethode. Vergleichung der Klassen, Geschlechter, Ranggruppen. Vgl. Text S. 249.)

605. Ganter. *Intelligenzprüfung b. Epileptischen u. Normalen mit der Witzmethode.* AgZPt **64**, 957 ff.

606. Gessel. *Accuracy in Handwriting as Related to School Intelligence and*

Sex. AmJPs **17**, 394—405. 06. — (Knaben u. Mädchen. Korr. zwischen Genauigkeit im Schreiben u. Intelligenz.)

607. Groos, K. *Exp. Beitr. z. Ps. d. Erkennens. II.* ZPs **29**, 358—371. 02. — (Methode: Schulkindern wurde ein Satz gesagt; geprüft wurde, zu welchen Fragen sie der Inhalt des Satzes veranlaſste. Mit steigender Intelligenz [festgestellt nach d. Zeugnisnummern] nimmt die „Progreſsfrage“ gegenüber der „Regreſsfrage“, die „Entscheidungsfrage“ gegenüber der „Bestimmungsfrage“ zu.)

608. Kirkpatrick, E. *A Vocabulary Test.* PopSciMo **70**, 157—164. 07. — (Prüfung des Wortschatzes.)

609. Lobsien, M. *Exp. Studien z. Individualps. nach der Additionsmethode.* ZPhPd **10**, 177—189, 257—272, 353—371. 03.

610. — *Examen und Leistung.* EPd **1**, 30—35. 05. — (8jähr. Knaben, in Ranggruppen eingeteilt. Rechenleistungen.)

610a. Meumann, E. *Die Untersuchung der Denktätigkeit als Methode der Intelligenzprüfung.* Vortrag 1911. Enthalten in **598**a.

611. Parison. *Rapports existants entre l'intelligence et la mémoire de l'enfant dans ce qu'elle a de machinal.* BuSocEtPsEnf **4**, 471—487. 04.

612. — *Beziehungen zwischen der Intelligenz und dem Gedächtnis und ihre Gesetze.* Deutsch v. Mimi Gassner. PädPsSd **6**, 29—33, 42—43. 05. (Zu **611**/**12**. Versuche an Knaben- u. Mädchenschulen. Lernen von Zahlen u. lat. Versen. Korr. zwischen mechan. Gedächtnis u. Intelligenz kaum vorhanden. Methode der Korr.-Berechnung sehr unvollkommen.)

613. Pearce, H. *Üb. d. Einfluſs v. Nebenreizen a. d. Raumwahrnehmung.* ArGsPs **1**, 31—109. 03. — (32 Kinder. D. Empfänglichkeit f. eine Tasttäuschung ist der Intelligenz proportional.)

614. Ranschburg, P. *Vergl. Unters. an normalen u. schwachbefähigten Schulkindern.* VCoInPs. Roma, E. C. Forzani 05. S. 611—615 u. ZKi **11**, 5—18. 05. — (Vgl. Text S. 287.)

614a. — *Z. physiologischen u. pathol. Ps. der elementaren Rechenarten.* ZEPd **7**, 135—162. 08. **9**, 251—263. 09. (Zu **614** u. **614**a. Rechenexempel. Gewertet wurde Fehlerhaftigkeit und Tempo des Rechnens. Das Tempo konvariiert viel stärker mit dem Unterschied von normaler u. schwacher Befähigung als die Fehlerhaftigkeit.)

615. Scripture, E. W. *Tests of Mental Ability as Exhibited in Fencing.* StudYalePsLab 2, 122—124. 1894.

616. Stransky, Erwin. *Bemerkg. z. Intelligenzprüfung.* Wiener med. Wochenschr. (5—7). 22 S. 09. — (Kombinationsmethoden: In Wörtern sind die charakteristischen Lettern weggelassen; die Silben eines Wortes werden durcheinander gewürfelt.)

617. Thorndike, E. L., Lay, W. and Dean, P. R. *The Relation of Accuracy in Sensory Discrimination to General Intelligence.* AmJPs **20**, 364—369. 09. — (Gegen Spearman. Unterscheidungsfähigkeit für Längen u. Gewichte zeigte keine Korr. zur allg. Intelligenz.)

618. Vieregge, C. *Prüfung der Merkfähigkeit Gesunder u. Geisteskranker m. einfachen Zahlen.* AgZPt **65**, 207—239. 08. — (Männer der gebild.

Stände reproduzierten durchschnittlich 7,4 stellige Zahlen, Frauen 6,6 stellige, Ungebildete etwa um eine Stelle weniger.)

619. Wachtel, Ad. *Worin sind d. Unterschiede im Farbenbenennungsvermögen d. Kinder begründet?* ZKi **16**, 83—85. 1910.

620. Warburg, F. *Das Farbenbenennungsvermögen als Intelligenzprüfung bei Kindern.* Münchener med. Wochenschr. 09 Nr. 49 u. ZKi **15**, 338—341. 1910. — (1800 Kinder der Normal- u. Hilfsschulen. Fähigkeit der Farbenbenennung in Korr. zur Intelligenz.)

621. Whipple, G. M. *Reaction-times as a Test of Mental Ability.* AmJPs **15**, 489—498. — (Keine Korr. zur Intelligenz.)

622. — *Vocabulary and Word-building Tests.* PsR **15**, 94—105. 08. — (70 männl. u. weibl. Studenten: 1. Kenntnis von 100 beliebigen Wörtern. 2. Kombination von Wörtern aus gegebenen Buchstaben. Männer etwas besser als Frauen. Korr. zwischen 1 u. 2 mäfsig, zwischen 1 u. Klassenrang mäfsig, zwischen 2 u. Klassenrang fehlend.)

623. Wiersma, E. *Die Ebbinghaussche Kombinationsmethode.* ZPs. **30**, 196—222. 02. — (S. **604**. Prüfung v. 300 Knaben u. Mädchen. Starke Korrespondenz der Ergänzungsleistungen mit der Begabung.)

624. Winch, W. H. *Immediate Memory in School Children.* BrJPs **1**, 127—134. 04. — (Beziehung des unmittelbaren Gedächtn. zu d. allg. Schulleistungen.)

b) *Prüfungen an Abnormen allein.*

625. Becker. *Z. d. Methoden d. Intelligenzprüfung.* KlPs **5** (1). 1910. — (Anwendung von Intelligenzfragen, bei denen möglichst wenig gedächtnismäfsiges Wissen in Betracht kommt.)

626. Boas, K. *Intelligenzprüfungen mittels des Kinematographen* ZPsth **1**, 364. 1910. — (Blofser Vorschlag.)

626a. Finckh. *Z. Frage d. Intelligenzprüfung.* ZbN **17**, 945 ff. 06. — (Sprichwörtermethode.)

627. Henneberg. *Zur Methodik der Intelligenzprüfung.* Vortrag. AgZPt **64**, 400. 07. — (Methode des Bildervorzeigens.)

628. Masselon. *Ps. des déments précoces.* Paris 02. — (Kombinationsmethode: 3 Worte werden gegeben; ein Satz ist zu bilden, in dem sie vorkommen.)

629. Möller. *Üb. Intell.-Prüfungen; e. Beitr. z. Diagnostik d. Schwachsinns.* Diss. Berlin. 32 S. 1897.

629a. — *Üb. e. Methode der Intell.-Prüfung.* Vortrag. ArPt **34**, 284 f. 01. — (Kenntnisprüfungen u. Wiedererzählenlassen kleiner Geschichten; Feststellung, ob deren Pointe verstanden wird.)

629b. Révész, Margit. *Die Rechenfähigkeit d. Schwachbefähigten u. deren genauere Wertung.* Eos **2**.

630. Simon. *Expériences de copie. Essai d'application à l'examen des enfants arriérés* AnPs **7**, 490—518. 01. — (Abschreibenlassen eines Textes. Nach der Häufigkeit u. der Verteilung des Hinblickens auf d. Text werden die Leistungen gewertet. Scheidung verschiedener Stufen der Minderwertigkeit.)

631. Weck. *Die Intelligenzprüfung nach der Ebbinghausschen Methode.* Diss. Berlin 05. — (Vgl. **604**. Anwendung d. Meth. an 75 Geisteskranken.)

Über die Beziehung von Tests zu den Graden der Intelligenz oder der Schulbegabung vgl. ferner: 104, 114a, 411, 417, 449b, 461, 465a, 511, 571, 575, 711, 1076.

2. Testreihen zur Intelligenz- und Kenntnisprüfung.

[Über gestaffelte Testsysteme vgl. den nächsten Abschnitt. — Testserien, die sich nicht allein auf die Prüfung der Intelligenz beschränken, enthält Abschnitt A II 6 u. 7.]

a) *Prüfungen an Normalen (und Abnormen).*

632. Berze, J. *Üb. d. Verhältnis d. geistigen Inventars z. Zurechnungs- u. Geschäftsfähigkeit.* Jur.-ps. Grenzfragen **6** (5/6). 95 S. 08.

633. Biervliet, v. *La mesure de l'intelligence.* JPsPa **1** (3), 222 f. 04.

634. Binet, A. *Attention et Adaptation.* AnPs **6**, 248—404. 1900. — (Tests an 2 Gruppen ausgewählt intell. u. nichtintelligenter Schüler. Beziehung d. Intell. zu: Zahlengedächtnis, Ausstreichen bestimmter Buchstaben, Addieren, Zählen v. Metronomschlägen, Kopieren [vgl. **630**], Ästhesiometerprüfung. Keine Beziehung d. Intell. zu: Reaktionszeit, Erkennen kurz expon. Buchstaben, Erkennen einer Änderung im Metronomtempo. Vgl. Text S. 272.)

635. Bonser, F. G. *The Reasoning Ability of Children of the Fourth, Fifth and Sixth School Grades.* New York, Teachers Coll., Columbia Univ. 1910. 133 S. — (757 Knaben u. Mädchen. Prüfung des mathem., log., literar. Urteils. Als brauchbarster Test erwies sich das Aufschreiben v. Gegensätzen.)

636. Burt, C. *Experimental Tests of General Intelligence.* BrJPs **3**, 94—177. 09. — (Nachprüfg. Spearman'scher Ergebnisse. Keine bedeut. Korr. der sensoriellen u. motor. Tests zur Schulleistungsfähigk. Hohe Korr. der Testresultanten, vgl. Text S. 294.)

636a. Dosai-Révész, M. *Exp. Beitr. z. Ps. der moralisch verkommenen Kinder.* ZAngPs **5**, 272—330. 1911. — (Prüfung der Rechen-, Gedächtnis-, Aussagefähigkeit. Vergleich mit normalen u. schwachsinnigen Kindern.)

637. Gilbert. *Researches on the Mental and Physical Development of School Children.* SdYalePsLab **2**, 40. 1894. — (1200 Knaben und Mädchen. Verschied. Tests, Vergleich mit Lehrerurteil. Korrespondenz zw. Intell. u. U.-E. für Gewichte u. Helligkeiten, besonders deutl. zw. Intell. u. Reaktionszeit. Vgl. auch **88** und **649**.)

638. Kirkpatrick, E. A. *Ind. Tests of school children.* PsR **7**, 274—280. 1900. — (500 Kinder. Darstellungstypen [nach Binet], Zählen, Karten sortieren. Korr. mit Intell., wie sie vom Lehrer geschätzt wurde.)

639. Klieneberger, O L. *Intelligenzprüfung v. Schülern u. Studenten.* DMdW **33**, 1813—1819. 07.

640. Krueger, F. u. Spearman, C. *D. Korrelation zw. verschiedenen geistigen Leistungsfähigkeiten.* ZPs **44**, 50—114. 06. — (Vgl. Text S. 96, 233, 240, 285, 288, 291, 298.)

641. Meumann, E. *Intelligenzprüfungen an Kindern d. Volksschule.* EPd **1**, 35—100. 05. — (Bericht über bisher angew. Methoden. Massenversuche mit Gedächtnis u. Assoziation.)

642. Meumann, E. *Der gegenwärt. Stand d. Methodik d. Intell.-Prüfungen (m. bes. Rücksicht a. d. Kindesps.).* ZEPd **11**, 68—79. 1910.

643. Redfield, J. W. *Measures of mental capacity.* PopSciM (McKeen Cattell) **5**, 72—76.

644. Ries, G. *Beitr. zur Methodik d. Intelligenzprüfung.* ZPs. **56**, 321—343. 1910. — (2 Testmethoden: 1. Behalten von Wortpaaren, deren jedes e. logischen Zshg. darstellt. 2. Zu einem zugerufenen Begriff einen anderen nennen, der eine Wirkung des ersten ausdrückt. Hohe Korr. zur Schulrangordnung.)

645. Rodenwaldt, E. *Z. Methode der Intelligenzprüfungen.* ArKr 04. S. 235—251. — (Vgl. Text S. 93.)

646. — *Aufnahmen d. geistigen Inventars Gesunder als Maſsstab für Defektprüfungen b. Kranken.* MPt **17** (Ergänzungsheft), 17—84. 05. — (Vgl. Text S. 93.)

647. — *Der Einfluſs d. militärischen Ausbildung auf d. geistige Inventar des Soldaten.* MPt **29**, 67—92, 179—200. 06.

648. Schulze, E. u. Rühs, K. *Intelligenzprüfung von Rekruten und älteren Mannschaften.* DMdW 06 Nr. 31. — (Schema von 55 Nrn.: Wissensfragen, Unterschiedsfragen, Kombinationsmethoden nach Ebbinghaus u. Masselon usw.)

649. Scripture, E. W. *Untersuchungen üb. die geist. Entwickl. d. Schulkinder.* ZPs **10**, 161—182. 1896. — (Kürzere Mitteilung über die Gilbertschen Versuche [**637**].)

650. Seashore, C. E. *Some Ps. Statistics.* The Univ. of Jowa Sd in Ps. (Patrick) 2, 1—84. 1899. — (Tests an männl. u. weibl. Schülern u. Studenten: optische und Gewichts-Täuschungen, Tonunterscheidung, Reaktionszeit usw. Keine Korr. zu der Intelligenzschätzung durch die Lehrer.)

651. Spearman, C. *„General Intelligence", objectively determined and measured.* AmJPs **15**, 201—292. 04. — (Vgl. Text S. 96, 98, 291.)

652. Terman, L. M. *Genius and stupidity: a study of some of the intellectual processes of seven „bright" and seven „stupid" boys.* PdSe **13**, 307—373. 06.

653. Winteler, J. *Exp. Beitr. zu e. Begabungslehre.* EPd 2, 1—48, 147—247. 06. — (8 zehnjährige ausgewählt intell. u. unintell. Knaben. Viele Tests: Gedächtnis, gebundene Assoziation, Kopieren [**630**], Aussage usw.)

---

b) *Prüfungen an Abnormen allein.*

654. Kramer, F. *Die Intelligenzprüfung bei kriminellen und psychopathischen Kindern.* Vortrag 1911. Enthalten in **598**a.

655. Noack. *Intelligenzprüfungen bei epilept. Schwachsinn.* Diss. Berlin 05. — (Ziehensche Prüfungsmethode.)

656. Seiffer. *Üb. psychische, insbes. Intelligenzstörungen bei multipler Sklerose.* ArPt **40**. — (Prüfung nach Ziehenschem Schema.)

657. Rieger, C. *Beschreibung der Intelligenzstörungen infolge einer Hirnverletzung nebst e. Entwurf z. e. allg. anwendbaren Methode der Intelligenzprüfung.* — (Verhdlg. d. physik.-med. Ges. zu Würzburg. N. F. **23**, Nr. 4. 1889.)

658. Wulf. *Der Intelligenzdefekt bei chronischem Alkoholismus.* Dissert. Berlin 05. — (Ziehensche Prüfungsmethode.)

659. ZIEHEN. *Neue Arbeiten zur allg. Pathol. d. Intelligenzdefekts.* Ergebnisse d. allg. Pathol. (Lubarsch u. Ostertag) **4.** 1897. — (Prüfungs-Schema.)

660. — *D. Prinzipien u. Methoden d. Intelligenzprüfung.* Berlin, Karger. 08. — 3. Aufl. 1911. 94 S.

661. — u. REDEPENNIG. *D. geist. Besitzstand von sog. Dementen.* MPt **23**, Ergänzungsheft, 139 S. 08. — (Untersuchung d. Individual- u. Allgemeinvorstellungen, des Erwerbs neuer Vorst., der Vorst.-Verknüpfung, der Verwertung des Vorst.-Schatzes.)

3. Gestaffelte Testsysteme zur Intelligenzprüfung.

[Zu dieser ganzen Abteilung — insbes. zu **666** — vgl. Text S. 205 ff. u. 230 ff.]

a) *Prüfungen an Normalen (und Abnormen).*

662. BINET et SIMON. *Sur la nécessité d'établir un diagnostic scientifique des états inférieurs de l'intelligence.* AnPs **11**, 163—190. 05.

663. — — *Méthodes nouvelles pour le diagnostic du niveau intellectuel des anormaux.* AnPs **11**, S. 191—244. 05.

664. — — *Application des méthodes nouvelles au diagnostic du niveau intellectuel chez des enfants normaux et anormaux d'hospice et d'école primaire.* AnPs **11**, 245—336. 05.

665. — — et VANEY. *Recherches de pédagogie scientifique.* AnPs **12**, 233—274. 06.

666. — — *Le développement de l'intelligence chez les enfants.* AnPs **14**, S. 1—94. 08. — (Die Standardarbeit über das BINET-SIMONsche Testsystem.)

666a. — — *La mesure du développement de l'intelligence chez les jeunes enfants.* Bu. de la soc. libre pour l'étude ps. de l'enfant, Nr. 10 u. 11. S. 187—248. Paris 1911.

667. — *Schéma de la pensée.* AnPs **15**, 122 ff. 09.

667a. — *Nouvelles recherches sur la mesure du niveau intell. chez les enfants d'école.* AnPs **17**, 145—201. 1911.

668. BOBERTAG, O. *Üb. Intelligenzprüfungen.* (Nach d. Methode v. BINET u. SIMON.) I. Methodik u. Ergebnisse der einzelnen Tests. ZAngPs **5**, 105—203. 1911. — (Vgl. Text S. 98/99, 251.)

669. DECROLY, O. *Intelligenzmessungen bei normalen und abnormen Kindern.* IIKoEPs in Würzburg. Lpzg. 07. S. 187—193.

670. — et DEGAND, J. *Les tests de Binet et Simon pour la mesure de l'intelligence. Contribution critique.* ArPs **6**, 27—130. 07. — (Knaben u. Mädchen, meist Psychopathen, auch Taubstumme. Jedes Kind wird einzeln charakterisiert. Vgl. Text S. 101.)

671. — — *La mesure de l'intelligence chez des enfants normaux. D'après les tests de MM Binet et Simon. Nouvelle contribution critique.* ArPs **9**, 81—108. 1910.

672. FERRARI, G. C. *Come si misura lo sviluppo dell'intelligenza nei bambini normali.* Riv. di ps. applic. **4**, 465—471. 08. — (Bericht üb. Methode BINET-SIMON.)

672a. GIROUD, Mlle. *Étude d'un procédé nouveau pour la mesure du niveau intellectuel.* Soc. libre pour l'ét. de l'enf. No. 69, mars 1911.

673. GODDARD, H. *(On the Application of the Binet Tests to over 1500 Normal Children. Preliminary Report.)* The Training School. Jan. 1911.

673a. GODDARD, H. *Two thousand Normal Children Measured by the Binet Measuring Scale of Intelligence.* PdSe **18**, 232—259. 1911. — (Sämtliche Kinder einer kl. Stadt. Vgl. Text S. 252.)

674. HUEY, E. B. *The Binet Scale for Measuring Intelligence and Retardation.* JEdPs **1**, 436—444. 1910.

675. LIPMANN, O. *The Examination of Intelligence in Children.* School World **12**, 366—369. 1910. — (Vgl. Text S. 251.)

Vgl. auch BINET 876.

b) *Prüfungen an Abnormen allein.*

676. BINET, A. et SIMON, TH. *L'intelligence des imbéciles.* AnPs **15**, 1—148. 09. — (Auch bei erwachsenen Imbezillen kann man mit Hilfe der BINET-SIMON-Methode das „Intelligenzalter" — z. B. als ein solches von 4 Jahren, von 9 Jahren — bestimmen.)

677. — — *Nouvelle théorie de la démence.* AnPs **15**, 168—272. 09.

678. — — *Mitteil. üb. d. neuen Methoden der Diagnose d. Kretinismus, Schwachsinns u. mangelhafter Entwickl.* Eos **1**, 247 ff. 04.

679. GODDARD, H. H. *The Binet and Simon Tests of Intellectual Capacity.* Training School **5**, Nr. 10.

679a. — *Ps. Unters. in e. Institut f. Schwachsinnige.* Eos **4**, 265—268. 07.

680. — *The Grading of Backward Children. The De Sanctis Tests and the Binet and Simon Tests of Intellectual Capacity.* Training School, Nov. u. Dez. 08. (Separat: Aug. 09.) 10 S.

680a. — *D. Unters. d. Intellekts schwachsinniger Kinder.* Eos **6**, 177—197. 09.

681. — *Four hundred Feeble-minded Children Classified by the Binet Method.* PdSe **17**, 387—397. 1910. (Auch in: Journ. of Psycho-Asthenics **15** [1/2]. 1910.) — (Rangierung nach BINET korrespondierte gut mit Lehrerurteilen u. prakt. Leistungen der Kinder. — Nur 3 % der Schwachsinnigen erreichten d. „Intelligenzalter" von 11—12 Jahren. — Idiotie hat e. Intelligenzalter von 1—2 Jahr, Imbezillität von 3—7 Jahr, geist. Minderwertigkeit von 8—12 Jahr, moral. Schwachsinn meist um 9 Jahr herum.)

681a. GODDARD s. **673a**.

681b. — u. HILL, HELEN, F. *Delinquent Girls Tested by the Binet Scale.* Training School 8 (4) S. 50—56. 1911. — (56 Mädchen.)

681c. — *A Revision of the Binet Scale.* Training School 8 (4) 56—62.

682. JOHNSTONE, KATHARINE L. *M. Binet's Method for the Measurement of Intelligence. — Some Results.* JEPd **1**, 24—31. 1911.

682a. ROSSOLIMO, G. *Allgemeine Charakteristik der ps. Profile.* (In russ. Sprache.) *1. Geistig-minderwertige Kinder. 2. Nerven- und Geisteskranke.* Moskau 1910. 106 S.

683. — *Ps. Profile. Die Methodik.* (In russ. Sprache.) Moskau 1910. 52 S.

684. SANCTIS, S. DE. *Types et degrés d'insuffisance mentale.* AnPs **12**, 70—83. 06.

685. — *Typen u. Grade mangelhafter geist. Entwicklung.* Eos 2, 97—115. 05. — (Zu **684/5**. Sechs Tests mit aufsteigender Schwierigkeit für Schwachsinnige. Die Nummer des Tests, bis zu welchem die Prüfung noch Erfolg hat, gibt den Intell.-Grad an.)

VII. Darstellen und Urteilen.

[Zu dieser ganzen Abt. vgl. Text S. 203—211.]

685a. Agapitoff. *(D. psych. Tätigk. der Schulkinder. C. Beschreibung eines Gegenstandes.)* Anl. zum Ber. üb. d. Realschule in Kalisch 1899. Warschau 1900.

686. Baerwald, R. *Exp. Untersuchungen üb. Urteilsvorsicht u. Selbsttätigkeit.* ZAngPs **2**, 338–381. 08.

687. Beier, K. *E. exakt-päd. Studie mit Kinderaufsätzen.* Leipziger Lehrerztg. 07/08.

688. Binet, A. *Ps. individuelle. — La description d'un objet.* AnPs **3**, 296–332. 1896.

689. — *La description d'une cigarette.* RPt N. S. S. 235—243. 1897.

690. — *L'observateur et l'imaginatif.* AnPs **7**, 519—523. 01. — (Vgl. Text S. 207, 377.)

691. — *Le vocabulaire et l'idéation.* RPh **54**, 359—366. 02. — (Wortschatz u. Denkweise zweier Schwestern.)

692. — *L'étude exp. de l'intelligence.* Paris, Reinwald, 03. 309 S. — (Vergleich zweier Schwestern mit vielen Tests. Sie vertreten 2 Typen: e. objektiven u. e. subjektiven. Vgl. Text S. 350, 377.)

693. Dirksen, H. W. *D. Lehre v. d. Köpfen, namentlich v. d. witzigen u. schwärmerischen Kopf.* Altona 1833.

693a. Erdmann. *Üb. gewisse Typen der Begabung.* Pd. Blätter f. Lehrerbildg. (Muthesius) **31**, 11.

694. Ruggeri, Giuffrida V. *Il valore psicologico dell indovinello. Un inchiesta sull' ideazione popolare.* Riv. di Psicol., Psichiatr. **2**. 1898. — (Indovinello = Rätsel. Anwendung d. Binetschen Auffassungstests auf die Kollektivpsychologie.)

695. Grünewald, H. *Die kindliche Betrachtung der Bilder.* PdPsSd **1** (4).

695a. — *Versuch e. Prüfung d. kindl. Phantasietätigkeit.* PdPsSd **1** (8/9).

695b. — *Unters. z. Theorie d. Binetschen Auffassungstypen.* PdPsSd **3**, (3/4).

696. Leclère, A. *Description d'un objet. Expérience faite sur des jeunes filles.* AnPs **4**, 379—389. 1898.

696a. Lobsien. *Üb. d. Phantasie d. Schulkinder.* PdMag, Heft 393.

696b. Netschajeff. Siehe **540**.

697. Nógrády, L. *Beitr. zur Ps. der Kinderindividualität.* A Gyermek (Das Kind, Hrsg. v. Nagy) **3**, 328—332. 1910. — (Dtsch. Auszug aus einer längeren ungarischen Abhandlung.)

698. Paulhan, Fr. *Les types intellectuels. Esprits logiques et esprits faux.* Paris, Alcan 1896. 362 S.

699. — *L'analyse et les analystes.* RPh **48**, 561—593. 1899. — (Typ des „Analysten".)

700. Pfeiffer, L. *E. Methode z. Feststellung qualitativer Arbeitstypen i. d. Schule.* IIKoEPs in Würzburg. Lpzg. 07. S. 203–207.

701. — *Exp. Unters. üb. qualitative Arbeitstypen.* Päd. Monogr. (Meumann) **5**. 278 S. Lpzg., Nemnich 08. — (Vgl. auch Text S. 197, 199, 220, 233.)

702. Steger, J. u. Christoph, A. *Aufsatzunterricht u. Kindersprache.* Lpzg.,

Berlin, Teubner 1911. 221 S. — (Kap. III: Typen unter den Aufsatzschülern. S. 57—64.)

703. Wolodkewitsch, N. *E. Unters. d. höheren Geistesfähigkeiten b. Schulkindern.* ZPdPs **8**, 344—361, 409—423; **9**, 32—58. 1906/7. Auch separat. Berlin, Walther.

Über Darstellungstypen nach Binet vgl. ferner 638, 876 und die Bildversuche in den Testsystemen C VI 3. Über Darstellungs-Typen und -Stadien nach Stern vgl. 104, 562, 571—573, 575.

VIII. Suggestibilität.

[Nur die Suggestibilität des normalen, wachen Lebens findet Berücksichtigung. Für die hypnot. Suggestion sowie die pathol. Suggestibilität (z. B. in der Hysterie) mufs auf Spezialbibliographien verwiesen werden. — Über Suggestion bei Aussageexp. vgl. die meisten Nr. von Abt. B IV.]

704. Bell, J. Carleton. *The Effect of Suggestion upon the Reproduction of Triangles and of Point Distances.* AmJPs **19**, 504—518. 08. — (Verschiedene Grade der Suggestibilität.)

705. Binet, A. *La suggestibilité au point de vue de la ps. ind.* AnPs **5**, 82—152. 1899.

706. — *La suggestibilité.* Paris, Schleicher 1900. 391 S. — (Die Suggestibilität, exp. geprüft an den Wirkungen der Erwartung, der Autorität, der Suggestivfrage, der Nachahmung usw.)

707. — *Un nouvel appareil pour la mesure de la suggestibilité.* AnPs **7**, 524—536. 1901.

708. — et Henri, V. *De la suggestibilité naturelle chez les enfants.* RPh **38**, 337—347. 1894.

708a. Chojecki, A. *Contribution à l'étude de la suggestibilité.* ArdePs **11**, S. 182—186. 1911. — (3 verschiedene Tests der Suggestibilität zeigten keine Korrelation unter einander.)

709. Janet, P. *Les problèmes de la suggestion.* JPsN **17**, 323—342. 1911.

710. Kosog, O. *Suggestion einfacher Sinneswahrnehmungen bei Schulkindern.* BPsAu **2**, 385—400. 05. (Suggestion durch Erwartung. Gesichts-, Gehörs-, Geruchs-, Geschmackseindrücke. Knab. u. Mädch.)

711. Lipmann, O. *D. Wirkung v. Suggestivfragen.* ZAngPs **1** u. **2**. 08. Auch separat: Lpzg., Barth 09. — (Insbes.: 3. Artikel ZAngPs **1**, 504—546: Die Suggestibilität u. ihre Beziehung zur geist. Entwicklung, zum Geschlecht, zum Stand, zur Intelligenz, zum Vorstellungstypus, zum Milieu. Vgl. Text S. 264.)

712. — und Wendriner. *Aussageexp. im Kindergarten. 1. Zur Suggestibilität der Kinder.* BPsAu **2**, 418—423. 05.

713. Martin, L. J. *Z. Begründung u. Anwendung der Suggestionsmethode in der Normal-Ps.* Vorläuf. Mitteilung. ArGsPs **10**, 321—402. 07.

714. Pearce, H. J. *Exp. Observations upon Normal Motor Suggestibility.* PsR **9**, 329—356. 02. — (P. glaubt e. allg. Mafs der Suggestibilität in der Lokalisation von Druckempfindungen gefunden zu haben.)

715. Schnyder, L. *L'examen de la suggestibilité chez les nerveux.* ArPs **4**, 44—57. 05-
716. Scott, W. D, *Personal Differences in Suggestibility.* PsR **17**, 147—154. 1910. — (Vgl. Text S. 288.)
717. Seashore, C. E. *Measurements of Illusions and Hallucinations in Normal Life.* SdYalePsLab (Scripture) **3**, 1—67. 1895. — (Erwartungssuggestionen für schwache opt. Reize. Erwachsene gebildete Vp. Etwa $^2/_3$ von diesen erlagen der Sugg.)
718. Simon. *Expériences de suggestion sur les débiles.* AnPs **6**, 441—484. 1900. — (Verschiedene Typen. — Geistesschwache weniger suggestibel als Normale.)
719. Small, M. H. *The suggestibility of children.* PdSe **4**, 182 f. 1896.
720. Sommer. *La mesure de la suggestibilité.* Interméd. de Biol. **1**, 183—185. 1898.
721. Yung, E. *Contribution à l'étude de la suggestibilité à l'état de veille.* ArPs **8**, 263—285. 09. — (Versuche m. gebildeten Herren u. Damen. Erwartungssuggestion beim Mikroskopieren. Versuche mit „magnetischen Karten", welche vorgeblich Sinneseindrücke verschiedener Art erwecken sollten; 92 % der Damen, 58 % der Herren zeigten sich suggestibel.)

Vgl. ferner 4 und 848.

IX. Interessen, Ideale.

Bibliographisches.

722. King. *The Ps. of Child Development.* Chicago 03. — S. 249—255: Bibliography of Childrens Interests. — (Enthält 85 Nrn. meist amerikanischer Literatur.)
723. Keller, Hans. *Üb. d. Beliebtheit u. Unbeliebtheit d. Unterrichtsfächer.* Sammelberichte. ZAngPs **3**, 97—115. 09. **4**, 585—588. 1911. — (Vgl. Text S. 134.)
723a. Hoffmann, P. *Das Interesse der Schüler an den Unterrichtsfächern.* ZPdPs **12**, 458—470. 1911.

724. Friedrich, J. *Die Ideale der Kinder.* ZPdPs **3**, 38—64. 01. — (Erhebung über die Persönlichkeiten, die als Ideale gelten. Knaben u. Mädchen. Verschied. Altersstufen.)
725. Goddard, H. H. *Ideale d. Kinder.* ZEPd **5**, 156—173. 07. — (Vgl. Text S. 124.)
726. Guillet, C. *A Study in Interests.* PdSe **14**, 322—328. 07. — (Interessen d. Knaben vorwiegend real, der Mädchen ideal.)
726a. Hill, D. S. *Comparative Study of Childrens Ideals.* PdSe **18**, 218—231. — (Vergleich verschied. Altersstufen u. Geschlechter.)
727. Hyslop, J. H. *Professor Jastrow's Test on Diversity of Opinion.* Science, N. S. **5**, 275—277. 1897.
728. Jastrow J. *A Test Diversity of Opinion.* Science, N. S. **5**, 26. 1897.
729. Lobsien, M. *Kinderideale.* ZPdPs **5**, 323—344 u. 457—494. 03. — (Vgl. Text S. 124.)

730. Lobsien, M. *Beliebth. u. Unbeliebth. d. Unterrichtsfächer.* PdMag Heft 361. 09. 83 S. — (Vgl. Text S. 124.)

731. Maday, St. v. *D. Meinung d. Kinder üb. d. Krieg.* A. Gyermek. **4**, 482—487. — (Deutsches u. französ. Résumé der ungarischen Originalabhandlung.) — (Vgl. Text S. 124.)

732. Schlesinger, A. *D. Begriff des Ideals. E. histor.-ps. Analyse I.* Leipzig, Engelmann. 08. 137 S. — (Vgl. Text S. 126.)

733. Shaw, E. R. *A Comparative Study on Children's Interests.* Child.-Stud. Mo. 2, 152—167. 1896.

734. Stern, W. *Üb. Beliebtheit u. Unbeliebtheit d. Schulfächer.* ZPdPs **7**, 267—296. 05. — (Vgl. Text S. 124.)

735. Sumner, F. B. *A Statistical Study of Belief* (Fragebogen). PsR. **5**, 616—632. 1898.

736. Wiederkehr, G. *Statist. Unters. über d. Art u. d. Grad des Interesses bei Kindern der Volksschule.* Neue Bahnen **19**, 241—251, 289—299. 07/8. — (Vgl. Text S. 124.)

Vgl. auch Pfeiffer 701.

X. Reaktionstypen. Persönl. Gleichung.

Bibliographisches.

737. Sanford, E. C. *Personal Equation.* AmJPs 2, 3—38, 271—298, 403—430. 1889. — (Literaturverzeichn. von über 100 Nummern.)

738. Alechsieff. *Reaktionszeiten b. Durchgangsbeobachtungen.* PhSd **16**, 15 ff. 1900. — (Vgl. Text S. 86.)

739. Angell, J. R. and Moore, A. *Reaction Time.* PsR **3**, 245—258. 1896. — (Gegen Baldwins Typentheorie. — Vgl. Text S. 215.)

740. Bache, R. *Reaction Time According to Race.* PsR 2, 475—486. 1895.

741. Baldwin, J. M. *New Questions in Mental Chronometry.* New York, Medical Record **43**, 455 ff. 1893.

742. — *The Type-Theory of Reaction.* Mind **5**, 81—90. 1896.

743. — and Shaw, W. J. *Types of Reaction.* PsR **2**, 259—273. 1895. Auch: PrincetonContrPs No. 2.

(Zu **741—743**. Muskulär Reagierende neigen überhaupt zu leichtem u. schnellem, sensoriell Reagierende zu schwerfälligem u. trägem Ablauf der seel. Funktionen. Vgl. Text S. 214.)

744. Bergemann. *Reaktionen u. Schalleindrücke.* PsSd **1**, 179—218. 1900. — (S. 194: Versuche mit „natürl. Reaktionsweise"; vgl. Text S. 86.)

745. Cattell, McK. *Aufmerksamkeit u. Reaktion.* PhSd **8**, 403—406. 1893.

746. Farrand, Cattell, Baldwin. *Note on „Reaction Types."* PsR **4**, 297—299. 1897. — (Rechtfertigung der Baldwinschen Theorie [**742**].)

747. Flournoy, Th. *Temps de réactions aux impressions auditives.* Ar. Sci. Phy. et Nat. **27**, 575. 1892.

748. — *Temps de réaction simple chez un sujet de type visuel.* Ar. Sci. Phy. et Nat. **28**, 319—331. 1892.

749. Flournoy, Th. *Observations sur quelques types de réaction simple.* Genf, Eggiman. 42 S. 1896. — (Vgl. Text S. 214.)
750. Gonnessiat, F. *Sur l'équation personelle dans les observations de passages.* CRAc **112**, (4) 207—209. 1891.
751. Jastrow, J. *Psychol. Notes upon Sleight-of-hand Experts.* Science N. S. 2, 685—689. 1895. — (2 Taschenspieler zeigten besonders kurze Reaktionszeit u. grofse Motilität der Finger, sonst keine exp. feststellbaren Unterschiede gegen andere.)
752. Safford, T. H. *The Ps. of the Personal Equation.* Science, N. S. **6**, 784—789. 1897.
753. — *A Century of Personal Equations.* Science, N. S. **8**, 727—732. 1898.
754. Solomons, L. M. *Automatic Reactions.* PsR **6**, 376—394. 1899.
755. Steffens, L. *Üb. d. motorische Einstellung.* ZPs **23**, 241—308. 1900. — (Scheidung eines „schwachen" und „starken" Typs.)
756. Stroobant. *Recherches exp. sur l'équation personelle dans les observations de passage.* CRAc **113** (15), 457—460. 1891.
756a. — *Nouvelles recherches etc.* CRAc **115** (26), 1246. 1892.
757. Titchener, E. B. *Simple Reactions.* Mind. **4**, 74—81. 1895.
758. — *The Type Theory of the Simple Reaction.* Mind **4**, 506—514. 1895. **5**, 236—241. 1396. — (Gegen Baldwin. Vgl. Text S. 215.)
759. Tucker, M. A. *Comparative Observations on the Involuntary Movements of Adults and Children.* AmJPs **8**, 394—404. 1897.
Vgl. ferner 125, 454, 468, 595, 621, 637, 650.

XI. Dynamik der geistigen Arbeit.

[Die folgende Aufzählung enthält nur solche Nummern, die bei Offner (**761**) nicht genannt sind. — Über die Dynamik der Aufmerksamkeit vgl. B I.]

Bibliographisches.

760. Baade, W. *Exp. u. krit. Beitr. z. Frage nach d. sekundären Wirkungen d. Unterrichts insbes. a. d. Empfänglichkeit d. Schülers.* Göttinger Dissert. PdMng **3**, 124 S. Wiesb., Nemnich 07. — (Bibliogr. v. über 100 Nummern.)
761. Offner, M. *D. geistige Ermüdung.* Berlin, Reuther u. Reichard 1910. 88 S. — (Bibliogr. v. über 100 Nummern. — S. 50ff.: Differenzierung der Ermüdung nach Typen u. Altersstufen.)

762. Breuking, H. *Üb. Ermüdungskurven b. Gesunden u. b. einigen Neurosen u. Psychosen.* JPsN **4**, 85—108. 04.
763. Fuchs, A. *Dispositionsschwankungen bei normalen und schwachsinnigen Kindern.* Gütersloh 04.
764. Henri, V. *Étude sur le travail psychique et physique.* AnPs **3**, 232—278. 1896.
765. Kemsies, F. *Arbeitstypen bei Schülern.* ZPdPs **3**, 349—362. 01.
766. Kraepelin, E. *Der ps. Versuch in der Psychiatrie.* PsArb **1**, 1—91. 1896. — (Vgl. Text S. 92.)
767. Lobsien, M. *Schwankungen d. psychischen Kapazität. Einige exp. Unters. an Schulkindern.* Schiller-Ziehensche Sammlung **5**. 110 S. 02. — (Merkfähigkeitsversuche an Knaben u. Mädchen.)

768. MICHELSON, E. *Unters. üb. d. Tiefe d. Schlafes.* PsArb 2, 84—117. 1897.

769. REIS, J. *Üb. einfache ps. Versuche an Gesunden u. Geisteskranken.* PsArb 2, 587—694. 1899.

770. RITTER, C. *Üb. Ermüdungsmessungen. Kritisches u. Experimentelles.* ZAngPs **4**, 495—545. 1911. — (Krit. Bericht über Methoden. Diktatversuche an männl. Schülern verschied. Alters.)

771. SCHLESINGER, E. *Ästhesiometrische Unters. u. Ermüdungsmessungen an schwach begabten Schulkindern.* ArKinderheilk **41**, 184—205. 05. — (Vergleichung mit Normalen.)

772. VOSS, G. v. *Üb. d. Schwankungen der geistigen Arbeitsleistung.* PsArb 2, 399—449. 1898.

Vgl. ferner 977/8, 981, 1082.

XII. Temperamente.

[Vieles Hierhergehörige enthält auch der Abschnitt XIII (Charakter).]

Literatur bis 1899.

773. ALFONSO, N. D. *La dottrina dei temperamenti nell' antichità.* RivPd **1**, 706—715. 1894.

774. CARUS, G. *Temperament u. freier Wille.* Vortrag. Wiesbaden 1879.

775. DAVIES, H. *The Psychology of Temperament and its Epistemological Application.* PhR 7, 162—180. 1898.

776. DIRKSEN. *Über die Temperamente* 1804.

776a. DORSCH, A. J. *Beiträge zum Studium der Philosophie.* Heft 2. 1787. — (Vgl. Anhang.)

777. FOUILLÉE, ALF. *Tempérament et caractère selon les individus, les sexes et les races.* Paris 1895. 374 S.

778. FRITZE. *D. Bedeutung d. Lehre v. d. Temperamenten für d. Erzieher.* PdAbhandl. Neue Folge 2 (6).

779. GALENUS. *De Temperamentis.* Neue Ausg. von G. HELMREICH. 04. — (Vgl. Text S. 186.)

780. GRECO, F. DEL. *Temperamento e carattere.* Il Manicomio Mod. **14**, N. 2. 1898. 91 S.

781. HELLWIG, B. *Die vier Temperamente bei Kindern.* 1872. 10. Aufl. Paderborn, Esser, 1910. 74 S. — (Mit Anh.: Temp. der Eltern, Lehrer u. Erzieher.)

782. — *Die vier Temperamente bei Erwachsenen.* Paderborn, J. Esser, 1888. 64 S. (3. Aufl. 99 S.)

(Zu **781/2** vgl. Text S. 188 u. Anhang.)

783. HENLE. *Anthropol. Vorträge.* I. Heft. Braunschweig 1896. S. 118 ff. — (Geschichte der Temperamentenlehre.)

784. HERBART, J. F. *Briefe über d. Anwendung der Ps. auf d. Päd.* (KEHRBACH IX, S. 339). — (7 Temperamente. Vgl. Text S. 188 u. Anh.)

785. — *Kl. philos. Schriften* II, 553.

786. HÖFFDING, H. *Ps. in Umrissen.* Dtsch. v. BENDIXEN. 2. Aufl., Leipzig, Reisland, 1893. Insbes.: Der ind. Charakter. S. 475—488. — (8 Temp. Vgl. Text S. 188 u. Anh. — Ursprung des Charakters.)

787. Köhler, J. K. *Versuch e. Bestimmung d. Zahl d. Temperamente.* Würzburg 1825.
788. Külpe, O. *Grundriſs d. Ps.* Leipzig 1893. — (Vgl. Anhang.)
789. Manouvrier, L. *Le Tempérament.* Rev. Mens. de l'École de l'Anth. **6**, 425—449. 1896.
790. — *Caractérisation physiologique des tempéraments et homologation des tempéraments classiques.* Rev. Mens. de l'École d'Anth. **8**, 169—191. 1898.
791. Meyer, J. B. *Temperament u. Temperamentbehandlung.* Samml. päd. Vortr. (Meyer Markau) **4** (1), 27 S. Bielefeld, Helmich, 1891.
792. — *Philos. Zeitfragen. Popul. Aufsätze.* 1870. — (Hierin ein Kap.: Die Temperamente.)
793. Rümelin. *Die Temperamente.* Dtsch. Rundschau **64**, 397 ff. 1890.
794. Schleiermacher, F. E. D. *Psychologie.* (Hrsg. v. George) 1864. — (Enth. e. Temp.-Einteilung nach den Gesichtspunkten: Rezeptivität, Spontaneität, Langsamkeit, Schnelligkeit.)
795. Siebeck, H. *Geschichte d. Ps.* I. Gotha, Perthes. 1880 u. 1884. — (T.-Lehre im Altertum. Vgl. Register jenes Buches unter „Temperament".)
796. Sigwart, Ch. *Temperament, Temperamente.* Enzykl. d. Erz. u. Unterr. (Schmid) 2. Aufl. **11**, 399—420. 1886.
797. Surbled. *Le tempérament: étude de physiologie nerveuse.* Rev. d. Quest. Sci. **11**, 384—412. 1897.
798. Taube, E. *Üb. d. Temperamente u. ihren Einfluſs auf d. religiös-sittliche Entwickl. des Menschen.* Vorlesung, Barmen 1860.
798a. Wigge, H. Artikel *„Temperament"* in Reins Enzykl. Hdbch. d. Päd. (1. Aufl.) **7**, 63—69. 1899.

Literatur seit 1900.

799. Ach, N. *Üb. d. Willensakt u. d. Temperament.* Leipzig, Quelle u. Meyer, 1910. 324 S. — (Temperament S. 314—324. Vgl. Text S. 189 u. Anh.)
800. — *Willensakt u. Temperament.* ZPs **58**, 263—276. 1911. — (Erwiderung auf eine Rezension.)
801. Margaret Ashmun. *A Study of Temperaments as Illustrated in Literature.* AmJPs **19**, 519—535. 08.
802. Eisler, R. Artikel: *„Temperament"* in: Wörterbuch d. philos. Begr. (Eisler) 3. Aufl., III, 1495—1499. 1910.
803. Eschle, F. C. R. *Symptomenbilder d. Irreseins als Typen der psych. Konstitution.* ZPsth **2**, 265—292, 362—384. 1910. — (Verwandtschaft bestimmter psychopathischer Zustände m. d. 4 normalen Temp.-Typen.)
804. Heymans, G. *Über einige psychische Korrelationen.* ZAngPs **1**, 313—383. 08. — (8 Temp. Vgl. Text S. 142, 175, 184, 188, 201, 290, 297, 309, 313 ff, 365, 368 u. Anh.)
805. Hirt, E. *Die Temperamente, ihr Wesen, ihre Bedeutung f. d. seelische Erleben u. ihre besonderen Gestaltungen.* GNSee **40**. Wiesb., Bergmann, 05. — (Temp. wird zurückgeführt a. d. formalen Bedingungen [Schnelligkeit, Maſs u. Kraft] der Bewegungen. Die Unterschiede d. T. sind Abweichungen v. d. normalen Veranlagung, also mit pathol. Zuständen verwandt.)
806. Kreibig, C. *Ps. Grundlegung e. Systems d. Werttheorie.* 02. — (Temp. S. 193.)

807. Muszyński, F. *Die Temperamente u. Charaktere nach der Auffassung Fouillées und Paulhans.* PhJb **22**, 482—494. 09.

808. — *Die Temperamente. Ihre ps. begründete Erkenntnis u. ihre päd. Behandlung.* Paderborn, Schöningh, 07. 286 S.

809. Ribéry, Ch. *Le caractère et le tempérament.* RPh **61**, 294—300. 06. — (Kritik amerikan. Theorien. T. ist die physiologische Individualität, d. h. die Art, wie d. Nervensystem äufsere u. innere Erregungen aufnimmt. Vgl. Anhang.)

810. Rutz, O. *Neues v. d. Temperamenten u. ihrer Beziehung zu Musik u. Dichtung.* Der Türmer, 706—709. 09. — (Vgl. Text S. 147.)

810a. Widmer, J. H. *Le tempérament, son importance pour le pasteur.* R. de Théol. et de Philos. August 1910.

Vgl. ferner 1, 3, 8, 9, 304, 592, 595, 835.

XIII. Charakter, Willens- und Affektleben.

[Prinzipielle Erörterungen über Charakterologie als Wissenschaft enthält Abschnitt A I 1. — Über Charakterdeutung vgl. die ganze Abt. A III. — Charaktereigenschaften der Frau: C VIII — Verbrecherische Charaktere: D VII.]

1. Der Charakter im allgemeinen.

Literatur bis 1899.

811. Bahnsen, J. *Mosaiken u. Silhouetten.* Charakterographische Situations- u. Entwicklungsbilder. Lpzg. 1877.

812. — *Zum Verhältnis zwischen Wille u. Motiv, e. metaphys. Vorunters. z. Charakterologie.* Stolp in Lauenburg 1870.

813. Bailey, Thomas P. *Ethology: Standpoint, Method, Tentative Results. Bibliographical Reference in Ethology (University of Californ.).* Berkeley Univ. Press. 1899. 30 u. 25 S.

814. Bryant, S. *Short Studies in Character.* London, Swan Sonnenschein & Co. 1894.

815. Grenstreet. *The Development of Character.* EdRev. 1896.

816. La Bruyère. *Die Charaktere.* Dtsch. v. Eitner. Lpzg. 1870.

817. La Scola, F. *Osservazioni sulla origine e su talune manifestatione del carattere.* Palermo 1894. 184 S.

818. Lévi, A. *Ps. du caractère.* Paris, Alcan, 207 S. 1896.

819. Malapert, P. *Les éléments du caractère et leurs lois de combinaison.* Paris, Alcan. 1898. 302 S. 2. Aufl. 1906. 286 S.

820. Mill, J. St. *A. System of Logic.* London 1843. (Deutsch von Schiel, Braunschweig, 1849.) — (Ethology.)

821. Oelzelt-Newin, A. *Über sittliche Dispositionen.* Graz, 1892.

822. Paulhan, F. *La classification des types moraux et la ps. générale.* RPh **36**, 498—505. 1893.

823. — *Les caractères.* Paris, 1894. 237 S.

824. Pérez, B. *Le caractère et les mouvements.* RPh **31**, 45—62. 1891.

825. Philippe, J. *Le caractère d'après les travaux récents.* (Pérez, Ribot, Paulhan, Fouillée.) AnPs 2, 785—793. 1896.

826. PILO, MARIO. *Nuovi studii sul carattere.* Milano, 1893.
827. REGNAULT, F. *Sur une classification naturelle des caractères.* Rev. de l'Hypn. **12**, 250—254. 1898.
828. RIBOT, TH. *Sur les diverses formes du caractère.* RPh **34**, 480—500. 1892.
829. RIEGER, K. u. TIPPEL, M. *Exp. Unters. üb. d. Willenstätigkeit.* Jena, 1885.
830. ROBERTSON, G. C. *A Study of Types of Character.* Mind. 2, 573. 1877.
831. SHAND, AL. F. *Types of Will.* Mind. **6**, 289—325. 1897.
832. SMILES, S. *Der Charakter.* Bearb. v. RUDOW. 2. Aufl. Heidelberg 1895. Deutsch v. STEGER. 6. Aufl. Lpzg. 1900. Deutsch v. SCHMIDT 1910.
833. WARD, J. *Mill's Science of Ethology.* InJEth **1**, 446 S. 1891.

Literatur seit 1900.

834. ADICKES, E. *Charakter u. Weltanschauung.* Tüb., Mohr, 05. 46 S.
835. BULLIOT, J. *De la classification des caractères et de la physiologie humaine.* IV CoInPs à Paris. S. 377—384. 01. — (5 Temperamente [lymphat., sanguin., musculaire, osseux, nerveux], 8 Stufen d. Charakters.)
835a. GUIBERT, J. *Der Charakter.* Deutsch v. M. SCHALLER, Würzburg, Ott. 1911.
836. HEYMANS, G. *La classification des caractères.* R. du Mois. März 1911.
837. LASURSKY, A. (*Elemente e. Wissenschaft des Charakters.* Russisch.) 2. Aufl. 354 S. Petersbg. 08.
838. MALAPERT, P. *Le caractère.* Paris, Doin 03. 305 S. — (S. auch **819.**)
839. MUSCÝNSKI, F. *Der Charakter. Seine Bewurzelung i. d. menschl. Natur, sowie s. Ausreifung u. Auswirkung im Lichte d. christl. bzw. modernen Idealismus.* Paderborn, Schöningh 1910. 281 S.
840. NORSWORTHY, NAOMI. *The Validity of Judgments of Character.* In: Essays Philos. and Ps. in Honor of WILLIAM JAMES. New York, Longmans, Green and Co. 08. — (Verf. läßt 5 Personen Urteile fällen über 24 Eigenschaften anderer Personen. Für jede beurteilte Person stimmen die Urteile über d. intellektuellen Eigenschaften mehr überein, als die über Charaktereigenschaften.)
841. PAULHAN, F. *La simulation dans le caractère.* RPh **52**, 600—625. 01. **53**, 457—488. 02. **56**, 337—365, 495—527. 03.
842. — *Les mensonges du caractère.* Paris, Alcan 05. 276 S.
843. PERKMANN, J. *D. Begriff des Charakters bei Platon und Aristoteles. Progr.* Wien 09. 48 S.
844. PRAT, L. *Le caractère empirique et la personne.* Paris, Alcan 05. 452 S.
845. QUEYRAT. *Les caractères.* 2. Aufl. 01.
846. RIBERY, CH. *Essai sur la classification naturelle des caractères.* Paris 02.
847. TESDORPF, P. *Sur l'importance d'une définition exacte de ce qu'on nomme „caractère" pour notre jugement sur les aliénés.* IV CoInPs à Paris 01. S. 567—571.

Vgl. ferner 76, 276 a, 284, 285; 589, 592; 777, 780, 786, 807, 809.

2. Einzelne Charakterzüge. Affekte.

848. BLEULER, E. *Affektivität, Suggestibilität, Paranoia.* Halle, Marhold 06. 144 S. — (Sugg. ist Teilerscheinung der Affektivität.)
849. DUGAS, L. *L'antipathie dans ses rapports avec le caractère.* RPh **67**, 256—275. 09.

850. Dugas, L. *L'entêtement. Etude ps.* RPh **51**, 561—569. 01. — (Starrköpfigkeit.)

851. Freud, S. *Charakter u. Analerotik.* PtNW **9** (Nr. 52). 08. — (Personen, in deren Kindheit besonders die Afterzone zur Lustgewinnung diente, entwickeln in sich später durch Sublimierung bestimmte Charakterzüge: Sparsamkeit, Eigensinn u. [nicht so deutlich] Ordnungssinn!)

852. Fursac, R. de. *L'avarice. Essai de ps. morbide.* RPh **61**, 15—40, 164—201. 06. — (Geiz ist eine geistige Anomalie, die auf einer übertriebenen Liebe zum Eigentum an u. für sich beruht.)

853. Hartenberg. *Les timides et la timidité.* Paris, Alcan 01. 265 S.

854. Hoppe, J. J. *D. Eitelkeit u. ihre Arten.* E. belehrende ps. Betrachtung mit Aufzählung von Beobachtungsfällen und Aufstellung neuer Arten. Basel, Jenke 1890. 39 S.

855. Letourneau. *Physiologie des passions.* Paris 1878.

856. Shand, A. F. *Character and the Emotions.* Mind. **5**, 203—236. 1896.

857. Voigtländer, Else. *Vom Selbstgefühl.* Lpzg., Voigtländer 1910. 119 S.

858. Weygandt, W. *Abnorme Charaktere i. d. dramatischen Literatur.* Hamburg u. Lpzg., Voss 1910. 172 S.

Vgl. ferner 45; 499/500.

3. Charakter der Kinder.

859. (Binet, A. et Henri, V.) *Enquête sur le caractère des enfants. Questionnaire.* RPh **37**, 344—446. 1894. — (Vgl. Text S. 121.)

860. Boeck, W. *Das Mitleid bei Kindern.* Gießen, Kindt 09. — (Enquête. Vgl. Text S. 124.)

861. Bryant, Sophie. *Experiments in Testing the Character of School Children.* J. of the Anthrop. Inst. of Great Britain and Ireland **15**, 338—349. 1886.

862. Huther, A. *Grundzüge d. allg. Charakterologie, mit besond. Berücksichtigung der päd.* PdMng **10**. 93 S. Lpzg., Nemnich 1910.

863. — *Über charakterol. Beobachtung.* Blätter f. d. höh. Schulwesen. 08. Heft 5 u. 6. — (Methodenfragen.)

864. Payot, J. *L'éducation du caractère.* RPh **48**, 594—614. 1899.

865. Pérez. *Le caractère de l'enfant à l'homme.* Paris 1891. 308 S.

866. Scholz, F. *D. Charakterfehler der Kinder.* Lpzg., Mayer 1891.

867. Stern, S. *Verschiedenheit d. Kindercharaktere u. der ihnen entsprechenden Erziehung.* Einladungsschr. z. öff. Prüfg. der Bürger- u. Realschule der isr. Gemeinde in Frankf. a. M. 1865. S. 1—49.

868. Trüper, J. *Charakter und Charakterfehler.* Das Buch vom Kinde (A. Schreiber) **1**, 190—200. Lpzg., Teubner 07.

C. Alters- und Geschlechtsunterschiede.

I. Kindespsychologie, Allgemeines. (Auswahl.)

[Ein großer Teil der Nummern in sämtlichen anderen Abteilungen enthält Untersuchungen an Kindern und Jugendlichen. Es geht dies meist aus dem Titel oder der beigesetzten Inhaltsangabe hervor.]

Bibliographisches.

869. AMENT, W. *Fortschritte der Kindesseelenkunde. 1895—1903.* ArGsPs **2** (4), Literatur S. 69—136. 04. Auch in: Sammlg. v. Abhdlgen. zur ps. Päd. (MEUMANN) **1** (2). — Auch separat Lpzg., Engelmann 04. 68 S.

870. STERN, W. *5 Sammelberichte z. Kindes-Ps. u. ps. Päd.* I—IV: ZPs **35**, 297—317, 04; **40**, 122—144, 05; **42**, 367—400, 06; **46**, 61—79, 07. V: ZAngPs **3**, 106—121, 09.

871. TH. L. SMITH. *Bibliography of Articles Relating to the Study of Childhood and Adolescencc which have been Published in the PdSe and AmJPs.* PdSe **14**, 355—365. 07. — (Vgl. Text S. 120.)

872. *Forschung und Unterricht in der Jugendkunde I: Übersicht über die bestehenden Veranstaltungen.* Hrg. v. LIPMANN und STERN. Arbeiten d. Bundes f. Schulreform. I. Lpzg., Teubner 1911. 42 S. — (Übersicht über sämtl. Institute, Ztschr. u. Vereine zur Jugendkunde aus d. verschiedenen Kulturländern. Vgl. Text S. 109.)

Umfangreiche Bibliographien auch bei CLAPARÈDE (877) und MEUMANN (886).

Gegenwärtig erscheinende Hauptzeitschriften zur Kindespsychologie: ZKi, ZPdPs, ZAngPs, AnPs, ArPs, PdSe, JEdPs.

873. AMENT, W. *Die Entwicklung von Sprechen und Denken beim Kinde.* Lpzg. 1899.

874. — *D. Seele d. Kindes. E. vergleichende Lebensgesch.* Stuttg., Kosmos o. J. 96 S. — (Altersstufen. Geschlechter.)

875. BÄUMER, GERTRUD und DROESCHER, LILI. *V. d. Kindesseele.* Beiträge z. Kinderps. aus Dichtung u. Biographie. Lpzg., Voigtländer 08. 428 S. — (Auszüge aus Selbstbiographien u. Romanen, von KELLER, ROSEGGER, OTTO ERNST, GOETHE, LUDW. RICHTER, FRENSSEN u. vielen anderen, nach ps. Gesichtspunkten geordnet.)

876. BINET, A. *Les idées modernes sur les enfants.* Paris, Flammarion 09. 344 S. — (Ist im wesentl. e. zusammenfassende Darstellung der BINETschen Forschungen über Intelligenzmessung und intellektuelle Typen. Vgl. Abt. B VI 3 und B VII der Bibliographie.)

877. CLAPARÈDE, E. *Ps. de l'enfant et pédagogie exp.* Genf, Kündig 05. 76 S. 4. Aufl. 1911. 467 S. — (Enth. auch Probleme u. Methoden d. diff. Ps. und viel Literatur.)

877a. — *Kinder-Ps. u. exp. Pädagogik.* Nach d. 4. Aufl. Dtsch. v. HOFFMANN. Lpzg., Barth 1911. 347 S.

878. COMPAYRÉ, G. *D. Entwicklg. d. Kindesseele.* Dtsch. v. UFER. Altenburg, Bonde 1900. 460 S. — (Behandelt im wesentl. die ersten Lebensjahre.)

878a. Cramaussel, E. *Le premier éveil intellectuel de l'enfant.* 2. éd. Paris, Alcan 1911. 201 S.

879. Dyroff, A. *Üb. d. Seelenleben d. Kindes.* 2. Aufl. Bonn, Hanstein 1911. 211 S. — (U. a. Sammlg. v. Gedichten, die von Kindern verfertigt sind.)

880. Groos, K. *Das Seelenleben d. Kindes.* Vorlesungen. Berlin, Reuther u. Reichard. 3. Aufl. 1911. 334 S. — (Gesichtspunkte d. allg. Psychol., auf das Kind angewandt. Theorie d. Spiels.)

881. Hall, Stanley G. *Ausgew. Beitr. z. Kinder-Ps. u. Päd.* Deutsch von Stimpfl, Altenburg 02. 445 S. — (Enthält Enquêten über kindliche Lüge, Furcht, Vorstellungskreis der Schulnovizen, Abdruck von Fragebogen usw.)

881a. Holman, H. and Langdon-Down, R. *The Baby: How to Observe, Understand, and Train him.* Prepared for the London Branch of the British Child Study Association, Kingston on Thames 1899. — (Anleitung zur Beobachtung kleiner Kinder.)

882. Kirkpatrick, E. A. *Grundlagen der Kinderforschung.* Übers. im Institut d. Leipziger Lehrervereins. Lpzg., Hahn 09. 282 S. — (Angeborenes. Vererbung. Eigenart. Individualitätenliste.)

883. Lay, W. A. *Exp. Didaktik. I.* Wiesbaden, Nemnich 03. 595 S. 3. Aufl. 611 S. Lpzg., Quelle & Meyer 1910. — (Enthält a. a.: Unters. üb. Anschauungs- u. Gedächtnistypen. Individualitätenliste.)

884. Lindheim, A. v. *Saluti juventutis. D. Zushg. körperl. u. geist. Entwicklg. in den ersten 20 Lebensjahren.* Lpzg. u. Wien, Deuticke 08. 564 S. — (Sozialstatist. Untersuchungen üb. Vererbung. Einfluſs d. Milieus u. d. Schule, Krankheiten, Verwahrlosung usw.)

885. Lowinsky, V. *Hypothesen, Methoden u. Anwendungen in der Hallschen Kinder-Ps.* ZPdPs 7, 100—125. 05.

886. Meumann, E. *Vorles. z. Einf. i. d. exp. Päd.* 555 u. 467 S. Lpzg., Engelmann 07. — Bd. I in 2. Aufl. 1911. — (Methoden. Begabungsforschung. Ps. Grundlagen der einzelnen Lehrfächer. Viel Literatur. Vgl. Text S. 191, 216, 219.)

887. Preyer, W. *D. Seele d. Kindes.* Lpzg., Grieben. 1. Aufl. 1882, 6. Aufl. 1905. 448 S. — (Erste 3 Lebensjahre. Tagebuch üb. den eigenen Sohn. Vergleich m. anderen Kindern.)

888. Schreiber, A. *D. Buch v. Kinde.* E. Sammelwerk. Lpzg., Teubner 07. 200 u. 216 S.

889. Stern, Clara u. William. *Monographien üb. d. seel. Entwicklg. d. Kindes.* Lpzg., Barth. *I. Die Kindersprache.* 07. 394 S.

889a. —, — *II. Erinnerung, Aussage u. Lüge in d. frühen Kindheit.* 09. 160 S. — (Psychographische u. vergleichende Darstellungen einzelner Kinder. Differenzierung der kindlichen Entwicklung. Literatur. Vgl. Text S. 348/9.)

889b. —, — *Anleitung zur Beobachtg. d. Sprachentwicklg. bei normalen vollsinnigen Kindern.* ZAngPs 2, 313—337. 09. — (Vgl. Text S. 358.)

890. Strümpell, L. *D. pädag. Pathologie.* 4. Aufl., fortgeführt und erweitert v. A. Spitzer. Lpzg., Ungleich 1910. 844 S. — (Anlagen u. Erworbenes. Alphab. Verzeichnis d. Kinderfehler. Methoden. Diagnostische Hilfsmittel.)

891. SULLY, J. *Unters. üb. d. Kindheit.* Dtsch. bearbeitet v. STIMPFL. 3. Aufl. Lpzg., Wunderlich 09. 343 S.
892. THORNDIKE, E. L. *Educational Ps.* 2. Aufl. N. Y. 1910. 248 S. (Enthält viel Methodologisches z. Studium der ind. Diff.)
893. TRACY, F. u. STIMPFL, J. *Ps. d. Kindheit.* 3. Aufl. 1910. Lpzg., Wunderlich. 232 S.
Vgl. ferner ST. HALL 48, SMITH 52, HOESCH-ERNST 147.

II. Psychographien von durchschnittlichen Kindern.

Bibliographisches.

[Die folgende Aufzählung enthält nur psychographische Kinderdarstellungen von gröſserer Ausführlichkeit.

Die Publikationen über die sprachliche Entwicklung von Kindern sind bis 1907 vollständig zusammengestellt in: C. u. W. STERN **889**, 385—390, bis 1908 ergänzt in **889** b.]

894. DEARBORN, G. V. N. *Moto-sensory Development.* 150 S. Baltimore, Warwick and York. 1910. — (Genaue chronol. Beobachtung eines normalen Kindes.)
894a. DIX, K. W. *Körperliche u. geist. Entwicklung eines Kindes. I. Instinktbewegungen.* Lpzg., Wunderlich. 1911. 78 S.
895. FREUD, S. *Analyse d. Phobie e. 5jähr. Knaben.* Jb. f. psychoanal. Forschg. **1**, 1—109. 09. — (Die Phobie wird auf verdrängte Sexualerregungen d. Kindes zurückgeführt u. „psychoanalytisch" behandelt.)
896. HOGAN, L. E. *A Study of a Child.* 1898.
897. MAJOR, D. R. *First Steps in Mental Growth.* New York, Macmillan. 06. 360 S. — (Erste drei Lebensjahre e. Knaben, verglichen mit anderen Kindern. Einteilung nach ps. Gesichtspunkten.)
898. MOORE, K. L. *The mental Development of a Child.* PsR, Mng.-Suppl. Nr. 3. 1896.
899. PREYER, W. *D. geist. Entwicklung in der ersten Kindheit.* 1893. — (Anleitung f. Mütter z. Führung von Kindertagebüchern.) — Vgl. auch **887**.
900. SCHUYTEN, M. C. *Eene proeve van volledige kinderanalyse.* Paedologisch Jaarboek. **3/4**, 210—239. 02/3.
901. SCUPIN, E. u. G. *Bubis erste Kindheit.* Lpzg., Grieben. 263 S. 07.
902. —, — *Bubi im 4.—6. Lebensjahre.* Ebda. 1910. 272 S.
(Zu **901/2**: Chronologisches Verzeichnis der täglichen Beobachtungen an einem Knaben.)
903. SHINN, M. W. *Notes on the Development of a Child.* Univ. of California Publications (Abteilung Education). I. 424 S. 1893—1899. II. *Development of the Senses.* 258 S. 07. Berkeley, Univ. Press. — (Bd. 1 deutsch: *Körperliche und geistige Entwicklung eines Kindes in biograph. Darstellung.* Bearb. u. herausgeg. von GLABBACH u. WEBER. Langensalza, Greſsler. 05. 645 S.)
904. — *The Biography of a Baby.* Boston and New York o. J. Houghton, Mifflin and Comp. 247 S. — (Populäre Darstellung der Entwicklung im ersten Lebensjahre. Vgl. Text S. 349.)

905. STERN, C. u. W. *Die zeichnerische Entwicklung e. Knaben vom 4. bis zum 7. Jahre.* (M. 12 Tf.) ZAngPs **3**, 1—31. 09.

Vgl. ferner AMENT 873, CRAMAUSSEL 878a, PREYER 887, STERN 889 a/b.

III. Übernormale Kinder.

[Die Jugendzeit hervorragender Persönlichkeiten ist mitbehandelt in zahlreichen Nummern der Abteilung D.]

1. Übernormalität in Kindheit und Jugend.

906. BOODSTEIN, O. *Frühreife Kinder.* Ps. Studie. Beitr. z. Kinderforschung u. Heilerziehung (ANTON, TRÜPER usw.). Heft **61**, 43 S. Langensalza, Beyer. 09. — (Vgl. Text S. 166.)

906a. GROSSMANN, M. P. E. *The Exceptionally Bright Child.* Proc. of the National Assoc. for the Study and Educ. of Exceptional Children April 1910.

907. GUTHRIE, L. G. *Contributions from History and Literature to the Study of Precocity in Children.* Lancet **173**, 1592—1596. 07.

908. KIK, C. *D. übernormale Zeichenbegabung b. Kindern.* ZAngPs **2**, 92—149. 08. — (Vgl. Text S. 351.)

909. STERN, W. *D. übernormale Kind.* Der Säemann. Jahrg. 1910. S. 97—72 u. S. 160—167.

910. — *The Supernormal Child.* JEdPs **2**, 143—148, 181—190. Englisch von L. M. DAY. 1911.
(Zu **909/910**: Übernormales Spezialtalent und übernormale Allgemeinintelligenz. Wunderkinderwesen. Sonderschulen f. Übernormale. Vgl. Text S. 165.)

911. TERMAN, L. M. *A Study in Precocity and Prematuration.* AmJPs **16**, 145—183. 05. — („Precocity" ist die innerlich bedingte Frühreife, „Prematuration" die äufserlich [durch Drill usw.] bedingte Verfrühung.)

912. WASMUTH, E. *D. Züchtung d. Wunderkindes.* E. energetische Betrachtung üb. d. Ökonomie derartiger Versuche. AnNtPh **10**, 5—19. 1911. — (Vgl. Text S. 166.)

912a. WILKER, K. *Das übernormale Kind und seine Bedeutung für die Schule.* Jenaer Seminarbuch (Mitteilungen a. d. Pd. Univ. Sem. **15**). S. 87—97. 1911.

913. WILLIAMS, T. A. *Intellectual Precocity. Comparison between J. St. Mill and the Son of D. Boris Sidis.* PdSe. **18**, 85—103. 1911. — (Vgl. Text S. 166.)

914. W[HIPPLE], G. M. *The Supernormal Child.* JEdPs **2**, 164/165. 1911. — (Empfiehlt Einrichtung besonderer Beobachtungsstationen [„Clinics"] für übernormale Kinder.)

Über Schulen für Übernormale vgl. ferner CANNEGIETER 988, PETZOLDT 994/5, ULLRICH 1001.

2. Einzelne Psychogramme übernormaler Kinder.

[Zu diesem ganzen Abschnitt vgl. Text S. 350f.]

915. BERKHAN, O. *Otto Pöhler. D. frühlesende Braunschweiger Kind.* ZKi **15**, 166—171. 1910. — (Vgl. **925**.)

916. — *D. Wunderkind Christian Heinrich Heineken.* ZKi **15**, 225

—229. 1910. — (Auszug aus **922**: Das Kind, im 5. Jahre gestorben, zeigte hauptsächlich ungewöhnl. Gedächtnisleistungen. Es konnte lat. u. deutsch lesen, das Einmaleins aufser der Reihe, auch einfache Rechenarten, zahllose Geschichtchen u. Sprüche lat. u. frz. hersagen usw.)

917. Černej. *Frühreife u. Entartung.* ZKi **6**, 129 ff. 01. — (Pathogramm.)

918. Engel, E. *E. dichtender Wunderknabe (Th. Chatterton).* Voss. Z. Nr. 47. 08.

918a. Hahn, O. *Eigenartige Begabung eines Dreijährigen.* ZPdPs **12**, 291/292. 1911. — (Erkennung von 20 verschiedenen Grammophonplatten.)

919. Kramer, F. u. Stern, W. *Ps. Prüfung e. 11 jährigen Mädchens mit besond. mnemotechnischer Fähigkeit.* ZAngPs **1**, 291—312. 08. — (Das Kind, das als „Gedankenleserin" auftrat, zeigte ungewöhnliches Gedächtnis und übernormale Kombinationsfähigkeit in einer bestimmten Richtung. Vgl. Text S. 103.)

920. Révész, G. *Über die hervorrag. akustischen Eigenschaften u. musikalischen Fähigkeiten des 7 jährigen Komponisten Erwin Nyiregyhazy.* 4KgEPs in Innsbruck 1910. S. 224—228. 1911.

921. Richet, Ch. *Note sur un cas remarquable de précocité musicale.* IVCgInPs à Paris 1900, p. 93—99. — (Pepito Arriola. Vgl. **924**.)

922. Schöneich, Chr. v. *Leben, Taten, Reisen u. Tod e. sehr klugen u. sehr artigen 4 jähr. Kindes Christian Heinrich Heineken aus Lübeck.* 2. Aufl. Göttingen 1779. — (Vgl. **916**.)

923. Schünemann, G. *Mozart als achtjähriger Komponist.* Ein Notenbuch Wolfgangs. 51 S. o. J. (1908). Lpzg., Breitkopf u. Härtel. — (Zahlreiche kl. Kompositionen.)

924. Stumpf, C. *Akustische Versuche mit Pepito Arriola.* ZAngPs **2**, 1—11. 08. (Vgl. **921**.)

925. — *(Über Otto Pöhler, d. 4 jähr. lesende Kind.)* Voss. Ztg. vom 10. Jan. 1897. (Sonntagsbeilage.) — (Vgl. **915**.)

926. Thomson, E. *Elisabeth Kulmann.* Sonderabdr. a. d. Jahresber. d. Schule der reformierten Gemeinden in St. Petersburg für 08/9. St. Petersburg. Druck der Gesellsch. R. Golick u. A. Willborg. 09. — (Mit 17 Jahren gestorben. Soll in 11 verschiedenen Sprachen gedichtet haben.)

926a. Valentiner, Th. *Ein 11 jähriger Humorist.* Säemann 1911. S. 218—227. — (Humorist. Zeichner. Illustrationsbeilagen.)

Vgl. ferner Lindheim 1135; Kerschensteiner 1253.

IV. Differenzierung im schulischen Verhalten der Kinder.

1. Individualitätslisten für Schüler.

927. Brinkmann, E. *Üb. Individualitätsbilder.* Päd. Zeit- u. Streitfragen. 26. Heft. Gotha, Behrend. 48 S. 1892.

928. Just. *Kategorien f. das Entwerfen von Kinderbüchern.* Praxis der Erziehungsschule **1**, 34 ff.

929. Kläbe, K. *Anleitung z. Abfassung v. Schülercharakteristiken.* 01. Lpzg., C. Merseburger.

930. Kühner, A. *Das Lebensbuch.* ZKi 2, 129 ff. 1897.

931. Frenzel, F. *D. Lebens- u. Personalbuch i. Dienste d. Päd. u. d. Schulhygiene.* ZKi **6**, 71. 01.

932. Martin. *(Individualitätenliste.)* Praxis der Erziehungsschule **6**, 189.

933. Martinak. *Wesen u. Aufgaben e. Schülerkunde.* Beitr. z. Kinderforsch. u. Heilerzieh. Heft 25. Langensalza, Beyer. 18 S. 07.

934. Michel. *Personalbogen.* Seifhennersdorf, Berndt. — (In mehreren Orten Sachsens eingeführt.)

935. Partridge, G. E. *Studies of Individual Children.* PdSe **9**, 436—440. 02. — (Entwurf e. Personalschemas.)

936. Scheibe. *Der Schulschein im Dienst der Pädagogik u. Schulhygiene.* PdZ **27**, Nr. 33.

937. Sergi, *Un primo passo alla pedagogia scientifica e la carta biographica.* Milano 1892.

938. Trüper. *Schema zur Feststellung des leibl. u. seel. Zustandes e. Kindes.* Die Kinderfehler **2**, 143 u. 170. 1897.

939. — *Personalienbuch.* Langensalza, Beyer. 16 S. 05. 2. Aufl. 1911. XX u. 31 S. — (Beitr. zur Kinderforsch. u. Heilerzieh. **84**.)

940. *Übersicht der bei Abfassung von Charakteristiken der Kinder einer Schwachsinnigenschule zu beachtenden Merkmale.* (Zusammengestellt v. Leipziger Hilfsschullehrern.) Zeitschr. für Behandlung Schwachsinniger. 1894. Nr. 5 u. 6.

941. Ziller-Bergner. *Materialien zur speziellen Päd.* (Leipziger Seminarbuch, 2. Aufl.) Dresden 1886.

Vgl. auch 882, 959, 1124.

2. Schülertypen und -Individualitäten.

942. Baldwin, J. M. *Differences in Pupils from the Teacher's Point of View.* Inland Educator **1**, 6—11, 269—273. 1895. **2**, 126—129, 232—235. 1896.

943. Clemens, B. *D. Beobachtung u. Berücksichtigung d. Eigenart d. Schüler.* (PdMag Heft 307.) Langensalza, Beyer. 40 S. 07.

944. Döring, W. *Schwierigkeiten im Studium kindlicher Individualität.* PdPsSd **4**, 38/39. 03.

945. Grossmann, M. P. E. *Classification of Exceptional Children as a Guide in Determining Segregation.* Bull. Am. Acad. of Med. **10** (5), 12 S. 09.

945a. — *Welche Klassen unter den Ausnahmekindern können ohne Abschlufs von der Gesellschaft erzogen werden?* ZKi **15**, 108—121. — (Schematismus: A) Normale Kinder. 1. Typische, 2. Pseudo-Atypische, 3. Eigentl. Atypische. B) Subnormale Kinder. 1 K. mit eigentl. Entwicklungsfehlern, 2 K. mit unterbrochener Entwicklung, 3 K. mit rudimentärer oder atavist. Entwicklung. C) Anormale Kinder.)

946. Lasursky. *Schülercharakteristiken.* — (In russ. Sprache.) 08.

947. Macmillan, D. P. *Types of Children.* EdR **33**, 256—270. 07.

948. Matthias, A. *Kinderindividualitäten u. Kinderfehler.* Köln. Ztg. 11. Dez. 1892, 1. Jan., 12. Febr., 19. März 1893. Abgedruckt in: *Aus Schule, Unterr. u. Erzieh.* 01. S. 400—432.

949. Mittenzwey, L. *Die Pflege der Individualität in der Schule.* PdMag 61. Heft. Langensalza 1895.

950. Münch, W. *Schülertypen.* ZPdPs **12**, 14—23, 106—114. 1911.

951. Münsterberg, H. *Psychology and the Teacher.* N. Y., London, Appleton. 09. — (Cap. 22. Ind. Differences.)
952. Rejičić. *Berücksichtigung d. Individualität in d. Massenerziehg.* Dissert. Jena. Belgrad 1899. 283 S.
953. Scheel, J. J. *Allerlei Schülerurbilder.* 2. Aufl. 1900.
954. Schepp, F. *Typen von Schülern.* ZPdPs 8, 178—213. 06. — (Nichtnormale Kinder.)
955. Strümpell, L. *Die Verschiedenheit der Kindernaturen.* Vortrag. Lpzg., A. Deichert Nachf. 36 S. 1894.
956. Vowinckel, E. *Päd. Deutungen.* Berlin, Weidmann. 164 S. 08. — (Enthält u. a. ps. Typenbilder v. Lehrern u. Schülern.)
Vgl. ferner Knortz 21, Zillig 33.

3. Untersuchungen an Schulanfängern (Auswahl).

Bibliographisches.

957. Wilker. *Die Analysen des kindlichen Gedankenkreises* ZAngPs 5, 516—568. 1911. — (Ausführliches Sammelreferat über 44 Arbeiten.)

958. Engelsperger, A. u. Ziegler, O. *Weitere Beitr. z. Kenntnis d. phys. u. psych. Natur d. 6 jähr. in d. Schule eintretenden Kindes.* EPd 2, 49—95. 06. — (Hauptsächlich Farbensinn. Geschlechtsuntersch.)
959. Hartmann, B. *D. Analyse d. kindlichen Gedankenkreises.* 1. Aufl. 85, 4. Aufl. Frankft. a/M. u. Lpzg., Kesserling. 232 S. 06. — (Massenerhebungen. Geschlechtsuntersch. Individualitätenlisten u. -Bücher. Elternfragen. Literatur. — Vgl. Text S. 122/3.)
960. Lehmensiek. *Ps. Beobachtungen an Kindern des 1. Schuljahres.* Praxis d. Erziehungsschule 2, 27 ff. Altenburg 1888.
961. Rein, Pickel, Scheller. *Das erste Schuljahr.* 5 Aufl. Lpzg. 1893.
962. Schubert, K. *Elternfragen, e. notw. Ergänzung der Hartmannschen psychol. Analyse.* (In: Aus dem päd. Univ.-Sem. zu Jena. 5. Heft.) Langensalza, Beyer. 1894.
963. — *Elternfragen.* Enzykl. Hdbch. d. Päd. (Rein) 1. Aufl. 1, 815—820. 1895.
964. Trobitsch. *Unters. üb. d. Kindheit durch die Schule.* 11. Ber. üb. die Bürgerschulen zu Rochlitz in S. Rochlitz 1900.
965. — *Die zu Ostern 1900 mit d. Neulingen vorgenommene „Analyse des Gedankenkreises“ usw.* 12. Ber. üb. d. Bürgersch. zu Rochl. Rochlitz 05.
Vgl. auch Hall 881.

4. Messung der Schulleistungen.

[Diejenigen Messungen der Schulleistungen, die dazu dienen, mit Intelligenztests in Korrelation gebracht zu werden, sind in B VI verzeichnet.]

966. Binet et Vaney. *La mesure du degré d'instruction d'après des recherches nouvelles.* Bull. pour l'étude ps. de l'enfant. Dec. 1910.
967. Burris, W. P. *The Correlations of the Abilities Involved in Secondary School Work.* Columb. Univ. Contrib. to Phil., Ps. and Educ. 11, 16—28. 03.
968. Crampton, C. W. *Anatomical or Physiological Age versus Chronological Age.* PdSe 15, 230—237. 08. — (Nicht d. chronol. Alter, sondern der

psychophys. Reifezustand sollte zur Grundlage der Schulgliederung gemacht werden. Dieser ist ganz verschieden bei gleichaltrigen Kindern. Geschlechtsreife und nichtgeschlechtsreife Knaben sollten nicht gemeinsam unterrichtet werden.)

969. Dearborn, Walter Fenno. *School and University Grades.* Bull. Univ. of Wisconsin No. 368. 59 S. 1910.

970. Dugas, L. *Ps. des examens.* RPh. **58**, 379–399. 04.

971. Ellicott, E. C. *Outline of a Tentative Scheme for the Measurement of Teaching Efficiency.* Madison (Wis.), State Department of Public. Instr. 4 S. 1910.

972. Foster. *Physiological Age as a Basis for the Classification of Pupils Entering High Schools — Relation of Pubescence to Height.* The Ps. Clinic **4**, 40 f. 1910.

973. Lange, R. *Tüchtige Schüler — tüchtige Männer.* Monatsschr. f. höhere Schulen **9**, 357—363. 1910. — (Tabelle über die Berufe ehemal. Abiturienten eines Gymn. Die Abit. mit bestem Zeugnis gelangten auch später in die hervorragendsten Stellungen.)

974. Lobsien, M. *Korrelationen zw. d. unterrichtlichen Leistungen e. Schülergruppe.* ZEPd **11**, 146 164. 1910. — (Die Zeugnisse der einzelnen Fächer einer Klasse zeigten durchgängig hohe Korr. [zwischen 0,70 u. 0,99!]. Vgl. Text S. 286.)

975. Ludwig, A. *Von törichten u. klugen Musterschülern.* Monatsschr. f. höh. Schul. **9**, 353—357. 1910. — (Nachprüfung der Lebenserfolge ehemaliger Musterschüler.)

975a. Märker. *Wie gelangt d. Lehrer z. einer sicheren Beurteilung d. Leistungen der einzelnen Schüler?* Bielefeld, A. Helmich.

976. Martinak, E. *Ps. Unters. üb. Prüfen und Klassifizieren.* Österr. Mittelschule **14**. 1900. Auch separat: Wien, Hölder. 19 S. 1900.

977. Mayer, A. *Über Einzel- und Gesamtleistung des Schulkindes.* ArGsPs **1**, 276—416. 03. Insbes. § 3 u. § 11. Auch separat: Sammlg. v. Abhdl. z. ps. Päd. **1**, Heft 4, 136 S. Lpzg., Engelmann. 04. — (Vgl. Text S. 268/9 und Anh.)

978. Meumann, E. *Hausarbeit und Schularbeit.* Experimente an Kindern der Volksschule. Lpzg., Klinkhardt. 04.

979. Meyer, M. *The Grading of Students.* Science **28**, 243—250. 08.

979a. — *Über die Bestimmung von Schülerzensuren.* 6CoIntPs (Genf). — (Vgl. Text S. 251.)

980. Pearson, R. *On a Scale of Intelligence in Children.* J. Educ. 509 - 510. 1898.

981. Schmidt, F. *Exp. Unters. üb. d. Hausaufgaben d. Schulkindes.* ArGsPs **3**, 33—152. Auch sep.: Samml. v. Abh. z. ps. Päd. (Meumann) I (3). Lpzg., Engelmann. 04. — (Vgl. Text S. 205, 268.)

981a. — *Exp. Unters. über d. Aufsatz d. Volksschülers in Haus u. Schule.* ZEPd **5**, 23 ff.

982. Schuster, E. *The Promise of Youth and the Performance of Manhood.* London, Dulau & Co. 07. — (Korr.-Bestimmungen zwischen Schulzeugnissen u. künftigen Lebenserfolgen.)

982a. Smith, A. G. *A Rational College Marking System.* JEdPs **2** 383—393. 1911. — (Die Schulprädikate müßten so verteilt sein, daß — bei 5 Prädikaten A, B, C, D, E — auf C 50 %, auf B und D je 15 %, auf A und E je 10 % aller Schüler entfallen.)

983. THORNDIKE, E. L. *Heredity, Correlation and Sex Differences in School Abilities.* Columbia Univ. Contrib. to Phil. Ps. and Educ. **11**, No. 2. 60 S. 03.

984. VANEY, V. *Nouvelles méthodes de mesure applicables au degré d'instruction des élèves.* AnPs **11**, 146—162. 05. — (Als Index für die Schulkenntnisse werden zunächst die Kenntnisse im Rechnen geprüft. Staffel der Rechenleistungen, die für jede Schulstufe normal sind. Dadurch Möglichkeit, von dem einzelnen Schüler anzugeben, ob er normal oder ob er um 1 od. 2 od. 3 Jahre zurück od. voraus ist.)

985. WALLIN, J. E. W. *The Rationale of Promotion and Elimination of Waste in the Elementary and Secondary Schools.* JEdPs **1**, 445—466. 1910.

986. WHIPPLE, G. M. *A Range of Information Test.* PsR. **16**, 347—351. 09.

Vgl. auch SCHUSTER u. ELDERTON 314, LIFMANN 675.

5. Schulgliederung nach psychologischen Gesichtspunkten.

(Über das Mannheimer System nur Auswahl.)

987. BRAHN, M. *Trennung d. Schüler nach ihrer Leistungsfähigkeit.* Zeitschr. f. Schulgesundheitspflege **10**. 1897. — (Vorschlag, die Schüler nach der Ermüdbarkeit zu gliedern. Vgl. **990**.)

988. CANNEGIETER, H. *Afzonderlike Scholen voor Meerbegaafde Leerlingen.* Paed. Vlugschriften (Lighthart en Casimir) II (4). Baarn, Hollandia-Drukkerij. 1910. — (Schulen f. Übernormale.)

989. DEUCHLER, G. *Über das Mannheimer Schulsystem.* ZPdPs **10**, 384—421. 09.

989a. — *Über d. Mannheimer Schulsystem.* Vortrag. Thesen. Nebst Diskussion enthalten in Nr. **598** a. 1911.

990. KRAEPELIN, E. *Über Ermüdungsmessungen.* ArGsPs **1**. 03. — (Vorschlag, bei d. Errichtung von Parallelklassen die Schüler nach d. Ermüdbarkeit zu gruppieren. Vgl. **987**.)

991. LUTZ, M. *Welche Aufnahme die Mannheimer Schulorganisation bisher gefunden hat.* E. Führer durch d. Literatur des Mannheimer Systems. Mannheim, Bensheimer. 05.

992. MOSES, J. *D. Sonderklassensystem d. Mannheimer Volksschule.* E. Beitr. z. Hygiene d. Unterrichts. Mannheim, Bensheimer. 70 S. 04. — (Mit Literatur.)

993. — *Gliederung d. Schuljugend nach ihrer Veranlagung u. d. Mannheimer System.* InArSchulhyg **1** (1). 05.

994. PETZOLDT, J. *Sonderschulen f. hervorragend Befähigte.* Neue Jahrb. f. d. klass. Altertum u. für Päd. **14** (8). Auch sep.: Lpzg. Teubner. 05. — (Vgl. Text S. 165.)

995. — *Die Einwände geg. Sonderschulen f. hervorrag. Befähigte.* Neue Jahrb. f. d. Päd. **18** (1), 24 S. 1911.

995a. — *Sonderschulen f. hervorrag. Befähigte.* Vortrag. Enthalten in Nr. **598** a.

996. RASCHKE, H. *Mindest-Lehrstoff u. Normal-Lehrstoff.* Innsbruck, Wagner. 230 S. 08. — (In der höh. Schule soll jede Klasse für jedes Fach Parallelkurse mit verschieden hohen Ansprüchen haben, in welche die Schüler je nach ihrer Spezialbegabung gewiesen werden.)

996a. — *Mindestlehrstoff u. Normallehrstoff.* Vortrag. Enthalten in Nr. **598** a.

997. Seyfert. *Organisation d. Volksschule auf ps. Grundlage.* 1891. — (Erster Vorschlag in der Richtung, wie sie später im Mannheimer System verwirklicht wurde.)

998. Sickinger, A. *Organisation großer Volksschulkörper nach d. natürl. Leistungsfähigheit d. Kinder.* Vortrag. Mannheim, Bensheimer. 35 S. 04.

999. — *Naturgemäße Klassenorganisation größerer Volksschulkörper usw.* Vortrag. Die Schulpflege (Organ d. preuſs. Rektorenvereins). Neue Flg. **11**, Nr. 14—17.

1000. — *Der Unterrichtsbetrieb in großen Volksschulkörpern sei nicht schematisch-einheitlich, sondern differenziert-einheitlich.* Zusammenfass. Darstellg. der Mannheimer Volksschulreform. Mannheim, Bensheimer. 04.

1001. Ullrich, R. *Sonderschulen f. hervorrag. Befähigte?* Neue Jahrb. f. Päd. 05

Vgl. auch Stern 598b und 910.

V. Jünglings- und Jungfrauenalter. Pubertät.

(Auswahl.)

1002. Compayré, G. *La ps. de l'adolescence.* RPh. **61**, 345—377, 569—598. 06.

1003. Cramer, A. *Pubertät u. Schule.* 2. Aufl. Teubner. 1911. 21 S.

1004. Duprat, G. L. *La Criminalité dans l'Adolescence.* Paris, Alcan. 260 S. 09.

1005. — *Les types criminologiques dans l'adolescence.* RSci **11**, 551—558. 09.

1006. Francillon, M. *Essai sur la puberté chez la femme. (Psychologie, physiologie, pathologie).* Paris, Alcan. 271 S. 06.

1007. Hall, Stanley G. *Adolescence. Its Ps. and its Relations to Physiology, Anthropology, Sociology, Sex, Crime, Religion and Education.* 2 Bde. London, Appleton. 05. 589 u. 784 S. (Vgl. auch **1012**.) — Dtsch. v. Stimpfl: *D. Jünglings- u. Jungfrauenalter.* Lpzg., Wunderlich. 3 Bde. (Bei Ausgabe der Bibliographie noch nicht erschienen.)

1008. Lemaitre, Aug. *La vie mentale de l'adolescent et ses anomalies.* Saint-Blaise, Foyer Solidariste. 1910. 240 S. — (Chap. II: Les principales synopsies; les personifications; l'audition colorée; les diagrammes. Chap. III: Les synopsies rares.)

1009. Marro, *La pubertà, studiata nell' uomo et nella donna.* Turin, Bocca. 1897.

1010. —, *La puberté chez l'homme et chez la femme, étudiée dans ses rapports avec l'anthropologie, la psychiatrie, la pédagogie, et la sociologie.* Paris, Schleicher. 530 S. 03.

1011. Schopen, E. *Die Psyche d. Jünglings. Beitr. z. e. päd. Ps. der männl. Jugend.* 99 S. Mainz, Druckerei Lehrlingshaus. 09.

1012. Slaughter, J. W. *The Adolescent.* London, Swan Sonnenschein & Co. 100 S. 1911. — (Einführung in St. Halls Werk [**1007**].)

Vgl. auch 1092, 1162, 1327.

VI. Psychologie der Frau: Allgemeines. Geistige Leistungsfähigkeit.

Sammelberichte über neuere Untersuchungen z. vergleichenden Ps. der Geschlechter: s. JOTEYKO (**1034**) und LIPMANN (**1041 a.**)

1013. ALSBERG, M. *D. geist. Leistungsfähigkeit des Weibes im Lichte d. neueren Forschung.* ArRass. Gesellsch.-Biol. **4**, 476—492. 08.

1013a. BÄUMER, G. *D. Frau u. d. geist. Leben.* Lpzg., Amelang. 1911.

1014. BLENNERHASSETT. *Mutterschaft u. geistige Arbeit.* Zukunft **35**, 515—527. 01.

1015. BISTRAM, O. v. *Üb. d. physiol. Schwachsinn des Weibes. E. Entgegnung.* Deutsche Stimmen. Berlin, Baensch. 10 S. 02. — (Vgl. **1049**.)

1016. BELFIELD, W. T. *Man and Woman, the Female the Higher Type.* Chicago, Bromann. 111 S. 07.

1017. BRÜHL, M. *D. Natur d. Frau u. Herr Prof. Runge. E. Erwiderung.* Lpzg., Seemann. 29 S. 02. — (Vgl. **1057/8**.)

1018. CAMPBELL, H. *Differences in the Nervous Organisation of Man and Woman.* London, Lewis. 1891. 383 S.

1019. DENSMORE, E. *Sex Equality: A Solution of the Woman Problem.* New York, Funk & Wagnalls. 390 S. 08.

1020. DOHM, H. *Randglossen z. Schrift „Über d. physiol. Schwachsinn d. Weibes" v. Möbius.* D. Frauenbeweg. **7**, 18—20, 26—28, 35—36. 01. — (Vgl. **1049**.)

1021. DORNBLÜTH. *Die geistige Arbeit der Frau.* Jugendfürsorge **9**, 718—722. 08.

1022. ELLIS, H. *Studies in the Ps. of Sex.* 2 Bde. Philadelphia. 01.

1023. — *Man and Woman: a Study of Human Secondary Sexual Characteristics.* New York, Scribners. 04.

1024. — *Mann u. Weib. Anthropol. u. ps. Untersuchung der sekundären Geschlechtsuntersch.* Deutsch v. KURELLA. Lpzg., Wigand. 1894. 408 S. 2. Aufl. Bibl. f. Sozialwiss. Nr. 3. Würzburg. 09.

1025. FOERSTER, W. u. HELLPACH, W. *D. physiol. Schwachsinn d. Weibes.* Der Lotse, 36. Heft. 02. — (Vgl. **1049**.)

1026. GALBRAITH, A. M. *The Four Epochs of Womans Life.* 2. Ausg. Philadelphia, Saunders. 244 S. 03.

1027. GAMBAROTTA. *Inchiesta sulla donna.* Torino, Bocca. 1900.

1028. GERHARD, ADELE u. SIMON, HELENE. *Mutterschaft u. geist. Arbeit. E. ps. und soziol. Studie.* 2. Aufl. Berlin, Reimer. 333 S. 08.

1029. GOLTZ, B. *Z. Charakteristik u. Naturgeschichte d. Frauen.* 6. Aufl. Berlin, Janke. 04.

1030. HEBERLIN. *D. habituelle Schwachsinn d. Weibes.* 2. Aufl. Dresden, Pierson. 108 S. 03. — (Vgl. **1049**.)

1031. HEYMANS, G. *Die Ps. der Frauen.* (Die Ps. in Einzeldarst. III.) Heidelberg, Winter. 308 S. 1910. — (Material wird gewonnen durch umfassende Enquêten über zahlreiche Eigenschaften von Frauen und Männern, Schülerinnen u. Schülern. Hauptergebnis: Die Frauen unterscheiden sich von den Männern in erster Linie durch gröfsere Emotionalität, in zweiter durch gröfsere Aktivität, sowie durch diejenigen sekundären Eigenschaften, die mit den genannten in starker Korr. stehen. Vgl. **1041 a**. Vgl. auch Text S. 350.)

1032. Jaeckel, V. *Die Natur der Frau.* Anthropol. Studien. Berlin u. Charlottenburg, M. Hildebrandt. 301 S. 01.

1033. Joel. *Philosophenwege.* Berlin, Gärtner. 01. Darin: *Die Philosophie u. die Frauen.*

1034. Joteyko, J. *Revue générale des travaux récents sur la ps. et la pédagogie des sexes.* RPs **2**, 84—96. 09.

1035. Joyce, T. A. u. Thomas, N. W. (Hrsg.) *Women of all Nations. A Record of their Characteristics, Habits, Manners, Customs, Influence.* London, Cassell. 480 S. 08.

1036. d'Istria, Dora. *Des femmes par une femme.* Paris, Lacroix. 1865.

1037. Kluge. *Männl. u. weibl. Denken.* E. Beitr. z. Frauen- u. Erziehungsfrage. Halle, Marhold. 35 S. 02.

1038. Kornfeld, S. *Üb. d. physiol. Schwachsinn d. Weibes.* Klin.-therap. Wochenschr. 1469—1475. 1900. — (Vgl. **1049**.)

1039. Kossmann, R. u. Weiss, J. (Hrsg.) *Mann u. Weib. Ihre Beziehungen zueinander u. z. Kulturleben d. Gegenwart.* Volkstüml. dargest. I. Bd.: *Der Mann. Das Weib.* II. Bd.: *Mann und Weib in ihren Beziehungen zueinander.* Stuttgart, Union. 434 u. 672 S. 08.

1040. Lange, Helene. *Intellektuelle Grenzlinien zw. Mann u. Frau.* Berlin, Moeser. 1897.

1041. Letourneau, C. *La femme à travers les âges.* Rev. de l'Ecole Anthropol. **11**, 273—291. 01.

1041a. Lipmann, O. *Z. Ps. der Frau.* Referate. ZAngPs **5**, 368—375. 1911. — (Ausführl. Berichte über Heymans [**1031**], Schuyten [**1124**], Wreschner [**1072**].)

1042. Lorey, W. *Die mathemat. Wissenschaften u. d. Frauen.* Vortrag. Die Frauenbildung **8**, 20 S. Separat: Lpzg., Teubner. 09.

1043. Lourbet, J. *La femme devant la science contemporaine.* Paris, Alcan. 179 S. 1896.

1044. Marholm, L. *Zur Ps. der Frau.* 2 Bde. 2. verm. Aufl. 352, 233 S Berlin, Duncker. 03.

1045. Marion, H. *Ps. de la femme.* Paris, Collin. 1900.

1046. Martin, M. *Die Ps der Frau.* Vortrag. Lpzg., B. G. Teubner. 18 S. 04.

1047. Mayreder, R. *Z. Kritik d. Weiblichkeit.* 2. Aufl. Jena, Diederichs. 07.

1048. Meyer, E. *Vergleich d. geist. Entwicklung v. Knaben u. Mädchen.* Vortrag. ZPdPs **10**, 272—293. 08. — (Bericht über bisherige Experimente u. Beobachtungen, die einen Vergleich der Geschlechter erlauben.)

1049. Möbius, P. J. *Über den physiologischen Schwachsinn des Weibes.* (Samml. zwangl. Abh. a. d. Geb. d. Nerven- u. Geisteskrankh., hrsg. v. K. Alt **3** (3). 2. Aufl.) Halle, Marhold. 93 S. 01. 9. Aufl. 181 S. Halle, Marhold. 08. — (Das weibl. Geschlecht ist normalerweise intellektuell minderwertig gegenüber dem Manne. — Die Abhandlung hatte eine weitschichtige meist polemische Literatur zur Folge, vgl. u. a. Nr. **1015**, **1020**, **1025**, **1030**, **1038**, **1068**. Vgl. Text S. 197.)

1050. — *The Physiological Mental Weakness of Woman.* (Englisch v. McCorn.) Alien. and Neurol. **22**, 624—642. 01.

1051. — *Beiträge zur Lehre von den Geschlechtsunterschieden.* Halle, Marhold. 03/4.

1052. NEUVILLE, A. DE. *Le génie de l'invention chez les femmes.* Rev. des Rev. **32**, 184—191. 1900.

1053. NIAZZI. *Psicologia dei sessi.* Torino, Bocca. 04.

1054. OLBERG, O. *D. Weib u. d. Intellektualismus.* Berlin, Edelheim. 118 S. 02.

1055. PLOSS, H. (M. BARTHELS, Hrsg.) *D. Weib in d. Natur- u. Völkerkunde.* Anthropol. Studien. 8. Aufl. Lpzg., Th. Grieben. 04.

1056. RENVOX, C. *Ps. comparée de l'homme et de la femme.* Paris. 580 S. 1898.

1057. RUNGE, M. *D. Weib in s. Geschlechtsindividualität.* Deutsch. Med. Wochenschr. **23**, 205. 1897.

1058. — *D. Weib in s. geschlechtl. Eigenart.* N. e. Vortrag. 4. Aufl. Berlin, J. Springer. 38 S. 1900. — (Vgl. **1017**.)

1059. SIGHELE, S. *Z. Ps. des Weibes.* Magaz. f. Literatur (26). 01.

1060. SILLING, M. *Besprechung d. Vorträge d. Herrn Prof. Fritz Schulze „Üb. d. Seelenleben d. Weibes".* Lpzg., Berger. 18 S. 1896.

1061. SIMMEL, G. *Z. Ps. d. Frauen.* Z. f. VölkerPs. **20**, 6ff. 1890.

1062. STRUENBERG, H. *Menschenrecht. Skizzen z. Ps. d. Frauenfrage.* Berlin, E. Ebering. 23 S. 1900.

1063. SZÖLLÖSY, L. v. *Mann u. Weib. Zwei grundleg. Naturprinzipien.* E. sexual-ps. Unters. Würzburg, Kabitzsch. 08.

1064. THOMPSON, H. B. *Psychological Norms in Men and Women.* University of Chicago Contribut. to Philos. **4** (1). Chicago, Univ. Press. 188 S. 03. — (A. u. d. Titel: *The mental traits of sex.*)

1065. — *Vergl. Ps. der Geschlechter.* Experimentelle Untersuchungen der normalen Geistesfähigkeiten bei Mann und Weib. J. E. KÖTSCHER, Übers. Würzburg. 198 S. 06.

(Zu **1064/5**. Tests an je 25 Studenten u. Studentinnen üb. Sinnes- u. Schmerzempfindlichkeit, motor. Fähigkeiten, intellektuelle Fähigkeiten, Kenntnisse. — Vgl. Text S. 276.)

1066. ULLRICH, M. W. *Einiges üb. physische und intellektuelle Unterschiede d. männl. u. weibl. Geschlechts.* Biblioth. d. Selbst- u. Menschenkenntnis u. Erziehung (10). Berlin, Selbstverl. 4 S. 1897.

1067. VENTURI, S. *Origine dei caratteri differienziale fra l'uomo e la donna.* Nocera. 1896. Manic. Mod. **12** (1). 1897.

1068. WALTHER, F. O. *Üb. d. psychische Kraft d. Weibes.* Zugl. eine Entgegnung. Psychische Stud. 227—236, 359—364. — Dass.: Sep. Lpzg., O. Mutze. 21 S. 01. — (Polemik gegen **1049**.)

1069. WEBER, M. *Beruf u. Ehe. — D. Beteiligung d. Frau a. d. Wissenschaft.* Berlin-Schöneberg, Verlag der „Hilfe". 06.

1070. WEININGER, O. *Geschlecht u. Charakter. E. prinzipielle Untersuchung.* 6. Aufl. Wien u. Lpzg., Braumüller. 06. — (Scheidung eines männlichen und weiblichen Grundprinzips [„M" und „W"], die mit dem guten und bösen Prinzip identifiziert werden u. in jedem Menschen in bestimmter Mischung u. Kraftverteilung vorhanden sind. — Vgl. Text S. 197.)

1071. WENDT, F. M. *Die Seele des Weibes.* Versuch e. Frauen-Ps. Korneuburg, Kuhkopf. 126 S. 1891.

1072. WRESCHNER, A. *Vergleichende Ps. d. Geschlechter.* Wissen u. Leben. Halbmonatsschr. (Rascher & Co., Zürich) **4** (11/12). 28 S. 1911. — (Bericht über bisherige exp. Ergebnisse zur Ps. der Geschlechtsuntersch.

Frauen überlegen in Sensibilität, Gedächtnis, Gefühl, Männer in Motilität, spontanen intell. Fähigkeiten u. aktiver Willensenergie. — Vgl. **1041a**.)
1073. Zanziger, E. *Die Leistungsfähigkeit d. Frau in geist. und körperl. Beziehung.* Die Frauenbewegung **14**, 76—80. 08.
1074. Zepler, W. *Beruf u. weibl. Psyche.* Sozialist. Monatshefte. 857—867. 08.
1075. Zenske. *Üb. d. Eigenart d. weibl. Natur.* Berlin. 1872.
Vgl. auch 11, 1006/7.

VII. Psychologie der Frau: Spezialuntersuchungen.

[Ein großer Teil der Nummern in sämtlichen anderen Abteilungen enthält Untersuchungen, die auf beide Geschlechter ausgedehnt sind und zwischen ihnen Vergleichungen anstellen. Es geht dies meist aus den Titeln oder den Inhaltsangaben hervor. Im Vordergrunde der Betrachtung steht die Geschlechtsvergleichung insbes. bei Cohn-Dieffenbacher (104), Binet (241/2), Ebertin (247).]

1076. Bellei, G. *Intorno alla capacità intellettuale di ragazzi e ragazze, che frequentano la 5a classe.* RFt **27**, 446—455. 01. — (12jähr. Kinder mit Ebbinghaus'Methode [**604**] geprüft. Knaben besser.)
1077. Bérillon. *Les femmes à barbes et leur psychologie.* Rev. de l'hypnot. **19** (4). 04.
1078. Calkins, M. W. *A Study of Mental Statistics. (The Community of Ideas and Thought-Habits of Men and Women).* New Review. Dec. 1891.
1079. — *Community of Ideas of Men and Women.* PsR **3**, 426—430. 1896.
1080. Dehn, W. von. *Vgl. Prüfg. üb. d. Haut- u. Geschmackssinn b. Männern u. Frauen verschied. Stände.* Diss. Dorpat. 89 S. 1894. — (Frauen haben feinere Temperatur-, Geschmacks- u. elektrische Sensibilität.)
1081. Dougall, R. Mc. *Sex Differences in the Sense of Time.* Science N. S. **19**, 708/9. 04.
1082. Ferrari, G. C. *Ricerche ergografiche nella donna.* RFt **24**, 81—85. 1898.
1083. Frati, L. *La donna italiana secondo i più recenti studi.* Turin, Bocca. 1898.
1084. Hart, G. *Woman and the Race.* Westwood, Ariel Press. 264 S. 07.
1085. Henmon, V. A. C. *Sex Differences and Variability in Color Perception.* Univ. of Colorado Sd 1910.
1086. Jastrow, J. *Community of Ideas of Men and Women.* PsR **3**, 68—71. 1896.
1087. Manchester, G. S. *Experiments on the Unreflective Ideas of Men and Women.* PsR **12**, 50—66. 05.
1088. Marholm, L. *La femme allemande.* Rev. des Rev. **18**, 1—19. 1896.
1089. Nelson, M. L. *The Difference between Men and Women in the Recognition of Color and the Perception of Sound.* PsR **12** (5), 271—286. 05.
1090. Nevers, C. C. *Dr. Jastrow on Community of Ideas of Men and Women.* PsR **2**, 363—367. 1895.
1091. Ottolenghi, S. *Die Sensibilität beim Weib.* ZbN **7**, 182. 1896.
1092. Ruediger, W. *The Period of Mental Reconstruction.* AmJPs **18**, 353—370. 07. — (300 Fragebogen nach eventuellen Entwicklungskatastrophen. Frauen zeigen seltener solche; sie sind weniger fähig, Glaubensinhalte, die intellektuell überwunden sind, abzuwerfen.)

1093. Scheffler, K. *D. Frau u. d. Kunst.* Berlin, J. Bard. 117 S. 08.
1094. Sergi, G. *Sensibilità femminile.* ArPtCr **13**. 1892.
1095. Simmel, G. *D. Frau u. d. Mode.* Das Magazin **5**. 08.
1096. Tanner, A. *The Community of Ideas of Men and Women.* PsR **3**, 548—550. 1896.
1097. Vierath, W. *Sinnlichkeit b. Weibe. (Ist d. Weib sinnlicher als der Mann?)* E. ps. Studie. Biblioth. d. Seelen- u. Sexuallebens **1** (3). 28 S. 04.

VIII. Sittliche und kriminelle Eigenschaften der Frau.

1098. Crocq, J. fils. *La femme normale et la femme criminelle.* J. de Neurol. et d'Hypnol. **1**, 375—383. 1896.
1099. Ferrero, G. *La crudeltà e la pietà nella femmina e nella donna.* ArPtCr 1893.
1100. Ferri, E. *La physiognomie nerveuse des femmes artistes.* Rev. des Rev. **19**, 513—522. 1896.
1101. Goerth, A. *Sittliches Gefühl b. männl. u. b. weibl. Geschlecht.* Deutsche Schule 166—174. 03.
1102. Günther, R. *Weib u. Sittlichkeit.* Berlin, C. Duncker. 261 S. 1898.
1102a. Jassny, A. *Z. Ps. der Verbrecherin.* ArKr **42**, 90—107. 1911.
1103. Jörges, M. *Geschlecht u. Charakter.* Z. f. Philos. u. phil. Krit. **135**, 200—216. 09.
1104. Leale. *De la criminalité des sexes.* Ar. d'Anthrop. Crim. **25**, Nr. 198. 1910.
1105. Lemanski. *La ps. de la femme arabe, la pudeur.* Rev. Tunisienne (Jan.). 1899.
1106. Lenhard. *Psychologisches über Frauen und Mädchen im Strafvollzuge.* Bl. f. Gefängniskunde **43**, 435—492. 09.
1107. Lombroso. *Tatto e tipo degenerativo in donne normali, criminali ed alienate.* ArPtCr **12**, 1—6. 1891.
1108. — et Ferrero, G. *La femme criminelle et la prostituée.* Paris, F. Alcan. 679 S. 1896.
1109. — — *D. Weib als Verbrecherin u. Prostituierte.* Dtsch. v. Kurella. 1898.
1110. — — *La donna delinquente, la prostituta e la donna normale.* Torino, Bocca. 03.
1111. Rosen, K. v. *Üb. d. moral. Schwachsinn d. Weibes.* Halle, Marhold. 35 S. 03.
1112. Rudert, Thdr. *Neue Theorien üb. d. geschlechtlichen Perversionen, die Charakterverschiedenheit der Geschlechter.* Berlin-Halensee, Verlag f. aktuelle Philosophie. 159 S. 1910.
1113. Ryckère, R. de. *La femme en prison et devant la mort.* Lyon, Storck. 249 S. 1898.
1114. Seeland, N. de. *Sur les causes de l'inégale criminalité des sexes.* IVCoInPs à Paris. 764—774. 01.
1115. Stade. *Frauentypen a. d. Gefängnisleben.* Beitr. z. e. Ps. d. Verbrecherin. Lpzg. 03.
1116. Tanner, A. E. *The College Woman's Code of Honor.* PdSe **13**, 104—117. 06
1117. Vallanche, Z. *Women as Moral Beings.* InJEth **12**, 173—195. 02.
1118. Weinberg, S. *Über d. Einfluſs d. Geschlechtsfunktionen a. d. weibl. Kriminalität.* Jurist. Psychiat. Grenzfr. **6** (1). Halle, Marhold. 34 S. 07.

Vgl. auch 1070, 1097.

IX. Koedukation.

(Auswahl.)

1119. Bäumer, G. *Koedukation.* D. Buch v. Kinde (A. Schreiber). Lpzg., Teubner **2**, 44—48. 07.

1120. Burgerstein, L. *Co-Education and Hygiene with Special Reference to European Experience and Views.* PdSe **17**, 1—15. 1910.

1121. Gruber, Max von. *Mädchenerziehung u. Rassenhygiene.* Vortr. München, Reinhardt. 31 S. 1910.

1122. Löschhorn, K. *Einige Worte üb. d. gemeinsame Erziehung der beiden Geschlechter.* ZPdPs **4**, 223—228. 02.

1123. Sachs, J. *The Intellectual Reactions of Co-Education.* EdR **35**, 467—475. 08.

1124. Schuyten, M. C. *L'éducation de la femme.* Paris, Doin. 458 S. — (Schlüsse über prakt. Erziehung auf Grund v. Ästhesiometer- u. a. Versuchen. Das weibl. Geschlecht inferior. Gegen die Koedukation. Personalbogen. — [Vgl. **1041a**].)

1125. Wegscheider-Ziegler, Hildegard. *Erfahrungen im Gymnasialunterricht f. Mädchen als Beitr. z. Frage d. gemeinsch. Erziehung beider Geschlechter.* ZPdPs **4**, 212—222. 02. — (Betonung der Differenzierung. Gegen die Koed.)

X. Greisenalter.

1125a. Lindheim, A. v. *Saluti senectutis.* E. sozialstatist. Untersuchung. Lpzg. u. Wien, Deuticke. 501 S. 09.

1125b. Zingerle, H. *Über das Greisenalter in forensischer Beziehung.* ArKr **40**, 1—54. 1911.

D. Besondere Verhaltungsweisen.

I. Schöpferisches Verhalten u. schöpferische Persönlichkeiten in der Kunst.

1. Genie: Allgemeines.

[Über Ätiologie des Genies vgl. A IV, insbes. A IV 3. — Über jugendl. Genies s. C III.]

1126. Arréat, L. *Mémoire et imagination (Peintres, musiciens, poètes et orateurs).* Paris, Alcan 1895. 170 S.

1127. Brentano, F. *Das Genie.* Vortrag. 1892.

1128. Falckenberg, R. Artikel: „*Genie*" in Reins EnzHdbPd (1. Aufl.) **2**, 561—566. 1896.

1129. Falk, P. *D. Gesetz d. Genialität u. dessen Entdecker Wilh. v. Lenz.* Zürich 1894.

1130. Gerhardi, K. A. *D. Wesen d. Genies.* 2. Aufl. mit e. Anhang: *Das Genie u. seine Beziehungen z. altsprachl. Unterricht.* Jauer u. Lpzg., Hellmann 07. 149 S. — (Elemente des Genies sind Leidenschaft. Phantasie u. Urteilskraft.)

1131. Gystrow. (Pseudonym für Hellpach.) *Soziologie des Genies.* Berlin 1900.

1132. HENNIG, R. *Selbstzeugnisse großer Männer üb. d. Art ihres geistigen Schaffens.* Die Umschau (BECHHOLD) **14**, 743—746. 1910. — (Die Selbstzeugnisse betonen stets das Unbewußte der Inspiration und die Entrücktheit beim Schaffen.)

1133. KANT, J. *Kritik u. Urteilskraft. 1790. § 46. Genie.* — (Vgl. Text S. 161.)

1134. KIERNAN, J. G. *Is Genius a Sport, a Neurosis, or a Child Potentiality Developed?* Alienist and Neur. **30**, 169—176, 262—274, 567—576. 09.

1135. LINDHEIM, A. v. *Saluti senectutis.* Lpzg.-Wien, Deuticke 09. S. 481—488. Frühreife Genies u. schöpferische Greise. — (Viele, aber sehr kurze Beispiele zu beiden Entwicklungstypen, insbes. von Musikern und Kriegshelden.)

1136. MEYER, J. B. *Genie u. Talent.* ZVölkerPs **11**, 1880.

1137. MÜLLER-FREIENFELS, R. *Z. Analyse d. schöpferischen Phantasie.* VPh **33** (Neue Folge **8**), 312—360. 09.

1138. — *Z. Ps. der Erregungs- u. Rauschzustände.* ZPs **57**, 161—194. 1910.

1139. PAUL, A. *Wie empfindet, denkt u. handelt d. geniale Mensch? Eine Ps. des Genies.* (4. Aufl.) Berlin, Nitschmann 07. 67 S.

1140. PIÉRON, H. *La supériorité intellectuelle et le génie.* Revue du mois. Janvier 1911.

1141. PLATZHOFF-LEJEUNE, E. *Werk u. Persönlichkeit.* Minden, Bruns 03. 246 S. — (Die verschiedenen Typen schöpferischer Persönlichkeiten; ihre Beziehung zu Beruf und Lebenswerk.)

1142. RAHMER, S. *A. d. Werkstatt des dramatischen Genies (Musik u. Dichtkunst).* E. psycho-physiologische Studie. Nr. 1 der Grenzfr. d. Lit. u. Med. (RAHMER). München, Reinhardt 06.

1142a. REGNAULT, F. *Des associations d'idées dans le génie.* Méd. Mod. **8**, 255—257. 1897.

1143. SCHOPENHAUER, A. *(Wesen des Genies.)* Welt als W. u. V. I § 36. II. Kap. 31. — Parerga. II. Kap. 3, 19, 20.

1144. SÉAILLES, G. *Das künstlerische Genie.* (Deutsch von M. BORST.) Lpzg., Seemann 04. 292 S.

1145. SMILES. *Leben u. Arbeit. Charakterzüge v. Fleiß, Arbeit u. Genie.* Dtsch. v. NEUGEBAUER 1889. — (Beispiele aus der Jugend von Genies, die schlechte Schüler waren.)

1146. TÜRCK. *Der geniale Mensch.* 1877. 7. Aufl. Berlin, Dümmler 1910.

1147. WENDEL, G. *Über d. Genie.* E. ps. Studie. 71 S. Straßbg., Heitz 09.

Vgl. ferner: 3, 10, 74, 232, 354, 369/70, 588, 1052.

2. Genie: Beziehung zur Psychopathologie.

Vgl. wiederum AIV, insbes. AIV4 u. 9.

1148. ADLER, ALFRED. *Studie üb. Minderwertigkeit der Organe.* Berlin und Wien, Urban & Schwarzenberg 07. — (Übernormalität beruht auf psychischer Überkompensation einer organischen Minderwertigkeit. Sprachfehler bei DEMOSTHENES; Schwerhörigkeit bei BEETHOVEN. Vgl. Text S. 163.)

1149. ARNDT, R. *Biol. Studien II. Artung u. Entartung.* Greifswald, Abel 1895. 312 S. — (Genie e. Entartungsprodukt.)

1150. BJERRE, P. *D. geniale Wahnsinn.* Lpzg., Naumann 05. 119 S.

1151. Greco, F. del. *La questione del Genio.* „Manicomio“ 1900.
1152. — *Sulla psicologia della invenzione.* Riv. di filosofia. 1900.
1153. — *Invenzione e personalità.* „Manicomio“ 02.
1154. — *Intorno alla Scienza delle Individualità Psicologice umane.* „Manicomio“ 03.
1155. — *Subiettivismo e disequilibrî nella ideazione geniale.* Riv. di filos. 05.
1155a. — *Dei rapporti fra Genio e Follia.* „Manicomio“ 06.
1156. — *La psicologia del Genio e i grandi mistici.* RPsAp **4**, 472—489. 08.
1157. Hellpach, W. *D. Grenzwissenschaften der Ps.* Lpzg., Dürr 02. Kap. 42: *Genie u. Entartung.* S. 497—506.
1158. Hirsch, W. *Genie u. Entartung.* Berlin u. Lpzg., Coblentz 1894. 340 S. — (Polemik gegen Lombroso u. Nordau.)
1159. Lombroso, C. *L'uomo di genio.*
1159a. — *Der geniale Mensch.* Dtsch. v. Fränkel. Hamburg 1890. 448 S.
1159b. — *L'homme de génie.* Frz. v. Colonna d'Istria u. Calderini. Paris, Carré 1896. 582 S.
1160. — *Genio e Degenerazione.*
1160a. — *Entartung u. Genie.* Dtsch. v. Kurella. Lpzg., Wigand 1894.
1161. — *Neue Studien üb. Genialität.* Dtsch. v. E. Jentsch. Schmidts Jahrb. d. ges. Med. **293**, 22—32, 117—148. — (Ital. Ausg. 1902 bei Sandron, Palermo.)
1162. — *Üb. d. Entstehungsweise u. Eigenart des Genies.* Dtsch. v. E. Jentsch. Ebda. **294**, 125—172. 08. — (Ital. Ausg. 05 bei Sandron, Palermo.) — (Viel Material. Betonung der Eindrücke der Pubertät.)
1163. — *Stud. üb. Genie u. Entartung.* Dtsch v. E. Jentsch. Lpzg., Reclam 1910. 256 S. — (Universal-Bibl. 5218/20.)
1164. Radestock. *Genie u. Wahnsinn.* Breslau 1884.
1165. Rossi, P. *Les suggesteurs de la foule. Ps. des meneurs.* Frz. v. Candari. Paris, Michalon 04 u. 07. 222 S. — (Pathographische Betrachtung führender Geister.)
1165a. Sadger, J. *Belastung u. Entartung. Ein Beitr. z. Lehre von kranken Genie.* Lpzg., Demme 1910. 74 S.

3. Dichtkunst.

1166. Antheaume, A. u. Dromard, G. *Poésie et Folie.* 639 S. Paris, Doin 08.
1167. Dilthey, W. *Dichterische Einbildungskraft u. Wahnsinn.* Berlin 1886.
1167a. — *Die Einbildungskraft des Dichters.* Lpzg. 1887.
1168. — *Das Erlebnis u. die Dichtung. Lessing, Goethe, Novalis, Hölderlin.* Lpzg., Teubner 06. 405 S. 2. Aufl. 07.
1169. Eastman, M. *The Poet's Mind.* North Amer. Rev. **187**, 417—425. 08.
1170. Feilberg, L. *Zur Kultur d. Seele.* (A. d. Dänischen.) Jena, Diederichs 06. — (Materialien z. Ps. d. Inspiration.)
1171. Fischer, O. *E. ps. Grundlage des Wiederkunftsgedankens.* (Bemerk. üb. d. literar. Wert der „fausse reconnaissance“.) ZAngPs **5**, 478—516. 1911. — (Beispiele aus der Literatur [Gontscharows Oblomoff u. a.] und aus der Philosophie [Nietzsche], die zeigen, welche Bedeutung das Phänomen der „f. r.“ für die Konzeption des Gedankens der ewigen Wiederkehr hat.)

1171a. FISCHER, O. *Das Problem der Erinnerung u. deren Bedeutung f. d. Poesie.* 4. Cg. InFilos. Bologna 1911.

1172. FREUD, S. *Der Dichter und das Phantasieren.* Neue Revue **1** (2. Märzheft) 08. — (Dichtung ist Wunscherfüllung im Anschlufs an infantile Reminiszenzen. Vergleich der dichterischen Phantasie mit der Traumphantasie, dem kindlichen Spiel usw.)

1173. PAULHAN, F. *L'invention.* RPh **45**, 225—258. 1898.

1174. — *La ps. de l'invention.* Paris, Alcan 01. 186 S.

1175. RANK, O. *Der Künstler.* Ansätze zu e. Sexual-Ps. Wien u. Lpzg., Heller & Co. 07. — (FREUDsche Methode. Sexualverdrängung und Sublimierung von Trieben die Hauptquelle d. künstlerischen Schaffens.)

1176. RIBOT, TH. *Essai sur l'imagination créatrice.* Paris, Alcan 1900. 304 S.

1176a. — *D. Schöpferkraft der Phantasie.* Dtsch. v. W. MECKLENBURG. Bonn, Straufs 02. 254 S.

1177. STEKEL, W. *Dichtung u. Neurose.* Bausteine zur Ps. des Künstlers u. des Kunstwerkes. Grenzfr. d. Nerven- u. Seelenlebens. Heft 65. 73 S. Wiesb., Bergmann 09. — (FREUDsche Methode. Verdrängung u. Sublimierung v. Trieben. Psychoanalyse v. GRILLPARZERS „Traum e. Leben".)

Vgl. ferner 36, 265, 324/5, 875, 1142.

4. Psychogramme und Pathogramme von Dichtern u. Schriftstellern.

[ROUSSEAU, SCHOPENHAUER, NIETZSCHE s. unter D III.]

1178. ALBRECHT, P. *Fritz Reuters Krankheit.* Halle, Marhold 07. 47 S.

1179. BINET, ALFRED. *Francois de Curel (Notes ps.).* AnPs **1**, 119—173. 1895. — (Benutzung von Selbstaussagen des Dichters.)

1180. — et PASSY. *Études ps. sur les auteurs dramatiques.* AnPs **1**, 60—118. 1895. — (Auch: travaux du lab. de ps. 2 und: Temps 1893. Vgl. Text S. 344.)

1181. — *La création littéraire. Portrait ps. de M. Paul Hervieu.* AnPs **10**, 1—62. 04. — (Vgl. Text S. 344.)

1182. EBSTEIN, E. *Chr. Grabbes Krankheit.* E. med.-literarische Studie. Nr. 3 der Grenzfr. d. Litt. u. Med. (RAHMER). München, Reinhardt.

1183. FRANK, L. *Statistische Untersuch. üb. d. Verwendung d. Farben in den Dichtungen Goethes.* Giefsener Dissert. 09. 74 S. — (Vgl. Text S. 342.)

1184. FRÄNKEL, B. *Des jungen Goethe schwere Krankheit. Tuberkulose nicht Syphilis.* Lpzg., Barth 1910. 18 S.

1185. FREIMARK, H. *Tolstoj als Charakter.* E. Studie auf Grund s. Schriften. (Grenzfr. des Nerv.- u. Seelenlebens.) 33 S. Wiesb., Bergmann 09.

1186. GROOS, KARL u. MARIE. *D. akustischen Phänomene in d. Lyrik Schillers.* ZÄsth **5**, 545—570. 1910. — (SCHILLER stärker akustisch als GOETHE und viel stärker als SHAKESPEARE. Vgl. Text S. 342.)

1187. — — *D. optischen Qualitäten in d. Lyrik Schillers.* ZÄsth (DESSOIR) **4**, 559—571. 09. — (Wieviel opt. Ausdrücke auf je 10000 Wörter? Vergleich der Lyrik aus der 1. u. der 3. Periode. Der junge SCHILLER hat doppelt so viel opt. Ausdrücke, wie der junge GOETHE; doch bei G. nimmt die Zahl mit steigendem Alter zu, bei SCH. ab. Vgl. Text S. 273, 342.)

1188. Groos, K. u. Netto, Ilse. *Ps.-statistische Unters. üb. d. visuellen Sinneseindrücke in Shakespeares lyrischen u. epischen Dichtungen.* Engl. Stud., hrsg. v. J. Hoops. 1910.

1189. Hauffe, F. *E. Vergleich d. geistigen Schaffens zwischen Schiller und Goethe.* D. prakt. Schulmann. S. 684—726. 08.

1190. Heid, I. A. *Schillers Arbeitsweise auf Grund eigener Äufserungen.* E. Beitr. zur Poetik. Diss. Giefsen 08. 80 S.

1191. Hellpach, W. *Zur pathographischen Diagnose von C. F. Meyer.* ZbN **32** (N. F. **20**). S. 426—428. 09.

1192. Hess, Ed. *Üb. Conrad Ferdinand Meyer.* AgZPt **58**, 1164. 01.

1193. Hilpert, C. *E. stilpsychologische Unters. an Hugo von Hofmannsthal.* ZÄsth **3**, 361—393. 08.

1194. Huguet, E. *La couleur, la lumière et l'ombre dans les métaphores de Victor Hugo.* Paris, Hachette 05.

1195. Katz, M. *Die Schilderung des musikal. Eindrucks bei Schumann, Hoffmann und Tieck.* Ps.-statist. Unters. ZAngPs **5**, 1—53. 1911. — (Statistik über die synästhetischen Ausdrücke aus dem Gebiet der optischen Qualitäten, der Raumgebilde und der Bewegungen, die zur Schilderung des musikal. Eindrucks verwertet werden. Vgl. Text S 342.)

1196. Lagriffe, L. *Guy de Maupassant. Étude de ps. pathologique.* Annales méd.-ps., Sept. bis Dez. 08. — (M. war Alkoholiker u. Neurastheniker u. endete in Paralyse. Aber diese Erkrankg. hat nichts mit seinem literar. Schaffen zu tun.)

1197. Lange, W. *Die Psychose Maupassants.* Ein kritischer Versuch ZbN **32**, 739—754. 09. Auch separat: Lpzg., Barth 09.

1198. — *Hölderlin. Eine Pathographie.* 223 S. Stuttg., Enke 09.

1199. — *Konrad Ferd. Meyer. E. pathographische Skizze.* ZbN **32**, 209—214. 09.

1200. Lombard, A. *Guy de Maupassant, sa vie, son oeuvre, sa maladie, sa mort. Les tentatives de suicide de G. de Maupassant.* Chron. méd. **15**, 34—40. 08.

1201. Margis, P. *E. Th. Hoffmann. E. psychographische Individualanalyse.* Beihefte z. ZAngPs Erste Flg. (4). 221 S. Lpzg., Barth 1911. — (Vgl. Text S. 344/5, 356.)

1202. Mariani, C. E. *Appunti per uno studio sulla psicosi del genio in Tolstoi.* AɼPtCr **22**.

1202a. — *Tolstoi, L. N. Studio psicologico.* Turin, Bocca 03. 56 S. — (Pathographie.)

1203. Masoin, E. *Étude méd. sur Chateaubriand.* Bull. Acad. roy de méd. Belg. **22**, 24—41. 08.

1204. Mendenhall. *A Mechanical Solution of a Literary Problem.* Pop. Science Monthly. Dez. 01. — (Vgl. Text S. 341.)

1205. Möbius, P. J. *Üb. d. Pathol. b. Goethe.* Lpzg., Barth 1898. 208 S. 2. Ausg. u. d. Titel: *Goethe.* 2 Bde. 264 u. 260 S. Lpzg., Barth 03. 3. Aufl. 09.

1206. — *Üb. Scheffels Krankheit.* M. e. Anh.: *Krit. Bemerkg. üb. Pathographie.* 40 S. Halle, Marhold 07. — (Vgl. Text S. 145.)

1207. MOOG, W. *D. Verhältnis v. Natur u. Ich in Goethes Lyrik. E. literar-ps. Unters.* Diss. Gießen. 79 S. 09.
1208. ODINOT, R. *Etude méd.-ps. sur Alfred de Musset.* Lyon, Storck 08.
1209. PROBST, H. *Edgar Allan Poe.* Nr. 8 der „Grenzfr. d. Lit. u. Med." (RAHMER). München, Reinhardt.
1210. RAHMER, S. *August Strindberg. E. pathol. Stud.* Nr. 6 der „Grenzfr. d. Lit. u. Med." (RAHMER). München, Reinhardt.
1211. SADGER, J. *A. d. Liebesleben Nikolaus Lenaus.* Schriften z. ang. Seelenk. (FREUD). Lpzg. u. Wien, Deuticke 09. 98 S.
1212. — *Konrad Ferdinand Meyer. E. pathographisch-psychol. Studie.* Grenzfr. d. Nerven- u. Seelenl. Heft 59. Wiesbaden, Bergmann 08. 64 S. — (FREUDsche Methode. Wirkung der infantilen Sexualübertragung auf d. nächsten Angehörigen.)
1213. SCHAEFFER, K. *Die Bedeutung des Musikalischen u. Akustischen in E. T. A. Hoffmanns literar. Schaffen.* (Btr. z. dtsch. Literaturwiss. **18.**) 239 S. Marburg, Elwert 09.
1214. SEGALOFF, T. *Dostojewskys Krankheit. Mit Porträt.* Nr. 5 der „Grenzfr. d. Lit. u. Med." (RAHMER). München, Reinhardt.
1215. STEINERT, W. *D. Farbenempfinden Tiecks. E. Beitr. zur Geschichte des Naturgefühls in d. deutschen Dichtung.* Diss. Bonn 07.
1216. TOULOUSE, E. *Enquête médico-ps. sur les rapports de la supériorité intellectuelle avec la névropathie. I. Introduction générale. Emile Zola.* Paris, Flammarion 1896. — (Vgl. Text S. 90, 343.)
1217. VINOGRADOFF, N. *Leslie Stephen. A Study of Character.* Voprosy Phil. **16**, 397—421. 08. — (Literarhistoriker.)
1218. VORBERG, GASTON. *Guy de Maupassants Krankheit.* (Grenzfr. des Nerven- u. Seelenl. **60.**) 28 S. Wiesb., Bergmann 08.
1219. WEISS, E. *Ps. Streifzüge üb. Oskar Wilde.* 183 S. Lpzg., Apian-Bennewitz 08.

Vgl. ferner: 44, 71, 78; 173/4, 224, 240, 321/2, 337, 340a; 918, 926, 1168, 1177, 1378–1381, 1385/6; 1505, 1510, 1519.

5. Musiker.

1220. BLASCHKE, J. *Geisteskranke Tonkünstler.* Neue Musikztg. **30**, 474—477. 09.
1221. DAURIAC, L. *Ps. du musicien.* RPh **35**, 449—470, 595—617. 1893. **41**, 1—23; **42**, 155—173. 1896.
1222. GRAF, M. *Richard Wagner im „Fliegenden Holländer".* E. Beitr. z. Ps. künstl. Schaffens. Schriften z. ang. Seelenkunde (FREUD) **9.** 46 S. Wien, Deuticke 1911.
1223. JACOBSOHN, L. *Ludwig v. Beethovens Gehörleiden.* Dtsch. med. Wochenschr. 1910 (27), S. 1—10. — (Das Komponieren hat unter der Ertaubung nicht gelitten, wohl aber das Spielen.)
1224. PASCAL. *Les maladies mentales de Robert Schumann.* JPsPa **5**, 98—130.

Vgl. ferner: 172, 191, 266—268a, 323. 920—924; 1142; 1446.

6. Bildende Kunst.

1224a. ABRAHAM, K. *Giovanni Segantini. Ein psychoanalytischer Versuch.* Schriften z. ang. Seelenkunde (FREUD) **11**. 65 S. 1911.

1225. ARRÉAT, LUCIEN. *Ps. du peintre.* Paris, Alcan 1892.

1226. BINET, A. *La mystère de la peinture.* AnPs **15**, 300—315. 09. — (Einleitung zu e. beabsichtigten Untersuch. an zeitgenössischen Künstlern.)

1227. — *La ps. artistique de Tade Styka.* AnPs **15**, 316—356. 09. — (Psychographie des 20jähr. polnischen Malers, mit Hilfe der Befragung u. des Experiments. Vgl. Text S. 344.)

1227a. FREUD, S. *E. Kindheitserinnerung des Leonardo da Vinci.* Wien 1910. 71 S.

1228. KLEIN, R. *V. Wesen d. künstlerischen Begabung.* Deutsche Kunst u. Dekoration **23**, 288ff. 09.

1229. KREIBIG, J. K. *Beitr. zur Ps. des Kunstschaffens.* ZÄsth **4**, 532—558. 09.

1230. LOEWENFELD, L. *Üb. d. geniale Geistestätigkeit, mit bes. Berücksichtig. d. Genies f. bildende Kunst.* Wiesb., Bergmann 03. 104 S. — (Psychogramme von 11 berühmten Malern. Gegen LOMBROSOS Theorie.)

1231. POPP, H. *Beitr. zur Geschichte der neueren Künstlerästhetik.* Straſsbg., Heitz 02. 165 S. — (Zusammenstellung zahlreicher Äuſserungen von Künstlern [u. Ästhetikern] über d. Technik u. Ps. ihres Schaffens, Genieſsens usw.)

1232. STADELMANN, H. *D. Stellung d. Psychopathol. zur Kunst.* 51 S. München, Piper & Co. 08.

1233. TAINE, H. *Philosophie de l'art.* 10. Aufl. 2 Bde. Paris 05. Dtsch. v. E. HARDT. 2 Bde. 02/03.

1234. WESTHEIM, P. *Vom unbewuſst schaffenden Künstler.* Deutsche Kunst u. Dekoration **24**, 118ff. 09.

Vgl. ferner: 184, 191, 261; 908, 926a; 1253.

II. Rezeptives und reproduktives Verhalten zur Kunst.

[Da auch bei den produktiven Künstlern das rezeptive u. reproduktive Verhalten eine groſse Rolle spielt, so enthalten auch die in D I genannten Nummern zum groſsen Teil hierher gehöriges Material.]

1. Allgemeines.

1235. MÜLLER-FREIENFELS, R. *Ind. Verschiedenheiten i. d. Kunst.* ZPs **50**, 1—61. 08. — (Sensorischer u. imaginativer Typus; innerhalb eines jeden noch e. motor., auditiver u. visueller Untertyp; dazu noch ein verbal-imaginativer Typ. Auf diesen Unterschieden des ästhetischen Genieſsens beruht groſsenteils die Verschiedenheit der ästhetischen Theorien.)

1236. — *Affekte u. Triebe im künstlerischen Genieſsen.* ArGsPs **18**, 249—264. 1910. — (2 Haupttypen der Affektbeteiligung: der „Mitspieler" u. der „Zuschauer". Dem zweiten fehlen eigentliche Triebaffekte; er hat das „interesselose Wohlgefallen". Aber der erste Typ mit starken Mitgefühlen u. Eigenaffekten ist der weit häufigere u. steht nicht etwa tiefer.)

2. Musik.

[Über Synästhesien beim Hören von Musik vgl. viele Nummern der Abteilung D X.]

1237. ABRAHAM, O. *D. absolute Tonbewußtsein.* Psychol.-musikal. Studie. Sammelhefte d. intern. Musikges. Berlin 01. 86 S. — (Selbstbeob., Experimente, Fragebogen. Vgl. Text S. 126.)

1238. ANDREWS, B. R. *Auditory Tests IV. Musical Capacity.* AmJPs **16,** 302—326. 05.

1239. ARRÉAT, L. *Observation sur une musicienne.* RPh **28,** 283—292. 03. — (Kleines, nicht systematisches Psychogramm.)

1240. BILLROTH. *Wer ist musikalisch?* Dtsch. Rundschau, Okt. 1894. Zugl. separat. Berlin, Paetel.

1241. BOGGS, L. P. *Studies in Absolute Pitch.* AmJPs **18,** 194—205. 07.

1242. COURTIER, J. *Communication sur la mémoire musicale.* 3. InKoPs München 1897. 238—241. — (Dort Hinweis auf e. ausführl. Darstellung in: Travaux du laboratoire de Psychol. de la Sorbonne. Gedächtnis für Rhythmus, Töne usw. Beteiligung der Vorstellungstypen, insbes. des motorischen, am musikal. Gedächtnis.)

1243. KÖNIG, A. *D. Entwicklung d. musikal. Sinnes b. Kindern.* Die Kinderfehler **8,** 49—61, 97—110. 03.

1244. LEE, VERNON. *Üb. Umfrage u. Sammelforschung in d. Ästhetik.* ZÄsth **2,** 535—547. 07. — (Mit einem Fragebogen über die individuelle Empfänglichkeit für Musik. Vgl. Text S. 126.)

1245. LIEBERMANN, P. v. u. RÉVÉSZ, GÉZA. *Über Orthosymphonie.* ZPs **48,** 259—275. 08.

1246. RIEMANN, L. *Das „absolute Gehör".* N. Musikztg. **29** (24). 09.

1247. STUMPF, C. *Ton-Ps.* Lpzg. 1883 u. 1890. — (Vgl. d. Register unter: Ind. Unterschiede.)

1248. TANN-BERGLER, O. *Musikschwachsinn.* Neues Wiener J. **11** (4). 09.

1249. WITTIG, K. *Beobachtungen üb. d. musikalische Entwicklg. e. Kindes im 1. u. 2. Lebensjahre.* Päd. Stud. **28,** 222—227. 07.

Vgl. ferner 301.

3. Bildende Kunst.

1250. ARRÉAT, L. *Art et psychologie individuelle.* Paris, Alcan. 159 S. 06. — (Sammelband. Enth. u. a. Abdruck v. **1239** u. „Esquisse psychologique", eine Selbstanalyse d. Verf.)

1251. IVANOFF, E. *Recherches exp. sur le dessin des écoliers de la Suisse romande.* — Corrélation entre l'aptitude au dessin et les autres aptitudes. ArPs **8,** 97—156. — (2400 Kinder. Bestimmte Aufgaben im Zeichnen. Mädchen schlechter als Knaben. Korr. der Zeichenfähigkeit mit Schulleistungsfähigk. u. Intelligenz, insbes. bei d. Mädchen. Vgl. Text S. 122, 286.)

1252. KATZAROFF, M. D. *Sammlungen freier Kinderzeichnungen.* VI. Genf. ZAngPs **4,** 393—395. 1911. — (Geschlechtsunterschiede u. anderes.)

1253. KERSCHENSTEINER, G. *Die Entwicklung der zeichnerischen Begabung.* München, Gruber. 508 S. 05. — (Massenmaterial; Statistik der Begabungsentwicklung; Geschlechtsunterschiede; übernormale Begabungen. Vgl. Text S. 89, 117, 125.)

1254. Lee, Vernon (Miss Paget). *Ps. d'un écrivain sur l'art.* RPh **28**, 225—254. 03. — (Das ästhetische Geniefsen einer kunstverständigen Persönlichkeit auf Grund v. Selbstbeobachtungen.)

1255. — *Essai d'esthétique empirique (l'individu devant l'oeuvre d'art).* RPh **59**, 46—60, 133—146. 05.

1256. — and Thompson, Armstruther. *Beauty and Ugliness.* Contemporary Rev. S. 548 ff. 1897. — (Selbstbeobachtung beim Genufs v. Kunstwerken. Schilderung eines rein motorischen Typs.)

1257. Levinstein, S. *Kinderzeichnungen bis zum 14. Lebensjahr.* Lpzg., Voigtländer. 119 S. u. 73 Tafeln. 05. — (Massenmaterial der Lamprechtschen Enquête. Vgl. Text S. 125.)

1258. Paget, V. (Lee, Vernon) et Thompson, C. A. *Le rôle de l'élément moteur dans le phénomène de la perception esthétique visuelle. Mémoire sur le rôle de l'élément moteur . . . . . . Questionnaire sur le rôle . . . . . .* IVCoInPs à Paris. S. 468—477. — (Vgl. Text S. 122.)

1258a. Ruttmann, W. J. *D. Ergebnisse der bisherigen Untersuchungen z. Psychol. des Zeichnens.* Lpzg., Wunderlich 1911. 52 S.

1258b. Stern, W. *Spezielle Beschreibung der Ausstellung freier Kinderzeichnungen aus Breslau.* Ber. üb. d. I. Kongr. f. Kinderforschg. in Berlin. Langensalza 07. S. 411—417.

1258c. — *Die Breslauer Sammlung freier Kinderzeichnungen.* ZAngPs **1**, 183—187. 08. — (Geschlechtsunterschiede. Indiv. Begabungsunterschiede. Vgl. Text S. 125.)

Vgl. ferner 1231, 1535.

4. Schauspielkunst.

1259. Binet, Alfred. *Réflexions sur le paradoxe de Diderot.* AnPs **3**, 279—295. 1897. — (Aussagen bekannter Schauspieler über d. Frage, inwieweit d. Schauspieler sein Ich mit d. gespielten Rolle identifiziert.)

1260. Lessing, Th. *Theaterseele.* Berlin, Priber u. Lammers. 2. Aufl. 176 S. 07.

1261. Martersteig, M. *Der Schauspieler.* 1900.

III. Psychisches Verhalten in Philosophie und Forschung; Psychogramme und Pathogramme.

(Mathematik s. D IV.)

1262. Bovet, P. *La vocation de Socrate.* Spécimen d'une application de la science ps. à celle de l'histoire. ArPs **6**, 261—268. 07.

1263. Del Greco, F. *La ps. del Genio in Carlo Darwin.* Atti della Soc. Rom. d'Antrop. 1900.

1264. Joly, H. *La folie de J. J. Rousseau.* RPh **30**, 42—67. 1890.

1265. Mayer, A. *Übermensch und Paralytiker (Nietzsche).* Die Wartburg Nr. 29. 09.

1266. Möbius, P. J. *J. J. Rousseaus Krankengeschichte.* Lpzg., Vogel. 191 S. 1889. — 2. u. 3. Aufl. u. d. Titel: *J. J. Rousseau.* Lpzg., Barth. 311 S. 03 u. 1911.

1267. — *G. Th. Fechners Krankheitsgeschichte.* Neurol. Beiträge. Heft 2. S. 20—34. 1894.

1268. MÖBIUS, P. J. *Über J. J. Rousseaus Jugend.* Beitr. z. Kinderforschung (2). Langensalza, Beyer. 29 S. 1899.
1269. — *Schopenhauer.* Leipzig, Barth. 1899. 2. Aufl. 04. 282 S. — (Pathographie.)
1270. — *Üb. d. Pathologische bei Nietzsche.* GNSee. Heft 17.
1270a. — *Nietzsche.* 3. Aufl. 194 S. 09. Lpzg., Barth.
1271. OSTWALD, W. *Humphrey Davy und Julius Rob. Mayer.* 2 psychographische Studien. AnNtPh **6**, 255—294. **7**, 459—498. 07/8. — (Vgl. Text S. 327.)
1272. — *Erfinder und Entdecker.* (Die Gesellschaft **24**) 99 S. Fft. a. M. Lit. Anstalt. 08.
1273. — *Große Männer.* Lpzg., Akad. Verlagsges. 424 S. 09. — (Die Genialität innerhalb der naturwiss. Forschung, exemplifiziert an DAVY, MAYER (s. **1271**), FARADAY, LIEBIG, GERHARDT, HELMHOLTZ. Entwicklung der Genialität, Schuleinfluß, Begabungshöhe. „Klassischer" u. „romantischer" Typus. Vgl. Text S. 142.)
1274. PROBST, F. *Der Fall Otto Weininger.* E. psychiatr. Studie. Wiesbaden, Bergmann.
1275. RÉGIS, E. *La dromomanie de J. J. Rousseau.* Chron. méd. **16**, 554—555. 09.
1276. TOULOUSE, E. *Notes biologiques sur M. Berthelot.* RPt 01. S. 368 ff.
Vgl. ferner 184, 260, 321/2, 326/7; 1069.

IV. Mathematische Begabung und Rechenfertigkeit. Rechenkünstler.

Bibliographisches.

Zusammenfassender Bericht üb. mathem. Begabung (nebst Literaturverzeichnis) bei BETZ: **54**, 70—78, 88. — (B. erörtert auch den Unterschied zw. math. Begabtheit und Unbegabtheit.)
1276a. LIPMANN, O. *Die exp. Unters. der Rechenfertigkeit.* Sammelbericht ZAngPs **5**, 390—399. 1911. — (Vgl. Text S. 287, 289.)

1. Mathematik und Rechnen.

1277. BROWN, J. C. *An Investigation on the Value of Drill Work in the Fundamental Operations of Arithmetic.* JEdPs **2**, 81—88. 1911. — (Vgl. Text S. 273.)
1278. BROWN, W. *An Objective Study of Mathematical Intelligence.* Biometrika **7** (3). April 1910. S. 352—367. — (Vgl. Text S. 289.)
1279. CLEVELAND, A. *The Ps. of Chess and of Learning to Play it.* AmJPs **18**, 269—308. 07. — (Schachspiel. Große Verschiedenheiten in d. Benutzung des visuellen Bildes. Ein Schwachsinniger war guter Schachspieler.)
1280. COURTIS, S. A. *Manual of Instructions for Giving and Scoring the Courtis Standard Tests in Arithmetic.* Detroit (Mich.), 441 John R. Street. 40 S. 1910.
1281. — *Measurement of Growth and Efficiency in Arithmetic.* The Elem. School Teacher **10**, 58—74, 177—200. **11**, 171—185, 360—370. 09—1911.

1281a. Courtis, S. A. *Standard Tests in Arithmetic.* JEdPs **2**, 272—274. 1911. (Zu **1280—1281a**. C. hat eine Serie von Rechentests ausgebildet, die auf die Fundamentaloperationen, das „Borgen", die Verwendung eingekleideter Aufg. usw. gehen u. zur statist. Feststellung der Leistungsfähigkeit ganzer Klassen und Schulen dienen. Vgl. Lipmanns Bericht **1276a**.)

1282. Eckhardt, K. *Visuelle Erinnerungsbilder beim Rechnen.* ZEPd **5**, 1—22. 07.

1282a. Erler, O. *Zahlengedächtnis u. Rechenfertigkeit.* ZPdPs **12**, 294/5. 1911. — (Nachprüfung der Lobsienschen [**1289**] Korr.-Untersuchungen. Vgl. Text S. 286.)

1283. Fehr, H. *Enquête de l'„Enseignement mathématique" sur la méthode de travail des mathématiciens.* 126 S. Paris, Gauthier-Villars. 08. — (Vgl. Text S. 122.)

1284. Fox, W. S. and Thorndike, E. L. *The Relationships between the Different Abilities Involved in the Study of Arithmetic.* Sex Differences in Arithmetical Ability. Columb. Univ. Contr. to Phil., Ps. and Educ. **11**, 32—40. Febr. 03.

1285. Huther, A. *Über das Problem einer psychologischen und pädagogischen Theorie der intellektuellen Begabung.* ArGsPs **18**, 193—233. 1910. — (Behandelt fast ausschliefslich die Typenbildung innerhalb der Begabung für Geometrie. Nach der Phantasie Scheidung e. anschaulichen u. e. kombinator. Typus. Nach der Denktätigkeit bildet er durch Kreuzung zweier Antitypiken folgende Vierzahl von Typen:

	deduktiv	induktiv
produktiv	math. Talent	genialischer Typ
reproduktiv	mechan. Typ	intelligenter Typ

Willenstypen d. Begabung: d. selbsttätige, banausische, autoritativische, fleifsige Typ.)

1286. — *Korrelationen zwischen Zahlengedächtnis u. Rechenleistung.* ZPdPs **12**, 121—125. 1911. — (Vgl. Text S. 286.)

1287. Klein, F. *Elementarmathematik vom höheren Standpunkte aus. Teil II. Geometrie.* Lpzg. 09. In Kommission bei B. G. Teubner. 515 S. *Anhang: Vom Unterricht in der Geometrie nach seiner Entwicklung in den verschiedenen Ländern. IV. Der Unterricht in Deutschland.* S. 488—514. — (Grade und Typen der math. Begabung.)

1288. Laisant, C. A. et Fehr, H. *Enquête sur la méthode de travail des mathématiciens.* ArPs **4**, 86—90. 05. — (Fragebogen mit 21 psychol. u. 8—10 sonstigen Fragen. Vgl. **1283** u. Text S. 122.)

1289. Lobsien, M. *Korrelationen zw. Zahlengedächtnis u. Rechenleistung* ZPdPs **12**, 54—60. 1911. — (L. nimmt eine gewisse Korr. zwischen akust. Zahlengedächtnis u. Kopfrechnen, ja selbst schriftl. Rechnen an, obgleich die r-Werte nur 0,24 u. 0,18 bei einem w. F. von 0,09 betragen. Vgl. Text S. 286.)

1290. Möbius, P. J. *Üb. d. mathem. Talent.* Wiener klin. Rundsch. (1). 1900.
1291. — *Üb. d. Anlage z. Mathematik.* Lpzg., Barth. 1900. 2. Aufl. 264 S. 07. — (Psychologisches über Mathematiker, Rechenkünstler, mathematische Frauen, math. Familien. Phrenologisches über das math. Organ.)
1292. Poincaré, H. *La valeur de la science.* 05. — (S. 11—15. Zwei math. Begabungstypen: D. geometr.-intuitive u. der analyt.-logische Typ.)
1293. — *L'invention mathématique.* Rev. du mois **6**, 9—21. 08. Rev. gén. d. Sc. 15. juillet 08. Abgedruckt mit Anm. von A. Binet in: AnPs **15**, 445—459. 09.
1294. Stone, C. W. *Arithmetical Abilities and some Factors Determining them.* Teachers Coll. Columb. Univ. NYCity 08. 101 S. — (Statistische Verarbeitung einfacher Rechentests, später vervollständigt u. systematisiert von Courtis [**1281** a]. Vgl. Text S. 271, 287, 289.)
1295. Toulouse, E. *Enquête médico-ps. sur la supériorité intellectuelle. Henri Poincaré.* Paris, Flammarion. 204 S. 1910. — (Vgl. Text S. 90, 343.)
1295a. — (Kurzes Resumé obiger Schrift.) La semaine médicale **30**, 133 ff. 1910.
1296. Winch, W. H. *Accuracy in School Children. Does Improvement in Numerical Accuracy „Transfer"?* JEdPs **1**, 557—589. 1910. — (Vgl. Text S. 290.)
1296a. — *Further Work on Numerical Accuracy in School Children. Does Improvement in Numerical Accuracy „Transfer"?* JEdPs 2, 262—271. 1911. — (Vgl. Text S. 290.)

Über Mathematik vgl. ferner Möbius 193; Lorey 1042. — Über Rechenfertigkeit vgl. noch Ranschburg 614 u. 614 a u. Vaney 984. — Das Rechnen als Intelligenztest und in Verbindung mit anderen Tests wird behandelt in: 102, 125/6; 604, 609/10; 634/5, 636 a.

2. Rechenkünstler.
(Bibliographisches s. **1307** u. **1310**.)

1297. Binet, A. *Ps. des grands calculateurs et joueurs d'échecs.* Paris, Hachette. 364 S. 1894. Teilweise übersetzt: *Das Gedächtnis der Schachspieler.* Berliner Schachztg. I. Auch separat. Berlin. — (Hauptbeispiele: Inaudi u. Diamandi. Vgl. Text S. 348.)
1297a. — *Note complémentaire sur M. Jacques Inaudi.* RPh **35**, 106—112. 1893.
1298. Bryan, W. Lowe. *Case of Arthur Griffith, Arithmetical Prodigy.* IVCoInPs à Paris. S. 177. 01.
1299. Buschan. *Der Rechenkünstler Heinhaus.* Arch. f. Anthropol. **8**. 09. — (Anthropol. Unters. H. hat überdurchschnittliche Schädelkapazität und die Möbiussche linke Stirnecke.)
1300. Charcot, J. M. et Darboux, G. *Rapports de la commission chargée de l'examen du calculateur Inaudi.* CRAcSci Paris **114**. 1892.
1301. — et Binet, A. *Un calculateur du type visuel.* RPh **35**, 590—594. 1893.
1302. Guiccardi, J. u. Ferrari, G. C. *Il calculatore mentale „Zaneboni".* RFt **23**, 132—159 u. 407—429. 1897.
1303. Joteyko, I. *Présentation de M. Diamandi, calculateur du type visuel.* JN **12**, 445. 07.

1304. Kemsies, F. u. Grünspan, A. *Üb. Rechenkünstler.* ZPdPs **5**, 193—207. 03.
1305. Linaker, A. *Sui calcolatori mentali. Notizie storiche.* RFt **23**, 429—437. 1897.
1306. Manouvrier, L. *Mémoire visuelle. Visualisation colorée. Calcul mental (Notes et étude sur le cas de M. Diamandi).* Rev. de l'Ecole d'Anthr. de Paris. März 08 u. Bull. et Mém. de la Soc. d'Anthr. de Paris **9**, 584—642. 08.
1307. Mitchell, F. D. *Mathematical Prodigies.* AmJPs **18**, 61—143. 07. — (Enthält Berichte und umfangreiche Literaturangaben über die Rechenkünstler Fuller, Buxton, Colburn, Mondeux, Inaudi, Zaneboni, Diamandi, Dase, Bidder, Gauss, Ferrol, Mitchell u. a. Vgl. Text S. 348.)
1308. Müller, G. E. *Ber. üb. Unters. an e. ungewöhnlichen Gedächtnis.* 1.KoEPs in Gießen. Lpzg., Barth. S. 46/47. 04. — (Vorläuf. Mittlg. über Dr. Rückle. Der ausführl. Bericht M.'s über die Untersuchungen an R. findet sich in **458a** Abschn. 3. „Unters. e. hervorrag. Gedächtnisses". S. 177—255. Vgl. Text S. 348.)
1309. Rückle. *Gedächtnis und Rechenkunst.* Vortrag. ZPdPs **10**, 322—325. 08. — (Darstellung der eigenen Demonstrationen R.'s.)
1310. Scripture. *Arithmetical Prodigies.* AmJPs **4**, 1—59. 1891. — (Vgl. Text S. 348.)
1311. Wizel, A. *Ein Fall v. phänomenalem Rechentalent b. e. Imbezillen.* ArPt **38**, 122—155. 04. — (22jähr. imbezilles Mädchen rechnet vorzüglich vermöge e. hervorrag. auditiven Zahlengedächtnisses.)

Vgl. auch 526.

V. Religiöses Verhalten. Religiöse Persönlichkeiten.

1. Typen des religiösen Erlebens.

1312. Beck, P. *Die Ekstase.* Sachsa, Haacke. 265 S. 06.
1313. Binet-Sanglé. *Les prophètes juifs.* Paris 05.
1314. Brenier de Montmorand. *Les états mystiques.* RPh **60**, 1—23. 05.
1315. Buber, Martin. *Ekstatische Konfessionen.* Gesammelt von Martin Buber. Jena, Diederichs. 240 S. 09. — (Sammlung von Selbstberichten bekannter u. unbekannter Personen, welche ekstatische Zustände durchgemacht haben.)
1316. Dumas, G. Ps. *des deux messies positivistes.* Paris 05.
1317. Flournoy, Th. *Le génie religieux.* Foyer solidariste, Saint-Blaise (Suisse). 47 S. 07. — (Das rel. Genie ist eine unauflösliche Verbindung eines mystischen u. eines moralischen Elements. Dargetan an Jesus.)
1318. — *Religions-Ps.* Dtsch. v. Regel. Einleitung v. Vorbrodt. Lpzg., Eckard. 1911. — (In der Einleitung Übersetzung von **1317**.)
1319. James, W. *The Varieties of Religious Experience.* A Study in Human Nature. New York, London and Bombay; Longmans, Green and Co. 527 S. 02.
1319a. — *Die religiöse Erfahrung in ihrer Mannigfaltigkeit.* Dtsch. v. Wobbermin. Lpzg., Hinrichs. 471 S. 07.

(Zu **1319** u. **1319a**. Das Material besteht größtenteils aus Konfessionen von Menschen, die starkes religiöses Erleben hatten. Typen der Leichtmütigen u. der Schwermütigen. Ps. der Bekehrung u. Wiedergeburt, der Heiligkeit, der Mystik usw.)

1320. Joly, H. *Les Saints. Ps. des Saints.* 2. édit. Paris, Lecoffre. 201 S. 1897.

1320a. — *Ps. der Heiligen.* Dtsch. n. d. 8. Aufl. des Orig. von G. Pletl. Regensb., G. J. Manz. 207 S. 04.

1321. Ladame, P. L. *Religionsps. Fragen.* I. Disk. über die Referate der Herren Höffding u. Leuba. ZRlPs **4**, 100–112. 1910. — (Bedeutung psychiatrischer Kenntnisse für die Beurteilung religiöser Erscheinungen. Kritik der Ansicht, dafs Jesus geisteskrank gewesen sei.)

1321a. Leclère, A. *La psychophysiologie des états mystiques.* AnPs **17**, 97—144. 1911.

1322. Leuba, J. H. *A Study in the Ps. of Religious Phenomena.* AJPs **7**, 309–385. 1896.

1323. — *On Three Types of Behavior.* The Mechanical, the Coercitive (Magic) and the Anthropopathic (Including Religion). AmJPs **20**, 107—119. 09.

1324. Näcke, P. *Zur Ps. der plötzlichen Bekehrungen.* ZRlPs **1**, 234—253. 07.

1325. Pratt, J. B. *Types of Religious Belief.* AmJRlPs **2**, 76—94. 06. — (Fragebogen. 5 Glaubenstypen: Glauben aus e. Vernunftargument, aus Autorität, aus Gewohnheit, aus Willen z. Glauben, aus mystischem Erleben.)

1326. Schmidt, W. *D. verschiedenen Typen religiöser Erfahrung.* Gütersloh, Bertelsmann. 318 S. 08.

1327. Starbuck, E. D. *Religions-Ps.* Empirische Entwicklungsstudie relig. Bewufstseins. 2 Bde. Dtsch. v. F. Beta. Philos.-soziol. Bücherei **14**. Lpzg., Klinkhardt. 09. — (Hauptsächlich Fragebogenmethode an Personen beiderlei Geschlechts. Hauptproblem Entwicklung der Religiosität im Jugendalter mit u. ohne Bekehrung. Statistik.)

1328. Triplett, N. *A Contribution to Individual Ps.* AJPs **13**, 149—160. 02 — (Autobiographisches von e. jungen Mann, der als Kind komplizierte Buchstabenmystik getrieben hatte.)

1329. Witry, Th. *Historisch-Pathologisches üb. die Pseudomessiasse der Vergangenheit und Gegenwart.* Verhdl. d. Ges. d. Naturforscher u. Ärzte **80**, 2. Tl., 131—133. 09.

Vgl. ferner 156, 1007, 1156.

2. Psychogramme religiöser Persönlichkeiten.

1330. Baumann, J. *D. Gemütsart Jesu.* Nach jetziger wissensch. insbes. jetziger ps. Methode erkennbar gemacht. Göttingen, Lpzg., Kröner. 80 S. 08.

1331. Binet-Sanglé. *Le prophète Samuel* AnMdPs 03/4.

1332. — *La folie de Jésus, son hérédité, sa constitution, sa physiologie.* Paris, Maloine. 294 S. 08.

1333. Dumaz, J. *Ps de Jeanne d'Arc.* AnMdPs 04.

1334. Ebstein, W. *Dr. Martin Luthers Krankheiten u. deren Einflufs auf seinen körperl. u. geistigen Zustand.* Stuttg., Enke. 64 S. 08.

1335. Hitchcock, A. W. *The Ps. of Jesus.* Boston, Pilgrim Press. 279 S. 08.

1336. Holtzmann. *War Jesus Ekstatiker?* E. Unters. z. Leben Jesu. Tüb. u. Lpzg. 143 S. 03.

1337. KNEIB, PH. *Moderne Leben-Jesu-Forschung unter dem Einflusse der Psychiatrie.* Mainz, Kirchheim. 76 S. 08. — (Katholische Kritik von **1338, 1341, 1330, 1336**.)

1338. LOOSTEN (Pseudonym für G. LOMER). *Jesus Christus vom Standpunkte d. Psychiaters.* E. krit. Studie. Bamberg. 104 S. 05.

1339. MONTMORAND, B. DE. *Saint-Vincent de Paul: essai de ps. religieuse.* RdePh **14**, 44—67. 09.

1340. NINCK, J. *Jesus als Charakter.* Lpzg. 06.

1340a. PFISTER, O. *D. Frömmigkeit des Grafen L. v. Zinzendorf.* Ein psychoanalyt. Beitr. Schriften z. ang. Seelenkunde (FREUD) **8**. 1910. Lpzg. u. Wien, Deuticke. — (Vgl. **1341a**.)

1341. RASMUSSEN, E. *Jesus.* E. vergl. psychopathol. Studie. (In dänischer Sprache.) Dtsch. v. A. ROTHENBURG. Lpzg. 166 S. 05.

1341a. REICHEL, G. *Zinzendorfs Frömmigkeit im Licht der Psychoanalyse.* Tübingen, Mohr. 192 S. 1911. — (Kritik von **1340a**.)

1342. SCHAEFER, H. *Jesus in psychiatr. Beleuchtung.* E. Kontroverse. Berlin, E. Hofmann & Co. 1910.

1342a. SCHLÜTER, J. *Biographien.* ZRlPs **5**, S. 234/5. 1911. — (Aufzählung der Persönlichkeiten, die in religionspsychol. Hinsicht psychographiert werden sollen.)

1343. VORBRODT, G. *Z. Religions-Ps der Persönlichkeit Jesu.* Theol. Stud. u. Krit. 1—63. 1910.

1344. WEIDEL, K. *Augustins Konfessionen.* ZRlPs **4**, 42—58, 86—100. 1910.

1345. — *Jesu Persönlichkeit.* Eine ps. Studie. Halle, Marhold. 47 S. 08.

1346. WERNER, H. *Die psychische Gesundheit Jesu.* Bibl. Zeit- u. Streitfr. **12**. Gr.-Lichterfelde, E. Runge. 64 S. 09.

Vgl. auch 1262.

VI. Herrscher und Staatsmänner: Psychogramme.

(Vgl. auch Abt. A IV 5.)

1347. BEAUJEU, M. *Ps. des premiers Césars.* Paris, Masson. 56 S. 1893.

1348. BIESE, A. *Der geniale Mensch in Bismarck.* Konservat. Monatsschr. **67**, 31—42, 121—130. 09.

1349. DUMSTREY, F. *D. erste Napoleon.* E. ps. und pathologisches Problem. Lpzg., Wigand.

1350. DUPRÉ. *La folie de Charles VI.* RSci Jan. 1911.

Vgl. ferner 212, 233/4, 324/5.

VII. Psychologie des Verbrechers.

(Auswahl.)

[Über verbrecherische Eigenschaften der Frau vgl. Abt. C VIII.]

Hauptzeitschriften zur Kriminal-Ps. in deutscher Sprache:

1351. *Arch. f. Kriminalanthropologie u. Kriminalistik.* (H. GROSS.) Lpzg., Vogel. Bis 1911 42 Bde.

1352. *Monatsschrift f. Kriminal-Ps. und Strafrechtsreform.* (ASCHAFFENBURG.) Heidelberg, Winter.

1353. Aschaffenburg, G. *D. Verbrechen u. s. Bekämpfung.* Einleitung i. d. Kriminal-Ps. Heidelberg, Winter. 277 S. 06.

1354. Baer. *D. Verbrecher in anthropol. Beziehung.* Lpzg. 1892.

1355. Bechterew, v. *Üb. exp.-ps. Unters. v. Verbrechern.* (Nach e. Vortrag). JPsN 2. 03.

1356. Ellis, H. *Verbrecher u. Verbrechen.* Dtsch. v. Kurella. Lpzg., Wigand. 342 S. 1894.

1357. Gross, H. *Kriminal-Ps.* 2. Aufl. Lpzg., Vogel. 701 S. 05.

1358. Healy, W. *The Individual Study of the Young Criminal.* J. of the Amer. Institute of Criminal Law and Criminology (J. W. Garner and H. C. Carbaugh) **1**, 50—62. 1910.

1359. Kurella, H. *Naturgesch. d. Verbrechers.* Stuttg. 1893.

1360. Lombroso u. Laschi. *D. polit. Verbrecher u. d. Revolutionen.* Dtsch. v. Kurella. 2 Bde. Berlin 1891/92.

1361. — *D. Verbrecher in anthropol., ärztl. u. jur. Beziehung.* Dtsch. v. Fraenkel. 3 Bde. Hamburg 1894. — (Vgl. Text S. 196.)

1362. — *D. Ursachen u. Bekämpfung d. Verbrechens.* Dtsch. v. Kurella u. Jentsch. Berlin, Bermühler. 403 S. 02.

1363. — *Neue Verbrecherstudien.* Dtsch. v. Jentsch. Halle, Marhold. 225 S. 07.

1363a. Pollitz, P. *D. Ps. des Verbrechers.* Aus Nat. u. Geistesw. Nr. **248**. Lpzg., Teubner. 148 S.

1364. Sommer, R. *Kriminal-Ps. u. strafrechtl. Psychopathol.* Lpzg., Barth. 388 S. 04.

1365. Wulffen, E. *Ps. d. Verbrechers.* 2 Bde. Gr.-Lichterfelde, Langenscheidt. 448 u. 546 S. 08.

Vgl. ferner: 150, 235a, 256/8, 1004/5, 1007.

VIII. Mindersinnige: Psychogramme und Autopsychogramme.

Bibliographisches und Zeitschriften.

1366. *Der Blindenfreund.* (Gegr. 1880.) Hrsg. v. Brandstaeter, Lembcke, Mell u. Mohr. Düren, Hamel.

1367. *Lexikon des Blindenwesens.* Hrsg. v. Mell.

1368. *Blätter f. Taubstummenbildung.* Begr. 1887 v. E. Walther. Hrsg. W. Weise. Berlin, Staude.

1369. *Organ der Taubstummenanstalten in Deutschland.* Gegr. 1854. Hrsg. J. Vatter, Frankfurt a. M. Friedberg, Bindernagel.

1370. Walther, E. *Handbuch d. Taubstummenbildung.* Berlin, E. Staude. 750 S. 1895.

1371. Stern, W. *Z. Ps. der Mindersinnigen.* Krit. Sammelbesprechung. ZAngPs **1**, 556—573. 08. — (Enthält S. 568/9 e. Zusammenstellung der wichtigsten Literatur über Taubstummblindheit.)

1372. Ansaldi, L. *D. Seelenleben e. Erblindeten.* Eos. **1**, 46—66. 05. — (Vgl. Text S. 347.)

1373. Arnould, L. *Une âme en prison.* Histoire de l'éducation d'une aveugle-sourde-muette de naissance. Paris, Oudin. 172 S. 04. 2. Aufl. 09.

1374. Hartmann, A. *Taubstummheit u. Taubstummenbildung.* Stuttg., Enke.

1375. HELLER, TH. *Studien z. Blinden-Ps.* PhSd **11**. 1895. — Separat 2. Aufl. Lpzg., Engelmann. 136 S. 04.
1376. JAVAL, E. *Der Blinde u. seine Welt.* (Entre aveugles.) Dtsch. v. TÜRKHEIM. Hamburg, Vofs. 160 S. 04. — (Vgl. Text S. 347.)
1376a. — *On Becoming Blind.* NY Macmillan. 191 S. 05.
1377. JERUSALEM, W. *Laura Bridgman.* Erziehung e. Taubstumm-Blinden. Wien. 76 S. 1891. — (Vgl. Text S. 347.)
1378. KELLER, HELEN. *D. Geschichte meines Lebens.* Dtsch. v. SELIGER. Stuttg., Lutz. 347 S. 04.
1378a. — *Meine Welt.* Dtsch. v. CONRAD. Ebda. 98 S. 08.
1379. — *Dunkelheit.* Dtsch. v. CONRAD. Ebda. 124 S.
1380. — *Optimismus.* Ebda.
1381. — *Briefe meiner Werdezeit.* Dtsch. v. SAAGER. Ebda. 241 S. 1910.
1382. REUSCHERT, E. *D. Gebärdensprache der Taubstummen u. d. Ausdrucksbewegung d. Vollsinnigen.* Lpzg., Dude. 222 S. 09.
1383. RIEMANN, G. *Die Taubstumm-Blinden.* Vortrag. Beitr. z. Kinderforschung u. Heilerziehung. (TRÜPER u. a.) Langensalza, Beyer. 17 S. 07.
1384. SCHÄFER, K. L. u. MAHNER, P. *Vergl. psycho-physiol. Versuche an taubstummen, blinden u. normalen Kindern.* ZPs **38**, 1—23. 05. — (Versuche m. Gewichtshebungen.)
1385. STERN, W. *Helen Keller. D. Entwicklung u. Erziehung einer Taubstummblinden als ps., päd. u. sprachtheoret. Problem.* ZIEHEN-ZIEGLERsche Sammlung **8**, H. 2. Auch separat: Berlin, Reuther u. Reichardt. 76 S. 05.
1386. — *Helen Keller. Persönliche Eindrücke.* ZAngPs **3**, 321—333. 1910. — (Vgl. Text S. 347.)
Vgl. auch 1474.

IX. Psychographisches über Spaltung der Persönlichkeit und Verwandtes.

(Auswahl.)

1387. CUTTEN, G. B. *The Case of John Kinsel.* PsR **10**, 465—497, 615—632. 03. — (Spaltung der Persönlichkeit.)
1388. DESSOIR, M. *Das Doppel-Ich.* 2. Aufl. Lpzg., Günther. 82 S. 1896.
1389. FLOURNOY, TH. *Des Indes à la planète Mars.* Etude sur un cas de somnambulisme avec glossolalie. Paris, Alcan; Genève, Eggimann. 1900. (2. Aufl.) 420 S.
1390. — *Nouvelles observations sur un cas de somn. avec gloss.* ArPs **1**, 101—255. 01.
1391. — *Choréographie somnambulique; le cas de Magdaleine G.* ArPs **3**, 357—374. 04. — (Schlaftänzerin.)
1392. GRAFÉ, A. *Un nouveau liseur de pensée, contribution à l'étude de l'hyperesthésie.* IVCoInPs à Paris 676—696. 01.
1393. GUICCARDI e FERRARI, G. C. *Il lettore del pensiero „John Dalton".* RFt **24**, 185—238. 1898. — (Gedankenleser.)
1394. GURRIER, P. *Etude médico-ps. sur Thomas de Quincey.* Lyon, Rey. 08. — (Opiumrausch.)
1395. HENNIG, R. *Beitr. z. Ps. des Doppel-Ichs.* ZPs **49**, 1—55. 08.

1396. Heymans, G. *Eine Enquête über Depersonalisation und „Fausse Reconnaissance“.* ZPs **36**, 321—343. 04.
1397. — *Weitere Daten über Depersonalisation u. „Fausse Reconnaissance“.* ZPs **43**, 1—17. 08. — (Zu **1396/7** vgl. Text S. 125.)
1397a. Janet, P. *Une Felida artificielle.* RPh 329—357, 483—529. 1910.
1398. Lemaître, A. *Jenny Azaëla. Histoire d'une somnambule genevoise au siècle dernier.* ArPs **2**, 105—132. 03. — (Doppel-Ich.)
1399. — *Des phénomènes de paramnésie. A propos d'un cas spécial.* ArPs **3**, 101—110. 04.
1400. Bernard-Leroy, E. *L'illusion de fausse reconnaissance.* Paris, Alcan 1898.
1401. Magnin, E. *L'art et l'hypnose.* Genève, Atar; Paris, Alcan. 463 S. — (Ausführl. Darstellung des Falles der Schlaftänzerin Madeleine.)
1402. Miller, F. *Quelques faits d'imagination créatrice subconsciente.* ArPs **5**, 36—51. 06.
1403. Morton Prince. *The Dissociation of a Personality.* A Biographical Study in Abnormal Ps. 569 S. New York, Longmans, Green & Co. 06.
1404. — *The Problem of Multiple Personalities, a Study of a very Remarkable Case.* IVCoInPs à Paris 194—215. 01.
1405. Schrenck-Notzing, v. *Üb. Spaltung der Persönlichkeit (sog. Doppel-Ich).* Wien, Höldor. 23 S. 1896.
1406. — u. Mitwirkung v. Otto Schulze. *Die Traumtänzerin Madeleine G.* Stuttg., Enke. 176 S. 04.
1407. Wilson, A. *A Case of Double Consciousness.* Journ. of Mental Science **49**, 640—658. 03.
1408. — *Report of the Committee of the Medico-Psychological Association, Appointed to Consider the Case of Double Consciousness.* Journ. of Mental Science **50**, 500—504. 04.
1409. — *A Case of Double Consciousness.* Ebda. **50**, 699—750. 04.
Vgl. auch 1171.

X. Synästhesie.

(a. c. = audition colorée.)

Bibliographisches.

Das folgende Verzeichnis entstammt einer Literatursammlung, die Herr Dr. Otto Lipmann angelegt und mir für diese Bibliographie in dankenswerter Weise zur Verfügung gestellt hat. Herr Dr. L. besitzt aufserdem eine grofse Sammlung von Stellen aus belletristischen Autoren, die synästhetische Bedeutung haben. Interessenten mögen sich an Dr. L., Neubabelsberg bei Berlin, Kaiserstr. 12 wenden.

Literatur bis 1899.

1410. Aglave. *De l'audition des couleurs.* Recueil d'Ophthalmol. N. 9. 1882.
1410a. Albertoni. *Üb. Beziehungen zw. Farben u. Tönen.* Zentralbl. f. Physiol. **3** (15), 345. 1889.
1411. Astier. *Observation sur un cas d'a. c.* Gaz. hebdom. de méd. et de chir. S. 600. 16. Dez. 1893.
1412. Baratoux. *De l'a. c.* Delahaye et Levrosnier. Paris 1888.

1412a. Baratoux. *De l'a. c.* Progrès méd. 1888.
1413. Beaunis et Binet. *Sur 2 cas d'a. c.* RPh **33**, 448—461. 1892.
1414. Binet. *Le problème de l'a. c.* R. des Deux Mondes **113**, 586—614. 1892.
1415. — *Das Problem des Farbenhörens.* Deutsch von Renz u. Schneidereit. MGesSprachheilk. 5—15, 51—54, 353—367. 1893.
1416. — *Application de la psychologie métrique à l'étude de l'a. c.* RPh **36**, S. 334. 1893.
1417. — et Philippe. *Etude sur un nouveau cas d'a. c.* RPh **33**, 461—464. 1892.
1418. Bleuler u. Lehmann. *Zwangsmäfsige Lichtempfindung durch Schall und verwandte Erscheinungen.* Lpzg. 1881.
1419. Calkins, M. W. *Synaesthesia.* AmJPs **7**, 90—107. 1895.
1420. — *A Statistical Study of Pseudo-Chromaesthesia and of Mental Forms.* AmJPs **5**, 439—464. 1892.
1421. Clavière, Jean. *L'a. c.* AnPs **5**, 161—178. 1899.
1422. Clay, Blanche L. *Pseudo-Chromaesthesia and Number-Forms.* AmJPs **5**, 460—463. 1893.
1423. Collineau. *L'a. c.* R. de l'Ec. d'Anthrop. 1891.
1424. Colman, W. S. *On So-Called Colour Hearing.* Lancet 1894. März u. April.
1425. — *Further Remarks on „Colour Hearing".* Lancet, 21—24. 1898.
1426. Combarien. *Les rapports de la musique et de la poésie au point de vue de l'expression.* 1893.
1427. Destouches, L. *La musique et quelquesuns de ses effets sensoriels.* Thèses de Paris. 1898.
1428. Eastman, Mary R. *Pseudo-Chromesthesia.* AmJPs **5**, 459—460. 1892.
1428a. Eberson. *Über colorierten Geschmack.* Wiener med. Presse **38** (49).
1429. Ellinger, Albert. *Üb. Doppelempfindungen.* Diss. Stuttgart 1889.
1430. Epstein, S. *Üb. Modifikation d. Gesichtswahrnehmungen unter d. Einfluſs v. gleichzeitigen Toneindrücken.* ZBiol (N. F.) **15**, 28—43. 1896.
1431. *Prof. Fechners Assoziationsstatistik. Aufruf d. Akad. Philos. Vereins Leipzig.* Wissensch. Beil. d. Lpzg. Ztg. Nr. **4**. S. 17—19. 11. 1. 1880.
1432. Féré, Ch. *Vision colorée et équivalence des excitations sensorielles.* CR SocBiol. S. 791. 1887.
1433. — *Gustation et vision colorée.* CRSocBiol **3**, S. 769. 1891.
1434. Filippi. *Di alcuni fenomeni prodatti dai suoni musicali sul organismo umano.* Florenz 1884.
1435. Flournoy, Th. *Sur l'a. c.* ArSci phys. et nat. **23**, S. 352. 1890.
1436. — et Claparède, Ed. *Enquête sur l'a. c.* ArSci phys. et natur **28**, 505—508. 1892.
1437. — *Les phénomènes de synopsie.* Paris, Alcan; Genf, Eggimann 1893.
1438. — *L'a. c. et la suggestion.* Interméd. de Biol. **1**, 110. 1898.
1439. Girandeau. *De l'a. c.* L'encéphale. 1885. S. 589.
1440. Grafé. *Note sur un nouveau cas d'a. c.* Rev. de Méd. **17**, 192—196. 1897.
1441. — *Sur un cas à rattacher à coeur d'a. c.* Rev. de Méd. **18**, 225—228. 1898
1442. Grazzi. *A. c.* L'Imparziale, No. 10. 1883.
1443. Gruber. *L'a. c.* CoInPsPhys. Paris 1890. S. 157.
1444. — *L'a. c.* 6CoEPs London 1892, S. 12 und RSci (R. Rose) **51**, 394—398. 1893.

1444a. Gruber. *Questionnaire ps. sur l'a. c., figurée et illuminée.* RPh **35**, 499—502. 1893.

1445. Grützner. *Üb. d. Einfluſs e. Sinneserregung auf d. übr. Sinnesempfindungen.* DMdW **44**. 1888.

1446. Hennig. *D. Charakteristik d. Tonarten.* Berlin 1897.

1447. — *Entstehung und Bedeutung der Synopsien.* ZPs **10**, 183—222. 1896.

1448. Henri, V. *Sur un cas d'a. c.* RPh **35**, S. 554. 1893.

1449. Hilbert, R. *Über assoz. Geschmacks- und Geruchsempfindungen mit Farben usw.* Kl. Monatsbl. f. Augenheilk. Jan. 1884.

1449a. — *E. Fall von Geschmacksphotismen.* Kl. Monatsbl. f. Augenheilk. **35**, 271—273.

1450. — *D. Pathologie des Farbensinnes.* Halle 1897.

1450a. — *D. sog. Doppelempfindungen.* Naturw. Wochenschr. **9** (19).

1450b. — *Zur Kenntnis der sog. Doppelempfindungen.* ArAugenheilk. **31**, 35—49.

1451. Holden. *Color-Associations with Numbers etc.* Science, N. S. **1**, S. 576. 1895.

1452. Hornbrook, A. R. *The Pedag. Value of Number Forms.* EdR. **5**, 467—480. 1893.

1453. Huth, Ch. A. B. *Farbige Noten, Analogie der Töne u. Farben.* Hambg. u. Lpzg. 1888.

1454. Itelson, G. *Üb. paradoxe Nebenvorstellungen (sog. a. c.).* III InCoPs zu München 1897. S. 476.

1455. Jordan. *The Color of Letters.* PopSciM **39**, S. 67. 1891.

1455a. Kaiser, H. *Üb. Assoziation v. Worten u. Farben.* ArAugenheilk. 1896.

1456. Kendrick, Arthur E. *Number Forms.* AmJPs. **5**, 463—464. 1892.

1457. Krohn, W. O. *Pseudo-Chromesthesia, or the Association of Colors with Words, Letters and Sound.* AmJPs **5**, 20—41. 1892.

1458. Lauret et Duchaussoy. *Un cas héréditaire d'a. c.* RPh **1**, 22. 1887.

1459. Lay, W. *3 Cases of Synaesthesia.* PsR **3**, 92—95. 1896.

1460. Marcé. *Des altérations de la sensibilité.* Thèse d'aggrégation. Paris 1860.

1461. Marschall, H. R. *Note on Colour-Hearing.* AmJPs **5**, 416—420. 1893.

1462. Mayerhausen. *Üb. Assoziation d. Klänge, speziell d. Worte mit Farben.* Kl. Monatsbl. f. Augenheilk. S. 383. 1882.

1463. Mendoza, Suarez de. *L'a. c.* Paris, Doin 1890. 2. Aufl. 1899.

1464. Millet. *L'a. c.* Thèse de doct. en méd. Paris 1892.

1465. Mirto. *Contributo al fenomeno di sinestesia visuale, udizione colorata.* Rif. med. **4**, 72. 1894.

1466. Moch, G. *Le calcul et la réalisation des a. c.* RSc, 4. Serie **10**, 225—230. 1898.

1467. — *Notation musicale des couleurs.* Voix Parlée et Chantée. 15. Sept. 1899.

1468. Nimier, H. *L'a. c.* Gaz. de Méd. et Chir. **12**. 1890 u. 1891. S. 134.

1469. Nussbaumer. *Üb. subjektive Farbenempfindungen.* Wiener MdW **23** (1, 2, 3). 1873.

1470. Ostmann. *Üb. d. Beziehungen zw. Auge u. Ohr.* Graefes ArOphth **43**, 1—24. 1897.

1471. Parkville, Henri de. *Association of Color with Sounds.* PopScM **23,** 490. 1883.
1472. Patrick. *Number Forms.* PopSciM **42,** S. 504. 1893.
1473. Pedron. *De l'a. c.* An. d'ocul. **88,** S. 224. Brüssel 1882.
1474. Philippe, M. *L'a. c. des aveugles.* RSci **4,** S. 806. 1894.
1475. — *Une observation d'a. c.* RPh **36,** S. 330. 1893.
1476. Philipps, D. E. *Genesis of Number Forms.* AmJPs **8,** 506—527. 1897.
1477. Pilo, M. *Contributo allo studio dei fenomeni sinestetici.* Pensiero ital. Mailand 1894.
1477a. Quincke. *Mitempfindungen u. verwandte Vorgänge.* ZKlinMd **17,** 429—451.
1478. Raymond. *L'a. c.* Gaz. des Hopitaux 2. Juli 1890.
1479. Sanctis, de e Vespa. *Modificazioni delle percezioni visive sotto l'influenza di sensazioni gustative simultanee.* Riv. di. Ps., Psichiat e Neur. **24.** Rom 1898.
1480. Schenke. *Beitr. z. Assoziation der Worte mit Farben.* Prager MdW. 1881.
1481. — *Üb. Assoziation d. Worte mit Farben.* Prager MdW 1883.
1482. Shaw, Agnes M. *Pseudo-Chromesthesia.* AmJPs **5,** 457—459. 1893.
1483. Smith, Mary, L. *Pseudo-Chromesthesia.* AmJPs **5,** 455—457. 1893.
1484. Sokolow, B. P. *Tatsachen und Theorie des Farbenhörens.* Voprosi Philos. **8.** 1897.
1485. Sollier, P. *Gustation colorée.* CRSocBiol **3,** 763—764. 1891.
1486. Spener, Edw. *Word Color.* Proceed. Indiana College Assoc. Dez. 1890.
1487. Starr, Frederick. *Note on Color-Hearing.* AmJPs **5,** 416—418. 1893.
1488. Steinbrügge. *Üb. sekundäre Sinnesempfindungen.* Wiesb. 1897.
1489. Stevens. *Colors of Letters.* PopSciM. März 1892.
1490. Stinde. *Farbige Töne u. tönende Farben.* Vom Fels zum Meer. München, März 1883.
1491. Tanner and Andersen. *Simultaneous Sense Stimulations.* PsR 1896.
1492. Thorp, G. E. *Colour Audition and its Relation to the Voice.* Edinburgh MdJ **40,** S. 21. 1894.
1493. Vescovi, P. de. *Visione cromatizzata delle parole (audizione colorata).* ArItal d'Otol. **5,** 273—341. 1897.
1493a. Tito Vignoli. *Audizione colorata.* Peregr. Psicol. S. 189, 271.
1494. Wahlstedt. *Two Cases of Color Hearing.* Verhdl. des biol. Vereins in Stockholm 1890. III.
1495. Zehender, W. *Üb. d. Theorie des Farbenhörens.* Zehenders kl. Monatsbl. f. Augenheilk. **32,** 293—298. 1894.

Literatur seit 1900.

1496. Aikin, W. A. *Phonology of the Vowel Sounds.* Journ. of Phys **1,** 3. 03.
1496a. Ayala, G. *Sull'audizione musicale iconografica.* RFt **35,** 229—270. 09.
1496b. Chalupecky. *Farbenhören.* Wien. klin. Rundschau **18,** 273—276, 395—397, 412—424, 430—432.
1497. Claparède, E. *Sur l'a c.* RPh **49,** 515—517. 1900.
1498. — *Persistance de l'a. c.* CRSocBiol **5,** (30). 03.
1499. Daubresse, M. *L'a. c.* RPh **49,** 300—305. 1900.
1500. Dauriac, L. *Des images suggérées par l'audition musicale.* RPh **54,** Nov. 02.

1501. Dresslar. *Are Chromaesthesias Variable?* AmJPs **14**, 368—382,' 632—646. 03.
1502. Ferrari, G. C. *Una nuova forma di sinestesia.* RPsAp **3**, 297—317.
1503. — *Un nuovo caso di sinestesia uditive-gustativa.* RPsAp **6**, 101 f. 1910.
1504. Fischer, O. *Üb. Verbindung v. Farbe u. Klang.* ZAesth **2**, 501. 07.
1505. — *E. T. A. Hoffmanns Doppelempfindungen.* Ar. f. Stud. d. neu. Sprachen u. Lit. **123**, 1—22. 09.
1506. Harris, J. *On Psychochromesthesia and Certain Synaesthesia.* MdJ **18**, 529—539. Edinburgh 05.
1507. Harris, D. F. *Colored Thinking.* JAbnPs **3**, 97—113. 08.
1508. Holden, E. S. *Color-Associations with Numerals.* Science, N. S. **23**, 270. 06.
1509. Iklé, Max. *Über 2 Fälle von farbigem Hören.* Naturw. Rundsch. **19**, S. 375. 04.
1510. Jarai. *E. Fall v. akustisch-optischer Synaesthesie.* Z. f. Ohrenheilk. **46**, 130—135. 04.
1511. Kipiani, V. *Visualisation colorée et sens chromatique chez Mlle. Uranie Diamande.* RPs **3** (3), 329—333. 1910.
1512. Lach. *Üb. e. interessanten Spezialfall von A. c.* Sammelbände d. int. Musikges. **4**, 589 - 607. 03.
1513. Laiguel-Lavastine. *A. c. familiale.* R. neurol. **9**, 1152—1162. 01.
1514. Laures, H. *Les synesthésies.* Bibliothèque de Ps. expér. et de Metapsychie **6**, 97 S. Paris, Bloud & Co. 08.
1515. Lemaître, Aug. *A. c. et phénomènes connexes observés chez les écoliers.* 169 S. Genf, Eggimann; Paris, F. Alcan. 01.
1516. — *A. c. hallucinatoire, stabilité et hérédité des photismes.* ArPs **3**, 164—177. 04.
1517. Lombroso. *Sugli effetti psichici della musica.* Naturw. Rundsch. **19**. 04.
1518. Lomer. *Beobacht. üb. farbiges Hören (auditio colorata).* ArPt **40**, 593—601. 05.
1519. Margis, Paul. *D. Synästhesien bei E. T. A. Hoffmann.* ZÄsth **5**, 91—99. 09.
1520. Martin, Lillien I. *Üb. ästhetische Synästhesien.* ZPs **53**, 1—60. 09.
1521. Mariani, C. E. *Un cas d'a. c.* Ric. e studi di psichiat., neurol., antrop. et filos. Mailand, Villardi 06.
1522. Meinck. *C-dur als Lichttonart.* Allg. Musikztg. Nr. 40. 09.
1523. Paladino, Giovanni. *Un caso di udizione colorata.* Rend. dell' Acc. delle Scienze Fis. e Mat. di Napoli S. 64. 04.
1524. Pierce, A. H. *Gustatory Audition, a hitherto Undescribed Variety of Synaesthesia.* AmJPs **18** (3), 341—352. 07.
1525. Rose, K. B. *Some Statistics on Synaesthesia.* Notes from the Ps. Lab. of Vassar Coll. AmJPs **20**, 447. 09.
1526. Rossigneux. *Essai sur l'audition colorée et sa valeur esthétique.* JPsPa **2**, 193—215. 05.
1527. Ségalen, V. *Les Synesthésies et l'école symboliste.* Mercure de France. **4**. 02.
1528. Smith, H. L. *Synesthesia.* Bull. Johns Hopkins Hosp. **16**, 258—262. 05.
1529. Sokolow. *L'individuation colorée.* RPh **51**, 36—46. 01.

1530. Stelzner, H. F. *A. c.* Ann. d'Ocul. **131**, 137. 04.

1531. Thomsen, Anton. *Figur og Farvevisionerne og deres Plads i Forestillings livet.* Psyke **2**, 223—245. 07.

1532. Ulrich. *Phénomènes de synesthésies chez un épileptique.* RPh **56**, 181—187. 03.

1533. Urbantschitsch. *Üb. d. Beeinflussung subjektiver Gesichtsempfindungen.* Wiss. Beil. z. 16. Jahresber. d. Philos. Ges. in Wien. S. 172—229. 03.

1534. Whipple. *Two Cases of Synaesthesia.* AmJPs **11**, 377—404. 1900.

1535. Whistler. *Symphonie der Farben.* Frankf. Zeitung 1. 4. 1910. Abendbl. Kl. Feuilleton **54** (89).

Vgl. auch 1008. 1194/5, 1213, 1306.

Anhänge.

Anhang I.

Schemata der Temperamente.

(Vgl. Text S. 188.)

Um die Unstimmigkeit zu zeigen, die bezüglich der Temperamententypik bestand und besteht (vgl. Text S. 187ff.), stellen wir die hauptsächlichsten der bisher konstruierten Schemata zusammen.

Dorsch (776a).

4 Haupttemperamente entstehen durch Kreuzung von 2 Gegensatzpaaren: starker/schwacher Körper, starker/schwacher Geist. Unterteilung der Haupttemperamente durch den Gegensatz des Tempos: a) lebhaft, geschwind, b) schwerfällig, langsam.

		Körper	
		stark	schwach
Geist	stark	**römisch** oder **heroisch** a) feurig b) männlich	**attisch** oder **geistig** a) ätherisch b) melancholisch
	schwach	**lydisch** oder **tierisch** a) sanguinisch b) böotisch	**phrygisch** oder **kraftlos** a) phlegmatisch b) hektisch

Kant (8, § 87).

Kreuzung der 2 Gegensatzpaare: Gefühl/Tätigkeit und Erregung/Abspannung.

Temperamente			
des Gefühls	der Tätigkeit		
sanguinisch (leichtblütig)	**cholerisch** (warmblütig)	Erregbarkeit	der Lebenskraft
melancholisch (schwerblütig)	**phlegmatisch** (kaltblütig)	Abspannung	

Herbart.

A. (758.)

Gefühl	lustvoll: **sanguinisch**	
	unlustvoll: **melancholisch**	
Affekt-Erregbark. u. Betätigung	stark: **cholerisch**	
	schwach: **phlegmatisch**	

B. (784.)

Die Temperamente sind „Naturfehler"; denn sie entstehen dadurch, daß die physiologischen Systeme: das vegetative, irritative und sensitive, unzulänglich funktionieren. Durch Kombination entstehen 7 Temperamente:

Physiolog. Systeme			Temperamente
veg.	irr.	sens.	
schwach	normal	normal	**cholerisch**
normal	schwach	schwach	**musisch**
normal	normal	schwach	**sanguinisch** / **böotisch**
schwach	schwach	normal	**melancholisch**
schwach	normal	schwach	**böotischer Choleriker**
normal	schwach	schwach	**phlegmatisch**

Sind alle drei Systeme schwach, so ergibt sich „Blödsinn"; als Ideal anzustreben ist, daß ein Mensch „gar kein Temperament habe", indem dann die drei Systeme „vollständig und im gehörigen Verhältnis zusammenwirken".

Bahnsen (11).

Kreuzung von 4 Gegensatzpaaren. Von den möglichen 16 Kombinationen sind aber nur 4 von Bedeutung.

Spontaneität	Rezeptivität	Impressionabilität	Reagibilität	Temperamente
stark	rasch			**cholerisch**
		flach	flüchtig	**sanguinisch**
	langsam		nachhaltig	**phlegmatisch**
schwach		tief		**anämatisch**

Carus (774 S. 11).

Kreuzung von 2 Gegensatzpaaren:

		Spontane Aktivität	Rezeptivität
Erregung	rascher aber schwächer	**sanguinisch**	**melancholisch**
	langsamer aber nachhaltiger	**cholerisch**	**phlegmatisch**

Hellwig (782).

Kreuzung von 2 Gegensatzpaaren:

		Reaktion	
		stark	schwach
Rezeption	stark	**cholerisch**	**sanguinisch**
	schwach	**melancholisch**	**phlegmatisch**

Höffding (786).

8 Temperamente durch Kreuzung dreier Gegensatzpaare: Lust/Unlust, Stärke/Schwäche; Schnelligkeit/Langsamkeit.

Wundt (595).

Kreuzung von 2 Gegensatzpaaren: starke/schwache, schnelle/langsame Affektanlage.

	stark	schwach
schnell	**cholerisch**	**sanguinisch**
langsam	**melancholisch**	**phlegmatisch**

Ebbinghaus (Abriß der Psychologie S. 147).

Kreuzung von 2 Gegensatzpaaren:

	mehr optimistisch	mehr pessimistisch
mehr affektartig (stürmisch und lebhaft)	**Sanguinisch**	**Cholerisch**
mehr stimmungsartig (verhalten u. nachhaltig)	**Phlegmatisch**	**Melancholisch**

Heymans (804 S. 321).

Durch Kreuzung dreier Gegensatzpaare — emotionell/nicht emotionell, aktiv/nicht aktiv, vorwiegende Primär-/Sekundärfunktion — entstehen 8 Grundeigenschaften, von denen aber 2 noch nicht empirisch nachgewiesen sind:

Emotionell,	nichtaktiv,	primär	= **nervös**
„	„	sekundär	= **sentimental**
Nicht-emotionell,	aktiv,	primär	= **sanguinisch**
„	„	sekundär	= **phlegmatisch**
Emotionell,	„	primär	= **cholerisch**
„	„	sekundär	= **passioniert**
(Nicht-Emotionell,	nichtaktiv,	primär	= **amorph**)
„ „	„	sekundär	= **apathisch**)

Külpe (788 S. 270).

1 Temperament durch Gefühlsinhalt, 3 durch Gefühlsform charakterisiert:

Disposition des Gefühls*inhalts* unlustvoll:		**melancholisch**
formale Disposition des Gefühlsablaufs	leichtes Entstehen u. Schwinden:	**sanguinisch**
	Tendenz zur Indifferenz:	**phlegmatisch**
	Konstanz in der Behauptung:	**cholerisch**

Kreibig (806 S. 193).

Kreuzung von 2 Gegensatzpaaren:

		Gefühlsreaktion: lustvoll		Gefühlsreaktion: unlustvoll	
Wille	stark	teilweise sich deckend mit	**sanguinisch**	teilweise sich deckend mit	**cholerisch**
	schwach	„	**phlegmatisch**	„	**melancholisch**

Klages (9, S. 54).

Temperament = Reagibilitätsgrad, gemessen durch das Verhältnis $\frac{\text{Triebkraft}}{\text{Widerstand}}$. $R = \frac{T}{W}$.

Leichtreagibel = **Sanguiniker** (kann auf besonders starkem *T* oder schwachem *W* beruhen).

Schwerreagibel = **Phlegmatiker** (kann auf besonders schwachem *T* oder starkem *W* beruhen).

Ach (799, S. 314).

5 Temperamente durch unregelmäßige Kreuzung dreier Gegensatzpaare:

Determinierende Veranlagung	Abfall der Determination in der Zeit	Sensomotorische Erregbarkeit	Temperament
stark	gering		**besonnen**
stark	rasch		**sanguinisch**
gering		erhöht	**cholerisch**
gering		herabgesetzt	**melancholisch**
stark	gering	schwach	**phegmatisch**

Meumann (592, S. 245ff.).

„Temperamente sind Gefühlsformen des Handelns, die auf einem Zusammenwirken angeborener Gefühls- und Willensdispositionen beruhen."

Einteilung nach vier Gegensatzpaaren, doch so, daß eines (Lust/Unlust) sich mit jedem der anderen kreuzt. So entstehen 12 Temperamente mit folgenden Bezeichnungen:

Gefühls-Qualität	Gefühls-Erregbarkeit		Gefühls-Intensität u. Nachhaltigkeit		Gefühls-	
	leicht	schwer	gering („flach")	grofs („tief")	Aktivität (Exzitation)	Passivität (Depression)
Lust	**sanguinisch**	**phlegmatisch**	**leichtsinnig**	**heitere Seelengröße**	**lebensmutig**	**genießend**
Unlust	**cholerisch**	**melancholisch**	**mürrisch**	**ernst**	**düster energisch**	**verzagt**

Außerdem stellt Meumann noch 2 andere Listen auf, welche sich auf die üblichen Bezeichnungen beschränken.

Ribéry (809).

3 Gegensatzpaare: schnelle/langsame, starke/schwache Reaktion, überwiegend sensitive/motorische Nerventätigkeit; doch nur 4 Temperamente:

		sensitiv	motorisch
Reaktion	schnell schwach langsam schwach	**sanguinisch** **melancholisch** (oder **nervös**)	
	schnell stark langsam stark		**cholerisch** **phegmatisch**

Anhang II.

Test-Schul-Vergleichungen.

(Vgl. Text S. 97ff.)

Für zahlreiche Einzeltests ist von verschiedenen Forschern die Beziehung zu dem schulischen Verhalten normaler Kinder untersucht worden. Wir geben für die hauptsächlichsten Tests eine Übersicht über die Ergebnisse; es zeigt sich, daß diese nur für einige wenige Tests in sich übereinstimmen. Die Feststellung des sinnlichen Verhaltens geschah bald in der Form der Intelligenzschätzung durch den Lehrer, bald durch Benutzung der Rangordnung, bald nur durch Gruppenbildung (gute, mittlere, schlechte Schüler). Auf diese Unterschiede kann in der Übersicht ebensowenig wie auf die Art der Korrelationsberechnung Rücksicht genommen werden.

Die eingeklammerten Zahlen beziehen sich auf die Nummern der Bibliographie.

Es bedeutet: + Beziehung vorhanden,
++ starke Korrelation,
(+) mäßige Beziehung,
? Beziehung fraglich,
0 keine Beziehung,
— negative Korrelation.

Die Übersicht erhebt keinen Anspruch auf Vollständigkeit.

1. Motorische Tests.

Reaktionszeit	Bagley (99) 0
	Binet (634) 0
	Gilbert (637) +
	Seashore (650) 0
	Whipple (621) 0
	Wissler (111) 0
Druckkraft	Bagley (99) 0
Klopftempo	Bagley (99) 0
	Burt (636) +
Tempo des Kartenausteilens	Burt (636) ?
Im Spiegel gesehene Punkte treffen	Burt (636) +
Genauigkeit im Schreiben	Gessel (606) +
Durchstreich. sämtlicher Buchstaben eines Textes	Brown (101) 0

2. Sensorische Tests.

Schmerzempfindlichkeit	Carkman (601) +
Aesthesiometer	Binet (634) ++
	Burt (636) 0
Unterschiedsempfindlk. (U.-E.) für Gewichte	Burt (636) 0
	Gilbert (637) +
	Spearman (651) +
	Thorndike (617) 0
U.-E. für Tonhöhen	Burt (636) +
	Seashore (650) 0

	Spearman (651)	+
U.-E. für Helligkeit	Gilbert (637)	+
	Spearman (651)	+
U.-E. für Längen	Burt (636)	?
	Thorndike (617)	0
Farbenbenennung	Cords (602)	+
	Warburg (620)	+

3. Empfänglichkeit für Täuschungen.

Gewichtstäuschung	Dresslar (603)	+
	Seashore (650)	0
Tasttäuschung	Pearce (613)	+
Optische Vertikal-, Horiz.-Täusch.	Brown (101)	0
Müller-Lyer-Täusch.	Brown (101)	0
Opt. Täuschung	Seashore (650)	0

4. Erkennungstests.

Tachistoskop. Lesen	Binet (634)	0
	Griffing (408)	0
	Winteler (654)	+
	Netschajeff (417) [vgl. Lipmann (411)]	+
Wiedergeben einer tachistoskop. gesehenen Anordn. von Punkten	Burt (636)	+
Erkennung v. Änderungen im Metronomtempo	Binet (634)	0

5. Aufmerksamkeitstests.

Ausstreichen bestimmter Buchstaben in einem gedruckten Text	Binet (634)	+
	Brown (101)	0
	Wissler (111)	0
Genauigk. b. Zählen von Punkten	Binet (634)	+
	Winteler (654)	(+)
v. Metronomschläg.	Binet (634)	+
Kopieren v. Sätzen (Häufigk. d. Hinblick. a. d. Text)	Binet (634)	+
	Winteler (654)	+
Kopieren v. Buchstaben	Winteler (654)	(+)
Konzentration (umgekehrt proportional d. Dilatationsfähigkeit b. gleichzt. Schreiben und Lesen)	Cohn-Dieffenbacher (104)	+
Ablenkbarkeit bei Merkversuchen	Winteler (654)	0
Nachpunktieren einer unregelmäßigen Punktserie	Burt (636)	+
Sortieren v. Karten	Bagley (99)	0
	Burt (636)	+
Sortieren d. Alphabets	Burt (636)	+ +

6. Merkfähigkeitstests.

Merken von sinnlosen Silben	Burt (636)	+
Buchstaben	Winteler (654)	+
Zahlen	Binet (634)	+
	Ebbinghaus (604)	0
Wörtern	Burt (636)	+
	Meumann (641)	+
	Winteler (654)	+
Verhältnis der Merkf. für abstrakte Wörter zu d. f. konkrete	Meumann (641)	+
	Burt (636)	0
logisch zusammenhäng. Wortpaare	Ries (644)	+ +

7. Lernfähigkeitstests.

Lernen von Buchstaben	Winteler (654)	(+)
Lernen v. Zahlen	Parison (612)	0
Lernen v. sinnlos. Silben	Brown (101)	(+)
	Winteler (654)	(+)
	Wissler (111)	0
Lernen v. Gedichtstrophen	Brown (101)	+
	Winteler (654)	+
	Wissler (111)	0
Lernen v. lateinischen Versen	Parison (612)	0
Lernen v. abstrakten Sätzen	Wissler (111)	0

8. Aussagetests.

Berichtstreue	Oppenheim (571) (+ ?)
	Stern (575) +
	Winteler (654) 0
Verhörstreue	Oppenheim (571) (+ ?)
	Stern (575) 0
	Winteler (654) 0
Schätzungen (von Alter und Größe)	Heindl (563/4) 0

9. Suggestibilität.

Verhörssuggestion	Lipmann (711) 0
	Oppenheim (571) bei Mädchen (+ ?)
	Stern (575) Knab. + / Mädch. —
Erwartungssuggestion	Kosog (710) Knab. / Mädch. —
Sugg. bei der Vergleichung von Linienlängen	Binet (706, S. 30) 0

10. Rechentests.

Addieren	Binet (634) +
	Brown (101) Geschwindigk. / Richtigkeit 0
Addieren und Multiplizieren	Ebbinghaus (604) 0
Verschied. Rechenarten	Ranschburg (614a) Geschwindigkeit + / Richtigk. 0

11. Sprachliche Tests.

Kenntnis von 100 Wörtern	Whipple (622) (+)
Zshgd. sprachl. Darstellungen (Aufsätze, Beschreibungen)	Cohn und Dieffenbacher (104) Spontaneität b. Knaben u. Mädchen + / Stil u. Umfang b. Knaben +

12. Zeichnen.

Bestimmte Aufgaben	Ivanoff (1251) b. Mädchen mehr a. b. K.
Zensuren im Zeichnen	Brown (101) Mädchen 0 / Knaben +

13. Begriffszuordnung.

(Assoziationstests.)

Dem zugerufenen Wort ist zuzuordnen:

ein übergeordneter Begriff	Winteler (654) ++
ein untergeordneter Begriff	Winteler (654) (+ ?)
ein ähnl. Begriff	Winteler (654) (+)
ein identischer (synonymer) Begriff	Winteler (654) ++
ein gegensätzlicher Begriff	Winteler (654) +
ein kausal verknüpft. Begriff	Ries (644) + +

14. Ergänzungstests.

(Ebbinghaus'sche „Kombinationsmethode".)

Es sind zu ergänzen

verschiedenartige Textlücken	Brown (101) +
	Cohn u. Dieffenbacher (104) Knaben (+) / Mädchen +
	Ebbinghaus (604) +
	Ries (644) +
	Wiersma (623) +
Tätigkeitswörter	Winteler (654) +
mögl. viele synonyme Tätigkeitswörter	Winteler (654) ++

15. Sonstige logische Tests.

6 Buchstaben zu Wörtern kombinier.	Whipple (622) 0
Art d. Fragen, die an einen gegeben. Satz geknüpft werden	Groos (607) 0
Aufschreiben von Gegensätzen	Bonser (535) +

Anhang III.

Psychogramme, Pathogramme, Psychoanalysen hervorragender Persönlichkeiten.

(Vgl. Text Kap. XXIII.)

(Solche Untersuchungen, die sich nur auf ein ganz spezielles Einzelmerkmal der Individualität beziehen, sind in Klammern gesetzt.)

I. Dichter und Schriftsteller.

(Rousseau u. Nietzsche s. unter IV.)

Chateaubriand (Masoin 1203).
Coppée Binet et Passy 1180.
Curel, De Binet 1179.
Dostojewsky Segaloff 1214.
Goncourt Binet et Passy 1180.
Goethe (Bauer 173).
Dilthey 1168.
(Frank 1183).
(Fränkel 1184).
Hauffe 1189.
(Kiefer 331).
(Knetsch 332).
Möbius 1205.
(Moog 1207).
(Sommer 337/8).
Grabbe Ebstein 1182.
Grillparzer (Stekel 1177).
Hervieu Binet 1181.
Hölderlin Dilthey 1168.
Lange 1198.
Hoffmann E.T.A. (Katz 1195).
Margis 1201.
(Schaeffer 1213).
Hofmannsthal (Hilpert 1193).
Hugo, Victor (Huguet 1194).
Keller, Helen Stern 1385/6.
Lenau (Sadger 1211).
Lessing Dilthey 1168.
Maupassant Lagriffe 1196.
Lange 1197.
Lombard 1200.
Vorberg 1218.
Meilhac Binet et Passy 1180.
Meyer, Conr. F. (Hellpach 1191).
(Hess 1192).
(Lange 1199).
Sadger 1212.
Musset Odinot 1208.
Novalis Dilthey 1168.
Pailleron Binet et Passy 1180.
Poe Probst 1208.
Quincey De Gurrier 1394.
Reuter, F. Albrecht 1178.
Sardou Binet et Passy 1180.
Scheffel Möbius 1206.
Schiller (Bauer 174).
(Groos K. u. M. 1186/7).
Hauffe 1189.
Heid 1190.
Shakespeare (Groos u. Netto 1188).
(Mendenhall 1204).
Strindberg Rahmer 1210.
Tieck (Katz 1195).
(Steinert 1215).
Tolstoj Freimark 1185.
Mariani 1202/2 a.
Wilde Weiss 1219.
Zola Toulouse 1216.

II. Musiker.

Arriola, P. Richet 921.
Stumpf 924.
Beethoven (Jacobson 1223).

Schumann	(Katz 1195).
	Pascal 1224.
Wagner	(Graf 1222).

III. Maler.

Menzel	(Hansemann 184).
Segantini	Abraham 1224 a.
Styka	Binet 1227.
Vinci, L. da	(Freud 1227 a).

IV. Philosophen u. Forscher.

Berthelot	(Toulouse 1276).
Bunsen	(Hansemann 184).
Darwin	Del Greco 1263.
Davy	Ostwald 1271/3.
Faraday	Ostwald 1273.
Fechner	Möbius 1267.
Gerhard	Ostwald 1273.
Helmholtz	Ostwald 1273.
Liebig	Ostwald 1273.
Meyer (R.)	Ostwald 1271/3.
Mommsen	(Hansemann 184).
Nietzsche	(Fischer 1171).
	(Mayer 1265).
	Möbius 1270.
	(Ungern Sternberg 260).
Poincaré	Toulouse 1295.
Rousseau	Joly 1264.
	(Régis 1275).
	Möbius 1266/8.
Schopenhauer	Möbius 1269.
Socrates	(Bovet 1262).
Stephen	Vinogradoff 1271.
Weininger	Probst 1274.

V. Staatsmänner.

Bismarck	Biese 1348.
	(Busse 212.)
Charles IV.	Dupré 1350.
Napoleon	Dumstrey 1349.
	(Michon 233).

VI. Religiöse Persönlichkeiten.

Augustin	Weidel 1344.
Jeanne d'Arc	Dumaz 1333.
Jesus	Baumann 1330.
	Binet-Sanglé 1332.
	Hitchkock 1335.
	Holtzmann 1336.
	Kneib 1337.
	Loosten 1338.
	Ninck 1340.
	Rasmussen 1341.
	Schäfer 1342.
	Vorbrodt 1343.
	Weidel 1345.
	Werner 1346.
Luther	Ebstein 1334.
Samuel	Binet-Sanglé 1331.
St. Vincent de Paul	Montmorand 1339.
Zinzendorf	Pfister 1340 a.
	Reichel 1341 a.

Anhang IV.

Die Uniformierungstendenz der Schulgemeinsamkeit.

Umrechnung der Tabellen von A. MAYER (977).

(Vgl. Text S. 268.)

Es seien E die Zeitdauern, welche im Durchschnitt für die „Einzelarbeiten", G diejenigen, welche für die Gemeinschaftsarbeiten verbraucht wurden. Bei den E-Werten betrug die Streuung zwischen den Leistungen der Schüler $S_{(E)}$, bei den G-Werten $S_{(G)}$. MEYER berechnete nun diese mittlere Abweichung als absolute (in Minuten und Sekunden), setzte sie aber nicht zu den Durchschnittszeitwerten, aus denen sie abgeleitet wurden, ins Verhältnis. Die Uniformierungstendenz bestimmte er in der Weise, daß er diese absoluten Streuungswerte zueinander in Beziehung setzte. Vergleichen wir z. B. die Streuungswerte der ersten Zeitreihe: $S_{(E)} = 8$ Min. 5 Sek., $S_{(G)} = 4$ Min. 14 Sek. Das ist eine kolossale Differenz, und M. schließt auch daraus, daß die Streuung bei den Gesamtarbeiten um 47 % hinter der der Einzelarbeiten zurückstehe. Die Sache sieht aber ganz anders aus, wenn man bedenkt, daß die Durchschnittszeiten bei den Einzelleistungen 51 Min. 22 Sek., bei den Gesamtleistungen aber nur 27 Min. 25 Sek. betrugen. Zwei absolute Streuungswerte miteinander zu vergleichen, die auf so ganz verschiedenen Grundwerten beruhen, ist offenbar durchaus unerlaubt; vergleichbar sind nur relative Streuungen miteinander. Diese betragen in Reihe I: für die Einzelleistungen 19 % der Durchschnittzeit, für die Gesamtleistungen 15 %. Es ist also auch hier die Uniformierungstendenz der Gemeinschaftsarbeit erkennbar, aber in viel geringerem Maße, als es nach Mayer der Fall sein müßte.

Ich habe nun sämtliche absoluten Streuungswerte Mayers sowohl für die Zeiten- wie für die Fehlertabellen in relative Werte umgerechnet und zu den folgenden Tabellen zusammengestellt, deren Ergebnisse im Text (S. 268) Verwertung gefunden haben.

Zeiten

Reihe Nr.	Einzelleistung			Gesamtleistung		
	Durchschn.	m.V. (abs.)	m.V. (rel.)	Durchschn.	m.V. (abs.)	m. V. (rel.)
I	41^{22}	8^{04}	**19 %**	27^{25}	4^{14}	**15 %**
II	25^{27}	3^{28}	**14 %**	28^{26}	4^{10}	**15 %**
III	24^{26}	3^{17}	**13,5%**	21^{42}	2^{30}	**11,5%**
IV^{a}	27^{31}	5^{02}	**18 %**	27^{16}	3^{01}	**11 %**
IV^{b}	33^{45}	4^{59}	**15 %**	37^{49}	4^{14}	**11 %**
V^{a}	16^{56}	2^{02}	**12 %**	18^{08}	2^{26}	**13 %**
V^{b}	22^{24}	3^{19}	**15 %**	25^{07}	2^{36}	**10 %**
			15,2 %			**12,3 %**

Fehler.

Reihe Nr.	Einzelleistung			Gesamtleistung		
	Durchschn.	m. V. (abs.)	m. V. (rel.)	Durchschn.	m. V. (abs.)	m. V. (rel.)
I [1]	88,6	17,0	**20 %**	58,6	13	**22 %**
II	70,1	17,2	**24 %**	60,1	15,8	**26 1/20 %**
III	64,6	11	**17 %**	49,2	10	**20 %**
IVª	68,9	20,2	**29 %**	58,3	13,3	**22 %**
IVᵇ	72,2	22,2	**30 %**	50,9	10,2	**20 %**
Vª	54,0	13,6	**25 %**	56,9	11,3	**20 %**
Vᵇ	46,3	11,9	**26 %**	58,9	11,4	**19 %**
			24,4 %			**21,3 %**

[1] Unter Abzug zweier abnormer Werte, die auch M. bei seiner Berechnung in Abzug brachte.

Streuung der Seriendurchschnitte.

	Einzelleistungen			Gemeinschaftsleistungen		
	Mittel der Durchschn.	m. V. (abs.)	m. V. (rel.)	Mittel der Durchschn.	m. V. (abs.)	m. V. (rel.)
Zeiten	27^{30}	5^{45}	**21 %**	26^{30}	4^{30}	**16½ %**
Fehler	66,5	9,7	**14½ %**	56	3,4	**6 %**

Verschiedene Instruktionen.

Serie Nr.	Arbeitsbedingung	Rel. Streuungs-Index der	
		Einzelleistungen	Gesamtleistungen
I	Rasch und schön	53 %	68 %
II	„ „ „	56 %	47 %
III	„ „ „	31 %	31 %
IVª	Schön und langsam	48 %	30 %
IVᵇ	„ „ „	46 %	23 %
Vª	Recht rasch	37 %	22 %
Vᵇ	„ „	39 %	22 %
		44 %	**35 %**

Namenregister zur Bibliographie und zum Text.

Die Ziffern beziehen sich durchweg auf die Nummern der Bibliographie. Die mit * versehenen Nummern geben solche Publikationen an, die auch im Textteil des vorliegenden Buches behandelt werden. Die einschlägige Textseite ist in der Bibliographie hinter dem Citat (bei den Abteilungen B VI 3 und B VII am Kopf der Abteilung) zu finden.

A.

B.

C.

Y.

Z.

Berichtigungen.

S. 241 ist am Anfang der Seite die Überschrift des dort beginnenden Abschnittes fortgeblieben; sie muß lauten:

4. Die Dichtigkeit der Verteilung.

S. 280 Z. 13. Die Teilüberschrift „Begriff der Korrelation" muß wegfallen.

S. 303. Die in der Anm. abgedruckte Verteilungstafel (nach Betz) enthält in den Summenwerten einige Zahlenfehler, die aus dem Betzschen Original mit übernommen worden sind. Es muß heißen:

die senkrechte Kolumne rechts: 1, 6, **16**, 48, 52, **33**, 17, 3, 1, 1;
die untere Horizontalreihe: 1, 4, 11, 25, 44, **46**, **29**, 15, 2, 1;
die Gesamtsumme rechts unten: **178** (statt 181).

Ferner ist zu lesen:

S. 61 Anm.: 150 (statt 151a).
S. 89 Anm. letzte Zeile: 657 (statt 658).
S. 105 Anm.: Beiheft 5 (statt 4).
S. 102 Zeile 9: Kap. XIX (statt XX).
S. 124 Zeile 12: 1903 (statt 1905).
S. 141 Anm. 2: 369/70 (statt 368/9).
S. 233 letzte Zeile: XIX. Kap. (statt XVIII).
S. 272 Anm. 2: 634 (statt 632).
